KB208809

소용돌이의 한국정치

| 완역판 |

| 완역판 |

소용돌이의 한국정치

KOREA: The Politics of The Vortex

그레고리 헨더슨 지음 | 이종삼·박행웅 옮김

한울
아카데미

차 례

해제 __ 11
추천사 __ 26
감사의 말 __ 30

서론 ──────────────────────────── 33

제1부 동질성과 상승기류

1. 단극자장(單極磁場) ──────────────── 51
지정학적 측면 • 51
민족적 동질성 • 59
문화적 동질성 • 63
정치적 중앙집권주의의 조기 발전 • 65
조선의 중앙집권제 • 69

2. 전통사회 ──────────────────── 90
양반 • 91
중간계급: 중인과 아전 • 111
평민 • 119
천민 • 125

제2부 한국정치의 변증법

3. 근대적 정치동원의 시작 ————————————— 133

흥선대원군의 독재적 반동과 대중조작 · 134

종교적 동원: 동학(東學) · 139

지식인들의 동원: 독립협회 · 143

외세의 정치적 대중동원: 일진회 · 146

4. 전체주의적 식민정책 ————————————— 155

일본의 통치에 대한 순응과 이탈 · 155

3·1독립운동과 이상주의 · 171

강요된 현대화 · 180

식민지 지배하의 정치와 대중사회 · 203

관료조직과 군부의 결합 · 212

대일협력과 사회분열 · 218

5. 혼돈의 문 ————————————— 223

우유부단한 미국정책 · 224

폭력사회 · 265

6. 정치적 정통성 추구(1948~1987) ———————— 284

　민주주의 가장 ・284

　민주주의 약진 ・328

　민주주의 회피: 군사정권하의 정치 ・342

　아직 얼버무리고 있는 민주주의: 박정희・전두환 체제 ・356

　1980년대 한국 정치무대에 출연한 주요기관 및 세력 ・369

제3부 한국적 정치문화의 연속성

7. 중앙집권화와 정치적 유동성 ———————— 383

　중앙집권화 ・383

　정치적 유동성 패턴의 형성 ・389

　표류하는 사회 ・405

　권력에의 큰 길, 학교 ・421

8. 기능과 기구의 확산 ———————————— 431

　토착적인 뿌리들 ・432

　수입된 위신문화, 정부 ・446

9. 파벌주의와 '자문기관'의 기능 ─────────────── 460

'공리공론적 논쟁'의 오랜 전통 • 460

대원군, 일제, 미군정 치하에서의 반응 • 472

'자문기관'과 한국 국회 • 475

자유당과 중앙정보부의 '자문기관'화 • 487

파벌의 전통 • 492

자기방위본능의 귀결 • 497

제4부 정치적 응집의 모색

10. 정당 ───────────────────── 503

정당의 필요성 • 503

정당 형성 • 505

선거와 유동성 • 522

투쟁에서 오는 응집력과 정당 • 530

정당의 실패와 중앙정보부 정치 • 551

상의하달식 조직화의 한계 • 560

11. 공산주의 ───────────────── 565

야당으로서의 공산주의 • 565

북한의 국가 공산주의 • 584

12. 군부 ──────────────────────────── 597

　배경 ・597

　국방경비대 ・603

　파벌투쟁을 격화시킨 한국전쟁 ・614

　전문성과 개혁 ・620

13. 선택: 다원화를 통한 응집 ──────────────── 635

　중앙지향의 정치풍토 ・635

　권력 확산의 가능성 ・645

　서평 __ 655

　옮긴이 후기 __ 665

　찾아보기 __ 668

해제

소용돌이 정치 모델의 정치적 함의

김정기 (한국외국어대학교 명예교수)

1

그레고리 헨더슨(Gregory Henderson)이 쓴 『소용돌이의 한국정치(Korea: The Politics of the Vortex)』 한국어판이 나온 지도 벌써 13년이 지났다. 그동안 독자들의 적지 않은 호응을 얻은 이 책이 완역되어 새 얼굴로 나온다니 새삼 감개무량하다. 그것은 단지 책을 새롭게 단장했다는 의미를 넘어서, 한국정치가 그동안 전개해온 역사적 흐름과 연계하여 저자의 '소용돌이 정치' 이론이 새롭게 조명할 과제를 제기하고 있기 때문이다.

필자가 '감개무량하다'라고 한 것은 지금으로부터 꼭 사반세기 전인 1988년 가을 헨더슨의 의뢰로 이 책의 한국어 번역 출판에 관여했기 때문이다. 당시 헨더슨은 그보다 20년 전인 1968년에 하버드 대학 출판부에서 낸 구판을 전면적으로 다시 보완해 한국어판으로 발행하는 데 정열을 쏟아붓고 있었다. 그러나 애석하게도 그는 내게 마지막 편지를 보낸 얼마 뒤 저세상 사람이 되고 말았다.

헨더슨이 한국어판의 발간에 얼마나 관심을 보였는지는 그가 쓴 편지에도 드러난다. "도대체 한국어판은 어디쯤 가고 있는 겁니까? 언제 출판됩니까? 나는 늙어가고 조바심이 납니다." 이는 그가 별세하기 53일 전에 쓴 편지의 한 대목이다. 또 저세상 사람이 되기 불과 23일 전에 쓴 편지에서는 번역이 제대로 되고 있는지를 걱정하는가 하면 겉표지는 원저대로 음양(陰陽)이 어우러진 태극문양의 소용돌이로 했으면 한다는 바람을 적었다.

한국어판 출간에 대한 그의 진솔한 바람이 얼마나 절실했는지 읽을 수 있는 대목들이다. 그러나 그는 끝내 한국어판을 보지 못하고 그의 집 지붕에 드리워진 나뭇가지를 자르다 떨어져 그만 그해 10월 16일 숨졌다. 안타까운 일이지만 그가 그렇게 열망하던 한국어판도 그때 이후 10년 이상을 기다려야 했다. 만일 그가 제대로 된 한국어판이 막 출간되었다는 소식을 들었다면 무덤에서 벌떡 일어나 단숨에 뛰어왔을 것이라고 나는 혼자 생각해본다.

생각해보면 언론인 남재희 선생이 헨더슨의 이 책을 ≪조선일보≫에 처음 소개한 것은 구판의 출간일보다 하루 빠른 1968년 6월 27일이었다 하니 한국어판 초판(2000년)이 나오기까지는 한 세대 이상이 흘렀다. 더욱 부끄러운 일은 이 책의 일본어판이 『조선의 정치사회(朝鮮の政治社會)』(鈴木沙雄·大塚喬重 譯)라는 제목으로 출간된 것이 1973년이었으니 그때로부터도 사반세기 이상이 흐른 것이다.

무엇보다도 당시 이 책의 한국어판 출간이 늦어진 데에는 길고 긴 박정희 군사정권 시절 헨더슨이 이른바 금기인물이었고, 마찬가지로 그의 책도 사실상 금서가 되었다는 사정에 연유한다. 뒤늦게나마 이 책의 한국어판이 뜻 있는 인사들의 정성으로 결실을 본 것에 이어 이번에 다시 『소용돌이의 한국정치』 '완역판'이 나오게 된 것은 기쁜 일이 아닐 수 없다.

2

먼저 헨더슨이 한국어판을 위해 1988년에 새로 쓴 신판(이 신판은 미국에서는 발간되지 않았다)은 1968년에 나온 구판과는 내용에서 중요한 차이가 있다. 헨더슨은 구판에 대한 저간의 비판을 감안하고 1967년 이래 한국정치의 흐름을 추가하여 전반적으로 새로 내용을 보완했다. 서론을 전반적으로 다시 고쳐 썼는가 하면, 각 장마다 많게는 수십 군데에 걸쳐 고치고 빼고 덧붙였다. 그런 점에서 이 신판은 구판을 전면 개정한 전정판(全訂版)이라 부를 만하다.

신판이 구판과 다른 가장 큰 차이는 1967년 이래 1988년까지 한국정치의 흐름을 추적·분석하여 추가한 것이다. 이에 따라 제6장을 전면적으로 보완했는데, 박정희의 군부정치를 전기와 후기로 나누고 이어 전두환 체제와 노태우 체제를 첨부해 분석했다. 그러나 신판이라고 해서 그가 한국정치의 특성으로 내세운 '소용돌이' 정치 모델이 바뀐 것은 아니다. 아니 오히려 자료를 보완하고 언어를 다듬는가 하면, 새로운 내용을 추가해 소용돌이 정치 모델을 정교하게 발전시켰다.

또한 신판에서는 헨더슨이 한국의 정치발전에 대해 새로운 희망을 건 대목이 눈에 띈다. 박정희가 사라진 뒤 1980년대 한국정치 무대에 중간정치기구가 들어선 데에 그가 주목한 것이다. 그는 조선왕조로부터 일제 식민통치, 해방공간의 이승만 독재정치, 박정희 군부정치를 통시적으로 관찰하면서 한국의 정치사회는 '촌락과 왕권(village and throne)'만이 있을 뿐, 그 사이에 '중간기구(intermediaries)'가 결여되어 있다고 지적했다. 중간기구가 결여된 정치공간에 바로 소용돌이 정치의 폭풍이 용솟는 것이며, 그것이 정치발전을 막은 장벽이라고 주장한 것이다. 그러나 그는 신판에서 1980년대에 독자성을 가진 중간기구로서 노동세력과 '재벌'이 등장한 것을 두고 '다원주의를 향한 권력분산'이라고 긍정적으로 진단했다. 그는 이렇게 말한다.

한국인이 정치적으로 움직여왔다는 나의 이 소용돌이 이론은 만들어진 것이지 태생적인 것이 아니며, 내가 생각하기에 이 소용돌이는 한국의 정치문화에서 '중간층'이 약하고 결집력과 지속성이 부족하기 때문에 생긴 것이다. 미국이나 다른 나라들의 영향을 받으면서 한국인은 오히려 빨리 소용돌이 행위를 포기하고 있다. 공장들의 수요로 인한 수도 이외 지역에서의 자원 개발, 전문직 또는 특수직의 증가, 다원적 기능을 가진 다원사회의 발생을 동반하는 현대화가 한국의 여러 문제 해결에 적합한 제도를 내포하고 있다. 그런 다원주의 사회의 대결합은 역량이나 연령 및 위세와는 상관없이, 그리고 정부보다 더 빨리 정통성을 갖고 일어남으로써 큰 걸음을 내디뎠다.

이렇듯 2000년에 나온 한국어판에는 1988년에 새로 쓴 신판의 내용을 반영하고 있지만 다소 철저하지 못한 점이 있었다. 예컨대 주석의 경우 번거로운 부피 때문에 연구자들에게 필요한 중요한 주석들이 상당 부분 잘려 나가게 되었다. 그 대표적인 예가 신판 원고 중 「서론」의 첫 번째 각주이다. 그는 "여기서 말하는 소용돌이의 이미지는 티끌이나 먼지를 원뿔 형태로 휘감아 돌며 위협적으로 하늘 높이 빨아올리는 회오리바람을 말하는 것"이라며, "물살이 빙빙 휘돌아 아래쪽으로 빨려 들어가는 형태를 말하는 것이 아니다"라고 밝혔다.

이는 한국어로 '소용돌이'라고 하면 흔히 '아래로 빨려 들어가는 물의 소용돌이'로 오해할 수 있는 여지를 감안하여 상승하는 소용돌이의 성격을 분명히 한 것이다. 이것은 단지 표현의 문제를 넘어서 그가 내세우는 '소용돌이 정치' 모델을 이해하는 데 중요한 의미를 갖는다. 그가 말하는 소용돌이 정치의 핵심은 원자화한 개체들이 권력의 정상을 향해 소용돌이의 '상승기류(updraft)'를 타고 돌진하는 모습이기 때문이다.

필자는 이번의 『소용돌이의 한국정치』 완역판 출간에 대해 개인적인 소회를 독자들과 함께 나누고 싶은 일이 있다. 이는 비단 개인적인 소회만이 아니라 이 책을 이해하는 데에도 도움이 되지 않을까 생각한다. 그것은 헨더슨이 필생의 연구 사업으로 계속했던 '국회 프락치 사건' 연구를 필자가 이어 받은 것에 관한 이야기다. 헨더슨은 1949년 제헌국회에서 일어난 이른바 '국회 프락치 사건'을 당시 미 대사관 국회연락관으로서 직접 목격하고 그 사건에 관해 미 국무부에 보고서를 작성하여 보냈을 뿐만 아니라 이어서 13회에 걸친 국회 프락치 사건 재판 기록도 한 마디 한 마디 챙겨 보낸 주인공이다.

헨더슨은 1961년 박정희의 군사쿠데타 이후 대사관 지도부와의 불화로 국무부로 송환되고 난 뒤 외교관으로서의 꿈을 접고 학자로 변신한다. 그의 첫 번째 연구노작이 1968년에 출간된 『소용돌이의 한국정치』라면, 1970년대 초부터 연구에 착수한 '국회 프락치 사건'은 그의 두 번째 야심작이었다. 필자는 그가 남긴 국회 프락치 사건 자료를 포함한 모든 기록을 검토한 끝에 그가 왜 이 사건을 중시했는지 추론할 수 있었다. 그는 신생 대한민국을 탄생시킨 제헌국회를 반신불수로 만든 이 사건에서 소용돌이 정치의 최초의 싹을 보았던 것이다.

만일 헨더슨이 심층사례 연구로서 '국회 프락치 사건'을 내놓았다면 그것은 『소용돌이의 한국정치』와 함께 한국정치 연구의 쌍벽을 이루었을 것이라고 생각한다. 그러나 그는 『소용돌이의 한국정치』 신판을 쓴 뒤 홀연히 저세상으로 떠났다. 필자가 마이어 헨더슨 여사로부터 사과상자 하나분의 '프락치 사건' 자료를 건네받은 것은 1992년 5월이었다. 그 후 그 방대한 자료가 항상 마음의 짐으로 남아 있었는데, 2008년에 가서야 뒤늦게나마 『국회프락치사건의 재발견 I, II』, 『국회프락치사건 재판기록』을 펴낼 수 있었다. 물론 필자가 헨더슨이 구상한 의미와 맥락을 제대로 짚었는지 두려운 마음을 지울 수는 없지만 그가 남긴 모든 기록과 자료에 주목하여 소용돌이 정치 담론을 구성코자 했다. 독자들이 『소용돌이의 한국정치』와 함께 이 책을 소용돌이 정치의 한 사례연구로서 읽어주기를 기대한다.

3

『소용돌이의 한국정치』는 과연 어떤 책인가? 필자는 이 책이 한국정치 연구의 깊이가 아직 일천한 시기에 보석처럼 빛나는 비교정치 분야의 노작이라고 생각한다. 이는 미국 정치학의 태두인 헌팅턴(Samuel P. Huntington) 교수가 '근대화라는 비교정치의 한 분야에 가치 있는 연구'라고 지적하고는 "학자들 가운데는 장래 이 주장(소용돌이 정치)에 적극적으로 이의를 제기하는 사람이 있을지도 모르지만 그러나 아마도 이것을 무시하는 사람은 거의 없을 것이다"

라고 평한 대로이다.

이 책은 한국의 정치발전을 명제로 통시대적으로 정치현상을 분석하고 저자의 진단에 따라 처방을 내린 거시 담론이다. 따라서 실증주의적 조사 결과에 탐닉하는 연구자들은 이 책에 실망할 것이다. 예컨대 한국 유권자의 투표행위와 같은 미시적 정치행위의 특징이나 경향을 찾고자 사람들은 이 책에서 눈을 돌려야 할 것이다.

헨더슨은 1948년 여름, 20대의 젊은 외교관으로 서울 땅을 밟은 이래 한국 정치의 중요한 위기국면을 직접 목격했을 뿐만 아니라 소용돌이 정치의 한복판에서 정치행위자들과 교유했다. 예컨대 그는 미 대사관의 외교관이면서도 1949년 국회 프락치 사건에 연루된 '소장파'들과 공감한 '동지'였다. 그것은 프락치 사건 공판에서 재판관이 그를 피의자처럼 언급하는 데서도 알 수 있다.[1] 프락치 사건이 역사의 망각 속으로 사라진 뒤에도 그의 뇌리에는 소장파의 모습이 생생하게 남아 있었다. 그는 이 사건이 일어난 지 한 세대 이상이 지난 1981년 북한을 방문해 프락치 사건 피고인 중 한 사람이었던 최태규를 극적으로 만난다. 최태규는 강원도 정선 출신으로 당시 30대의 제헌국회 의원으로서 헨더슨과 친교를 맺은 사이다. 헨더슨은 한 시간 반 동안 그와 대화하면서 그때 한국전쟁의 풍진 끝에 북한으로 간 소장파 국회의원들의 소식을 듣는다. 그가 왜 그토록 프락치 사건에 연루된 13명의 국회의원에 집착했는지 우리는 '소용돌이 정치'의 맥락에서 짐작할 수 있다. 그는 바로 이들 소장파 국회의원들을 한국이 소용돌이 정치에서 탈출할 수 있는 희망으로 보았던 것이다.

이런 맥락에서 볼 때 필자는 헨더슨이 소용돌이 정치를 객관적으로 기록한 단순한 집필자가 아니라, 스스로 소용돌이 폭풍에 몸을 던진 참여관찰자이자 어쩌면 소용돌이 정치 비극의 연출자가 아닌가 생각한다. 그렇다면 한 가지 의문이 제기된다. 한국인 관객들은 이 비극의 대본이기도 한 이 책을 제대로 음

---

1   김정기, 『국회프락치사건의 재발견 I』(도서출판 한울, 2008), 115~116쪽.

미하고 있는 것일까?

먼저 헨더슨의 정치발전론을 살펴보자. 정치발전이란 경제발전과는 달리 정의를 내리기가 쉽지 않다. 경제발전은 국민총생산(GDP), 또는 일인당 GDP 몇 달러라는 수치로 표현할 수 있고 그것을 지표로 삼을 수 있다. 그러나 정치 발전의 경우 많은 개념요소들이 개재되어 있기 때문에 정의내리기가 쉽지 않다. 정치발전 이론가들은 주로 정치참여, 정치제도화, 정치경쟁, 경제발전 등을 공통적인 개념요소를 보고 있다.

이 중에서 이론가들이 중시하는 공통적인 개념요소는 정치참여와 정치제도화이다. 이 이론가들 가운데 헌팅턴은 '정치적 제도화(political institutionaliza-tion)'에 무게 중심을 두고 정치참여(민주주의)는 정치제도화 정도에 따라야 한다는 종속적 위치에 두고 있다. 헌팅턴이 정치적 제도화를 중시하는 것은, 정치발전이란 정치적 안정이 없이는 '정치적 퇴행(political decay)'의 길로 들어설수밖에 없다고 보기 때문이다. 그는 정치참여(민주주의)가 정치적 제도화에 앞질러 과속하면 '폭발(explosion)' 또는 '내파(implosion)'를 가져온다고 주장하는 유명한 '격차가설(Gap Hypothesis)'을 제시했다.

그런 점에서 민주화를 중시하는 이론가들로부터 비판을 받고 있지만, 헨더슨은 기본적으로 헌팅턴의 정치발전론의 틀을 따르고 있다. 1963년 말 국무부를 나온 뒤 헨더슨은 1964~1965년간 하버드 대학 국제문제연구소 연구원으로 있으면서 하버드-MIT 정치발전 공동연구 세미나에 정기적으로 참여했다. 그는 당시 하버드 연구소가 관심을 둔 아시아, 아프리카, 중남미 지역 근대화 과정에서의 정치변동에 눈을 돌리고 있었다.

따라서 헨더슨이 한국의 사례를 전문적으로 다루면서 당시 하버드 연구소를 이끈 헌팅턴을 비롯한 이들 근대화 이론가들과 연구관점을 공유하게 된 것은 당연한 학습과정이었을 것이다. 그런 점에서 그의 정치발전론과 그가 한국 정치발전의 반명제로 구성한 '소용돌이 정치' 모델은 비판의 대상이 된 면이 있다. 그것은 헌팅턴이 정치발전의 조건으로 민주화보다는 제도화를 우위에 두고 있다는 점과, 근대화를 서구화로 간주하는 신식민주의적 시각에 대한 비판이다.

브루스 커밍스(Bruce Cummings)는 헌팅턴의 정치발전론이 대중의 정치참여 확대를 두려워하는 엘리트주의를 반영한다고 비판한다. 예컨대 헌팅턴은 1961년 박정희 군사쿠데타 이후 권력의 통로를 제공한 민주공화당을 상당히 긍정적으로 평가하는데, 이는 민주공화당의 경우 신속한 산업발전을 거치는 나라들이 '사회적으로 유동화한 시민'을 조직하고 수용할 수 있는 정치기구로서 그 역할을 수행했다는 식으로 보았기 때문이다. 그러나 커밍스는 민주공화당을 '위(중앙정보부)로부터 조직된 뿌리 없는 정치기구'라면서 "그것이 민중의 의사를 매개하거나 그 요구를 결집할 수 있겠느냐"고 지적한다.[2]

그런데『소용돌이의 한국정치』를 찬찬히 읽어보면 헌팅턴의 정치발전론 틀 안에서도 헨더슨은 독자적인 통찰을 개척했음을 알 수 있다. 무엇보다도 그것은 헨더슨이 한국정치 발전의 방향을 '다원화를 통한 응집'으로 본 것에서 나타난다. 헨더슨은 원자화된 한국사회의 경우 헌팅턴이 중시한 '정치적 제도화'보다는 '응집(cohesion)'이 더욱 긴요하고 적절한 처방이라고 진단한 것이다. 그가 관찰하듯 신생 공화국을 탄생시킨 한국사회가 촌락과 왕권 사이에 중간기구가 아예 없거나 빈약하다면, 조직의 제도화보다는 원자화한 모래알들을 접합시키는 것이 제도화의 선결조건이라고 본 것이다. 바꿔 말해 모래알을 진흙으로 만드는 응집력이 더욱 긴요한 것이며, 그다음에야 제도화의 벽돌을 쌓을 수 있지 않겠는가라는 것이다.

이제 이 책이 내세우는 '소용돌이 정치' 모델에 다가가 보자. 이 모델을 형상화하기란 그리 어렵지 않다. 한국사회의 밑에서 모래알 개체들이 상승기류를 타고 정상을 향해 돌진한다면, 정상부에서는 오랜 정치문화에 연원하는 '자문

---

2 Bruce Cummings, *Korea's Place in the Sun* (W. W. Norton & Company, Inc., 2005), pp.358~360.

기관 지배(council rule)'가 하강기류를 타고 합류한다는 것이다. 그것이 상승-하강 작용으로 소용돌이 폭풍을 일으킨다고 헨더슨은 보고 있다. 일단 소용돌이 폭풍이 일어나면 그 거대한 흡입력은 모래알의 정치개체를 빨아들여 어떤 이성적인 성찰도, 여야 간의 타협도, 정책을 위한 진지한 토론도 마비시키고 만다. 이런 상황에서는 정치발전에 필수적인 요건인 정치개체 간의 응집을 배양할 수 있는 토양은 황폐화되고 만다. 아직도 우리는 대선이나 총선 때마다 불거지는 색깔론의 소용돌이나 지역주의의 폭풍을 목격하고 있지 않은가?

한국정치를 이 모델에 대입하여 설명하기 위해서는 이 모델을 구성하는 몇 가지의 관련 개념과 상호 간의 역학 관계를 살펴볼 필요가 있다. 여기서 말하는 관련 개념들이란 단일성과 동질성, 상승기류, 중앙집권화, 자문기관 지배, 중간매개집단, 다원화, 응집 등과 같은 것들이다.

한국인들은 단일 민족, 단일 언어, 단일 문화를 자랑하는 경향이 있다. 그러나 이런 단일성과 동질성, 이어 중앙집권화는 종파 간 또는 부족 간에 끊임없는 분열로 얼룩진 세계의 발전도상 국가들로부터 선망의 대상이 될지는 몰라도, 한국사회의 경우 소용돌이 정치를 부추기는 요인이 되었다는 것이 헨더슨의 지적이다. 그것은 촌락과 왕권 사이에 자생적 기구의 결성을 막았으며, 이는 중간매개집단의 결여를 낳았기에 한국사회가 모래알 사회, 또는 원자화된 사회를 초래케 한 요인으로 작용했다는 것이다.

헨더슨이 중앙집권화의 모델로 조선왕조를 분석한 것은 그의 예리한 통찰을 엿보는 데 부족함이 없어 보인다. 그는 조선왕조를 유교를 국시로 하는 중앙집권 관료국가의 결정체라고 보면서 거기에서 소용돌이 정치문화의 뿌리가 확고하게 내렸다고 주장한다. 그는 "조선은 이런 긴 (소용돌이 정치문화의) 발전과정의 절정임을 스스로 증명했다"면서 "1392년부터 1910년에 이르는 518년 동안에 한국정치의 유형과 방식이라는 이미 오래된 주제가 반영구적으로 제도화되었고 현대로 투과되어 지금도 사람들의 의식 속에 남아 있다"라고 본 것이다. 조선왕조에서 유교란 보편적 가치체계로 뿌리내렸는데, 그것은 군신 간에 명령-복종 관계를 종교적 교리로 정당화한 것이었다. 이런 중앙집권적 관료체제 아래 지방의 인재들에게 입신양명을 위해 열려 있는 길은 오로지 과거제를 통해 중앙관료로 접근하는 것뿐이었다. 이것이 중앙의 서울을 향한 상승기류를 형성해 소용돌이 정치를 부추겼다는 것이다. 그런 과정에서 초라해진 것은 지방의 향토요, 번영한 것은 한양의 궁정정치였다. 이런 중앙집권의 정치문화가 해방 이후 이승만 독재정권, 박정희 군사정권에 이어져 현재까지 이르렀다는 것이다.

아마도 소용돌이 정치 모델에서 가장 독특한 요인으로 지목할 수 있는 것이 '자문기관 지배'일 것이다. 헨더슨에 의하면 자문기관 지배는 신라 화백제도에서 유래하는 것으로, 가장 오래된 한국 정치문화의 특성이다. 집단지배라고 단순화하기 어려운 이 지배의 유형과 특성에 대해 헨더슨은 이렇게 말한다.

"한국인들이 '자문기관'적인 절차로 기울어지는 것은, 그들이 적극적인 의미에서 '자문기관' 패턴을 '선호하기' 때문이거나 일정한 패턴의 '자문기관'이 질서 바른 사회를 위해 필수적이라고 생각하기 때문이 아니다"라며 "오히려 호흡하듯 자연스럽게 그들에게로 오는 원자화한 상승기류가 권력과의 동등한 접촉을 최대 다수의 사람들에게 최대한 보장해주는 넓은 공간을 필요로 하기 때문"이라는 것이다.

그는 "이런 문화적인 특성 때문에 해방 후 몇 십 년이 지나도록 '자문기관'형 통치와 민주주의가 결혼하지 않고도 동거할 수 있었으며, '자문기관' 형태 자체가 국회로, 정당으로, 중앙정보부로 변모하고 동시에 국민들에게 수용되면서 그 패턴에 충실할 수 있었다"라고 지적했다. 바꿔 말하면 한국인들은 이 자문기관 지배를 민주주의로 혼동해 정치문화 속에 내재화시켰다는 것이다. 그 결과 리더십에 대한 무조건적인 저항이라든가 '반대를 위한 반대', 또는 '타협을 모르는 한국정치'의 병리가 여기에 연원하고 있는 것이다.

소용돌이 정치 모델을 구성하는 관련 개념 중 중간매개집단, 다원화, 응집은 이 소용돌이 정치를 극복하기 위해 처방한 약방문이라 할 수 있다. 헨더슨이 이 책의 마지막 장에서 다룬 '다원화를 통한 응집'이라는 종합 약방문은 이미 위에서 살펴보았기에 여기서는 중간매개집단을 조명해보자. 헨더슨에게는 '중간'이야말로 한국정치 연구에서 영원한 화두이다.

그는 한국정치가 소용돌이 정치의 병리를 치유하기 위해서는 촌락과 왕권 사이에 '중간'매개집단 들어서야 하며, 한국정치는 극우나 극좌가 아닌 '중도(middle-of-the road)' 노선을 밟아야 한다고 보았다. 이 중도 노선을 대표하는 세력을 그는 '온건파(moderates)' 또는 중도파라고 불렀다. 그는 한국정치의 실패는 이 온건파의 실패라고 말하고 있다.

헨더슨은 미군정 3년이 실패로 끝난 주요한 이유는 해방정국에서 이 중도세력을 키우지 못하고 — 아니 배척하고 — 이승만을 내세운 맹목적인 반공극우체제를 세웠기 때문이라고 주장한다. 그는 이 중도세력을 대표하는 인물로 여운형, 김규식, 안재홍 같은 이를 들고 있다. 그러나 여운형은 극우세력에 의해 암살당함으로써, 김규식과 안재홍은 한국전쟁의 분진 속으로 사라짐으로써 한국정치의 비극이 시작되었다고 본다. 곧 그는 중도파의 실패가 한국정치의 실패라고 진단한다. 이제 그의 말을 직접 들어보자.

중도파의 실패는 다시금 소용돌이 정치의 도래를 예고했다. 중도파는 이전에 한국이 갖지 않았던 견고한 조직을 배경으로 한 정치적 다양성이 존재하는 것으로 믿었다. 그들은 인내와 타협에 의해 한국의 정치적 전통과는 이질적인 특성인 그런 다양성에 어울리는 사회적 가치를 추구했다. 그들은 중산계급의 지지를 필요로 했지만 한국에는 사실상 계급이 없었고, 그나마 한국의 새로운 중산계급이라고 할 수 있는 층도 공산주의를 두려워해 오른쪽으로 기울어지고 말았다. 중도파는 신문도 학교도 후원자도 없었고 의지할 수 있는 조직화된 충성심도 없었다. 재정적 지원도 기대할 수 없었고 지방에 지지자들도 없었다.

그렇다면 헨더슨은 중도파의 실패로 소용돌이 정치의 해법이 영영 사라진 것으로 보았을까? 그렇지는 않다. 그는 1988년에 새로 쓴 신판에서 새롭게 등장한 정치행위자로서 학생, 교회, 노동을 두루 살피면서 특히 재벌의 성장에 주목한다. 한 가지 특이한 점은 6·29선언 이후 한국 언론의 자유가 크게 신장되었음에도 언론을 독자적 기구로 주목하지 않았다는 점이다. 그러나 그는 재벌의 역할을 전망하면서 정치발전에 공헌할 수 있을 것이라는 희망을 표명한다. 바꿔 말하면 그는 크게 성장한 한국의 재벌이 소용돌이 정치를 완화할 수 있는 기구가 될 수 있다고 전망한 것이다. 그가 재벌의 역할에 주목한 것은 "한국형 정치기구의 구조가 일본 모델에 가깝게 될 것이라는 점을 기억하는 것이 중요하다"라고 말하듯, 미군의 점령이 끝난 뒤 전후 일본의 경우 55년체제의 안정에서 재벌이 독자적 역할이 수행한 것에 무게를 두었기 때문이다.[3]

그러나 헨더슨이 한국의 재벌을 향하여 바라본 전망과 품어본 희망은 이 시점에서 되돌아볼 때 빗나가고 말았다. 그가 신판 원고를 처음 탈고한 때는 1987년 3월이었다. 그 뒤 1988년 6월 6일, 제6장을 전면적으로 수정·보완한 원고를 마치면서 '재벌(The Chaebol)'이라는 소제(小題) 아래 더욱 희망찬 확신을 표명한다. "재벌의 성장은 한국에 본질적으로 중대한 결과를 가져왔다. 처음으로 중앙정부 외에 상승 소용돌이와 유동성의 훌륭한 목표가 될 수 있는 기관이 생겨난 것이다. 한국에선 이제 단극자장(單極磁場: 모든 것이 중앙정부로 집중되는)의 시대가 가고 다원주의 시대가 시작되었다." 이는 그가 얼마나 하고 싶은 말이었나! 그리고 그는 3개월 뒤인 10월 16일 홀연히 저세상으로 떠났다.

그러나 그 이후 우리 모두가 목격한 대로 한국 재벌은 한국적인 토양에서 자라난 체질적 허약성을 여지없이 드러냈다. 율산실업이나 국제그룹뿐만 아니라 뒤이어 재벌이 줄지어 무너지거나 휘청거렸다. 1992년 한국의 양대 재벌그룹의 하나였던 현대가 그 자체로 뿌리 없는 정당(국민당)을 실험한 뒤 실패한 것은 한국정치가 여전히 소용돌이 정치에 머물고 있음을 반증해주었다. 만일

---

3 김정기, 『국회프락치사건의 재발견 II』(한울, 2008), 352~354쪽.

헨더슨이 살아서 국민당의 실패와 한국의 최고 재벌그룹 가운데 하나였던 대우그룹의 해체, 대북사업을 둘러싼 현대아산의 무기력성과 총수의 자살, 그리고 삼성그룹의 정치 비자금 스캔들을 보았다면 어떤 반응을 보였을까?

4

이 시점에서 소용돌이 정치 모델을 어떻게 평가해야 할까? 헨더슨이 쓴 구판이 1968년 하버드 대학 출판부에서 나온 지 어느덧 반세기를 바라본다. 또 그가 1988년 민주화의 열기가 한창 달아 오른 새로운 상황전개 속에서 신판을 전면적으로 새로 쓴 지도 사반세기가 흘러갔다. 그동안 한국정치는 엄청난 환경변화를 겪었다.

지방자치가 그런대로 자리를 잡아가고 있다. 이것은 헨더슨이 소용돌이 정치를 극복하기 위해 필요한 '다원화'와 부합하는 정치 환경의 변화이다. 그러나 그가 주장하는 촌락과 왕권 사이에 중간매개집단이 없는 황무지를 우리가 과연 극복했는지, 또는 모래알 정치기구 간의 응집을 배양했는지는 아직도 과제로 남아 있다. 게다가 헨더슨은 한국사회가 정보화 시대의 총아로서 인터넷 정보망의 고속도로가 깔려가는 것은 알았겠지만 지금처럼 SNS라는 대중정보 사회를 맞을 것이라고는 꿈도 꾸지 못했을 것이다.

그러나 그는 기본적으로 1988년에 쓴 신판에서도 "소용돌이 개념은 1987년 현재 세계에서 가장 오래되고 가장 끊임없이 지속된 정치체제를 가진 나라 중의 하나인 한국이 어째서 7년 이상 된 정당이 현재 하나도 남아 있지 않은가 하는 수수께끼 같은 질문에 대한 해답을 구하는 데 도움이 될 것"이라 보고 있다. 필자는 그의 『소용돌이의 한국정치』가 한국정치학의 고전적 텍스트가 되었듯이 그의 소용돌이 정치 모델도 고전이 되었다고 생각한다. 인류의 영원한 고전 『국가론』에서 플라톤은 '철인 왕(philosopher-king)'이 다스리는 이상 국가를 제시했다. 영국의 철학자 버트런드 러셀(Bertrand Russell)은 이런 이상 국가란 히틀러의 치세에 다름 아니라고 혹평했지만 과연 그렇게만 볼 것인가. 일본의 한 논객이 고이즈미(小泉) 총리가 야스쿠니신사를 참배하자 이를 비판하면서 이와 같은 인기 만능만을 노린 정치인을 뽑은 일본국민에는 책임이 없는 것인가 묻는다. 그는 소크라테스를 죽인 아테네 민주주의의 부패에 대해 이를 우려한 플라톤의 고민을 이해할 만하다고 토로했다.[4]

소용돌이 정치 모델이 한국정치가 안고 있는 모든 병리를 해부할 수 있다거나 치유할 수 있다고 생각하면 잘못이다. 그러나 확실한 것은 이 모델이 이론이든 가설이든 한국사회가 맞는 새로운 환경에서도 끊임없이 새 해석을 낳는 분석틀을 제공하고 있을 뿐만 아니라 풍부한 연구가설을 생산하는 토양이 되고 있다는 점이다.

결론적으로 소용돌이 정치 모델은 헨더슨이 구성한 한국정치의 복잡한 문법이자 그것을 풀어야 할 과제를 우리에게 안겨준다. 그 모델을 구성하는 관련 개념들의 한 축, 곧 단일성과 동질성, 상승기류, 중앙집권화, 자문기관 지배는 여전히 한국정치에 병리현상을 증폭시키고 있으며, 그 대칭 개념들의 또 한 축, 곧 중간매개집단, 다원화, 응집은 북극성과 같이 한국정치가 도달해야 할 좌표를 비춰주고 있다.

마지막으로 이 책의 한국어판 번역에 대해 독자들에게 몇 마디 해두어야 할 것 같다. 번역은 반역이라는 말이 있다. 아무리 충실히 번역하려 해도 원저자가 쓴 외국어를 한국어로 옮기는 데는 한계가 있다. 그러나 필자는 번역자들(이종삼·박행웅)이 원서의 난해한 문어적인 표현을 제대로 짚어가며 원뜻을 살리는 데 성공했다고 평가하고 싶다. 예컨대 제1장 「단극자장」에 나오는 'rule by the sage'를 '철인통치(哲人統治)'라고 옮긴 것은 원저자가 플라톤의 『국가론』에 나오는 '철인 왕'을 염두에 둔 것에 방점을 찍은 번역자들의 어휘선택이다. 또 다른 예로 제8장의 소절인 'The Generalist Bureaucrat'를 '만능가형 관료'라고 번역했는데, 그 의미와 어휘가 모두 적절한 것이다. 만일 언어 표기에 구애되어

---

4 梅原猛,『神殺しの日本』(朝日新聞出版, 2006).

이것을 '일반주의자 관료'라고 번역했다면 독자들은 전혀 의미를 알 수 없었을 것이다.

이런 예는 많지만 특히 제9장 소절에 나오는 'The Censorate'의 경우 '대간' 이라 옮긴 것은 번역자들이 조선의 간쟁제도에 관한 정확한 역사지식을 반영한 것이라고 보인다. 일본어판의 경우 이것을 '사헌부(司憲府)'라고 옮겼는데, 이는 잘못이다. 대간이란 사헌부의 대관(臺官)과 사간원(司諫院)의 간관(諫官)을 통틀어 일컫는 말이기 때문이다.

김정기 교수 약력

현 한국외국어대학교 명예교수
서울대학교 법대 및 행정대학원 졸업(행정학 석사)
미국 뉴욕 컬럼비아 대학 정치학과 대학원 졸업(정치학 박사)
한국언론학회 회장
한국정치커뮤니케이션 회장
초대 방송위원회 위원장

추천사

새뮤얼 P. 헌팅턴 *Samuel P. Huntington*

필자가 보기에 남의 책에 써주는 추천사의 형식은 십중팔구 완곡어법을 쓰는 것이 관례처럼 되어 있다. 그런 추천사를 쓰는 사람은 (그 책의 독자들과 부분적으로 꽤 중복이 될 수도, 되지 않을 수도 있는) 자기 책의 독자들로 하여금 그 책이 담은 주제의 중요성을, 다음으로 그 책 자체의 중요성을, 그리고 마지막으로는 그 책을 쓴 저자의 중요성을 — 그리고 능력을 — 쉽게 인식하도록 해주는 것으로 보인다. 이런 모든 것은 대체로 책과 저자에 대해 잘 선택된 찬사를 해당 학문분야의 현 상황에 대한 적절히 공평하고 아카데믹해 보이는 의견과 결부시켜 적당하게 품위를 지키면서 복잡한 태도로 행해진다. 나는 그런 변죽 울리는 짓을 하고 싶지 않다.

그레고리 헨더슨의 이 책은 적어도 세 가지의 이유로, 적어도 세 종류의 독자들에게 아주 중요하다.

첫째, 한국에 관심을 가진 독자들을 위해 이 책은 한국의 정치문화와 정치 발전에 대해 영문(英文)으로 된 것으로서는 가장 포괄적이고 통찰력이 풍부한 분석을 한 책이 될 것이며, 내 요량으로는 어쩌면 한국어와 일본어를 포함한 다른 어떤 언어로 쓰인 것 가운데서도 그런 것 같다.

한국문제 전문가들은 이 책에서 한국 발전의 여러 국면에 관한, 특히 일본의 통치기간과 제2차 세계대전 직후에 대한 여러 가지 새로운 정보를 접하게 될 것이다. 이 책은 저자가 10년 이상 한국문제에 몰두한 경험을 바탕으로 하고 있다. 1947년에 한국문제를 전문으로 다루는 첫 외교관의 한 사람으로 임명된 저자는, 7년 이상 서울과 (피난지인) 부산의 미국대사관에서, 또한 3년 이상 워싱턴의 국무부에서 근무했다. 이 책은 그가 펴낸 최초의 저서지만 그는 이미 한국사회와 문화에 대한 다수의 논문을 아시아와 미국 학회지에 발표했으며, 그런 논문들을 통해 한국의 도자기는 물론 현대 한국의 사회패턴에 대해 아주 해박한 지식을 갖고 있음을 보여주었다.

철저한 전문가는 간혹 지나치게 구체적인 것에 몰두하는 경향이 있다. 헨더슨은 이 책에서 한국문화의 하나의 중심적인 특징에 초점을 맞추어 한국정치에 대한 우리의 이해를 넓히고 한국의 정치발전에 하나의 통일된 해석을 내리고 있다. 토크빌(Alexis de Tocqueville)이 평등과 민주주의를 미국사회를 확인하는 열쇠로 삼았던 것처럼, 헨더슨은 동질성과 중앙집중화를 한국사회를 해석하는 열쇠로 삼았다. 그 결과 한국은 일종의 원자화한 사회가 되어 그 안에서 개인도 가족도 당파도 관료주의적 '기류의 상승작용'에 열광적으로 휩쓸려 빙빙 돌아 올라가고 있다는 것이다. 헨더슨은 그것을 적절하게도 소용돌이 정치라고 이름을 붙였다. 이것은 대담한 주장이며 또한 강렬한 은유다. 학자들 가운데는 장래 이 주장에 적극적으로 이의를 제기하는 사람이 있을지도 모르지만 그러나 아마도 이것을 무시하는 사람은 거의 없을 것이다.

둘째, 비교정치학과 정치발전에 관심을 가진 사람들에게 이 책은 동질적 다원주의 연속체의 한 극단에 자리 잡은 거의 이상적 유형이라고 할 만한 한 사회에 대한 아주 재미있는 사례연구를 제공해준다. 헨더슨은 이 책의 원고를 그가 1964년부터 1965년 사이 하버드 대학 국제문제연구소의 객원 연구원으로 있을 때 썼다. 이 시기에 그는 정치발전에 대한 하버드-매사추세츠 공과대학 교수세미나 및 아시아·아프리카·라틴아메리카 사회현대화의 정치변동에 관한 동 연구소의 여러 연구에 정기적으로 참가했다. 한국문제를 다루면서 그는 다른 비교정치학자들이 개척한 많은 논제들을 근거로 삼았다. 특히 헨더슨은 이 책에서 현대화 과정에서의 다원화의 이해득실에 관해 균형 있는 평가를 내놓았다. 한편으로, 민족통일을 위해 좋은 것이 반드시 국가발전을 위해 좋은 것은 아니다. 획일성이 통일성을 가져오지도 않고 민족적 합의가 응집력을 고양시키는 것도 아니다. 동질성과 중앙집중화는 고도의 사회적 유동성과 저차원의 조직발달을 특징으로 하는 하나의 체제를 창조하고 말았다. 다른 한편으로, 한국은 또한 전통주의, 변화에 대한 거부감, 그리고 다른 사회의 향수적 성격(nostalgia characteristic)을 결여해왔다. 한국사회는 개방적인 사회이며 역동적인 사회다. 실제로 한국사회와 미국사회 사이에는 깜짝 놀랄 정도의 유사성이 있다. 그래서 결정적인 질문은, 한국이 다원주의에 적응할 수 있을까 하는 점이다.

마지막으로 이 책은 현재 경제 변화와 사회 혼란으로부터 정치질서를 창출해내는 일에 관심이 있는 워싱턴 및 기타 지역의 정책입안자들에게 귀중한 책이다. 고도로 중앙집권화되고 관료화된 사회가 현대화할 때 그들은 어떻게 정치적 안정을 달성할 수 있을까? 이런 종류의 전통적인 구조를 가진 사회에 대한 공통적인 해결방법의 하나는 중국이나 러시아에서 볼 수 있는 전체주의다. 진공상태를 채우고 소용돌이를 진정시키는 다른 방법은 없는 것일까? 이 문제는 한국에만 국한된 것이 아니고 태국이나 이란처럼 중앙집권화한 전통적 군주정체 아래에서(헌팅턴 교수가 이 글을 쓸 때는 이란의 팔레비 왕가가 아직 군림하고 있었다. _옮긴이) 근대화를 추진하고 있는 나라들에게도 해당된다.

헨더슨은 정치권력의 분산화와 지방 수준 및 경제영역에서 자치적인 힘을 가진 중심지의 설립을 촉진한다는 설득력 있는 해결책을 제시한다. 유사한 주장이 베트남(통합 이전의 남베트남을 말한다. _옮긴이)에 대해서도 제기될 수 있겠는데, 베트남에 대해 관심을 가진 다수의 정책입안자들이 헨더슨의 분석을 읽을 필요성을 느끼게 될지도 모르겠다. 베트남은 자체의 종교적·인종적 다원성 때문에 한국과는 근본적으로 다르다. 그러나 베트남은 한국과 마찬가지로 중국에 대한 조공국가였으며, 불교와 유교의 혼합적인 전통이 있고, 더욱 중요한 것은 중간매개집단을 약화시키고 파괴해온 중앙집권적 권력 전통을 가지고 있다. 베트남인들 스스로 한국인들의 경험에 매력을 느껴왔으며, 많은 미국인들도 한국의 민주공화당 식으로 군부의 보호 아래 지배적인 정당을 만드는 것이 베트남에 적절한 모델이 될 것이라고 생각한다. 최근에 미국인들은 또한 베트남에서 권력을 지방으로 분산해 좀 더 활력 있는 지방자치제도를 발전시킬 필요가 있다고 강조하기 시작했다.

핸더슨은 이 책에서 한국사에 대해 놀랄 만한 해석을 내리고 비교정치학 면에서 근대화에 관한 가치 있는 연구를 제공하여, 아시아·아프리카 사회의 정치적 안정과 다원적 민주주의를 촉진하기 위한 시사적인 제안을 하고 있다. 따라서 이러한 제반 문제에 대해 관심을 가진 어느 누구에게도 이 책은 읽을 만한 가치가 있을 것이다.

감사의 말

이 책이 나오게 된 것은 하버드 대학 국제문제연구소 덕분이다. 동 연구소는 내가 아직 확실한 연구주제를 정하지 못하고 있을 때 한국의 정치패턴에 관한 연구가 잠재적 가치가 있다는 아주 확고한 신념을 갖고 있었다.

나는 1964년 3월부터 1966년 1월까지 동 연구소에서 오직 객원 연구원만이 누릴 수 있는 고적하고 매력적인 연구와 사색에 전념했는데, 연구소의 관대함, 지성이 넘치는 교우관계, 내가 태어난 고향인 케임브리지의 풍요로운 환경, 소수의 옛 궁궐생활에나 비길 수 있는 행복한 보호체제에 경의를 표한다. 동 연구소 소장인 로버트 R. 보위(Robert R. Bowie) 교수는 이런 여러 가지 배려 외에도 한국사에 대한 분석이 이 책의 근간이 되어야 한다는 점을 강조해 내게 도움을 주었다. 끝으로 동 연구소가 이 책의 출판을 맡아준 것에 대해서도 감사한다.

한국에 관한 이런 종류의 주제를 핵심에 다가서서 논할 수 있는 사람들은 그렇게 많지 않다. 미국의 한국학 제1인자이며 하버드 대학 한국학 조교수인 에드워드 W. 와그너(Edward W. Wagner) 박사가 한국에 대한 폭넓은 이해와 심원한 지식 그리고 세련된 정확성을 갖고 도와준 데 대해 거듭 감사를 드린다. 그는 우선 아이디어를 주고, 다음에는 격려와는 별도로 원고에 대한 많은 비판을 해주었으며, 마지막으로는 자료나 인용문을 찾아서 도와주었다. 이 책에 오류가 많이 있을지도 모르지만 그것은 모두 나의 책임이며 그나마 더 많은 오류를 범하지 않은 것은 오로지 그의 해박한 지식 덕택이다. 윌리엄 앤드 메리(William and Mary) 대학 경제학부의 최기일 박사와는 일찍이 잦은 토론을 통해 도움을 받았는데 그의 변치 않은 사고의 독창성과 예리한 은유가 토론을 더욱 가치 있게 해주었다. 또한 전에 캘리포니아 대학 산타바버라 분교의 인류학과 교수로 재직했던 매너 소프(Maner Thorpe) 박사는 한국의 농촌생활에 대한 그의 특이한 통찰과 경험을 자유롭게 내 연구에 이용할 수 있게 해주었다.

무엇보다도 이 책은 내가 미국대사관원으로서 7년 남짓 한국에 근무했던 데서 거둔 수확물이다. 1948년 7월부터 1950년 10월까지 그리고 1958년 5월부터 1963년 3월까지의 나의 근무기간 중에 미군의 군사점령이 끝나고 현재의 대한민국이 건국되었는데, 반란, 한국전쟁 발발, 서울 탈환, 이승만 대통령을 실각시킨 4월 혁명, 이승만의 뒤를 이어받은 민주주의적 후계자를 전복시킨 군사쿠데타 등 한국의 안정과 통일 그리고 진정한 독립을 희구하는 과정에서 일어난 엄청난 재난과 영광 그 전부를 나는 똑똑히 보았다.

그 무렵 각 분야에서 일하는 다수의 한국인 친구들이 나에게 이러저러한 것을 안내해주고 가르쳐주었다. 그들이 나의 이론을 좋아하든 별로 인정하지 않든 간에 그들은 내가 나름대로 한국의 정치와 사회에 대한 이론을 정립하여 이 책을 내는 데 결과적으로 많은 도움을 준 셈이다. 그다지 많은 사람들을 기억할 수는 없지만, 풍부한 사회적 지식을 가진 여운홍 씨, 서울대학교의 고 이상백 박사, 이병도 교수, 이만갑 교수, 그리고 전에 조선기독교대학(Chosun Christian College)과 서울신문에 재직했던 고 하경덕 박사 등 몇 분이 생각난다. 즐겨 나의 연구를 도와주고 자료에 대한 조언을 준 조지워싱턴 대학의 정기원 씨와 당시 하버드 대학에 재직 중이었으며 지금은 연세대학교 교수로 있는 유영익 박사에게 감사드린다. 또한 하버드 대학 엔칭연구소 중국·일본 도서관의 김성하 씨, 콜롬비아 대학 극동도서관의 김주봉 씨, 미 국회도서관의 한국인 사서 책임자인 양기백 씨를 위시한 많은 분들께는 많은 문헌상의 질문에 친절하게 답해준 데 대해 감사를 드린다. 서울에서 오랫동안 영사, 총영사를 거쳐 나중에 정치고문을 지낸 고 윌리엄 R. 랭던(William R. Langdon) 씨와 랭던 부인, 그리고 매사추세츠 공과대학 상급강사인 리처드 D. 로빈슨(Richard D. Robinson) 씨는 미군의 한국 점령에 관한 미공개 자료를 자유롭게 이용할 수 있도록 해주어 우려하던 자료의 공백을 보강할 수 있었다.

초고가 준비된 단계에서 더 많은 분들의 도움을 받았다. 하버드 대학 행정학부의 루퍼트 에머슨(Rupert Emerson) 교수, 새뮤얼 P. 헌팅턴(Samuel P. Huntington) 교수, 역사학부의 벤저민 슈워츠(Benjamin Schwartz) 교수 등 여러분들은 초고를 읽고 여러 가지 지적을 해주었다. 특히 헌팅턴 교수는 각 장(章)의 재구성을 지도해주는 친절을 베풀었다. 마지막으로 하버드 대학 국제문제연구소 출판부문 편집장인 로버트 어윈(Robert Erwin) 씨는 인내와 관용으로 나로 하여금 고삐를 바싹 죄도록 격려해주었다.

하나의 주제를 추적하는 저자의 고독을 위로하고 책으로 엮어내는 노동을 보수도 없이 도와주었던 사람은 나의 아내였다. 나의 아내 마리아 폰 마그누스 헨더슨의 길고 애정 어린 지원에 깊이 감사한다.

1968년 3월
뉴욕에서
그레고리 헨더슨

서 론

한국의 정치패턴은 외국에서는 말할 것도 없고 한국에서조차 아직 거의 해명되지 않고 있다. 정치패턴이 모호한 조건 아래서는 그것에 대한 연구에 혼란이 따르고 어느 한 사람의 작업으로 그 혼란을 없앨 수 있다고 기대할 수는 없다. 대부분의 개발도상국들과 비교해 한국은 오랜 학문의 전통이 있고 문헌도 풍부하다. 하지만 긴 연대기(年代記) 형식으로 된 역대 왕조들에 대한 기록은 물론 근대의 일제강점기에 이르기까지의 방대한 자료들을 정리하여 새로운 연구의 광범위한 요청에 부응하고 학술논문의 기초가 될 수 있게 하는 분석 작업이 이제 겨우 시작되었을 뿐이다. 중국과 한국에서 발달한 연대기 기술(年代記記述)의 전통 아래서는 학자들이 그 작성에 골몰한 나머지 그것의 비교나 분석에는 미처 손을 쓸 수가 없었다.

한편 서구에서 극동문제를 연구하는 학자들로서는 중국이나 일본의 산더미같이 많은 자료와 그 중요성에 정신을 뺏긴 나머지 이 양대 산맥 사이에 끼인 조그마한 나라 한국에 대한 것은 좀처럼 고려의 대상이 되지 못했다. 비록 이책이 처음 나온 이후 지난 20년 동안(1968년에 이 책의 초판이 출간된 후 1987~1988년에 저자가 내용의 상당부분을 수정·보완했으나 증보판을 내지는 못했다. 이 완역판은 저자가 수정·보완한 부분을 모두 포함하고 있다. _옮긴이) 서구어로 된 한국에 관한 역사서들이 몇 권 나왔지만, 주로 지식욕과 민족주의 감정을 만족시켰을 뿐 비교학문 내지 이론정립 수준에까지는 이르지 못했다. 한국의 정치상황에 대해 보편성 있는 이론정립을 시도하는 것은 20년 전(1968년)에는 분명 당돌한 행동이었으며, 지금(1988년)도 여전히 바보 같은 짓으로 보일지 모르겠다. 도달할 결론은 불완전하고 가설에 그칠 수도 있을 것이며 앞으로 장기간 논란이 일고 정정이 필요할 것이다. 그렇다고 예비연구도 시도하지 않는 것은 더욱 무책임한 일이다. 학자들은 일단 연구를 시작한 후 자신의 연구가 어느 방향으로 향하고 있는가를 자문해보고 바로잡을 필요가 있는 것이다.

국제사회에서 한국연구의 필요성 또한 훨씬 다급해지고 있다. 근래에 전쟁을 겪고 국제평화 유지와 재건 노력으로 값비싼 대가를 치르고 있는 한국은 분명히 당장 세계의 절박한 관심의 표적이 되고 있다(1960년대 중반 시점에서 얘기하고 있다. _옮긴이). 얼른 기억할 수 있는 범위 내의 것만 꼽아보아도, 유교 중심의 왕조정치, 일본의 식민지 지배, 미군정, 이승만 독재정치, 학생봉기, 민주주의, 군사쿠데타 등이 쉴 새 없이 밀어닥치는 파도처럼 이 나라를 엄습해왔다. 정치의 안정이 잠깐 증대되고 있다고는 하지만 아직도 달성되지는 않고 있고, 그것의 딜레마도 언제까지 계속될지 예측을 불허한다. 그러나 한국의 정치문화는 이런 충격에도 불구하고 곧잘 회복하는 저력을 보여 왔다. 국제정치를 일선에 몸을 던져 체험해온 사람으로서 얼핏 보아 모순된 이런 현상을 어떻게 해석해야만 할까? 외교관, 군인, 원조담당관, 정책입안자와 학교교사들은 당시의 현실을 기준으로 판단해 각자의 일을 처리하는 수밖에 없었을 것이다. 그들이 이해하든 못하든, 또한 그들을 충족시키든 못 시키든 간에 이 책은 그런 실무자들을 위한 것이기도 하다.

한국은 하나의 실체이며 따라서 보편적인 정치발전 구조 안에서 파악해야 한다. 현재 6,000만 명 이상이 한반도에 살고 있으며, 이 땅의 전략적 중요성에 대해선 엄청난 희생을 치르고 난 후 뒤늦게 그 가치를 인식하게 되었다. 한국의 문화와 역사의 중요성을 무시할 수 없다는 사실 역시 널리 인식해야 할 것이다. 한국이 정치학자들에게 중요시되고 있는 것은 한국의 인구가 많다거나 그것의 지정학적 위치 때문만은 아니다. 과거 한국 정치형태의 추세, 이른바 (도시국가형이 아니면서) 농업을 기반으로 하는 중앙집권적 과두정치 형태는 세계 역사상 희귀한 사례다. 한국 정도의 안정된 지리적 판도를 가지고, 이 정도로 영속적인 정치구조 아래에서, 이 정도로 획일화한 민족·문화·언어의 환경을 유지하며, 이런 규모의 나라로 뿌리를 내린 전통은 다른 곳에선 그 예를 찾아보기 힘들다. 또한 한국처럼 지방 세력의 성장을 완전히 배제하고 중앙집권적 지배를 오랜 세월 흔들림 없이 지속한 나라도 드물다. 한국이라는 온실에는 몇 명의 정원사가 있긴 했지만, 온실의 온도와 토양은 놀라운 불변성을 유지해왔다.

한국 정치전통의 배경이 파격적이었을 뿐만 아니라 그것이 가져온 결과도 현대의 많은 정치발전이론의 관점에서 보아 예상치 못한 것이었다고 할 수 있다. 한국은 외관상 세계 대부분의 개발도상국가들이 고통스러운 투쟁을 벌여왔음에도 지금까지 이루지 못하고 있는 국가통일을 아주 일찌감치 달성하고, 단일민족과 문화를 기초로 강력한 중앙집권적 관료지배체제를 반석처럼 확립한 국가로 보일 수도 있다. 다른 개발도상국가에서는 이런 성과를 선망하며, 한국이 정치와 경제의 현대화를 대체로 빨리 실현할 가능성이 있다고 볼지도 모르겠다. 그러나 한국은 1965년까지는 정치에서 호기를 놓치고 있었고 경제에서도 현대화의 실행이 더뎠다.

한국은 서구와 접촉한 첫 수십 년 동안에 경제와 군사의 문제를 해결하기 위해 이런 이점들을 이용하는 데 실패했다. 또한 그런 우수성이 일제로부터 해방 후 첫 20년 동안 활로를 개척하는 데 크게 도움이 되지 못한 것 같다. 그 후 교육과 다른 요인들로 인해 중앙집중화한 관료주의는 한국의 경제발전에, 그리고 심지어는 군사상의 발전에 매우 인상적인 결과를 가져왔다. 하지만 정치적으로 과도하게 중앙집중화한 시스템은 오늘날(1988년 현재 _ 옮긴이)까지도 민주주의의 틀 안에서 실행가능하고 안정된 제도를 벼려내지 못했다.

한국에서 오랜 기간 지속된 민족의 동질성과 정치의 중앙집중성이 가져온 특이한 결과가 다른 개발도상국들의 정치문화에서 통일과 응집이라는 주술이 되어 그들의 정치이론에 영향을 줄지도 모르겠다. 현재 개발도상국들이 모색하고 있는 통일성, 중앙집중성, 동질성이 한국에서처럼 정치적 융합과 다원화를 파괴하는 소용돌이[1]를 일으킬 가능성은 없는 것일까? 우리의 정치학 지식을 확대하여 중앙집중화의 역학을 조사하고 그것을 구성하는 모든 힘을 계측하여 그런 힘이 일으키는 형세와 소용돌이의 속도를 계산하는 능력으로까지 발전될 수는 없는 것일까? 그런 모든 힘은 민주주의의 발전에 순기능적일까 역기능적일까? 순기능적이라면 언제 그리고 어떤 수준으로 그러할까? 이런 의문들이 20년 전에 일어났었고 지금(1988년 현재 _ 옮긴이)도 계속되고 있다.

이런 문제들에 대한 해명은 예증이 필요하다. 1961년 군사쿠데타에 성공한 한국 군부지도자들은 1963년 가을에 다소 자유로운 분위기로 대통령과 국회의원 선거를 실시했다. 강력한 여당이 풍부한 자금력을 바탕으로 창당되었고 정부는 온갖 수단을 동원해 여당을 지원했다. 군사정권에 대해 비판적이고 적대적인 정서가 점점 항간에 충만하게 되었고, 더욱이 이 나라의 저명한 정치가들 거의 대다수를 망라한 야당은 도시 유권자들의 과반수와 상당수의 언론들로부터 지지를 받았다. 야당 지도자들은 자기들이 정부에 대해 정치적으로 아주 불리한 입장에 처해 있으며 오직 단합을 통해서만 좋은 성과를 올릴 수 있다는 경고를 날마다 받고 있었다. 야당들은 군사정부에 대해 지독한 반감을 품고 있었을 뿐만 아니라 그들 내부에 큰 분열에 이를 수 있는 지역·종교·계급과 이데올로기의 차이가 없음에도 불구하고 무려 11개의 정당으로 분열되어 있었으며, 거의 모든 선거구에서 통합후보를 내지 못하고 서로 간에 경쟁을 벌이는 사실상의 정치적 자살행위를 저질렀다. 여당은 투표자 총수의 겨우 33.5%밖

---

1 여기서 말하는 소용돌이의 이미지는 티끌이나 먼지를 원뿔 형태로 휘감아 돌며 위협적으로 하늘 높이 빨아올리는 회오리바람을 말한다. 물살이 빙빙 휘돌아 아래쪽으로 빨려 들어가는 형태를 말하는 것이 아니다.

에 획득하지 못했는데도 총 175석 중 110석을 차지했다. 총 투표수의 3분의 2
를 획득한 야당은 단지 65석을 얻어 전체 의석의 3분의 1을 약간 넘기는 데 그
쳤다. 1966년에도 다음해에 있을 총선거 준비과정에서 야당은 똑같은 잘못을
저질렀다.

그로부터 20년, 그런 요인들은 비록 그 수위가 단계적으로 낮아지고는 있지
만 여전히 문제점을 안고 있다. 1980년 11월 말부터 12월에 걸쳐 정부는 과거
의 야당 분열을 활용하기 위한 냉소적인 시도로 세계 정치사상 분명히 그 유례
가 없는 대량 창조, 이른바 18개 정당의 돌연한 출현을 교묘히 연출해냈다. 야
당만 분열시키고 정부쪽에서는 단합을 즐기려는 의도로, 이렇게 난립한 정당
들 가운데서 단지 1개만이 정부의 집중지원을 받았다. 이처럼 속이 빤히 들여
다보이는 조작을 끝까지 지켜본 한국국민들은 곧 선거와 합병을 통해 이들 난
립한 정당들의 3분의 2를 제거했다.

1987년까지 단지 6개 정당이 살아남았으며 그 가운데 오직 3개, 즉 1개의
여당과 2개의 야당만이 제대로 된 정당의 모습을 갖추었다. 사실 1985년 2월
12일에 실시한 총선에서 창당된 지 겨우 2개월밖에 되지 않은 새로운 진짜 야
당이 총 투표수의 29%를 득표하는 놀라운 일이 벌어졌다. 그러나 야당의 이런
득표에도 불구하고 왜곡된 비례대표제도 때문에 여당은 단지 35% 득표로 의
석의 55%를 차지하는 의회 다수당이 되었다. 1987년 6월, 이 글을 쓸 때까지
정부와 여당은 이렇게 분명히 불법적이고 대표권이 왜곡된 정치제도에 대한
논쟁에 자물쇠를 채우고 있다. 하지만 이러한 불의와 조작 아래서도 야당은 분
열로 계속 불구가 되고 있다.[2]

단일화의 긴 정치전통을 가진 동질문화가 자발적인 정치적 통일과 단결을
이루어내지 못하는 거듭된 실패는, 잠재적 다수파를 굴욕적으로 패배한 소수

---

2   Gregory Henderson, "'Politics' chapter," in American Friends Service Committee(ed.),
    Two Korea, One Future?(University Press of American, Oldham, Ma. Feb, 1987).

파로 전락시켜 다수의지의 표명, 나아가서는 민주주의의 표명을 좌절시키는 것이다. 이런 사실은 정치학자들에게 프랑스나 다른 고도의 중앙집중적인 국가들을 떠올리게 할지도 모르지만, 그렇다고 그런 현상의 심각성이 상쇄되는 것은 아니다.

이 같은 응집력 부족이 역사상 특정인물의 개성이나 전술 혹은 우연 때문이 아니라는 것은 다음에 상술할 한국사에 관한 장에서 잘 보여줄 것이다. 1952년부터 1960년까지 자유당에 맞선 야당의 장기간의 고뇌에 찬 통합에의 길, 1945년에서 1947년까지 공산주의자들의 첨예화한 도전 앞에 지리멸렬했던 보수 세력, 원래 독립심이 강한 오랜 전통과 일본에 대한 뿌리 깊은 반감에도 불구하고, 그리고 1,300만 명의 인구가 겨우 수천 명의 일본군을 상대했음에도 불구하고, 1910년의 국권침탈에 대한 효율적이고 단합된 정치적 저항에 실패한 것 등이 좋은 사례가 될 것이다.

내우외환을 맞아 보여주는 정치적 응집력의 부족은 한국의 역사를 통해 오랜 기간에 걸쳐 전염병처럼 반복되었다. 그것은 때때로 근대화에 대한 한국인들의 노력을 좌절시켰다. 외국 세력이 임의로 남북을 분단시킨 것을 제외하곤, 거의 완전이라고 말해도 좋을 정도로 분열의 객관적 근거가 없는 이 나라의 분열에 관한 설명을 도대체 어디서 구해야만 할까?

나는 이 책에서 한국의 단일성과 동질성이 강력한 제도의 형성이나 촌락과 군주 사이의 자발적인 제휴가 없는 사회를 만들어내는 데 기여했다고 논했다. 이른바 성곽도시를 거의 경험하지 못한 사회, 봉건영주와 대저택, 준독립적인 상인사회, 도시국가, 길드, 그리고 정치활동에서 독자적인 자세와 기능의 중추로 존재하고 행동하기에 충분한 응집력을 가진 계급사회를 만들어내지 못한 것이다. 그리하여 한국사회는 대략 점점이 흩어져 있는 촌락, 작은 저자가 있는 소도시, 벌족이나 지역 소유의 서원이나 향교 또는 사찰로 구성되어왔으며, 이들은 주로 국가권력과 개별적인 관계를 가지고 상호 간 교류를 해왔다. 그리고 이런 사회는 전형적으로 원자화한 개체로 구성되어 있고, 개체 상호 간의 관계는 주로 국가권력에 대한 관계로 규정되며, "엘리트와 일반대중은 그들 사이를 조정할 수 있는 집단의 힘이 취약하기 때문에"[3] 직접 대결하게 되고, 여러 사회관계의 비정형성과 고립을 특색으로 하고 있다.

대중사회에는 여러 종류가 있지만 그들 대부분은 중앙집권과 독재정치를 지향한다. 한국사회는 다른 사회들과 구분되고 있는데, 종류에서가 아니라 진행되어온 추세에서 보인 극단적인 수단에서 구분된다. 한국은 좁은 국토에다 인종도, 종교도, 정치도, 언어도, 혹은 다른 어떤 기본적인 원천도 적대적인 요소로 분리되어 있지 않으며 이런 보편적인 가치구조가 각 집단으로 나뉘는 데 깊이나 계속성 혹은 선명도가 거의 없는 사회를 만들어냈다. 기득권, 종교적 반목, 기본정책의 차이, 그리고 이데올로기적 분열은 좀처럼 발생하기 어려웠을 뿐만 아니라 또 한편으로 장기간에 걸쳐 별로 중요시되지 않았기 때문에 이 사회가 만들어내는 정치형태 안에서 그런 것들이 일정한 지위를 점하지 못했다. 이리하여 한국에서 집단을 만드는 것은 주로 구성원들을 권력에 접근시키

---

3 William Kornhauser, *The Politics of the Mass Society* (Glencoe, Ill., 1959), p.228. 콘하우저는 중간집단이 취약한 사회의 구조적 약점에 관한 이론으로부터 대중사회의 개념을 발전시켰다. 형식논리적인 이 개념은 그가 표현한 것 이상의, 그리고 그의 사상 이상의 것을 내포하고 있다. 그의 대중사회 이론에 대한 비판과 오해가 많이 일어나고 있는데, 나는 그의 '대중사회'라는 용어사용이 그가 내세우는 명제의 중요한 핵심을 해명하기보다는 오히려 오해와 비난을 더 많이 불러일으킨 것으로 알고 있다. 그래서 나는 이 책에서 그의 이론에 대한 언급을 거의 하지 않았다. 콘하우저의 이론은 내가 이 책에서 전개하고 있는 이론의 바탕이 된 적이 전혀 없으며, 또한 그의 이론은 1900년대 이전의 한국과 같은 원시적인 통신제도를 가진 근대화 이전 국가들을 대상으로 만들어진 것도 아니다. 나는 이 책의 초고를 준비한 다음에야 콘하우저를 접하게 되었고, 그 후 나의 이론을 분명하게 정화시켰다. 내가 그의 이론을 부분적으로 인용한 것은, 간혹 혐의를 두고 있는 것처럼 동아시아 자료에 대한 서구적 사고의 기만을 의미하는 것이 아니다. 나의 이론은 본질적으로 내가 콘하우저 박사나 그의 작품에 대해 알기 이전 나의 독자적인 한국 관찰을 기초로 정립한 것이다(이 원주는 저자가 수정·보완한 글에 첨부한 것이다. 아마도 『소용돌이의 한국정치』 초판이 나온 후 여러 평자들이 '중간집단'에 대한 저자의 이론을 콘하우저에게서 차용한 것으로 평가하는 것에 반발하여 이 원주를 첨가한 것으로 보인다. _옮긴이).

기 위한 기회주의적 수단이었으며, 서로 간에 별로 상위점이 없기 때문에 각 집단은 구성원의 개성과 그 당시 권력과의 관계에 의해서만 구별할 수 있었다. 그래서 집단을 만드는 것은 파당을 만드는 것이었으며 파당으로부터 실질적인 정당을 벼려내는 토론과 관심은 동질적이고 한국과 같이 권력지향적인 사회에서는 존재하지 않았다.

그 결과 극도로 구심적인 역학패턴이 나타나게 되었는데, 영토가 협소하기 때문에 그것의 격렬성은 중국이나 러시아와 같이 좀 더 광대한 대중사회에서나 감내할 수 있는 한도를 훨씬 넘는 것이었다. 한국의 정치역학 법칙은 사회의 여러 가지 능동적 요소들을 권력의 중심으로 빨아올리는 하나의 강력한 소용돌이 형태를 띠게 되었다. 유럽이나 일본식 봉건사회를 경험하지 못한 데서 오는 취약한 하부구조를 가진 중앙집권적 관료정치에서는 수직으로 강력하게 내려 누르는 힘이 이러한 상승기류 속에서 서로 간 보완관계를 갖게 된다. 말하자면 수평적 구조의 취약성이 강력한 수직적 압력을 크게 증가시킨 것이다. 중앙에서 내려 누른 수직적 압력은 그것을 억제할 만한 지방이나 혹은 독립성을 가진 집단이 존재하지 않기 때문에, 그리고 일단 형성된 소용돌이를 제어하지 못하기 때문에 반작용이 걸리지 않았다. 더욱 놀라운 것은 중간집단들이 만들어질 수 있는 여지가 전혀 없었다는 점이다. 현기증 나는 상승기류는 모든 구성원들이 더 낮은 수준에서 결집하기 전에 권력의 정점을 향해 원자화한 형태로 그들을 몰아대기 위해 각각의 구성요소들을 빨아들이는 경향이 있었다.

그렇다면 그런 구심적인 역학패턴이 이상과 같은 결과를 만들어내기 위해 사람들에게 정확히 어떻게 작용하는 것일까? 그 패턴은 약 1,500년간의 사회적·정치적인 경험의 결과로서 잡다하고 이해하기 어려운 미묘한 방법들로 문화 속에 녹아들었으며, 거기로부터 아주 높거나 아주 낮은 강도로 모든 참여자들 속으로 사회화되었다. 그렇다고 하더라도 우리는 그런 복잡한 과정을 정확히 증명하거나 측정할 수 없는 정치문화[4]에 관한 다른 심리적 접근방법으로서 어떤 매개수단을 통해, 그리고 가능한 한 상세히 이런 사회화가 이루어진 방법을 찾아야 할 것이며 앞으로 연구를 통해 그것을 측정해야 할 것이다.

　이러한 정치문화에 대해 가장 먼저 그리고 아마도 가장 높은 성공률로 측정할 수 있는 사회화 매개수단은 에드워드 사피어(Edward Sapir)가 주목한 바 있는, '사회적 실체(social reality)'[5]로 안내하는 언어이다. 최근에 문화지도의 언어적 관계에 대한 일부 조직적인 비교연구가 세만토그래피(Semantography)를 통해 시작되었다. 세만토그래피란 조직화된 질문을 선택된 응답집단 ― 여기서는 한국인과 미국인 ― 에게 함으로써 인식부문 속으로 환원되는 말의 가시적 표현을 말한다.[6]

　어구개념에 따라 감지된 각각의 평가 구성요소가 측정되고 비교된다. 이런 연구에 관여한 사람들은 소용돌이 이론의 원리에 대해 분명한 지지를 느끼게 된다. 예를 들면 미국인 응답자들은 주로 물질적인 상징에 열중하는 데 반해 한국인 응답자들은 관료적 역할 또는 관직과 밀접하게 관련이 있는 권력, 권위, 영향력에 호감을 보였다. 사회계급에 대한 개념을 보면, 미국인들은 주로 경제적 위치에 대해 관심이 많았고 한국인 응답자들은 권력과 관직에 대해 관심이 많았는데, 즉 한국인들은 권력과 관직이 곧 사회적 계급을 결정하는 것으로 보고 있는 것이다.[7]

4　정치문화의 심리적 접근이 중요한 이유에 대해서는, Lucian W. Pye and Sydney Verba, *Political Culture and Political Development* (Princeton, 1965), pp.7~10, 551~554 참조. 최근에 부분적으로 한국에 대한 심리적 접근 연구는 Gregory Henderson, "Grappling with the Korean Persons," in Ronald A. Morse(ed.), *Wild Asters*(Asia Program/Woodrow Wilson International Center for Scholars, Washington, D.C., 1986), pp.1~16 참조.

5　Edward Sapir, "The Status of Linguistics as a Science," Language, V. reprinted in David Madelbaum(ed.), *Sapir's Culture Language and Personality* (Berkeley, Cal. 1929), p.63.

6　Lorand B. Szalay, Won T. Moon and Jean Bryson, "Communication Lexicon on Three South Korean Audiences: Social, National and Motivational Domains"; "Family, Educational, International Relations"; "A Lexicon of Selected US-Korean Communication Themes," American Institute for Research(Kensington, Md., 1971).

7　Szalay et al., "Selected Themes," idem, 4-16.

한국인 응답자의 25%는 '정부'란 본래 대통령을 정점으로 하는 통치기관으로 생각하고 있으나 미국인 응답자는 오직 8%만이 그렇게 대답했다. 한국인은 대통령을 국가통치권자의 의미로 받아들인 사람들이 많았으나 미국인은 행정 기능의 의미로 받아들인 사람들이 더 많았다.[8] 비슷한 것으로 한국인은 미국인보다 2배나 많이 '국가'를 '고도의 정치적 기구'로 이해하고 있었다. '기록보관'과 같은 아주 평범한 직책마저 67명의 한국인이 공식적인 정부기능으로 본 반면 그렇게 보는 미국인 응답자는 없었다.[9]

사람들이 이런 관습에 젖게 되면 언어 자체가 우월한 사회적 가치를 반영하고 아울러 그 사회적 가치를 각인하는 주된 수단이 된다. 언어 면에서 한국어에는 위세와 힘, 신분, 독립국의 지위 및 여러 기능들의 중심점, 그리고 추론컨대 야망의 원천으로서 중앙정부와 그 관료 및 대통령에 대한 배려를 강조하고 지적하는 꽤 일관된 패턴이 있다. 그런 부문에 대한 동일한 의미의 말들이 영어보다는 한국어에서 훨씬 위력적으로 들린다.

한국의 옛 문예작품에서도 정부는 백성의 생명과 그들의 대인관계 및 소망에 영향을 미치거나 간섭하는 것으로 그려지고 있다. 한국의 러브스토리로 이름난 『춘향전』에서는 한 지방 관리가 악인으로 나오고 남자주인공은 중앙정부의 충신으로 지위가 높아져 시골기생의 딸을 구해주고 그녀와 결혼하여 결국 그녀의 위상을 높여준다는 얘기가 펼쳐진다. 『데이비드 코퍼필드(David Copperfield)』(찰스 디킨스의 소설)에서의 한 순수한 서민과 『라 트라비아타(La Traviata)』(뒤마 휘스의 소설)에서의 예술가가 『춘향전』에서의 양반관리에 해당한다. 「몽금척(夢金尺)」같이 통치자들을 칭송하는 작품은 조선왕통의 정통성을 강조하기 위해 세종의 지시로 만든 유명한 「용비어천가(龍飛御天歌)」에서 절정에 이른다. 「신도가(新都歌)」 또는 훗날의 「한양가(漢陽歌)」와 같이 수도

---

8 Szalay et al., "Social, National, and Motivational Domains," idem, 8-2, 10-2.

9 idem, 7-2, 7-12.

를 찬양하는 것들도 있다. 심지어 궁중과는 멀리 떨어진 곳에서 주로 자연을 소재로 개성 있는 표현을 한 작품으로 유명한 시조나 가사마저도 권력세계에 들어가려고 갖은 노력을 하거나 오랜 기간의 관직생활을 끝내고 은퇴하여 노후를 보내는 '학자시인'들에 의해 창작되었다. 왕을 회상하거나 찬양하는 작품들은 방대했다. 왕에 대한 충성이 변함없음을 노래한 것[「사미인곡(思美人曲)」]도 있었다. 한국의 옛 문학에서는 늘 정부, 왕 및 중앙관료제도가 전면에 현란하게 나타나거나 혹은 강렬한 암시로 주제가 되었다.[10]

제례(祭禮)와 함께 음악은 덕망 높은 통치자가 그의 왕국을 다스리는 데 필요한 두 가지 필수적인 수단으로 생각했다. 심지어 하층계급의 탈춤도 관리들의 부패나 허세 부리기를 멋지게 풍자하고 있긴 하지만 그 소재는 역시 권력자들에게서 찾았다.[11] 시각예술과 실용적 기술에서도 관립학원[도화서(圖畫署)] 및 정부 소유의 수많은 도자기 가마와 작업장들이 모두 중앙정부의 기능에 부속해 있었다. 유럽의 경우에 이런 것들은 주로 지방의 귀족이나 상인 또는 준독립적인 지역공동체 소속으로 운영되었다. 정부 관리가 될 수 있는 필수과정인 국가고시(과거시험)와 정부가 관리하고 영향력을 미치는 교육은 도처에 그 모습을 드러내는 막강한 정부의 힘을 더욱 뼈저리게 느끼게 했으며, 사람들로 하여금 그 안에서 어떤 역할을 맡고 싶은 야망을 기르게 했다.

한국의 문화와 제도는 상당히 심각할 정도로 거대한 중앙권력 치중의 사회적 메커니즘을 개발해 정치문화에 각인시켰다. 이런 패턴은 근대 이전의 중앙정부가 사회 이익집단에 취한 억제정책에서 확인할 수 있으며, 아직 잠정적인 연구대상이긴 하지만 계급구조에 대해 취해진 방해정책에서도 확인할 수 있을 것이다. 소용돌이의 강도는 겉보기에 비유동적인 것이 암암리에 유동적인 것

---

10 Peter H. Lee, *Korean Literature: Topics and Themes* (University of Arizona Press, Yucson, 1965), pp.39~40.

11 idem, 7-2, 7-12.

으로 변질되어 수행되는 과정을 조사함으로써 계산이 가능하다. 이런 패턴은 1880년부터 1910년에 이르는 기간에 확실한 형태로 지속되었으며, 후기 식민지 시대의 교육열 확산, 공업화, 도시화를 거쳐 해방 후의 정치·정당제도의 기초가 되면서 변질되어 확대되어오고 있다. 특히 1945년부터 1965년까지 20년간의 공산주의, 독재, 민주주의, 군부지배가 이런 변질에 미친 영향도 어느 정도 분석할 수 있다.

이런 것을 모두 논의하는 것은 야심 찬 일임이 분명하다. 이것은 한국사회에 관한 것보다 훨씬 깊은 연구가 이루어져 잘 파악되고 있는 사회에 대해서조차 철저하게 입증할 수 있는 한계를 뛰어넘는 것으로 생각된다. 영역이 확대됨에 따라 이 책에서 논의하지 못한 논점들이 있었으며 그런 것들이 통상 한국에게는 특별히 중요한 것이기 때문에 여기서 잠깐 언급해야겠다.

그 첫째가 한국사와 정치적 행동양식 형성에 중요한 요소가 된 외국의 영향 문제이다. 앞서 설명한 여러 요인에 따라 한국의 정치행동 양식을 분석하면 밝혀지겠지만, 나는 한국의 과거와 현대 정치현상의 근원에 가로놓여 있는 중요한 요인은 집요하고 뿌리 깊으며 더욱이 잘 변하지 않는 토착적이고 내재적인 것이기 때문에, 그것은 오직 완고성이라고나 해야 할 연속성을 갖고 각 시대마다 중앙정부에 영향을 준 것으로 생각한다. 이 과정에서 한국에 채택되거나 강압된 정치형태는 대부분 외국으로부터 유래한 것이다. 이른바 유교를 근본으로 한 군주제와 관료제, 일본의 식민지 지배, 미군정, 입헌민주제, 그리고 북한의 공산주의가 바로 그런 것이다. 외국에 대한 중압감은 한국이 자국보다 강력한 이웃 나라에 둘러 싸여 있는 소국이라는 사실 때문에 가중되었다. 실제로 환경이 그랬을 뿐 아니라 심리적으로도 외국의 영향에 길들여져, 토착의 것이라면 약한 것이고 외국 것이라면 강한 것이라는 신념이 단단히 들러붙고 말았다. 한국에는 과거에도 그렇고 현재에도 외국에서 들어온 정치형태가 잘 시행되면 그것을 자신들의 공적으로 삼아 의기양양해하고, 잘못되면 외국 세력의 정책에 책임을 떠넘기는 강한 본능이 있다.

이런 조건에 있는 나라들은 역설적으로 자국의 내부 패턴을 경시하고 외국의 영향을 과대평가하는 경향이 있다. 한국인들은 자국의 역사를 외국의 침략, 중국의 지배, 일본의 점령, 미국의 배신(예를 들면 시오도어 루스벨트의 친일정책), 유엔의 작용, 국제공산주의, 냉전, 미국의 대외정책, 주한 미국대사관의 책동 등에 의해 설명하는 습성이 있다. 독립의 상실, 독립운동의 실패, 민주주의의 상실, 경제발전의 실패 등은 주로 외국과 관련된 행위나 원인에 책임이 있다는 것이다. 나 역시 40년 넘는 기간 동안 한국에 대한 미국의 영향력과 정책을 가깝게 혹은 멀리서 보아왔다. 그런 주장들은 어느 정도 타당성을 갖고 있으며 미국과 다른 외국의 영향이 과도하게 미치고 있다는 것도 사실이다. 설사 외국의 영향이 중심선이 아닌 접선을 따라 미쳤다고 해도 한국정치에 근본적인 영향을 준 것이라면 마찬가지다. 그렇게 확신하고 이 책의 논제를 전개한 것이며 그 논제는 동시에 한국 정치패턴의 기본성격에 관한 이론이다. 그리고 한국의 역사가 비교적 덜 알려져 있고 그나마 지나치게 민족주의의 외관을 하고 있기 때문에 이런 논의가 더욱 필요한 것이다.

하지만 이 책은 역사서가 아니며, 특히 국내외의 여러 진전사항을 총체적으로 다룬 논문도 아니다. 이 책은 다른 책들이 중요시하고 있는 외국의 영향에 대한 많은 사례에 관해서는 별로 지면을 할애하고 있지 않다. 내가 공직에 있을 때 은밀하게 관계했던 일의 일부는 기록하지 않았는데, 그것에 대해 세밀한 설명을 하다보면 이 연구의 주제를 훼손시킬지도 모르기 때문이다. 이것은 또한 외부요인들이 한국과 한국의 국내 추이에 2차적인 중요성밖에 없다고 판단하고 확신했기 때문이기도 한데, 만약 이 판단이 틀리다면 나는 그것이 잘못되었다는 논증을 겸허하게 받아들일 것이다.

무언가 확신을 갖지 못하는 많은 동일한 부정(否定)이 경제에도 영향을 미쳤다. 정치에 대한 한국인의 오랜 그리고 지칠 줄 모르는 욕구는 경제활동과 경제활동을 하는 사람들에 대한 경시와 더불어 적어도 1960년대 중반까지는 근본적으로 경제보다 정치를 우선시하는 사고가 체제 내에 잠재해 있는 것으로 보였다. 물론 정치와 경제는 결코 분리될 수 없는 것이며, 확실히 1970년대 중반까지는 분명히 미국의 계속된 원조와 그것에 따라온 물질적·직업적 기준과 가치관이 한국의 정치발전에 영향을 미쳤다. 이 책의 여러 곳에서 지적하고 있듯이 점점 더 핵심이 되고 있는 경제로부터 정치무대로의 영향력 이동, 그리고 오랜 세월에 걸친 그것의 중요성은 한국경제의 연구에서 어느 정도 드러날 것이다. 이 책의 초판이 나온 이후 경제도약과 대재벌의 출현이 특히 1972~1979년 사이의 몇 해 동안에 있었는데 대부분이 정치를 위한 대용품으로 이용되었다. 무모한 도시화, 그리고 사회적 변화에 따라 정치제도에 대한 재벌들의 입김이 점점 더 많이 수용되며 감내되고 있다. 이처럼 경제가 침윤된 정치에 대한 연구가 반드시 필요할 것이다. 그러나 종전의 정치적 우월성이 여전히 문화에 남아 있으며 지금도 이전처럼 강력한 영향력을 발휘하고 있다.[12]

마지막으로, 또한 현대 정치학도들에게 더 중요할 것으로 생각되는 이 연구에서 나는 미시적 분석보다 거시적 분석에 중점을 두었다는 점을 밝힌다. 다시 말해 사회총체와 한국정치 시스템의 역학을 주로 분석했으며 개별적인 사회화 과정이나 개인의 정치행동에 대한 심리학적 해석은 거의 하지 않았다.[13] 한국 어린이들의 예의범절이나 정치적 사회화 과정에 관한 자료가 정비되어 있지 않기 때문에 아이들의 태도와 행동에 관한 체계적인 분석을 할 수는 없었다. 사회과학자들이 정치풍토의 심리학적 요소와 사회학적 요소 사이에 가설하려고 시도한 다리는 대체로 그 구조상의 강도가 부족하기 때문에 이 분야에 관한

---

12 내가 이 이론을 정리하는 데 경제적 논리를 제공해준 것이 있다. 미 군정청 국가경제원 (National Economic Board)이 1947년에 이런 말을 했다. "확언할 수야 없지만, 세계에서 비경제적인 힘에 의해 가장 쉽게 좌우되는 국민을 들라 한다면, 오늘날의 한국인이야말로 바로 그런 국민이다." U.S. Military Government in Korea, *South Korean Interim Government Activities* (USAMGIK Report No. 25, 1947), p. 1.

13 정치문화에 대한 심리학적 접근의 중요성에 대해서는, Lucian W. Pye and Sydney Verba, *Political Culture and Political Development* (Princeton, 1965), pp. 7~10, 551~554 참조.

자료가 빈약한 한국의 경우에는 그것을 응용할 용기가 나지 않았다. 더욱이 과도한 중앙집중과 정치편중이 보이는 한국의 정치풍토가 적어도 한국 어린이들의 양육방법과 정치적 사회화에 영향을 미치고 있으며 이런 훈육이 또한 정치패턴의 원류가 되고 있는 것으로 생각된다. 그리고 한국의 정치풍토에서는 이질적 요소의 집합체인 다른 나라 사회와는 달리 심리학적 요소가 경제적 요소와 똑같이 기본적 역학의 근원이 아니라 오히려 기능 같아 보인다. 그러나 이상과 같은 결론과 기타 이 책에 나오는 여러 결론은 시론이며 장래 다른 연구 성과에 의해 보완되어야 할 것이다.

나는 나의 한국 친구들이 이 책을 읽고 한국의 장래에 대해 절망하지 않기를 바란다. 나의 한국 친구들은 "한국인이 소용돌이라는 패턴에 빠져 있으며, 장기간에 걸친 경험으로도 그 중압이 완화되지 않으면 어디에 희망이 있을까?" 하며 괴로움을 토로할지도 모르겠다. 만약 그런 질문을 받는다면 나는 그들에게, 가령 이 연구가 어떤 진실을 말하고 있다면 그것이 얘기하는 것은 절망이 아니라고 대답해줄 것이다. 한국인이 정치적으로 움직여왔다는 나의 이 소용돌이 이론은 만들어진 것이지 태생적인 것이 아니며, 내가 생각하기에 이 소용돌이는 한국의 정치문화에서 '중간층'이 약하고 응집력과 지속성이 부족하기 때문에 생긴 것이다. 미국이나 다른 나라들의 영향을 받으면서 한국인은 오히려 빨리 소용돌이 행위를 포기하고 있다. 공장들의 수요로 인한 수도 이외 지역에서의 자원 개발, 전문직 또는 특수직의 증가, 다원적 기능을 가진 다원사회의 발생을 동반하는 현대화가 한국의 여러 문제 해결에 적합한 제도를 내포하고 있다. 그런 다원주의 사회의 대결합은 역량이나 연령 및 위세와는 상관없이, 그리고 정부보다 더 빨리 정통성을 갖고 일어남으로써 큰 걸음을 내디뎠다. 이런 다원주의가 완전한 독립성을 가진 정치적 다원주의로 전환하는 데는 아직 시간이 걸릴 것이며 형성과정에 있다. 새로운 결합이 그간의 독재주의 또는 독재정권 내에서 부분적으로 배태되어왔기 때문에 북한에서 그리고 남한에서 어느 정도까지는 다원주의를 탄생시킬 수 있을 것이다.

남한의 경우엔 그들이 일으키고 있는 산업과 상업적인 힘의 중추와 노동압력이 더 나은 변화의 조짐이 되든지, 이미 되고 있다는 상당한 희망이 보인다. 남한 인구의 절대다수가 미국의 영향을 받은 제도에서 교육을 받아왔으며 다원적인 사회에 길들여져 왔다. 정치적 변화는 새로운 제도에 의해 탄생된 학생들과 군인들로부터 이미 나오고 있다. 구성원 대부분이 25세 이하인 그들 사회에서 이런 종류의 더 많은 변화가 현재 진행 중에 있다. 다양하고 충실한 인력들로 구성된 새로운 산업구조는 비록 서구적인 이미지를 그대로 빼닮은 것은 아니라고 하더라도 표면적으로는 서구의 영향이 확실히 감지되고 있다. 교육과 통신, 그리고 외국무역이 확대되고 복잡해졌기 때문에 정치적 변화 속에서 한국인들의 사려 깊은 대응이 불가피하게 되었다. 이런 현대화의 영향이 끈질기게 한국의 정치문화에 작용하여 그것을 변화시키고 있으며 아마도 비관론자들이 예측하는 것보다는 훨씬 더 빨리 좋아질 것이다. 그들은 또한 의지, 기획, 주의환기 및 타협으로 속도를 더욱 낼 수 있을 것이다. 이런 희망에 대해 나는 확신을 가지고 있다. 하지만 그 성과는 이 책이 다루고 있는 더 어두운 세월의 패턴 저 너머에 아직 놓여 있을 뿐이다.

제1부

동질성과 상승기류

1

단극자장(單極磁場)

지정학적 측면

　좁은 국토, 안정된 국경선, 인종과 종교에서의 동질성, 그리고 독특한 역사의 연속성이 한국의 특징이다. 면적이 8만 5,286평방마일로 미국의 미네소타 주나 영국의 잉글랜드-스코틀랜드 지역 또는 일본의 혼슈와 비슷한 크기인 한반도는 중국의 중간 크기 성(省)인 광둥 성이나 광시 성보다 약간 큰 정도다. 오늘날 세계 여러 나라들과 비교해보면 그렇게 작은 편은 아닌데 한국은 강대한 그 이웃들의 그늘에 가려 빛을 잃고 있다. 일본은 한반도보다 거의 1.7배, 중국은 약 43배 크며 국경을 맞댄 러시아의 시베리아와는 비교하기조차 민망할 정도다.[1]

　하지만 이렇게 위압당하고 있는 처지를 지켜주고 있는 것이 견고한 국경선

1　이웃 나라들과 영토 크기의 이 같은 불균형은 1945년 남북이 분단됨으로써 더욱 심화되었다. 대한민국(남한)은 3만 8,031평방마일이고, 조선민주주의인민공화국(북한)은 4만 6,768평방마일인데, 그들 사이에는 남북 어느 쪽의 통치도 받지 않는 487평방마일의 비무장지대(DMZ)가 가로 놓여 있다. *Collier's Encyclopedia* (New York, 1965), XIV, 145. 『한국연감』(합동통신: 서울, 1966), 265쪽엔 남한의 면적을 3만 8,035평방마일로 기록하고 있다.

이다. 3면은 바다에 면해 있고 북쪽의 긴 국경선은 두 개의 큰 강인 압록강과 두만강으로 이뤄져 있다. 이 강들은 한반도 최고 준령인 백두산에서 발원하여 동서로 흐르고 있으며 거의 15세기 이래 한국의 국경선이 되어왔으나 서쪽의 압록강이 국경선으로 된 것은 그보다 조금 앞선다. 이 양대 강을 끼고 있는 강 저편의 광활한 만주와 시베리아 평야는 수십 년 전까지만 해도(1960년대 중반에 기산한 것이다. _옮긴이) 인구밀도가 희박하고 주민들이 있어도 영주하는 것이 아니었으며 사실 1세기 전까지는 조선의 동북부 변경의 일부였다.[2] 근대에 들어와서도 시베리아와 접하는 11마일의 좁은 국경은 두만강 하구의 넓은 습지를 통과하고 있어 국경 자체로서도, 동북지구의 잔여부분으로서도 특별히 군사상 신경을 써야 할 곳은 아니었다. 외국과의 육로출입은 북서부 압록강 하류 3분의 1에 해당하는 지역으로 한정되어 있었으며 그곳의 좁고 긴 저지대가 만주평원으로 통하는 회랑이 되었다. 해안에는 천연의 입지가 좋은 항구들이 다수 있어 옛날에 한국의 현관 구실을 할 수도 있었으나 한국인 자신들이 오랫동안 그 필요성을 느끼지 못했다. 한반도의 해상활동은 유럽처럼 번성하지 못했다.[3]

이렇게 튼튼한 국경의 혜택을 입은 한국은 비교적 많은 인구를 지탱하며 그 자신을 보호할 수 있었지만, 최근에 한국의 인구밀도는 벨기에 수준이 되어 세계 비도시국가들 가운데서는 가장 인구가 조밀한 나라에 들게 되었다. 국토의 23.5%만 경작이 가능하지만 기후는 온화하고 물도 대체로 풍부해 곡식이 잘 자라는 바람직한 환경이다. 현재 남북한 합쳐 6,200만 명이 넘는 인구는 20세

---

2 Cho, Ching-yang(조진양), "The Decade of the Tae-won-gun"(unpub. diss., Harvard University, 1960), I, pp.237~249. 이 훌륭한 논문이 내게 큰 도움을 주었는데 불행히도 조진양 박사가 요절하는 바람에 그에게 개인적으로 감사를 표할 기회를 갖지 못하고 말았다.

3 18세기의 개혁적 문필가인 박제가(朴齊家)의 『북학의(北學議)』에, "현 왕조가 창업된 지 거의 400년이 지났건만 우리나라는 아직 외국과 교역하는 무역선 하나 가져본 적이 없다"라는 말이 나온다. Pak, Che-ga, *Pukahk-Ui*(Discourse of the learning from the north), B: 19a~20a.

기의 간단없는 인구격증의 결과이기도 한데, 이는 통상의 안전기준을 넘어선 것이어서 국가의 안정을 위협할지도 모른다. 조선시대에는 내내 800만에서 1,000만 명 정도의 인구를 유지했지만 그 정도 인구로서도 호락호락 외국의 지배를 쉽게 허용하지 않거나 적어도 중국과 일본에 의한 지속적인 지배를 배제할 수 있었다.[4]

물론 자연적 경계만을 강조해서는 안 된다. 이웃 나라들은 한국보다 강하고 때로는 한국보다 더 침략적이었으며 한국의 전략적 지위를 이용하려 했다. 한국의 국경과 군대는 598년에서 614년까지 당시 중국을 통일한 강대국 수나라로부터 북쪽의 고구려를 지켜냈는데, 특히 612년에는 현재까지 중국의 어떤 왕조도 한반도에서 경험하지 못한 참담한 패배를 안겨줬다. 하지만 그 바람에 승전국도 패전국도 결정적으로 국력을 소모하고 말았다. 660년에 한반도 남서부의 백제에 대한 당나라군의 공격이 성공했으며, 994년부터 1011년까지 거란은 국토 깊숙한 곳까지 짓밟았고 한때는 수도를 점령하기도 했다. 12세기에는 여진이 북부국경을 위협했고, 몽골은 여러 차례 침략을 반복하다가 1259년 마침내 고려왕조의 항복을 받아내고 1세기에 걸친 몽골 지배시대를 열었다. 13세기와 14세기에는 왜구들이 남부에 출몰하여 큰 피해를 입혔다. 특히 1592년

4　Shannon McCune, *Korea's Heritage* (Rutland, Vt., 1956), pp.57~58. 조선시대의 인구는 1693년과 1789년, 그리고 1807년의 좀 더 나은 인구조사에서 700만 명이 넘는 것으로 집계 되었다. 이런 수치는 정부의 비효율적인 조사방법과 세금감면을 위한 고의적인 누락 등으로 실제 인구보다 낮을 공산이 큰데, 얼마나 낮은지 정확하게 알 방법은 없다. 1910년 일본이 더욱 진전된 조사방법으로 실시한 인구조사에 따르면 조선의 인구는 총 1,330만 명이었다. 1962년 말 조사에서 남한의 인구는 2,624만 8,250명으로 평방마일당 693명이었는데, 같은 시기의 일본은 평방마일당 669명이었다. 인구증가율은 1960년대 말까지 연간 2.9%로 1968년 말에는 3,000만 명을 넘어서고 있다. 1967년 말의 인구밀도는 평방마일당 768명으로 이미 세계에서 가장 조밀한 국가가 되었으며(도시국가 제외), 1인당 경작지 면적도 세계에서 가장 낮은 국가의 하나가 되었다. 북한의 경우, 부수상 김일이 1961년 9월 16일에 한 연설에서 북한의 인구를 1,078만 9,000명이라고 했다. 『유로파 이어 북(The Europa Year Book)』1967년판에는 1963년 12월 현재, 북한 인구를 1,156만 8,000명으로 잡고 있다.

과 1597년에는 일본군이 온 나라를 짓밟고 황폐화시켰다. 1627년과 1636년의 청나라 침입 때는 더욱 단기간에 조선을 항복시켰다.

조선인들은 점점 더 외국의 위협과 자국의 허약성을 뼈저리게 인식하게 되었다. 은둔국 조선이 군사기술에서 더욱 뒤쳐지게 된 결과였다. 단순한 군사적 방위만으로는 충분치 않다는 인식이 점점 깊어지게 되어 정부도 정치풍토도 본질적인 독립과 자립성을 유지하기 위해 별도의 수단을 강구했다. 그 가운데 몇 개인가는 공식적인 것이 되었다. 병자호란 이후 중국 이외의 나라와는 교류를 단절하고 일본과의 접촉을 최소한으로 줄이는 정책이 채택되었다. 그러나 다른 시대에도 대외관계는 제한되어 있었으며 때로는 거의 완고할 정도로 대외교류를 피했다.

기원 초 수세기 동안 불교와 유교가 다른 대량의 중국문화와 함께 유입되었는데 그 당시의 고립은 아마도 주로 지리적인 장애와 교통·통신의 미발달에서 온 것 같다. 그러나 13세기 중엽 몽골의 침공을 받은 이후 14세기부터는 더욱 의식적으로 쇄국을 하게 되었고, 15세기 전반에 약간 완화되긴 했지만 그 후 계속되었다. 1609년 이후 일본과의 접촉은 공식적으로는 매우 조심스럽게 당시 고립되어 있던 지역인 부산포에 한정시켰다. 심지어 조선에 오는 중국 사신들마저 소수의 꼭 필요한 인원 외에는 조선인들과 접촉하지 못하도록 격리시켰다. 천연자원은 외국의 탐욕자들이 침을 흘리지 못하도록 개발되지 않은 채 방치되었고, 금·은의 채굴도 중국의 강탈을 피하기 위해 고의로 단념시켰다. 9세기 전부와 11세기 말기를 제외하고는 대외무역이 번창한 적이 없었으며 외국의 방문자나 표류자는 가능한 한 빨리 추방시켜버렸다. 외국과의 접촉금지는 정부 내의 인습적인 과제가 되었으며, 외국으로부터 도래한 소수민족들은 한국의 토양에 뿌리를 내릴 수가 없었다. 한국문화의 틀 안에 '외국'에 대한 반동이 깊이 새겨지게 된 것이다.[5]

---

5 조선정부가 의도적으로 자원개발을 억제한 것에 관한 요지는, Edward W. Wagner, "Korea"

외국의 위협은 또한 의식적·무의식적으로 통일의 추진력이 되었다. 즉, 분열해서는 존립할 수 없다는 인식이 강렬해진 것이다. 한반도 서북부는 기원전 108년부터 기원후 313년까지 낙랑이라는 중국 한나라의 중요한 식민지였다. 그 후 한반도는 3개의 왕국으로 나뉘어졌고 그들은 서로 간 상대방의 우세를 저지하기 위한 계략을 썼는데 그것이 오히려 중국과 일본의 경합적인 간섭을 불러들이고 말았다.

한국의 지정학적 상황이 훗날의 역대 정부에게 이 교훈을 깊이 인식시켰다. 한반도는 668년에 다시 통일되었으며 그 후 이 통일은 단기간의 드문 예외를 제외하곤 분열하지 않고 이어져 1945년에 외국 세력이 강제로 38도선을 따라 냉전 분할선을 긋고 1953년 휴전선이 그어질 때까지 유지되었다. 북부국경이 19세기 중엽에 이르기까지 약간 불안정하긴 했지만, 전반적으로 한국은 현재 세계 각국의 국경선과 거의 비슷한 국경선 내에서 가장 오랫동안 통일을 이룩해왔던 나라들 중 하나다.

외국의 위협에 직면하여 결속하게 된 이 같은 통일은 역사적으로 점점 더 심화된 극단적인 중앙집권체제를 낳았다. 최초에는 일족(一族)의 군사적 통제 본거지로서, 다음에는 재산이나 노예의 몰수 또는 이동에 의해, 그리고 그다음에는 군사와 관리들의 추가적인 집중화에 의해 수도는 비정상적으로 비대해지고 국가적인 여러 일에서 지배력을 갖게 되었다. 신라의 수도인 경주가 좋은 예가 되겠다. 16평방킬로미터의 면적에 총 17만 호를 헤아렸는데, 주민의 수는 당시 신라 총 인구의 4분의 1인 100만 명을 넘었을 것으로 보인다. 오늘날 남아 있는 유적으로 보아 당시 신라 조정은 경주를 당나라 수도인 장안(長安)에 버금가게 만들려고 했던 것 같다.

(Mimeo, 1961), p.20 참조. 외국인과의 접촉을 기피하고 외국에 나갔을 때의 행동을 극히 조심해야 한다는 조정(특히 대간)의 경계에 대해선, Edward W. Wagner, "The Literati Purges"(unpub. diss., Harvard University, 1959) 참조.

고려와 조선의 수도는 경주처럼 문화적 도시화가 이루어지지 않았고 주민의 수도 경주보다 적었지만 전국에서의 비중은 경주와 마찬가지로 절대적이었다. 지방권력은 7세기가 채 지나기 전부터 그 성장이 철저하게 계속 억압되어 왔다. 지방도시의 성장이 수도의 크기에 근접하는 것을 절대로 허용하지 않았다. 한반도는 5분의 4가 산지이며 높은 산맥들이 국토를 크고 작은 네 지역으로 나누고 있다. 또 꽤 큰 강들과 3,579개의 섬들을 갖고 있는데 이 섬들 가운데 1,164개는 둘레가 1킬로미터 남짓이고 남한에서만 636개의 섬이 무인도다.[6] 이 같은 지형은 다양성, 지방정권, 성곽, 영주들이 생길 수 있는 충분한 지리적 여건을 제공했다. 그러나 문화적 유형이 독립 내지는 준독립의 중요한 지역적 거점이 만들어지는 것을 용납하지 않았다.

한국인들은 향토색, 방언 또는 억양의 차이점을 썩 중요시하지만, 한국 정도 규모의 다른 나라들과 비교해보면 이러한 차이점들이 그렇게 큰 것은 아니다. 한 가지 언어가 한반도 전역에서 통용되고 있으며 제주도를 제외하고는 방언도 상대적으로 표준어에 가깝다. 제주도는 큰 섬 가운데서는 본토로부터 가장 멀리 떨어져 있으며 이 섬의 30만 주민(1960년대 기준 _ 옮긴이)의 일부가 본토와는 뭔가 다른 독특한 방언과 문화적·사회적·종교적 그리고 어느 정도까지는 정치적 관습을 발전시켜왔다. 그러나 다른 섬들과 산간지방의 주민들은 서로 간에 분간할 수 없는 동질적인 정치지배의 일부가 되었다. 유럽 같으면 이러한 경우 바다나 산을 이용한 요새를 만들고 중앙의 조정에 대해 거만을 떠는 토호들의 준독립적인 봉토나 사유지가 되었을 것이다.[7]

---

6 내무부 통계국이 발행한 1960년 판 『통계연감』, 41쪽 참조. 이 장에 제시된 정보의 중요한 자료인 Edward W. Wagner, "Korea," p.14에는 한국의 도서 수가 3,300개로 되어 있다. 1960년 판 『통계연감』은 각 도서의 면적이 전체 영토의 3.4%라고 소개하고 있는데 남한의 경우엔 그보다 훨씬 클 것이다.

7 한국의 역사에서 도서의 다양한 활용이 여러 번 추진되었지만 늘 성과를 거두지 못하고 말았다. 1231~1232년의 몽골 침입으로 왕이 강화도로 피난했을 때 당시 고려의 수도인 개경

이상하게도 한국은 호시탐탐 노리고 있는 외국의 위협에 대항하여 영속적인 강력한 군사기구를 만들지 못했고, 또한 사회의 다양화와 국력배양에 기여할 수 있는 지속적인 기득권 집단을 기르지 못했다. 초기 수세기 동안에는 강력한 군사기구를 만들어낼 가능성을 크게 갖고 있었다. 4세기부터 7세기까지 왕국들의 군대는 거대한 중국제국에게마저 참패를 안겨주고 또 한반도를 통일(660~668년)할 정도로 강력했다. 고려는 11세기와 12세기에 거란과 여진의 잇따른 침략에 대응하여 막강한 군사력을 길렀으며 양반이라 불리는 문관(반)과 무관(반) 2종의 통치관료조직을 만들어 두 집단 사이에 일정한 평등성과 균형성을 부여했다. 그러나 무관에 의한 권력독점 위협과 대외정책에 대한 무관 지배권을 둘러싸고 이들 문무 양 조직의 권력투쟁이 일어났고, 1170년에 이르러 무관이 쿠데타에 성공해 정권을 잡았다. 그것은 1961년의 5·16군사쿠데타 이전 한국 역사에서 유일하게 성공한 군부 쿠데타였다. 이 결과 6개 가문에서 나온 10명의 장군들 사이에서 권력이 오락가락하는 불안정한 무단정치가 1세기 동안(1170~1270년) 지속되었다.[8]

다음 왕조인 조선(1392~1910년)의 관리들은 전 왕조의 역사적인 실패를 곰곰이 생각한 끝에 조용히 그러나 단호하게 문관 지배의 정치구조를 만들어나갔다. 조선 건국 후 1세기가 지나면서 무관들은 점점 더 고위직에 오를 기회가 배제되었다. 유력한 어사의 지위에 오르는 길은 무관들에겐 처음부터 사실상

사람 10만 명이 이 섬으로 옮겨와 1270~1273년까지 살았다. William E. Henthron, *Korea: The Mongol Invasion* (Leyden, 1963). 9세기에는 '전설적인 모험가이며 무역왕'인 장보고가 그의 무역 및 외교 왕국을 완도에 세웠다. Edwin O. Reischauer, *Ennin's Travels in T'ang China* (New York, 1995), p.287. 한때는 진도와 제주도가 반란군들의 거점이 되기도 했다. 그러나 이들 중 어느 누구도 이런 섬에서 중앙과는 분리된 별도의 세력권을 형성하려는 생각을 한 사람은 없었다.

8   이 부분에 대한 자료는 William E. Henthron, *Korea: The Mongol Invasion*에 풍부하다. 몽골의 침입과 지배로 고려는 참담한 손실을 보았다. 『고려사』에 따르면 1254년 겨울에 20만 6,800명의 고려인들이 포로로 잡혀갔다.

막혀 있었고 군사 '자문기관'의 자문위원들 대부분이 문관들로 채워졌으며 육해군의 고위 지방사령관조차 문관이 차지해 군부의 명예와 위신이 여지없이 땅에 떨어졌다. '견서(遺西)'[문관, 즉 동반(東班)의 직위에서 무관, 즉 서반(西班)의 직위로 발령 나는 것 _ 옮긴이]는 실각의 전조였다. 분명히 단호한 군사행동이 필요할 때조차 공맹(孔孟)의 말을 빌린 비호전적인 주장이 크게 선호되었다. 국방 때문에 중국에의 의타심이 계속 강조되었고 무관들 사이의 불만이 만성화되었다. 쿠데타가 논의되곤 했지만 그러나 늘 기선을 제압당했다.[9] 화약이 비록 15세기에 개발되었지만 화약기술은 1592년 일본의 침략에 대한 조선의 패배가 소총이 없었다는 점이 결정적 요인으로 드러날 때까지는 오직 대포용으로만 활용되었다. 그 후 소총용 화약개발에 마지못해 착수했지만 이 작업은 조선이 패망할 때까지 엉성하게 개발된 채 더 이상 진전시키지 못하고 말았다.

이런 문치만능주의가 조선 초기부터 수세기 동안 계속되면서 국방력이 섬뜩할 정도로 약화되어갔다. 1592년 일본 침략군은 부산에 상륙한 지 3주 만에 수도를 점령하고 무인지경을 행군하듯이 거의 전국을 유린하고 황폐화했다. 1637년에는 청나라 군대가 침입 1개월 만에 조선을 제압했다. 이처럼 거듭되는 외국의 침략에도 불구하고 백성들을 효율적으로 동원하여 적절한 군사력을 일으킬 수 있는 조직이 백성들 사이에 뿌리내려 육성되지 못했다. 19세기에는 국고파탄이 군사력 약화를 더욱 부채질했고 외국의 위협에 대처할 능력을 거의 총체적으로 상실했다. 1907년 8월 1일 조선군이 정식으로 해산 당했을 때, 외국의 위협 앞에 놓인 1,200만 명의 인구를 가진 나라의 무장병력이란 것이 고작 6,000명에 지나지 않았으며, 그마저 사기가 땅에 떨어진 오합지졸이었다.[10]

---

9 정치적 긴장이 예사롭지 않았던 1519년의 「중종실록」은 이렇게 적고 있다. "일부 병부 관리들은 이 사람들(유교적 이상 정치를 주장하는 조광조, 김정 등 소장 신진파)을 중오하며 모두 죽일 계략을 세우고 있다. 만약 정부가 먼저 손을 쓰지 않으면 무서운 혼란이 일어날까 두렵다." Edward W. Wagner, "The Literati Purges". 내가 와그너 교수의 이 학위논문과 그와의 대화를 통해 이 내용을 안 것에 대해 그에게 크게 감사한다.

군부의 권력 장악을 저지하는 데는 성공했을지 몰라도 국가가 군부 세력을 억압하는 과정에서 국방 이상의 많은 것들을 희생했다. 즉, 이익집단 내에서 길러지는 개혁과 혁신의 분출을 억제하고 적응력을 가진 정치조직의 발전을 정체시키는 데 결정적으로 기여한 것이다. 통일은 좀 더 대승적인 사회적 이익에 의해 이룩할 수 있다는 것을 알지 못하고 사소한 분쟁으로 날을 지새우는 무기력한 동질성에 의해 유지되었다. 그것은 기묘하게 화석화한 문화였다. 조선왕조는 하나의 야위고 모난, 그리고 더욱이 외관상 언제 깨어날지도 모르는 가사상태에 빠진 것 같았다.

민족적 동질성

민족적 동질성을 가졌다는 것은 아주 중요한 요소이다. 한국인들은 몽골족의 퉁구스계에 속하며 한국어는 분명히 몽골어, 터키어, 퉁구스어, 그리고 일본어와 관련이 있는 알타이어계다. 한반도는 후기 구석기시대에 처음으로 개척된 것 같은데, 그들 후기 구석기인들이, 기원전 약 5000년경에 곰을 숭배하고 주둥이 테두리에 무늬를 장식한 토기를 만들어 사용하며 두만강 하류 너머 시베리아와 동부해안을 따라 한반도에 나타나기 시작한 신석기인들과는 어떠한 관계에 있었는지 분명치 않아 약 4,000~5,000년간의 공백이 있다.[11] 이런

---

10 징병제도는 1840년경 폐지되었다. 1590년대 조선해군의 영광은 조선왕조의 마지막 2세기 동안에는 재현되지 못했다. 1866년 병인양요 때 약 600명의 프랑스군을 격퇴하기 위해 전국의 보부상들과 호랑이 엽사들로 구성된 비정규군을 투입했다. Cho, Ching-yang(조진양), "The Decade of the Tae-won-gun," p.419. 19세기 말에서 20세기 초 일본의 한반도 침탈은 조선군이 너무나 허약했기 때문이라는 사실을 간과하는 것은, 마치 더글러스 프리먼(Douglas Freeman)이 미국 남북전쟁 때 남군의 로버트 리 장군의 패배를 이야기하면서 북군의 실체를 언급하지 않는 것만큼이나 오류를 저지르는 일이다.

11 Gregory Henderson, "Korea through the Fall of the Lolang Colony," *Koreana Quarterly*,

종류의 토기는 기원전 4000~2000년 기간을 지배한 신석기시대의 빗살모양의 청어뼈무늬 토기[즐문토기(櫛文土器)]로 발전해갔다. 기원전 1000년대로 들어오면서 무늬 없는 토기[무문토기(無文土器)]가 보급되었는데 이것은 아마도 신석기시대 말기 북에서 내려온 예맥이라는 퉁구스계의 새로운 종족들이 만든 것 같다. 그들은 벼농사를 짓고 고인돌을 세워 시신을 묻었으며 돌칼과 청동제 무기와 청동거울을 사용했다. 예맥족이 종전의 신석기시대 종족을 흡수함으로써 한국인들의 뿌리가 되었는데 이들 한국인 조상들의 숫자는 약 2,000~3,000명에 지나지 않았던 것 같다. 김원룡 박사는 한반도 남쪽으로 내려온 예맥족이 한(韓)이라 불렸으며 이들이 훗날 남부 왕국인 신라와 백제를 건국한 것으로 믿고 있다. 또 그의 이론에 따르면 북쪽에 살던 예맥족은 고구려 건국의 선구자들이 되었다. 이렇게 각 왕국들로 나눠지긴 했지만 각국 주민들 간의 차이점은 근본적인 것이 못 되었으며 그마저 7세기에 통일이 되면서 사라져버렸다. 이 예맥족의 일부는 일본열도로 건너가 야요이(彌生) 문화를 일으키고 일본 지배종족의 바탕이 되었다.

다른 이민족들은 기원전 108년의 중국 지배(한사군) 직전에 분명히 남방으로 진출, 약간의 흔적을 남기고 흡수되어버렸다.[12] 중국의 기록들은 낙랑의 역

1.1(1959), pp.147~168. 지금까지는 한국에서 해박한 구석기시대 상(相)이 제대로 정립되지 않았지만, 최근의 발굴 – 특히 공주에서 – 로 그것의 실재를 입증하고 다소 체계를 확립하기 시작한 것으로 보인다. 한국인들은 늘 반만 년(4,300년) '역사'를 강조한다. 중국의 기록을 통해 합리적으로 판단컨대 한국의 역사는 기원전 최후의 몇 세기에서 시작하고 있다. 한국인이 쓴 확인 가능한 최초의 역사 기록은 5세기 초 고구려 광개토대왕의 위업을 기록하고 있는 비석이다.

12 고고학은 낙랑시대(B.C.108~A.D.313)에 낙동강 계곡에서 일단의 사람들이 오르도스(Ordos)식 기기들을 사용하며 생활했던 흔적을 보고하고 있다. Umehara Sueji and Fujita Ryosaku, *Chosen Kebunka Sokan* (Survey of ancient Korean culture; Kyoto, 1947), I, plates 25~26, figs. 117~125 참조. 한국에서 발굴된 한 고대 무덤에서 무덤의 주인공이 낙랑시대에 한반도에서 살던 연(燕)나라 사람인 것으로 확인되었다. Kim, Won-yong(김원룡), "Bronze Mirrors from Shih-Eth T'ai Ying-Tzu, Lioning," *Artibus Asiae*, 26.3/4(1963),

사가 끝날 즈음의 식민지 잔존자들을 25만 7,000명으로 잡고 있는데, 이들이 한국의 몇몇 씨족을 창설한 것으로 생각된다. 당시에는 수도 많고 또한 문화적으로도 중요한 역할을 했겠지만 그들의 동화는 완전했던 것으로 보인다. 7세기 이전이라면 중국 식민지와 토착민 집단과의 사이를 제외하고는 한반도에서 큰 문화적 다양성이 있었다는 증거가 풍부하다고는 할 수 없다. 여러 퉁구스계 민족이나 종족집단이 한반도에서 공존하고 그중 일부는 당시의 만주족과 좀 더 밀접한 관계를 가지고 있었는데, 660년부터 668년까지의 신라에 의한 한반도 통일로 인해 세력이 약화된 종족들은 추방되거나 흡수되었다.[13]

그 후에는 종족상의 중대한 변화가 없었다. 중국의 외교관이나 군인이 간혹 한국에 정주하는 사례가 있기도 했고, 또한 극소수의 일본 군인이 임진왜란 후 한국에 잔류한 예가 있었다. 일본 군인의 경우엔 적어도 한국의 한 성씨가 그들 가운데서 나온 것이 확인되고 있다. 그러나 그것의 종족적 영향은 무시해도 좋다. 몽골의 침략과 지배기간에도 약간의 혼혈이 있었다. 고려 왕족이 몽골인과 혼인한 것은 잘 알려져 있지만, 몽골과 고려의 관계가 나빴기 때문에 궁중 밖에서는 상당히 제한적이었음이 틀림없다. 15세기에 이르기까지 한국 동북부 국경에 면한 좁고 긴 지역을 지배해온 여진은 함경도 주민들의 특성에 현저하게 영향을 미친 것으로 보이지만 이 흔적 역시 한민족에게 흡수되고 말았다.[14] 오늘날 한국인의 육체적 특징을 보고 그 출신지역을 알아내는 것은 불가

---

pp. 207~214.

13 Gari Keith Ledyard, "The Korean Language Reform of 1446: The Origin, Background and Early History of the Korean Alphabet"(unpub. diss., Columbia University, 1965), chap. I, p. 2n5. 그는 이기문(李基文)의 『국어사개설』(1961)에 나오는 언어학적 증거들을 많이 인용했다. 한국인들이 강력하게 이족결혼(異族結婚)을 고집하고 있는 사실은 그들의 문화적 동질성을 증가시키는 또 다른 요인이 될 것이다. George P. Murdock, *Africa, Its Peoples and Their Cultural History* (New York, 1959), p. 62에서는 동부 아프리카의 유목민족 가운데서 이 같은 특성이 있음에 주목하고 있다.

14 조선시대의 기록에 때때로 여진과 심지어 위구르인 관리들에 대한 얘기가 나오며, 조선을

능하다.

1890년경까지 한국인들이 해외로 이주한 예는 좀처럼 드물었다. 설사 이주했다 해도 몽골이나 일본에 포로로 간 경우이며, 그들이 외국인 배우자를 동반하여 귀국하는 일은 거의 없었다. 일제강점기 때에 한국으로 건너와 살던 일본인들의 숫자는 1910년의 약 15만 명에서 1944~1945년엔 약 70만여 명으로까지 증가했지만 혼혈은 극히 적었고, 특히 소수의 한국남자들과 결혼한 일본여성들을 제외하고는 1947년까지 모두 일본으로 송환되었다. 그 이전에도 그 이후에도 주로 '안전보장상의 이유' 때문에 단지 약간이라도 세력을 가진 소수민족은 한국에 존재하지 않았다. 외국인 거주자는 1960년에 겨우 2만 4,000명을 헤아릴 정도였는데 이후에는 거의 변동이 없고 또 그 대부분은 중국인들이었다. 그리고 이 소수의 외국인들도 1960년 이래 줄어들었으며 단지 일부 서구인들만이 조금 늘었다.[15]

한국은 현재 세계에서 인종문제도, 소수민족문제도 거의 없는 나라들 중 하나다. 한편으로는 인종적 동질성이 분쟁과 긴장의 원인을 감소시키는 것이 사실이지만 동시에 그것은 사회혁신의 원동력도 고갈시키는 면이 있다. 한국에는 세계 다른 많은 나라에 있는, 창의적이고 근대화 감각이 뛰어난 소수민족이 없다. 보호해야 할 소수파가 없다는 것은 권리를 옹호할 기회가 적다는 것이며 혁신적인 태도를 가질 수 있는 자극이 없다는 것이 된다.

건국한 이성계의 조상 가운데 여진의 피가 섞여 있다는 것을 결정적으로 부인하기는 어려울 것 같다. Edward W. Wagner, "The Literati Purges," p.275; Son, Po-gi(손보기, 孫寶基), "Social History of the Early Yi Dynasty, 1392~1952"(unpub. diss., Columbia University, Berkeley 1965), p.205. 「세종실록」은, "태종 때 예조판서인 설미수(偰眉壽, ?~1415)는 위구르인이며, 그의 조상들은 칭기즈칸에게도 봉사했다. 그의 동생 설창수는 지금도 잘 알려져 있다"라고 적고 있다.

15 한국에 사는 중국인 숫자가 약간 적게 집계된 것인지는 모르겠으나, 아시아에서 중국인들이 가장 적게 사는 나라 중의 하나가 한국이다. 중국인과 한국인 간의 혼사도 아주 희귀한 편이다.

문화적 동질성

한국에 유입된 초기의 문화는 현대의 그것보다 훨씬 다양성이 풍부했지만 한국에서 종족이 동질화된 것과 똑같이 문화도 동질화된 감이 있다. 고고학은 우리에게, 한반도 전역에서의 문화발달 정도가 지역에 따라 가지각색이었지만 중국, 일본, 동남아에 비해 비교적 통일성이 있었으며, 특히 700년 이후부터는 그 통일성이 더욱 확실해졌음을 가르쳐주고 있다.

많은 나라의 경우 국민들을 분열시키고 정치발전에 영향을 미쳤던 종교상의 상극이 한국에서는 그렇게 심각하지 않았다. 샤머니즘은 옛날 한국 전역에서 맹위를 떨쳤던 종교였으며 지금도 잠재적인 종교다. 그것은 4세기 이후 먼저 불교에 의해, 그리고 다음에는 거의 14세기 때부터 주자학에 의해 혼합되고 덧칠되었다. 그 혼합이 완벽하게 이뤄지지 않았고 또 그 덧칠의 두께도 고르지 않았지만 전반적으로 한반도 구석구석에 영향을 미쳤다. 불교와 유교의 영향은 제주도를 포함한 대부분의 섬에는 적게 미쳤으며 한반도의 남부지역에 비해 북동 내지 북서부의 강도가 약했다.

그러나 그런 농염의 차이는 정치 면에서는 뚜렷하게 구분되지 않았고 나라의 통일을 교란할 정도는 아니었다. 불교로부터 유교로의 전환에 마찰이나 긴장이 전혀 없었던 것은 아니지만 종교전쟁 같은 것은 없었다. 예외가 있다면 1860년부터 1900년까지의 동학당의 항쟁을 들 수 있겠는데, 이것 역시 종교운동이라기보다 정치운동이었다. 한국은 그 역사의 대부분을 통해 비교적 모범적인 종교적 화합을 누렸다.[16]

---

16 1392년 조선이 건국된 후 1세기 남짓 동안 유교 집권자들은 과격한 억불정책을 폈으며, 초기의 왕들, 특히 3대 왕 태종은 승려들의 폭동이 일어나지 않을까 염려할 정도로 그 기세가 강했다. 왕들의 영향력으로 급진적인 억불정책이 약간 완화되었으며, 승려들의 불평이 있긴 했지만 폭동은 일어나지 않았다. 1592년 임진왜란이 일어나자 승려들은 나라를 위해 용감하게 일본군과 맞서 싸웠다.

교육과 심지어 행동양식도 똑같이 전국적인 획일화를 거의 달성했는데, 이 것은 조선을 지배한 엘리트들이 유교의 교양과 특히 그 행동양식을 전국에 보급·확대하는 것을 왕조의 주된 과제 가운데 하나로 여겼던 결과일 것이다. 교육제도와 지방의 지배 엘리트들의 영향력이 한결같이 이러한 목적에 동원되었다. 더욱 놀랍게도 계속 만연되어온 중앙관리들의 유배제도가 궁중문화와 그 가치체계를 변방 구석구석으로 확산시키는 데 도움이 되었다. 유배제도는 500년간이나 전국 곳곳에 깊은 각인을 남겼다. 유교의 교양과 행동양식은 나라의 중심부에 비해 섬이나 어촌의 주민 또는 천민들에게는 그다지 침투되지 않았으며, 그 정도는 아니지만 북부지방 주민들에게도 조금밖에 침투되지 않았다. 그러나 이런 편차는 정치적으로 또는 국가적으로 그렇게 큰 의미가 있는 것은 아니었다.

중국을 모방해온 조선정부는 단일성의 위엄을 강조하고 강화했다. 그것은 신중하게 규격화한 제도와 비교적 획일적인 수단에 의한 통치를 의미하는 것이었으며 그 정신은 어떤 '비정통적' 활동도 모두 말살한 시샘 많은 중앙집권주의였다. 정치활동뿐 아니라 지역의 경제성장을 촉진하는 사업이랄 수 있는 개인의 재산축적을 억제했으며 해외로부터의 다양한 영향을 두려워한 나머지 외국무역 등의 경제적 제반 활동도 마찬가지로 철저하게 금지하든가 통제했다.

초기에 존재한 지역 간 차별성은 이런 식으로 1,300년 동안 착실하게 제거되었다. 단일 민족국가는 아마도 본질적으로는 11세기에, 확실히는 조선 중기인 17세기까지는 확립되었다.[17] 더욱이 국토가 협소하고 사회제도에 특정한

---

17 이인영(李仁榮)은 그의 『국사요론(國史要論)』(서울, 1950), 114~115쪽에서 세종대왕의 치세(1418~1450년)를 민족문화 동질성의 출발점으로 서술했다. 그의 이 같은 견해는 매우 신중한 편에 속한다. 대개 11세기까지는 동질적인 민족국가가 형성되어 오늘날 존속하고 있는 대부분의 민족국가 형태에 비교될 수 있을 정도로 진전되었다고 말할 수 있다. 16세기까지는 도자기 같은 제품에서의 지역적 다양성이 매우 컸지만, 그 이후엔 확연히 동질성을 보이게 되었다.

유동성이 있으며 관리의 임면이 빈번하게 행해지고 광범위한 지역시장 체인을 가진데다가 지방정권이나 봉건권력의 부재로 중앙집권에 대항하는 내적인 장애물이 결여되어 있었다는 것 등이 문화의 동질성을 가속화시켰다. 그래서 한국에서는 심지어 일본의 단일성과도 다르게 일반사회로부터 일탈하여 고립된 생활을 하는 극소수의 '집락촌' 사례조차 거의 없다.[18] 한국의 단일성은 극단적인 예외라고까지 말할 수 있을 정도로 강력하며 오늘날에 와서조차 잠재적인 분열의 위협은 오랜 전통 덕분에 지방으로부터가 아니라 수도에서 오고 있다.

정치적 중앙집권주의의 조기 발전

백성들의 중앙집중화 지향성은 곧 정치제도에 강력하게 반영되었다. 통일과 결집의 초기 주요 조건들을 여기서 정확하게 분석하는 것은 도저히 불가능하지만 현재 알려져 있는 것만으로도 충분히 흥미가 있다.[19] 신라사회(대략 기원후 300년에서 935년까지)는 '골품(骨品)'으로 알려진 혈통 신분집단으로 구성되어 그 최고 골품인 성골(聖骨)로부터 왕이 선출되었다.

이 최고 골품 집안의 남자 대(代)가 끊기자 여왕이 선출되었고, 결국에는 왕

---

18 하지만 배린저(Herbert R. Barringer)는 경상북도와 강원도의 경계선에 자리 잡고 있던 삼각동(Samgak-dong)이라는 한 마을에 대해 서술하고 있는데, 이 마을은 함경도 사투리를 쓰고 함경도식 집 구조와 생활방식을 고수하고 있는 외딴 '집락촌'이었다고 한다.

19 신라의 역사에 대한 자료는 빈약하다. 삼국시대에 관한 2개의 중요 사서(『삼국사기』와 『삼국유사』)가 12세기와 13세기 중반에 저술되었는데, 10세기 초 신라가 망한 지 오랜 세월이 흐른 후의 일이다. 여기서 논한 신라 문화에 대해서는 Suematsu Yaaskazu, *Shiragi-shi no shomondai*(Studies in the history of Silla; Tokyo, 1954), pts. I~IV, V를 참조했다. 또한 와그너(Edward W. Wagner)가 내게 신라시대에 대해 설명해준 것과 그의 강의 노트가 크게 도움이 되었고, Hatada Takashi(하타다 다카시), *Chosen-shi*(History of Korea; Tokyo, 1951), pp.47ff도 참고했다.

들이 다음 골품인 진골(眞骨)에서 나오게 되었다. 관리들은 왕 아래의 최고 골품 가문들에서 선발되었다. 골품 가문들은 '6개의 집단'으로 이루어졌는데 이 6개 집단이 수도권을 지배했고, 신라가 7세기 말에 중국 과거제도의 초보적인 모방을 시작하자 중국풍의 관료계급으로 변신해 군림했다.[20] 지방관헌이라고 하더라도 이 같은 중앙의 서열에 따라 적어도 이론상으로는 조정으로부터 토지를 하사받게 되어 있었다. 이 지방관헌 '집단'은 본래 단일 기치 아래 공통의 대의를 가지고 전장에 나갔으며 여러 지역의 사회계층을 대표했는데 점점 통일되어 대충 '6개 집단'으로 결집하게 되었다. 당초엔 비혈통집단이었지만 혈통집단이 되었고 점점 중앙정부의 틀에 짜 맞춰지게 된 것이다.

관료제도는 수험자격마저도 세습자에게 한정하는 방향으로 발전해갔다. 관리임용에서 능력주의는 이때부터 장기간에 걸친 고난의 길을 걷기 시작했는데, 그러나 우리의 관심사는 그것이 가져온 중앙집권화 경향에 있다. 시험제도에 의하든 혹은 지방 인사를 세습적인 중앙계급으로 편입하는 방법에 의하든, 중앙관료제도는 엘리트들의 관심을 쉴 새 없이 지방으로부터 중앙으로 향하게 했다. 지방권력은 불교사원 이외에는 이렇다 할 만한 인물의 흔적을 남기지 않았다. 현존하는 신라의 왕릉이 보여주는 수도와 지방의 엄청난 생활수준 격차는 이 시대의 가치체계를 말해준다.

신라의 중앙집권화에는 더욱 주목받아야 할 특색이 있었는데, 한 사람의 독재군주에게 모든 것을 맡기지 않았다는 점이다. 마지막 수세기는 확실히 그러했으며 어쩌면 처음부터 그랬을 것이다. 신라의 왕들은 평등한 입장에서의 경

---

20 '골품'이라는 말은 몽골의 소수민족이나 사회계급에서 쓰는 말을 인용하여 몽골과 중국 사서에서 사용하는 몽골어 야순(yasun)의 번역어임이 분명하다. 골품은 씨족보다 더 작은 규모의 한정된 일개 가문 집단에 해당되는 말이다. 본래 왕의 '뼈'는 '성골'로 알려져 있었다. 이 개념은 또한 고대 일본에서 사회집단들에게 유사하게 사용된 가바네(かばね)라는 말과 관계가 있다. Yang, Lien-sheng, "Marginalia to the Yuan Tien-Chang," *Harvard Journal of Asiatic Studies*, 19(1956), pp.49~51 참조.

쟁을 거쳐 선출되었으며 그의 정통성은 그가 태어난 골품에서 유래했다. 통치를 신격화한 징후는 없다. 서퉁구스계의 그것과 유사한 방식으로 명예롭게 선발된 개인 대신 실력으로 리더십을 장악한 집단이 합의체의 주권에 상당하는 권력을 행사했다. 고귀한 신분을 가진 사람들은 혈통에 근거해 평등한 자격과 발언권을 가졌으며 특별한 능력은 그렇게 중요시되지 않았다.

화백(和白)이라고 불린 최고기관은 왕위의 계승(비세습)을 결정하고 때로는 왕의 결정에 대해 거부권을 행사했다. 중앙기관 각 구성원들의 중요도를 반영하는 것으로 토의는 전원일치를 원칙으로 했으며 "의견불일치가 약간이라도 있으면 그 문제에 관한 토의는 종결하는 것이 관습이었다".[21] 왕이 아니라 화백이 종교상의 재가를 했는지도 모른다. 화백은 경주 근방 네 곳의 '성스런 봉우리' 중 하나에서 회합을 가졌다. 또한 신라사회에서는 고귀하게 태어난 무녀도 아마 화백의 업무 가운데서 어떤 역할을 맡았던 것 같다.[22]

이 같은 수도로의 엘리트 흡수는 권력에 접근하고 통치에 참여하는 정치적·종교적 제도화를 수반했던 것으로 보인다. 화백 참가자가 가진 여러 권한은 확실히 1인의 왕에 의한 독재정치에서 기대할 수 있는 것 이상으로 사람들을 수도로 몰려들게 하여 거기에 묶어둘 만큼 매력 있는 것이었다. 신라의 이런 독특한 중앙집권적 과두정치 체제야말로 한국이 오랫동안 유지해온 것으로서 다수 구성원을 가진 합의체에 의해 최대다수의 권력참가를 요구하고 있는 사회의 의향을 반영하고 있으며 그런 체제가 바로 신라에서 시작된 것이다. 이처럼

---

21 Son, Po-gi(손보기), "Social History of the Early Yi Dynasty, 1392~1952," p.128. '자문기관' 통치에 대해서는 제9장 참조.

22 C. Hentz, "Schamenkronen Zur Han-Sait in Korea," *Ostasiatische Zeitshrift*, 5(1933), pp. 156~163. 이 책은 경주의 무덤에서 발굴된 금관들이 왕의 것이 아닌 무속과 관련된 고위관리의 것으로 확인하고 있다. 신라에 관한 사서(『삼국사기』, 『삼국유사』)를 저술한, 유교와 불교 신자인 저자들(김부식과 일연)은 일반적으로 신라시대의 샤머니즘과 관련된 여러 사실들의 기록을 가능한 한 자제했다.

중앙지배에 여러 가치를 두는 장치로부터 파생하는 문화적 집중화가 한국의 역사에서는 이상할 정도로 초기에 이미 농밀해지기 시작했다.

고려왕조(918~1392년)도 본질적으로 이런 중앙집권화 경향을 계승했다.[23] 고려는 신라로부터 그런 경향을 이어받은 외에 나아가 불교사원제도를 확대·발전시켰다. 이 제도는 부분적으로 수도와 지방 토착 세력의 균형을 맞추게 했지만, 그러나 이런 수천 개의 사원과 승원은 정부의 지방 대리기관이기도 했다. 말하자면 불교가 국교로 확립되어 지배의 수단이 된 것이다. 사원은 일면 기도하는 곳이었지만 국가방위에 나서기도 했으며 고려왕조와 그 체제에 대한 지지를 이끌어내는 곳이기도 했다. 그래서 고승(高僧)은 왕족이나 귀족들과 좋은 유대를 갖고 있었다. 이런 제도는 혁명 전의 러시아나 훨씬 옛날의 유럽 또는 1974년 셀라시에 황제 정권이 전복될 때까지 에티오피아의 기독교와 국가 관계를 떠올리게 한다.

사원제도는 중앙과 지방 쌍방의 목적에 유용하기 때문에 실리가 많은 제도

---

23 무려 475년간이나 계속된 고려시대에는 수도인 개경의 정치적 또는 사회적 주도권이 신라시대 수도(경주)의 그것만큼 강력한 편은 아니었다. 그러나 매우 중요한 변화가 왕조 후반기(1170~1392년)의 다사다난했던 시기에 일어났다. 이 변화는 1170년에 군사쿠데타에 성공하여 1세기 동안 혼란스러운 일종의 장군 집정관 통치를 보여주었던 무신정권에 의해 선도되었다. 무신정권 시대가 끝나기 전에 몽골의 침입이 시작되었으며 결국 이 가난한 나라를 삼켜버렸다. 1170년부터 시작된 무신집권 시대는 대체로 일부 중앙권력의 쇠퇴와 그리고 심지어 종속기관들(사원, 세도가의 사병집단, 지방 호족 등)의 상대적인 득세를 특징으로 했다. (서구와 일본의) 봉건주의와는 놀라울 정도로 거리가 먼 한국의 전체 역사 가운데서 유독 이 시대만은 적어도 초기 봉건주의적 특성을 보여주었다. 하지만 연연히 이어온 한국의 역사 패턴의 이 같은 중절은 단지 일시적인 현상일 뿐이었다. 이 무신정권 시대의 혼돈으로 강력하고 영구적인 지방 세력 또는 2차 기관들이 뿌리를 내리지 못하고 만 것이다. 조선시대에 들어와, 특히 임진왜란으로 철저한 파괴를 겪은 후에는 중앙권력의 증강과 지방 발전의 쇠퇴 패턴이 복원되었다. Hatada Takashi, *Chosen-shi* 및 이병도, 『한국사: 중세편』 참조. 기타 참고자료는 강만길, 『조선 전기 공장고(工匠考)』, ≪사학연구≫, No.12 (1961년 9월), 1~72쪽.

였다. 한국문화의 역량이 고려시대 대부분을 통해 세계 문화업적의 상위권에 가깝게 갈 수 있었던 것은 이 같은 사원들의 흥륭 및 권력 획득과 밀접한 관련이 있다. 그러나 한국의 이런 우월했던 문화적 지위는 다음 왕조인 조선의 지배자가 불교의 제반 제도를 약화시키자 갑자기 사라지고 말았다.

조선의 중앙집권제

고려왕조 체제의 특징으로 계속된 중앙집권적 '자문기관' 패턴의 정치지배는 거의 변하지 않은 채 1392년에 고려를 넘어뜨리고 일어선 유교국 조선으로 인계되었다. 그 명칭[고려 말에서 조선 초에는 도평의사사(都評議使司)였으나 고려 초기엔 도병마사(都兵馬司) 혹은 줄여서 도당(都堂)이라 했다. _ 옮긴이]을 세습하여 계속된 최고 '자문기관'은 고려왕조에선 내내 최고 권력기구였다. 고려를 건국한 왕건을 왕위로 추대하는 결정도, 약 500년 후 이번에는 조선을 건국한 이성계를 왕위에 추대하는 결정도 동일한 최고기관에 의해 행해졌다.[24] 동시에 중국화가 진행되면서 중앙관료기구와 과거제도가 잇달아 공식화되었다. 고려왕조 최후의 1세기(1291~1392년)에는 중국의 주자학이 그 영향을 확대해갔다.

조선은 이런 긴 발전과정의 절정임을 스스로 증명했다. 1392년부터 1910년에 이르는 518년 동안에 한국정치의 유형과 방식이라는 이미 오래된 주제가 반영구적으로 제도화하였고 현대로 투과되어 지금도 사람들의 의식 속에 남아 있다. 고려로부터 조선으로의 정권교체는 그때까지 한국의 여러 왕조교체 때보다 훨씬 큰 변혁이 수반하였다. 12세기 중국의 주희(朱熹)의 해석에 따른 새

---

24 Son, Po-gi(손보기), "Social History of the Early Yi Dynasty, 1392~1952," pp.129~131. 이 최고 권력기구의 이름은 도병마사, 도평의사사, 좀 더 비공식적으로는 '합좌(合坐)'로도 불렸으며, 1279년 이후에 합동 '자문기관'에 상응한 권력을 갖게 되었다.

로운 유교가 국가적 제의(祭儀)로서 불교를 대체하고 명나라를 추종하는 것이 조선의 국책이 되었다.

정치의 목적과 그에 따른 행정이 유교화를 지향하고 순종과 충성 그리고 항의(상소)라는 정치적 자질이 가치체계 내에서 강조되었다. 조선은 지상에서 가장 크고 중앙집중화한 거대국가(중국)의 축소판이었으며, 5세기에 걸친 조선시대가 한국인들의 생활 구석구석에 영향을 미쳤다. 정치와 사회질서의 여러 문제에 독특하게 중앙집중화를 성숙시켜온 중국 특유의 방식이 조선의 정치적·사회적 안정의 지도원리가 되었는데 그 강도가 이전 왕조 때보다 훨씬 높았다.

유교는 무엇보다 하나의 보편적 체계였으며 인생에 관한 포괄적인 해설과 사람이 살아가는 법칙을 제공했다. 유교는 긴 지배를 통해 한반도 구석구석 그리고 사회 각층에 각각 다른 깊이로 침투했다. 유교의 가르침은 국가의 조직이나 정치뿐만 아니라 가족, 동업조직 및 일족의 일에도 원용되었다. 이런 점에서 유교는 중세 유럽의 교회와 유사하지만 교회와 국가의 분리가 전혀 되지 않았다는 점에서 결정적으로 유럽과 다르다. 유럽과 중동아시아와는 달리 유교사회에서는 교회(서원)에 독자적인 교권제도가 없었다. 모든 것의 정점은 왕과 그 왕을 통제한 상층 관료였다. 이 시대에 정치권력을 행사한 사람들은 우리가 중국에 관해 곧잘 말하는 것처럼 "윤리강령을 자기방식대로 해석하는 범위 내에서는 절대적이 되는" 경향이 있었다.[25] 관리들은 이런 권한을 왕의 이름을 빌려 대행했다.

이러한 조선의 방식은 중앙정부 이외에 조금이라도 독립성을 가진 도덕적·종교적 권력이 중앙권력을 견제하는 형태로 존재하는 것을 허용하지 않았다는 점에서 중세 유럽사회와는 달랐으며, 이슬람사회나 심지어 고려 불교사회와 비교해도 더욱 엄격한 것이었다. 이 제도는 다원적 사회로의 발전을 위한 버팀

---

25 Edwin O. Reischauer and John K. Fairbank, *East Asia: The Great Tradition* (Boston, 1958), p.30.

대 역할을 하지 못했으며 사회를 강력하게 중앙권력의 방향으로 끌고 갔기 때문에 중앙권력에 도달하려고 하는 사회적 유동성을 부추겼다.

중국에서처럼 한국의 유교는 군신(君臣), 부자(父子), 부부(夫婦), 장유(長幼), 붕우(朋友)라는 '다섯 가지 관계[五倫]' 내지 '유대[綱]'를 기본으로 이론이 구성되어 있다. 이 가운데 처음 3개, 즉 군신, 부자, 부부의 '세 가지 유대[三綱]'가 가장 본질적인 것이다. 이런 각각의 관계들은 서로 사슬을 이루고 있으나 '봉건' 유럽은 물론 일본의 관점에서 본다면 이 사슬은 설사 끊어지지는 않는다고 해도 불완전하다는 것이 적절한 관찰이다. 가족이나 마을의 강한 유대를 강조하는 이 사상은, 사람이나 가족이 직접 통치자에게 적어도 기분상으로는 연결되는 세계를 전제로 하고 있으며, 촌락과 왕권 사이에 여러 기관들이 있고 거기에 상사(上司)가 있다는 관계이나, 그런 여러 기관 내 동료와의 관계를 규정하고 있지는 않다.[26] 이런 사회적 관계는 백성들 사이에 존재하는 유대관계를 초월한 모든 대의제적(代議制的) 관계에서는 무기력하다.

이런 관계가 암시하는, 통치자와 피통치자 간에 직접 부딪치는 대결의 효과는 한국인의 강력한 권위주의적 성격에 의해 훨씬 강렬해졌다. 오륜 가운데 가장 마지막인 붕우유신(朋友有信)의 관계(지나치게 중요시되지 않았다)를 제외하면, 다른 모든 관계(군신, 부자, 부부, 장유)는 불평등과 복종을 강요하고 있다. 아들의 아버지에 대한 순종은 유교 체제의 핵심이다. 이런 복종을 강제하고 아버지와 아들의 관계를 규율하는 역할은 왕과 그 아들 사이에 일어나는 희귀한 경우를 제외하고는 모두 아버지에게 지워진다. 한국에서는 중국처럼 수많은 유교경전과 윤리규정이 이런 여러 관계를 중심과제로 하고 있으며 계속 이 다섯 가지 관계를 서로 비교검토하고 법률적 강제력과 유사한 정밀한 윤리규정

---

26 국립대학 격인 성균관이 제도적으로 항의서(상소)를 이용하여 간혹 중앙권력에 압박을 가하는 부분적인 시도를 한 것으로 보인다. 하지만 성균관은 정부조직의 일부에 불과했으며 서울에 한정되어 있었고 그 규모도 하잘것없었다.

으로 다뤘다.

통치자나 당국 및 정부에 대한 태도는, 봉건사회에서는 가정 밖의 교회, 승원, 학교, 길드 등과 같은 중간조직에서 결정되는 경향이 있지만, 중국과 한국에서는 가정 내에서 결정되고 어버이의 훈육에 완전히 맡겨졌다. 정치적 권위에 대한 반항은 아버지에 대한 반항과 똑같은 것이다. 따라서 복종심이 깊이 배어 있어야만 한다. 즉, 정부는 포괄적인 지배기구를 가정 속에 구축하고 그것을 일문(一門)이나 서원 및 가족에까지 확대해 행정과 교육을 폈기 때문에 규정된 것 이외의 방법으로 권리와 의무를 행사하려는 큰 집단은 존재할 수가 없었다.

결국 유교는 하나의 정치제도나 집행기관일 뿐만 아니라 도덕적·윤리적·종교적 체제이기도 했다. 유교에는 강력한 교의, 인상적인 경전 및 의례 의식이 있지만, 그러면서도 사실상 독립적인 '교회'는 없었다. 유교의 이론은 철인통치(哲人統治)의 그것이다. 그러나 이 경우의 철인은 포괄적이거나 일원적(一元的)인 논리체계의 일원(一員)이며 황제도 그 체제 내의 최고 사제관이었다. 사회의 진보는 일반적으로 철인이 고전의 진정한 의도를 이해하여 주어진 상황에 올바르게 대응한 경우에 발생한다고 생각했다. 개인의 의견이 때때로 존중되며 보답 받는 일도 있지만 개인주의는 이 체제 안에서는 존재할 여지가 없었다. 이런 이론은 본질적으로 교육과 개인의 지식을 신장시켰지만 독립교회는 불필요했으며 불가능해지고 말았다. 누구의 영지(英知)가 뛰어나며 또한 어느 정도로 뛰어난가 하는 문제는 교회의 교권질서에 의해서가 아니라 정부의 임용에 의해 결정되었고, 통치자는 이론적으로는 최고의 철인이자 현자로서 고위 고관들에 의해 모셔져야 했다. 이리하여 통치자는 행정의 정점일 뿐만 아니라 도덕과 종교체계의 정점이기도 했다. 그는 왕국의 정치적·도덕적 풍조에 대해 하늘[天]에 책임을 진다.[27] 또한 그의 이름으로 통치하는 관료들은 이중의

---

[27] 이론상 조선의 왕들은 중국황제를 모시고 나라를 다스리며 황제에게 책임을 져야 하고, 중

가치를 인식하고 있었다. 이른바 학자들이 사실상의 행정관이며 판관이고 사제였다.

유교체제는 교회(서원)조직이 발전하여 강성해지는 것도, 교회와 국가가 경쟁하는 것도 억제하여, 강력한 경쟁적 계급제도를 가진 정체(政體)의 발전을 허용하지 않았다. 관료는 최고의 직업이 되었으며 그 권한은 다른 모든 것들을 압도함으로써 국가의 구심력을 증대시켰다. 불교와 불교의 교권질서는 '몹시 싫은 것(bete noir)'으로 낙인찍혀 국가의 어떤 대안 세력으로서의 지위로부터 조직적으로 배제되었다.[28] 유럽의 교회뿐만 아니라 회교사원, 길드 및 협회는 사회의 독자영역으로서 기능이 있었고, 시저(최고 통치자)에 복속하면서도 여전히 억압에 저항할 수 있다는 의지를 나타냄으로써 권위주의적 지배자를 주저하게 만드는 것인 데 반해, 조선에서는 이런 의식이 싹틀 정도로까지 서원이나 사원이 제도화되지도 않았고 발달하지도 않았다. 정부도 행정도 종교적 계율과 얽혀 있었으며 거기서 이탈하는 것은 이단이라는 오명을 썼다. 이리하여

___

국황제만이 변방 속국들을 위해 하늘에 책임을 지는 것으로 되어 있다. 이 점은 조선시대의 왕과 그 신하들 사이에 많은 논란거리가 되었다. 비록 이 종속관계가 조선왕실에 심리적으로 중대한 영향을 미쳤고 중국의 눈치를 많이 살펴야 하는 것이지만, 그리고 유교적인 질서 안에서 이론적으로 중요한 것이긴 하지만, 실제로 중국의 황제는 조선의 실질적인 문제에 거의 간섭하지 않았다. 더욱이 건국 후 세월이 지나면서 나라의 기반이 공고해져 왕이 바뀌어도 백성들의 왕실에 대한 충성심이 변함없게 된 후부터는 중국황제의 조선에 대한 이론적인 관심도 고위 관료에 한하게 되었다.

28 샤머니즘이 정치와 완전히 분리된 것은 오래전 일이었다. 비록 샤머니즘이 여전히 존재하고는 있었지만, 과거의 공식적인 역할은 사라졌다. 고려시대에 불교는 정치에 크게 관여했지만, 주로 가르침과 충고 자격으로서였다. 불교의 종교적 교리가 그렇듯, 사찰의 위계질서와 국가의 그것은 대체로 대부분의 일상 행정상의 필요와는 별개의 것이었다. 그런데 그 같은 분리가 고려시대에는 예외였다. 승려와 그들의 사원은 국가를 수호하고 침략을 막기 위한 기도(祈禱)에서 핵심 역할을 하는 것으로 간주되었다. 고려시대에 사원은 승병(僧兵)들의 중요한 군 사령부 역할을 했으며, 조선시대에도 같은 역할을 했다. 고려시대에는 불교가 국가 조세제도에 약간 관여한 흔적도 있으며 주요 불교행사는 거국적으로 치러졌다.

혁신도 변혁도 족쇄가 채워지게 되었다.

한편으로는, 관료를 대신할 만한 다른 직업이 없다는 것 또한 정치적 관심을 높이고 유교교리의 비판경쟁으로 권력에 접근하게끔 부추기는 역할을 했는데, 유교교리의 해석이나 적용은 늘 비판의 표적이 되었으며 그 비판은 종종 매우 신랄했다. 다른 한편으로는, 비판이 무언가의 변혁을 의미할 경우에는 그것은 행정상의 투쟁이 될 뿐만 아니라 실질적인 종교투쟁이 되었다. 이론상으로도 또한 어느 정도는 실제상으로도 이 같은 종교-정치의 복합체는 사회 전체를 얌전하게 복종하도록 만드는 역할을 했다. 정부에 대한 정치적 관심은 물론 도덕적·종교적 관심까지 가중시킴으로써 정치에 대한 깊은 감정적 관심이라는 풍조를 빚어냈으며, 행정부문에 대해서는 정치와 윤리, 때로는 종교(유교)에 관련된 의구심과 원리까지 넉넉한 공격재료가 되었다. 이런 패턴이 조선이라는 한정된 지역에서 작동함으로써 정치, 행정, 가치관, 그리고 정서의 각 부문에 걸쳐 압도적인 중앙집중화가 불가피하게 초래된 것이다.

제도적 결함

본래 삼강오륜 관계의 계급체계에 빈틈이 있는데다가 조선시대에 들어와서는 중요한 제도적 결함이 추가되었다. 불교사원들은 기원후 500년 이후 중앙정부 이외의 중요한 기구였고 수천 개의 사원들이 전국에 산재했는데 그 가운데 수십 개는 규모 면에서 분명히 중국의 사원 대부분을 능가했다.[29] 이런 사원들의 대다수는 왕이나 권세 있는 조정의 고위관료들에 의해 건립되었으며 그들은 때때로 산간벽지의 개척자 역할을 하기도 했다. 사원들에 의해 도시로

---

29 중국에서는 가장 큰 사원이라고 해도 300명 이상의 승려나 여승들을 거느리고 있는 경우가 드물었다. 한국의 경우에는 지금도 일부 대형 사원에서 매 끼니용으로 사용되는 쌀을 엄청나게 큰 돌로 만든 용기에 담아 씻어야 할 정도로 식구들이 많다. 그런데 신라시대에 이런 대형 사원들이 주민 수천 명당 하나 꼴로 많았던 것 같다. Charles Gernet, *Les Aspects Economigues du Bouddhisme* (Saigon, 1956), p.8.

부터 멀리 떨어진 변지(邊地)가 경지로 개간되고 예술이나 기술이 도입되어 다양화한 '현대적' 공동체로의 발전이 촉진되었다. 연등축제나 석가탄신일에는 성대한 제례가 행해졌으며 멀리 떨어져 있는 시골사람들을 한 곳에 모이게 했다. 사원들은 또한 지역개발에 공통의 목표와 폭넓은 연대를 제공했으며 국토방위를 위한 기도회를 열고 수도의 사령부로부터 지령을 받아 국가적 목적 아래 지방을 단결시켰다. 학식이 풍부한 승려들은 종교에 관한 지식뿐만 아니라 기술과 경제에도 조예가 깊어, 고지에는 버섯이나 차밭을 만들고 흉년에 고리대(高利貸)를 하기 위해 항상 곡창을 가득 채워놓았으며 기와나 도기의 제조, 마을의 식량비축이나 목공, 직공(織工), 석공의 기술을 발전시켰다. 일찍이 계(契)라고 불리는 상호공여제도도 번창했다.[30]

사원에서는 여러 계급이 서로 간에 거리를 두지 않고 공동의 목적, 특히 때로는 지역개발을 위해 주민들을 소집하곤 했다. 여러 계급의 사람들이 자기 자식을 승려로 만들었으며 왕족이나 귀족의 친척들을 우두머리로 모시는 사원들은 정부로부터 노비를 하사 받았다. 사원이 수세기에 걸쳐 한국에서 중세 유럽의 승원 역할뿐만 아니라 계급을 초월한 협력을 했다는 의미에서, 한국의 옛 사원들은 토크빌(Alexis de Tocqueville)이 14세기의 궁정, 종교집회, 준독립적인 공동체가 중앙집권화하기 이전의 프랑스에서 수행했다고 지적했던 것과 똑같은 역할까지 수행했다.[31] 물론 평등성 자체는 부족했지만 상술한 바와 같은 공공단체 생활, 비나야(Vinaya: 부처가 제자들을 위해 제정한 금계)라고 칭하는 법률과 비슷한 것에 대한 복종, 그리고 신라와 고려 사원들의 산물인 포괄적 기능은 유럽 중세의 승원과 유사한 일종의 공공단체제도였으며 좀 더 근대적인 공공

---

30 계(契)는 지금도 한국에서 도시와 농촌을 불문하고 여러 형태로 성행하고 있는 일종의 집단 대부협정이다. 다산 정약용이 귀양살이를 한 전남 강진에 살았던 그의 후손들은 19세기 초 이웃의 사원인 만덕사와 맺었던 계를 아직도 계속하고 있다.

31 Alexis de Tocqueville, *The Old Regime and the French Revolution* (New York, 1955), pp.15~17, 41.

단체 생활과 경제적 발전의 발판을 마련했다. 그러나 유교를 신봉하는 조선이 사원에 대한 보호를 거두어들임으로써 사원은 쇠퇴하고 활력을 잃게 된다.

베트남에서는 불교가 적어도 1975년까지 활력을 잃지 않았으나, 한국에서는 조선시대에 이미 그 생명력의 대부분을 잃었다. 고려왕조는 불교를 국교로 했으나, 조선왕조는 불교사원에 대한 국가지원제도와 사원의 공식적 역할을 모두 폐기했으며 그 대신 중국으로부터 송(宋), 원(元), 명(明)의 서원개념을 도입해 지방의 공자묘(문묘)는 항상 중앙관료를 교육하는 학교를 겸하게 되었다. 1543년에 창립된 이런 종류의 서원은 17세기의 당파싸움으로 인해 급속히 발전했다. 18세기 말까지 서원의 수는 약 650개에 이르렀으며, 그 가운데 270개는 국립으로 정부로부터 토지가 공여되었고 기타의 서원들은 지역단체나 때로는 (관료를 배출하는) 양반 벌족들에게 의탁했다.[32]

서원의 중심은 공자묘이며 거기에는 설립자인 학자(보통 그 지방 출신의 당파 창시자)의 혼백이 안치된다. 당시 왕이나 집권당파에 용감하게 이의를 제기한 학자들은 이곳에 받들어 모셔져 후진들의 귀감이 되었다. 더욱이 그런 곳은 현 집권파에 대한 반대파들의 종교와 정치의 중심이 되는 경우가 많았다. 서원의 입학자격이 꼭 양반 출신이어야 한다는 법은 없었다. 이른바 서원에는 약간의 사회적 유동성이 있었다. 그러나 서원은 교육을 받을 자격이 있는 사람들만으로 제한했고, 이것은 유교와 정치에 대한 관심이 상류계급에만 있었음을 의미했으며 또한 남자들에 한했다. 서원은 전답을 소유했지만 그 운영에는 불교만큼 적극적이지 않았다.

---

32 Gregory Henderson and Key P. Yang, "An Outline History of Korean Confucianism," Pt. II: "The Schools of Yi Confucianism," *Journal of Asian Studies*, 18.2(Feb. 1959), pp.272~273(이 잡지는 이후 *JAS*로 인용한다). 또한 Yu, Hyong-jin(유형진), "Intellectual History of Korea from Ancient Times to the Impact of the West with Special Emphasis on Education"(unpub. diss., Harvard University, 1958). 토지세를 면제받고 징병의무도 지지 않는 서원은 국민의 무책임성을 크게 촉진한 것으로 보인다.

서원의 의식(儀式)은 불교사원의 그것에 비해 훨씬 소규모이며 비개방적이고 검소했다. 서원은 끈질긴 당파적 충성심을 기르고 교육은 정치적 목적을 가지고 있다는 신념을 심었지만 그 자체가 정치를 견제하는 유효한 제도로까지 육성되지는 않았다. 그러기에는 서원들의 규모가 너무 작고 교권제도의 발달도 미미했다. 또한 독립적인 발전을 이루기에는 중앙권력에 지나치게 의존했다. 서원은 중앙집권적 여러 가치들에 의해 지배되었다. 이른바 서원은 지방에서의 사회적 지위마저 서울의 정계와 접촉이 있는 지방양반에 의해 점유된 세계였다. 서원은 제도적으로 사원을 대신할 만한 것이 결코 못 되었다. 1870년대에 서원들이 폐쇄명령을 받았을 때, 그리고 벌족의 조직적인 생활 역시 기울어지기 시작했을 때, 각 지방의 모든 중요한 공공단체 생활이 거의 사라지게 되었다.

유교는 중요한 국정에 대한 백성들의 무관심을 더욱 조장하는 결과를 가져왔다. 유교의 철학, 종교적 학습 및 정치이론은 복잡했다. 전면적으로 정치에 관여하기 위해서는 장기간의 교육에 의해 한문으로 된 일련의 교과서를 숙달해야 했다. 더욱이 이 한문학습은 권력과 보상에의 유일한 가교로서 점점 더 중요하게 다루어졌지만 그 학습을 완성하여 성공하는 사람은 드물었다. 종교분야도 이와 거의 비슷했다. 유교의식이 번잡했고 그 제례용구는 개인이 소유하기엔 가격이 높았으며, 시골 군중들이 몰려들어 제례 기분에 빠지는 것은 '미신적'인 것으로서 천시되었다. 대부분의 사람들은 유교의식에 참여할 수 없었으며, 또한 유교적 정서의 세계는 무미건조하다고 생각했다. 서민들은 불만 해소를 위해 유교적인 '상류계급'의 비난을 각오하고 유교의식을 포기한 채 무속이나 대중화된 불교의식으로 내달았다. 하지만 이제 불교사원처럼 노비에게도 우월한 가치에 제도적으로 참여할 기회를 주었던 기관들은 많이 약화되었다. 후기 고려시대에는 그다지 크지 않았던 계급과 가치관의 격차가 확대되기 시작했다. 따라서 비제도적 수단을 통한, 즉 개인의 능력에 의한 신분상승 욕구와 열정이 팽배해졌다.

수직적인 의견소통은 당시의 영국인이나 일본인에게는 상상이 되지 않을 정도로 단절되어 있었다. 낮은 신분에서 한 걸음씩 궁중의 높은 지위로 올라가는, 일반대중이 참여할 수 있는 계급제도는 이미 존재하지 않았다. 유교라는 새로운 종교와 정치통합의 배후에서는 가치관과 사회 이반이 서서히 진행되고 있었으며, 그 이면에는 역으로 무제한의 경쟁이 일어났다. 유교에 대한 관심은 높았지만 출세의 등용문은 과거시험에 합격한 소수의 사람들에게만 개방되어 있었기 때문에 출세의 제도적 실마리가 존재하지 않았다.

지방에선 사람들이 모이는 곳이 불교사원의 대웅전보다 훨씬 작고 체면을 중히 여기는 엄격한 서원이나 혹은 아직 덜 인상적인 벌족의 사당으로 대체되었다. 서울은 궁전 건물의 수가 많았고 그와 함께 관료정치는 위압감을 주고 복잡성을 더해갔다. 사람들의 시선은 지방에서 서울로 향했다.

중앙의 정점

좁은 국토처럼 행정기관도 단선적으로 중앙집권화하여 국가는 왕을 중심으로 피라미드형이 되었다. 의정부(議政府)는 그 원형인 명나라와 청나라의 그것을 훨씬 능가하는 강력한 권력을 가졌다. 그 안에는 삼정승(三政承)과 좌우찬성(左友贊成) 아래 고전적인 중국의 관료형태를 흉내 낸 육조(六曹) 또는 그에 준하는 부서가 있었으며, 각 조(曹)에는 판서(判書), 참판(參判), 참의(參議), 정랑(正郞), 좌랑(左郞)들이 줄줄이 포진했다.[33] 도승지(都承知)는 아래로부터 국왕에게 올라오는 문서, 국왕으로부터 하달되는 문서를 처리하고 때로는 왕의 자문에 응하기도 했다. 이 외에도 많은 관직과 기관이 조선의 정치무대에 나타났다가 사라지고 다시 나타나곤 했다.[34] 그 가운데 대표적인 것으로는 세자(世

---

33 W. H. Wilkinson, *The Korean Government: Constitutional Changes, July, 1984, to October, 1895* (Shanghai, 1897), p.11. 윌킨슨은 조선 말 개화기의 한국주재 영국 총영사 대리였다. 이 책에는 구정부와 신정부(1895년)의 각 관직명이 한자와 영어로 상세하게 기록되어 있다.

子)의 제1 스승인 좌빈객(左賓客), 제2 스승인 우빈객(右賓客), 제3 스승인 좌부빈객(左副賓客), 장악원 도제조(掌樂院 都提調), 훈련원 지사(訓練院 知事), 사복시제조(寺僕寺提調), 봉상시 도제조(奉常寺 都提調) 등이 있었으며, 그 외에도 각종 지방 행정관과 궁중의 하위 직종 가운데 여러 직위들이 있었다.

조선의 관직은 9품(品)에서 1품까지 모두 아홉 품계로 분명하게 구분되었으며 각 품계마다 정·종(正·從) 두 종류로 나뉘어졌다. 모든 직위의 관리들은 수입과 위신에 걸맞은 다채로운 색상의 의상을 입었다. 수도와의 거리에 비례하여 수입이 많아지는 반면 권위는 저하되었다. 이런 관직 세계의 등용문은 과거시험제도인데 이 시험은 매우 정성스레 관리되었으며 그 엄숙함은 로마 교황 선거를 방불케 했다. 장원급제자는 국왕 알현의 영예를 가지며 그의 가향(家鄕)은 특별한 포상을 받았다. 조선은 이런 관료제의 엄격한 형체와 정교성 때문에 사회제도가 미비한 나라들 가운데서는 특이하게 상징적인 존재였다. 당시 알려져 있는 것 가운데서 가장 인상적인 중국의 관료제도를 흉내 낸 이런 의욕적인 제도는 조그마한 조선국으로선 국정에 균형이 잡히지 않을 정도의 부자연스러운 중앙편중을 가져왔다.

중앙집중화의 소용돌이

조선의 여러 유교 세력들은 중앙관료기구를 향해 가차 없이 모든 야망을 불태웠다. 과거제도는 지방의 인재를 고갈시킬 정도로 모든 인재들을 중앙으로 끌어들였다. 개인의 능력에 따라 동래정씨(東萊鄭氏)라든가 안동김씨(安東金氏) 등 주요 벌족들의 주류는 수도인 한양으로 옮겨 살았으며, 그들의 성에 그들이 사는 거리의 이름을 보태어 이를테면 창동의 김씨, 회동의 정씨라고 불렸다.

---

34 행정부의 전체 형태는 조선시대 내내 매우 고정되어 있었다. 하지만 변화가 종종 일어났으며 이따금씩 특별기관이 생겨났다 사라지곤 했다. 그러므로 여기서 언급한 직위는 개략적인 것이다. 의정부는 14세기에 만든 것으로 기술되어 있다. 다른 기관들은 대부분 1895년의 개혁(을미개혁) 이전에 존재한 것으로 알려져 있다.

이들 주류들은 한양 사람이 되어 조정의 미움을 사 유배나 지방으로 좌천되지 않는 한 내내 한양에서 살며 궁중투쟁의 주역 또는 조역으로서 활약하든가 지식이나 교양을 쌓는 데 진력했다. 프랑스에서 파리가 그랬듯이 한양은 조선 최대의 도시일 뿐 아니라 조선 그 자체였다. 이 나라에서 극적인 사건이 일어나 귀를 기울일 정도의 소문이 있다고 한다면, 또한 흥미진진한 문예작품이 있다고 한다면, 그 근원은 반드시 궁중과 그 주변을 벗어나지 않았다.[35] 지방에서 한양으로 '불려 올라간' 사람들은 거기서 살며 하루라도 빨리 시골과의 인연을 끊으려고 했다. 거꾸로 장기간에 걸쳐 한양을 멀리 벗어나는 일은 입신출세의 희망을 잃는 것과 같은 의미였으며 자기 자식들의 입신양명의 싹을 자르는 꼴이 되었다. 출신이 '멀리 떨어진' 시골구석이라는 것은 그 때문에 설사 정치적 공격은 받지 않는다고 하더라도 이러쿵저러쿵하는 입방아에 오르내려야 했다. 그래서 지방 토호(1910년 이후에는 지주)나 지방지도자들은 정기적으로 수도를 찾아서, 재산이 있으면 주택을 장만하고 재산이 없으면 '최고'의 부자나 권력을 가진 친구를 방문하는 것이 습관처럼 되었다.[36]

중국처럼 지방양반의 주요 특권은 관료에 접근할 수 있다는 점이었다. 이른바 지방양반의 진정한 권력은, 과거시험 합격자는 누구나 자신과 같은 해 합격한 현 권력층의 사람들에게 무언가 요구할 수 있고, 지방수령을 압박하기 위해 그런 요구들을 주저 없이 할 수 있다는 사실을 지방수령들이 잘 알고 있다는 점에 있었다. 그래서 지방권력으로 간주되는 것에도 중앙권력이 미치고 있었다.[37] 이슬람교도들이 사용하는 기도용 양탄자가 메카로 향하고 있듯이 지방

---

35 하지만 한국인 스스로는 종종 궁전을 폄하했다. 중국의 궁전을 모방하긴 했지만 그것보다 훨씬 못하다는 것이다. 조선시대에 수도로의 높은 문화 집중은 복잡하기까지 한 중국문화의 대대적인 흡수를 촉진시켰다. 전국에 흩어져 있는 문화가 더 토착적인 뿌리를 갖고 있는 것으로 보인다.

36 초기엔 지방에 거주하는 토호들의 숫자가 비교적 적었던 것 같다. 부재지주제도는 늘 있었다.

37 중국의 청나라에서도 이와 비슷한 점이 있었는데 그에 대해서는 Ch'u, T'ung-tsu, *Local*

도시의 건물마저 수도와의 교신에 적합하게끔 지어져 있는 것으로 보인다. 수도에서 귀향한 양반지주들은 그들의 시골집 넓은 사랑방에 자신의 친한 친구들을 모아놓고 그가 수도에서 맛본 일상의 극적 사건들을 재현하여 들려준다. 그리고 그의 시골 친구들은 각자 집으로 돌아가 좀 더 작은 자신들의 사랑방에서 가까운 지기들을 모아놓고 양반지주에게서 들은 이야기의 재판, 삼판을 다시 들려준다. 수도는 이 나라 엔터테인먼트의 중심지였다. 기예에 능한 사람들은 빠짐없이 수도로 모여들어, 흉내를 잘 내는 사람, 연기를 잘하는 사람, 만담을 잘하는 사람들이 그득했다.

수도는 이 나라의 심장부이며 두뇌이며 정치적 태풍의 눈이었다. 조정(朝廷)은 정적인 무기력한 세력이 아니라 굳이 말한다면 근면하고 고분고분한 농경 국민들이 연주하는 위대한 드라마였다. 조정은 많은 상류계급의 에너지 전체를, 어떤 사람은 관리로서, 어떤 사람은 적극적인 비판자로서, 반대파의 식객으로서, 또는 연대기 집필자로서, 시골 서원의 선생으로서, 사실상 흡수하고 있었다.

500년에 걸친 조선사를 되돌아 볼 때 사람들이 직·간접으로 이 드라마에 참여한 것 외에 대관절 무엇에 기여했는지 알아내기가 어렵다. 조선의 조정은 사람들을 급속히 그 안에 휩쓸리게 하는 거대한 소용돌이였는데, 어느 순간에 그들을 야망의 절정 근방에까지 올려놓은 것이 아닌가 하는 생각이 들면, 다음 순간에는 그들을 쓸어내고 때로는 무자비하게 처형하든지 추방하든지 했다. 그것은 궁중 바깥 전원의 참을성 많고 한가로운 사계절 순환과는 전혀 어울리지 않는 것이었다. 흥분이 시시각각으로 온 궁중을 뒤흔들었다. 대간(臺諫)은 매일 두 번씩 회합하고 상소문들이 쉴 새 없이 왕에게 올라갔다. 관리들은 매일처럼 심사 받고 해임되었다. 딱 부러지는 법적 규정이 없기 때문에 심사의 권외로 벗어나는 일은 거의 없었다. 왕조는 평온을 가장했지만 궁중은 격앙과

Government in China under the Ch'ing (Cambridge, Mass., 1963), pp.174~177 참조.

논쟁으로 날이 저물었다.

간소(諫訴)가 난무했다. 그 내용을 보면, 왕이 신성한 궁중에서 돼지에게 상처를 입혔다느니, 국방을 책임진 판서가 조공사절로 중국을 다녀오며 상(商)행위를 했다느니, 어떤 고관은 무속과 불교에 귀의하여 조선의 국시를 어겼다느니, 타당한 이유 없이 본처를 학대했다느니, 상중(喪中)에 고기를 먹었다느니, '중개인'으로 전락했다느니 하는 것들이었다. 중상비방은 궁중생활의 일상다반사였다. 국왕에 대한 중상은 다소 완곡하긴 했지만, 만약 루이 14세였다면 한순간도 참아내지 못할 정도의 것들이었다.

왕을 제외하고는 다른 어떤 사람들에게도 사정을 두지 않았다. 왕의 형제, 자매, 고모, 처남, 조카, 질녀, 공신, 부왕이 임명한 공신, 관료와 그 일족 어느 누구도 트집이나 비난에서 자유로울 수 없었다. 대간에 의한 정식고발은 기소장과 같은 서식으로 아주 상세하게 기술되었는데 그런 고발이 하루에도 다섯 건이나 되었다. 조선왕조는 최후 수십 년에 이르기까지 왕조 자체를 무너뜨리는 쿠데타는 면했지만, 처음부터 끝까지 이런 식의 비방이나 음모범죄에 연좌되어 시달림을 받지 않았던 역대 왕정이 거의 없었다. 고발과 타인의 명예를 훼손하는 어휘가 꾸준히 늘어갔으며, 공적·사적인 탐문과 조사가 빈번하게 행해졌다. 900여 책(册)에 이르는 『조선왕조실록』은 인류사상 가장 길뿐만 아니라 가장 악의에 찬 저작물임에 틀림없다.[38]

태풍의 눈은 매력적이긴 했지만 위험으로 가득 찬 것이었다. 수많은 생명들이 궁중 파벌싸움으로 사라져갔다. 그 숫자가 수천에 이르겠지만 기록되어 있지는 않다. 희생자들은 사실상 모두 지배계급 출신이었다. 관리들은 왕의 예복에 술을 엎질렀다든가, 논쟁에서 '부정한' 측의 관점을 갖고 있었다는 등의 하

---

38 1945년 이전 만주와 중국 본토에서 일본인들이 활용한, 그리고 1945년 이후 남한의 공산주의자들과 당국자들이 똑같이 열심히 활용한 탐문 및 스파이 기술은 조선왕조에서 오랫동안 지속되어온 이 같은 환경에 영향 받은 바 크다.

찮은 죄목으로 유배되든가, 고문을 받든가, 교수형을 당하든가, 참수 당하든가, 능지처참을 당하든가 했다. 그들의 재산이 몰수되고, 집이 헐리고, 그 땅은 파헤쳐지며, 형제는 태형을 당하고, 처자는 관청의 노비로 전락하고, 봉록자(俸祿者)는 계급과 특권을 박탈당했다. 때로는 한 양반가문 일가가 뿌리 채 뽑혀 남자들은 모조리 죽임을 당하고 여자들은 노비로 전락하는 일도 있었다. 1495년부터 1863년 사이에 적어도 16명의 왕손이 반역죄로 처형되었지만 그 대부분이 무죄였다.[39] 죽은 자라고 해서 용서되지도 않았다. 예를 들면 연산군은 이미 죽어 매장되어 있던 시신을 꺼내 목을 베는 이른바 부관참시(剖棺斬屍)를 명했는데, 이런 형벌은 조상숭배 사상이 강한 이 사회에서는 충분한 본보기가 되었다.[40] 위험도가 높아질수록 많은 사람들이 어느 한편에 서느라고 더욱 허둥댔다.

중앙정치에 참여하는 것이 최고의 출세였지만 때때로 많은 사람들이 아주 미미한 죄로 중앙에서 추방당했다. 유배는 늘 있는 일로 지배계급의 구석구석까지 수천 건에 달하며 왕(단종, 연산군, 광해군)을 위시하여 최고위의 정승, 대신, 저명한 학자들을 가리지 않았다. 그러나 이 유배는 공교롭게도 이 왕조가 사실상 거의 손을 놓았던 일부 지방개발의 방편이 되었다. 왕궁으로부터 멀리 떨어져 개발이 크게 뒤진 지방에 왕가의 피를 이어받은 왕족들과 그 수행원, 여러 계급의 관리, 대학자들이 오게 되는 계기가 된 것이다. 진도와 같은 외떨어진 지방은 유배된 관리들에게서 그들이 궁중에서 배운 왕가의 문화, 학식,

---

39 Cho, Ching-yang(조진양), "The Decade of the Tae-won-gun," p.119.

40 1494년에서 1504년까지의 사화(士禍) 기간에 행한 형벌에 대한 상세한 설명은 와그너(Edward W. Wagner)의 "The Literati Purges" 중 특히 pp.170~228 참조. 그 당시에 가해진 형벌은 조선왕조 500년 역사에서 가장 참혹했던 것으로 알려져 있다. 이때의 형벌이 조선의 다른 시대보다 더 무시무시한 것이긴 했지만, 다만 그 형벌의 세부내용과 정도만이 다를 뿐이다. 조선왕조의 형벌과 특이한 유배제도는 근본적으로 변화가 없었으며 왕조가 망할 때까지 계속되었다. 19세기 마지막 4반세기 동안 섭정왕자(여기서는 홍선대원군)와 명성황후 모두 상대 세력에 속한 인물들에 대해 행한 잔혹한 형벌은 특히 악명이 높다.

요리법, 의례 기타 몇몇 지식들을 고스란히 전수 받을 수 있었다. 그러나 유배 당한 당사자들은 마음을 진정시키지 못하고 유배지의 개발보다는 수도로 권토중래한다는 야심을 버리지 않았다.[41] 그들 유배자들은 이윽고 수도로 소환(많은 경우 승진해서)되기도 하고 또는 죽임을 당하기도 했는데, 그들 가운데는 대학자인 다산 정약용처럼 자신의 생애 많은 부분을 유배지에서 보내며, 수도에서는 맛볼 수 없는 화조풍월(花鳥風月)의 평안한 경지에서 그들 저작의 대부분을 저술한 사람들도 있다.[42] 또 한편으로는 가시나무 울타리로 된 오두막에 갇혀 조그마한 문을 통해 날라다 주는 식사로 연명하며 대사면을 애타게 기다리면서 여생을 보낸 사람들도 있다. 유배형에도 그 대접방법에 따라 격차가 있었는데, 이런 '수도로부터의 내방자'의 생활을 보살피는 문제에 대해 지방관헌들은 지역주민들의 복지 이상으로 신경을 썼다.

경제 경시

재산과 경제도 정치처럼 중앙권력 지향적이었다. 사유재산에 관해서는 딱 부러지는 이론이 없었다. 사실 다른 많은 개발도상국들과 마찬가지로 존재나 소유 두 가지 면에서 개인의 자유와 권리는 실질적으로 위험한 것으로 간주되었다.[43] 경제적 위상은 오로지 정치권력과 정비례했다. 왕과 관리들은 모든 것에 대해 1차적인 권리를 가졌으며 이론상 자유롭게 골라잡는 것이 가능했다.[44] 관료는 백성들에게 봉사하기 위해 존재하는 것이 아니고 점점 자기 자신들에

---

41 이런 점에서 조선왕조의 유배제도는 후진국에 일시 보내는 미국의 원조담당관리 또는 교육전문가 파견제도와 어딘지 닮은 점이 있다.

42 영문으로 된 정약용의 생애와 작품에 대한 해설은 Gregory Henderson, "Chong Ta-san, A Study in Korea's Intellectual History," *JAS*, 16.3(May 1957), pp.377~386 참조.

43 개발도상국들에 대해서는 David E. Apter, *The Politics of Modernization* (Chicago, 1965), p.454 참조.

44 놀랍게도 조선시대 토지개혁의 기본 틀은 1945년 공산주의자들의 전 토지 국유화 이론과 많이 닮았다. 좀 더 봉건적이긴 하지만 현대 에티오피아의 토지 운용방법과도 비슷하다.

게 봉사하는 도구로 변해갔으며 국가와 그 주민들을 '먹이'와 착취의 대상으로 삼기에 이르렀다. 조선을 건국한 왕이 포고한 최초의 법률은 중국 수나라와 당나라의 초기 제도와 같이 모든 토지는 국유라는 이론에 입각한 새로운 토지개혁제도였다. 이것은 그 이전 여러 왕조 초기의 토지개혁과 본질적으로 다른 것은 아니다. 도시의 대지도 유사하게 다루었다. 수도의 거주지는 왕의 이름으로 정부로부터 공어 받아 집의 크기, 건축재료, 그리고 어느 정도는 그 안에 들여놓는 가구에 이르기까지 소유자의 권력과 지위에 따라 결정되었다.[45] 궁궐로부터 멀지 않은 수도의 저자거리는 정부의 특별계획에 따라 상업지구로 지정되었다. 상인들은 전답을 소유할 수 없었다. 그래서 개인이 노력하여 저축으로 토지를 늘린다는 개념이 발전할 수 없었다. 당시 조선에서 부자라는 말은 주로 토지를 많이 소유하고 있다는 뜻이었는데, 이 같은 토지소유의 금지는 자본축적 가능성을 크게 저해하는 것이었다.

마찬가지로 지주계급도 안정되고 지속적인 발전기반을 거의 가질 수 없었다. 이론상 토지는 왕의 소유로 농민들의 생계를 유지하고 관리들을 먹여 살리는 재원을 마련하는 기능을 갖고 있었다. 사실상 관리들의 부양에 세금의 대부분이 할당되었다. 관리들과 그들의 자손들은 항상 토지의 소유와 확장에 혈안이 되었고 그 바람에 지방지주계급과 그들의 저택, 그리고 사실상의 사적 소유가 발전했다. 그러나 독립적인 소유권 개념에 대해서는 법도 감각도 없었으며, 토지의 소유는 수도와 궁중이 감독하는 것으로 정당화되어 있었기 때문에 그 토지재산을 운용하고 거기에 주거를 가지며 어느 정도 개발노력을 기울이면

---

45 집의 크기는 최고위 왕족용인 67평방미터에서 최하위 서민용인 8.6평방미터에 이르기까지 다양한 제한이 있었다. 최하층 양반, 7품급 관리, 그리고 전 고위관리의 아들과 손자는 30평방미터의 집을 지을 수 있었다[평(坪)을 평방미터로 잘못 해석한 것이 아닌가 싶다. _옮긴이] 또한 궁궐용으로는 특정한 색깔의 칠을 하게 되어 있었다. 일제강점기 시절 경성(서울)시청에서 발간한 『게이조 푸시(keijo fu-shi)』(경성의 역사; 경성, 1934), I, 146에 옛 서울에 대한 상세한 정보가 수록되어 있다.

수익이 생길 것이라는 생각을 끝내 하지 못했다.[46] 1893년 반란을 일으킨 동학 당까지도 "우리는 소박하고 무지한 백성에 지나지 않으며 부모를 봉양하기 위해 우리 임금의 토지를 경작하고 있다"라고 선언할 정도였다.[47] 지주들이 절실히 필요했던 것은 중앙권력에 계속 접근할 수 있는 기회였다. 지방에서 지위를 계속 유지하며 지방의 개발이 소유자의 자손들에게 이익이 된다고 하는 영국의 뉴캐슬 공작이나 일본의 사쓰마 번주, 또는 프러시아 융커들의 사고방식이 조선에서는 없었다. 조선시대의 역사적인 지주계급으로 금세기까지 이어온 가문이 거의 없었으며 지금은 한 사람도 남아 있지 않다.

개발의지의 결여

지역개발을 위한 어떤 개인적인 주도도 용납되지 않았으며, 정부가 나서서 이를 보충하려 하지도 않았다. 지역개발은 향토사회의 자치의욕 구현이 아니라 후기 프랑스 왕국처럼 전국적인 관료정치의 한 부문으로서 운영되었다. 국토는 8개 도(道)로 나뉘어 각 도의 수장인 관찰사는 때때로 지방군사령관을 겸했다. 평양을 위시한 5개 대도시는 목사(牧使)가 수장이었으며 관찰사나 목사 아래에는 부사(府使)나 군수가 책임을 맡는 부(府), 군(郡), 도(島)가 있었다. 부,

---

46 가치체계에서 그런 개념의 파생물은 한없이 매력적인 것이다. 조선사회에서 재산을 장기간에 걸쳐 사용하지 않으면서 소유하는 것은 경멸을 받았으며 '인색한 것'으로 비쳤다. 이 인색이라는 개념은 서구보다 조선에서 훨씬 비난조로 널리 사용되었다. 재산이라는 것 그 자체마저도 부도덕한 것으로 보는 문화가 있었다. 예를 들어 『이지(李誌)』(여러 가지 예절과 예식을 기록한 책)에는 조선이 중국의 행동양식을 흉내 낸 전거가 나오는데, 부모나 조부모가 살아 계실 땐 아들이나 손자가 재산을 소유할 수 없었다. 중국이나 조선의 법률에서 부친이 살아 계실 때 사유재산을 소유하는 것은 범죄로서 처벌 받았다. Ch'u, T'ung-tsu, *Law and Society in Traditional China* (Cambridge, Mass., 1961), pp. 25, 29~30. 사치는 루이 14세 때의 귀족들에 비하면 아주 검소한 편인데도 감찰관들의 적발 대상이었다. 수세기에 걸친 조선의 평화롭던 세월은 경탄할 정도로 내핍의 연속이었다.

47 Benjamin Weems, *Reform, Rebellion and the Heavenly Way* (Tucson, 1964). 1893년 동학당은 이 선언서를 전라감영 대문에 붙여 놓았다.

군, 도는 다시 면(面)으로 나뉘고 그 아래 촌락이 있었다. 유교국가에서 흔히 그런 것처럼 중앙정부의 행정기구 말단은 면으로 끝났으며 촌락은 포함되지 않았고, 면을 제외한 이 모든 행정구역 책임자는 모두 중앙정부가 임명했다. 면장이나 그 이하 촌락의 장은 비공식적으로 장로들이나 때때로 촌민들이 추천하고 군수가 승인하는 식으로 정해졌다. 면과 촌락에 대한 일상적인 행정은 중국처럼 느슨했으며 때때로 비공식적이고 피상적인 변덕스러운 약식행정이 한일강제병합 때까지 계속되었다.

중앙관료들의 관점에서 볼 때 지방 관리들의 업무는 그저 하찮은 것이었다. '향피법칙(鄕避法則)'에 따라 절대로 그 지방 출신 양반은 군수에 보임될 수 없었으며, 또 계속 교체되어 때로는 새 부임자가 미처 임지에 도착하기도 전에 다른 후임자가 결정되기도 했다.[48] 그들의 실질적 기능은 비상시를 제외하곤 주로 큰 송사(訟事)에 한했다. 그러나 이런 종류의 쟁의는 가족 내에서 해결해야 한다는 일상적인 유교적 가르침 때문에 송사는 좀처럼 발생하지 않았다. 지방관청의 서기[아전(衙前)]는 활동적이었는데, 그러나 주로 징세 또는 부역과 관련된 그들의 업무 때문에 주민들에게 존경받지 못했고, 유익하다는 소리조차 듣기 힘들었다. 점점 정부는 백성들을 착취하기 위해 존재하고, 군수는 '촌락을 먹이로 삼기 위해' 존재하며 백성들을 위한 서비스는 거의 없는 상황이 되어갔다. 중앙으로의 소용돌이가 그 격렬성을 증가시키면서 많은 입신출세주의자들이 중앙으로 몰려듦에 따라 백성들에 대한 착취는 한층 가혹해졌다.

지역민들의 현지 지도력 신장 ― 향후 수도로 진출할 수도 있는 강력한 개인적 지도력 ― 은 전혀 고려되지 않았다. 머리 좋은 젊은이들은 과거시험에 합격하

---

48 E. Barker, *The Development of Public Service in Western Europe, 1660~1930* (New York, 1944), p.20에 따르면, "프러시아의 프레더릭 1세는 관리들을 그들의 고향 주(州)에는 절대 배치하지 않았는데, 혹시 초심(국왕에 대한 충성심)을 잊게 되지 않을까 염려해서였다". 일본의 막부 역시 충성을 강요하는 수단으로 관리들의 순환근무를 이용했다. 그러나 막부관리들도 서구의 귀족관리들도 지역개발을 전혀 소홀히 하지는 않았다.

여 수도로 올라갔다. 지방장관들은 임기에 제한이 있고, 아전은 지위가 낮았으며, 촌장은 맡은 업무 때문에 모두 적극적으로 지속적인 리더십을 발휘하지 못했다. 후세에 그 명성을 남겼던 수천 명의 조선인들 가운데 지방의 지도자로서 알려진 사람은 겨우 몇 사람에 불과하다. 관직에 오르는 것을 경멸했던 대학자나 '초당(草堂)의 항의자'마저 그들이 지방을 위해 큰 업적을 쌓았기 때문이 아니라 그의 학식이나 도덕적 모범 때문에 널리 알려지게 된 것이다. 그들은 존경은 받았지만 권력은 없었다. 하층계급 사람들이 간혹 지방에서 반란을 일으킨 것은 조선 말기였고, 특히 19세기가 끝날 즈음이었다.[49] 동학혁명 때까지 지방의 반란 지도자들은 건전한 지방지도력의 전통적 모범에서 나왔다기보다는 심각한 경제적·사회적 불만으로 달구어진 프라이팬에서 분출한 섬광에 지나지 않았다.

군 단위는 물론이고 도 수준에서도 나라와 백성 사이에는 사회적 단절이 있었다. 마을은 인근의 마을과 약간의 비공식적인 횡적 연대가 있을 뿐 그 이상의 것은 거의 갖지 않았다. 유교의 여러 관계도 이 공간에 다리를 놓을 유인요인이 되지 못했다. 지방주의는 조선 사람들이 그것을 중요시하고 있었음에도 불구하고 유럽이나 일본에 비해 취약했다. 서구나 일본에서는 사람들이 자신들의 고향인 부르고뉴나 요크, 베니스, 사쓰마를 위해 목숨을 바치기도 했지만, 조선에서는 아무도 자신의 고향인 전라도나 경상도를 위해 목숨을 바쳤다는 얘기를 들은 적이 없다. 그러나 수도에서는 지방주의적 집착이 강해, 약간 차이가 나는 억양이나 학교 동창회나 향우회 등에 민감하며, 특히 동향 출신이라고 하여 서로 간 교류하는 기회가 적지 않았기 때문에 같은 도 출신자들끼리 더욱 단결하는 경향이 있었다. 고향에 있을 때에는 서로 간에 보지도 알지도 못하고 별로 단결할 필요도 느끼지 못한 사이였는데도 그러했다. 같은 도내에

---

49 대표적인 사례로는 1811~1812년 평안도에서의 홍경래와 19세기 말의 종교적·사회적 지도자들인 동학의 최재우와 전봉준을 들 수 있다.

서는 군과 군, 면과 면, 마을과 마을 사이의 차가 크게 확대되어 투영되었다.

　지방의 학교는 그 지방의 관심을 가르치지 않았으며 현재도 가르치지 않고 있다. 시골사람들의 가족과 시골생활에 대한 자부심은 상당부분 생존능력과 자기만족에서 생긴 것이지 다른 사회와의 가교로 인한 것이 아니었다. 2차 조직을 결여하고 있었던 조선은 혁명 후의 프랑스 이상으로 사회적 성격을 가진 모든 조직 활동이 국가 자체에 흡수되는 경향을 보였다.[50] 남자들의 모든 매력과 야망은 전원에 묻혀 있는 자신의 재능으로 중앙의 권력조직에 한자리를 차지하고, 자기 고장에서 출세한 관료를 배경으로 승진하는 것이었다. 그러나 거기에 단계적인 길은 없고 비약적인 길밖에 없었다. 노섬벌랜드(Northumberland: 알프레드 대왕의 고향 _ 옮긴이)나 오와리(尾張: 도쿠가와 이에야스의 고향 _ 옮긴이)의 젊은이들에게 열려 있던 것과 같은 신분상승의 길이 가난에 찌든 조선 시골의 젊은이들에겐 없었다.

---

50 Emile Durkheim, *Le Suicide* (Paris, 1930), p.446.

2

전통사회

    종교기관, 지방정부, 길드, 산업체, 사회단체 등 중간매개 구조가 취약한 사회에서는 사회적 분할이 그 공동체의 극단적인 사회변동, 이른바 사회분해와 정치적 혼란을 막는 최후의 방어선 역할을 할 수도 있다. 그래서 우리는 조선의 취약한 중간조직이 어떻게 그 방어에 임했는지 그리고 어떻게 제 몫을 했는지 검증해야 한다. 왜냐하면 다른 확고한 제도가 존재하지 않을 경우, 대개 사회적 장벽의 유무가 그 사회의 응집력을 결정하기 때문이다. 중간계층이 취약한 사회에서는 사회적 유동성이 정당과 정치제도의 형성에 결정적인 요인이 될 수 있으며, 또한 정치가 지향하는 사회 목표와 정치가 만들어내는 역동성을 형성하는 결정적인 요인이 될 수 있다.

    조선은 정식으로 네 개의 사회계급을 인정했다. 첫 번째는 양반으로 알려진 지배계급인데, 사실상 모든 정부관직을 독점하고 이 계급 출신자에게만 입신출세를 위한 시험을 칠 기회가 주어졌다. 두 번째는 중인 및 아전으로 불리는 소수의 '중간'계급인데, 정부, 그것도 주로 중앙정부의 하층부문에 고용된 기술자나 서기라고 하는 전문직 집단으로 구성되어 있었다. 세 번째는 평민 또는 상민으로 알려진 일반 백성(농민, 상인, 직인)이었다. 네 번째 계급은 최하층의

천민인데, 출신이 낮은 비천한 계급이며 주로 백정, 노비 등 약간의 계층으로 구성되었다.[1]

이상은 조선의 공식적인 기술(記述)에 의한 것인데, 이런 각 계급의 이름은 호패(號牌)로 불리는 명찰에 기재되었다. 명찰은 계급별로 각각 다른 재질로 만들었으며 항상 휴대하고 다녀야 했다. 학자들에 따라서는 이런 계급분류와는 다소 다른 구분방식을 택하고 있는 사람도 있는데,[2] 이를 좀 더 자세히 검토해보면 앞서 말한 구분 방식이 조선 사회조직 현실에 부합하고 있는 것인지 의심스럽다. 의심의 근거는 양반계급을 검토해보면 아주 분명해진다.

양반

양반이라는 말은 10세기 이래 2개의 관리신분을 나타내는 말로 사용되어왔다. 이를테면 어전회의 등 왕이 참석하는 의식을 할 때 왕의 좌석 앞에서 좌우로 정렬하는 문관(반) 및 무관(반)의 열(列)을 일컫는 말이다. 양반은 처음엔 조정의 서기급 이상의 관리들이었다. 하지만 그 자격을 세습으로 물려받기 때문에 양반은 벌족이나 명문씨족의 적출 자손들로 구성된 하나의 사회적·정치적 계급이 되었다. 출생에 의한 명문거족 가문의 구성원들이라는 이유로 인해 사

---

1   Edwin O. Reischauer and John K. Fairbank, *East Asia: The Great Tradition*, p.428 참조.

2   일부 학자들 — 예컨대 고재국, 「양반제도론」, ≪학풍(學風)≫, 13(1950년 6월), 62~69쪽 — 은 중인과 그들의 지방 사촌인 아전을 통치임무를 맡은 양반의 보조자로, 천민과 상민을 다 함께 피지배계급으로 간주함으로써 근본적으로 2계급제도를 가정하고 있다. 또 다른 학자들은 아전을 별도의 계급으로 추가시키기도 하고 또는 중인과 아전을 근본적으로 상민계급으로 보기도 한다. 조선의 사회조직에서 그들의 기능이 아닌 그들의 기술적·사회적 위상을 이유로 그렇게 그들을 자리매김하고 있는 것이다. 이상백, 『한국사: 근세 전기편』(서울, 1962), 306쪽 참조. 이상백은 천민, 상민, 아전을 다 함께 아랫사람으로 분류하고 있는 18세기 학자인 이중환의 언급을 인용하고 있다.

회에서 존경과 영예를 한 몸에 받는 벌족 엘리트들이었다. 그들은 공직의 직위나 품계가 올라갈수록 위상과 영예가 점점 더 높아졌다. 중국으로부터 전래된 본래의 이론에 따르면 이 계급은 문관시험(후에 무관시험도 추가되었다) 합격자들을 말하는 실력제도로 이 시험은 14세기 말까지 통상 3년에 한 번씩 치른 것으로 되어 있다.

국왕은 특별히 공적이 있는 사람 또는 공적이 있다고 알려진 가문의 사람들을 관직에 임명하는 권한을 갖고 있었는데, 이에 대해 15세기 말부터 정부 내에서 반대가 (특히 대간에 의해서) 많았고, 이런 은전을 받는 것은 항상 실력(과거시험을 거쳐 관직에 오르는 것)보다 낮은 평가를 받았다. 시험제도에 대한 이론을 보면 왕가자손 이외에는 시험에 합격한 사람들이 양반의 지위를 획득하고 또한 그 결과 조그마한 소유경지로부터 수입을 얻을 수 있는 권리를 취득하게 되어 있다. 이런 제도는 표면상 세습적 특권을 지양하고 비교적 유동성이 풍부한 중국의 실력제도 관습이 조선에서 재생된 것으로 보인다. 이것은 어쩌면 당시 세계의 관리모집제도 가운데서 가장 진보적인 것으로서, 오늘날 근대법체계 정비를 국제적 지위향상으로 보는 것과 같이 과거제의 채용은 고대 중국을 중심으로 한 세계에서는 조선 문화의 지위를 높이는 것이었다.

그러나 이런 조선판 관리임용제도는 처음부터 본래의 취지와는 전혀 다르게 운영되었으며, 중국의 관리임용과는 비슷하면서도 다른 방법으로 시행되었다.[3] 조선의 법전은 수험자격을 양반의 자손에게만 한정한다고 규정했기 때문

---

3 중국의 과거제도는 어느 정도 기존 계급과 기득권을 부식시키는 유동성을 제공했다는 이론에 대한 논란이 계속되고 있다. 조선의 경우에는 이런 논란이 있을 여지가 거의 없었다. 폐쇄적이고 규제 일변도였던 조선의 과거제도는 사회적 유동성을 사실상 억제했던 것으로 추정되어왔다. 어느 정도는 이런 주장을 뒷받침할 법적 규정이 있긴 했지만, 급제자들의 전기(傳記) 자료에 대한 연구에 따르면 실제 사정은 꼭 그렇지만도 않은 측면이 있다. 600개가 넘는 아주 많은 벌족들이 있었다는 사실도 그런 점을 뒷받침해주고 있다. 그러나 명문가의 혈통에 대한 감찰기관들의 조사가 중국보다 조선에서 훨씬 엄격했던 점을 감안하면 조선사회의 유동성이 중국보다 훨씬 제한적이었다는 - 또는 제한적이 되었다는 - 점 또한 사실

에 조선판 관리임용제도에서는 중국보다 사회적 유동성이 적었고, 또한 이런 제도가 조작되어 국왕 주변의 고관들에게 일종의 우선권이 주어짐으로써 궁중 관리들이 내부 파벌을 만드는 계기가 되었다. 이것은 신라, 고려시대에 왕 주변에서 귀족들이 권력을 농간한 과두정치제도의 후속판이었고, 그들은 영락없는 신라, 고려 귀족들의 후예들이었다. 그들의 권리는 왕이 1392년부터 1728년에 걸쳐 발행한 21개의 '공신' 명부에 상세히 기재되어 지위, 토지(대부분은 세습 토지) 및 보수에 관한 특권을 부여했다.[4] 과거시험은 앞서 말한 것처럼 고관들이 자기 자녀나 친척들을, 혹은 자기 파벌의 젊은이들을 합격시키기 위해 조작하곤 했는데, 이것은 기록에 남아 있는 다수의 불평을 토로한 문서들에서도 밝혀졌다. 그 가운데서도 유명한 것은 1812년의 반역아 홍경래의 기록이다. 양반들의 내부 파벌은, 특히 사헌부나 사간원 같은 강력한 통제기관의 관직을 서로 차지하려고 혈안이 되었다.

이 같은 특권기관의 관직은 조선 초기부터 연연히 이어져 오고 있는 제1급 문벌 출신자들에게만 주어져야 하는 것으로 되어 있다.[5] 그들은 이런 기관에 안주하여 정부의 관리임용 절차에 막강한 영향력을 행사했는데, 그들의 힘을 약화시키려는 시도는 비록 그것이 왕에 의한 것일지라도 격렬한 저항을 받았다. 그들은 수도에 정주하며 결속을 과시했고 파벌 내부에서 끼리끼리 혼인함으로써 사회적 유동화를 막는 일에 전념했다.[6] 조선에서 양반이라고 주장한

이었던 같다. 조선에선 1606년 이전이 그 이후의 300년보다 벌족 수가 더 많았다.

4 공신 명부에 대해서는 『한국사 사전』(서울, 1959), 40쪽 참조.

5 Son, Po-gi(손보기), "Social History of the Early Yi Dynasty, 1392~1952," p.332 참조.

6 이 문제의 중요성은 약간의 통계에 의해 증명될 수 있다. 상당한 숫자인 약 561개의 벌족이 1392년에서 1606년 사이에 과거(문관) 급제자를 냈다. 이 가운데 오직 73개의 벌족(13%)만이 정부의 3대 고관직에 올랐다. 실제 재임기간을 계산하면 사람 수가 약간 적어진다. 약 46개의 벌족이 이 기간에 정부 전체 주요 관직의 56.5%를, 그리고 단지 15개의 벌족이 주요 권력직의 56% 이상을 차지하여 한 벌족당 평균 10회씩 그 직위를 맴돌았다. 양반 벌족 중 최대 벌족의 하나인 동래정씨는 이 기간 중 33년에서 36년 동안 최고위직 벼슬아치들을 냈

사람들은 전체 인구의 아주 일부분이며, 양반이라는 이름에 걸맞은 것으로 보이는 사람들은 주로 세습적인 '양반'으로 간주되는 이들 소집단들이었다.

그러나 신분이 더 낮은 벌족의 양반들도 또한 이 제도에 안주했다. 시험이 조작된다고는 해도 완전히 조작되는 것은 아니며, 모든 관직이 정권을 잡고 있는 파당의 구성원으로 전부 채워지는 것은 아니기 때문이다. 양반이라고 칭하는 대부분의 벌족들이 항상 권력을 차지하기란 어려우며, 잃은 것은 도로 찾아야 하기 때문에 그런 이해관계가 계급적 결속보다 오히려 적대관계를 만들어냈다. 신분이 더 낮은 많은 벌족들의 최초의 시험합격 또는 왕의 임명 시점의 정확한 지위가 특히 조선 초기에는 항상 분명한 것은 아니었는데, 그 후에는 조선이 협소하고 다른 직업에 대한 대안을 모색할 만한 길이 없었기 때문에 극도로 가열된 분위기 속에서 더 많은, 그리고 더 높은 관직을 차지하려고 서로 간 치열한 경쟁을 벌였다. 하지만 다른 '중급' 양반들의 지위는 본래는 시험이나 임명에 의한 것이지만, 그 후에는 오히려 유교도덕의 모범적 구현자로서의 명성에 의해 결정되었다. 학자, 지방 서원의 스승, 그리고 감동적이고 비판적인 상소문 기안자들은 몸소 그의 계급에 걸맞은 사회생활과 행동의 본보기를 보였다.[7] 관직임용에 응해 지위를 높여가고 있는 사람들과는 대조적으로 그들은 임용을 거부함으로써 빛이 났다. 그들은 권력을 멀리하는 지식계급의 오랜 전통의 창시자들이며 그 전통은 오늘날의 대학교수들에게로 이어지고 있다.

다. 안동김씨와 같은 몇몇 벌족들은 왕실과의 혼인을 통해 지위를 강화했다. 이런 도당적 귀족정치를 검증하려면 많은 연구가 필요할 것이다. Son, Po-gi(손보기), "Social History of the Early Yi Dynasty, 1392~1952," p.163 참조.

7 Tanaka Tokutaro, "Chosen no shakai kaikyu(Korea's social classes)," *Chosen* (Korea, March 1921), p.56을 인용한 시카타 히로시(四方博), 「李朝人口에 關한 身分階級別的觀察」, ≪朝鮮社会経済史研究≫, No.3(1938), 373~374쪽 참조. 지방에서 국교인 유교의 학문과 행동의 모범을 보여야 하는 사람으로서, 그리고 지방의 정치적 영향력 행사자라는 특정한 측면에서, 지방의 학식을 갖춘 양반들은 서부 아프리카 세네갈의 무슬림 성자와는 다른 위치를 점하고 있었다.

그들은 수에서는 엽관운동(獵官運動)을 하는 패거리들보다 훨씬 적지만 그들의 의견은 훨씬 무게를 더했다.[8] 이런 양반들은 하나의 계층으로서 권력을 갖고 있는 궁중양반들보다 몇 배나 많은 '중층(中層)' 양반에 속해 있었는데, 그들은 양반의 지위를 자임하는 수십만 명의 양반들 가운데서는 중요했지만 궁중의 소수파에는 비길 바 못 되었다.[9]

---

8 은둔 양반들의 숫자와 전체 양반들의 숫자가 들쑥날쑥한 것에 대해서는 아래 각주 10과 11 참조.

9 왕족은 양반 무리 안에서 파격적인 위상과 역할을 수행했다. 조선의 첫 임금인 태조가 8명, 2대 정종이 15명, 3대 태종이 12명, 4대 세종이 약 20명의 왕자들을 둠으로써(이 모두가 15세기 이전에) 왕족이 단기간에 큰 힘을 갖게 되었다. 관례상 왕족은 중요 관직을 갖지 못하지만 중앙집권적인 관료조직 안에서 이들은 3대 동안 칭호와 봉토를 소유하는 준봉건적인 요소를 보여주었다. 5대가 지나면 그들은 왕족에서 탈락되고 단지 전주이씨의 일족으로서만 남게 되어 그때부터 과거에 응시할 수도 있고 관직을 제수 받을 수도 있다. 실제로 많은 왕족의 후예들이 과거를 거쳐 관직에 나갔는데, 실제로 연구가 진행됨에 따라, 전주이씨의 왕족 출신 가문 사람들은 150년 후(즉, 왕자의 신분으로부터 5대 후)에 출발했음에도 과거 급제 비율이 일반 양반들보다 2배나 많았던 것으로 밝혀지고 있다. 그러나 전체 급제자에서 그들의 비율은 아주 소수에 불과하다. 왕족의 후예로서 과거에 급제한 사람들은 비왕족 출신을 포함한 전체 문관 급제자 약 1만 4,000여 명 가운데 대략 800명 정도이다(이 정보를 준 에드워드 와그너 박사에게 감사한다). 그런데 왕자들 수는 15세기에만 총 72명에 이른다.『한국사 연표』(1959), 350~359쪽. 산술적으로 이들 왕자들의 이론상 잠재적인 자손 숫자는 15세기의 72명이 19세기 중엽엔 적어도 72의 16(1450년에서 1850년까지의 세대 수)제곱으로 늘어났을 것이다. 하기야 만약 72명의 후손 숫자를 인류 출현 이후부터 계산한다면 수십억 배로 불어났을 수도 있다. 그러나 잔존자와 재생산성 비율은 근친결혼이나 '조상 상실' 현상에 의해 적어도 이런 폭발적인 인구증가세를 감소시키고 있다. 하지만 이 72명의 후손에다 15세기 이후 왕들의 후손들을 보탠 수는 설사 100만 명에는 이르지 않더라도 적어도 수십만 명이 될 것임에는 틀림없다. 전주이씨는 오늘날 수백만 명을 헤아리고 있다. 하지만 그들 대부분은 빈곤하며 많은 수가 평범한 농민이 되어 옛날 그들의 계급과의 실질적인 관계가 단절되고 말았다. 왕족이 서울에서 토지를 하사받았으나 몇 세대에 걸쳐 넓은 토지를 보유했다는 확실한 증거는 없다. 이런 점에서 왕족 후예들의 능력이 유럽이나 라틴아메리카의 귀족들보다 상당히 부족했다고 할 수 있다. 그들은 다수의 관리들을 배출했는데도, 기하급수적으로 늘어나는 후손들이 한정된 자리를 놓고 경쟁해야 했기 때문에 일반 양반사회처럼 좌절

현재 이런 양반의 범주에 속하는 사람의 수를 확실한 자료로 예시하기는 불가능하다. 과세기록은 상황을 해명할 수 있을 정도로 분석되어 있지 않고 다른 통계도 없다. 조선 말기에 추산한 것으로 양반의 수가 총계 약 200만 명이라는 설부터 8만 9,050호(사람 수는 아마도 40만 명에서 45만 명)라는 설도 있어 이론이 구구하다.[10] 이것은 불명확한 방법의 일본 측 조사(『일본제국 통계연감』, 제30호, 1911년)에 의한 것인데 단순한 인상적 추계의 영역을 벗어나지 못하고 있다.[11]

하고 만 것이다. 왕족의 후예였던 이승만과 그의 일족이 상속받은 것은 이런 집단과 좌절이었다.

10 그리피스(W. E. Griffis)가 쓴 "Japan's Absorption of Korea"[스틸먼(E. G. Stilman)이 수집한, 와인더(Winder) 도서관에 1910년 10월이라는 날짜가 적힌 조선의 소책자들에 포함된 무명의 미국잡지 안에 있음]라는 글에는 양반의 수를 10만 명 또는 그들의 일가와 합치면 거의 200만 명으로 보고 있다. Joseph H. Longford, *The Story of Korea* (New York, 1911)에도 역시 양반의 수를 전체 인구의 약 20% 혹은 200만 명으로 추산하고 있다. 전체 인구의 18%로 추산하는 연구도 있다. 일본인은 통계에 재능도 있으며 미국인보다 조선에 훨씬 많이 살고 있었음에도 양반 인구의 계산에는 미국인들보다 성공하지 못했다. 한때 조선정부의 고문으로 있었던 기쿠지 겐조(菊池謙讓)는 1890년대 초의 서울인구를 20만 명에서 25만 명으로 잡고 그 가운데 양반의 비율을 70%로 잡아 약 14만 명에서 17만 5,000명으로 보았다. Kikuchi Kenjo, *Chosen okoku* (the Kingdom of Korea; Tokyo, 1896), pp.59, 72, 77. 이와는 달리 다케쓰키 오치(大內武次)는 1900년부터 1910년까지 서울의 양반 인구를 전체 서울인구 20만 명 가운데 겨우 1만 명으로 추정하고 있다. Taketsugi Ouchi, "Risho maki no noson(Farming Villages at the end of the Yi Dynasty)," *Chosen shakai keizaishi kenkyu*, 1.6(1933), pp.231~295.

11 일본의 *Nihon Teikoku dai sanju tokei nenkan* (Japanese Statistical yearbook; 1911), p.947에 기록된 예비 인구조사 내용이다(일본당국이 조선에서 지방주재 경찰을 활용하여 인구조사를 행한 것은 1930년 이후의 일). 일본 통계학자들은 식민지 조선에서 인구조사를 할 때 별도로 양반 수를 조사하기 위해 사용한 기준에 대한 확실한 설명을 하고 있지 않다. 그러나 다른 도표에서 이와 똑같은 수치를 제시하고 있는 젠쇼(善生永助) 교수는 중앙과 지방정부 관리를 1만 5,758가구로, 양반을 5만 4,217가구로, 그리고 선비를 1만 9,075가구로 계산하여 그 내역을 밝히고 있다. Zensho Eisuke, "Richo Matsuyo no koko(Population at the end of the Yi Dynasty)", *Chosen*, No.151(Korea, Dec. 1927), pp.41~65. 젠쇼 교수가 조선 인구통계에 대한 일본의 대표적인 학자이기 때문에 이 수치는 아마도 의미 있는 어떤

현재 일본의 어떤 연구자는 1910년경의 양반 총수를 10만 명으로 잡고, 만약 이 추계에 향반(鄕班) 내지 토반(土班), 다시 말해 준(準)양반 및 자칭 양반들을 포함한다면 30만 호에서 40만 호, 사람 수로는 150만에서 200만 명이 된다며 이 숫자의 차이를 아주 그럴듯하게 설명하고 있다.[12] 이것은 그다지 신빙성이 없으며 다른 추산에 따를 경우 준양반의 수가 너무 많다.[13]

이 같은 숫자의 부정확성은 여러 가지를 시사한다. 엄격한 사회제도가 작동된 것으로 알려진 길고 긴 조선왕조의 말기에 정부도 백성도 양반들 자신도 지배계급의 크기가 얼마나 되는지, 혹은 누가 지배계급인지에 관해 어떤 의견의 일치도 없었음이 분명하다. 200만 명의 사람들이 스스로를 양반으로 생각하든가 또는 양반으로 간주하고 있었다는 막연한 견해는 인구의 약 18% 정도가 지배계급을 구성했다는 얘긴데, 기능분화가 거의 이루어져 있지 않았으며 리더십의 필요성도 거의 없었던 은둔의 농업사회로서는 놀라운 비율이다. 이 숫자는 약 1만 4,600명의 조선시대 전체 과거(문관) 급제자(더욱이 그중 많은 수가 같은 씨족 출신)로부터 발생했다고 추정되는 하나의 계급이라고 하기엔 매우 의심스러운 일이다. 만약 이 과거 급제자 수를 조선의 총 관리 수로 보고 여기에다 군 장교와 무관 급제자들을 보탠 후 평균 가족 수를 5명으로 잡고 5배를 한다면 설명이 될 수도 있다.

양반계급 사람들의 숫자가 현저하게 많았다는 주장이 나온 이후 그 규모에 대한 심각한 의견불일치가 조선사회의 제도 전반에 걸친 계급의 정의를 혼동

것에 가장 가까울 것이다.

12 Taketsugi Ouchi, "Risho maki no noson(Farming Villages at the end of the Yi Dynasty)," p.236. 가구당 평균 가족 수를 대략 5명으로 계산했다.

13 Kim, Yong-mo(김용모), "A Study of the formation of economic elite in Korea"(unpub. paper, Seoul National University, 1962)는 시카타 히로시(四方博), 「李朝人口에 関한 身分階級別의 觀察」, 《朝鮮社会経済史研究》 부록 1에 있는 통계를 국가범위로 확대하면, 1850년경에 양반은 전체 가구의 44.6%, 전체 인구의 48.6% 또는 500만 명을 약간 넘는 수치가 나온다고 했다.

시키는 경향이 있었으며, 지금도 그것을 규명하려는 학자들을 혼동시키고 있다. 다른 계급들의 구성원에 관한 통계도 없으며 그 규모의 추계를 시도한 적도 거의 없다. 조선의 사회제도는 일찍이 그 실상이 어떠했든지 간에 엄격성과 응집력이 특히 모호하고 불확실하다. 더욱이 조선에는 다른 응집력의 근원이 될 만한 것이나 다른 제도적 생활의 근원이 될 만한 것이 거의 없었으며, 여러 계급에 이런 엄격성과 응집력의 특질이 결여되어 있었기 때문에 사회와 리더십, 그리고 정치생활의 발전에 중대한 결과를 가져왔다. 어떻게 해서 이런 상황이 생기게 되었을까? 이 질문에 답하기 위해서는 양반의 다수파가 어떻게 형성되었는지를 규명해야 할 것이다.

중국의 이론으로는, 그리고 실제로도 어느 정도는 정부 내에서 획득한 지위는 그것을 획득한 사람의 공적과 결부되었다. 그들의 자손들은 물론 그런 것을 잘 기억했으며, 그 자손들이 관직 획득에 의해 그것을 갱신하지 않으면 그 신분은 상실되었다. 조선의 법전은 칭호의 경우를 제외하고는 그와 같은 신분 소멸에 대한 공식 선언조항을 빠뜨리고 있는 것 같다. 조선의 칭호는 중국과는 유사하지만 서구의 그것과는 다르며, 한 대(代)에 한 단계씩 내려와 국왕의 자손은 5대로 완전 소멸하며, 공신의 자손은 3대에 완전 소멸한다.

통상 양반의 지위는 법전에 규정되어 있지 않고 약간의 비공식적 경향을 띠었다.[14] 지위는 소멸해도 권리는 남기 때문에 사회 전체가 중앙권력과 그 특권 획득에 집중하지 않을 수 없었다. 그 특권에는 빨아먹을 즙이 많았다. 우선 과거(대과)에 응시할 자격시험(진사나 생원 시험)이 있는데, 거기에 합격하면 이 나라에서 유일하게 명성이 높은 경력을 획득하는 것이다. 면세특권도 있고, 노비를 포함한 일가 전원이 병역을 면제받을 수 있는 특전도 있으며, 재판상의 특권도 있어 자신을 대신하여 노비에게 형벌을 받게 할 수도 있었다. 또 중앙

---

14 최남선, 『고사통』(서울, 1943), 188쪽; Imamura Tomo(이마무라 도모, 今村鞆), *Chosen fuzoku-shu* (Compilation of Korean customs; Seoul, 1914), pp.19~20.

과의 연결고리를 이용해 지방장관의 결정을 수정하거나 완화하는 등의 뒷구멍으로 부정한 수단을 쓸 수도 있었다. 이 외에도 또한 모든 방법을 동원해 사회적 위신과 우선권을 주장할 수도 있었다. 이에 반해 이 지위에 부과된 의무는 거의 없었다. 양반은 족보라고 하는 일가의 가계도를 보존해야 했다. 이것은 이론적으로는 엄밀한 가족등기부인데, 적어도 그 자손이 감찰기관의 심사를 통과해 '명문대가'와 결혼하기 위해서는 이것이 꼭 필요했다. 양반이라면 고전에 밝아야 하고 아무렇게나 의식을 행하지 않으며 늘 절도 있는 행동을 해야 했다. 양반이 수행해야 할 여러 가지 일 중 가장 중요한 것의 하나가 노동을 기피하는 것이며 그 자신이 다른 계급의 사람들로부터 초연해야 한다는 것이었다. 실제 이처럼 특전이 많고 반대급부를 요구하지 않는 지위를 포기하는 데는 공식적으로나 비공식적으로 대단한 저항이 있을 수밖에 없었다.

이런 문제들이 조선시대 500년 동안 사회에 작용했다. 자기들이야말로 확실히 양반 자격이 있다고 생각하는 사람들이 꾸준히 늘어갔지만, 그 지위를 공식적으로 정당화할 수 있는 벼슬자리의 수는 언제나 그대로였다. 조선시대 말 외국과의 접촉이 시작될 때까지 그 수는 820개의 문관직과 4,000개의 무관직을 약간 상회하는 선에 그쳤으며, 공급에 비추어 수요 측면에서 볼 때 절망적인 숫자였다. 여러 세대가 바뀌면서 대부분의 양반들은 선조들의 지위로부터 점점 더 멀어지고 그것을 다시 획득할 가능성도 희박하다는 점을 알게 되었다. 그 결과 한편으로는 관직을 획득하기 위해 온갖 수단과 방법, 이를테면 영향력 행사, 뇌물, 기타 비열한 범죄행위를 서슴지 않았으며, 다른 한편으로 그것은 기이하게도 자칭 양반들로 이루어진 거대한 '중간적인' 양반집단의 탄생을 가져왔다. 이들 중 상당수는 '수도로부터 밀려난' 양반들이며, 조선인들은 간혹 이 사람들을 향반(鄕班) 또는 토반(土班)이라고 불렀다. 현대적인 분석을 위해서는 이런 향반 또는 토반이라는 사회집단(신분상승을 하고 있는 평민들과 함께)은 가능한 한 별도로 간주해야 한다.[15] 그들의 신분은 확인되지 않았고 또한 그들의 지위가 법제상 유력한 것이 아니라는 문제가 있지만, 향반은 근대 조선

의 정치패턴을 이해하는 데 매우 중요하다.[16]

몇몇 지역의 옛 인구기록이 1960년대와 1970년대에 잇달아 발견되었으며, 이것에 대한 연구가 계속되고 사실 확인과 분석이 활발하게 진행되었다. 이들 연구 가운데 저명한 일본인 인구통계 전문가인 시카타 히로시(四方博, 1900~1973년)[17]가 시도한 계산은 향반의 사회적·정치적 변동 패턴을 밝히려는 것이

---

15 향반(鄕班)은 종래 조선연구에서 무시되어왔다. 사회조직과 이 '중간적인' 계급 그 자체에 관한 이해들이 그것의 존재를 얼버무리게 하는 것으로 쉽게 추론할 수 있다. 조선왕조에선 지위가 신분을 만들었다. 그러나 대부분의 양반들에게는 이 관계가 존재할 수 없으며 존재하지도 않았다는 사실을 그냥 모른 척하는 것이 관계자 모두의 이익이 되었다. 향반은 자신들의 가치체계와 불안정하고 모호한 관계를 가지면서 살아가는, 반쯤은 숨겨진 계급이다. 만약 조선왕조가 그런 모호한 신분을 강제로 말소하려고 했다면 아마도 전국적인 불안이 야기되었을 것이다. 따라서 조선의 국내적 안정의 일부는 이처럼 계급의 은닉에 의존했는데 이 부문에 대한 산발적인 연구가 진행되어왔다. 1862년의 철종의 개혁(각주 21) 참조.

16 조선왕조의 사회제도는 봉건제도와는 정반대였다. 지방권력을 획득하지 못했으면서도 지방양반들은 중앙정부에 목소리를 내려고 했으며, 중앙정부에서의 권력을 잃고 시골에 내려와 살면서도 마음은 항상 서울에 가 있었다. 이 같은 자세의 지속은 계속 지역발전을 방해했다.

17 시카타 히로시(四方博), 「李朝人口에 関한 身分階級別의 觀察」, 364~481쪽. 시카타 히로시는 경성제국대학(京城帝國大學) 경제학사 교수였다. 그의 핵심 연구대상은 조선왕조의 경제 분야였는데, "조선왕조의 경제를 연구한 학자들의 저서 가운데서, 그의 저서가 가장 충실했고, 조선왕조에 대한 그의 해박한 지식이 가장 인상적이었다"(Hiliary Conroy, *The Japanese Seizure of Korea, 1868-1910*, University Park, Pa., 1960, p.445). 시카타 히로시의 연구서는 서구어로 번역된 적이 없으며, 그의 연구결과가 서구어로 발간된 어떤 연구서에서도 이용된 적이 없다. 1930년대에 시카타 교수는 조선 동남부지방의 대구시에 속한 5개 면의 주민 수를 적은 서류를 발견했는데, 1690년, 1729년과 1732년, 1783년, 1786년, 1789년 그리고 1858년의 인구 및 가구 등록 통계가 비교적 상세하게 기록되어 있었다. 이들 통계에 대한 정확한 분석을 위해서는 더 전문적인 연구가 필요할 것이다. 물론 조선의 각 계급별 인구동향 전체를 조사하기 위한 표본으로서 이 자료는 극히 규모가 작고 또 시골에 대한 것이어서 쓸모가 적다. 여러 가지 역사적인 이유 때문에 상기 사례지역에서의 계급 간 유동성 상황은 전국적인 평균보다 얼마간 더 높을 수 있지만, 그것이 어떤 극단적인 수준을 대변하지 않는다고 할 이유는 없다.

었다. 조선의 지방인구 기록에서 시카타가 계산해낸 놀라운 결과가 거의 타당한 것이라고 한다면, 다음과 같은 결론을 이끌어낼 수 있을 것이다.

① 시카타가 발견한 기록에서 여러 지방의 인구는 1690년부터 1858년까지 1세기 반에 걸쳐 초기보다 말기에 약간 감소했지만 비교적 안정적이었다.

② 양반의 자연증가는 미미했으며 거의 무시해도 좋을 정도였다.[18]

③ 이상과 같은 조건에도 불구하고 이런 지방들의 양반 인구는 1690년부터 1858년 사이에 세대수로 따져 623.8%가 증가했다. 동시에 평민의 세대수는 50.3% 감소했으며, 천민의 수는 31.2% 감소했다.

④ 따라서 양반은 1690년에 총 인구의 7.4%였는데, 1858년에는 48.6%(세대수에서는 70.3%)로 증가했다. 평민은 1690년에 총 인구의 49.5%였는데 1858년에는 20.1%로 감소했다. 그리고 천민은 1783년부터 1789년 사이에 43.1%에서 15.9%로 감소했다가, 1858년에는 31.3%였다. 양반의 증가율은 이 기간을 4반기로 나눠 매 반기에 80%와 100%로 거의 안정세를 보였으며, 평민의 감소율은 17세기에 겨우 0.3%에서 19세기엔 50.3%로 가파르게 상승하고 있다.[19]

---

18 시카타 박사가 연구한 기간의 양반 세대원 수는 평균 약 3.6명이었다. 이 숫자에는 양반의 제2 부인 이하의 처 내지 그 자녀들은 제외되었다. 그들은 실제로 법률상의 가족보다 수가 많았으며 법적으로 부친의 신분을 취득할 수 없었다. 따라서 '합법적인' 양반의 자연증가 수는 거의 무시되어도 좋을 것이다. 평민의 세대원 수는 평균 약 4명이었다. 노비는 예외다. 노비는 거대한 세대에 통합되어 있었기 때문에 노비 세대원 수는 최초의 두 기간(1690년, 1729년 내지 1732년)의 5.1명 내지 6.0명에서 제3기(1783, 1786, 1789년)에는 14명, 제4기(1858년)에는 93.7명으로까지 상승했다. 시카타 히로시(四方博), 「李朝人口에 関한 身分階級別的觀察」, 389쪽. 양반들은 세금과 징집이 면제되었기 때문에 세대원으로 보이는 '법률상'의 양반 수를 일부러 줄인다든가 하는 일은 없었던 것 같다. 표시된 양반 수의 증가는 첩의 소생을 제외하고서도 의심스러울 정도로 낮아 보이지는 않는다. 하지만 이 관찰의 일반적인 타당성에 영향을 주지 않을 만큼의 약간의 조절은 필요할 것이다.

19 서울대학교 이만갑(1921~2010년) 교수는 1960년 이전에 서울에서 동남쪽으로 50마일 떨어져 있는 광주군과 용인군의 6개 마을에 사는 360명의 주민을 대상으로 하여 완전히 개별적

결과적으로 조선시대에 발생한 양반 인구의 증가는 주로 자연증가에 의한 것이 아니고 사회적 신분이동에 의한 것이라고 해도 좋을 것이다. 또한 다른 두 계급의 감소에 관해서도 같은 말을 할 수 있는데, 시카타는 다수의 노비와 천민집단이 평민으로 상승하는 한편, 평민은 양반(어쩌면 향반)으로 상승한 것으로 해석하고 있다. 이런 이동은 특히 광범위하게 이루어진 것이기 때문에 설사 이 숫자가 미미하다고 하더라도 전형적인 움직임이었다면, 조선시대의 표면상의 사회조직은 오히려 예외적인 것이며 이면에 있었던 계급조직이 실제의 것이 된다.

우리는 여기서 과거급제자 대부분을 배출하고 관료조직의 요직을 거의 독점하다시피 해온 대략 36개 내지 42개 벌족으로 이루어진 상급 양반들과 지방의 일반 양반들을 분명히 구분해야 한다. 수도에 사는 이들 상급 양반들은 엄격한 관찰과 사회의 주시 대상이었으며 그들의 지위는 잘 보존된 법으로 확고하게 보장되었다. 한편 지위가 낮은 지방의 양반(향반)집단은 중간층 사람들과 함께 대부분 수도 이외의 지역에서 사회의 주목을 덜 받고 살았는데, 그들은 보통 가난하고 정치적으로 무력했으며 그들의 사회적 특성이 크게 드러나지 못했다. 한편, 정의(定義)가 불분명해 가변성을 가진 것으로 추정되고 늘 불만에 차 있던 사람들은 양반 – 보통 상급 양반 – 의 수많은 서출자녀들이었으며, 그들의 낮은 신분에 대해 높은 신분에 있는 그들의 아버지들이 간혹 개선에 흥미를 보였다. 이처럼 상위계급의 엄정한 신분, 엄격한 법과 규정, 그리고 제일 바닥의 '비천하고' 가난한 천민의 치욕 그 이면에는 백성들의 커다란 중간 본체

인 설문조사를 실시했는데, "응답자의 44%가 스스로 양반이라 했고, 52%가 상민이라고 했으며, 4%가 천민 내지 미확인으로 나타났다". 이 교수의 조사방법은 족보 등 서류에 의한 가계조사가 아닌 현장에서의 구두조사였다. 우리는 대부분의 이전 천민들이 다른 계급의 사람들과 뒤섞임으로서 그들의 신분을 숨기는 데 성공해왔다고 추정할 수 있다. 그런 점을 제외하면, 이 교수의 조사결과는 진실과 크게 부합한다고 할 수 있을 것이다. 이만갑, 『한국 농촌의 사회구조』(한국연구 시리즈 No.5, 서울, 1960), 영어요약본, 3, 12~13쪽.

가 인식되지 않은 채 아마도 은밀한 유연성을 갖고 움직인 것 같다.[20]

다른 자료도 이 과정을 밝히고 있다. 조선왕조 법전 중의 하나인 「속대전(續大典)」은 호적(戶籍)을 위조하면 태형 100대 또는 유형에 처한다고 규정하고 있는데, 위조가 실제로 있었다는 증거일 것이다. 유명한 유교비평가인 정약용(1762~1836년)에 따르면 이 형벌은 실제로는 시행되지 않았다고 한다.[21] 유학(幼學: 본시험을 끝내지 않은 초급시험 합격자 또는 그 자신을 그 밖에 무어라고 부를 수 없는 양반 권리자)의 지위가 낮아진 것으로 쉽게 추정되며, 현존 기록으로 볼 때 19세기에 그 수가 크게 증가했음을 알 수 있다. 노비도 국가 비상사태 때 목

---

20 한반도의 여타 지역에서는 사회적 이목에 신경을 곤두세우는 서울과 충청도 지역만큼 계급이동이 그렇게 크지 않았던 것 같으며, 특히 북부지역에서는 계급차별이 훨씬 적었던 것 같지만, 얼핏 보기에는 이 같은 상황의 계급이동이 다른 지역들에서도 엇비슷했다고 할 수 있을 것 같다. 오늘날 한국의 마을들 ― 양반들이 다수 포함되어 있는 것으로 추정되는 마을들 ― 을 방문하여 다른 결론을 도출해내기는 어렵다. 사교패턴은 예컨대 일본의 경우보다 훨씬 익히기가 쉽다. 양반가나 상민가를 불문하고 이웃 친척 잔칫집에 아들이나 딸들을 보내 일을 거들게 하며, '신분이 높든 낮든' 아낙네들은 허름한 옷차림으로 들에 나가 농사일을 거든다. 조선의 농촌생활 방식은 매우 느리게 변화해왔다. 시골생활에서 사회혁명이 일어날 징후는 거의 없었다. 현존하는 사람들이 기억하기에는 방대한 수로 증가하고 있는 양반계급이 계속 엄격한 신분을 유지하려 든다면, 그 같이 손쉬운 비공식적인 계급변신으로는 시골생활의 색조를 기대할 수 없게 될 것이다. 이러한 시각의 일부는 캘리포니아 대학 산타바버라 분교의 소프(Maner Thorpe) 박사의 의견을 차용했다. 그는 1962~1963년에 1년 넘게 경상도의 한 마을에서 살았다.

21 시카타 히로시(四方博), 「李朝人口에 關한 身分階級別의 觀察」, 394~395쪽. 시카타는 정약용의 저서, '여유당전서(與猶堂全書)' 중 『목민심서(牧民心書)』를 인용하고 있다. 정약용은 이 책에서 노비들이 지방의 과거(초시) 시험장에 "학자인 양 허세를 부리며" 참여하는 일이 혼했고, (신분상승을 위해) 그들의 부친과 선조들의 성(姓)을 바꾸는 일이 공공연히 자행되었는데, 이런 개성(改姓)이 1세대나 2세대가 지나면 대개 성공한다고 했다. 철종 때인 1862년 개혁의 두 번째 목표는 "공신이나 왕족들의 가짜 자손들을 색출하는 일"이었다. Cho, Ching-yang(조진양), "The Decade of the Tae-won-gun," p.92. 평민이나 천민들이 시험에 응시하는 것에 대한 형벌은 이상백(李相伯)의 저서에서 인용되고 있다. 이상백, 『한국사: 근세 전기편』, 278~279쪽 참조.

숨을 거는 행동을 하든지 곡물을 기부하든지 하면 신분상승을 할 수 있었다.[22] 여러 가지 신분상승 방법들이 전해져 내려오고 있는데 관헌의 가혹한 과세에 동의하는 것[말하자면 증회(贈賄)]도 그중 하나였다. 조선 말기에는 관직이 공공연히 거래되었는데 그 이전 시기에도 때때로 임명장[공첩(公謀)]마저 거래되곤 했다.

양반이나 왕족의 몰락은 그들이 수도에 살지 못하고 쫓겨나면서 시작되었다. 추방, 형벌, 당파싸움에서의 패배, 수대에 걸친 과거시험의 실패로 인한 신분 하락, 혹은 새로운 왕의 시대가 열리거나 새로운 총신이 나타나 왕의 총애를 잃게 될 때 그들은 수도를 등져야 했다. 일시적인 것이든 영구적인 것이든 그런 전락의 역사적 사례는 일일이 열거할 수 없을 정도로 많았다.[23] 양반들은

---

22 시카타 히로시(四方博), 「李朝人口에 關한 身分階級別의 觀察」, 399쪽. 조선 중기의 학자인 이수광(李睟光, 1563~1628년)은 『지봉유설(芝峰類說)』에서 다음과 같은 구절을 인용하고 있다. "군영에 몇 말의 밀과 약초를 바치거나 전장에서 전령을 전달하거나 하여 전쟁노력에 약간의 도움을 준 가난하고 하잘것없는 가문의 사람들이 의정부 관원이 되기도 하고 노비가 1, 2품 당상관이 되기도 했다."

23 Edward W. Wagner, "The Literati Purges". 와그너 박사가 연구한 1498년부터 1519년까지의 기간에 실각해 노비로 전락한 가족이 특히 많다. 애국자 김구의 가족이 그런 사례의 하나일 것이다. 전하는 바로는 김구의 가족은 신라왕가의 후예로 조선 초기까지 수도에서 무슨 지위를 갖고 있었다. 그 후 선조들 가운데 한 사람이 대역죄에 가담한 혐의로 처형되었고, 가족들은 황해도로 도망하여, 군용지를 경작하는 '비천한' 신분으로 전락했다. 일족의 범죄를 은폐하기 위해 평민으로 행동한 것이다. 김구, 『백범일지』(서울, 1947), 3~4쪽. 또 하나의 사례는, 전남 영암 망호리의 이씨 가문의 경우이다. 그의 조상들은 몰락한 향반이었는데, "다른 저속한 육체노동을 하여 가문의 명예를 더럽히기보다"는 생계를 위해 대나무 빗을 만들기로 했다. 그 후 이 일가는 지금까지도 대나무 빗을 만들고 있다. 이용해(李用海), 『인간문화재』(서울, 1963), 409~410쪽. 향반계급의 규모에 관해 정확한 숫자는 알 수 없다. 만약 1만 5,558호의 정부 관리들 가족에 5만 4,217호의 다른 양반들의 가족을 합치면, 엄밀한 의미에서의 양반 숫자가 나오는데, 합계 30만에서 40만 명, 아니면 그 이상에서 상기 숫자를 빼고 남는 것 정도의 차는 있어도 '중간적인 계급'이라는 젠쇼(善生永助) 교수의 숫자를 받아들이게 되면 조선 말기의 이 문제의 윤곽을 그릴 수 있게 될지도 모르겠다.

처음 그 지위를 얻었을 때는 견고한 기반을 가지고 서슬 퍼렇게 그 권력을 이용, 필요한 토지를 확보하여 부자가 되었다. 하지만 점점 권력과의 연결고리가 느슨해지면서, 중앙과 결부되어 지방 관리들을 움직이거나 결정을 수정하는 엘리트의 기능이 약해졌다. 엄격하게 가격(家格)을 중시하는 혼인관습, 노동과 금전(돈벌이)의 기피, 유교의식용 집기와 그에 필요한 음식을 장만하는 데 들어가는 비용 등은 그들을 더욱 궁핍하게 만들었다. 그들은 지방 현지의 격이 낮은 가문과 혼인관계를 맺거나 때로는 평민, 최후로는 돈 많은 천민과의 혼인마저 결행하기도 했다.[24] 소유지는 분할되든가 좀 더 힘 있는 사람들에게 빼앗겼다. 부채에 견디다 못해 신분의 매매나 교환마저 행해졌다. 수많은 사람들에게 한 양반가의 과거는 먼지를 뒤집어쓴 족보상의 기록으로만 기억되었으며, 입방아에 오르내리는 가십거리 — 아마도 그 가문이 지금까지 누렸던 영화에 앙갚음이라도 하듯 — 가 되었다. 혹은 잡초가 우거지고 쓰러져가는 오두막에서 과년한 딸을 데리고 입에 풀칠을 하며 살았다. 비록 몰락을 면해 향반의 지위를 유지하며 현지의 지주로 남았다고 해도 옛날의 영화롭던 시절을 곱씹으며 고독에 몸부림쳤을 것이다. 그들 가운데는 새로 신분상승한 아전향반(衙前鄕班) 및 기타 여러 사람들과 어울려 바둑을 두거나 술자리를 벌이고 장례식에 참석하며 돈벌이 궁리를 하는 속물들도 있었다.[25]

---

24 왕족에서 몇 세대를 내려온 이승만의 선조 중 한 사람이 노비와 결혼한 것으로 알려져 있다 (신흥우와의 대화, 이승만의 어린 시절).

25 조선시대에 신분과 행동의 관계에 대해 이론과 실제에서의 차이를 가장 잘 보여주는 부문이 고리채 행위이다. 이론적으로 양반들은 가능한 한 금전과는 거리를 두는 것으로 되어 있다. 그러나 실제로는 심지어 관리들조차 공공연히 고리채 놀이를 했다. 현종(1641~1674년) 때 대사헌을 지낸 남구만이 그런 실상을 증언하고 있다. 「현종실록」, 12책, 1664. 예컨대 춘궁기에 대여해준 곡식은 추수기에 50%의 이자를 붙여 회수했다. 1744년 「속대전(續大典)」 조문은 월 20%의 이자를 인정하고 있었지만, 때로는 월 100%로 높아지기도 했다. 만연하고 있던 이 같은 불의한 행위가 사회 시스템의 근간을 훼손했다. 이 같은 계급 합병 부문에서 중국의 향반이랄 수 있는 생원(生員)과 그들의 행동에 대해 청나라의 유명한 유학자인 구

조선사회의 지방 저 아래에는 중앙정부의 힘이 거의 미치지 않았으며, 그 바람에 사회적으로 큰 영향력을 가진 대집단이 형성되었다. 그러나 이 집단에 관한 기록은 거의 없다. 그들은 스스로를 양반이라 칭했지만 실제로는 양반도 엘리트도 아니었다. 그들은 확고한 유대와 충성심을 발휘할 수 없는 유동적인 집단이었으며 그런 유동적 기능을 동결시킬 만한 확고한 행동양식도 없었다. 그 집단 속엔 잡다한 계급과 행동양식이 혼합되어 있었다. 아전향반들에겐 하층민들과의 교류가 중요했다. 그들과의 교류를 통해 지방적 기능을 행할 수 있었기 때문이다. 고위관리들과의 연줄을 갖는 것도 또한 필요했다. 그들은 당연히 위로부터 유교이념과 행동양식을 받아들였다. 그것은 카를 비트포겔(Karl Wittfogel)이 『동양의 전제정치(Oriental Despotism)』에서 말한 것처럼 하나의 탁월한 혼합방식이었다.[26] 동시에, 흑인들의 억양이 그들의 지배자였던 남부 미국인들의 영어 속을 침투해 들어갔듯이, 조선에서는 과거 하층계급의 자연스럽고 소박한 행동양식이 혼합적인 향반계급의 중계를 통해 상류계급으로, 그리고 조선사회 전체로 번져갔다. 이런 행동양식의 변화 모습은 허세부리는 빈털터리 양반들의 유형을 해학으로 표현한 조선시대의 소설이나 탈춤 등에서 볼 수 있다.

조선 말기에 가까워질수록 상류계급이 입는 엄청나게 큰 소매를 가진 도포와 큰 갓이 사라졌다. 과거에 양반이 출타를 할 때에는 당나귀 위에 근엄하게 앉아서 양편에 하인들을 거느렸다. "기다란 담뱃대마저 자신이 지니지 않고 하

엔우(顧炎武, 1613~1682년)의 언급을 비교해보는 것도 흥미가 있겠다. "생원은 지방관아의 서기들과 짜고 장사를 했으며, 일부는 스스로 서기직을 맡기도 했다. …… 생원은 관아를 방문하여 행정에 관여하기도 하고 …… 마을의 송사에 영향력을 행사하기도 했다." *Ting-lin wen-chih*(『日知錄』), 1: 20a-b; Ch'u, T'ung-tsu, *Local Government in China under the Ch'ing*, p.177에서 인용.

26 Karl A. Wittfogel, *Oriental Despotism: A Comparative Study of Total Power* (New Haven, 1957), p.351.

인들더러 가져가게 하며 철저하게 아무 것도 하지 않는 게 양반의 법도였다."[27]
이런 행동양식은 현대적 교통수단이나 새로운 가치관 아래서는 존속할 수가
없는 것이다. 향반과 아전, 그리고 무관들은 대체로 1885년 이후 경제적·정치
적 활동영역을 넓히고 그와 함께 새로운 행동양식에 젖어갔다. 하층과 중층 계
급의 언어가, 짐짓 꾸민 듯하고 격식에 얽매인 낭송조의 상류층 언어를 대체했
다. 초연한 것을 기리며 교제를 싫어하던 사람들이 여러 사람들과 잘 어울리게
되었다. 중앙에서의 권력유지와 교육이라고 하는 양반의 여러 가치들이 아래
계층으로 전수되어 계속되었으며 새로운 행동양식이 아래로부터 위로 침투해
들어갔다. 분리된 계급이었던 양반은 침식되고 크게 이완되었다. 양반적인 생
활양식은 유럽은 물론 미국 일부에서 일어난 귀족적 생활양식의 소멸보다도
더 철저하게 소멸되었다. 조선사회가 500년에 걸쳐 엄격한 계급제도를 지속해
왔던 점을 감안하면, 여기서 당연히 발생하는 분화된 여러 계급, 특히 틀에 박
힌 계급적 인품, 특징 있는 행동양식, 명료한 계급적 언어억양이라고 하는 것
들이 일본, 인도, 남아메리카의 경우보다 훨씬 철저하게 일소된 것이다.

---

27 Isabella Bird Bishop, *Korea and Her Neighbors* (London, 1898), pp.113~114. 조선의 계
급은 프랑스의 그것보다 훨씬 혼합되어 있었다. 그러나 토크빌은 프랑스의 계급에 대해 무
언가 유사한 통합과정을 묘사하고 있다. "근본적으로 일반적인 농노에 해당하는 사람들이
많았다. 그들은 같은 생각, 같은 습관, 같은 입맛, 같은 종류의 오락취미를 갖고 있었으며,
같은 책을 읽고 같은 방법으로 얘기를 했다. 그들은 그들의 권리에서만 오직 달랐다."
Alexis de Toqueville, *The Old Regime and the French Revolution*, pp.77~81. 하지만 양반
지위를 찬탈한 사람들 가운데 중국풍이 든 양반들의 행동을 피상적으로 흉내 내는 사람들
이 꽤 있었는데, 마치 "지역의 여론이 허용하는 것보다 자신들의 관습과 의례를 의식적(儀
式的)으로 더 높은 계급의 것에 맞추며, 그것이 카스트 제도 내에서 일반적으로 용인되는
사회적 유동성의 한 유형이 되고 있는" 인도 힌두사회의 카스트 간의 움직임과 닮은 점이
많았다. M. N. Srinivas, "Social Change in Modern India"(Paper for the International
Conference on Comparative Research on Social Change and Regional Disparity within
and between Nations; Delhi, India, 1967), pp.2~3. 스리니바스는 델리 대학의 사회학 교
수이다.

계급에 관한 화제나 존경이 계급의 소멸로 더욱 부각되었다. 경제적 차등이나 현대식 교양의 격차는 엄존했지만, 계급적 격차의 흔적을 보기가 특히 어려워졌고, 누가 어떤 계급 출신인가를(보통은 결혼 목적에서) 알기 위해서는 수소문하지 않으면 안 될 지경이 되었다. 비록 1970년 이래 대기업이나 공무원 사회 같은 대형 조직 내부의 위계질서에 의해 되살아난 의례상의 점잖은 행동이 대낮에는 공존하고 있지만, 최근 수십 년간 적어도 사무실 바깥에서는 극단적인 솔직성(기분), 사교성, 유머가 사회패턴의 특징을 이루고 있다. 양반적인 외형, 의식, 자제(自制)는 중산계급 또는 하층계급의 절도 없는 솔직성으로 변해갔다. 오늘날에는 미국에서나 볼 수 있는 태도, 인품, 서민적 어투 등 그 자체가 고도의 사회적 유동성을 보여주고 있다. 그리고 아마도 향반들이 그런 행동을 했을 것이다.

이런 행동양식의 변화는 조선 말기의 사회적 유동성에 관한 시카타의 관찰을 아주 신빙성 있게 해준다. 만약 수백 년에 걸친 사회의 경직화가 계속되지 않았다면, 지배계급으로서 양반층은 현대사회로의 전환에 교량역을 맡기 위해 훈련되었을 것이고, 통합력과 확신을 가진 지배층의 저수지 역할을 톡톡히 해냈을 것임에 틀림없다. 비록 몰락의 길을 걸어가게 되었지만 이 계급은 꼭 프루스트(Marcel Proust)적인 프랑스의 세기말 사회처럼 최종적 지위의 상징으로서 귀족적 행동양식을 보여주었어야 했다. 하지만 영국이나 그리고 일본(어느 정도까지는)과는 달리 조선의 양반계급은 숫자만 증가하고 역할이나 기능이 수반되지 않았기 때문에 대중의 발흥에 엘리트적인 방흥을 하는 것이 불가능했다. 비교적 초기부터 조선의 엘리트들은 자신들의 가치관을 하층계급으로 이식하는 능력이나 또는 지도층으로서의 확신을 가지고 사태에 대처하는 능력을 상실했다. 그뿐 아니라 일본의 침탈로 유입된 일본이라는 이국의 가치관이나 행동양식이 그들에게 가장 큰 영향을 미쳤다. 유서 깊은 양반계급의 말예(末裔)들 가운데 지금도 중요한 역할을 하고 있는 사람들은 거의 없다. 그들의 다수는 외국으로 이주하고 말았다.[28] 조선사회는 계급을 반영하는 엘리트의 가치관을 지속하지 못했으며, 그 결과 조선의 젊은 세대들은 자신의 이미지를 형성해 장래에 대응하기 위한 진지한 모델이나 이상적인 타입을 가지지 못했다. 오늘날 대부분의 한국 젊은이들은 이런 설득력 있는 모델의 부재를 느끼고 있다.

조선시대의 벌족들도 동일한 경향을 반영하고 있다. 그들 대다수가 자신들의 이익이나 행동규범을 지키는 독특한 집단으로서보다는 오히려 계급 유동성의 은밀한 경로로서 발전해갔다. 하나의 벌족이 공통의 입장을 취하거나 또는 취하려고 한 사례는 조선 말기에 이르기까지 보이지 않았다. 여흥민씨(驪興閔氏)의 경우처럼 일족의 거의 모든 구성원들이 일본에 저항할 것인가 아니면 협조할 것인가 하는 문제에서조차 격렬한 의견대립을 보였다. 벌족은 일치해 행동하거나 또는 같은 입장을 지키는 단위라고 하기보다는 오히려 유동성을 조장하는 단위가 되었다. 그런 은밀한 유동성이 권위를 훼손하고 새 일족이 양반계급에 참여함에 따라 양반계급의 특수성이 약화되었다. 그 수가 거의 수백만 명에 달하는 김해김씨(金海金氏)와 같은 거대한 일족의 출현이 유동성을 확대했다.[29] 조선 인구의 반 이상을 4개의 성씨(姓氏)가 차지하는 기묘하고 설명되지 않는 현상은 어떤 면에서는 지위를 구하는 대규모의 사회적 상승운동을 은폐하려는 노력의 결과로도 보인다. 그리고 일족 구성원 전체가 반드시 같은 시

---

28 이 같은 일반론은 지방에 거주하는 학자들에게보다는 궁중 관료들에게 더 딱 들어맞는다. 지방 학자들은 학문적인 가치를 계속 존속시켜 후세에 전함으로써 그 지역의 교육과 행동규범에 많은 영향을 미쳤다.

29 한국에서 가장 큰 씨족인 김해김씨는 비록 그 자손들이 오늘날 다른 대부분의 한국인들처럼 자기들이 양반이라고 주장하고는 있지만, 조선 518년 통치기간 중에 단 한 사람도 고위 관직에 오르지 못하고 하위직을 맴돌았다. 한국에서 김씨 성이 엄청나게 많은(전체 인구의 약 24%) 것은 예전에 신분이 낮았던 성씨의 사람들을 많이 흡수했거나 성씨를 가지지 않은 사람들이 신분상승을 꾀하기 위해 몰래 김씨 성으로 바꾸었거나 한 사실을 반영하고 있다. 김씨는 물론 연안, 안동, 광산, 순천 김씨처럼 고위 벼슬아치들을 많이 배출한 양반가문들도 포함하고 있다. 일부 소규모 씨족, 예컨대 연안김씨는 옛 상류계급을 대변하는 씨족이다. 김영모, 「이조 삼의정의 사회적 배경」, ≪한국사회학≫, 1(1964.11), 38~57쪽. 이 논문의 45~46쪽에는 조선시대 고위직을 많이 지낸 벌족 목록이 있다.

조의 자손이라고 보기도 어렵게 한다.

이런 과정은 조선시대 지배층의 붕괴와 관계가 깊다. 수도에 거주하는 양반들 중 실질적으로 지도력을 가진 양반들은 규모가 작고 고립되어 있었으며 초연하고 취약했다. 이들보다 더 규모가 크고 권력을 가진 '통치'계급 사람들은 지도력도 결집력도 없는 용의주도한 사기꾼(fraud)들과 같았으며 그들의 행동 자세 이면에 있는 계급적 경계가 아주 모호했다. 신분의 내리막길을 걷고 있는 향반은 일부 이웃 사람들과 술잔을 서로 주고받을 만큼 예전의 오만함은 버렸으나, 그들과 공공연하게 공통의 대의를 주장하거나 또는 그들에게 예의바른 말씨를 건네기엔 아직은 지나치게 자기중심적이었다. 한편 신분상승을 한 일부 하층민들은 전에 자신들이 속했던 계급의 사람들과 결합하는 것을 적극적으로 피하려 했지만, 그렇다고 해서 은밀하게 한패가 되려고 하는 새로운 계급에 확실히 동화할 수 있을지 어떨지 확신을 가질 수 없었다. 전원극, 가면극, 문학 그리고 19세기의 반란사건들은 지방 사람들이 양반의 위선에 냉소를 보내고 때로는 적의까지 품고 있음을 보여주었다. 양반들은 일도 안 하고 관리가 되지도 못할 뿐 아니라 오두막에 살면서도 이름깨나 알려져 있는 같은 패거리들끼리 수수께끼 같은 말만 주고받으며 노닥거리고 있으니 서민들의 조롱거리가 될 만도 했다.[30]

토크빌이 프랑스에 대해 기술한 것처럼, 조선에서도 정부가 중앙집권화되어 있기 때문에 사회구성요소가 결집되어 있지 않았다. 계급 또는 일족의 특수성, 공동체 의식, 긍지, 그리고 충성심을 응결시키지 못했다. 공통적인 이해관계와 공통적인 목표, 그리고 지도력이라는 것은 극단적인 위기에 봉착했을 때만 생기는데, 그런 위기는 조선의 태평스러운 사회에는 좀처럼 없었다. 사회가

---

30 양반마을인 안동 하회의 탈춤은 양반의 허식을 풍자한 것이다. 박지원(1737~1805년)의 『양반전』(1947년 발간) 참조. 인형극, 산대놀이, 오광대놀이, 봉산탈춤, 그리고 줄타기 놀이의 가사 등 이 모든 것의 주제도 양반들을 풍자한 것이다. 이용해, 『인간문화재』, 참조.

화해에 의해서가 아니라 병합에 의해 발전했기 때문에 규칙을 만들고 거기에 복종하는 것에 적대적이었다. 적어도 하급 양반들의 신분상승 기대가 말은 하지 않지만 강력하게 작용했으며 그런 기대가 조선정치의 동력이 되었다. 권력을 제어하기 위해 집단을 형성하고 법률과 사회적 압력에 의해 권력을 중화시키려는 노력은 하지 않으면서, 개개인들이 뿔뿔이 분산된 채 권력을 쟁취하기 위해 위로만 향해 돌진하는 것이 당시의 사회풍조였다. 이런 조선의 계급제도 속에 현재 한국정치의 특징이 배태되고 있었다.

중간계급: 중인과 아전

조선사회의 상층부는 이처럼 지도력과 응집력을 결여하고 있었다. 그렇다면 중간계급 또는 하층계급 쪽에서는 그러한 자질을 갖고 있었을까? 또한 이런 계급들이 지도적인 역할을 하며 조선사회에서 집단화와 공동행동이라는 면모를 보여주었을까?

서구적 의미에서 조선(적어도 조선 남부)에는 중간계급이라는 것이 존재하지 않았다. 공통의 이해를 가진 광범위하고 동시에 조밀한 기능적 또는 신분적 집단이 양반과 평민 사이에 확립되어 있지 않았다. 조선사회는 기본적으로 온갖 권리를 가진 지배자와 온갖 의무를 짊어진 피지배자와의 양극화 사회였다.[31] 독자적인 문화와 상업이라는 가치기준을 가진 유력한 중간계급이 있었던 서구와 일본의 중간계급 개념이 조선에는 없었다. 상인이 '중류'로 보이기는커녕 농민의 아래나 평민의 최하위에 머물렀다. 상인들은 수도 적고 지위도 낮았으며, 설사 어떤 특질을 가지고 있었다 해도 그것을 수치스러워하며 남에게 보이

---

31 이상백, 『한국사: 근세 전기편』, 306쪽. 이상백 교수는 유명한 사회학자이며 조선 사회계급에 대한 그의 서술은 아마도 가장 믿을 만할 것이다.

기를 꺼렸다.[32]

중간집단은 규모가 작았고 또한 중앙과 지방정부 그리고 군대 안에서 엄격하게 한정된 역할만 수행했다. 일반적인 정의에 따르면 거기에는 세 종류의 집단이 있었다. 첫째는 중인(中人)으로 중앙부서의 종신 서기였다. 둘째는 이미 기술한 지방 서기인 아전, 셋째는 직업군인인 장교였다.[33] 이들 모두는 본래 비천한 신분 출신이었다. 중인은 대개 양반들의 첩 소생이었다.[34] 아전은 지방

---

32 이런 상황은 계급차별이 적고 상인들의 활동이 비교적 활발했던 평안도에서는 틀림없이 달랐을 것이다. 북한지방의 사회적 구조에 대한 분명한 그림은 아직 그려지지 않고 있다.

33 조선사회에 대한 현대적인 분석에 따르면, 첩의 자식(서자)과 비교적 더 활동적이었던 상인을 다른 중간집단에 추가할 수도 있다. 서북지방 통상로를 따라 장사를 했던 상인들은 남의 눈치를 덜 보고 적극적으로 활동한 특별한 집단으로 간주할 수 있다. 조선시대의 주요 법률들을 집대성한 『대전회통(大典會通)』(서울, 1960)의 편집자가 386쪽의 각주에 언급한 '장교'는 하급 장교를 말한다. 직업군인인 하급 장교들은 군의 핵심요직을 군사지식이 전혀 없는 문관들이 차지하고 있는 현실과 사회에 팽배한 전문가와 군(軍) 천시 풍조에 심한 욕구 불만을 가진 집단이었을 것이다. 이들 집단의 규모가 작고 중요성이 떨어지는 점이 바로 그들의 그런 위상을 반영해주고 있다. 그런데 정부가 장교들을 양반집 서자들 가운데서 채용했다는 일부 흔적이 보인다. 서자는 과거(科擧)의 문관시험에는 응시할 수 없었으나 무관시험엔 응시할 자격이 있었다. 임진왜란이 일어났던 16세기 말에 유명한 정승이었던 이항복(李恒福)은 언젠가 그가 부르는데도 그의 하인이 대답을 않자, "군대에나 지원했으면 꼭 좋을 놈"이라고 핀잔을 주었다. 물론 이 이야기는 특수한 상황에서 있었던 일이긴 하지만, 군대는 하인들에게나 어울리는 직업이라는 사회적 인식을 언뜻 내비친 경우라 할 수 있을 것이다. 이상옥, 『한국의 역사』(서울, 1963), X, 232쪽.

34 대부분의 다른 나라에서처럼 조선에서 축첩은 부와 위상의 증표였다. 양반가문의 위상이 높으면 높을수록 축첩의 사례가 더 많았으며 서자의 숫자도 더 많았다. 왕의 축첩은 특히 당연한 것이며, 후궁의 소생들은 일반적으로 신분이 보장되고 칭호도 부여되고 곧잘 왕위를 계승하기도 했다. 그런 후궁의 왕자들은 본질적으로 조선의 기본적인 사회 신분조직과는 별도로 취급되었다. 르네상스 시대 이탈리아의 사생아와 조선의 양반서자를 비교해보면 대조적이다. 그 시대 이탈리아와 몇몇 다른 유럽사회의 서자들은 아주 공식적으로 신분이 인정되고 떳떳하게 보호를 받았다. 반면에 조선의 서자들은 차별대우를 받긴 해도 전혀 사생아 취급은 받지 않았으며 그들과 그들의 어머니는 일정한 신분을 갖고 있었다. 바로 이런 점이 그들을 특수한 부류로 만드는 데 일조했다.

의 평민 또는 일부의 경우에는 노비에서 신분상승한 사람들이었다. 그들은 공직 중의 특정 세습직인 서기직을 부여받았는데, 감시를 받으며 사회적인 이동이 제한되어 결국 그 집단에 평생토록 묶여 있어야 했다.[35] 비록 중국에서도 전문기술직은 귀족주의적 유교의 명예직인 일반행정직의 반대개념으로서 경멸을 받긴 했지만, 조선의 토착적인 귀인적(歸因的, ascriptive) 체제에 이식되면서 기술직이 특히 무시됨으로써 근대적인 전문직의 출현이 저해되었다. 변덕스럽게 인사 임면권이 휘둘러지는 조선의 관료제에서 이 서기직 소집단들이야말로 연속성과 신분상승 기회의 동결을 대변했다.

양반이나 평민과는 달리 중인과 아전은 각각 결집력을 보였으며, 그들 나름대로 공동 활동을 하는 중요한 기능들을 갖고 있었다. 중인은 궁중에서 법률, 의학, 천문학에 대한 그들의 전문적인 업무를 수행하기 위해 때때로 중국의 서책이나 지식이 필요했고, 직업상의 정보교환에 공통적인 관심을 가졌다. 그 바람에 중국에서 예수회(Jesuit)가 남긴 천주교에 대한 정보가 조선 중인들의 정보망에 걸려들게 되었다. 중인과 그 주변에서 기독교로의 초기 개종자들이 나타났던 것도 이 때문이다.[36] 그들은 배우는 것에 긍지를 가졌고 이따금씩 단순

---

35 중인들은 여덟 가지로 엄격하게 규정된 분야의 전문가였다. 차례대로 열거하면, ① 중국어 (모든 관리들은 문자로는 중국과 통했다), 만주어, 몽고어, 일본어 통역, ② 포도청에 소속된 법률보조원으로서 판관들에게 유교적인 전례(주로 중국의)와 법으로 규정된 형량(刑量) 자문, ③ 경축, 길일(吉日)을 뽑든가 명당, 왕릉 터를 찾아내고, 지리·천문에 대해 자문하는 풍수지리 전문가, ④ 의원(처음에는 궁궐에서, 다음에는 외부에 의원을 개설하고, 나중엔 본초학의 권위자로까지 된다), ⑤ 경리전문가, ⑥ 필경사와 비서, ⑦ 지도나 차트, 계획서, 인물화, 행사도 등을 그리는 화가, ⑧ 물시계, 해시계 등을 만드는 장인 등이다. Koh Hesung Chun(고광림 박사의 부인인 전혜성 박사), "Religion, Social Structure, and Economic Development in Yi Dynasty Korea"(unpub. diss., Boston University, 1959), p.82. 조선의 사회구조에 대한 전혜성 박사의 설명은 아마도 지금까지 이 부문에 대한 영어로 된 설명 중에서는 가장 뛰어난 것으로 평가할 수 있다. 그녀의 상기 논문에 많은 도움을 받았다.

36 Gabriel Lee, "Sociology of Conversion: Sociological Implications of Religious Conversion

한 '서기직'을 능가했으며 많은 양반 출신 학자들보다 우위에 있었다. 아전의 기능은 어떤 점에서는 중인 이상으로 강력했으며 동시에 단결력도 강했다. 아전은 조선 350여 개 지방 관공서의 종신서기로서 세금을 거두고, 재해 시에 구호시책을 펴며, 지방의 노동력을 통제·감리하고, 지방 호족들과 연락을 취하며, 또한 수령·방백의 결정을 중개하는 역할을 맡기도 했다. 그들은 근대적 대의제에 필요한 민초들과의 정치정보 교환과 교섭을 몸소 행한 유일한 사회집단이었다. 일반 백성들로선 아전이야말로 일상의 정치에 관한 제일 중요한 정보 전달자들이었다.[37] 그러나 보수가 적었던 그들은 그것을 보충하기 위해 자기들의 기능을 이용하여 위협을 하든가, 은밀히 고리(高利)로 곡물이나 금전을 대여하든가, 또한 자기들의 전국적인 조직망을 이용한 상거래를 통해 악착같이 돈을 긁어모았다.[38] 그들의 응집력은 근본적으로 그들이 사회체제 안에서

---

to Christianity in Korea"(unpub. diss., Fordham University, 1961), p.27. 최초의 천주교도 체포는 1785년 중인 통역관인 김범우의 집에서 시작되었다. 천주교 비밀집회에 일부 양반들이 참석함으로써 계급을 뛰어넘는 사회적 친교를 가지게 되었다.

37 "Tax Collection in Korea," *Korea Review*, 6(Oct. 1906), pp.367~368. 또한 "The Ajons," *Korea Review*, 4(Aug. 1904), pp.249~255; 6(Oct. 1906), pp.367~376 참조. 이 서명 없는 기사는 호머 헐버트(Homer Hulbert)가 쓴 것이었는데, 그는 다행이도 아전의 기능이 중요하다는 것을 인식하고 있었다. 그는 다음과 같이 썼다. "아전은 조선의 정치와 경제를 해박하게 알고 있는 유일한 사람들이다. 그들은 지방행정의 제반 업무에 어떤 계급의 사람들보다도 더 큰 영향력을 갖고 있다." "그들에게 사람들은 본능적으로 도움을 요청하고 청탁을 한다." 헐버트는 개인적으로 조선 말기 수십 년 동안의 아전의 역할을 살펴볼 기회가 있었다. 청나라 아전의 역할을 설명한 부분은 앞서 말한 책인 Ch'u, T'ung-tsu, *Local Government in China under the Ch'ing*, pp.36~55 참조. 조선의 아전은 또한 옛 프랑스 왕국의 지방 행정관(그리고 또한 보조 대리인)과 재미있는 비교를 할 수 있다. 프랑스의 지방 행정관이나 하급 대리인은 구체제의 일원인 '주지사'가 엄연히 있는데도 실질적으로 지방 제반사를 처리한 '비천한 신분'의 젊은이들이었지만, 그들의 위상과 권력은 조선의 아전보다 훨씬 더 높았다. Alexis de Tocqueville, *The Old Regime and the French Revolution*, p.35.

38 1904년에 헐버트가 발행한 ≪코리아 리뷰(Korea Review)≫는 아전의 월 수익을 미화 6~8달러라고 했다. W. H. Wilkinson, *The Korean Government*, p.139는 *Government Gazette*

차지하고 있는 불리한 위치에서 비롯되었다. 다시 말해 그들은 공식적인 보수나 사회적인 대접에서 긍지를 갖지 못했다.

중인이나 아전은 모두 강한 일체성(계급의식)을 가졌지만 그것을 과시한 적은 거의 없었다. 수도에 있는 중인들은 궁중에서 그들의 '서기' 기술을 제공하면서 수도 중심가의 같은 구역에서 함께 살았고, 그들을 호칭할 때에는 그들의 사회적 지위보다는 그 지명을 부르는 경우가 많았다. 오늘날까지도 그들은 사교장 같은 데서 자기들끼리만 모이는 경향이 강하다. 혼인도 같은 중인들끼리 함으로써 작은 집단을 이루게 되었다. 어떤 전문가는 350여 지방 관청에 각각 평균 약 10명의 아전이 있었던 것으로 보고 있는데,[39] 중인의 수는 그보다 작았다.[40] 그들은 한결같이 푸대접을 받았다. 아전도 중인도 자신들의 기능에 대해 사회가 낮은 대우밖에 하지 않고 관리들이 자기들을 멸시하는 것에 분노했다. 지방장관들은 항상 중앙에서 임명된 양반들이며 흘러가는 물에 비유되었다. 그들은 지방근무를 대충대충 하고는 가능하면 빨리 중앙으로 돌아가고 싶어 하는 사람들이었다. 하지만 보좌관인 아전들은 남아서 지배를 계속했다. 정약용은 "강물은 흘러가지만 바닥의 자갈은 그냥 남아 있다. 자갈, 다시 말해 아전들은 공포의 대상이다"[41]라고 썼다. 조선의 사회체제에서는 주체성에 대한

158(Oct. 24, 1896)을 인용하여 책임자급 아전의 연봉은 125달러, 서기직은 72달러라고 했다. 같은 시기 감사나 군수 등 지방 행정관은 600~1,000달러였다.

39 만약 앞서 말한 헐버트의 「아전」이라는 기사에서 나온 이 숫자가 정확하다면, 중국의 경우와 비교하여 놀라울 정도로 적은 숫자이다. 앞서 말한 Ch'u, T'ung-tsu, *Local Government in China under the Ch'ing*에 의하면 중국의 경우엔 작은 지방엔 100명, 큰 지방엔 1,000명의 서기들이 있었으며 보통 700~800명은 되었다.

40 문관 과거시험 자격이 없었던 중인은 매 3년마다 치르는 특별 기술직 시험에는 응시할 수 있었다. 통역관 시험에 45명이 합격되고 가장 많은 경우 65명이 합격된 경우를 볼 수 있다. 이상백, 『한국사: 근세 전기편』, 291쪽; 이병도, 『국사대관』(서울, 1958), 357쪽; 서울대 규장각, 『국사개설』(서울, 1954), 395~398쪽.

41 Cho, Ching-yang(조진양), "The Decade of the Tae-won-gun," pp.181~182, 정약용, 『목민심서』에서 인용.

어떤 열망감이 없었으며 그것이 사회적 유동성을 차단했다. 오늘날에도 "한국인들은 자신을 확실히 드러내는 것을 좋아하지 않는다"라는 신문사설을 볼 수 있는데, 일상의 수천 통의 전화통화에서 한국인들은 '접니다' 또는 '김(金)입니다'라고만 말하며 자기 자신을 숨기려 한다는 것이다.

응집력과 주체성을 가로막는 문화적 장벽 때문에 중인과 아전들의 성장이 방해를 받았고 근대화에 대한 그들의 잠재적 공헌이 차단되었다. 양자 모두 핵심적인 사회적 입지를 가졌으며, 특히 중인은 어떤 점에서는 메이지 일본의 개혁 지향적인 사무라이들보다도 오히려 더 큰 영향력을 행사할 수 있는 입장이었다. 조선의 이 두 집단은 지식수준도 높고 교육도 받았으며 기민하고 변혁에 대한 생각도 어느 정도 갖고 있었다. 확실히 중인은 개혁의 씨앗을 배태하고 있었고, 조선 말기 수십 년간 어떤 개혁의 배후에는 대부분의 경우 중인들이 있었다.[42] 그러나 그들처럼 높은 통합력을 가졌던 집단이 사회에서 긍지를 느낄 만한 적절한 지위를 가졌다면, 비록 숫자는 적었지만 적어도 소수였다고 해서 불리하지는 않았을 것이다. 메이지유신의 기폭제 역할을 한 하급 사무라이들도 결코 수가 많아서 그런 일을 해낸 것이 아니다. 사실 그처럼 작은 규모를 가진 중인들이 고통스러웠던 조선 개화기 수십 년간 아마도 다른 어떤 집단보다 더 큰 공헌을 했다고 보아야 할 것이다.[43] 중인들 가운데서 많은 지식인과 정치지

---

42 그들은 야당인 남인(南人)에 소속된 사람들로 실학을 가르쳐 개혁을 추진하려 했다. 17세기 말에 권력에서 밀려난 남인들은 그들의 많은 지지자들이 향반으로 전락하고 더 쉽게 중인들과 가까워지게 되었다. 두 사람의 중인, 유대치(劉大致: 일명 유흥기, 1831~1884년?)와 오경석(吳慶錫, 1831~1879년)은 조선 최초의 저명한 개혁가인 김옥균(金玉均, 1851~1894년)의 스승들이다. 그들은 전 왕(철종)의 사위(박영효)와의 우정을 통해 상류층과 좋은 교분을 맺을 수 있었다. 신분을 초월한 교분의 한 예로 ≪코리아 리뷰≫(1906년 6월)가 보도한 오세창(吳世昌, 1864~1953년)과 박영효(朴泳孝, 1861~1939년)의 친분을 들 수 있다.

43 그들은 지금도 계속 공헌하고 있다. 박종화(朴鍾和, 1901~1981년)는 소설로, 홍이섭(洪以燮, 1914~1974년)은 학문으로, 고희동(高羲東, 1886~1965년)은 그림으로, 그리고 국무총리를 지낸 최두선(崔斗善, 1894~1974년) 등은 정치와 문화 활동으로 사회와 국가에 계속 공헌

도자가 배출되었으며 「독립선언서」를 기초한 사람도 그들 중 한 사람이었다.

아전의 공헌 또한 적지 않았다. 지방에 관한 지식에서 아전을 능가할 사람들이 없었기 때문에 그들은 식민지 시대 또는 해방 후 건국기에 옛날의 조선시대에서는 전혀 기대할 수 없었던 이득을 보았다. 재화나 지방정세에 대한 양반들의 무지를 이용해 그들은 1911~1918년의 일본인에 의한 지적정리(地籍整理) 과정에서 큰 혜택을 입어 실질적인 지주계급으로 부상했다. 1925년 일본관청이 행한 조사에서 군수급 조선인 관리 300명 가운데 260명이 아전계급 출신이었다.[44] 1945년 이후 민주주의제도가 도입되자 그들의 기술과 교섭능력이 전에 없는 호기를 맞았다. 그들의 다수가 국회의원 선거에 입후보했고 필시 신생 한국의 가장 중요한 정치계급이 되었다.

이처럼 중인과 아전이 상당한 역할을 하긴 했지만, 그들보다 재정적으로 더 궁핍하고 분산되어 있으며 게다가 사회적으로도 유리한 입장에 있지 않았던 일본의 하급 사무라이들이 했던 것과 같은 역할을 수행할 정도에는 이르지 못했다. 이런 불만족스러운 결과는 근본적으로는 조선사회의 풍토에서 비롯된 것이다. 그 당시 조선사회는 기존의 가치체계에 맞서 공통의 대의를 가지고 집단의 결속이나 일체성을 강화시켜 단결을 과시하고, 긍지와 신망과 지도력을 부여하는 기운이 약했다. 일본의 사무라이 가운데 최하층계급인 아시가루(足輕: 평시에는 무가에서 허드렛일에 종사하다가 전시에는 병졸이 되는 최하급 무사 _옮긴이)는 조선의 아전이나 중인보다도 빈한하고 유동적이었지만, 자신들의 지위

___

하고 있다. 그들은 서울의 유복한 중산층이다. 그들의 가정, 그들의 취미, 그리고 그들의 업무는 다른 집단들이 유지할 수 없는 수준으로 토착의 한국적인 문화의 풍취와 관심사를 보여주고 있다. 위대한 수집가인 전형필(全鎣弼, 1906~1962년)은 본래 여관업으로 부를 이룬 집안의 후손이지만 사회와 국가에 공헌하는 방향으로 사업을 전환하여 한국의 문화 수준을 보전하는 일에 전념했다.

44 Inaba Iwakichi(이나바 이와기치), *Chosen bunka-shi kenkyu*(朝鮮文化史研究, 東京, 1925), p.87. 조선 계급구조의 은밀성 때문에 그러한 증거를 찾기는 매우 어렵다. 이나바는 아전을 메이지 시대 사무라이에 비유했다.

에 긍지를 갖고 자신들의 이름을 드러내는 것을 영광스럽게 생각했다. 일본의 문예작품, 특히 연극은 〈가윈과 랜슬롯(Gawin and Lancelot; 아서 왕 전설에 나오는 기사들 _ 옮긴이)〉과 같이 자기증명의 찬사들로 가득 차 있다. 이에 반해 조선의 중인이나 아전들은 중인이니 아전이니 하는 자신들의 집단을 호칭하는 말이 그토록 고통스러울 수가 없었다. 일본에서는 오직 에타(穢多; 일본 중세, 근세에서의 천민신분의 하나. 메이지 4년(1871년)까지는 사민(四民)계급 밑에서 차별대우를 받았다. _ 옮긴이)만이 자기증명을 기피했다. 이 같은 치욕적인 감각은 그들 집단이 단결하여 사회의 표면에 부상하는 것을 방해했다. 오히려 그들은 자기들의 신분을 마치 상궤를 벗어난 행위를 남에게 보이지 않으려는 것처럼 은폐하려 했다.[45] 그들 계급은 조선사회에 큰 공헌을 했건만 그것으로 이런 치욕감을 줄이지 못했다. 더욱이 그들은 집단으로 행동하는 일이 거의 없었고 또한 집단으로서 사회와 교류하는 일이 없었다. 일본 사무라이들은 근대로 넘어오는 과도기에 새 지도자로서 다이묘(大名)들을 계승했지만, 조선의 중인과 아전은 양반의 후계자가 되지 못했다.

중인과 아전은 상호 보완적인 입장에 있었다.[46] 중인은 지방에 뿌리를 내리지 못했고 아전은 수도에 영향력을 갖지 못했다. 그들이 비교적 경제적으로 풍

---

45 자기의 낮은 신분을 노출시킬 때 느끼는 부끄러운 감정은 조선인과 일본인이 달랐다. 예를 들어 양국의 하숙집 주인이 똑같이 '하숙집 주인'으로 불렸을 때 양 국민의 태도가 각기 다르다는 것이다. 일본인은 자자손손 하숙집 주인이기를 바라며, 마치 독일인이 '천직'이라는 말을 사용하는 것과 같이 하숙집 주인이라는 것에 긍지를 가진다. 그러나 조선인은 자손까지 하숙집 주인(옛날 말로는 '객주')을 절대로 만들고 싶어 하지 않는다. 조선에서는 관계(官界) 이외에 명예스러운 직업이란 없었으며, 모든 사람은 그들의 직업을 가능한 한 상향시키고자 하는 욕망을 가졌다. 따라서 조선의 하숙집 주인은 객주라고 불리는 것을 싫어했다. 객주라는 말은 타인들이 당사자가 없을 때 쓰는 말이다. 아전이나 중인이라는 말이나 백정과 같은 '천한 신분'을 표시하는 말도 마찬가지였다.

46 Chun, Hesung(전혜성), "Religion, Social Structure, and Economic Development in Yi Dynasty Korea," p.100. 이 논문 역시 유사한 결론을 내리고 있다. "중인은 변화에 대한 욕구는 있었으나 수단이 없었고, 아전은 변화를 위한 수단은 있었으나 욕구가 없었다."

족한 것도 스스로를 변혁의 사도로 간주하는 자극이나 충동을 감쇄하는 한 가지 요인이 되었다. 그들에게는 도쿠가와 막부(德川幕府) 말기에 많은 사무라이들이 갖고 있던 빈곤이라는 자극이 없었다. 조선 말기까지 중인도 아전도 비교적 부유했다. 그들에게는 통일이 필요했지만 그것을 이루기 위한 자극이나 공적인 일체감이 없었다. 그들의 성공은 개개인들의 것이었으며 집단의 지원에 의한 것이 아니었다. 중인과 아전은 자신들의 공동체 의식을 더욱 큰 공적인 목적으로 고양할 수 없었으며, 이런 것이 동질적인 사회를 다양하고 다원적인 공동체로 건설하는 것을 불가능케 한 근본원인이었다고 해야 할 것이다. 조선이 19세기 말 역사적 위기를 맞았을 때, 정치적 야망이나 능력을 가진 개개인은 넘쳐났지만 지도력을 발휘해 스스로의 배후에 백성들을 재결집시킬 수 있는 긍지와 명성과 통합력을 가진 집단이 하나도 없었던 것이다.

평민

상류계급과 중간계급에서 나타난 구조적 경향이 하층계급에도 그대로 반영되었음을 알 수 있다. 농민들 사이에서는 신분이동을 부추기는 거대하면서도 막연한 '대중'이 생성되는 경향이 있었고, 그보다 낮은 계층에서는 확실하고 특정한 그리고 때로는 응집력을 가진 집단화를 경멸하는 기피경향이 있었다.

계급으로서가 아니라 기능으로 따져 농민들은 조선 전체 인구의 약 75%를 차지했다. 그들은 어떤 형태의 책략이나 기만 같은 것에 물들지 않은 유일한 집단이었다. 조선의 문학작품에서도, 또한 실질적으로도 그들은 항상 수탈당함으로써 연민의 정을 느끼게 하는 집단이었다.[47] 다른 많은 나라에서처럼 조선에서도 농민들은 개개인들이 원자화되고 흩어진 채 분산되어 있었으며, 자

---

47 Lee, Chong-Sik(이정식), *The Politics of Korean Nationalism* (Berkeley, 1963), p.12.

기인식이나 결집력도 촌락 형태 이상으로 표출하지 못했다. 이런 경향이 농후해진 것은 조선에서 촌락을 통합하려는 봉건적인 힘이 없었기 때문이다.

시카타의 통계에 의하면 농민들의 비결집적인 세계 이면에는 꽤나 유동성이 있었던 것 같다. 그는 지방도시에 있던 향반의 48%가 원래 농민 출신이라고 기록하고 있다. 그들은 대부분 농민에서 신분이 상승해 향반계급으로 동화하는 경향을 보였다. 세금과 병역을 부과 받는 다른 농민들은 천민층과 동화하는 방법으로 그런 의무를 피하려고 했다. 하층 양반들도 같은 모습으로 농민에 동화되었다. 조선 말기에는 농업인구와 농민계급의 수가 분명히 일치되지 않았으며, 다른 계급과 관계를 가지지 않는 순수한 농민은 농업인구 중 소수에 불과했던 것 같다. 이런 유동성에 수반하는 은밀성과 긴장도는 향반의 경우와 마찬가지로 사회적 결집력을 무너뜨려 향촌사회에서 공동행동을 할 수 있는 여력을 잃게 했다.[48] 불만을 표출하는 공동행동도 어려웠다. 『조선왕조실록』에 따르면, 식량 부족 인구가 1752~1781년에 169만 1,397명에서 1782~1811년에 2,033만 4,229명, 1812~1840년에 2,167만 4,066명으로 급격히 증가했으며 다른 자료도 이런 참상을 보여준다.[49] 이런 상황에서 정부조차 군사적으로 허약하고 행정능률도 나빴지만, 농민들의 저항운동은 1860년 이후 동학당의 봉기 때까지 소수로 고립되어 있어 성공하지 못했다.[50] 농촌의 공동행동은 1960

---

48 이런 결론은 근본적으로 개개 마을 내의 응집력을 저해했다는 의미가 아니고 여러 마을들을 합친 향촌사회 전체의 경우에 해당되는 말이다. 개개 마을의 공동체 자체는 대체로 단단한 조직을 갖고 있었으며, 농부들의 계절적인 그리고 재정적인 문제를 상호 부조하는 협동적인 조직들이 번창했다.

49 Cho, Ching-yang(조진양), "The Decade of the Tae-won-gun," p.27. 이 숫자에는 아마도 해마다 기아에 시달리는 많은 사람들이 이중으로 포함되어 있겠지만, 이처럼 식량을 절실히 필요로 하는 사람들의 숫자가 점점 크게 증가한 것은 사실인 것 같다.

50 1812년에 서북지방에서 아주 큰 규모의 반란(홍경래의 난)이 일어났으며, 그보다는 규모가 작지만 1818년, 1820년, 그리고 1827년에 남부에서 반란이 일어났다. 1862~1863년에 5개 도에서 자연발생적으로 일어난 반란에는 10만 명 이상이 참가했다. Cho, Ching-yang(조진

년대에도 여전히 어려운 실정이다.

　상인들의 대부분은 행상인들이었으며, 그들은 농민 이하, 평민 중 최하층으로 간주되었다. 규모도 전 인구의 6% 안팎에 불과했다.[51] 중국이나 일본과 비교하여 조선에 강력한 상인계급이 존재하지 않았다는 점은 조선 말기 서구의 관찰자들에 의해 잘 알려진 분명한 현상이다.[52] 선박을 이용한 교역은 10세기 이후 거의 일반화되지 못했는데 그나마 1644년 이후 금지되고 말았다. 조선의 조공사절이 중국으로부터 가져오는 증답품을 운반하는 경우와 부산의 대일교역을 제외하고는 쇄국정책이 엄격하게 실시되었다. 유교의 세속품에 대한 경멸이라는 청교도적 태도가 외국인들의 진출을 막으려는 소망과 결합되어 경제활동을 억제하고, 얼마간 허가해왔던 교역도 엄격한 정부규제하에 두게 되었다.[53] 왕실 전매사업이었던 광업은 그 종별도 적었고 생산량도 소규모였다. 화폐제도의 발달이 지연되었고 국경지역에서는 화폐의 사용이 허용되지 않았다. 중국의 광둥이나 일본 오사카에 비견할 만한 상업의 중심지가 없었다. 고려의 수도였던 개성은 상인들이 몰려드는 도시로 알려져 있지만 그 규모는 지극히 소박한 것이었다.

　정책 이상으로 중요한 것은 전문가적인 활동에 대한 사회일반의 태도였다. 상거래 그 자체가 반드시 경멸받았던 것은 아니다. 시골사람들은 가축을 사고파는 재능을 가진 농민들을 부러워했으며 아마도 지금까지도 그러할 것이다.

양), "The Decade of the Tae-won-gun," p.63. 도시가 적고 주민들이 뿔뿔이 흩어져 있는 지방에 사는 점과 시골생활의 보수성 또한 다른 농업 국가들과 마찬가지로 조선에서도 당국에 거역하는 집단행동을 누그러뜨리거나 억제하는 역할을 했다.

51 Ch'oe, Ho-jin(최호진), *Kindai Chosen Keizai-shi*(近代朝鮮經濟史, 東京, 1942), pp.15ff.

52 그 가운데는 Isabella Bird Bishop, *Korea and Her Neighbors*도 있다. 그녀는 중국, 일본, 조선과 그 밖에 여러 나라들을 여행하고 그 상이점들을 이 책에서 잘 분석하고 있다.

53 경제활동 억제로 빈곤을 자초하고 있는 조선의 현실을 일부 개혁적인 학자들, 그 가운데서도 특히 박지원(朴趾源, 1737~1805년)은 청나라의 상대적인 진보성과 번영을 조선의 불필요한 내핍생활과 대비하며 신랄하게 공격했다.

그러나 전문적인 상인들은 착취하는 인간으로 멸시를 받았으며 조선 전 기간을 통해 토지소유를 금지 당했다. 대부분의 상거래는 전국적으로 산재해 있는 5일장에 몰려드는 상인을 겸한 농민들에 의해 이뤄졌다. 점포의 수가 적고 더욱이 규모도 작았다. 대부분의 생산 공장들과 마찬가지로 가장 큰 점포들은 정부관리하에 있었으며, 이들은 품질 좋은 제품을 취급했다. 교양을 존중하는 가치체계와 정부규제의 틈새에 끼여 경영과 자본축적이 1880년대에 일본 상인들이 올 때까지 발달하지 못했다. 행상인 이상으로 규모가 큰 상인은 소수이고 또한 그들의 사회적 영향력도 보잘것없었다.[54] 상업이 제도형성에 남긴 족적이 거의 없다.[55] 경제 분야에서도 동질적인 사회가 관심과 변화, 그리고 다양성의 원천을 고갈시키는 데 한몫했다.

상인들의 세계에서 가장 숫자가 많고 잘 조직되어 있으며 비교적 영향력이

54 Cho, Ki-jun(조기준), "A Study of Capital Formation in Korea(1876~1910)," *Journal of A Asiatic Studies*, 6.1(May 1963), pp.1~54. 어떤 점에서 일본인들은 대략 1880년부터 그들이 조선을 강점하기 시작한 1905~1910년에 이르기까지 마치 중국인들이 동남아시아에서 했던 것과 비슷하게 조선을 상업화하고 현대화하는 역할을 했다고 할 수 있다.

55 조선정부는 무명, 비단, 견직물, 종이 등을 취급하는 약간의 점포를 몇몇 하층 특수계급 사람들로 하여금 운영하게 했다. 본래 공인(貢人)으로 불리는 일단의 어용상인들이 있었지만, 1609년에 이 제도를 폐지했다. 지방에선 개성, 평양, 그리고 그 명성이 높았던 재령을 제외하곤 사실상 대형 민간 상점이 있는 곳이 없었다. 이들 도시에서만 도쿠가와 막부 시절 일본의 반토우(番頭, 고용 지배인)에 해당하는 차인(差人)이라 불리는 점원제도가 발전했다. 이 차인들에겐 약간의 명성이 있었으며, 그 바람에 자부심도 갖고 있었다. 이들보다 숫자가 더 많은 중간상인들 또한 있었는데, 객주(客主: 조선시대에 다른 지역에서 온 상인들에게 거처를 제공하며 물건을 맡아 팔거나 흥정을 붙여 주는 일을 하던 상인 또는 그런 집), 여각(旅閣: 조선 후기에 연안 포구에서 상인들의 숙박, 화물의 보관, 위탁 판매, 운송 따위를 맡아보던 상업 시설), 그리고 거간(居間, 거간꾼)으로 불렸으며, 숙박 제공, 창고 제공, 원시적인 은행 또는 중개상 역할을 했다. 개성상인들 상당수는 조선왕조가 지독하게 박해했던 고려왕실의 후예들로서 상거래에 도가 튼 사람들이라는 평판을 듣고 있었다. Chun, Hesung(전혜성), "Religion, Social Structure, and Economic Development in Yi Dynasty Korea," pp.135ff; Cho, Ching-yang(조진양), "The Decade of the Tae-won-gun," p.180 참조.

컸던 집단은 상인 세계의 최저 기능이랄 수 있는 보부상(褓負商)이었다. 대부분의 거래가 점포 외의 행상으로 이루어졌기 때문에 수천, 수만의 보부상들이 등짐이나 봇짐을 지고 온 나라를 누비고 다니며 이 고을 저 고을, 이집 저집으로 시장망을 넓혔다.[56] 비천하게 태어나 집 없이 떠돌아다니며 천시 속에서 교활성이 몸에 밴 보부상은 특별한 조직을 만들 필요성 때문에 대집단을 형성하게 되었다. 그들이 조직한 보부상 동업조합은 조선시대를 통해 정부가 관할하는 조직을 제외하면 가장 강력한 것이었다. 이 동업조합은 상대적으로 눈에 띄는 존재는 아니었지만 1960년대까지 존재했다. 조합을 통해 보부상들은 내부 지도자, 규칙, 훈련, 특별한 복장, 말씨, 관례나 의식을 만들어냈다. 조합에 속하는 사람들은 강력한 내부적인 연대감을 갖고 있었으며 서로 간에 '형제', '숙부', '생질' 등으로 호칭했다. 그들은 온 나라에 흩어져 있는 5일장의 유력한 지배자들이었으며 또한 어느 정도는 두려운 존재들이었다. 그들은 멸시받는 집단 특유의 폭력적인 행동을 보이기도 했다. 만약 누군가가 부당한 취급을 받았을 때에는 평소에 거래하는 중간상인들의 도움을 빌려 소란을 일으키고 보상금을 받아내곤 했다. 이런 방법은 한국의 도시시장에서 지금도 왕왕 일어나고 있다.[57]

19세기 또는 그 이전부터 보부상은 정부와 특수한 관계를 맺고 있었다.[58] 무장폭동이 발생하면 정부는 보부상을 찾았고, 보부상 동업조합은 자주 정부의

---

56 Pak, Won-son(박원순), *Pobusang* (Peddlers; Korean Studies Series, No. 16, Seoul, 1965), p. 12. 이 책은 "보부상이 서울에 어마어마하게 큰 본부를 둔 것 외에 전국에 걸쳐 수천 개의 지부를 두고 있었으며, 200만 명의 회원을 거느리고 있었다"라고 밝히고 있다. 이 통계를 믿기는 어렵지만 흥미 있는 주장이다.

57 조선 말기의 동업조합 실태에 대해선 Homer Hulbert, *The Passing of Korea* (New York, 1906), pp. 231, 268 참조.

58 Pak, Won-son(박원순), *Pobusang*, pp. 5~7. 조선왕조 건국자가 보부상들과 특별한 관계에 있었다는 전설이 있다. 보부상들은 때때로 정부의 정규군보다도 더 용감하게 조선왕조를 위해 싸웠다.

검열관이나 감독관 지휘 아래 들어갔다. 이들은 지방 관리들을 다수 차출해 보부상의 수령으로 위촉했다. 보부상의 기능과 조직은 스파이로서 적격이었다. 일본이 조선에 우편제도를 도입하기 이전에는 그들이 편지 배달을 맡았다. 또한 정부가 그들 중 우락부락한 남자들을 고용하여 폭력단으로 이용했던 것은 깡패들을 근대 정치에 활용한 효시랄 수 있다. 1898년 11월 21일 정부는 보부상 동업조합을 돌격대로 이용, 자유주의적인 독립협회파를 공격했고 독립협회를 사실상 소멸시켜버렸다.[59]

   보부상 동업조합은 신분이 낮고 비천한 것을 무기로 삼는, 널리 알려진 조직기능의 한 흥미 있는 사례다. 그리고 그것은 이미 조선사회 내의 조직기능에 부여된 '천한 신분'이라는 사회적 의미를 더욱 강화시켰다. 유럽의 길드는 중앙의 폭군을 제어하는 역할을 담당했지만, 조선의 길드는 중앙권력의 보조기관 구실을 했다. 런던, 베니스, 브레멘, 리용, 오사카 및 보스턴의 상인들은 근대사회의 다양성과 개인권익의 첨병으로서 존경받는 고귀한 귀족사회를 만들어낸 반면, 조선 남부의 상인들은 비열한 폭력단을 의미하는 세력으로 취급받았으며, 정부와 은밀히 협력해 개인적 권익을 파괴하고 자유주의가 나타났을 때 그것을 소멸시켰다. 공동체 의식이나 지도자를 근대화하려는 의식이 조선에서는 상류계급처럼 중류계급과 평민계급에서도 구조화하지 못했다.

---

59 Lee, Chong-Sik(이정식), *The Politics of Korean Nationalism*, p.66. 이런 보부상과 투쟁했던 이승만(그를 최초로 유명하게 만든 사건이기도 했다)은 훗날 그의 지지자들의 사주를 받은 깡패들이 부정선거를 규탄하는 시위학생들을 공격한 후에 그의 64년 정치역정을 끝내게 되었다.

천민

　천민계급이 지도자의 공급원이 되는 것은 더욱 힘든 일이었다. 그들은 사회권역 외의 존재로 취급되었다. 조세의무도 없고 비상시 외엔 병역의무도 없었으며 거의 교육을 받지 못했고 노비를 제외하고는 보통 고립된 마을에서 살았다.

　기능적인 면에서 천민은 전체 인구 중 대체로 가장 잘 정의가 내려진 사람들이다. 조선의 천민에 관해 여러 가지 기록들이 있지만, 대략 ① 사회 일반인들과 섞여 살고 있는 사람들, ② 일반 사회로부터 격리되어 사는 사람들, 그리고 ③ 노비로 사는 사람들로 구분되어 있는 것 같다. 조선 북부에는 양반도 적었지만 천민도 거의 없었다.[60]

　첫 번째 천민의 범주에는 불교의 승려나 비구니(조선 이전 왕조의 협력자로서 조선시대의 희생자들이다), 무녀, 어릿광대, 풍각쟁이, 옥리, 도망자, 범죄인들이 포함된다. 두 번째 범주에 들어가는, 백정이라는 이름으로 알려진 버림받은 사람들은 일본의 에타(穢多)와 꽤 가깝다. 그들은 옛날부터 외딴 마을이나 도시 변두리에서 자기들끼리만 공동체를 만들어 살았으며 독특한 머리형을 하고 갓은 쓸 수 없었다. 그들은 거의 완전한 자치제였으며 공동체 내에 상당한 민주주의적 기능이 있었다. 백정은 광주리와 짚신 만들기, 도살, 푸줏간, 사체 운반, 가죽 세공, 신발 제조, 개잡이, 범죄인의 고문 및 형 집행인 등 특정 직업에 종사했다.[61]

60　첫 번째와 세 번째 집단에 대해선 Chun, Hesung(전혜성), "Religion, Social Structure, and Economic Development in Yi Dynasty Korea," pp.103, 109 참조. 백정에 대해선 뛰어난 논문인 Herbert Passin, "The Paekchong of Korea," *Monumenta Nipponica*, 12.3-4(Oct. 1956), pp.27~72 참조. 또한 Ri, Sei-gen(Yi Chong-won), *Chosen kindia-shi*(朝鮮近代史, 東京, 1956), pp.114, 302 참조.

61　여기서 '개잡이'라고 한 것은 식용으로 개를 잡는 것을 말하며 조선 사람들은 물론 개고기를 먹었다. 몇몇 미술 공예부문에 종사하는 사람들도 천시를 받았기 때문에 미술 공예기능의 발전을 지연시켰으며, 그 영향이 오늘날까지도 미치고 있다.

공식적으로 이들에 대한 차별은 1894년에 철폐되었다. 주거장소의 구별이나 분리는 일본의 경우보다 대규모적이었으며 공식적인 철폐 이후에도 계속되었다. 수백 개에 이르는 사실상의 백정 공동체들이 1960년대 초반까지도 존재했다.[62] 그들 가운데서 푸줏간을 하는 사람들이 가장 많아 거의 50%에 이르렀다. 그들은 조선인 가운데서도 가장 결속력이 강한 집단의 하나였으며, 수백 개의 작은 점포를 통해 신속하게 비공식적인 가격관리를 할 수 있을 정도였다. 백정이라고 해서 다들 궁핍한 것은 아니었다. 특히 푸줏간은 관리가격으로 이익을 남겼기 때문에 오늘날에도 비교적 부유한 편이다.[63] 그들은 수세기 동안 사회적으로 거의 보호를 받지 못하고, 양반의 명령이라면 어떤 천한 일도 해야 했으며, 법에 어긋난 매를 맞아도 하소연할 데가 없는, 사회적 감수성이 강한 존재였다. 그럼에도 그들과 다른 계층 사이의 간격은 일본의 에타보다 적었으며 더 교류가 있었다. 명확한 정의를 은근히 피하는 회피성이 조선사회의 배타성이 지니고 있는 형태나 경향을 일본사회보다 훨씬 약하게 만들었다.

세 번째 범주에 드는 조선시대의 노비는 고려시대에 비해 상대적으로 작은 역할을 했지만, 그러나 19세기 중반까지는 아직 인구의 단연 큰 부분(아마도 고려 때보다 15배 많은)을 차지했으며, 중국이나 일본의 천민들보다 좀 더 중요시되었다.[64] 그들은 에드워드 W. 와그너(Edward W. Wagner, 1974), 수전 신

---

62 1894년 개혁(갑오경장) 때 백정 공동체들이 전국에 약 5만 개가 산재해 있는 것으로 추산되었지만, Herbert Passin, "The Paekchong of Korea"에서 실제 숫자는 약 7만 개에 이른다고 했다. 1932년에는 전국에 3만 4,152개가 있는 것으로 추산되었지만 남부엔 8,212가 있는 것으로 알려졌다. 패신 박사의 논문에 따르면 이 숫자 역시 너무 적게 잡은 것이라고 한다.

63 종종 가난한 양반이 백정으로부터 돈을 빌리는 경우도 있었는데, 이는 부가 가치체계에서의 사회적 위치와 별개라는 것을 말해준다.

64 노비는 중국의 송(宋), 원(元) 왕조 시대와 일본의 헤이안(平安) 시대, 고려시대에 비교적 더 중요한 역할을 했으며, 노예반란이 고려 후기 역사에 영향을 주기도 했다. 조선시대의 노비는 15세기 말의 기록에 나오는 36만 명의 관노(官奴)와 16세기 말로 접어들면서 중앙정부에서만 부린 37만 명의 노비 등 다양했다. 1592년에서 1598년까지 벌어진 전란(임진왜란)으

(Susan Shin, 1974), 존 소머빌(John Somerville, 1976/1977), 김영섭(1962), 그리고 물론 시카타 히로시(四方博, 1938) 등의 연구를 통해 드러난 지방 호적등본에서 각각 조선 인구의 중요한 요소(때로는 3분의 1이나 그 이상)로 나타났다. 그들은 때때로 문학작품에서 하인으로 등장하는데, 『춘향전』에서 이 도령의 짝패인 방자의 경우가 그러하다. 20세기 초에 들어와 외국인 관광객들에게 젖가슴을 드러낸 채 사진에 찍히곤 했던 조선여성들은 천민여성들로 확인되었다. 한국의 노비와 제정 러시아의 농노 사이에는 흥미로운 유사성이 있다. 두 경우 모두 낭만적으로 묘사되고 있는데, 둘 다 널리 분포했으며, 그리고 땅을 소유 — 때때로 그러했다 — 할 수 있었던 사람들이 현재까지 여러 곳에서 확인된다. 또한 한국의 노비는 공예와 예술에 두드러진 재능을 보이고, 창조적이고 재간 많고 해학적이었으나 늘 학대받는 것으로 서술되었다

노비 양도는 한국인들의 유언서에서 중요한 요소를 이루었다. 올랜도 패터슨(Orlando Patterson)은 최근의 저서에서, 한국은 아시아에서 가장 고도로 발달한 노예제도를 갖고 있었다고 주장했다. 노비는 관노(官奴)와 사노(私奴) 2종으로 나뉘었다. 관노에는 기생, 나인(원문에는 'naein'이라 해놓고 괄호 안에 'court maidens'이라는 설명을 해놓았는데, 궁중 나인은 노비가 아니고 아마도 궁중 무수리를 말하는 것 같다. _옮긴이), 이족(원문에는 'ijok'이라 해놓고 괄호 안에 'male slaves'라는 설명을 해놓았는데, '이족'의 본래 뜻은 알 수가 없다. _옮긴이), 파발노예, 궁중노예(court slaves), 도망범죄자 등이 포함되었다. 각 관청은 30~40명의 관노를 부렸다. 관노는 평민과 결혼할 수 있고 급료도 받았다. 한편 사노는 5세대 이상

로 인구가 감소하는 바람에 노비의 숫자가 줄어들었고, 남성의 노예화가 일반적으로 금지됨에 따라 19세기 말에는 대부분이 여성들인 노비의 숫자가 약 5만 명이었던 것으로 기록되고 있다. Herbert Passin, "The Paekchong of Korea," pp.27~72. 노비제도는 1886년에 '폐지'되었다가, 1894년 갑오경장 때 다시 폐지령이 내려졌다. 법률상 노비신분이 오래 전에 없어지긴 했지만, 외딴 지역에서는 오늘날에도 자발적으로 주인을 섬기며 노비신분으로 사는 사람들이 있다.

주인의 가정에서 부양된 경우, 노예시장에서 팔려온 경우, 또한 혼인으로 신부를 따라 시댁으로 온 친정집 몸종의 경우를 모두 망라했다.[65]

　이상과 같이 노비에 대해 엄밀한 정의를 내리는 방법으로 조선사회는 사회적 유동성에 쐐기를 박고 또한 사회적 가치관 ― 강력한 집행기관이 없기 때문에 정치적·사회적 질서는 이 가치관에 의거했다 ― 을 되풀이하여 가르치려고 했다. 그러나 사회 근저에 있는 유동성이 이러한 노비제도를 배반했다. 노비제도의 급격한 변화가 이런 사실을 보여준다.[66] 또한 노비 보급의 과정도 동일한 시사를 한다. 사노는 보통 평민으로부터 공급되는데, 경우에 따라서는 고리대금, 세금, 장례비용 등을 갚기 위해 노비로 몸을 팔기도 했으며, 또는 양반의 비호를 받기 위해 향반 출신이 노비로 전락하는 경우도 있었다. 이런 노비의 공급방법 때문에 조선인들의 노비에 대한 태도는 미국인이나 유럽인의 그것과는 아주 달랐다. 노비는 '가족의 일원'이었을 뿐만 아니라 외견상, 때로는 경력에서도 차이가 없기 때문에 가족이나 다른 조선인 집단에 쉽게 융합되었다. 여자 노비의 아들은 성장하면 때로는 자유로운 평민이 되기도 했다. 그리고 차녀 이하의 딸도 간혹 그런 경우가 있었다. 다만 장녀만은 보통 모친의 지위를 계승했다. 양반들은 이따금씩 노비첩을 두어 자식을 얻는 경우가 있었는데, 때로는 이런 서자들을 자기 가문이나 혹은 다른 가문의 적자로 만들기도 했다. 평민과 결혼한 관노의 자손들은 때로는 아전의 신분을 얻기도 했다. 노비제도가 '폐지'

---

65 Chun, Hesung(전혜성), "Religion, Social Structure, and Economic Development in Yi Dynasty Korea," pp.107~108. 처음엔 양반만이 사노(私奴)를 부릴 수 있었으며 관노(官奴)를 양반들에게 할당해주었는데, 점점 사노와 관노 사이의 경계가 토지의 경우에서처럼 희미해졌다. 조선시대에는 노비 범주[노비는 팔반(八般: 사회적 등급에서 8번째에 속하는 비천한 신분이라는 의미)으로도 알려져 있다]에 속하는 사람들 외에, 조례(皂隸)·나장(羅將)·일수(日守)·조군(漕軍)·수군(水軍)·봉군(烽軍)·역보(驛保) 등에 종사하는 사람들을 칠천[七賤: 신분상 가장 천대를 받은 7계층. 칠반천역(七般賤役)이라고도 한다]이라고 하여 비하했다. 이러한 신분은 종종 '사회적 신분강등'에 의해 만들어졌다.

66 시카타 히로시(四方博), 「李朝人口에 關한 身分階級別의 觀察」, 415쪽.

되었을 때 노비인구가 너무 갑작스레 줄었으며, 그간 노비가 재생산되었음에도 오늘날에 와서 노비의 자손이라고 알려지거나 경멸받는 사람들이 거의 없다는 사실은 앞서 말한 사정에 의해 설명될 수 있다.[67] 또한 이것은 현재 한국 사람들이 가문을 굉장히 중요시하는 이유를 설명하는 하나의 단서가 된다.

백정이나 다른 범주의 천민들에 대해서도 같은 얘기를 할 수 있다. 그들은 수세기 동안 제도적인 신분의 틀 속에 고정되어 있다가 거대한 계급 없는 조선의 대중 속으로 어느새 거의 흔적도 없이 사라지고 말았다. 조선 말기 또는 1920년대까지도 때때로 볼 수 있었던 차별에 대한 항의도 거의 모습을 감추었다. 향반 주변의 계층이동과 똑같이 하층신분 출신자들도 다른 계층과 화해하여 적응한 것이 아니고, 병합되어 사라졌다. 백정이나 다른 천민의 경우도 언어사용이 독특하거나 행동거지에 다른 특성이 있는 것이 아니기 때문에 좀 더 강력한 집단으로 동화되는 것에 어려움이 없었으며, 그것은 한국사회의 높은 동화력을 증명하는 것이라 할 수 있다. 집단으로서 지도적 역할을 하는 것은 그들에겐 전혀 관심 밖의 일이었다. 더욱 중요한 것은, 그들이 결속되어 있었다고 하더라도 전통사회가 끝난 후 자기들 주변에 어떤 정치적 잠재력을 결집하는 따위의 기대나 의향이 전혀 없었다는 점이다.

사회의 어느 일부분에 대해 진실인 것은 어느 정도까지는 사회 전체에 대해서도 진실이다. 사회의 내부적인 추세와 그 탄력성은 계급체계에 대한 정의에서 보이는 외견적인 질서와 대립한다. 중앙의 양반, 그 아래 중인, 아전, 평민, 천민이라는 서열은 분명히 잘 정의되고 유지된 외견을 보여준다. 그러나 실제로 이렇게 확실히 정의할 수 있는 집단은 사회생활의 작은 일부를 구성하고 있을 뿐이다. 사회의 진정한 추세는, 계급의 선명성을 피하고 하층계급과 융화하

---

67 애국자 김구는 그의 자서전인 『백범일지』, 3~4쪽에서 그의 조상이 비천한 신분으로 전락한 후(각주 23 참조) 가족들이 이웃으로부터 천대를 받았다고 밝혔다. 그의 가족들은 평민으로 자처했지만 이웃들로부터 평민 이하의 신분으로 대접받았음이 분명하다.

거나 때로는 적대시하는 사회적 유동성에 의해 사회 자체를 변혁해가는 것이다. 계급에 대한 명확한 정의를 피한 것도, 조선의 문화구조가 이익집단의 제도화와 형성을 회피한 것도 모두 기본적으로 동일한 이유 때문이다. 중앙권력의 가치와 목적의 단일성 및 다른 선택을 할 수 있도록 뒷받침하는 다양성의 결여는 문화구조 전반에 걸친 강력한 내적 유동성을 부추겼다. 이런 패턴은 잇달아 명확한 선명성이 신분상승을 저해하는 장애물이라고 비난하는 내적 가치관을 만들어냈다. 이런 힘이 어느 정도인지 정확하게 계측하는 것은 불가능하며, 또한 장래에도 가능할 것 같지 않다. 따라서 이에 관한 논쟁은 불가피하다. 그러나 이런 힘은 존재했던 것이며 그리고 분명히 아주 광범위한 것이다. 조선의 사회계급은 실질적인 경계와 집단적 응집력을 결여했기 때문에 계급의 사회적·정치적 원자화를 억제하려는 시도는 대단히 미약했다.

제2부

한국정치의 변증법

조선시대 정치문화의 깜짝 놀랄 만한 외형적 연속성이 19세기에 붕괴되기에 이르렀다. 조선시대는 쇠퇴와 노후의 과정이 역사상 가장 길었던 사례 중 하나인데, 1864년부터 1874년에 정치적·사회적 기교를 집중시켜 초기의 여러 조건을 개변함으로써 이 붕괴과정을 저지했다. 이 10년간에 가동된 유동화의 여러 요인들은 계속된 지배체제의 동요에 편승해 증폭되었으며, 1884년부터 1910년에 걸쳐 외국 세력이 점차 이 진공상태를 메워 국정무대에서 그 앞잡이들을 조종할 수 있게 되자 그들의 힘이 훨씬 강대해지고 혼란의 도가 가중되었다. 여기에 편승한 일본은 1910년부터 1945년까지 모든 지배권을 강탈했으며 권력의 길을 모두 장악했고 모든 지도적인 지위에 일본인들을 데려다 앉혔다.

1945년에 일본은 다른 어느 식민지 권력보다도 훨씬 철저하게 패배하여 굴욕을 당하고 식민지와 그 영향력을 모두 상실했다. 해방으로 인한 권력 또는 지배의 진공상태는, 북쪽에서는 소련제 공산주의의 명쾌한 제반 계획으로 메워졌으나, 남쪽에는 정책도, 준비도, 그렇다고 능력도 부족한 미군의 점령이 훨씬 더 큰 혼란을 불러왔다. 미군정을 인계한 남한정권은 미군보다 과단성은 있었지만 충분히 뿌리를 내리지 못하고 6개의 정부(1988년 현재 ___ 옮긴이)가 잇달아 교체되었으며, 더욱이 그 가운데 4개는 혁명과 군부쿠데타 또는 정치적 암살에 의해 축출되었다. 정치적 불안정성이 서서히 가라앉긴 했지만 아직도 남아 있다. 한국은 동시대 사람들의 겨우 한평생에 해당하는 짧은 기간에, 17세기부터 19세기까지 한반도를 찾아온 역사 전체보다도 훨씬 빈번하고 완전한 역사적 변화를 경험했다.

이 충격적인 시나리오로부터 영원의 의미를 미루어 헤아리는 것은 한국인 스스로도 용이한 일은 아닐 것이다. 그러나 이것은 분석되지 않으면 안 될 과제이다. 역사적 드라마의 한 막을 내리는 것이 묵시적인 것일수록 새로운 건국에는 액막이굿과 교란에 의한 정화작용이 더욱 필요할 것이다. 예측 못한 배우가 등장하고, 일본인, 러시아인, 미국인들의 영향이 서로간 갈등을 일으키며 정치무대에서 급회전과 붕괴가 일어나고 있음에도, 중앙권력에 대한 지속적인, 그리고 배타적인 집중이라는 옛날부터의 전통은 여전히 새로운 형태로 나타나고 있었다.

3

근대적 정치동원의 시작

　조선 최후 50년간(1860~1910년)의 혼란은 조선의 권위를 실추시키고 전부터 잠재해 있던 조선시대의 여러 부정적인 경향들을 크게 확대시켰다. 이 수십 년 간 조선은 매우 불안정하고 국내 여러 신흥 세력과 외국의 영향력으로 심하게 요동쳤다. 전통적인 사회조직은 와해되고 이전에 억압했던 것보다 더 새로울 것도 없는 권력패턴과 기회가 지금까지 존재한 사회제도와 계급의 경계를 파괴하기 시작했다. 권력에 대한 접근을 공식적으로 차단당했던 여러 계급들이 이제야 권력 획득에 재빨리 나서거나 심지어 권력과의 직접적인 대결에 나서기 시작했다. 이때 시작된 정치적 충원(political recruitment)의 혁명적 전개는 아마도 조선 말기가 근대 한국정치에 이룩한 가장 본질적이고 중요한 공헌일 것이다. 동질적인 환경에 의해 유발되고 그리고 옛 사회의 제도와 계급에 근거한 생활양식 가운데서 길러진 무형의 유동적인 여러 경향이 더욱 현저해지고 유교의 인습으로부터 더욱 자유롭게 되었다. 또 잠복해 있던 계급 간 유동성은 더욱 활발해지고 정치적 충원과 근대정치의 원동력이 되는 중요한 근원으로 작용하기 시작했다. 본질적으로 이 50년 동안에 경직된 사회에서 적응력을 가진 사회로 가는 데 필요한 기초적인 근대 정치패턴을 만드는 여러 조건이 형성되었다.[1] 그리고 식민지 시대라는 막간 후에 다시 출현하여 점점 희석된 형태로 계속되고 있는 것이 바로 오늘날의 정치패턴이다.

이런 파란만장한 기간에 정치적 충원과 근대화는 독재적·종교적·지성적, 그리고 외국의 지도력이라는 4개의 중요한 리더십 단계를 연속적으로 거쳤다. 그 각 단계마다 한국 정치과정의 핵심적인 성격이 은연중 엿보였으며 그리고 그 각각의 과정마다 어떤 각인을 남겼다.

흥선대원군의 독재적 반동과 대중조작

이 시대가 1860년경에 시작되었을 때 조선은 경제적으로 파산상태였으며 나라 자체가 붕괴 직전에 있었다. 군사력은 거의 없는 거나 마찬가지였고 정권의 분열과 내분으로 행정은 마비상태에 빠졌으며 만성화한 백성들의 항거 기운에 지배계급은 위협을 느꼈다. 전략상의 중요성 때문에 한반도 지배를 노리는 외국열강들의 경쟁으로, 1860년대에는 지평선에 떠 있는 조그마한 한 점 구름이 1880년대가 되자 이 나라의 생존을 위협할 정도의 태풍으로 변해 있었다.

이 시대가 시작되면서 일어난 내적인 도전은 왕조의 몰락을 일시적으로 연기시키기에 충분한 정부의 응전을 불러왔다. 1864년에 조선의 왕위는 적출(嫡出)의 후계자가 없었기 때문에 미망인 대비의 손에 의해 쿠데타와 유사한 기민성으로 새 왕이 선출되었고, 그의 아버지가 대원군(大院君)이란 이름의 섭정으로 새 왕이 성년이 되기까지 10년간 왕국을 지배하게 되었다. 흥선대원군(이하 대원군)은 전에 이름도 없는 낮은 신분의 왕손이었는데, 세간에서 격리된 왕족사회와는 동떨어진 환경에서 자라났기 때문에 그 당시 사회의 많은 해악들

---

1 이 안티테제에 대해선, Elton Mayo, *The Social Problems of an Industrial Civilization* (Cambridge, Mass., 1945), pp.11~12 참조.

을 직접 목격할 기회가 있었으며, 지적 의견을 가진 개혁주의자들과도 얼마간 교분을 가졌다. 그는 조선왕가의 지배를 강화·유지하려는, 현실주의적이며 원기 왕성하고 결의에 찬 인물이었다.[2] 대원군이 실시한 많은 제도개혁 가운데서 국가 권력구조와 관련된 것은 그 후 계속 한국 정치패턴에 영향을 미쳤다.

이런 정황에서 중앙권력을 잡게 된 대원군은 상대적으로 취약한 정통성을 가진 통치자에게 전형적으로 나타나는 문제에 직면했으며, 이에 대한 그의 대응책은 교묘하고 지적이긴 했지만 철저하게 독재적이었다. 그는 이 나라의 오랜 전통인 '자문기관' 패턴의 지배체제가 왕권을 거의 형해만 남게 했으며, 왕의 통치권을 압살하고 이 나라를 무정부 상태의 벼랑 끝까지 몰고 갔다고 생각했다. 조선의 왕권은 일본과는 달리 통치권과 물리적으로 분리될 수 없다는 사실을 알고 있던 대원군은 일본 메이지 시대 지도자들이 4년 후에 달성한 것보다 훨씬 광범위한 권력을 장악했다. 그는 자신의 권력에 대한 '자문위원들'의 영향력을 크게 억제했다. 많은 '자문기관' 형태의 내각기구들을 폐지하고 다른 기구들도 소멸시켰으며 그나마 남아 있는 것들도 자신의 권한 아래로 집중시켰다.

대원군이 종래의 권력자들에게 속박되지 않기 위해서는 자신에게만 충실한 세력이 필요했다. 집권파인 노론과 그에 협력하고 있던 소론에 계속 의존했지만, 그는 이런 세력의 관직독점에 종지부를 찍고 수십 년 만에 처음으로 남인과 북인의 야당 사람들을 비록 소수지만 중요한 관직에 등용했다.[3] 대원군은

---

2 홍선대원군에 대한 자료 중 영문으로 된 가장 훌륭한 것은 Cho, Ching-yang(조진양), "The Decade of the Tae-won-gun," esp. Chap. IV, pp.99~249이다. 나는 거기서 정보를 얻긴 했지만, 그대로 조진양 박사의 주장을 다 받아들인 것은 아니다. 조 박사는 대원군이 처음에는 개혁주의자였다고 보고 있는데, 나의 의견으로는 대원군은 진정한 개혁보다 왕권을 강화하고 가문의 행운을 구하는 일에 열정을 쏟았다.

3 노론, 소론, 남인, 북인은 조선시대에 가장 중요한 당파였다. 그들은 16세기와 17세기에 만들어졌으며, 이 당파를 만들어내는 끼리끼리라는 풍조의 희미한 형적은 오늘날에도 발견된다. Key P. Yang and Gregory Henderson, "An Outline History of Korean Confucianism,"

또한 서북지방 사람들의 임용과 승진을 막았던 비공식적인 장벽을 없애고 루이 14세와 유사한 생각으로 — 그리고 유사한 동기에서 — 하층계급들에 대한 규제를 완화했다.[4] 서북지방 사람들이 몇 명인가 관직에 임명되었는데 그 가운데 한 사람은 관노(官奴)의 자식이었다.

아전들이, 특히 부패하기로 소문난 자들을 제외하고는 관직에 등용되었을 뿐 아니라 대원군의 특별보좌관, 예비내각 후보, 그리고 정탐꾼으로 채용되었다. 임용은 신분에 크게 구애받지 않았고 능력 위주에 가까웠다. 많은 서원들을 폐쇄하고 양반들에게도 세금을 부과하여 그들의 종래 특권을 줄이고 재정 개혁을 단행하여 경제 확대와 사회변혁을 앞당겼다.[5] 대원군이 방계 출신의 섭정이었음에도 여러 세력이나 당파의 지지 없이 이런 광범위한 개혁을 시행할 수 있었던 것은, 더욱이 여러 해에 걸쳐 단순한 불평 이상의 반대마저 없었다는 것은, 양반들이 계급적 리더십을 방기하기 시작했다는 증거이며 또한 그들 자신의 이익을 방어하고 그것을 유효하게 행할 용의를 가진 생존 가능한 이익집단이나 결속력 있는 공동체가 아니었음을 증명하는 것이다.[6]

응집력을 가진 계급적 반대에 직면하지 않았던 대원군의 지도력은 그의 강력한 지배로 인해 그의 주변에 개인정치라는 무수한 철편들을 가까이 끌어당

Pt. I, *JAS*, 18(Nov. 1958), pp.94~98 및 제8장 참조.

4 그 자신이 북부지역 출신인 조선왕조의 창업자는 그의 후계자들에게 북쪽 사람들을 관직에 등용하지 못하게 명령한 것으로 유명하다. 사실 북쪽 사람들은 초기 조선의 지도자들처럼 야심에 찬 호전적인 사람들이었다. 비록 최근의 연구에서 1600년 이후와 그리고 조선의 마지막 세기에 문관 과거시험 합격자 중 적어도 15%가 북쪽 사람들이었으며 이것은 당시의 인구밀도에 합당한 비율이라는 것을 밝히고 있지만, 북부지역 차별에 대한 불만이 팽배해 있었다. 의심할 나위 없이 일부, 특히 승진에 그런 면이 있었다.

5 이성근, 『한국사: 최근세편』(서울, 1961), 151~223쪽.

6 노론 민씨 일파와 그들의 당파가 대원군의 실각으로 득을 보았고 그리고 그걸 부추기기까지 했지만, 대원군에게 정면공격을 하지는 않았다. 대원군을 공격한 사람들은 이 유교국가의 엄격하고 완고한 선비들이었으며, 이는 또한 대원군 지지자들이 사회적 또는 노론과의 깊은 당파적 유대관계가 없었다는 의미이기도 하다.

기는 자극(磁極)을 형성했다. 일본인들과의 교섭에서도 그는 어떤 중인(中人) 통역자를 기용했다. 경상도 감사에 북인파 사람을 앉히면서 그 아래 중요한 군수직에는 자기 심복들을 심었다. 예비내각 고문에 아전을, 개인정보원에는 아전과 보부상을 임명했고, 강력한 오가작통(五家作統)제도를 만들었으며, 프랑스군에 대한 강화도 방위에는 보부상들과 호랑이 엽사들을, 많은 행정관에는 노론파 사람들을 임명했다.[7] 이렇게 임명받은 사람들은 자기들끼리의 횡적인 관계는 거의 없었고 모두가 대원군과 종적으로 긴밀한 관계를 유지했다.

대원군은 또한 어사와 대간의 위협적인 권력을 거세하기 위해 그들을 빈번하게 경질했는데, 10년 동안 평균 20일에 한 명꼴로 어사나 대간을 임명했다. 그는 사조직과 공조직 채널을 작동하여 국가를 일종의 이중적인 방법으로 관리했으며, 당파적 권력을 거세하고 그의 주위에 모인 여러 세력들을 원자화하여 이익집단의 형성을 막았으며, 최대한 그 자신을 통해서만 권력에 접근할 수 있도록 했다.[8] 많은 독재자들이 곧잘 사용했고 훗날 이승만 대통령도 즐겨 이용했던 이러한 방법으로 대원군은 아랫사람들이 횡적인 연결을 갖지 않는 종적인 충성이라는 환경을 만들어 10년에 걸친 개인적 독재체제를 유지했다. 그는 조선의 '대중'사회를 점점 비제도화하고 원자화시킨 최초의 걸출한 연출가였다.[9]

하지만 원자화한 사회는 본래 불안정한 법이다. 하부집단의 구성원들이 자

---

7 예컨대 Cho, Ching-yang(조진양), "The Decade of the Tae-won-gun," pp.432~433 참조. 대원군의 실각은 결국 왕(고종)이 친정(親政)을 할 수 있는 성년이 되었다는 것을 주요 공격 수단으로 삼은 분열된 적들의 손으로 이루어졌다.

8 대원군은 그가 임명한 사람들을 단체의 일원으로서가 아닌 개인으로 활용하기 위해 세심한 주의를 기울여 엄선했다.

9 William Kornhause, *The Politics of Mass Society* (Glenco, III, 1959), pp.32, 123 참조. 그는 여기서 "아랫사람들을 의도적으로 원자화(세분화)시키는 것은 절대적인 지배를 위한 한 가지 수법이다"라고 말했다. 또한 Zbignew K. Brzezinski, *The Permanent Purge* (Cambridge, Mass., 1955), passim 참조.

기 집단에 대한 충성을 결여하고 있기 때문에 항상 최고지배자의 흉계에 끌려가게 된다. 대원군의 이런 방법은 원칙을 파괴하는 것이며, 때때로 이념이나 원칙을 갈망하는 원자화한 개인들은 자신들의 일상 활동을 그런 지표에 결부시키기가 어렵다는 것을 알게 된다. 정치의 이념과 원칙을 존중하는 전통적인 유교공동체와의 대결에서 실용주의적인 대원군은 20세기 한국의 모든 독재자들이 그러했으며 지금도(1988년 현재 _ 옮긴이) 그러하듯이 지식인들(선비들)의 지지를 단념해야 했다. 대원군의 권력 조작과 원칙 무시에 항의하는 상소가 빗발쳤다. 그의 지배가 독재적이었기 때문에 선비들과 왕권 사이에 효과적인 대화가 있을 수 없었다. 항의가 홍수를 이루고, 새 왕비의 일족과 일시적 동맹을 맺은 지방 선비 최익현(崔益鉉)이 선도한 항의의 파도가 1873년 말 마침내 대원군을 권좌에서 끌어내렸다.

섭정의 독재는 원칙에 어긋난 것일 수는 있겠지만 그의 10년은 조선이 경험했던 수세기 동안의 정치 가운데서 가장 효율적인 기간이었다. 재정적·행정적 여러 개혁이나 시책은 그때까지 보아왔던 것보다 훨씬 빠르게 시행되었다. 그러나 왕권의 지도성이 확립되었음에도 불행히 그것은 효율적으로 유지되지 못했다. 대원군의 은퇴로 젊은 왕이 정권을 인계했으나 그는 부친의 과단성과는 전혀 딴판으로 우유부단하고 유약했다. 다부진 젊은 왕비와 그의 일족인 민(閔)씨들이 세력을 신장해 어린 왕을 지배했다. 민씨 일파가 지배했던 20년(1874~1894년) 동안 걸출한 지도자가 나오지 않았다. 공백이 된 왕좌 주변에는 처음엔 끝없는 부패로, 그다음엔 점점 외국의 이권과 고문관들로 메워졌다. 이 중에 일본인들이 가장 집요했으며 결국 다른 세력들을 압도했다.

일본인들은 1890년부터 실질적인 지배권을 행사했으며 1900년 이후에는 완전한 지배자가 되었다.[10] 일본인들이 그들의 통치방식을 강요할 때까지 대

---

10 이 시대의 이야기는 한 외국인이 한국에 대해 뛰어나게 서술한 책에 잘 그려져 있다. Fred H. Harrington, *God, Mammon and the Japanese* (Madison, Wis., 1944) 참조.

원군과 그의 시대가 시작한 여러 경향을 차단할 정도의 새로운 패턴은 생겨나지 않았다. 유동화의 토착적인 패턴이 그 자체의 타성에 따라 전개되었다. 인재의 등용은 왕, 왕비, 왕비 일족의 손에 좌우되었다. 좀 더 노골적으로 책략과 무원칙이 난무했으나 그 효과는 전보다 못했다. 지식인들(선비들)은 계속 소외되었지만 단결력이 없는 그들에게는 새로운 개혁을 행할 능력도 없었다. 이런 공백이 일본으로 하여금 조선의 개혁을 선도하기 위해 발을 들여놓게끔 만들었다.

종교적 동원: 동학(東學)

대원군이 사회의 상층부를 교묘하게 다루고 있는 동안 하층계급들은 그 후 많은 다른 나라 하층계급들과 비슷한 길을 걸었다. 주로 외국의 영향에서 독립하고, 그리고 현재 한국에서 '한(恨)'으로 알려진 오랫동안 누적된 불만의 원인을 없앤다는 대의명분을 내걸고 종교운동이 일어남으로써 조선 대중의 조직화와 정치적 동원이 시작되었다. 동학(이른바 동쪽의 학문)은 1860년 남부 조선에 살던 한 향반의 첩 소생에 의해 시작된 계시적 종교였다. 감성적인 종교를 '하층계급의 미신'이라고 비난하는 유교 선비들은 이 동학당을 사회에서 버림받은 사람들의 집단활동으로 치부했다. 당시 수도승이나 무속의 무녀는 비천한 계급에 속했다. 종교는 법률의 보호를 받지 못했지만 민중들에게 지나치게 인기가 좋았다. 특히 당시에 그것을 대신할 만한 다른 제도가 없었기 때문에 종교는 자연히 하층계급 결집의 통로가 되기 시작했다.

유능한 조직가들 아래서 동학당은 조선 남부 전역에 걸쳐 조직적인 위계질서를 확립하고 빈농들 사이로 급속하게 세력을 확대하여 1894년까지 40만 명의 신도를 모으기에 이르렀다.[11] 비록 동학의 교의가 사회적 평등이라는 새로운 신조를 포함하고 기독교적인 요소도 약간 가미되었지만 유교에 반대했던 것은 아니고 오히려 삼강오륜과 임금에 대한 충성심의 부활을 모색했다. 동학당은 처음부터 외국의 침략에 반대했으며, 근대 이집트의 이슬람형제운동(Muslim Brethren movement)과 수단의 구세주운동(Mahdist movement), 그리고 호메이니의 지도 아래 펼쳐진 이란의 이슬람 혁명과 유사한 면이 있었는데 이 유사성이 뒷날 정치사에도 기록되어 있다. 그러나 절망적인 경제 상황, 정부의 부패 만연과 점점 심해지는 수탈과 학정은 동학당을 급속하게 혁신적 정치운동단체로 변모시키기에 이르렀다.

지방관청이나 궁중에 대한 농민들의 불평불만을 대변하는 기관이 된 동학당은 처음에는 공손하게 탄원하고 임금에 대한 충성을 서약했다. 그러나 점차 프랑스 혁명 때의 급진 공화주의자들처럼 과격해지기 시작했고 양반관리들에 대한 불만을 노골적으로 표출했다. 만약 그들이 선비들과 연대했다면 궁중에 대한 평화적 의사소통의 통로가 생겼을 테지만 그들과의 연결에 실패했다.[12] 상소장도, 사절단도 거절당했기 때문에 동학당의 대표자들은 직접 왕을 알현하려고 궁궐 앞에서 시위를 했고, 이것마저 실패로 돌아가자 폭력에 호소하려는 기운이 높아갔다. 동학당의 한 집단이 1871년에 폭동을 일으켰으나 실패로 끝났다. 1894년에는 대규모 반란이 조선 남서부 전역에서 일어나고, 그 진압을 위해 일본과 청국의 군대들이 한반도에 진주함으로써 청일전쟁의 발단이 되었다. 이 반란에서 반도들은 지주나 향반들을 살해하거나 그들의 집을 불사르고 '인민재판'을 연 사례도 있으며 계급투쟁의 징후도 나타났다. 이런 규모의 반란은 한국 역사상 특이한 것이었다. 동학당은 1901년에서 1905년 사이에 당시 조선에 대한 일본의 간섭을 지지했다가 다시 1919년엔 독립운동의 최선

---

11 동학에 대해 최근에 나온 권위 있는 설명은 Benjamin Weems, *Reform, Rebellion, and the Heavenly Way* (Tucson, Ariz., 1964) 참조. 상기 설명도 이 책을 참조했다.

12 하지만 의사소통의 중간 통로로서 향반을 활용하려는 시도는 있었다. 그 가운데 1893년에 왕에게 올린 상소문은 과거시험에는 합격했으나 관직임명을 받지 못한 선비가 썼다. idem, p.25 참조.

봉에 선 단체 중의 하나가 되었다. 그러나 동학당의 초기의 저항적인 성격은 그 후 희박해졌으며, 1894년의 반란에 실패한 이후에는 점점 계급의식이 없는 일반적인 정치·종교 개혁운동에 빠지는 경향을 보였다. 그것이 일반 대중들을 정치무대로 끌어들이는 결정적 계기가 되었다.

동학당은 어떤 의미에서는 유교원리에 대한 하층계급의 조직과 상층계급의 주장 사이에서 종교적 중개역할을 했다고 할 수 있다. 그렇게 함으로써 동학당은 개혁적인 정치적 결집을 이룩한 것이다. 정치권력도 없고 또한 정치권력에 접근하는 사회적 수단도 가지지 않은 집단에게는 근사한 옷차림을 하고 어떤 행동원리를 가지는 것이 정치에의 등용문이 될 수 있었다. 행동원리에 바탕을 둔 종교는 이리하여 하층계급의 사람들을 상층계급으로 올라갈 수 있게 하는 정치적 상승 소용돌이에 억지로 끌어들이는 계기를 만들었다. 이른바 그들의 위계조직이 정치적 동원의 채널이 되었다. 동학당의 많은 지도자들이 독립운동의 지도자가 되었다. 동학운동과 같은 것은 행동원리라는 상층의 요구와 감정적 종교라는 '하층'의 요구, 즉 선과 충성의 철학적 요구와 생계와 권력에 대한 실제적 요구 사이의 모순과 상반이라는 무거운 짐을 짊어지는 경향이 있었다. 그와 같이 모순되는 요구는 긴장과 분열을 가져왔다.[13] 사회의 긴장과 불만이 크기 때문에 종교적 정치운동은 그 지도력이 때로는 공식적으로 정치적이었다가 때로는 완강한 정통파적 관행과 광신주의로 격렬하게 흔들렸다. 정부의 경우와 마찬가지로 이런 문제들은 지적 지도력으로 해결될 수 있는 일이지만 그러나 필요한 통합이 이루어지는 것은 아니었다. 그 결과 운동의 초기에 보였던 행동원리와 계급적 결집이 국민적 규모의 지도자 집단으로 육성되어가지 않았다.

동학운동은 정치적인 대중사회가 급속하게 발생하기 시작했음을 보여주었

---

13 제2대 동학교주가 종교적 결집을 강조한 반면, 그의 아랫사람들은 사회적·정치적 행동을 열망한 나머지 교주의 지시를 따르지 않았다. 이 같은 이견이 동학운동을 분열시켰다.

다. 대중은 빠르게 동원되었는데, 그들과 왕권 사이를 중계해줄 어떤 제도적 또는 지도적인 조정장치가 없었다. 사회의 동질적 유동성은 순종에서 반란으로, 절조에서 보복으로, 애국주의에서 곧바로 일본에 의한 조선 내부의 개혁을 지지하는 쪽으로 급속한 변동을 보였다. 운동의 내부에서 가치관이나 주장이 변형되었을 뿐만 아니라 그것이 사회 내부의 계층에서 계층으로 전파되어갔다. 당시 상류계급의 지도자였던 대원군과 민씨 일족은 임기응변적인 실리주의와 하층계급의 조종을 통해 통치를 했는데, 거기에는 '상인들의 음모'가 숨어 있었으며, 내각이 1898년에 동원한 폭력배들의 행동에도 보부상의 강인한 전술이 반영되어 있었다. 하층계급의 동학당이 상층계급의 유교적 진지성과 사회정의를 주창했다. 당시 정부 안에서 대간(臺諫)제도 강화를 주장하고 정약용과 같은 지난 세기 양반가 출신의 야당 개혁주의자들의 가르침을 강력하게 변호한 사람들은 양반 출신이 아닌 과격한 공화주의자들이었다. "원칙 없는 선비들과 양반을 징벌하고 개혁해야 한다"라고 반도들은 그들의 모반이유 네 번째 항목에서 주장했다.[14] 도덕주의적 풍조를 존숭하는 현대의 마르크스주의자들은 동학당의 반란을 크게 평가한다. 그러나 상층계급이 자기들의 여러 가치를 유지할 능력이 없었기 때문에 하층계급이 상층계급의 가치에 급속하게 그리고 불안정하게 연결되면서 계급투쟁보다는 더욱 동질적인 대중사회를 지향하는 가치 쪽으로 롤러코스터의 방향을 맞추는 경향이 있었다.

본래부터 여러 가치관이 계급에 내재해 있을 수 없었기 때문에 정치적 행동도 교섭과 타협, 그리고 화해를 통해 형성될 수 없었다. 가치관과 정치이념 및 정치행동이 집단에서 집단으로 기민하게 이동했는데 그 이유는 그것을 신봉하는 사람들이 합병된 계급이나 집단에 소속되었기 때문이었다. 동학운동은 처음에는 계급 대결의 하나로 보였으나 그것을 에워싼 사회적 유동성에 감염되

---

14 Benjamin Weems, *Reform, Rebellion, and the Heavenly Way*, p.40. 이 책은 전봉준의 열두 가지 조건 가운데 네 가지를 인용하고 있다. 전봉준은 아전의 후손이다.

고 말았다. 그 유동성은 처음으로 대결이라는 계급적 특성보다 더 영속한다는 것이 증명되었다.

지식인들의 동원: 독립협회

독립협회는 지식인들의 조그마한 정치개혁집단으로 일본이 1895년 청일전쟁에서 승리한 이듬해 7월에 설립되었는데, 미국에서 의학을 공부하고 귀국한 지적이고 몰아적인 한 시골 양반가 출신인 서재필(徐載弼, Philip Jaisohn)과 역시 미국에서 귀국한 3명을 포함한 9명의, 주로 상층계급 출신 지식인들이 주도하였다. 이 집단은 《독립신문》이라는 일간지(처음에는 격일간)를 창간했는데, 그들은 민족주의적 열정을 가지고 이 신문에 조선 문자인 한글을 사용했다. 또한 그들은 축소판 국민의회를 개최해 정치문제에 대한 개인적 공개토론을 후원하고 민족독립을 위한 시위도 감행했다.[15] 독립협회는 외국의 간섭에 대해 정부가 무능하고 태만하게 대처한다고 비판했기 때문에 관헌들의 노여움을 샀다. 총리대신과 몇 명의 보수파 동료들은 한 암살전문가와 전 왕비의 점쟁이 노릇을 한 사람 및 보부상 두목에게 전국의 보부상들을 동원해 독립협회의 활동을 방해하도록 부추겼다.[16] 이들은 1898년 10월에 협회에 위협을 가했

---

15 예컨대 3,000명의 청중 앞에서 연설하면서 독립협회 회장인 윤치호(尹致昊, 훗날 일본으로부터 남작 작위를 받는다)는 천연자원을 외국 정부에 무분별하게 양도하고 있다며 정부를 비난했다. 문정창(文定昌), 『近世 日本의 朝鮮侵奪史』(서울, 1964), 548쪽.

16 보수적 선동가들 중 한 사람은 진보적인 사상을 가진 민영환(閔泳煥)의 친척인 민영기(閔泳綺)였는데, 그는 독립협회의 활동에 지대한 관심을 가졌다. 민영기는 훗날 일본의 준남작 작위를 받았지만, 민영환은 일본의 지배에 항의하여 자살했다. 이렇듯 강력한 힘을 가진 벌족들도 공동의 이해를 두고 단결하지 못했다. 보부상들이 어떻게 1960년 4월 18일의 사건(사주를 받은 깡패들이 경무대로 향하는 고려대생 시위대를 습격한 사건 _ 옮긴이)과 유사하게 이용되었는지 그 자세한 내막을 알기 위해서는 김영건(金永鍵), 『朝鮮開化秘譚』(서울,

으며, 다음 달 11월에는 협회를 습격해 그 안에 있던 여러 사람들을 구타하고 가구와 집기를 부수고 건물을 파괴했고, 동시에 거리에서는 난투극을 벌여 수백 명의 회원들이 부상당했다.

이 사건으로 독립협회는 사실상 해체되어 단명으로 끝나고 말았다. 서재필은 미국으로 도피하여 거의 반세기 가까이 귀국하지 못했다. 이승만과 다른 한두 명은 투옥되었는데, 이승만은 이를 계기로 독립운동에 투신하게 된다.[17] 뒷날 한일강제병합조약의 서명자가 된 이완용(李完用)을 포함한 몇 사람은 정부쪽에 참여하거나 친일운동으로 내달았다.[18] 독립협회는 본질적으로 조선에 정당을 만들려는 최초의 시도였으며, 결국 유산되어 후속단체도 나오지 못한 채소멸하고 말았다.

용감했지만 비극적으로 끝난 독립협회의 운명은 한국정치에서 지식인들의 힘과 그들이 일으킨 운동의 위치 및 한계에 관한 일련의 문제점들을 보여준다. 무엇보다 첫째, 그들은 다른 나라 지식인 운동과 마찬가지로 여러 계급 출신의 잡다한 사람들이 모여 결국 여러 파벌로 분열할 운명에 처해 있었다. 독립협회의 자유파에는 소수의 젊은 양반들이 참여했는데, 그들은 전 왕(철종)의 부마이며 일찍이 서구사상에 감화 받은 박영효(朴泳孝)의 주위에 몰려들었다. 독립협회는 후에 기독교계의 미션스쿨로부터도 몇 사람의 젊은 회원들을 받아들였다. 그러나 그들은 청나라의 동시대인들과 마찬가지로 양반 출신 지식인 그룹

1947), 59~71쪽 참조. 그리고 Hosoi Hajime(호소이 하지메, 細井肇), *Chosen tochi shinri no komponteki henko ni kansuru ikensho*(Views on the basic changes in the psychology of Korean government; Tokyo, 1924), pp.19~20, 23~25 참조.

17 이승만이 독립협회에 가담하여 보부상과의 투쟁에서 주도적인 역할을 함으로써 배제학당 학생이었던 그가 처음으로 대중의 관심을 끌게 되었다.

18 윤시병(尹始炳), 유학주(兪鶴柱), 염중모(廉仲模), 유정식(兪廷植)이 모두 1904년에 송병준이 이끄는 친일적인 일진회에 참여했다. 일진회는 처음에 모든 외국 지배에 반대하긴 했지만 많은 회원들이 다른 외국보다도 일본의 개혁의지를 신뢰하는 경향이 있었으며, 그것이 내부 분란의 한 원인이 되었다.

가운데서도 고립되어 있는 소수파 집단이었으며, 예컨대 1873년에 대원군에 대한 공격의 최선봉에 섰던 지방의 지식인들은 아무도 여기에 참여하지 않았다. 그들은 많은 점에서 동학당과 공통의 목적을 가졌지만, 개혁을 위한 노력이라는 점에서 동학당과는 아무런 관계가 없었다. 이런 복잡하게 뒤섞인 배경과 동기 때문에 독립협회는 정부의 힘으로 해산되기 전에 이미 내부 알력과 분열로 시달렸다. 전에 독립협회 회원이면서 고관의 지위를 노리고 있던 한규설(韓圭卨) 같은 사람은 심지어 협회를 파괴하려는 정부의 음모에 가담했다. 한규설은 그로부터 10년 후 총리대신이 된 사람이다.

둘째, 독립협회 회원들은 다른 나라 지식인들에게서 흔히 볼 수 있는 것처럼 실질적으로 고립되어 있었고 조선사회에 거의 아무런 영향력도 발휘하지 못했다. 전에 유교식 개혁을 강조했던 지방의 지식인들은 대중들로부터 얼마간 지지를 받았다. 그러나 독립협회의 경우 윤치호(尹致昊) 회장의 열변에도 불구하고 조선의 대중은 여전히 자유로운 서구이념에 낯설어했고 서구화한 양반들은 대중의 사회적 신뢰를 거의 얻지 못했다.

마지막으로, 독립협회는 확고한 제도적 또는 재정적 기초 없이 활동했다. 정부권력에 대신할 수 있는 어떤 세력도 없었던 이 나라에서 독립협회는 조직된 동맹자도 구할 수 없었고 개혁을 위한 다른 대안도 제시할 수 없었으며 대중계몽의 기반도 없었다. 정부에 반항할 힘을 가지지 못한 협회는 불가피하게 민의(民意)에 귀를 기울이지 않는 정부를 비판하는 것으로 시종했으며, 정부는 정부대로 힘으로 밀어붙이기도 하고 관직으로 회유하기도 하면서 여기에 대처했다. 이런 상황에서 많은 사람들이 관직을 구하는 쪽으로 기울어졌다. 다시 말해 협회 회원들은 정부에 몸을 파는 외에 관직을 구할 길이 없었던 것이다. 집행위원회 초대 의장인 이완용과 한규설은 둘 다 이런 유혹에 넘어갔다. 그들의 개혁 노력은 용감하고 시의적절한 것이었지만 불행히도 그것을 끝까지 이끌어 나갈 힘이 없었다. 그들은 이데올로기적 뿌리도 조직적인 뿌리도 없었다. 당시 조선에서 유행하던 정치적 결집의 형식으로서는 가장 서구의 이념과 방법에 가까운 것이었지만, 그것은 앞서 말한 네 가지 형태의 리더십 가운데서는 가장 성공률이 낮고 점점 왜곡되고 은폐되어가는 종류의 것이었다.

외세의 정치적 대중동원: 일진회

일본과 그리고 조선 내부에 있는 친일파들이 1905년부터 1910년에 이르는 기간에 일본의 조선 강제합병에 대한 대중의 정치적 지지를 획득하는 데 성공한 방법을 보면, 그것의 도덕성을 따지기에 앞서, 세계 여러 나라의 정치적 대중동원의 역사 가운데서 가장 흥미로운 것 중 하나라는 생각을 먼저 하게 된다. 사실 그것은 자기 민족을 상대로 행한 반민족주의적 대중운동으로서 정치학사의 희귀한 사례 중 하나다. 다만 현대 한국 민족주의자들의 이해할 만한 반대 때문에 대체로 사람들이 그것을 알고도 모르는 척 하고 있는 형편이다.

조선이 점점 속수무책으로 무력화되고 있는 것에 편승하여 전개된, 1884년부터 1904년에 이르는 외국 세력에 의한 시소게임 와중에서 개혁에 뜻을 둔 조선인들에게 청나라는 가장 반동적이고, 제정러시아의 반동도 그와 유사하며, 미국은 조선에 무관심하고, 대한제국 정부는 무능한 것으로 비쳤다. 그런데 유독 메이지 개혁을 적극적으로 추진하고 있는 일본이 그들의 마음을 크게 사로잡았다. 당시 일본은 조선에 수천 명의 이주자들을 보내 효율적인 시장망을 전국적으로 확대하고 있었고, 가장 활동적인 고문단과 그리고 또 무엇보다도 군대를 주둔시키고 있었다. 이 시대의 개혁자들은 대부분 일본을 목표로 삼았고, 일본도 그들을 전반적으로 지원했다.[19]

조선사회는 이전보다 더욱 정부의 지도력과 집단적 응집력이 없어지고 계

---

19 이 시기 일본의 역할에 대해 영문으로 된 가장 해박하고 성실한 평가를 한 논문은 Hilary Conroy, *The Japanese Seizure of Korea, 1868~1910* (University Park, Pa., 1960)이다.

급과 사회적 경계가 혼란에 휩싸여 일종의 소용돌이를 이루고 있었다.[20] 대원군 시절에 교묘하게 조작되어 모래알처럼 흩어진 관료세계, 동학당의 들떠 있는 대중세계, 독립협회의 지적 노력 등 이들 모두가 1890년대가 끝날 즈음엔 지도자는 물론 응집력 자체를 잃고 있었다. 때마침 중앙에 연줄이 없는 신인들은 관직을 찾아 너도나도 수도로 몰려들었다. 그 가운데 어떤 사람들은 일본의 권력 자장권(磁場圈) 내로 흘러들어 가곤 했는데, 결국 조선의 독자적인 지도원리가 없기 때문에 거기로 끌려 들어가게 된 것이다(제8장 참조).

러일전쟁 발발을 계기로 이런 요소들이 통합되고 강화되었다. 러시아는 반동적인데다 거리가 멀었다. 이에 비해 일본은 개혁적일 뿐만 아니라 지리적으로도 가깝고, 그 문화와 언어는 러시아만큼 이국적이지 않았고, 유학생 교환에도 훨씬 적극적이었다. 결국 일본에 대한 관심과 지식이 훨씬 커졌고 전쟁의 승리 가능성도 커 보였다. 다른 나라, 특히 중동 여러 나라들처럼 위로부터의 행정개혁과 그에 따른 전통적인 사회균형의 붕괴는 결국 외국의 점령을 조장하는 꼴이 되었다.

이런 상황에서 몇 사람의 하층계급 출신 야심가들이 정치적 출세가도를 달리기 시작했다. 황량한 동북지방에서 아전의 서자로 태어난 송병준(宋秉畯)도 그중 한 사람이다. 다른 두 사람은, 남서부의 가난한 시골 가문의 서자인 손병희(孫秉熙, 충북 청원 출신이니까 남서부가 아닌 남동부가 맞다. _옮긴이)와 중남부지역의 가난한 집안 출신인 이용구(李容九)다. 이들 세 사람은, 국가의 발전과 개인적 성공을 위해서는 일본과 제휴해야 하며 또한 조선은 러일전쟁에서 적극 일본을 지원해야 한다는 생각을 하게 된다.[21] 손병희와 이용구는 둘 다 동학당

---

20 1894~1895년의 청일전쟁 때 일본이 조선에 주둔한 그들 군대의 힘을 배경으로 강행한 개혁은 정부는 물론 사회 전반에 모든 계급적 특권을 폐지하는 많은 규정이 포함되어 있었다. 총검을 들이대며 강행한 개혁이기 때문에 적법성은 거의 없었지만, 그럼에도 특권의 종식은 법적으로 효력을 냈다. 이런 사실은 조선사회 스스로 비공식적이긴 하지만 특권을 폐지하는 방향으로 변화하고 있었다는 증좌다.

지도자였다. 세 사람 모두 준수한 풍채를 가지고 웅변에 능했으며 천성적으로 정력이 넘치고 일찍부터 선동가의 기질을 보였다. 이미 형해만 남은 독립협회의 회원 다수가 그들에게 합류했다. 손병희는 동학당 내부의 일본 지원운동을 촉진하고 이용구는 그것을 지도했다. 동학당 내에서 지도자로 존경받았던 그들은 동지 획득에 별 문제가 없었다.

1904년까지 주로 남부 농촌지대의 동학당 출신자들로 수만 명의 집단이 형성되었다. 러일전쟁 중 조선 주둔 일본군 참모장인 오타니 기쿠조(大谷喜久藏) 소장의 통역으로 있으면서 일본군으로부터 그의 일본 지지 노력을 인정받은 송병준은 일본에서 귀국해 수도의 엘리트들을 중심으로 소규모의 지도자 집단을 조직하고 터놓고 일본을 편들기 시작했다. 바로 이 집단이 일진회다. 그해 안에 손병희와 이용구의 활발한 지도로 2개 단체가 일진회의 이름 아래 합병했다. 일본 흑룡회(黑龍會)의 지도자 우치다 료헤이(內田良平)로부터 5만 엔의 재정지원을 받았는데, 우치다는 훗날 일진회의 '고문'이 되었다.[22] 그 바람에 일본은 조선의 일반 사회에 대화 채널을 갖게 되었고, 일진회는 일본이 지배하는 조선정부 안에 로비채널을 갖게 되었다. 일진회는 정부 내외의 중요한 직위에 많은 지지자들을 앉히고, 비록 잠정적이긴 하지만 이들을 정치적·사회적 동원의 중요한 채널로 삼을 수 있게 되었다.

일본의 목적을 그들 자신의 목적으로 인식한 일진회는 계속 성명서를 발표

---

21 Benjamin Weems, *Reform, Rebellion, and the Heavenly Way*, pp.52~53. 윔스의 이 책은 영어로 된 책으로는 일진회의 부상에 대해 가장 상세하게 설명한 책이다. 역시 일진회에 대한 기사와 논평을 싣고 있는 1903~1906년의 ≪코리아 리뷰≫도 참고했다. 이성근, 『한국사: 현대편』(서울, 1964)을 위시한 한국 쪽 자료도 참고했다. 앞으로 인용하게 될 일본 출처의 자료는 일본이 개입 당사국이라는 의미에서 흥미롭다. 그러나 아마도 편견이 없다고는 할 수 없을 것이다. 이런 사실에 비쳐보면, 윔스의 설명이 일반적으로 신뢰할 만하다고 할 수 있겠다.

22 재정지원의 규모는 대체로 당시의 환율로 2만 5,000달러였지만 구매력 기준으로 계산하면 5만 달러는 되었다. 지금 그 돈으로 살 수 있는 것보다는 훨씬 많은 것을 살 수 있었을 것이다.

하며 정부에 압력을 가했다.[23] 일본 주도의 개혁에 대한 지지를 상징적으로 보여주기 위해 회원들이 모두 단발을 하기도 했다. 그들의 실질적인 업무추진도 탁월했다. 예컨대 27만 명의 동학당원과 실업자들을 북부 조선과 만주에 있는 일본의 전역용(戰役用) 노무자, 군수품 운반자, 철도건설 노동자 등으로 동원했다.[24] 한국의 한 역사학자의 견해에 따르면, 손병희와 이용구는 이 모집에 즈음해 지원자를 늘리기 위한 방법으로 "일진회가 정권을 잡게 되면 지사, 시장, 군수와 같은 정부관직에 임명하는 것 이외에 금전적 보상도 가능하다"라는 약속을 했다고 한다.[25] 일진회는 일단 조직이 커지자 전보다 훨씬 열성적으로 친일을 표방했다. 1905년의 을사늑약을 지지하는 대중운동을 시작으로, 다음에는 조선국왕(고종)의 퇴위를 요구하는 운동으로, 그리고 마침내 일본의 조선병

---

23 Benjamin Weems, *Reform, Rebellion, and the Heavenly Way.* 그리고 Ohigashi Kunio(오히가시 구니오, 大東國男), *Yi Yong-gu no shogai* (The Life of Yi Yong-gu; Tokyo, 1960). 오히가시 구니오는 이용구의 아들이며, 이 책에서 아버지를 옹호하는 글을 쓰고 있다. 이 책에 따르면, 첫 4개의 성명서는 손병희가 일본에서 보낸 것이며, 다섯 번째 성명서는 동학이 일진회와 합병한 후 나온 것이라고 한다.

24 이들 중 적어도 절반이 평안도에서 모집한 것으로 알려졌는데, 평안도는 동학의 교세가 취약한 곳이었기 때문에 많은 지원자들이 당초에는 동학이 아니었음이 틀림없다. 한때 남부 전역에서 강세를 보인 동학의 교세가 약화되고 그 대신 북부지방에서 크게 성장한 점이 흥미롭다. 동학의 후신인 천도교가 1946년에 주장한 바에 따르면 신도의 80% 이상이 북부지방에 살고 있었다. Benjamin Weems, idem p.90 참조. 이런 변화가 러일전쟁 때의 노무자 모집과 관계가 있는지 연구과제가 될 것이다. 여기서 나온 숫자는 Ohigashi Kunio, idem, pp.44~46, 그리고 Kuzu Yoshihisa(구주 요시히사, 葛生能久), *Nishi Kosho Gaishi* (History of Sino-Japanese Negotiations; Tokyo, 1938~1939), p.21(이 책은 일본의 대륙외교에 대한 한 흑룡회 간부의 보고서다)에서 참고한 것이다. 비용은 주로 일진회가 부담한 것으로 알려져 있으며, 다만 일부가 일본 국방성에서 지불한 것으로 되어 있다. 철도건설 노무자들(대부분이 지게꾼과 뜨내기 행상인 출신이었다)이 한국 최초의 정당 구성원이 된 것으로 보이는 것은 한국의 정치발전에서 수송수단이 큰 역할을 한 특이한 사례다.

25 Ri, Sei-gen(이청원, 李淸源), *Chosen kindia-shi* (Recent Korean history; Tokyo, 1956), p. 308. 이청원은 마르크시스트 역사학자이며 지금 북한에서 활동하고 있는 것으로 생각된다.

합을 노골적으로 지지하는 운동으로까지 확대되었다.[26]

일진회의 이런 행위는 한국 역사상 하나의 정당을 위해 대중적 지지를 동원한 최초의 시도이다. 사실 일진회는 한국에서 최초로 성공한 정당이었다. 그것은 일종의 국민운동이었으며, 대중집회, 공개연설, 포스터, 대규모 재정원조, 그리고 일반적인 국가문제에 관한 압력공작 등 여러 기교를 구사했다. 하층계급 출신인 손병희와 이용구 두 사람은 천부적인 조직가들이자 집회의 총괄자이며 웅변가였다. 일본영사 등이 연설한 '제물포(지금의 인천)의 야외 대집회'에 대한 기록은 지금도 볼 수 있다.[27] 수원에서도 약 1만 명이 모인 집회가 있었다.[28] 일진회는 김 생산자들을 착취하는 회사를 설립했고, 농림대신에게 그들이 만든 회사에 미개간지 개발권을 달라고 요구했다. 또한 '계급을 불문하고' 일본에 유학생들을 보내고 함경도에 일본인학교를 설립했다. 경남 진주에서는 진주군수에게 '교사된' 보부상들의 일진회 지부공격을 방어하기 위한 조직을 만들었다. 또한 평안북도 감사를 재판에 회부했고, 황해도 감사, 안동군수, 전주군수의 파면을 정부에 요구했다. 그리고 일진회는 정부의 모든 관리를 교체하고 일진회가 지명하는 후보자들을 관리에 임명해달라고 요구했다. 왕에게 조언하며 박재순 내각을 비판하고 마침내는 왕의 조기퇴위를 주장하며 압력을 넣기에 이르렀다.

이 한국 최초의 정당 역사에는 하층계급식 폭력이라는 하나의 일관된 절차가 있었다. 일진회는 "일본의 이익에 해를 끼치는 것으로 생각되는" 사람들을

---

26 이런 대중운동은 일진회가 손병희와 갈라선 1906년에 처음으로 시작되었다. 손병희는 1904년에는 러일전쟁에서 일본이 승리하기를 바랐지만, 일본의 조선합병에는 반대했다.

27 ≪코리아 리뷰≫, 5(Jan, 1905), p.32. ≪코리아 리뷰≫(사실상 호머 B. 헐버트 개인이 발행하는 거나 다름없었다)의 편집자들은 시종일관, 그리고 노골적으로 일진회에 대해 폭력적이고 기회주의적이라며 혹독한 비판을 서슴지 않았다. 이용구는 철저하게 반기독교적 성향을 갖고 있었으며, 대동아공영권을 예시하는 노선에 따라 고대 동아시아 유산의 부활을 예찬했다. Hiliary Conroy, *The Japanese Seizure of Korea, 1868~1910*, pp.413~438 참조.

28 ≪코리아 리뷰≫, 4(Dec. 1904), p.556. 신문보도 인용은 아마도 헐버트가 했을 것이다.

마음대로 체포했고, "불법행위를 처벌하기 위한 6인 위원회"를 임명하여 법정에 파견했다.[29] 그들은 금전을 강탈하고 백천(白川)군수를 살해했다. 백성, 특히 관리들을 밀고하고 문서를 위조하며 공갈을 일삼았다. 결국 일진회는 아주 평판이 나빠졌고, 사람들이 일진회 연설자들과 한 배를 타는 것을 거절할 정도가 되었으나, 한 관찰자는 "일진회가 일본을 지원해왔기 때문에 사람들이 몹시 두려워했다"고 전하고 있다.[30] 일진회의 과격주의 때문에 1906년 동학당이 일진회로부터 분리(1905년 12월 1일에 천도교로 개칭했다)되었고, 이를 계기로 일진회가 점점 세력을 잃어갔으며, 마침내 1910년 한일강제병합 직후 일본 자신의 손으로 해산하기에 이르렀다. 그 후 식민지정부 총독에 의해 폐지된 단체들에 대한 1910년 8월 23일 자 명단에 따르면, 일진회는 왕년에 14만 715명의 회원과 100개의 하부조직을 등록한 것으로 되어 있다. 1906년 분열 이전에 그 세력이 절정에 달했을 때는 100만 회원이라고 자칭했다.[31] 하지만 일단 해산되자 완전히 사라져버렸고 다시 소생하지 못했다. 일진회는 단지 6년간 존속했고 2년간의 절정기를 보냈다. 한국의 정당으로서 일진회와 같은 규모의 것이 다시 나타난 것은 그로부터 35년 후의 일이다.

　일진회는 신생개도국의 정치적 대중동원에 대한 흥미진진한 전례를 보여주었다. 일본의 식민지적 야심은 설령 대중의 지지까지는 아니라고 해도 최소한 대중의 중립화는 필요하다는 중요한 문제를 제기했다. 전쟁과 철도건설은 이런 동원을 하지 않을 수 없는 환경을 조성했고, 동학당과 같은 종교단체가 기

---

29 ≪코리아 리뷰≫, 5(May 1905), p.191.

30 idem. 체포, 공갈, 강탈을 예사로 자행한 점에서 일진회의 활동은 1961~1984년의 한국 중앙정보부의 활동과 놀랄 만큼 닮았다.

31 Kim, Chong-ik(김종익), "Japan in Korea, 1905~1910: The Techniques of Political Power" (unpub. diss., Stanford University, 1959) 참고. 일진회에 늘 비판적이었던 ≪코리아 리뷰≫, 4(Nov. 1904), p.512는 일진회의 100만 당원이라는 주장을 말도 안 되는 헛소리라며 "5만 명 남짓"이라고 보도했다.

성 조직망을 제공해주었다. 전통의 붕괴는 낡은 계급이나 가치에 얽매이지 않는 신인들을 해방시켰다. 이런 신인들은 부동적(浮動的)이며 그들 가운데는 권력이 존재하는 곳이라면 어디에서나 앞잡이와 지도자로 봉사하려고 안달하는 사람들이 많았다. 그들은 기꺼이 낡은 유교정치의 족쇄를 부서버렸다. 조선은 이제 더는 '지배체제'를 갖고 있지 않았다.

조선은 점차 적응하는 사회가 되어가고 있었지만, 그러나 적응에 성공할 수 있는 수단이나 구조를 결여하고 있었다. 정치적 리더십은 이제 가문, 신분, 교육, 생활태도, 문장의 화려함과는 관계가 없게 되고, 대중 앞에서의 박력, 연설 기술, 조직의 통제력, 행동의 과단성이 관건이었다. 정치적 기회를 포착하는 민첩성이 도덕이나 정직성보다도 훨씬 중요해졌다.[32] 대원군과 동학당이 이미 19세기 말에 각자의 방식으로 이런 변화를 향해 움직이긴 했지만, 그러나 실질적인 변화는 20세기 첫 수년 동안에 깜짝 놀랄 정도로 갑자기 찾아왔다.

대중들은 새로 등장한 정치 조작자들처럼 중간조직에 대한 열정과 충성심이 없었기 때문에 어떤 정치노선에도 속하지 않은 채로 있었다. 토크빌이 그의 저서 『구체제와 프랑스혁명(The Old Regime and the French Revolution)』에서 말한 다음과 같은 내용은 조선의 상황에도 통용될 수 있을 것이다.

---

32 조선 말기의 정치에 참여했지만, 그 기간이 짧고 역할도 그다지 중요하지 않았던 이승만을 제외하면, 이 기간에 착실하고 일관된 정치경력을 유지한, 사회적 명성을 가진 한국의 정치가 상(像)을 찾기가 어렵다. 손병희는 초기엔 애국적 동학당의 지지자였고, 중기엔 일본의 앞잡이 노릇을 하는(일본 외교기록, 『조선독립운동 문제에 관한 참고자료』, 도쿄, 1922년, 102쪽) 친일정치가가 되었다. 그러나 그 후 그는 점점 반일로 기울어져 1919년 3·1독립운동의 민족지도자가 되었고, 감옥에서 병보석으로 석방된 후 1922년에 사망했다. 이완용은 친미, 친러, 친일로 계속 색깔을 바꾸었다. 송병준 역시 친민씨파에서 출발해, 일본을 지지하기 전에는 친청적(親淸的)인 암살을 기도하기도 했다. 동학운동마저도 처음에는 반외세, 존왕, 반귀족주의적 색채를 띠었으나 나중에는 친일, 반왕실이 되었고, 마지막에는 반일, 친독립으로 변하는 곡절을 겪었다. 일본과의 이런 관계변화는 비슷한 시기에 수단에서 마디스트(Mahdist)당이 처음에는 영국 세력에 적대적이었다가 나중에 친영적(親英的)이 된 경우와 비슷하다.

이 나라가 하나의 동질적인 전체에 도달했다고 생각하고 있음에도 불구하고, 그것의 여러 부분은 아직도 통일을 유지하고 있지 않다. 중앙정부를 저해하는 것은 아무것도 남아나지 않게 하는 것이지만, 그러나 똑같은 이유로 중앙정부를 떠받치는 것도 아무것도 남아나지 않게 하는 것이다.[33]

그래서 무소속의 중립적인 일반대중들은 쉽게 이용될 수 있었다. 그들의 생계를 위한 보수와 외국의 보호가 그들을 동원하는 데에 주된 설득력을 갖게 되었다. 집회나 연설은 농촌 대중에게 오랫동안 엄격한 정부에 억눌려왔다는 박탈감에서 오는 흥분과 무언가에 참여하고 싶은 감정을 제공했다.[34] 조직이 빈약한데도 어디에서든 그에 대항하는 자가 없었다. 여러 문제점들이 송병준의 장광설에 의해 단순화되고 교묘하게 설명되었지만, 그에 대한 청중들의 이해는 피상적이었다. 진정한 집단적 충성이 거의 존재하지 않았다는 것은 일진회가 갑자기 자취도 없이 소멸되고 말았다는 사실로 증명된다. 그러나 대중은 극단적으로 그들 자신의 나라가 독립을 상실하는 문제를 얘기하고 있는데도, 거기에 모여 그들 위에 형성된 조직에 의해 강제로 조작되고 인형처럼 조종당했다. 그리고 그들 조직은, 마치 어부들이 잡은 고기가 너무 작으면 바다에 던져버리듯이 대중들을 다시 무명의 심연으로 팽개쳐버렸다.

일진회가 일시적으로 성공했던 것은 의심할 여지가 없다. 그것은 일본지배시대의 도래에 반대하는 대중봉기의 위협을 크게 중화시켰다. 그 후 수십 년 사이에 탄생한 많은 다른 신생개도국들의 경우와 똑같이 대중의 돌연하고 급

---

33 Alexis de Tcqueville, *The Old Regime and the French Revolution* (New York, 1955), pp. 210~211. 이 책은 프랑스혁명이 일어날 때까지의 프랑스의 사회상황을 설명하고 있다. 토크빌에게 이때의 조선상황을 설명하라고 했다면, 적절한 어휘를 구사해가며 아주 훌륭하게 해냈을 것이다.

34 유교는 지역사람들을 한데 모아 군중심리를 자극할 수 있는 대부분의 인기 있는 의식과 축제를 갖지 못하게 하는 데 오랫동안 성공해왔다.

격한 노출은 시저리즘(전제정치)을 가져왔고, 그리고 한국의 경우엔 심지어 독립까지 잃게 했다. 1890년부터 1901년까지 현대의 비교적 초기 단계에서 한국은 이미 사회적 계층이동 상황에 도달했는데, 그 후에 탄생한 다른 개도국들은 한국보다 훨씬 후에야 그런 경험을 하게 된다. 한국은 그런 대중사회의 위험한 의외성과 불안정성을 아주 일찍이 경험했던 것이다.

4

전체주의적 식민정책

일본의 통치에 대한 순응과 이탈

일본의 조선통치(1910~1945년)는 다른 식민지사에서는 그 유례를 찾아볼 수 없는 독특한 것이었다.[1] 조선은 타이완, 만주와 함께 당시 비서구국가에 의해 지배를 받은 유일한 식민지였다.[2] 식민지 통치자와 피통치자는 종족이 상당히 유사했으며 지리적으로도 가까웠다. 문화·정치·역사의 경험은 달랐지만 다른 대부분의 식민지와 그들의 지배자들처럼 그렇게 극단적으로 다르지는 않았다.

---

1   일본인들이 식민지 한국(대한제국)에 붙인 이름인 '조선'은 조선왕조의 조선과 같은 것이다. 이 책에서는 식민지로서의 한국과 독립국으로서의 한국 사이에 본질적으로 차이가 있음을 감안하여, 1910년에서 1945년까지의 한국에 대한 이름을 '조선'으로 통일한다. 문헌학상의 정확성을 기해서라기보다는 식민지 한국과 독립국 한국의 차이에 대한 어구상의 구별을 위해서다.

2   만주는 형식상 꼭두각시 황제인 푸이(溥儀)가 통치하고 있었지만, 실제로는 일본 육군이 관할하는 군사식민지였다. 타이완은 민간인 총독이 정상적으로, 그러나 철저하게 다스리는 문민식민지였다. 조선은 이 두 가지 패턴의 요소를 모두 갖춘 식민지였다. 남사할린(가라후토)은 만주와 합병하기 전에 관동(요동반도 남단 지역)이 그랬던 것처럼 일본에 완전 합병되기 전에는 식민지로 통치했다.

조선에 대한 식민지 지배는 35년간으로 다른 많은 식민지의 경우처럼 짧았으나 그러나 유별나게 강렬했다. 조선은 전국 방방곡곡 어디에서나 치안을 장악하고 있는 일본군들에 의해 철통같이 옥죄었고, 그 억압수법은 식민지 인도, 아프리카, 동남아시아 어느 곳보다도 훨씬 잔인하고 혹독했다.

일본의 조선통치는 의도적이긴 해도 철저하게 전제적이었다. 형식상으로는 장기간에 걸쳐 척식국(拓殖局)이 관리하고 척식국은 일본 내각총리대신의 관할 아래 있었지만, 실제로는 총리대신의 감독도 미치지 않는 것으로 알려진 유일한 일본의 식민지였다.[3] 첫 9년간 조선을 통치한 총독들은 형식적으로는 총리대신이 임명한 것이지만, 실질적으로는 육군원수이며 군의 원로인 야마가타 아리토모(山縣有朋) 공작이 추천한 사람들로서 그의 비호와 지시를 받았다. 야마가타는 자신과 같은 조슈 군벌[長州閥] 출신의 고급장교들이 총독이 되도록 힘을 썼다.[4] 총독은 행정적으로 거의 전권을 휘둘렀으며 식민지 지배가 끝날

---

3 Noboru Asami(노보루 아사미), "Japanese Colonial Government"(unpub. diss., Columbia university, 1924), p.18. 비록 한국과 한국인들에 대한 연구가 좀 미흡하긴 하지만 상당히 사실에 입각한 내용을 담은 연구서이다. 일본 측 자료 가운데는 이 식민지 시대를 중점적으로 다룬 Hatada Takashi, Chosen-shi, pp.203~224가 많은 한국 학자들에 의해 비교적 공정하다는 평가를 받고 있다. 일제강점기 시대를 연구한 영어로 된 책으로는 아직은 뭐니 뭐니 해도 Andrew Grajdanzev, Modern Korea(New York, 1944)를 꼽을 수 있다. 대체로 일본은 강점기 시대의 한국에 대한 본격적인 연구에서 사실상 독보적인 위치를 점하고 있었다.

4 Noboru Asami(노보루 아사미), idem, p.23 참조. 고토 심페이(後藤新平) 자작은, 1914년 6월 5일, 도쿄의 사이와이 클럽에서 행한 연설에서, 그가 남만주철도 총재에 임명되었던 것을 야마가타의 지지 덕택이라고 했다. 야마가타는 조선총독 임명에 결정적인 영향을 미쳤으며, 조선통치 문제를 일본정치로부터 비정상적으로 고립되게 했다. 야마가타의 주선으로 첫 총독으로 임명된 데라우치 마사다케(寺內正毅) 원수(1910~1916년 재임)는 밑바탕부터 군인이었으며, 일본 국내에서마저 시민적 자유를 독재적인 수법으로 탄압했던 사람으로 알려져 있었다. 2대 총독인 육군대장 하세가와 요시미치(長谷川好道) 원수(1916~1919년 재임)는 전 조선군사령관이었으며, 데라우치의 정책을 거의 그대로 계승했을 뿐 아니라 아주 편협한 통치를 했다. 이처럼 조선의 군인독재 총독과, 대부분이 문관이었던 타이완 총독(대부분이 문관이라고 한 것은 저자의 오류이다. 타이완 총독의 대부분도 육군대장 출신이었

때까지 직접 천황에게 상주했다. 타이완의 경우와 마찬가지로 입법은 정령(政令), (총독부) 부령(府令), 또는 총독의 명령이나 포고에 의해 행해졌으며 거의 자동적으로 총리대신을 통해 천황의 재가를 받았다. 총독의 입법권능은 의회의 그것과 대등했다.

입법권은 조선 내부에 의회가 없었기 때문에 선거로 뽑히지 않은 관리에 의해 전제적으로 행사되었으며, 그리고 1919년까지는 일본 제국의회에 대한 책임마저 지지 않고 통치했는데, 이것이 과연 제국헌법에 부합되는 행위인가에 대해서는 일본인들마저 의아해했다.[5] 1918년 이후 일본의 정당내각 출현과 1919년 조선독립운동의 정치적 압력에 의해 천황 직속의 총독제도는 폐지되고 총독은 형식적으로 제국의회의 한 구성원으로서 조선통치에 관해 제국의회에 책임을 지게 되었다. 법률상으로는 1919년부터 문관을 총독에 임명하는 것이 가능해졌지만 실제로는 최후까지 문관총독은 나오지 않았다. 모든 총독이 군인, 그것도 거의가 현역군인이었다. 1942년 11월에 조선통치가 내무성 관할로 이관되었는데, 현실적으로 총독이 일개 내무대신의 휘하에 종속될 수는 없었으며 끝내 내각총리대신과 거의 동격으로 일관했다.

식민지 통치 자세는 근본적으로 처음부터 끝까지 한결같았다. 예컨대 가혹하고 중앙집권적이었으며 헌법상으로나 혹은 주민에 의해서나 억제력이 전혀 없는 관료적 행정이었는데, 일본인들은 행정능률이 높은 것만을 내세우며 그들의 횡포를 정당화했다. 일본의 조선통치 자세를 결정하는 요인은 일본의 두

다. _옮긴이)과의 차이는 조선에서 더욱 강렬한 민족주의와 반일감정이 일어났던 하나의 원인이 되었다. 물론, 타이완이 오랜 기간 정치적 독립 전통을 결여하고 있었던 것이 좀 더 근본적인 이유가 될 수 있겠다.

5 예컨대 1911년 3월에 오이시 마사미(大石正己)가 제국의회에서 이 문제에 대해 근본적인 의문을 제기했다. Lee, Chong-Sik(이정식), *The Politics of Korean Nationalism*, p.91 참조. 이정식은 Shakuo Shunjo(샤쿠오 순조), *Chosen heigo-shi* (history of Korean annexation; Tokyo, 1926), p.822를 인용하고 있다. 당시 일본의 여론은 일반적으로 조선에 대해 무관심한 편이었으며, 그 같은 문제에 대한 관심은 소수의 법률가들과 정치가들에게만 있었다.

가지 전통과 관련이 있었다. 하나는 일본의 가장 위대한 행정관이었던 고토 심페이가 타이완에서 확립한 전통이다. 고토는 천부적 재능을 가진 문관 출신의 메이지 시대 지도자였는데, 식민지의 정무를 일본 본토의 행정 또는 정치적 영향으로부터 철저히 분리시켰다. 그는 이 분리를 본국정부가 '현지사정'에 관한 지식이나 견해에 어둡다는 이유로 정당화했다.[6] 지방의 사정을 일본인들보다도 현지 출신 행정관들이 훨씬 더 잘 알고 있다는 논리였다. 다른 하나는 강경책인데, 즉 일본의 조선정책에서는 야마가타 공작의 '강경노선'이 승리한 것이다. 그의 입김이 미치는 가쓰라 다로(桂太郎) 내각(1901~1906, 1908~1911, 1912~1913년)의 강경노선은 형식적으로 조선을 독립시켜 '온정적으로' 통치하려 한 이토 히로부미(伊藤博文)의 시도를 결정적으로 와해시켜버렸다.[7] 야마가타와 가쓰라는, 독립된 조선은 일본과 극동의 안전에 대한 위협이 될 것이며, 조선의 경제적·행정적 발전을 위해서는 일본의 강력한 지도가 필요하고, 또 궁극

---

6 Noboru Asami(노보루 아사미), "Japanese Colonial Government," p.14. 하지만 고토 심페이는 타이완 주둔 일본군은 오직 군사적인 문제에만 관여하고 전문적인 행정문제는 관료들에게 맡기도록 군부를 설득하는 중요한 역할을 했다. 조선의 일본 관리들은 아무도 이런 노력을 하지 않았다. 고토가 문민통치를 할 수 있었던 데에는, 타이완이 조선과는 달리 지정학적으로 대륙진출의 교두보가 될 수 없으며, 따라서 군사전략상 그 중요성이 떨어진다는 사실도 한몫 했다. 더욱이 조선을 다스린 일본의 행정 관료들 가운데는 고토의 명성에 비견할 만한 문민관료가 없었고, 또한 고토와 타이완 주둔 사령관인 고다마 장군과의 특별한 관계를 조선총독에게 요구할 만한 유능한 관료가 조선에는 없었던 점도 이유가 될 수 있다. 타이완에선 이들 두 사람의 돈독한 관계로 인해 문민관료들이 행정의 주도권을 행사할 수 있었다.

7 1905년에 조선을 보호령으로 만들자고 제의했던 사람이 가쓰라였다. Lee, Chong-Sik(이정식), *The Politics of Korean Nationalism*, p.72 참조. 또한 Hiliary Conroy, *The Japanese Seizure of Korea, 1868~1910* 참조. 콘로이는 일본 내의 당파적 분열이 아니라 '안보적인' 이해관계가 걸려 있는 지역이라는 압박감으로 인한 '현실주의자들'의 민감성이 조선을 보수적이고 더욱 잔혹한 방법으로 다스리게 했다고 강조한다. 콘로이는 또한 대중사회에 의해 조성된 영향, 즉 흑룡회-일진회의 극단주의자들이 조선통치 방식에 대한 최종결정을 내리는 데 영향을 끼쳤음을 강조하고 있다.

적으로 조선을 일본에 완전히 통합시키는 것만이 사회정책적 목표를 완성하는 것이라고 했다. 그것은 반대자들을 단호하고 즉각적으로 그리고 완전하게 굴복시키고 자기들의 주장을 관철하는 요시다 쇼인(吉田松陰) 식 전통의 명백한 계승이었다. 조선의 정치적 발전 등은 안중에도 없었다.

이런 노선 아래서 조선은 당연히 정치의 싹이 돋아날 여지가 없는 행정국가의 전형이 될 수밖에 없었다. 일본 국민이나 신문도 1901년 이후 사실상 한결같이 이 노선을 지지했다. 이런 사고방식은 일본의 조선통치 자세를 보여주는 것일 뿐 아니라 일본인들이 조선인들을 대하는 태도의 근본을 보여주는 것이었다.[8] 이 정책은 1930년대의 무력에 의한 새로운 영토 확장 정책의 이론적 근거가 되었고, 일본과는 이질적인 조선문화의 말살, 고유한 언어인 조선어의 폐지, 고유한 민족인 한민족의 절멸정책으로 발전했다. 근대 다른 나라들의 식민지정책에 비춰보면, 이론적으로나 실질적으로나 일본의 조선 식민지정책만큼 과격한 것은 그 유례를 찾아보기 힘들다. 자랑스러운 전통과 긴 역사를 가지고 수많은 주민을 포용하고 있는 조선에 대한 이런 정책은 당연히 조선인들의 마음속 깊은 곳으로부터 굴욕감과 분격을 불러일으킬 수 있는 것이었다.

자살행위와 같은 폭력적 저항을 결행하지 못한 조선인들은 이런 '일본화'에

---

8 Kim, Chong-ik(김종익), "Japan in Korea, 1905~1910: The Techniques of Political Power," pp.70~71. 김종익은 이 글에서 1905년 4월 7일 자 ≪국민신문(國民新聞)≫의 기사를 인용하고 있는데, 이 신문은, 일본의 정책은 "우리 자신(일본)의 독립 유지에 필수불가결한 것으로서, 그리고 동아시아의 질서를 보전하고, 일본의 안전을 보증하며, 국정을 개혁하고, 부유한 자원을 이용할 수 있게 하고, 우리의 보호 아래 조선의 산업을 발전시키고 …… 또한 조선을 우리나라의 일부로 만들기 위해 조선영토를 확실하게 확보해둬야 한다"라고 주장하는 야마가타 아리토모 공작 일파의 관점을 준공식적으로 반영하는 것이라고 보도했다. 동 기사는 나아가 조선과 일본의 이해관계는 "아주 유사하다"고 했다. 야마가타는 조선을 병합하여 경제적으로 발전시키는 것만이 일본의 안전을 도모할 수 있고 아시아의 평화를 유지할 수 있다고 주장했다. Tokutomi Iichiro(도쿠토미 이치로), *Koshku Yamagata Aritomo* (Prince Yamagata Aritomo), cited in Tyler Dennet, *Americans in Eastern Asia* (New York, 1922), p.100 참조.

광분하는 독재정치에 굴종할 수밖에 없었다. 외교적인 노력도 해보았지만 어느 나라도 적극적으로 나서서 진정으로 조선인들의 주장을 들으려 하지 않았다. 어떤 의미에서 조선인들은 전횡적인 독재정치를 최초로 경험한 유일한 극동민족이었다. 만주인들은 청나라 때 중국의 황제독재에 대한 조선의 복종을 유교교리상의 군신관계로 치환할 수 있었지만, 일본인들은 그런 방법을 용납할 만큼의 튼튼한 유교적 기반이 없었다.[9] 조선인들에게는 전통적으로 정치에 참여할 수 있는 좀 더 많은 길이 있었기 때문에 과두집단에 의한 독재정치를 저지할 수 있었다. 하지만 대원군에 의해 약화된, 대간과 유교 신봉자들이 간언(諫言)하는 모든 세계는 이미 지나가 버렸다. 종래의 과두적 중앙집권주의가 외국의 관료적 중앙집권주의로 대체된 것이다. 동시에 최대한 신중하게 새로운 정보전달 채널이 옛 것을 대체했다. 신문은 탄압을 받았다. 1919년까지 어떤 종류의 조선어 신문도 허용되지 않았으며, 그 후 겨우 발간하게 된 두서너 개의 조선어 신문도 엄격한 검열을 받았다. 과거에 거대한 양반계급만의 도락이었다가 근래에 급속히 계급의 제약이 풀린 정치활동은 지하로 들어가 버렸다. 일상생활 면에서 일반의 평범한 시민들은 확실성과 안정성을 되찾을 수 있었지만, 그러나 그것은 반감, 통한, 좌절감의 대가를 치르고 얻어진 것이었다. 한때 양반들의 특권으로 여겼던 유동적인 정치와 끝없는 토론은 사라지고 그 대신 무력과 현대적 통신망에 의존한 능률적이고 확고한 목적을 가진 관료주의적 정치가 도시에서 농촌으로 확대되었다. 일본 관료들은 조선을 물이 한 방울도 새지 않는 거대한 통처럼, 이른바 철통같이 통치했다. 중앙권력에 대한 무력감이 더욱 강렬해졌다. 많은 사람들이 그것에 정신을 빼앗겨, 권력을 피하려는 사람들과 권력에 접근하여 출세하려는 사람들로 양분되었다. 어느 쪽도 규모가 작지 않았다. 어느 쪽도 각각 다른 생각들을 갖고 있었으며, 식민지정부는 거대한 권력을 갖고 모든 부문에서 주도권을 장악하고 있었다.

---

9 David S. Nivison and Arthur F. Wright, *Confucianism in Action* (Stanford, 1959), p.222.

독재적인 권력정치는 조선과 타이완의 또 하나의 독특한 식민지적 요소 때문에 더욱 혹독해지고 확대되었다. 바로 엄청난 수의 일본인 지배계급이 그곳에 존재했다는 점이다. 역사적으로 일본인들은 조선 땅에 장기간에 걸쳐 정주한 적이 없었다. 일본인들이 본격적으로 조선에 이주하기 시작한 것은 1880년대 초의 일이었다. 그들 대부분은 규슈 출신의 가난한 사람들로서 돈을 벌기위해 왔다. 그들은 주로 가게를 열었는데 그것이 1890년대 지방 도시로 확대되었고 1905년까지는 '전국적인 판매망'을 갖게 되었다.[10] 일본의 통치권 확립과 이주 장려로 일본의 '식민자들'이 계속 한반도로 몰려와 1882년에 3,622명이던 것이 1905년에는 4만 2,460명이 되었고, 1910년에는 17만 1,543명, 1918년엔 33만 6,812명, 그리고 1940년엔 무려 70만 8,488명(조선 인구의 약 3.2%)에 이르렀다.[11]

지배계급으로서의 일본인들은 그들이 쫓아낸 향반을 제외한 양반들의 수를 웃돌았다. 1937년에 일본인 이민의 최대집단은 이민의 41.4%를 점하는 공무원들이었으며(조선인 공무원은 주민의 겨우 2.9%에 지나지 않았다) 거의 모두가 요직을 차지했다. 조선식으로 관청이라는 곳은 추종자들이나 아첨꾼들로 북적대기 마련인데 이제는 면(面) 단위 이상의 관청에서 조선인들이 거의 사라졌으며, 낮은 목소리로 말하는 일본인 공무원들은 깊숙한 사무실에서 냉정하고 엄격하며 용서 없는 행정을 폈다. 1938년에는 조선에 있는 일본인 주민의 16.6%

---

10 Homer Hulbert, *The Passing of Korea*, p.287.

11 조선총독부, *Chosen jinko gensho*(Chosen's population phenomenon; Seoul, 1911), pp. 103~104; Andrew Grajdanzev, *Modern Korea*, pp.75~76; Kaizosha Publishing Company, *Chosen keizai nempyo*(Economic annual for Chosen; Tokyo, 1939), pp.445ff; *Chosen ni okerunaichijin chosa shiryo*(Chosen economics yearly; Japanese in Korea Research Material Series, No.2, 1923), p.4 참조. 그 당시 단지 발전의 중간단계에 있는 나라의, 문화적으로 깊은 관련이 있는 사람들이 조선의 방방곡곡에 침투해 들어간 것은 발전과정에 있는 국가로선 흥미롭고 상당히 희귀한 경우라 할 수 있다. 물론 일본인의 조선 진출에 제한이 따르긴 했겠지만, 그것이 제대로 효력을 내지 못했다.

가 공업에 종사하고, 23.4%가 상업에 종사했다.[12] 이에 반해 조선인들은 인구의 2.6%가 공업에, 6.5%가 상업에 종사하고, 75.5%가 농업에 종사했다.[13] 1944년의 조선인 취업인구 가운데 남자의 95%, 여자의 99%가 노동자와 농민들이었다는 사실이 부문별 숫자를 나열하는 것보다 당시의 사정을 좀 더 잘 말해준다.[14] 조선인들은 11.5%밖에 도시에 살지 못한 데 반해 일본 주민들의 약 71%가 도시에 살았다. 일본인과 조선인들은 이렇게 엄청난 차이가 나는 경제수준 아래서 공존하고 있었다. 이런 격차는 일본의 영토 확장과 전쟁이 확대되면서 시정되기는커녕 오히려 증대되어 일본인들을 한층 풍요한 엘리트로 만들었다. 조선인들 역시 1941년부터 젊은 일본인 매니저급들이 징병으로 자리를 비움에 따라 더 책임이 크고 보수가 많은 직위로 오를 수 있게 되었으나 그 비율은 아주 낮았다. 조선인들은 정부기구 확대와 경제적 근대화라는 상승물결을 손가락만 빨고 바라보고 있을 뿐, 거의 모든 요직을 차지하고 있는 외국인

---

12 Andrew Grajdanzev, *Modern Korea*, p.79. 별도 표시가 없는 한 이 구절에 나오는 통계 대부분은 그라얀체프의 책에서 나온 것이다. Irene Taeuber, *The Population of Japan* (Princeton, 1958), p.188은 1944년에 일본인 주민의 20%가 '공무원'에, 27%가 '기술 및 사무직' ― 아마 대부분이 식민지정부와 관계를 갖고 있는 ― 에 종사한 것으로 보고 있다.

13 불하지(拂下地), 토지조성금, 저리대부 등 여러 가지 유치수단을 당국이 강구해줬는데도, 실제로 조선에 정주한 일본인 농민 숫자는 약 4,000명이었다. Andrew Grajdanzev, idem, pp.79~80에 따르면, 지주 및 토지 관리에 약 4만 명의 일본인들(가족 포함)이 종사하고 있었다. 조선에 대한 일본인들의 물질적 침투는 철저했다. 일본인들은 조그마한 도시나 전형적인 농촌에까지 파고 들어갔으며, 비옥한 평야가 있는 곳에는 많은 수가 모여 살았다. 통신·교통이 발전함에 따라 점점 더 광대한 토지소유가 이루어졌다. 일본인들은 사실상 거의 전국적으로 경찰 주재소와 통신망을 설치하고 농사시험장과 그 분국망도 전국 요소요소에 세웠다. 사실, 조선은 식민지 제국 가운데서는 가장 우수한 농촌 통신망을 갖고 있었다. 이런 유산이 없었더라면, 독립 한국의 과도기에 수도에 편중되어 있는 정부기관들이 농촌의 요청에 제대로 부응하지 못했을 것이다.

14 Irene Taeuber, *The Population of Japan*, p.188. 대부분의 서구 식민국가의 경우보다도 두드러지게 적었다는 것이 아마도 대조적이라 할 수 있을 것이다. 조선에서 많은 일본인들은 그다지 좋은 환경에 있지 않았다.

엘리트들이 쌓은 두꺼운 벽에 저지되어 정부에 참여하는 것도 경제근대화에 끼는 것도 불가능했다. 이는 세계 식민정책에서 거의 볼 수 없었던 현상인데, 굳이 말한다면 프랑스의 튀니지 지배에서나 그 비슷한 예를 볼 수 있었다.

만약 일본인들의 동화정책이 좀 더 현실적인 것이었다면 조선인들과의 거리가 훨씬 가까워졌을 것이다. 일본인들은 그들 자신의 사회에 대해 충분히 가졌던 인식, 즉 "중요한 것은 사람들이 속한 여러 조직이나 집단 그 자체"라는 생각을 하지 않은 채 그들의 정책을 수행했던 것이다.[15] 조선에 이주한 일본인들은 대부분 깐깐하고 배타적이어서 자기들끼리만 똘똘 뭉쳐 생활했으며 조선인들과 협조하며 사는 일본인들은 소수에 불과했다.[16] 조선인 멸시는 그들의 단체기풍에서도 보였다. 이런 차별을 거부한 극소수의 일본인들은 자기들 집단에서 따돌림을 받았으며 때로는 수사대상이 되기도 했다. 공식적으로 내선일체(內鮮一體)를 선언했음에도 1924년까지 겨우 360쌍의 일본인과 조선인이 결혼을 했을 뿐인데, 이것은 문화적으로 크게 차이가 나는 소수집단인 미국인과 한국인들이 1964년과 1965년에 행한 결혼 건수보다 적은 숫자이다.[17]

많은 조선인들이 유창한 일본어로 말하고 있는 것과는 달리, 조선인들의 감

---

15 Robert N. Bellah, *Tokugawa Religion* (Glencoe, III, 1957), p.13.

16 예컨대, 1904년과 1914년 사이에, 조선의 일본인들은 그들이 유력한 소수집단으로 살고 있는 대도시에 별도의 일본인 전용 관공서를 만들었다. 이들 중 12개는 이미 1909년에 만들어졌는데, 일부 비난의 소리가 높아지자 1914년 총독이 금지령을 내렸다. 일본인 협회와 일본인 학교협회는 특정 지방에 한정되어 있었다.

17 일제강점기 동안의 결혼에 대해서는 Rew, Joung-yole(유정렬, 柳正烈), "Study of the Government-General of Korea with an Emphasis on the Period between 1919 and 1931" (unpub., diss., American University, 1962), p.127 참조. 유정렬은 자기주장의 권위를 높이기 위해 *Shokumin oyobi shokumin seisaku* (Colonization and colonial policy; Tokyo, 1926), p.396을 인용하고 있다. 한국에 살고 있는 미국인들이 5만 명도 채 되지 않았던 1964년에 1,265명이 한국인들과 결혼했으며, 그들의 앞길에 번거로운 장벽이 상당히 있는데도 1965년 첫 8개월 동안에는 771명의 미국인이 한국인과 결혼했다. ≪뉴욕 타임스(New York Times)≫, 1965.10.23. 이 숫자는 개략적인 계산에서 나온 것이다.

정이나 태도에 관해 일본인들이 놀라울 정도로 이해를 못하고 공명하지 않은 것은 사실상 민족차별에서 나온 것이다.[18] 조선인들은 내심 적의를 가졌지만, 그런데도 자신에게 필요한 이익을 얻거나 출세를 하기 위해 식민지적 복종의 본성을 보였다. 조선인들의 고충은 그들이 (일본인들에 의해) 불필요하다는 점에 있었다. 일본인들의 벽이 점점 더 두꺼워지고 배타적이 되어감에 따라 조선인들은 정치로부터 점점 더 단절되고 고립되었다. 권위주의적일 뿐만 아니라 치밀한 감시와 광범위한 억압을 통해 일본인들의 전체주의적 경향이 더욱 강화되었다. 그것은 조선인들에게 절망적인 분위기를 안겨주었다. 일본에 대해 가장 열심히 협력한 사람들까지도 첫 10년간의 식민통치에 대해 볼멘소리를 했다.[19]

경제적 착취가 진행됨에 따라 일반 조선인들과 일본인 및 일본에 협력하는 조선인 유력자들 사이의 거리와 단절이 더욱 확대되었다. 토지가 점점 더 소수의 손으로 집중되는 경향을 보였다. 일본인들은 조선에 적절한 토지등록제도가 없고 조선의 토지소유제도가 불명확하다는 이유로 1911년부터 1918년 사이에 거의 완벽한 토지대장을 만들었다. 이 새로운 방법을 이해하지 못한 많은

---

18 조선에서는 일본어를 잘하는 사람들이 빠르게 늘어갔다. 하지만 일본인처럼 깊이 있고 능숙하게 일본어를 구사하는 조선인들은 비교적 소수에 불과했다. 일어를 유창하게 하는 것과 서투르게 하는 수준의 차이는 의례상의 접촉이나 상거래에서는 문제가 되지 않았지만, 개인적 사교 관계를 진전시키는 데는 영향을 미쳤다. 사실상 한국어를 완벽하게 구사하는 일본인은 없었다.

19 송병준은 1921년에 자작에서 백작으로의 작위승급을 한때 거절하려 했던 것으로 알려져 있다. 그가 거절하려 한 이유는, "1,200만 조선인이 천황폐하의 신민이 되었는데도 그에 걸맞은 혜택을 입지 못하고 있는데, 어떻게 우리 소수의 사람들만이 그런 선물을 받을 수 있겠는가?"였다. 일진회의 해산에 몹시 기분이 상한 이용구는 한일강제병합에 기여한 일진회의 공로로 데라우치 총독으로부터 내린 칭호와 하사금 15만 엔(미화 약 7만 5,000달러)을 거절했다. 1912년 일본에서 죽을 때, 그는 그의 아들에게 "나야말로 세계에서 저주받을 꼭두각시 중 하나이다. 결국 사기를 당한 것 같다"라고 말한 것으로 알려졌다, Ohigashi Kunio(오히가시 구니오), *Yi Yong-gu no shogai*, p.16.

조선인 농민들은 의무적으로 등록해야 하는 사실을 잊어버리거나 부정확하게 등록해 토지를 잃어버리는 일이 잦았다. 타인 명의로 등록되어 있는 양반의 토지처럼 소유권이 확실하지 않은 다수의 토지는 일본의 동양척식회사가 일본인 지주나 조선인 지주들에게 양도했다. 토지소유권의 확립, 일본의 조선 쌀 수입 확대, 시대상황의 안정, 자본주의의 성장, 관개시설 확충 및 기타 요소들이 지대(地代)를 높여 결국 지주들이 소유지를 확대하는 계기를 만들었다. 농지를 소유하지 않은 조선 농민의 비율이 1918년의 37.7%에서 1932년에는 53.8%로 늘었다.[20] 1938년에는 농민 가운데 19%만이 자작농이며, 25.3%가 차지(借地) 또는 반(半)자작농이고, 소작농은 55.7%나 되었다.[21] 1942년에는 약 4%의 '지주'가 전체 논(水田)의 40.2%를 소유했다.[22] 빈부의 격차가 커지고 농민 프롤레타리아가 점점 더 늘어갔다. 그 결과 한편으로는 큰 원한을 불러일으키며 토지를 잃은 수십만 명의 조선인들을 일본이나 만주로 내몰고, 다른 한편으로는 토지 없는 농가의 증가, 농촌의 학교 건설, 통신과 교통시설의 확대, 교환경제의 발달 등으로 농민들의 자급자족적이고 고립적인 재래식 경제생활을 더 이상

---

20 Andrew Grajdanzev, *Modern Korea*, p.108.

21 Ch'oe Mun-hwan(최문환, 崔文煥), "A Review of Korea's Land Reform," *Korea Quarterly*, 2.1(Spring 1960), p.55.

22 1942년에 12.5에이커 이상의 토지를 소유한 지주들은 모두 8만 9,185명이었다. 조선에서 농업에 종사한 것으로 기록된 일본인 총수는 3만 3,638명이었는데, 그들 모두가 지주는 아니었다. 1949~1950년에 토지개혁으로 토지를 매각한 한국인 지주들은 16만 9,803명이었다. 그때 농가 1가구가 소유한 평균 토지는 2.45에이커(1정보)였다. 1945년까지 일본인들은 한국 전체 토지의 약 25%를 소유했다. Lee, Chong-Sik(이정식), *The Politics of Korean Nationalism*, p.94. 이 시대에 한국 지주계급의 사회적 구성비가 크게 변했던 것이 주목된다. 상대적으로 많은 토지를 가진 상위계급의 양반 수가 줄어든 반면, 전직 아전과 주로 모험적인 평민 출신 지주들이 새로 빠르게 증가했다. 이런 현상은 특히 한반도 남서부에서 두드러졌다. 이와 함께 대부분의 양반지주들은 정치와 그들의 높은 옛 위상으로부터 멀어져 갔다. 그 결과 계급질서가 더욱 붕괴되고 일반 농부들이 별로 좋은 감정을 갖지 않은 모호한 '지주'계급이 부상했다.

유지할 수 없게 만들었다. 이렇게 농민들이 손실을 입고 게다가 그 어려움을 호소할 수 있는 권력기구로부터 소외되어 있었기 때문에 사람들이 점차 정치 의식에 눈을 뜨게 되었다.

식민지 지배는 또한 일반대중과 옛 조선 지배계급과의 관계를 단절시켰다. 옛 지배자들은 본래 꽤나 배타적이든가 무능하여 일반대중의 기대에 부응하지 못했고, 지금은 그들 중 많은 수가 더 심한 악평을 들었다. 일부 지도자들은 1910년까지의 친일내각 때 조선을 팔아먹었다는 비난을 들었다. 1910년 10월 7일 한일강제병합 때 왕실과 관련이 있었거나 1904~1910년(일진회 활동 시기)까지 대한제국 내각의 구성원이었거나 한 76명은 일본의 작위(爵位)와 1만 5,000달러에서 7만 5,000달러가량의 하사금 제의를 대부분 수락하고 새 정부(총독부)에 대해 충성심을 표했다. 다만 이 가운데 8명은 일본이 내린 작위를 당장 반납했고, 다른 5명은 1919~1920년의 독립운동 시기에 반납하거나 잃어버렸다. 수락한 사람들은 사회적 위상에 걸맞은 물질적 기반을 유지할 수 있었고, 수락을 거부한 사람들은 거의가 몰락했다. '조선왕가(朝鮮王家)'는 일본인들이 조선의 상류계급과 그 파벌을 상세하게 조사하여 뽑은 3,645명의 구(舊)관리들에게 은급(恩給)을 내리고 퇴직시켰다.[23] 지배계급을 침식해 붕괴시켜간

---

23 Imamura Takeshi(이마무라 다케시, 今村武志), "Hasenikizen no Chosen(Korea half a century ago)," *Chosen Kindai shiryo kenkyu shusei*(Collection of studies on historical materials of modern Korea), 3(Tokyo, May 1960), pp.167~208. 이에 의하면, 이때 은급 대상자 선별 책임자는 1870년대 이후 조선에서 살았으며, 한일강제병합 직전 이토 히로부미에게 조선의 상세한 파벌 내역서를 제출한 바 있는 구니이타 쇼타로였다. 이마무라 다케시는 이때 이미 조선에서 20년 이상 살아온 사람이었는데, 한일강제병합이 '순조롭게' 이루어진 공로의 일부를 구니이타 쇼타로의 기량과 지식 탓으로 돌렸다. 이 은급 대상자 명단을 통해 우리는 조선 말기의 이른바 기능을 잃은 거대한 양반계급 내에서 누가 실질적으로 '통치집단'을 구성하고 있었는지를 개별적으로 알 수 있다. 이 시기의 경향과 현상을 설명한 다른 자료로는, Aoyagi Tsunataro(아오야기 쓰나타로, 靑柳綱太郎), *Chosen dokurithusojo shiron*(Historical background of Korea's agitation for independence; Seoul, 1921), pp. 60~65; 전석담(全錫淡) 외, 『일제하의 조선 사회경제사』(서울, 1947), 50~51쪽 참조. 하지

과정은 이미 우리가 보아온 것처럼 노련하고 긴 그리고 단계적인 것이었다. 그들 중 대부분은 당연히 그 은급을 받아들였지만, 일부는 그들의 사회적 지위와 위신 때문에 망설였다. 이젠 궁중도 상위층 양반들도 더는 지도계급의 위치에 있지 않았다. 일본으로부터 작위를 받았든지 거절했든지 간에 이들 '지배계급 사람들' 중 다시 지도자로 두각을 나타냈거나 독립운동 또는 전후의 한국정계에서 지도자로 부상한 사람들의 이름을 단 몇 명이라도 찾아내기가 힘들 정도였다.[24] 적어도 1919년 이후 조선은 영향력을 가진 지도계급이 없는 나라가 되었다고 할 수 있다.

조선에서 일본이 행한 법 해석과 그 적용은 억압에 대한 방어채널을 제공하는 대신 법률로부터의 차단과 소외를 가중시켰다. 조선 고유의 법률을 대신해 일본인 전문가들이 유럽, 특히 독일법을 모방하여 편찬한 훨씬 포괄적이고 복잡한 법체제가 일본으로부터 도입되었다.[25] 조선사회의 전통이나 관습은 극히 일부분만 인정되었다. 조선의 법률이 부분적으로 계승된 것도 있지만, 그것도

만 3,645명은 고사하고 이들 76명도 모두 저명하거나 중요한 인사들이라고 결론을 내리는 것은 잘못일 수 있다. Rew, Joung-yole(유정렬), "Study of the Government-General of Korea with an Emphasis on the Period between 1919 and 1931," pp.106~107. 유정렬은 이 논문에서 조선 주둔 일본군 헌병대가 작성한 문서인 *Taisho hachinen Chosen sojo jiken jokyo* (Situation of the 1919 uprisings in Chosen; Seoul, 1919)를 인용하고 있는데, 이는 재정적으로 어려움을 겪고 있는 일부 유력한 양반들이 그들보다 격이 낮은 양반들도 그들과 같은 은급을 받는 것에 모욕을 느껴 더 반일화(反日化)가 되어가고 있는 점을 감안, 그들에게 특별 하사금을 내린 점을 지적하기 위해서이다.

24 이 범주에 드는 소수의 사람들 가운데는 김홍집 전 총리대신의 외손자이며 임시정부 재무 및 법무장관을 지냈고 초대 부통령이었던 이시영 씨, 어떤 작위를 가진 분의 손자이며 1960~1962년에 한국 대통령이었던 윤보선 씨, 그리고 전 지배층 가족의 가까운 친척이며 1951~1952년에 내무장관을 지낸 이순용 씨 등이 있다. 여기서 말하는 '지배계급 사람들'은 실제로 권력을 유지해온 양반가문 사람들만을 말한다.

25 1930년대까지 사실상 모든 사법관들은 일본인들이었다. 일제강점기 말기에도 "판사, 검사, 변호사의 85% 이상이 일본인들"이었다. E. Grant Meade, *American Military Government in Korea* (New York, 1951), p.132.

거의가 조선 말기에 일본인 고문이 만든 것이었다.[26] 그 외의 조선법률은 총독에 의해 또는 도쿄에서 조선에만 적용하기 위해 제정한 칙령이나 법령으로 보완되었다.[27]

조선시대의 법률은 거의 완전히 외국법, 즉 중국의 법률을 근간으로 해서 만든 것이다. 처음에는 외국색이 강렬했지만, 수세기를 거치면서 조선인들이 법전을 고치고 다듬고, 그리고 전국 방방곡곡에 유교문화가 확산되면서 이 외래적 색채를 거의 느낄 수 없게 되었다. 그래서 조선왕조 후기에 이르러 조선법률은 조선인들이 가정이나 시골에서 접하는 윤리제도와 일치하게 되었다. 그것은 군수나 현감이 기타 업무와 함께 관장했는데, 중앙의 법률전문가는 일반인들에게는 알려져 있지 않은 2, 3명의 중인 출신 서기들이었다. 재판 때 지방 관리들의 '지혜'는 많은 민화(民話)의 주제가 되기도 했다. 그러나 독일-일본식 법률제도는 조선민중들과 그런 관계를 가지지 못했고, 일상생활의 어떤 부문과도 관련이 없었으며, 통치자와 경찰만이 유용하게 이용하는 제도가 되었다. 조선인들은 이것을 알고 있었고, 1912년의 데라우치 마사다케(寺內正毅) 총독 암살미수사건, 1919년의 독립운동, 1918년의 토지조사 때는 물론 일본인들의 이익이 조선인들의 이익과 상반될 때는 언제나 고문이 원용되었다. 피치자와의 합의나 개인을 위한 재판제도라는 개념은 아득히 먼 곳에 있었다.

사법제도의 확대와 전문화는 사법의 엄격성, 그것의 전능한 힘의 과시, 그리고 또한 법으로부터의 인간성 상실을 가중시켰을 뿐이다. 과거에는 느슨하고 간헐적이던 법률체제와의 접촉이 이젠 크게 증대되었다. 조선은 명령에 의해 통치되었다. 조선인들은 관헌의 도움을 아예 기대하지도 않았으며 자의적인 관헌들의 권력행사에 길들여졌다. 근대적인 치장을 한 이런 과정이 조선인

---

26 한 가지 예로 1905년의 새로운 형법을 들 수 있다. Ryu, Ki-chon(유기천, 劉基天), *The American Series of Foreign Penal Codes* (Seoul, 1960), Introduction p.1. 일본 형사법은 1953년 10월 3일, 새 형사법이 제정·발효될 때까지 계속 유효했다.

27 Noboru Asami(노보루 아사미), "Japanese Colonial Government," pp.39~44.

들을 근대제도 자체로부터 멀어지게 하는 경향을 만들었다. 법률이나 행정결정에 대한 존중이 일반주민들의 마음으로부터 우러나지 않게 되었으며, 지방의 유교 엘리트들에 의해 장기간에 걸쳐 강력하게 주입된 복종과 법 준수 관념이 사라지기에 이르렀다. 조선 엘리트들의 지위가 계급적으로 붕괴되고 정치적 존경을 잃어버린 데서 오는 규준(規準)과 환경의 상실로 생긴 장벽 때문에 이 이국의 법률이 제대로 존중받으며 집행될 수가 없었다. 오히려 많은 조선인들은 법망을 몰래 빠져나가든가 법을 위반하는 것을 자랑하거나 칭찬할 정도가 되었다. 특히 정치범이 징역형을 선고받는 것은 훈장을 수여 받는 것으로 생각했다. 그리고 많은 일반 범죄인들마저 자신들의 복역 사실을 정치적인 것으로 각색했다. 훌륭한 예절과 선행으로 오랫동안 동방예의지국이란 말을 들어왔던 조선 사람들 사이에 절도, 밀수, 아편밀매, 부정 등 범죄를 생활수단으로 삼는 일이 점점 늘어났다. 사랑이 없는 부모 밑에서 자란 아이들처럼 조선인 사회는 법에 대한 불복종으로 법을 집행하는 사람들(일본인)에게 보복했다. 옛날에는 잠그지 않았던 대문이나 현관에 자물쇠가 채워지고, 부잣집 담벼락 위에는 유리조각들이 촘촘히 박혔다. 담벼락이 높아질수록 사회적 고립도 더욱 깊어갔다.

또한 담벼락이 높아질수록 억압수단도 강화되어갔다. 일제강점기 초기부터 법적 취체(取締)가 확대되고 계속 그 도가 높아졌다. 청일, 러일 양 전쟁으로 진주했던 일본군은 아직 강제병합 전인데도 1905년 이후 계속 수도의 경찰을 헌병대 관할 아래 두었으며, 1907년 이후에는 일본 내무성이 경찰을 통해 각종 집회를 해산시키거나 규제하는 완전한 권한을 행사했다. 1907년부터 1911년까지 일본침략에 반대하는 산발적 저항이나 지방의 반란에 대해 일본은 헌병대를 증강시켜 대처했다. 데라우치 총독은 교활하게 "야만인들을 통제하는 데는 경찰보다도 헌병대가 제격"이리고 말했다.[28] 그러나 경찰도 치안관계뿐 아

---

28 Fukuda Tosaku(후쿠다 도사쿠), *Kankuku heigo kinen-shi*(Memorial history of the

니라 학교 등록, 인가, 기부 권유, 첩보 수집 등으로 권력을 강화하기 시작하여 인원 규모를 늘렸다. 1906년에는 678명의 일본인 경찰 '고문'과 1,039명의 조선인 경찰관이 있었는데, 1911년에는 6,222명(그 반수가 조선인)으로 증가되었고, 1919년에는 약 1만 4,000명에 달했다. 1919년 8월, 3·1독립운동 유발로 인한 국내외의 압력 때문에 헌병제도가 폐지되었지만, 헌병 대부분이 경찰관으로 옷을 갈아입는 데 불과했다. 경찰전화를 비치한 소도시나 마을 주재소들 사이에 설치한 통신망이 사실상 1950년 한국전쟁 직후까지도 지방의 통신수요에 부응했다. 1922년까지 경찰관 수가 2만 771명으로 증원되었다.[29] 중일전쟁은 경찰력의 확대를 크게 촉진시켰으며, 1941년에는 전투경찰을 포함하여 약 6만 명으로 늘어나 조선인 400명에 1명꼴이 되었다.[30] 제2차 세계대전이 끝날 때까지 수년간 경찰은 정치, 교육, 종교, 도덕, 보건, 사회복지 부문의 주된 통제기관이었으며, 인구통계에서 수뢰사건에 이르기까지 손대지 않는 곳이 없었다. 경찰의 통제가 전국 방방곡곡에까지 미쳤고 일상생활까지 엄격하게 통제될 정도로 전제적이었는데, 이보다 훨씬 느슨했던 조선시대의 지배와 현저한 대조를 보였다.

경찰에 의한 지배 효과는 문화적인 요인들에 의해 더욱 심화되었다. 일본에서는 하급무사들을 경찰관에 등용했기 때문에 경찰관들이 어느 정도 사회의 존경을 받았다. 조선에서 종래 경찰 기능은 하층계급이 수행했는데, 이젠 조선인들이 야만국이라고 천시했던 나라에서 온 땅딸막한 '원숭이 인간'들이 맡게

---

annexation of Korea; Tokyo, 1911), p.627. 이 항목에서의 다른 자료는 Kim, Chong-ik(김종익), "Japan in Korea, 1905~1910: The Techniques of Political Power"를 참조했다. 일본 헌병의 만행과 고문은 1911년 별다른 증거도 없는 데라우치 총독 '암살음모' 혐의를 받은 123명의 기독교 지도자들에게 가한 무자비한 행위에서 잘 드러났다.

29 Andrew Grajdanzev, *Modern Korea*, p.63.

30 George M. McCune, "Korea's Postwar Political Problems"(Secretariat Paper No.2 at the Institute of Pacific Relations Tenth Conference; New York, 1947), pp.4~5.

된 것이다. 더욱이 당시 경찰업무에 종사하던 수천 명의 조선인들은 하층계급 출신들이며 상당수가 조선 북부지방에서 온 사람들이었다. 그들 대부분은 일본의 광신적인 앞잡이들이었고, 계급적 증오라고도 할 만한 정열을 가지고 동포들을 탄압했는데, 식민지 통치자인 일본인 상사들에게 그들의 업무처리를 충분히 신뢰해도 좋다는 사실을 보여주려고 했다. 그 대신 조선인들은 일본인들에 대한 것 이상으로 그들을 증오하고 멸시했다. 이들 조선인 경찰관들 중 일부에게 경찰이 되는 것은 출세의 지름길이며, 당시 동학당이나 일진회 등의 행태에서 보이듯이 야망을 가진 하층계급 사람들이 목표도 없이 헤매다가 의지할 수 있는 안식처였다. 그러나 일반 조선인들에게 경찰은 식민지적 관료체제의 억압을 대표하는 기관이며, 어떤 형태로든 자신들의 정치참여를 허락하지 않는 권력기관이었다. 법과 사회질서 그리고 경찰은 일제의 폭정을 지탱하는 지주로서 증오의 대상일 뿐이었다.

3·1독립운동과 이상주의

억압적인 관료정치, 그리고 지도자의 지위에서 조선인을 배제한 것 때문에 두 개의 상호 모순되고 상충되는 일반적인 결과가 나타났다. 하나는 무의식적이거나 거의 조건반사적인 것이고 다른 하나는 의식적이고 점진적인 것이었다.

의식적이고 점진적인 ─ 또는 적어도 공식적으로는 환영한 ─ 것으로부터 나온 결과는 강력한 2차적인 기관, 충성심, 지도집단 및 계급이 결여된 사회의 출현이었다. 이미 동학당이나 일진회를 탄생시켰던 불안정하고 야심적이며 유동적인 사회는 외면적으로는 안정된 것처럼 보였지만, 내면적으로는 일제강점기 전기간을 통해 혼돈의 도를 더해갔다. 중앙정부의 권력을 다시금 휘두르는 것은 전적으로 대상을 소외시키는 것임에도, 자석이 쇳가루를 끌어당기듯이 권력의 주위에 사회의 많은 야심가들이 몰려들었으며, 그 바람에 권력은 사회를 거대한 조직으로 만들어 조작할 수 있게 되었다. 그 결과 잘 훈련된 거대한 관료제의 발전을 크게 촉진시켰으며, 일본이 인적자원의 혜택을 입었다는 점과 다수의 조선인들을 통합하는 능력을 가졌다는 점이 상호 보완적으로 작용하여 여러 조직을 지배하고 사회의 유효한 전체주의적 동원을 가능케 했다. 그리고 이 동원은 1931년 이후 훨씬 강화된 일본의 전쟁 노력 기간 중에 크게 증가했다.

둘째, 조선인들을 지도적 지위나 지배층으로부터 성급하게 배제함으로써 나타난 무의식적이고 역설적인 결과는 비교적 강력한 민족주의적 감정의 유발이었다. 이 민족주의자들의 대두는 강제병합 후 9년이 채 되기 전에 시작되었다.[31] 이렇게 서로 상반되는, 더욱이 동시 발생적인 경향은 민족주의와 식민지 체제에 대한 참여를 모두 증폭시켰다. 그리고 이들 둘 다 좀 더 큰 정치적 동원으로 귀결되었지만 갈등 또한 증대되었다.

민족주의의 발생과 독립운동의 역사는 한국의 역사 속에서도 비교적 영어로 잘 기록된 부분에 속한다.[32] 최초의 엄격한 2명의 총독이 행한 극단적인 탄압으로 인해 격렬한 불만의 소리가 터져 나왔다. 제1차 세계대전을 계기로 발생한 민족주의운동은 오스트리아 제국과 터키 제국, 그리고 독일의 식민주의를 붕괴시킴으로써 민족주의의 대두를 바라는 세간의 분위기를 확산시켰다. 이미 1907년에 일본의 압력으로 왕위를 양위했던 고종의 붕어는 민족감정에 불을 붙였고, 1919년 2월, 정치의식에 눈을 뜬 대군중이 수도로 몰려들었다. 기독교, 천도교, 불교단체의 많은 지도자와 대표들이 2월 하순에 회합을 갖고 격조 높은 「독립선언서」를 작성해 지도자 33인(기독교 16, 천도교 15, 불교 2)

---

31 다른 근사(近似) 요인들이 있었다. 제1차 세계대전 후 온 세계에 불어 닥친 민족주의, 윌슨 미국대통령의 민족자결주의 선언, 그리고 태상황인 고종의 별세로 고조된 흥분상태가 그것이다. 이런 요소들은 이 책에서는 별로 중요하게 다루지 않았지만, 아마도 민족주의운동 자체를 증폭시키는 데는 중요했을 것이다.

32 Lee, Chong-Sik(이정식), *The Politics of Korean Nationalism*은 당시 조선 내의 민족주의 운동이 외국의 그것보다 약간 저조했는데도 구체적으로 객관적이고 신중하게 다루고 있다.

이 서명했다. 엄중한 경계를 피해 극비리에 모든 준비를 마친 후 국내 여러 종교단체에 연락하고, 3월 1일 탑골공원에서 공식적으로 「독립선언서」를 낭독했다. 의식이 끝난 후 33인은 자수하여 당국에 체포되었다. 그리고 수천 명의 시민과 학생들이 수도는 물론 지방의 여러 중요 도시에서 시위에 들어갔다. 깜짝 놀란 일본인들은 폭동을 겁내어 군중들에 대한 발포는 조심스레 삼가면서도 체포, 고문, 촌락 불 지르기 등 광기를 부리며 시위에 대처했다.[33] 결국 독립운동은 표면상으로는 가차 없이 그리고 철저하게 진압되었다.

독립을 달성하려던 시도가 탄압에 의해 완전히 실패함으로써 조선인들은 실망과 낙담, 그리고 허탈감까지 느끼게 되었다. 그러나 이 운동은 여러 가지 면에서 성공한 것이었으며 중요한 정치적 선례를 만들어냈다. 예컨대 1907년부터 1911년까지의 무장봉기가 사실상 거족적이지 못했던 것과는 달리 이번 운동에서 생겨난 힘은 최초의 진정한 민족적인 힘이었다. 긴밀하게 맺어진 전국적 조직은 비록 일시적인 것이긴 했지만 면(面) 단위에까지 지방위원회가 만들어져 상부조직의 명령이 전달될 정도로 빈틈이 없었고 최전성기의 일진회가 하지 못했던 것을 해냈다. 처음으로 각 학교가 대대적으로 궐기하여 학생(유생) 시위와 항의의 고전적인 역할을 현대에 재확인시켰다. 기독교(개신교)가 교

---

33 Lee, Chong-Sik(이정식), *The Politics of Korean Nationalism*, p.114에서 지적하고 있듯이, 3·1운동 때의 사상자에 대한 통계는 들쭉날쭉하다. 일본 헌병대 통계는 모두 58만 7,641명이 연루되어 그 가운데 2만 6,713명이 체포되고, 553명이 죽고, 1,409명이 부상한 것으로 되어 있다(일본인은 9명 사망에 186명 부상). *The Chosen dokuritsu shiso oyobi undo* (Korean independence sentiments and movement; Investigation Document No.10, Information Section, General Affairs, Government-General, 1924), p.102에는 3·1독립운동에 총 136만 3,900명이 참가하여 1만 9,525명이 체포되고 6,670명이 죽은 것으로 나와 있다. 민족주의 진영의 자료에는 기간을 약간 더 길게 잡아 7,645명이 죽고 4만 5,562명이 부상한 것으로 되어 있다. Henry Chung, *The Case for Korea* (New york, 1921), p.346. 1919년의 3·1독립운동은 일본이 조선에서 창졸간에 급습을 당한 희귀한 사례 중 하나였다. 그에 대한 대응으로 일본은 6개 보병중대와 400명의 헌병을 투입했으며, 그 뒤 6,000명의 병력을 추가로 투입했다. 한국 민족주의자들에 대한 설명은, 이선근, 『한국독립운동사』(서울, 1956) 참조.

육이나 독립운동에서 큰 역할을 했으며 여학생들이 적극적이었고 부인들이 조직에 관여함으로써 민족적 정치무대에서 처음으로 여성이 일정한 역할을 해냈다. 이 운동은 서구적인 사고로 민족적 반응을 보인 첫 사례이며 조선인들의 결의가 거족적이라는 것을 수세기 만에 처음으로 증명했다.

궁극적으로 이 운동의 성공은 더 심원한 의미를 갖게 되었다. 간디의 비폭력저항주의와 무언지 닮은 3·1운동의 고매한 이상주의, 그리고 그것의 실현불가능성 자체가 무장반란으로서는 도무지 이룩할 수 없었던 동원을 유교국가로서 해낼 수 있다는 것을 증명해냈으며, 영속적인 의미의 정의와 신념으로 그 운동을 펼쳤던 것이다. 시간이 경과하면서 다른 운동방법으로는 이 정도로 훌륭하게 해낼 수 없었다는 것이 더욱 분명해졌다. 「독립선언서」는 진실로 심금을 울릴 만큼 감동적이었으며, 특히 거기에 서명하고 낭독한 후 체포를 받아들이는 한국인다운 태도가 그러했다. 전국에서 벌어진 수만 명의 비무장 시위에도 위엄과 연민의 정을 자아내는 힘이 있었다. 경찰국가의 철통 같은 감시 아래서 밀고자 하나 없이 주도면밀하게 전국적인 규모로 그 운동을 준비했다는 것은 국민들 사이에 새로운 신뢰와 자신감이 생겨나고 있음을 증명했다. 어떤 무장폭동도 일으키기에 불가능한 조건에서 평화적 운동을, 그것도 충분히 그 정당성을 증명해가며 종교지도자들이 앞장서고 학생들의 지지를 받으며 이기적인 면도 보이지 않고 펼칠 수 있었다는 것은, 아마도 전 국민의 마음과 용기를 한 곳으로 집합시킨 결과라 할 수 있을 것이다. 가혹한 탄압이 이 운동의 성격을 선명하게 하고 조선인들을 더욱 돋보이게 했으며, 일본인들의 무자비한 대응방법에 대한 증오와 아울러 민족적 자각을 불러일으키게 했다. 그 전격적인 자발성과 믿기 어려울 정도의 신속성, 그리고 상호 연락활동 등에 대한 비밀을 끝까지 철저하게 지켜낸 것을 볼 때, 최소한의 리더십으로도 그들을 움직일 수 있는 이념까지 불어넣게 된다면 대중사회를 동원할 수 있는 불가사의한 힘이 생길 것이라는 것을 믿어 의심치 않는다.

훗날, 삼일절 기념식을 거행하고 그날의 정신을 되새김으로써 3·1운동은 절망을 넘어 민족의 마음속에 생생하게 새겨졌다. 한국인들에게 그것은 그들이 펼칠 수 있는 국가정치의 초석이며 그들의 역사 가운데서 가까이 느껴지고 긍지를 가질 수 있는 얼마 안 되는 사실(史實) 중의 하나이다. 그들은 처음으로 하나의 이념 아래 단결했고 권력경쟁으로 흩어지지 않았다. 신생국의 정치에 늘 붙어 다니는 회의(懷疑), 추종, 원자화, 부패와 같은 것들을 겪으며 살아온 사람들만이 아마도 국민들을 결집시키는 순수하고 이상적이며 희생적인 힘을 잘 이해할 수 있을 것이다.

제도적 측면에서 보면 3·1독립운동은 다른 사회운동, 예컨대 종교운동의 경우와 비슷한 감동에 뿌리를 두고 있다. 종교는 식민지 권력이 마음대로 탄압할 수 없었던 하나의 '전국적인' 제도였다. 1919년에 조선의 지도력은 기독교(개신교) 단체로부터 생겨났으며, 특히 평안도와 같이 기독교가 사회활동의 중심적인 힘을 가진 지역으로부터 발생했다. 또한 그 지도력은 천도교 단체와 지방공동체에서도 생겨났는데, 특히 천도교가 정치적 동원을 시작한 조선 중부와 남서부 여러 지역에서 발전했다. 기독교도의 서명자 가운데는 장로교회파가 우세했다. 천주교도는 한 사람도 없었다. 교회관리에서 장로교회파의 관리형식은 조선왕조의 '자문기관' 전통 가운데서 재빨리 뿌리를 찾아 효과적으로 만들어진 것인데, 그것이 독립운동을 위한 교회 내부의 효율적인 제도적 기초를 만들고 운영하는 데 중요한 역할을 했다. 장로교회파 교칙의 힘이 얼마나 컸나 하는 것은 교회관계 서명자의 어느 누구도 특별히 국민적 명성이 있는 사람이 아니었고 그 후계자들도 그렇지 않았다는 사실이 말해준다. 사실 그들은 개인적 지도자라기보다는 오히려 교회공동체와 장로교회의 대표자들에 더 가까웠다.[34] 독립운동에서, 또한 독립운동을 통해 한국 역사상 거의 최초로 제2차적 기관들이 결정적인 역할을 했다는 것은 3·1운동에서 가장 중요한 것임에도 간

---

34 천도교에는 이런 경우가 적었던 것으로 보인다. 천도교의 대중 지도자들은 더 강력한 개인적 특성의 지도력을 발휘했지만 대표성의 강도는 약했다.

과되고 있는 가치다. 이것은 다원적 사회를 확립하려고 하는 장래의 전망을 확실히 보여준 것이다.

그러나 기독교 교회를 선택한 것은 민족운동을 장기간 계속하기 위해서는 옹색한 것이며 사회적으로도 지역적으로도 충분한 대표성이 없었다. 사회, 지역 모두에서 기독교가 보편적으로 널리 보급되어 있지 않았기 때문이다. 33인의 서명자 가운데 두 명만이 한반도 동부 출신이었다. 어떤 종교든지 간에 그 종교를 열심히 믿는 신자 수가 전체 인구의 소수를 점하는 나라에서는 실질적으로 그 종교는 신자들만을 대표하는 직업에 지나지 않는다. 더욱 흥미 있는 것은 종교가 독립운동조직의 골격으로 격상됨에 따라 종래의 지도계급들이 많든 적든 배제되었다는 사실이다. 일반적으로 종교, 특히 천도교는 아직 하층계급의 운동이라는 이미지가 있었다. 증거는 불충분하지만 조사된 바에 따르면 전체 서명자가 평민 또는 중인계급 출신이었다고 한다. 적어도 두 사람, 손병희(옛 동학당원으로서 그 당시엔 친일파 지도자)와 김완규(金完圭)는 서자로 태어났다. 또한 적어도 두 사람, 최린(崔麟)과 오세창(吳世昌)은 아전 또는 중인 출신이다. 다른 사람들도 평민 출신이거나 이름 없는 향반 출신이었다.[35] 손병희와, 「독립선언문」을 기초한 중인 출신인 최남선(崔南善)은 약간의 반일감정을 갖고 있는 것으로 알려진 전(前) 조선내각의 양반 출신 각료 5인에게 (독립운동에 참어시키기 위해) 접근했지만 모두 거절당했다.[36] 그러나 그들에게 용기가 없었

---

35 권동진은 법정에서 자기는 양반인데 당국이 함부로 다루고 있다고 주장했다. 그는 경남 함안(咸安)군수를 지냈으며, 대한제국 육군 대위 또는 소령의 지위에 있었지만, 조선 말기에 유행했던 신분상승 운동의 산물이었던 것 같다. 33인의 이러저러한 신분배경에 대해서는 이병헌(李炳憲), 『三一運動史』(서울, 1959) 참조. 이 책은 3·1독립운동 지도자들의 법정기록을 담고 있고, 각자의 출신성분과 직업을 설명하고 있다. 하지만 이 책에서 설명하고 있는 사회적 출신성분은 추론일 뿐이며, 조선 말기 사회에 대해 많이 알고 있는 정보제공자를 찾아야 할 것이다.

36 철종의 부마인 박영효 후작, 전 총리대신 한규설, 김윤식 자작, 윤용구, 윤치호 등 5인을 말한다. 총독부 경찰국 발행, 『소요사건의 개황』, 21쪽.

기 때문이 아니고(한 사람은 그 후 곧 참여했고, 다른 한 사람은 일본의 통치에 공개적으로 항의하다가 투옥되었다), 분명히 서명자들의 사회적 배경이 맘에 들지 않았기 때문이었다. 옛 지도자들의 노력은 1919년을 끝으로 종말을 고했으며, 그 후의 지도력은 계급을 기반으로 하지 않고 주로 평민들 가운데서 많이 나왔다.

독립운동은 조선 안팎에 중대한 영향을 미쳤다. 다양한 계급 출신의 강한 의지를 가진 사람들이 독립운동 과정에서 신분의 고하를 불문하고 공통의 열성과 헌신, 그리고 개략적으로나마 기회균등감을 느낄 수 있었다. 유교를 위대한 새로운 교의로 생각했던 조선 초기 이래 이처럼 많은 사람들이 이토록 참신하게 공통의 열의로 움직인 적은 일찍이 없었다. 독립운동은 사회적 위상과 지도력에 새로운 길을 열었다. 이 운동은 유동적인 사회가 갖고 있는 이점, 이른바 근대화과정에 나타나는 새로운 인재, 새로운 이념, 새로운 형식 등을 만들어냈다. 몇 개인가의 새로운 기관들이 단결의 계기를 만들었는데, 그것은 교회와 1920년 이후 일본인들에 의해 발행을 허가 받은 3개의 조선어 신문, 그리고 2, 3개의 사립학교였다. 그러나 독립운동에 참가한 사람들은 전체 인구에서 볼 때 여전히 소수였다. 아마도 5%나 그 이하였을 것이다. 생계를 이어가느라 지나치게 고립되고 제한 받아 마음은 있어도 중요한 역할을 하지 못했던 사람들도 있었을 것이다. 또한 몇몇 기관들은 영향력은 갖고 있었지만 당시의 사회에선 고립된 작은 섬에 불과했다. 그들은 당시는 물론이고 해방 후의 정치에서 주역을 맡아야 하는 시기에서조차 소수로 고립되었는데 이것은 식민지 국가에서 흔히 있을 수 있는 일이다.

객관적으로 보아 독립운동 투사들이 일본의 멍에를 떨쳐버릴 충분한 기회를 갖지 못한 것은 거의 불가피한 일이었다. 무엇보다도 집단적 또는 사회적 응집력이 근대화나 해방투쟁에서 오는 시련을 견뎌낼 정도로 강력하지 못했다. 1927년 일본은 서울에서 신간회(新幹會)로 알려진 일종의 야당 결성을 조심스레 용인했다.[37] 천도교와 기타 민족주의 지도자들, 그리고 새로 결성된 조선공산당 당원들이 결집한 연합조직이었다. 이 신간회는 끊임없는 감시를 받았지만 회원들끼리 불평불만을 털어놓고, 반대집단이나 반대의견을 가진 사람들이 자기들의 뜻을 서로 교환하는 마당 구실을 했다. 한 조선인 소녀가 일본인 남학생에게 모욕을 당해 충돌한 사건을 계기로 광주의 학생들이 시위에 들어갔을 때, 대부분의 회원들이 지하에 숨어 있던 신간회는 그 사건을 조선 전국으로 확산시키는 데 큰 역할을 했으며 마침내 전국에서 5만 4,000명의 학생들을 시위에 끌어들였다. 이 사건은 조선에서 1919년 3·1운동 이후부터 해방될 때까지의 사이에 일어난 유일하게 큰 항일운동이며 역경의 시기에 유일하게 민족주의의 불꽃을 지핀 사건이다. 그러나 이런 한정된 활동에서조차 막무가내로 강행하여 일을 크게 벌이려는 좌익들과 합법적이고 점진적인 것에 중점을 두려는 보수적인 민족주의자들과의 사이에 갈등이 생겨났다. 사회는 분열양상을 보였다. 장기적인 안목을 가지고 정치적·사회적 정책을 입안하는 것은 불가능했다. 민족주의 진영은 모든 일에 조심스러워했고 분열되어 있었으며, 공산주의자들은 그들이 마음대로 할 수 없는 곳에는 참여하려 하지 않았다 (해방 전 공산주의운동에 대해서는 제11장 참조). 이런 여러 문제를 해결할 수 있는 강력한 지도자는 나타나지 않았다. 1931년, 마침내 공산주의자들은 신간회를 더 이상 지배할 수 없음을 알고는 탈퇴해버렸다.

공산주의자들이 물러간 후 남아 있던 민족주의자들은 그들만으로 강력한 단결력을 부활시키거나 유지할 수 있는 힘이 없음을 보여줬다. 민족주의운동은 약화되고 해방을 맞을 때까지 그 세력을 회복하지 못했다. 이처럼 응집력이 약화된 것은 다른 새로운 이데올로기들을 받아들이거나, 가차 없는 일본 관헌 정치에 대항해 여러 성향의 단체들이 공동계획을 입안하거나, 또는 좀 더 현대적인 단체설립을 준비하는 등의 중압을 전혀 감당할 수 없었기 때문이다. 당시에는 식민지 탄압에 대처하는 것이 조선의 주된 과제였지만, 그것을 떠받칠 수

---

37 한국정치사에서 중요한 이 시기에 대한 자료는, Lee, Chong-Sik(이정식), *The Politics of Korean Nationalism*, pp. 250~260 참조.

있는 단결과 지도력의 결여는 조선의 미래에 검은 그림자를 드리웠다.

해외로 망명한 조선 독립투사들은 사정이 더 복잡하고 비극적이었지만 본질적으로 국내단체들의 경우와 유사한 문제에 봉착했다. 1919년 봄부터 여름에 걸쳐 일단의 망명 애국자 집단들이 상하이에서 입법원을 가진 대한민국임시정부를 수립했다.[38] 시베리아, 만주, 미국, 그리고 조선에 있는 여러 단체들이 여기에 참여했다. 몇 명의 학생들이 도쿄의 조선인 단체로부터 파견되었다. 임시정부 대통령 이승만과 그의 각료들은 출신성분도 지역도 각각 크게 달랐다. 이전부터 서로 간에 면식이 있던 사람들은 거의 없었다. 발족 당시부터 러시아 또는 미국을 추종하는 사람들과 순수하게 조선의 입장에서 문제를 보려는 사람들 사이에 균열이 생겼다. 하지만 그들의 한 가지 공통된 점은 일본 침략에 대한 저항이었다. 삼엄한 감시 아래 있는 모국의 단체들이나 혹은 해외에 산재해 있는 조선인 단체들과의 통신이 곤란한 문제였다. 상하이와 그리고 뒷날 충칭(重慶) 시절의 임시정부는 교회나 신문과 같은 단결의 발판이 되는 보조적 기관들을 전혀 갖지 못했다.

해외 주요 단체 중 하나는 일본에 있었는데, 교육을 받지 못한 경상도나 제주도 출신의 회원이 늘어남에 따라 일본사회에서 축적한 생활기반이 위협받을 수 있는 활동을 하기가 점점 곤란해졌다. 실제 당장 대처해야 할 긴박한 문제를 갖고 있지 않은 상황에서 그 운동을 활성화하는 일은 추상적이고 도덕적인 유교주의적 분파성을 노출시킬 뿐이었다. 정부수립에 대해서도, 수행해야 할 독립전략에 대해서도, 그리고 노선에 대해서도 합의를 도출할 수가 없었다. 왕정복고를 하느냐 민주공화국을 세우느냐 하는 문제를 두고 격렬한 논쟁이 벌어졌다. 이승만 '대통령'에 대한 강한 비판은 결국 1925년 총회에서 그에 대한 탄핵으로까지 발전했다. 지도자의 선출이나 지도권의 유지를 둘러싸고 분쟁이

---

38 초기 대한민국임시정부에 대해서는 Lee, Chong-Sik(이정식), *The Politics of Korean Nationalism*, pp.129~155 참조. 이정식은 임시정부에 대해 특히 뛰어난 서술을 하고 있다.

끊이지 않았다. 1921년 이후 상하이의 독립운동은 점점 더 쇠잔해져 곧 이름 뿐인 것이 되었다. 상하이 독립운동 역사를 통틀어 이 임시정부를 승인한 외국은 한 나라도 없었다. 망명 애국지사들이 조직한 모든 단체나 협회들은 근본적으로 같은 운명이었다. 공산주의자들은 파벌화에 도가 튼 몇몇 당원들에 의해 좌지우지되었다. 소규모이면서도 어느 정도 균일한 사회적 배경을 가진 하와이의 조선인 단체마저 하나로 유지될 수가 없었다. 정당 또는 의회를 조직하려던 모든 시도는 모두 실패로 돌아갔으며, 그 쓰라린 경험들이 해방 후의 정치에 도움이 되기는커녕 오히려 분열을 가져왔다. 독립운동 실체들이 이처럼 풍비박산이 된 것은 조선시대에 축적된 유동성과 분열성의 문제를 해결하지 못하고 그대로 응축, 답습했기 때문인 것으로 보인다.

강요된 현대화

3·1독립운동은 여러 의미에서 한국 역사의 분기점이 되었다. 특별한 의지를 가진 사람들에게 그것은 일본과의 공공연한 결별을 의미했지만, 대부분의 사람들은 내심 동정은 하면서도 직접 저항에 나설 형편이 못 되었다. 그들은 주로 일본인들이 부여한 조건 아래서 일하며 살아가지 않을 수 없는 사람들이었다. 사실 이런 조건이 일본의 무기였으며 그리고 일본은 그 무기를 최대한 이용했다. 그러나 1919년 이후 일본은 보수적인 군부 과격파 집단 안에서도 가장 반동적인 구성원들이 사용한 낡은 수법이 제대로 먹혀들지 않는다는 것을 알았다. 철저한 것은 아니었지만 일본은 대폭 그 조건을 변경했다. 10년 후에는 대륙 침공으로 긴장이 고조되고 있는 상황에서도 그 조건을 더욱 완화했다. 그러나 그런 조건 완화는 결코 조선인들로부터 우정도, 마음으로부터 우러나는 수용도, 또는 인기도 얻지 못했다. 하지만 이런 일련의 조건 완화는 조선 정치전통의 주류였던 중앙권력으로 향했던 흐름, 즉 권력 쟁취를 위해 경합하

는 길을 다시 열어놓았다. 그리고 일본 군국주의자들은 그 패턴을 1930년대 중반, 전쟁을 위한 대중동원으로 몰아세울 때 일본을 위해 사용했다.

조선 강제병합 10년 만에 일어난 1919년 사건은 도쿄의 정책입안자들로 하여금 조선 문제에 주의를 집중케 했다. 3·1운동은 하라 다카시(原敬) 총리와 세이유카이(政友會)의 집권승리와 때를 같이했다. 식민지 문제에 늘 무감각했던 일본의 여론이 3·1운동으로 크게 자극을 받지는 않았지만, 일본은 국제여론에 곤혹해 했으며 자유주의적인 정치가나 관료들이 우려를 표명했다. 새로 조선 총독으로 임명된 해군대장 사이토 마코토(齋藤實)는 감수성이 강하고 인정 많은 사람이었으며 일본군 장성들 중에서 미국의 개빈(James M. Gavin: 제2차 세계대전 중 미군 제82공정사단장으로 노르망디 상륙작전 첫날 낙하산으로 적진에 낙하, 전투를 진두지휘했다. 1958년 퇴역 후 1961~1963년에 주프랑스 대사를 지냈으며, 베트남 전쟁을 공개적으로 비판, 전쟁영웅이 전쟁을 비판한 것으로 유명하다. _옮긴이) 장군과 닮은 인물이었다. 그는 조선총독으로선 가장 훌륭한 업적을 남겼고 또 재임기간(1919~1927, 1929~1931년)도 가장 길었다. 곧 일본정부는 "교육, 산업, 행정 면에서 조선과 일본 본토 사이에 어떠한 격차도 없앤다는 목표를 달성하기 위한" 개혁추진 명령을 내렸으며, "적당한 시기에 조선을 모든 면에서 일본 본토와 동일하게 만드는 것이 일본정부의 궁극적 목표"라고 밝혔다.[39]

이런 목표를 위한 시책들이 모두 실행된 것은 아니지만 많은 새 정책들이 채택되었다. 헌병제도가 폐지되고 경찰과 교도소제도는 확충과 동시에 개선되었다. 학교법규 면에서는 교육연한의 연장, 커리큘럼의 선택범위 확대, 사립학교의 종교교육 허가, 일부 과목의 일본어 사용 완화 등의 정책이 채택되었다. 종교 활동에 관한 보고의무는 축소되었다. 조선인이 소유하고 편집하는 3개의 조

---

39 상하이에서 조선의 지도자인 여운형(呂運亨)과 논의한 후에 작성된 하라 총리의 1919년 9월 10일 자 성명서에서 나온 말이다. Donald G. Tewksbury, *Source Materials on Korean Politics and Ideologies* (New York, 1950), pp.65~66. 트윅스버리는 이 내용을 Hugh Cynn, *The Rebirth of Korea* (New York, 1920), pp.166~169에서 얻었다.

선어 신문이 창간되었고, 이어서 ≪개벽(開闢)≫이나 지하의 공산주의자들이 발행한 ≪조선지광(朝鮮之光)≫ 등 여러 잡지들이 세상에 나왔다. 고급관료가 되는 고등문관시험과 일반 관공리나 전문가가 되기 위한 시험제도가 조선인들에게도 수험자격을 주는 방향으로 개정되었다. 도지사, 판·검사 등의 높은 관직에 일부 조선인들이 임명되었다. 문관들의 제복착검(制服着劍)은 폐지되었다. 조선인 꼭두각시들을 참여시킨 '자문기관(중추원)'이 부활되고, 도·군(道·郡)이나 14개의 부(府), 그리고 면에서 거의 선임된 의원들로 지방 '자문기관'이 구성되었다.[40]

사이토 총독은 전에 타이완에서 고토 심페이 총독이 편 '문화정책'을 조선에서 펴보기로 결심한 것처럼 보였다.[41] 이런 몇몇 개혁은 장기적인 효과는 거의 없었지만, 대체로 조선인들이 정부에 참여하는 것으로 보일 수 있는 분야는 비록 한정적이긴 하나 눈에 띄게 문호가 넓어졌다. 사이토 총독은 일본인들이 아무리 호의를 베풀어도 일본의 통치가 조선인들 사이에서 호평을 받기가 어렵다는 것을 잘 알고 있었다.[42] 그러나 그의 시책이 효력을 나타냈다. 일본인과 조선인 간에 가능한 한 장벽을 낮추어 많은 조선인 야심가들을 다시 정치로 끌어들였다. 아무튼 사이토가 총독으로 있는 동안에 일본의 통치는 외견상 놀라울 정도로 거의 조선인들의 저항을 받지 않았다. 물론 조선인들의 마음속이야 비상을 마시는 심정이었을 것이다.

---

40 Hugh Borton, "Korea: Internal Political Structure," *Department of State Bulletin*, Nov. 12, 1944, p. 580 참조.

41 E. Alexander Powell, "Japan's Policy in Korea," *Atlantic Monthly*, March 1922, pp. 408ff 참조.

42 사이토는 당시 한 사적 모임에서 독립운동가들과도 교제가 있는 프랭크 스코필드(Frank Schofield)에게 그렇게 말했다.

교육

조선인들을 그들 자신의 사회에 더 적극적으로 참여시키는 데 꼭 필요한 것이 바로 교육의 보급이었다. 그것은 새삼스런 일이 아니었다. 대원군 시대 10년간 서원이 폐쇄되고 1894년부터 과거제도가 폐지됨으로써 생긴 공백을 1885년부터 1903년까지 서서히 기독교계 학교들이 메웠으며 1903년 이후 새 학교들이 우후죽순처럼 생겨났다.[43] 그 무렵 조선인들은 자기들의 무능과 훌륭한 지도자들을 갖지 못한 데서 오는 욕구불만을 거의 교육을 통해 풀려고 했으며 그 바람에 온 나라에 교육열풍이 불었고 교육이 민족적 긍지를 회복할 수 있다는 확신을 주었다.

교육을 정부가 통제하던 조선 초기의 기본적인 패턴이 강제병합과 함께 총독부가 강화한 관료통제에 의해 재현되고 확충되었다. 1906년에 일본인들의 지도로 초등학교의 교육제도와 과목 및 교과서의 검정이 학부(교육부) 관할이 되었다. 사립학교는 인가제로 되었고 정부가 개정한 교과서가 1908년 이후 여러 학교에서 강제로 채택되었다. 학교는 학원 내부의 모든 중요한 사항을 학부에 보고해야 하는 의무가 부과되었고, 학부는 '법이나 포고령'을 어기면 학교폐쇄도 명할 수 있었다. 교사는 정부에서 인정하는 인격과 학력을 가져야 했다.[44] 정부검정 교과서는 1908년부터 배포되었는데, 판매하지 않고 무상 배포

---

43 1902년에 총 993명의 학생들이 재학한 63개의 미션 스쿨이 있었고, 1907년까지는 미국계 미션 스쿨만 508개에 22개의 중학교(구제)와 2개의 신학교, 그리고 학생 수는 1만 3,288명이었다. 1909년까지는 크리스천 칼리지, 유니온 크리스천 칼리지 및 이화여학교가 설립되어 고등교육의 막이 열렸다. 조선정부 역시 여러 학교들을 세웠으며, 일부 개인들도 학교를 세웠다. L. G. Paik, "The History of Protestant Missions in Korea, 1832~1910," Pyong yang, 1929, p.390. and passim; *Kankoku Shisei nempo* (Annual report of the Residency-General, 1910~1911; Seoul), p.244. (hereafter *Kankuku Shisei nempo*, which became the Annual Report of the Administration of the Government General from 1922 to 1944, will be cited as Annual Report of the Government-General by year.)

44 『총독부 연차보고서, 1908~1909』, 70쪽.

된 교과서 부수가 1910년에 27만 부에 달했다. 공립학교에 취학한 아동 수는 1910년에 1만 6,000명이었는데 1918년에는 9만 5,000명으로 증가했다. 질도 향상되었다. 경험 많은 일본인 교사 수천 명을 급여대우를 미끼로 일본 본토에서 끌어들였다. 총독부의 교육통제는 참기 어려울 정도로까지 범위를 넓혔다. 선교사들이 경영하는 학교들은, 특히 중학교(구제)나 전문학교는 아직도 높은 비율을 차지하고 있었지만 교육제도 전체로 보면 엄격하게 감시되는 소수집단이 되었으며, 그들의 학교는 1917년에 230개로 감소하고 1937년에는 겨우 34개교와 3개의 구제 전문학교만이 남았다.

사이토 총독은 이런 경향을 점점 더 조장했다. 총독부 관리들은 조선인들의 일본에 대한 충성심을 기르고 그들을 일본 제국주의 체제에 순응시킬 수 있는 유일한 방법은 확고한 교육통제에 의존하는 길밖에 없다고 인식했다. 조선인들은 사회개선을 위해 그리고 관료제와 그 체제에 참여하기 위한 등용문으로서 자녀들의 교육에 힘을 기울였다. 이런 방향으로의 움직임은 진작부터 시작된 것이지만 이때 와서야 크게 활성화된 것이다. 31년 동안에 소학교(초등학교)에서 대학까지 모든 등급의 학생 수가 16배로 증가했다. 예컨대 1910년의 11만 800명이 1941년에는 177만 6,078명이 되었다.[45] 소학교는 1922년에 3개 면에 1개교씩 설치된 것이 1945년까지 모든 면에 1개교 이상의 비율로 증가했다.

그러나 1945년 현재 조선 아동의 50% 이상이 아직 '의무교육'을 받지 못하고 있었고, 더욱이 혜택을 받고 있는 부문마저 거의 초보적인 단계에 지나지 않았다. 조선 아동의 단지 5%만이 상급학교에 진학했다. 1941년에 전문학교와 대학 예과를 포함한 고등교육을 받는 학생 수가 9,565명이었으며, 조선에서 유일한 종합대학이었던 경성제국대학의 조선인 학생 수는 304명이었다. 그 밖에 일본 본토의 고등학교, 전문학교, 그리고 대학에 수천 명의 조선인 학생들

---

45 Andrew Grajdanzev, *Modern Korea*, p.261; Hagwon-sa Publishing Company(학원사), *Korea: Its Land, People, and Culture of All Ages* (Seoul, 1960), p.369.

이 다녀, 전체 대학생 수가 1936년에는 총 6,000명에 달했으나 이 숫자는 대학 학령기 조선인 인구의 1%에도 미치지 못했다.[46] 1945년 해방될 무렵 조선에 거주하는 일본인들은 4분의 3이 교육을 받은 것에 비해 정규 학교교육을 받은 조선인들은 20%를 조금 넘을 정도였다. 조선 거주 일본인들은 조선인의 10배의 비율로 중등교육을 받고 있었다. 1944년의 국세조사에 따르면 조선 남부의 1,700만 인구 가운데 약 777만 3,000명이 문맹이었다.[47] 교육에 열심인 조선인들은 일본인들의 이런 교육적 차별에 깊이 분개했다.

그렇지만 근대화를 향한 거대한 발걸음은 이미 시작되었다. 초기에 조선인들을 정치로부터 배제했을 때처럼 그 효과는 의도한 것과 의도하지 않은 것 두가지로 나타났다. 교육은 일본의 목적에 부합되도록 계획된 획일적인 틀에 맞추어졌다. "보통교육은 국민(즉, 일본인)적 성격 형성에 중요하기 때문에 국어(즉, 일본어)의 보급 노력에 특별한 주의를 기울여야 한다"라고 했으며, "조선인들에 대한 교육의 기본원칙은 「교육칙어」(메이지 천황에 의해 1890년에 반포됨)에 따라 충성스럽고 선량한 신민(臣民)을 육성하는 것"이라고 했다.[48] 처음부터 일본어가 강조되었다. 일본인 교사가 지배하는 학교 시스템 속에서 일본어의 사용이 점점 더 강화되어 1938년 이후에는 일본어 이외의 언어에 의한 수업이

---

46 『총독부 연차보고서, 1935~1936』, 88쪽. 지금도 그러하지만 당시에도 소수의 부유한 조선 인들은 그들의 자녀교육을 위해 희생을 마다하지 않았으며, 최고학부를 보내기 위해 인상 적인 노력을 기울였다. Harold B. Peterson, "The Occupation of Korea 1945~1948" (M.A. thesis, Columbia University, 1951), pp.51~52.

47 Supreme Commander for the Allied Powers (hereafter cited as SCAP), Summation of Non-Military Activities in Korea, No.7(Tokyo, April 1946). 많은 사람들이 한국인 학생들 또는 마을의 교육받은 사람들이 가르치는 야학 등 시골 교육기관을 통해 한글을 깨우치고 간단한 것을 읽고 쓸 수 있었다. 하지만 그들은 신문을 읽을 수는 없었다.

48 Government-General, "Educational Ordinance for Chosen," in *Manual of Korean Education* (Keijo, 1913), pp.8~10. 그 법령은 또한 조선인과 일본인들에게 각각 분리된 직업전문화와 이중교육 시스템(즉, 분리된 교육 시스템)을 강조했다.

금지되었다. 일본어를 할 수 있는 조선인이 1913년에는 1,500만 조선인의 0.6%에 지나지 않았는데,[49] 1945년에는 2,500만 조선인의 15%를 넘을 정도로 많아졌으며, 일본어를 쓰는 인구가 9만 명에서 약 350만 명으로 늘었다. 지식인들은 모두 일본어를 할 줄 알았고, 식민지 시대 최후 10년간에 교육을 받은 많은 사람들은 조선어만큼 잘 말하지는 못해도 조선어보다도 일본어를 더 잘 읽을 수 있게 되었다. 일본 민족주의의 엄격한 세뇌와 천황에 대한 충성이 강제되었으며 「황국신민 서사(皇國臣民誓詞)」는 일본 본토에서는 임의적이었지만 조선에서는 매일 반복해야 했다.

이 같은 교육제도는 영국 통치하의 인도 식민지 교육이 인도인들로 하여금 그들의 자제를 런던에 유학시키게 한 것처럼 자연히 조선인들도 그들의 자제를 일본 본토에 보내 고등교육을 받게 만들었다. 조선경제가 확대됨에 따라 수천 명의 학생들이 일본에 유학했다. 조선 청년들이 어려운 일본 고등문관시험에 응시할 수 있게 되었고 합격하면 임관을 요구할 수 있었다. 전쟁이 오히려 취직 기회를 확대함에 따라 교육은 점점 유리한 취직 수단과 연결되었다. 꽤 많은 조선인들이 고등문관시험에 합격했기 때문에 일본인들이 놀라고 곤혹스러워했다. 많은 조선인 청년들이 일본의 조선통치 말기에 군수가 되었다. 변호사, 판사, 검사, 의사 등이 되기 위해서는 일본의 독일식 국가시험에 합격해야 했는데, 조선인들이 이 모든 시험에 응시함으로써 직업 전문화가 착착 진행되었다. 메이지 시대의 일본처럼 학교나 시험제도는 사회적 차별 없이 누구에게도 문호가 개방되었다. 다만 민족주의적 정치활동을 한 사람에게는 교육의 길이 막힐 수도 있었다. 또한 돈만 있으면 자제를 일본에 유학시킬 수 있었다. 조선 말기의 혼란기가 지난 후에 교육은 대망을 성취하는 유일한 길이 되었으며

---

49 일본의 한 잡지 기사를 인용하고 있는 Andrew Grajdanzev, *Modern Korea*, p.269 참조. 한국어를 알고 있는 일본인들은 거의 없었다. 해방 후 세대의 언어 학습에서 한국인의 학습능력이 훨씬 뛰어나다는 사실이 그것을 설명해준다. 일제강점기의 조선인들은 제2차 세계대전이 막바지에 이른 기간에는 조선에서 조선말을 하면 체포될 수도 있었다.

좋은 학교에는 간혹 합격인원보다 수배나 많은 지원자들이 몰려들기도 했다. 이렇게 하여 조선 청년들은 완전히 일본의 세계로 이끌려 들어갔다.

가정교육은 자주 일본교육과 대립했고 일본교육을 받아들이는 태도도 가지 각색이었다. 그러나 적지 않은 사람들이 자국의 규범과 일본의 그것을 비교했을 때, 현대화의 길은 전체적으로 후자에 있다는 결론에 도달했다. 시간이 지남에 따라 독립국가로서의 국민의식이 점점 흐려져 갔다. 조선 청년들에게는 일본적 세계에 의해 대망을 이루는 것, 그리고 식민지로서의 조선이라는 구조 내에서 움직이는 것이 가령 그것에 분노와 고뇌를 수반한다고 해도 피할 수 없는 것이었다. 식민지 시대 말기에는, 해방 후 초기에 조선에도 독립된 민족문화가 있었다는 것을 새롭게 배워야 할 사람들까지 생겨났다.

하지만 교육은 비록 일본어 지식이라고 하더라도 양날의 칼이었다. 당시 일본은 세계에서도 가장 많은 인쇄물을 출판하고 있는 나라 중 하나였으며 서구의 저작물을 가장 많이 번역하는 나라였다. 학교에서는 이런 번역물을 점점 더 많이 사용하게 되었다. 세계 여러 나라 가운데서도 일본이 염가본의 보급을 비교적 조기에 시작함으로써 일본인과 함께 조선인들의 손에도 사상과 자극의 보화가 들어오게 되었으며, 편협한 일본 식민주의가 미처 억압할 새도 없이 지식인들 사이에 널리 보급되었다. 반(反)군국주의와 반(反)식민주의 사상은 일본인들이 조선민족의 문화를 말살하려고 하는 것에 분노를 느껴왔던 조선 학생들의 마음을 크게 사로잡았다. 그 영향은 일본 자체의 내부 동향에 의해 증폭되었다. 1920년대 일본의 사회불안은 조선인 혁명주의자들을 부화시키는 훌륭한 부화기 역할을 했다. 일부 급진적인 일본인 교사들은 모국의 환경이 불만스러워 조선으로 나와, 특히 서울과 대구의 학교에서 마르크스주의와 기타 진보적인 이데올로기를 가르쳐 보급시켰다. 일본 본국의 비식민지적 환경에서 생활하던 조선인 유학생들 ─ 예를 들면 이광수(李光洙)나 김약수(金若水) 등 ─ 은 특히 민족주의자가 되거나 공산주의자가 되거나 했다.[50] 1924년 이후 일본으로부터 귀국한 좌익학생들은 북성(北星, 후에 北風)과 같은 단체를 조직하여 조선 청년들에게 공산주의를 소개했다. 이렇게 하여 기독교로부터 마르크스주의에 이르기까지 — 사회주의, 민주주의, 허무주의, 그리고 일·독·이(日·獨·伊) 방공협정(防共協定)의 영향을 받은 나치즘까지도 — 여러 종류의 사상적 물결이 조선에 밀려 들어왔다.

조선의 유교가 지탱해온 비교적 단일한 사상과 신조가 무너지고 나라의 지적 기상도가 급속히 변해버렸다. 일반 조선인들의 정치참여를 허락하지 않는 정치권력과 주민의 동의를 얻지 못한 수단이나 법률로 통치되고 있던 조선인들, 그 가운데서도 일반 지식인들의 태도는 일본의 통치에 대해 냉소적이든가 때로는 혁명적으로, 심지어 허무주의적으로까지 변해갔다. 이런 정황에서는 가령 독립이 된다고 해도 하나의 국가로서 국민을 통합하고, 동원하고, 유지하여 보전할 수 있는 단일한 정치적 신념이 발생할 수 있는 토양이 마련되지 못할 것이다. 오히려 집단적 응집력을 결여한 사회의 상층부로 비집고 들어온 이질적이고 상충적인 사상운동은 총독부라는 꿈쩍도 않는 암초에 좌초하여 부서지고 흩어질 뿐이었다. 지식영역이 확대됨에 따라 비통감과 절망감이란 안개가 사회에 깔리게 되고, 그런 무드가 당시의 시나 소설에 나타났다.

끝으로, 또한 중요한 것은 학교의 증가가 더 많은 기관의 창설을 의미한다는 점이었다. 국가가 학교를 세웠기 때문에 이 새 학교들은 옛날의 서원보다 기반이 훨씬 든든했지만 서원과는 달리 소재지 지방의 이해와는 별로 관련이 없었다. 중간 기관들이 아주 적었기 때문에 학교, 특히 초등학교 이상의 학교는 다른 나라의 경우보다 더욱 강력한 국가(일본)에 대한 충성심과 단체의 응집력에 초점을 맞추게 되었다. 이들 가운데서 눈에 띄는 것은 조선의 기독교계 혹은 비기독교계 사립 구제 중학 및 전문학교와 그 동창회였다. 고립된 인간의

---

50 Richard H. Mitchell, *The Korean Minority in Japan* (Berkeley and Los Angeles, 1967), pp. 16~21, 25. 경성제국대학 교수인 미야케 시카노스케(三宅鹿之助)는 그의 집에 조선공산당 재건활동을 하는 한 집단을 숨겨주었다가 체포되었다. Suh, Dae-Sook(서대숙), *The Korean Communist Movement, 1918~1948* (Princeton, 1967), p.191.

고충을 예리하게 묘사한 토크빌의 표현을 빌려 말하자면, 조선 청년들은 "협력을 구할 수 있는 죽마고우나 그들의 이해와 지지에 의지할 수 있는 계급"의 학우, 특히 중·고등학교 학우가 조선 젊은이들의 일생의 동료가 되며 최후까지 서로 도움을 청할 수 있는 무리가 되었다.[51] 일본인들로부터 소외되고 있다고 느끼는 조선인들은 이 무리에서 그에 항의하고 쟁의할 수 있는 발판을 마련했으며, 그것은 또한 일본인들이 지배하는 세계 안에서 민족의식을 배양하는 한편으로 그들 자신을 일본인 사회로 끌어들이는 절차를 진행하기도 했다.[52]

조선인 지도층은 이처럼 서로 상반되는 경향을 드러냈다. 한편에선 학문적인 가치를 탐구하기보다는 오히려 학교당국의 의표를 찌르며 교묘하게 반일행위를 함으로써 '민족의식' 또는 '민족독립' 정신을 은연중에 고취했다. 예컨대 일본인들의 애국적 행사 때 은밀히 하급생들을 위협하여 박수를 치지 못하게 하기도 하고, 밤에 길목에 숨어 있다가 지나가는 일본인 교사를 폭행하기도 하고, 또는 일본인들과의 경기에서 그들을 이기는 영웅 역할을 하는 등의 행동을 보여주었다. 이런 종류의 지도정신은 용기, 영웅행위, 저돌맹진, 권력에 대한 완강한 저항, 애정과 용서가 없는 경쟁 등의 행위를 조장했다. 다른 한편으로, 일본 체제 아래서 출세를 노리는 직업 중시의 사고, 이른바 권력에 대한 복종, 자제, 인내 및 정치에 아예 눈을 가리는 전문화된 기술 중시의 사고가 있었는데, 이는 앞서의 그것과는 정반대의 충동에서 나온 것이다. 그들에게 학교는 훌륭한 연병장이었으며, 상반하는 가치, 정신적 긴장, 그리고 이원적인 윤리규범을 가진 극장이었다. 학교는 가정과 직업 사이에 있는 것으로서 한편으로는

---

51 Alexis de Tocqueville, *Democracy in America* (New York, 1945), II, p.342.

52 조선의 고등학교(구제 중학 상급반)와 대학에서는 1920년에 20회, 1921년에 33회, 1923년에 57회, 그리고 1925년에 48회의 동맹휴학이 있었다. Suh, Dae-Sook(서대숙), idem, p.137. 서대숙은 이 자료를 Tsuboe Senji(쓰보에 센지, 坪江汕二), *Chosen minzoku doku-ritsu undo hishi* (Secret history of the Korean peoples' independence movement; Tokyo, 1959), pp.160~161에서 인용했다.

일본인 세계로의 흡수와 동화의 더할 나위 없는 소중한 원천이면서, 다른 한편으로는 저항과 민족주의를 기르는, 이중성을 가진 중요한 도장이었다. 학교는 결국 애국자와 대일 협력자를 불문하고 계급차별 없이 정치에 투입되는 사람들의 수를 몇 배로 불리는 역할을 했다.

언론

사이토 총독의 개혁으로 열린, 소규모이긴 하지만 중요한 미래의 정치지도자 양성 통로는 언론이었다. 한국의 역사에서 신문은 그 역사가 비교적 일천하지만 아주 중요한 자리를 차지하고 있다.[53] 한국인들은 1578년에 당시 궁중에서 뉴스를 발행했으나 그 발행인이 곧 추방된 단기간의 시도가 있었던 사실을 곧잘 신문의 연혁으로 인용한다. 그러나 실질적으로 최초의 근대적 신문은 1883년에 발간되었으며 이 신문은 그 후 24년 동안 개혁과 '계몽'을 창도했다. 모든 신문들은 1907년 일본의 사주로 제정된 가혹한 「신문인가법」이 통과된 이후 강제병합 시대를 거치면서 탄압을 받았다. 일본 신문은 강제병합 후 10년간 조선의 언론을 독점 — 1938년에는 33개가 들어와 있었다 — 했으며 조선어 신문이 나온 이후에도 해방될 때까지 그들을 압도했다.[54] 3개의 조선어 신문이 3·1독립운동 후의 개혁 결과 1920년에 발행허가를 받고 창간되었다. ≪동아일보≫, ≪조선일보≫, ≪시대일보≫가 바로 그것이다. 때때로 폐쇄, 벌금, 발행금지, 차압 그리고 계속되는 검열의 고통을 이겨내면서 이 신문들은 1940년까지 유지되었는데, 이 해에 강제적으로 폐쇄되고 그 후 5년간 오직 일본어 신문만 발행되었다. ≪동아일보≫와 ≪조선일보≫는 해방 후에도 한국의 가장 중

---

53 이 부분은 주로 Hagwon-sa Publishing Company(학원사), *Korea: Its Land, People, and Culture of All Ages*, pp.399~400을 참고하여 썼다. 또한 저명한 고참 언론인인 이관구(李寬求)가 타자로 친 '한국언론사(史)' 원고를 참고했다.

54 1961년에 한국은 신문부수 면에서 125개국 중 52위였으며, 인구 1,000명당 구독자 수는 64명으로 스페인과 거의 같았다. 1944년의 순위도 아마 거의 비슷했을 것이다.

요한 신문이 되었을 뿐만 아니라 일관되게 한국의 가장 중요한 언론기관이 되었다.

이런 신문들과 함께 ≪개벽≫ 등 2, 3개의 잡지가 민족적인 자각을 일깨우는 데 아주 중요한 역할을 했다. 그들은 검열 때문에 행간의 의미를 요령 있게 읽어야 할 필요가 있긴 했지만 중요한 여론의 장이 되었다. 그러나 좀 더 잠재적인 역할이 있었다. 민족주의운동을 하고 있는 사람들에게 신문사가 자석과 같은 역할을 하고 회합장소를 제공하는 등 중요한 중개기관이 된 것이다. 이런 언론기관들은 점진적이고 제도적인 방법으로 결국 독립해야 한다고 믿고 있는 김성수 같은 사람들로부터 재정지원을 받았다.

신문은 또 다른 기관들이 거의 할 수 없던 일도 했다. 고참 민족주의자들인 이상재(李相宰), 이승훈(李昇薰)을 비롯하여 비교적 자유스러운 분위기에서 공부한 일본유학생 또는 드물지만 미국유학생 등을 끌어 모은 것이다. 그들은 장덕수(張德秀), 송진우(宋鎭禹), 이광수(李光洙), 안재홍(安在鴻), 조병옥(趙炳玉), 여운형(呂運亨), 김준연(金俊淵) 등으로 우파뿐 아니라 좌파도 포함하여, 실로 해방 후 한국정치의 지도자가 된 사람들이 놀라울 정도의 비율을 차지하고 있다. 편집간부의 지위에 있는 사람들은 일반적으로 보수적 민족주의자들이었지만, 사원이나 인쇄공들 사이엔 당시 대두하던 사회주의자, 심지어 공산주의자들도 있었다. 많건 적건 신문은 정치집단을 만들고 정치가들을 육성·보급하는 핵심기관이 되었다.

신문관계자들은 1924년 4월 22일의 경우처럼 심지어 정치적 대중집회를 획책하기도 했다.[55] 하지만 그들은 탄압을 받았을 뿐 아니라 피하려면 피할 수도 있었던 불운을 겪었다. 그것은 조선에 들어온 일본 신문들과는 달리 모든 조선 신문들이 서울에 몰려 있었기 때문이다. 지방의 긍지나 공동체의식을 고양시킨다든지 지방문제에 관한 의견을 표명하는 조선어 지방지는 없었다. 이처럼

---

55 Lee, Chong-Sik(이정식), *The Politics of Korean Nationalism*, p.248 참조.

서울 이외의 지방에서 서울에서와 같은 애국심을 가지게 하지 못한 것이 이제 곧 강화되는 중앙집권화의 불행한 전주곡이 된 것이다.

공업화

일본의 통치가 시작된 후 20년간 조선은 주로 늘어나는 일본 인구의 식량공급원으로, 그리고 일본 상품의 판매시장으로 간주되었다. 공업 발전이나 중산계급의 확대도 미미했다. 사회적 계층이동은 점진적으로 행해졌다. 그러나 1931년에 이르러 큰 변동이 일어나기 시작했다. 일본의 만주 침략과 특히 중국으로의 팽창정책 준비로 조선이 일본의 아시아 지배를 위한 배후기지가 된 것이다. 조선의 공업과 도시 발전이 활발하게 추진되고, 공업원료는 수탈되었으며, 당시 아시아에서 일본에 이어 두 번째로 발달하고 있던 통신제도는 일본의 대륙지배를 위한 생명선이 되었다. 1938년 이후 조선의 통신망은 중국과의 전쟁을 앞두고 크게 확장되었다. 이 같은 진전은 조선사회의 발전 방향에 큰 영향을 미쳤다. 사실상 그 이전 20년간의 신중한 변화와는 비교가 되지 않을 정도의 큰 변화를 가져온 것이다. 그것은 급격한 사회동원의 고전적 실례라고도 할 수 있는 것으로 한국전쟁 이후까지 계속된 새로운 사회, 경제, 정치의 대변동을 위한 서곡이었다.[56] 조선 자체의 이익보다는 오히려 일본을 위한 이 급

---

56 일제강점기 마지막 6년간 조선사회가 겪은 변화는 아직 이런 관점으로 검토된 적이 없다. 한국에 있는 미국인과 대다수 외국인의 활동은 전쟁이 끝나면서 같이 끝나버렸으며, 대부분 나가버렸고, 자료수집도 중단해버렸다. 부득이한 일이었겠지만 '경제 붐이 일었던' 해인 1942~1945년의 자료를 구하지 못했던 그라얀체프(Andrew Grajdanzev)에겐 한국 연구에 굉장한 타격이었다. 1940~1941년에 대한 자료는 사실상 아무것도 남은 것이 없었다. 일본인들도 자세한 자료를 남기지 못해 한국에서의 이 열광적이었던 기간을 되돌아볼 기회를 잃었으며, 한국인들도 새로 직면한 문제들에 열중하느라 이 기간에 대한 연구를 하지 못했다. Karl W. Deutsch, "Social Mobilization and Political Development," *American Political Science Review*, 55.3(Sept. 1961), pp.493~514에서 도이치 교수가 진척시켰던 것과 같은 사회적 동원에 관한 가설의 실험에는 한국의 이 시기가 굉장히 비옥한 토양을 제공해줄 수

진적인 개발은 조선이 전쟁 확대의 긴장과 수탈에 견딜 수 있을 만큼 충분히 정치적으로 안정되게 성장할 것이라는 일본 측의 평가에 의거하여 시행되었으며 또한 그 평가가 옳았다는 것이 증명되었다. 일본의 전쟁 노력이 방해받을 정도의 큰 사건이 조선 내부에서는 일어나지 않았던 것이다.

앤드루 그라얀체프(Andrew Grajdanzev)는 조선 공업의 발달은 〈표 1〉, 〈표 2〉와 같이 예상보다 덜 증가했다고 말했다.[57] 그런데도 물가변동으로 인한 왜곡을 수정하면 공업생산의 총액은 5년간 80% 이상으로 증가한 것이 된다. 그후에도 증가세는 가팔랐다. 1945년의 엔화에 의한 공업생산총액은 1932년의 그것에 약 15배였다.[58] 전체 공업생산 중 가내공업의 비중은 계속 줄어들어 1933년의 40.1%에서 1938년엔 24.7%가 되었다.[59] 공업생산고에서 차지하는 중공업의 비율은 1930년에 38%이던 것이 1942년에는 73%가 되었다.[60] 조선의 무역수지는(그 97%는 일본과의 무역이었지만) 언제나 수입초과였다. 일본은 조선을 핵심 투자지역의 하나로 만들었으며, 1939년에는 수출총액 35억 7,600만 엔 가운데 12억 2,941만 7,000엔이 조선으로의 수출액이었다. 조선에 대한 일본의 투자액은 1910년에는 약 1억 엔 이하였던 것이 1940년에는 대략 50억~60억 엔 정도가 되었다.[61]

있었다. 만주를 있을 수 있는 예외로 친다면 1931년부터 1945년까지의 조선은 세계의 어떤 다른 식민지에서보다도 훨씬 더 격렬한 사회적 동원을 경험했다고 할 수 있다.

57 Andrew Grajdanzev, *Modern Korea*, pp.148~149.

58 Chung, Kyung-cho(정경조, 鄭慶朝), *Korea Tomorrow*(New York, 1956), p.120. 예컨대 총 산업생산액이 1929년의 3억 2,700만 엔에서 1941년에 18억 7,300만 엔으로 증가했다.

59 Andrew Grajdanzev, *Modern Korea*, p.150.

60 Rew, Joung-yole(유정렬, 柳正烈), "Study of the Government-General of Korea with an Emphasis on the Period between 1919 and 1931," pp.239~243.

61 일본의 조선 수출에 대해서는 Andrew Grajdanzev, *Modern Korea*, p.227 참조. 투자 증가 수치에 대해서는 같은 책 234쪽 참조. 하지만 증가액이 인플레이션에 의해 반감된 것보다는 많았을 것이다.

표 1 **조선 공업의 발달(1922~1944년)**

연도	고용자 수(1,000명)	공업총생산고 (100만 엔)	물가변동에 의한 수정(100만 엔)*
1922	46	223.3	721.7
1929	94	351.5	641.3
1933	120	367.3	520.3
1937	207	959.3	672.0
1938**	231	1140.1	690.0
1944	550	20,500.0	1,376.7

자료: Andrew Grajdanzev, *Modern Korea*, pp.148~149; Hagwon-sa Publishing Company(학원사), *Korea: Its Land, People, and Culture of All Ages*, p.220; 『조선은행통계월보』, 서울, 1922, 1929, 1933, 1939년 각 1월호.
주: * 당시 서울의 도매물가지수로 수정.
　　** 1938년 일본인 노동자는 321만 5,000명이었고, 총생산고는 196억 6,700만 엔이다.

표 2 **조선 공업회사의 성장(광업 포함, 1929~1939년)**

연도	회사 수	액면자본 (100만 엔)	불입자본 (100만 엔)	전 회사 불입자본 (100만 엔)	공업비율(%)	공업회사 평균자본 (1,000엔)
1929	484	189.9	76.7	310.6	24.7	158
1932	563	260.9	143.6	373.3	38.2	255
1935	717	287.9	198.1	591.3	33.5	276
1938	1,203	656.3	430.1	1,208.1	41.8	358
1939	1,812	728.7	510.0*	1,235.7	41.2	390*

자료: Andrew Grajdanzev, *Modern Korea*, p.153; 『조선은행통계월보』, 서울, 1939년 1월.
주: * 개략적인 수, 금액은 100만 엔.

　　1930년 이후 시기의 특징은 일본 최대의 제조·무역회사인 미쓰이(三井), 미쓰비시(三菱), 스미토모(住友), 야스다(安田)가 조선에 진출했다는 점이다. 몇 개인가의 일본 거대기업, 예를 들면 노구치(野口) 같은 회사는 조선에서 주로 성장한 기업이다.[62] 조선의 광업은 1913년부터 1944년 사이에 약 80~100배로 증가했는데 마지막 15년간에 최대의 신장을 보였다. 공업과 광업에 취직한 조선인 노동자 수가 2배로, 다시 2배로 증가하여 종전 때에 조선 내에 약 73만 3,000명이었고, 그 가운데 55만 명은 제조업 노동자, 18만 3,000명은 광업 노동자였다.[63] 이 밖에 약 261만 6,000명의 노동자들이 조선 내부의 철도 확장이나 기타 노역을 위해 징용되었으며, 특히 72만 3,000명이 일본에서 일반 공장 노동자나 남방의 일본 군사력을 보조하기 위해 징용되었다. 다른 수만 명은 일본군대로 징병되든가 또는 다른 자격으로 만주나 북부 중국으로 끌려갔다.

공업화의 진전은 조선에 큰 희망을 주었다. 농업개발계획이 전반적으로 성공했기 때문에 공업화를 위한 기초는 이미 충분히 닦여져 있었다. 급속하게 증가하는 총명하고 야심 찬, 그리고 기술을 쉽게 터득할 수 있던 조선인들은 고용을 원했으며, 산업이 제공할 수 있는 대안적인 진보의 길을 찾았다.[64] 직능적인 위계조직과 전문화라는 것이 사회에 잠재적인 새로운 질서의 동인을 제공했다. 한반도는 적절하게 여러 가지 자원으로 혜택을 입고 있었으며, 만주의 경제개발이 진행됨에 따라 조선인들의 고용상황이 일본의 지배권역 내에서는 좋은 위치에 있었다. 일본인들은 비단 수도권뿐 아니라 텅스텐, 석탄, 수력, 어유(漁油) 등의 자원이 있는 곳이면 어디서든지 공업을 발전시킴으로써 개발균형에 기여했다. 공업, 특히 지방의 공업은 결과적으로 경제적 발전을 위한 것

---

62 흔히 말하는 '신진재벌'들 — 닛산, 노구치, 모리 — 이 조선과 만주 두 지역의 개발 사업에 특히 적극적이었다. 분명히 1930년대에 만주에서 세상을 깜짝 놀라게 할 정도의 경제개발과 확대에 대한 성공이 조선에서의 경제 붐 조성에 핵심적인 요소가 되었다.

63 Rew, Joung-yole(유정렬, 柳正烈), "Study of the Government-General of Korea with an Emphasis on the Period between 1919 and 1931," p.220.

64 일본은 부분적으로는 우연히, 그리고 부분적으로는 의도적으로 조선의 현대화를 (착취는 차치하고) 현재의 기준에 비춰 봐도 국가의 개발을 위해 가장 바람직한 것으로 여겨지는 것, 예컨대 농업의 현대화, 교육과 통신의 확충, 그리고 공업화를 거의 그대로 추진해왔다는 점에 주목해야 한다. 조선의 도시화와 이주 — 주로 공업지역으로의 이주 — 는 1935년부터 1945년까지의 10년 동안 폭발적인 인구증가분의 약 85%를 흡수했다. 1925년부터 1940년까지는 도시로의 이주가 인구증가분 450만 명의 25%를 흡수했다. Tsuboe Senji(쓰보에 센지, 坪江汕二), *Chosen minzoku dokuritsu undo hishi*, p.188 참조.

일 뿐만 아니라 제어할 수 없는 중앙 세력에 대항하는 정치적인 요새의 역할을 할 수 있으며, 만약 새로운 정치제도가 확립될 때는 지방을 대표하는 중심 역할을 하게 될 중간매개집단이나 관련 단체의 발달을 촉구할 것이다. 사회적으로 새로운 산업의 발달은 사람들을 공통의 이해와 충성심을 가진 공동체에 붙들어 맬 수 있으며 중앙집권화한 대중사회로 가는 경향을 중화할 수도 있을 것이다.

불행히도 조선의 산업화는 사실상 이런 모든 이점을 활용하지 못했으며, 오히려 얼마쯤은 그 반대의 경향을 조장했다. 성장속도는 열광적이었다. 전통이나 과거와의 유대가 없고 이름도 없는 시골 마을들이 하루가 다르게 현대적인 도시로 변해갔다. 노동력은 원격지에서 급거 보충되었다. 일본 철도회사와 경쟁하고 있는 조선 철도회사는 토지 없는 남부 사람들을 북부지방으로 흡수하기 위해 특별할인제도를 실시했다.[65] 설비와 자원이 혹사당했다. 잔업은 당연시되었으며 노동조합활동은 금지되었다. 새로운 연대를 만들 수 있는 시간적 여유가 주어지지 않았다. 일본의 패전과 함께 공업의 완전한 붕괴는 노동력을 다른 분야로 쫓아 보내든가 실업으로 몰아넣었다. 공동체들은 전보다 더 불안정하고 뿌리째 뽑히기 시작했다.

사실 새로운 공업시설은 비록 조선에 자리 잡고 있긴 했지만 조선의 것이 아니라 일본에 뿌리를 둔 것이었다. 일본은 1938년 조선에 있는 모든 법인의 전 불입자본금 중 90%를 소유했으며, 1945년에는 모든 제조업과 공업설비의 85%를 소유하고, 모든 주요 은행과 보험회사 등을 지배했다. 한국의 한 경제학자는 1940년에 조선에 투자된 총 공업자본 중 조선인 자본 비율은 6%에 지나지 않았으며 심지어 조선인 경영의 제조업에 투자된 자본조차 90% 정도가 일본 것이라고 말했다.[66] 단지 하나의 대형 섬유공장과 2, 3개의 중간규모 은행 및

---

65 Richard H. Mitchell, *The Korean Minority in Japan*, pp.77~79. 1939년에서 1945년 사이에만 약 66만 명의 조선인 노무자들이 일본으로 건너갔다.

약간의 사업만이 조선인 소유였다. 그 외에는 주로 정미소와 식품가공 같은 소규모 공장들에 한했다. 소유권과 경영은 별개의 것이기 때문에 큰 공장이 이동해 와도 원격지에 있는 본사로부터 감독을 받는 일이 많았다. 조선인들은 가장 낮은 차원으로밖에 참여할 수 없었으며, 직공장(職工長)급 이상은 오를 수 없는 차별대우를 받았다. 사정이 이렇다보니 기능의 전문화, 새로운 위계질서나 특례제도, 팀워크라든가 혹은 안정된 직업이라는 사고가 길러지지 않았다. 전쟁으로 흥분상태가 고조되어감에 따라 조선인들은 과도한 노동에 시달렸으며, 제도에 대한 충성심이나 공동체 감각을 발전시키려는 의식을 거의 가질 수 없었다. 동시에 이 격정적인 근로자들은 새로이 정치활동에 끼어들 수 있는 갖가지 필요성과 잠재성을 내포하고 있었다. 1945년 이후에는 해방 이전에 존재했던 것과 같은 그런 조직마저 붕괴되어 원자화되고 불안해짐으로써 조선인 노동자들은 비교적 쉽게 공산주의 조직에 의한 정치의 회생물이 되었다.

약간의 소망은 이뤄졌다. 전쟁이 거의 끝날 무렵에 인력수요가 증가했으며, 수천 명의 조선인들이 유복해졌고, 특히 일부 소수는 부자가 되었다. 수십만 명의 조선인들은 대형 조직에서 일하는 것이 좋다는 것을 처음으로 알게 되었다. 일부 노동자들은 현장훈련을 통해 숙련공이 되었으며, 공업중학교(구제)는 1925년의 44개교에서 1941년엔 95개교로까지 늘어났다.[67] 비록 일본인들이 공업과 농업에 대한 대부분의 소유권을 장악하고 있어 조건이 극도로 나쁜데도 불구하고 조선인들의 새로운 중산계급이 형성되기 시작했다. 조선의 거의 모든 중산, 상류계급을 이루고 있던 사람들은 일본인이었으며, 많은 재산을 가지고 거대한 기득권층을 이루고 있던 사람들도 일본인이었다. 이것은 중산계급이나 기득권익 그 자체의 성장에 대한 일반인들의 존경심에 찬물을 끼얹는

---

66 Ch'oe Mun-hwan(최문환, 崔文煥), "The Path of Democracy: A Historical Review of the Korean Economy," *Koreana Quarterly*, 3.1(Summer 1961), p.61.

67 Hagwon-sa Publishing Company(학원사), *Korea: Its Land, People, and Culture of All Ages*, p.266.

것이었다. 이 바람에 중산계급 지위에 있던 조선인들마저 선망의 대상도 존경의 대상도 되지 못했다. 일본에 협력했던 그들의 책임은 엘리트로서의 설득력을 훼손시켰다.[68] 더욱이 모든 일본인들의 귀국과 일본인 재산의 몰수로, 한국에서는 다른 식민지정권 아마도 베트남 식민지정권이 끝났을 때 일어났던 것보다도 훨씬 심각한 사회적·경제적·정치적인 의미의 혁명적 상황이 벌어지게 되었다.

교통·통신

한편 조선의 교통·통신 분야에서도 혁명이 일어났다. 1899년의 서울-인천 간 철도 개설 후 일본은 철도건설에 특별한 관심을 기울여 1945년까지 총 연장 6,362km에 이르는 노선을 부설했다(해방될 무렵엔 몇 개의 신규 추가노선을 계획, 착공했는데 그 가운데 80~90%에 이른 것도 있었다).[69] 조선의 철도망은 주로 북부에 집중되어 있었고, 극동에서 일본에 이어 두 번째의 철도망을 보유했는데, 이는 조선의 국내수요뿐 아니라 일본이 계속 확대하고 있는 대동아공영권의 연결망으로 사용하기 위해서였다. 자동차도로는 철도만큼 발달하지 못했으며 나중에 약 2만 마일의 도로가 생겼지만 대략 그 절반이 원시적인 도로망으로 비포장이었다. 여행을 하는 사람들은 주로 일본인들이었지만, 1930년대에는 500개 이상의 버스회사와 230개의 택시회사, 671개의 트럭회사가 있었다. 그것들은 거의 소규모로, 제2차 세계대전 중에 소멸되고 살아남은 것은 극소수

---

68 Richard D. Robinson, "Korea: The Betrayal of a Nation"(unpub. MS, 1947), pp.48~49. 로빈슨은 정확히 이 같은 맥락에서 1945년 10월 5일 자 인민공화국(해방 직후 여운형의 주도로 조직한 정부 명칭)의 다음과 같은 내용의 성명서를 인용하고 있다. "한국에서 부유한 사람들, 그리고 정치에 몸담았거나 또는 사회의 상위계층에 있는 사람들은 당연히 친일파로 봐야 한다. …… 그가 일제강점기에 사회적으로 '존경받는' 인사였다면, 필시 그는 애국자가 아니었을 것이다."

69 Hagwon-sa Publishing Company(학원사), *Korea: Its Land, People, and Culture of All Ages*, p. 266.

였다. 조선은 종전 때까지 23만 톤의 선박과 많은 항만시설을 보유했다. 또한 잘 발달된 우체국 망을 갖고 있었는데, 1938년에는 전국에 1,031개의 우체국이 있었으며, 1945년에는 남부조선에만 670개국이 있었고 그중 대부분이 전보 발신설비를 갖추고 있었다. 5,600마일에 이르는 전신선과 7,100마일의 전화회선이 있었으며, 전화 가입자가 약 5만 명이었는데 조선인 가입자는 이 가운데 약 1만 5,000명에 지나지 않았다.

방송은 전쟁이 끝날 때까지 순조롭게 성장을 계속하여, 조선 내에 15개의 라디오 방송국이 있었으며, 그 가운데 10개국은 1941년 이후에 설립되었다. 남부조선에만 약 24만 대의 라디오 수신기가 있었고 그 3분의 2는 일본인들의 소유였는데, 1945년에 조선인에 의해 거의 몰수되었다.[70] 20만 대는 1938년 이후에 구입한 것이다. 이리하여 1945년에 조선은 인구대비로, 1959년 현재 남베트남, 인도네시아, 앙골라, 케냐가 갖고 있던 것보다 많은 수의 라디오를 갖고 있었으며, 특히 인도, 버마, 나이지리아가 1975년에 가지고 있었던 것으로 추측되는 수치보다 더 많았다.[71] 1937년에 조선에는 72개의 극장이 있었는데(일본에는 3만 2,338개), 1945년에는 약 300개의 극장과 51개의 영화관(일본에는 9만 4,853개)이 있었다. 1945년에는 조선총독부 관할 아래 2만 명의 통신관계 노동자가 일했고, 그 상급직 4,000명은 일본인들이었다.[72]

이런 시설의 대부분은 일본인들이 소유하고 있었지만, 조선인들은 이미 제2차 세계대전 전에, 1980년대에도 아직 많은 개발도상국들이 보유하지 않은, 혹은 최근에 겨우 보유한 통신이나 현대적인 미디어 환경 속에서 살았다. 이런 환경은 1945년 직전에 급속히 개량되어 조선사회를 새로운 복잡한 현대생활의 와중으로 발진시켰음이 분명하다. 통신이 나라의 구석구석까지 보급되는

---

70 idem, p.405.

71 Bruce M. Russett, *World Handbook of Political and Social Indicators* (New Haven, 1964), pp.350~351.

72 SCAP, "Summation of Non-Military Activities in Japan and Korea"(Sept-Oct. 1945), p.20.

날도 멀지 않은 것처럼 보였다. 이런 가운데 조선인들은 이전보다 더 광범위하게 정치에 참여하기 시작했으며 대규모적인 정치적 동원을 향해 또 다른 발걸음을 시작했다.[73]

도시화

산업화와 교통·통신 붐은 동시에 급격한 도시화를 동반했다. 1910년에 인구 1만 4,000명 이상의 도시는 11개에 지나지 않았으며, 그런 도시인구의 총계가 겨우 56만 6,000명으로 전 인구의 4%에 불과했다.[74] 그나마 이것도 이전의 사회와 비교하면 도시인구가 급속히 증가한 것이다. 조선시대 500년 동안 도시 거주자는 아마도 30만 명을 넘지 않았을 것이다. 서울의 인구는 건설된 지 얼마 안 되는 1426년에 10만 3,000명이었는데, 1897년 2월에 시행된 정밀한 '국세조사'에서는 21만 9,827명이었다.[75] 1920년에는 그 수가 25만 200명에 이르렀으며, 1940년에는 93만 5,500명이 되었다.[76] 이사벨라 비숍(Isabella Bird Bishop)은, "평양은 1896년에 6만 명의 인구를 가진 번영된 도시였는데, 청일전쟁으로 황폐해져 1만 5,000명을 가진 도시로 쇠퇴했다"라고 기록했다.[77] 영자신문 ≪코리언 리포지토리(Korean Repository)≫는 1892년 4월에 평양과 대

---

73 조선에서의 일본의 경제적 업적은 앞서 지적한 바와 같이 일본인과 일본의 이익을 위해 이룩한 것이지 조선인과 조선을 위해 한 것은 아니었다. 그러나 서방국가들은 아주 짧은 기간에 아주 빠른 속도로, 그리고 아주 훌륭한 기능, 기술, 자본을 투입하여 최선을 다한 것이라고 알고 있을 것이다.

74 Andrew Grajdanzev, *Modern Korea*, p.80. 1910년에 전국에서 가장 큰 11개 도시의 총 인구는 1966년 서울 인구의 단지 17%에 지나지 않았다.

75 ≪코리아 타임스(Korea Times)≫(July 11, 1964). 초기의 통계는 대충 잡은 근사치라는 점을 고려해야 한다. Isabella Bird Bishop, *Korea and Her Neighbors*, p.34. 필시 1897년의 조사는 1930년 이후 일본경찰이 시행한 국세조사보다는 훨씬 덜 체계적이었을 것이다.

76 Korea Times, July, 11, 1964, from Japanese census records.

77 Isabella Bird Bishop, *Korea and Her Neighbors*, p.114.

구에 각각 7만 5,000명이 살고 있다고 보도했는데, 바로 이 시기에 대구에 살고 있던 선교사 애덤스 일가는 그들이 구입했던 자전거를 도로 사정이 나빠 마음대로 탈 수 없었다고 기록했다.[78] 개성의 인구는 6만 명이었다. 다른 4개의 도시는 대충 3만 명 이상의 인구를 가졌던 것으로 보인다. 인천(제물포)의 인구는 3만 명을 훨씬 밑돌았다. 부산, 대전, 광주, 목포, 마산, 군산, 흥남 그리고 실제로 북쪽에 뒤늦게 탄생한 도시들 거의 대부분은 당시에 아직 한촌(寒村)이거나 아니면 전연 존재하지 않았다.

1939~1940년의 국세조사에서, 앞서 말한 11개 도시의 인구합계가 191만 6,000명에 달해, 크게 증가한 전 인구의 약 8.4%를 차지했으며, 1935년 이래 4년간 도시인구가 약 91% 증가했다.[79] 해방될 무렵에는 약 2,600만 명의 총 인구 가운데 상기 11개 도시의 인구가 200만 명을 훨씬 넘었다. 조선 6대 도시의 인구는 1930~1940년 사이에 2배 이상으로 확대되었다. 청진같이 더 늦게 생긴 몇몇 북동부 도시들은 같은 기간에 인구가 5배로 증가했다. 또한 1940년에는 1만 5,000명 이상의 인구를 가진 도시가 50개 이상이 되었으며, 그 총계는 301만 2,400명으로 전 인구의 13~14%를 차지했다.

이 기간에 평양의 인구는 28만 5,965명으로 알려졌고, 1875년에 거의 사람들이 살지 않았던 부산은 1920년에는 7만 3,900명이었다가 1940년에는 24만 9,734명이 되었다(1963년에는 135만 4,400명). 원산의 인구는 1만 8,000명이었던 것이 1940년에는 8만 명이 되었고, 청진은 2,000~3,000명에서 주로 1930~1940년 사이에 약 20만 명이 되었다. 대전, 함흥, 목포 같은 알려지지 않은 마

78 ≪코리언 리포지토리(Korean Repository)≫, 1:112(April 1892).

79 Tsuboe Senji(쓰보에 센지, 坪江汕二), *Chosen minzoku dokuritsu undo hishi*, pp.187~189. 쓰보에 센지는 여기서 조선의 도시인구가 1925년에는 60만 8,000명, 1930에 89만 명, 1935년에 124만 5,000명, 그리고 1940년에 237만 7,000명이라고 기록하고 있다. 그 무렵 25만 명의 인구를 가진 오사카는 조선의 도시와 비교하면 세 번째로 많은 인구를 가진 도시 축에 들었다.

을도 4만 명 이상의 인구를 가진 도시가 되었다.[80] 산업화의 진척뿐 아니라 경작지 대비 인구과잉, 지주의 횡포, 그리고 1930년대 중반기의 실제적인 농촌 기아 등이 이처럼 도시로의 인구유입을 촉진시켰다. 그러나 전쟁과 산업의 발전이 더 많은 사람들을 도시로 내몰았는데 1945년 직전에 도시인구가 더 크게 늘어난 점이 그걸 말해준다.

한편, 일본에 이주한 조선인(거의 도시지역에 살았다)들의 수도 증가했다. 일본으로의 이주민 수는 1914년의 3,630명에서 1930년엔 41만 9,000명으로 불어났다. 일본으로의 이주는 1920년대보다 1930년대가 적었지만, 1933년의 45만 6,217명에서 1936년에 69만 503명으로 증가했고, 전쟁이 끝날 무렵에는 240만 명에 달했다.[81] 해방 후 약 70만 명을 제외하고 모두 조선으로 귀국했지만, 그들 중 겨우 일부밖에 시골로 돌아가지 않았기 때문에 도시인구가 급격히 증가하는 결과를 낳았다.

한국의 도시인구는 1950년에 전 인구의 18.5%에 달하고, 그다음 20년 동안 크게 늘어난 전체 인구의 3분의 1을 차지하게 되며, 1980년대까지는 70% 이상이 되어 배로 늘어나는데, 이처럼 한국이 갑자기 도시화한 국가들의 상위권 순위에 오를 것이라고 1945년에는 전혀 예상하지 못했다.[82] 식민지 조선은 일제가 철권통치를 계속하고 있음에도 대폭적인 정치적 변화를 강요하는 거대한

---

80 Andrew Grajdanzev, *Modern Korea*, p.80. 또한 Roh, Chang-shub(노창섭, 盧昌燮), "The Study of a Residential Community in Seoul," Korean Research Center Studies Series, No.20(Seoul, 1964), p.177 참조. 1945년까지 조선의 도시화는 오늘날 대부분의 아프리카 국가와 다수의 아시아 국가의 도시화 수준을 능가하는 것이었다.

81 Richard H. Mitchell, *The Korean Minority in Japan*, p.76. 미첼은 여기서 비밀 내무성 기록을 인용했다. 조선 노무자들은 일본군을 보조하기 위해 징용되었다. Jerome B. Cohen, *Japan's Economy in War and Reconstruction* (Minneapolis, 1949), p.326과 다른 자료들은 일반적으로 일본과 그 외 지역에 투입된 한국인 노무자들은 전쟁기간 중에 강제노역을 한 것이 아니고 합당한 보수를 받았다고 지적한다.

82 Bruce M. Russett, *World Handbook of Political and Social Indicators*, p.52.

사회적 혁명을 진행하고 있었다.

산업성장과 함께 갑자기 도래한 도시화로 사람들은 모든 인연이나 익숙해진 환경으로부터 멀어져, 자신들의 노동력을 착취당하고 쉴 새 없이 사회적 필요성을 위해 싸워야 하는 이질적인 세계로 내몰렸다. 1940년에는 조선인의 9%, 20~24세 취업자의 13%가 그들의 출생지 이외의 지역에 살았다. 이 비율이 1945년에는 더욱 높아졌다. 함경북도에만 1935년부터 1940년 사이에 인구가 29% 늘어났다.[83] 제2차 세계대전 전과 더욱이 전후에 계속되는 도시화가 사람들로 하여금 지금까지 친숙했던 시골행사에 참가하는 대신 정치활동이나 시위에 참가하도록 함으로써 뿌리 없는 대중사회로 그들을 내몰았다. 현존하는 여러 관행이나 제도를 개혁하려는 압력이 급속히 거세어졌다. 결국 조선사회는 혁명을 가능케 하는 혼란의 선행조건 가장자리에 도달하고 있었다.

식민지 지배하의 정치와 대중사회

제1단계: 1910~1920년

정치활동은 무의미하고 무익하며 위험한 공해라는 일본 군국주의자들의 견해가 통치 초기부터 조선에 강요되었다. 식민통치 최초의 군인 독재자들인 데라우치(寺內正毅)와 하세가와(長谷川好道)는 정치활동을 허용할 의사가 조금도 없었으며, 하세가와가 그 자신에 대해 말한 것처럼 그는 "정치에 대해 아는 것이 별로 없었다".[84] 그들의 생각으로는 정당이 아니라 총독이 임명하는 관료에

---

83 Tsuboe Senji(쓰보에 센지, 坪江汕二), *Chosen minzoku dokuritsu undo hishi*, p.188.

84 Lee, Chong-Sik(이정식), *The Politics of Korean Nationalism*, p.92에서 데라우치 총독의 비서실장이었던 아카시 모토지로(明石元二郎)의 자서전을 인용하고 있는데, 아카시는 거기에서 데라우치는 하세가와의 지도교사였다고 주장했다. 이정식 박사는 이들이 19세기 러시아가 폴란드를 식민통치한 방법에 크게 영향을 받은 것으로 믿고 있다. idem, pp.89~90. 독

의해 시행되는 엄격한 행정이 '질서 있는' 개혁과 발전의 기초였다.[85] 강제병합 초기 10년간 조선인은 정치권력 참여가 모두 금지되었으며 선거권도 없었고 군대에 자원입대하는 것마저 허용되지 않았다. 타이완의 경우와 달리 조선에서는 많은 지방적인 관습도 금지 당했다.[86] 조선인들이 가장 전심전력해야 할 의무는 '일본인화'였다. 두 번째 의무는 정치적인 것에는 일체 마음을 두지 않고 경제발전에만 힘쓰는 것이었다.

표면상으로는 이런 엄격한 정책이 결실을 맺는 것처럼 보였다. 행정이란 수레바퀴는 실제로 대중의 의견이나 비판, 토론 등으로 방해받지도 않고 착실히 효과적으로 굴러갔다. 농업생산이 경이적으로 증대했다.[87] 많은 조선인들이 일본에 대해 분노하고 있는 것과는 별개로, 일본인들이 시행한 제도가 '자문기관'에 의해 통치된 조선시대의 동맥경화와 비교하면 훨씬 효과적이고 생산적이라는 인상을 주었다.

총독부가 인정한 유일한 정치적 겉치레는 중추원, 즉 중앙자문회의의 설립

재적 성향을 가진 아카시가 상트페테르부르크의 일본대사관 무관으로 있을 때 그것을 배웠다는 것이다.

85 이 점에 관해 일본의 이론이 완전히 획일적이지는 않았다. 데라우치 총독은 '개발정책'을 신봉했다. 일본정부의 상당한 후원을 받은 강력한 상업-정치 집단들이 계획적이고 대규모적인 일본인 식민자의 이주와 일본자본의 도입에 의한 동화정책, 이른바 '이민테키 도쿠사쿠(移民的得策, 이민에 의한 동화정책)'를 신봉했다. Rew, Joung-yole(유정렬, 柳正烈), "Study of the Government-General of Korea with an Emphasis on the Period between 1919 and 1931," pp.46ff.

86 idem, p.96. 유정렬은 이 책에서 Aoyagi Tsunataro(아오야기 쓰나타로, 靑柳綱太郎), Chosen Tochi-ron (Treatise on the administration of Chosen; Seoul, 1923), p.192를 참고했다.

87 일본 측 자료에 따르면, 조선 전체 경작지의 약 60%가 조선 말기까지 사실상 경작되지 않은 채 버려져 있었으며, 일제강점기에 들어와 비로소 경작지로 바뀌었다. 개간과 새로운 파종 방법, 그리고 종자개량 등으로 벼 수확을 30%가량 늘렸다. 많은 종류의 부족 곡물들도 도입되었고, 1920년까지 과일 생산량이 2배로, 양잠은 4,500%, 소금 생산은 7,000%, 그리고 밀, 완두콩, 보리 등은 수백%까지 수확량이 증가했다. 조선은행, 『조선경제사』(서울, 1921); E. Alexander Powell, "Japan's Policy in Korea," *Atlantic Monthly* (March 1922), p.409 참조.

인데, 1910년 9월에 임명된 65명의 귀족 또는 친일인사를 의원으로 하여 구성되었다. 그들은 오로지 "재능과 인망 있는 조선인 가운데서 선발되었으며 총독이 행정조치에 대해 자문했을 때에만 의견개진이 허락된" 사람들이었다.[88] 처음 두 명의 총독은 이 중추원에 한 번도 자문한 일이 없었으며, 비록 1920년에 자문회의가 부활되긴 했지만, 30년 동안에 겨우 9개의 안건에 관해 자문을 구했을 뿐인데, 그것도 모두 막연한 것이거나 중요치 않은 것이었다. 그나마 의원들 사이의 파벌적인 논쟁이 비록 이 보잘것없는 업무마저 훼손했다. 중추원의 존재는 오직 정치적 의사전달이 결여되고 있다는 것을 부각시켰을 뿐이다.

제2단계: 1920~1931년

1920년의 개혁은 조선인의 정치참여를 조심스럽게 좀 더 진전시켰다. 조직을 만들거나 회합을 가지는 것이 허용되었다. 기독교에 대한 탄압도 약간 완화되었다.[89] 1920년 7월 29일에 개정된 지방행정조직으로 도(道) 자문회의와 41개의 면(面)과 14개의 부(府) 자문회의가 설치되었다. 도 자문회의도 총독의 '자문기관' 역할을 했으며, 의원의 3분의 2는 면, 정(町), 촌(村) 등의 지역 자문의원들이 선출한 사람들 가운데서 총독이 임명하며, 나머지 3분의 1은 총독이 임의로 임명했다. 면장의 '자문기관'인 면 위원회는 25세 이상으로 선거구에서 최저 1년 이상 거주하고 1년에 5엔 이상의 세금을 내며 자활하고 있는, 일본의 신민(臣民)임을 자부하는 남자 유권자들에 의해 선출되었다.[90] 총독은 "선거에 대한 적절한 능력이나 경험"이 결여된 것으로 보이는 면(面)에 대해서는 참정

---

88 Noboru Asami(노보루 아사미), "Japanese Colonial Government," pp.53~54; Oh, Kie-Chang(오기창), "Western Democracy in a Newly Emerging Eastern State: A Case Study of Korea"(unpub. diss., Georgetown University, 1962), p.155; Hugh Borton, "Korea: Internal Political Structure," p.580 참조.

89 기독교 학교에서 종교교육을 금지하기로 한 종전의 지시는 그것이 시행되기 전에 철회했다.

90 1910년 이후 모든 조선인은 자동적으로 일본의 신민과 국민이 되었다.

권을 정지시킬 수 있었다. 면 자문의원은 "인망이 높은 지도자들" 가운데서 면장이 지명하고, 시 자문의원은 앞서 말한 유권자들 과반수의 지지로 선출되었다.[91] 그 후 1931년과 1933년의 개혁으로 이 자문회의는 지방의 안건에 관한 결의권이 주어졌으며, 임기도 3년에서 4년으로 연장되었다. 또 도 자문회의 의원들의 3분의 2는 지방 자문회의에서 선발했다.

재산상의 자격제한 때문에 아주 소수의 사람들을 제외한 조선인 대부분은 선거권을 박탈당한 채 살았다.[92] 순수하게 자문 역할만 하는 자문회의 의원선거에 대한 관심은 저조했다. 그래서 오늘날 한국 사람들은 과거 식민지 시대 일본인들이 조선에서 시행했던 선거는 속빈 강정에 불과한 것이었다고 혹평한다. 그러나 그 당시의 투표결과 분석은 이 견해가 부분적으로만 타당함을 말해준다. 선거권을 가진 조선인 중 약 70%가 그 권리를 행사했다. 특히 1931~1933년의 개혁 후에 조선인들은 투표에도 입후보에도 열심이었다. 조선인들은 많든 적든 간에 그들 자신의 선택으로 조선인을 선출할 수 있었으며, 사실 그들은 점점 더 열심히 그 선거에 참여했다. 그들은 또한 때때로 일본인을 선출하기 위해 일본인 투표자들과 협력했다. 정치단체는 선거운동을 할 수 없기 때문에 1930년대에 일본에서 조선인 사이에 행해졌던 간부 선거운동과 비교하면

---

91 Noboru Asami(노보루 아사미), "Japanese Colonial Government," p.56; Hugh Borton, "Korea: Internal Political Structure," p.580 참조. 1925년 이후 일본에 거주하는 조선인 역시 일본 국민으로서 당연히 선거권을 가졌다. 다만 그들이 당해 선거구에 1년 이상 거주하고, 과세면제 대상이 아닌 조건에서였다. 1930년대에 접어들면서 재일본 조선인들은 재조선 조선인들보다 더 활발한 정치활동을 벌였다. 1929년부터 1939년까지 총 187명의 조선인이 공직선거에 출마하여 53명이 당선되었다. 그중 한 사람인 박춘금(朴春琴)은 1932년과 1936년 두 차례에 걸쳐 일본 중의원 의원으로 당선되었다. Richard H. Mitchell, *The Korean Minority in Japan*, pp.94~95.

92 사실상 모든 일본인들은 피선거권 자격이 있었으며, 시 자문위원으로 당선된 위원의 많은 수가 일본인이었다. 그들 중 일부는 선거구에 사는 일본인 유권자 수보다 더 많은 지지표를 얻었다. Rew, Joung-yole(유정렬, 柳正烈), "Study of the Government-General of Korea with an Emphasis on the Period between 1919 and 1931," p.157.

조용하고 차분한 것이었다. 이런 선거는 아마도 해방 후의 각종 선거를 위한 최소한의 준비였다는 것에 주로 그 가치를 둬야 할 것이다.[93] 그렇지 않다면 그것은 신간회 또는 공산주의자들에게 시험적으로 정치활동을 허용한 것보다 훨씬 덜 중요할 것이다. 이 두 단체가 내부에서 벌였던 암투는 한국적인 문화패턴 안에서 정당 활동을 하는 것이 얼마나 어려울 것인가를 암시해주었다.

제3단계: 1931~1945년

조선인에게 정치적으로 의미가 있는 것은 계획된 '일본화'가 아니라 오히려 전쟁이었다. 산업화와 통신의 발달, 도시화 등의 홍수는 조선사회의 원동력과 인간관계를 변화시켰다. 그리고 그런 발전은 그때까지 20년 동안의 식민주의가 냉혹한 규율로 꼼짝 못하게 억압해온 것과 기원은 다르지만 종류는 유사한 거대한 힘을 분출시켰다. 송병준이 동원했던 유동적인 사회 세력은 앙시엥 레짐(조선왕조)의 붕괴에서 생겨났다. 1930년대 들어 그런 힘은 가속화한 산업도시화에서 비롯되었다. 그 각각은 손쉽게 그리고 교묘하게 조종되었다. 송병준이 금력과 카리스마를 이용했던 것에 반해 일본인들은 조직을 이용했다. 거창한 정책, 거대한 군대와 관료적인 노력 등이 실질적으로 모든 활동을 통제했다. 이제 막 싹이 텄을 뿐인 전체주의가 모든 것을 지배했다. 그리고 그 영향은 일본의 조선통치가 끝날 때까지 계속되었다.

만주사변으로 조선총독부에 더 강압적인 군국주의자들이 배속되었으며, 그

---

93 해방 후 1948년에 치른 총선거가 한국에서는 최초의 전국적인 선거일 것으로 믿었던 대다수 미국인들이 한국인들의 대범한 선거운영에 놀란 이유의 일단은 비록 작은 것이긴 하지만 일제강점기의 이런 준비 때문일 것이다. 개신교, 특히 장로교회가 최초로, 그리고 계속하여, 선거를 치르고 의회운영방식을 모방할 가장 중요한 본보기 중의 하나가 되었다. 장로교회는 교회집회에서 장로를 선출하는 일뿐 아니라 그들의 지도자들을 논의하여 선출하는 청년집단들을 후원해주었다. 이런 방식은 장로교가 가장 번성했던 북서지방의 국회의원 선거에서 특히 중요한 본보기가 되었다.

들은 강경책을 폈다. 그러나 우가키 가즈시게(宇垣一成) 총독은 1931년에서 1936년에 걸쳐 이런 변화를 다소 완화시키려고 애썼다. 그 후 1936년에서 1942년까지 총독을 지낸 사람은 군부 과격파의 핵심이며 만주사변의 '3인방' 중 한 사람이자 육군대신을 지낸 미나미 지로(南次郎)였다. 그가 총독이 된 이후 해방될 때까지 유화정책은 미련 없이 내팽개쳐졌다. 전쟁수행 노력의 하나로 '내선일체(內鮮一體)'가 주창되었다. 조선어는 교과서에서 제외되었으며 곧 학교교육과 공용어로서의 사용이 금지되었다. 1936년 12월에는 사상통제가 시행되고 '사상경찰'이 크게 강화되었다. 1935년부터 1937년 사이에 일본은 조선에 있는 재래의 모든 사회, 정치 관련 조직을 해체했다. 온건한 정치활동마저 금지되었고, 조선어 신문은 1940년에 발행이 정지되었다. 탄압은 더욱 강화되었다. 1938년 한 해에만 12만 6,626명이 체포되었다. 반일로 지목된 모든 기독교 지도자들은 강압으로 사직했으며, 1944년에는 이들 중 45세 이하의 사람들이 모두 군대나 징용에 소집되었다.[94] 조선인들을 노골적으로 위압하는 정부권력을 중화시켜줄 수 있는 소수에 불과한 중간조직마저 무력화시키거나 해체해버렸다.

억압에 더 엄격한 수단이 동원되었다. 군국주의자들은 조선인을 굴종시키는 것에 만족하지 않고 그들의 적극적인 참여를 요구했다. 국민정신총동원연맹이 결성되고, 총동원의 목적달성을 위해 전국적인 규모에서 도나리구미(隣組: 일제가 제2차 세계대전 중 국민들을 통제하기 위해 만든 최말단 조직 _옮긴이)에 이르기까지 각양각색의 청년단체나 '애국적'인 협회들이 설립되었다.[95] 1938년 7월, 새로 아시아청년애국노동자단체가 설립되어 많은 회원들이 '개척자'로서 만주에 파견되었고 귀국 후에는 '정신적 지도자'가 되었다. 같은 해, 전조선애

---

94 Korean Affairs Institute, *Voice of Korea*, Vol.I, No.5(Washington, D.C., Feb. 12, 1944).

95 이에 대한 자료 대부분은 Rew, Joung-yole(유정렬, 柳正烈), "Study of the Government-General of Korea with an Emphasis on the Period between 1919 and 1931," pp.235~236 을 참고했음.

국연맹과 조선청년단연맹이 선을 보였다. 일본에서는 일본에 있는 조선인들의 협력을 이끌어내기 위해 대규모 교와카이(協和會 = 親和協會)가 일본인 경찰을 지도자로 하여 결성되었다. 일본에 있는 많은 조선인들이 일본에 대해 적의를 갖고 있었던 것은 사실이었지만, 그렇지 않은 사람들은 기부금을 내거나 근로봉사를 하거나 일부는 일본군에 자원입대하거나 또 일부는 자원입대하게 해달라고 혈서를 쓰기도 했다.[96] 교와카이는 그 아래 약 37개의 산하단체들이 있었으며, 1943년에는 그것이 47개 단체로 발전했고 더 아래 하부조직은 1,124개 단체를 헤아리기에 이르렀다.

총독부는 1941년에 전쟁수행을 위한 노동력보급사무소를 설치했다. 6월에는 만주와 중국으로의 농업이민을 위해 지도자 양성을 목적으로 하는 지원개척단원훈련소가 개설되었다. 1940년 10월, 조선에서도 다이세이요쿠산카이(大政翼贊會: 1940년 각 정당이 해체된 후 고노에 후미마로 총리를 중심으로 결성된 관제 국민통합 단일기구, 결국 행정보조기관으로 전락했다. _옮긴이)가 결성되었다. 조선인들은 아시아의 개척자가 되기 위해 훈련받아야 했으며, 거대한 슬로건을 내건 캠페인은 조선인 모두가 천황을 위해 목숨을 바칠 것을 요구했다. 그런 노력은 방방곡곡, 특히 도시의 최말단 조직에까지 침투했다. 애국단체들은 말단 행정구역에까지 지부를 만들고 지방 관리에서 도나리구미장(隣組長)에 이르기까지 열광적으로 활동하도록 독려했다. 금반지, 금비녀, 놋그릇이 공출되었다. 일본의 통치 이후 증대해온 사회통제과정의 전체주의적 정점을 이제 맞은 것이다. 그것은 연장자가 촌락이나 근린(近隣)에 대한 책임을 졌던 조선시대의 풍습을 알고 있던 시골의 어른들에겐 꿈도 꿀 수 없는 사태였다.

군부도 유사한 계획을 추진했다. 1938년 2월, 「육군특별지원병령(陸軍特別

---

96 Richard H. Mitchell, *The Korean Minority in Japan*, pp.71~74. 미첼은 여기서 일본 내무성 비밀기록을 인용하고 있다. 한편, 1940년 일본에서는 165명의 조선 학생들이 「치안유지법」 위반으로 체포되었는데, 1941년에 체포된 숫자가 1939년의 경우보다 5배 많았다. idem, p.71.

志願兵令)」이 공포되었고, 같은 해 군사훈련이 조선의 모든 중등학교에 도입되었으며, 조선인들은 "천황의 특별한 은총에 의해" 지원병이 되는 것을 허락 받게 되었다. 400명 이상의 조선 청년들이 즉각 지원병이 되었다.[97] 같은 해 3월에는 교육기관의 균등화 명령이 떨어졌다. 강제징병을 위한 제1보가 시작된 것이다. 지원병에 대한 '응모자들'이 날로 늘어났고,[98] 지원병 희망자들을 많이 낸 지역의 경찰관이나 관리들은 특진되었다. 1940년에 아시아국가총동원연맹이 조직되었다. 조선인들에 대한 징병령은 1944년 1월에 발효되었다. 1942년 11월, 이런 동화(同化)의 '진전'은 포르투갈식의 '식민지주의의 종언'으로 완성되었다. 이른바 조선(및 타이완)은 큰 단위의 지방정부의 하나로 일본 내무성이 직접 행정을 떠맡는 '황은(皇恩)'을 입었다는 것이다. 고이소 구니아키(小磯國昭) 내각(1942~1944년) 아래서 조선인은 일본제국의회에 의석을 가질 수 있는 자격을 얻었다. 최후의 총독인 아베 노부유키(阿部信行)는 6명을 제국의회의원에 임명했는데 예상보다 앞당겨서 전쟁이 종결되는 바람에 그들은 미처 취임도 못하고 말았다.

이런 조치들은 비정한 것이지만 효과적이었다. 조선은 거의 분열되지 않은 채 완전히 동원되었다. 일본 내무성의 보고는 조선인들의 전시동원 참여와 폭격을 받고 있는 일본에서의 그들의 처신에 매우 만족하고 있음을 분명히 했다.[99] 척척 진척되고 있는 조선의 일본화에 누구보다도 신이 난 미나미 총독은

---

97 박경식(일본 조총련계 조선대학 교수), 『태평양전쟁에서의 조선인 강제연행역사에 대한 연구』(1965.2), 37~38쪽은 일본군의 조선인 수가 1938년 406명, 1939년 613명, 1940년 3,063명, 1941년 3,208명, 1942년 4,778명, 1943년엔 육군 6,300명, 해군 3,000명, 1944년엔 육군 18만 6,980명, 해군 8만 2,290명이었다고 했다. 1945년 통계는 알려져 있지 않다.

98 Rew, Joung-yole(유정렬, 柳正烈), "Study of the Government-General of Korea with an Emphasis on the Period between 1919 and 1931," p.239. 유정렬은 여기서 1940년에 8만 4,000명의 지원자 중 1만 명을 뽑았다는 일본 측 자료를 인용하고 있다. 이 숫자는 박경식이 제시한 숫자와 일치하지 않는다.

99 Richard H. Mitchell, *The Korean Minority in Japan*, pp.71~73. 미첼은 여기서 The

"완전한 일본화의 진전에 용기가 난다"고 술회한 것으로 알려졌다.[100] 일본이 가동하는 억압 네트워크의 일익을 맡은 조선인 관리들은 그 과정에서 부지런히 대중사회의 동원기술을 배웠다. 그들은 그 기술을 결코 잊어버리지 않았을 것이다. 조선인 관리들은 일본인 관리들이 그들보다 앞서 찾아냈던 것처럼, 종래 결여하고 있던 전국적이고 말단 조직적이며 관념적인 통일성을 대신할 수 있는, 그리고 적어도 도시지역에서는 이전에 존재한 적이 없는 자발적 참가 전통에 갈음할 수 있는 대용품을 찾아냈다. 이제는 사람들의 자발적인 동의를 얻을 필요가 없었다. 즉, 마음대로 전국적인 조직을 만들 수 있게 되었으며, 그것을 슬로건이나 신문발표로 선전하고, 관료제도의 확대된 위계질서를 통해 모든 가정에 촉수를 펼쳐 끝까지 지켜보고 확인할 수 있게 된 것이다. 그것은 그들 스스로 질서를 만들고 그들 스스로 법의 대리기능을 하는 세계였다. 지방의 도덕적 권위자인 양반들은 사라지고 대중운동이 그 자리를 대신하여 확성기 훈계를 쾅쾅 해대는 세계였다.

가족이나 집안 어른들, 이웃사람들 및 교회 등의 압력은 소외와 애정결핍으로 고립된 도시환경에서 야기되는 극단적인 행위를 완화시킬 힘을 가지지 못했다. 설득을 위한 새로운 도구가 생겨났다. 선동자와 억압자들은 그들의 행위에 대해 다른 사람들이 어떻게 생각하든 전보다 덜 신경 쓰게 되었다. 일본인 소우시(壯士)들은 규슈 농가 출신의 건달들로서 명성황후 시해 때에 중요한 역할을 하여 이토 히로부미(伊藤博文)의 외교적 양심을 곤혹스럽게 한 적이 있는데, 이제 그들이 다시 활개칠 수 있는 시절이 되었고, 그리고 그런 성향을 가진 조선 사람들이 시골로부터 도시로 몰려들었다. 어떤 일도 마다 않는 그들은 이제 그 활로를 경찰에서 찾았다. 일본은 '대동아공영권(大東亞共營圈)'을 이용하

Naimusho Keihokyoku Hoanka(Home Ministry Police Bureau security section), *Chosenjin kankei shorui*(Security matters concerning Koreans; Tokyo, 1941~1942), Library of Congress Reel 215, p.855를 참고하고 있다.

100 Hugh Borton, "Korea: Internal Political Structure," p.581.

여 그들을 만주나 북부 중국에 스파이나 아편밀매인, 포주, 밀고자 등으로 심어 놓고 매체로 이용하는 것이 아주 제격임을 알았다. 사실상 그들은 1930년대 후기와 1940년대 전기에 세계에 확대되고 있던 폭력정치의 사생아들이었다.

보부상조합, 지방폭력단, 일본의 로닌(浪人)식 유형은 두목에 대한 완벽한 충성이라는 반(半)외국적인 이상으로 혼합되어 있었다. 이런 사람들은 돈을 더 많이 주는 쪽에 자신들을 팔았다. 그들은 집단시위를 봉쇄하거나, 여분의 '기부'를 강요하거나, 또는 반대파의 동정을 살펴서 위협하고 분쇄해버리거나 하는 최적의 폭력적 탄압 도구가 되었다. 폭력이 조선의 여러 도시에서 마음대로 날뛰었는데, 당국에서 과연 그들을 단속할 의지가 있는지, 아니면 그냥 방치하며 이용하고 있는 것인지 알 수가 없었다.

관료조직과 군부의 결합

대중의 윗부분에서도 동화운동이 확산되었다. 조선인들이 끝내 가장 뿌리 깊게 일본인들의 비도(非道)로 느꼈던 것 중 하나는 자신들이 일본의 관료제로부터 배제되었다는 점이었다. 1907년에 벌써 전체 정부 관료의 40.7%가 일본인이었으며 그 비율이 해마다 증가해갔다. 1927년에는 총독부 중앙정청의 전 직원 가운데 약 2만 8,500명이 일본인이고 조선인은 1만 6,000명이었는데, 그나마 거의 전부가 하급직이었다. 134명의 3급 이상 관리 가운데 5명을 제외하고는 전부 일본인이었다.[101] 1936년에는 중앙정청, 도청, 시청 및 교육청의 8만 7,552명의 관리들 가운데 5만 2,270명이 일본인이고, 3만 5,282명이 조선인

---

101 Ko Ken-san, *Kindai Chosen seiji-shi* (Recent Korean Political history; Tokyo, 1930), pp. 261~262. 이와는 대조적으로 같은 시대 미국의 식민지였던 필리핀 행정부 내의 미국인 숫자는 1903년의 51%에서 1923년에는 6%로 떨어졌다.

이었으며, 고급관리의 80%, 중급의 60%, 서기의 50%가 일본인이었다. 하지만 전쟁이 변화를 가져왔다. 종전 당시에 반수 이상의 정부 관리가 조선인으로 대체되어 전에 없이 비율이 높아진 것이다.[102] 대학이나 반관(半官)조직, 예를 들면 산업은행과 조선은행 등이 자리를 늘린 것도 한몫을 했다. 좀 더 많은 조선인들이 1930년대 후기와 1940년대 전기에 높은 지위로 승진했다. 해방 후 남한의 고위 행정직과 재무직 공무원들이 그들 중에서 많이 나왔다.

종전 무렵에는 1만 명을 훨씬 넘는 조선인들이 일본의 경찰이나 헌병대에 근무하고 있었으며, 앞잡이 노릇을 하는 사람들까지 포함하면 1만 수천 명 이상이 되었다. 서울이 290명의 순라군(巡邏軍)으로 순찰되고 전국이 수천 명 이하의 지방 순라들에 의해 경비되던 한가로운 시대는 옛말이 되었다.[103] 이사벨라 비숍이 "한양은 지금(1897년) 경찰관이 1,200명이나 되어 너무 많다"라고 푸념한 것도 옛날 얘기가 되고 말았다.[104] 이제 국가는 대중사회에 대해 경찰을 이용한 억제력이 필요하게 되었으며, 거꾸로 사회 쪽에서는 하층계급이 출세하는 가장 중요한 수단의 하나로 경찰을 이용했다. 일부 조선인들은 개인적으로 큰 대가를 치르면서까지 일본인 밑에서 일하는 것을 거부했다. 그러나 대부분의 조선인들은 일본인들이 제공하는 어떤 일에도 적극적이었다. 이런 조선인들이 있었기에, 특히 총독부는 전시의 내핍을 호소함으로써 전시동원이 내려진 정부와 공공서비스 부문에서 무한하게 증대하는 업무수요를 손쉽게 처리

---

102 George M. McCune, *Korea Today* (Cambridge, Mass., 1950), pp.24~25. 1938년에 조선 전체의 관리 숫자가 9만 5,385명이었는데, 중앙정부 관리가 5만 9,209명, 도청 관리가 6,289명, 군청과 면사무소가 1,085명, 교육청이 1,985명, 그리고 교사가 1만 4,513명, 황실 사무소가 188명이었다. *Annual Report of the Government-General*, 1939. 1953년 현재 위의 부서에 상응하는 남한의 관리 숫자는 32만 6,591명이었고, 1961년에 23만 7,196명이었다(2003년 행정자치부 자료에 따르면 1955년도 공무원 수는 23만 6,000명이었다. _옮긴이).

103 Hagwon-sa Publishing Company(학원사), *Korea: Its Land, People, and Culture of All Ages*, p.128.

104 Isabella Bird Bishop, *Korea and Her Neighbors*, p.264.

할 수 있었다.

군부 자체가 그런 경향을 확실하게 보여주고 있는데, 더욱이 그것은 한국의 장래에 대해 중대한 시사를 하는 것이다. 군부의 역사는 여러 단계에서 동화의 양상을 반영하고 있다. 1910년, 일본은 강제병합조약에 근거해 일부의 구조선인 육군 장교를 일본군대에 편입하는 데 동의했다. 그들 가운데 유창하게 일본어를 구사하고 또한 일본인 장교들과 동등한 훈련을 받은 사람들은 소수였다.[105] 외국군의 일원으로서 그들은 신용을 받지 못했으며 곧 예편되었다.

1910년부터 20년간 일본은 조선인의 일본군 입대를 상징적인 수준 이상으로 허용하지 않았다. 그러나 장교를 지망한 소수의 사람들(그들은 거의가 1907년 구조선군이 해산될 당시 학생들이었다)은 신임을 받았으며, 더 좋은 일본식 훈련을 받고(거의 모두 도쿄의 육군사관학교에서), 그들 가운데 30명이 정규 일본군 장교로 임관했다. 장기근속 결과 많은 사람들이 고급장교가 되었는데, 그중 한 사람인 홍사익(洪思翊)은 육군 중장으로까지 승진했다.[106] 다른 사람들은 전후 한국의 국군경비대나 군대의 고급장교가 되었다.

1930년 이후 아시아에서 일본의 팽창과 대동아공영권 구상에서 나온 전 아시아인의 '동지적 협력'이라는 개념이 발전함으로써 큰 변화가 일어났다. 일본은 신중하게 조선인 장교들을 두 부문의 직업군인 체계, 즉 일본군 정규 장교 코스와 만주군 장교 코스로 분리하여 편입하기 시작했다. 이 둘은 공식적으로나 비공식적으로 별개의 것이며, 만주군은 사실상 일본군으로부터 반쯤은 독립한 상태로, 이론상으로는 만주국 황제의 지휘 아래 있었다. 이 두 체계가 일본군 내의 제3세대 조선인 직업군인들을 양성해냈다. 지원자가 부족한 적은 없었다. 조선인들은 이제 더는 대세의 저변에 있지 않았다. 1931년 이후, 그리

---

105 이 정보는 아버지나 친척이 이 시절에 군에 몸을 담은 적이 있는 한국군 고위 장교들한테서 나온 것이다.

106 홍사익은 필리핀에서 연합군 포로를 학대한 혐의로 전범으로 몰려 교수형을 당했다.

고 완바오산(萬宝山) 사건(1931년 7월 중국 지린성 완바오산 지역에서 조선인 농민과 중국인 농민이 관개수로 때문에 벌인 유혈 충돌사건 _ 옮긴이) 이후 그들은 중국인들을 깔보는 경향이 있었으며, 만주나 중국으로 진출한 일부 조선인들은 일본 제국의 특권을 가진 중간 파트너 행세를 했다.[107]

일본의 도쿄육군사관학교에 입학하는 조선 젊은이들은 체제의 '귀공자'였다. 그들은 보통 서울의 정평 있는 중학교(구제)에서 가장 우수한 성적과 지도력에 근거하여 선발되었다. 가족 가운데 누가 일본으로부터 반일혐의를 받았는지 어떤지 등의 신원조사가 필요했다. 거의 모든 지원자가 중부나 남부 출신이었는데, 양반계급 출신은 극히 적었고 향반 출신이 많았다. 일부는 이미 일본군에 근무하고 있는 소수의 조선인 장교들의 친척이기도 했다. 일본 사관학교 졸업생들 가운데서 조선인 출신은 극히 소수였으며, 일제강점기를 통틀어 전체 졸업생 숫자가 35명에서 40명 정도에 지나지 않았다. 그 약 절반이 제2차 세계대전에서 일본군 장교로 전사했다. 일본군에서 탈주했던 일본 육사 출신 조선인 장교가 한 사람도 없을 정도로 그들은 엘리트로서의 긍지를 가지고 있었다.

만주군관학교는 본래 펑톈(奉天)에서 장쭤린(張作霖)이 운영하던 중국 육군 사관학교의 후신으로, 1931년 이후에는 만주 주둔 일본군이 인수해 운영했다. 군관후보생은 일본인, 조선인, 몽골인, 백러시아인(쑹화 강 유역에 살던 사람들) 출신들이었는데, 대동아공영권의 '오족협화(五族協和)' 이미지를 살리기 위해 중국인이 추가되었다. 군관학교는 만주군의 자주성을 반영하여 독자적인 승진, 제복, 훈장제도에, 독자적인 강력한 국제반공주의와 반(反)문민정치의 기풍을 가졌다. 1939년까지 만주군관학교의 교육연한은 일본 육사의 절반 - 이른바 2년제 - 이었기 때문에 임관이 빨랐다. 훈련, 선발, 이력산정은 비교적 엄

---

107 완바오산 사건과 그 결과에 대한 최근의 서술은 Takehiko Yoshihashi(다케히코 요시하시), *Conspiracy at Mukden* (New Haven, 1963), pp.143~144 참조.

격했지만 일본 육사에 비할 바는 못 되었다. 그 후 만주군관학교는 새로운 수도 신징[新京: 지금의 창춘(長春)]으로 이전, 전시수요 중대에 대응하기 위해 확장되었고 교육연한도 4년으로 연장되었다. 1938년 이후 일본은 만주군관학교의 우등생들을 선발하여 그들의 후기 2년간을 도쿄육군사관학교에서 마무리하도록 했다. 다만 이들 전학생들은 도쿄 후보생들의 텃세 때문에 별도의 막사를 이용해야 했다.

1934년 이전에는 만주군관학교에 조선인의 입학이 거의 허용되지 않았는데, 그 이후 만주반(滿洲班)에 각 기별로 2명에서 13명까지의 조선인 후보생들이 있었고, 1934년과 1939~1941년에 가장 많이 입학했다. 신규 후보생 모집은 아주 흥미로운 것이었으며 도쿄 육사의 그것과는 매우 달랐다. 만주군관학교의 조선인 후보생들은 거의 모두 사회적 지위가 낮거나 일본인 세계와 연결고리가 없는 빈농 출신의 소년들이었다. 훗날 한국의 대통령이 된 박정희와 출신지가 모호한 다른 두 사람의 후보생들을 제외하고는 모두 조선 북부 4개도, 또는 만주 거주의 조선인 가정 출신이었다. 그 가운데서도 북동 함경도 지방 출신이 가장 많았는데 이 지역은 오지로 여겨졌으며, 만주사변이 날 때까지는 미개발 지역이었다. 이전에는 이 지방 출신들에게 많은 기회가 주어지지 않았다. 일본인들은 특히 총명하고 재주가 있으면서도 학교에 다닐 기회를 갖지 못한 소년들을 구제하기 위해 이 지역에 학교를 세웠다. 일본 정보기관은 조선국경 최북단에서 만주철도로 가는 길목에 자리한 용정(龍井)에서 '광명(光明)'이라는 이름을 가진 이전의 미션 스쿨을 인수하여 히타카(日高)라고 하는 한국말을 할 줄 아는 일본인에게 맡겨 학생들을 모집하게 했다. 이 학교는 우수한 학생에게 장학금을 지급했으며, 졸업 땐 최우등생을 군관학교에, 두 번째 우등생을 경찰학교에 추천했다.[108] 이런 방법은 우수한 학생을 끌어 모으는 데는 물론 민족

---

108 정일권, 강문봉, 이한림, 박임항을 포함한 한국 육군의 이름난 초기 지도자 중 상당수가 이런 방식으로 중학교(구제)를 졸업하고 만주군관학교에 입교했다(정일권, 이한림, 박임항

동화에도 대단히 효과적이었다. 이 학교 졸업생들은 아직도 긍지를 가지고 모교를 회상하고 있다.

일본은 전쟁 수행을 위해 계속 많은 병력보충이 필요했다. 1938년에 일본은 일본 본토, 조선, 만주의 중학교(구제), 전문학교 및 대학에 예비사관후보생제도를 도입하여 일정한 시간의 교련을 이수하면 시험결과에 따라 장교나 하사관이 될 수 있게 했다. 1943년이 끝날 무렵, 많은 조선인 학생들이 일본 당국의 압력으로 예비사관후보생이 되었으며, 이 제도가 일반 조선인들의 징병이나 이공계 이외의 학생들에 대한 징병을 선도했다. 이들 입대자들의 대다수가 1944년 1월에 장교가 되었으며, 이들이 훗날 한국군 장교들 가운데 가장 많은 수를 차지했다. 그러나 알려진 바로는 이들 가운데서 전쟁 종결 이전에 중위 이상으로 승진한 사람은 한 사람도 없었다. 직업군인을 지망한 사람 이외의 조선인 장교 일부는 탈주하여 중국에서 조직된 조선독립군에 가담했다.[109] 1938년의 특별지원병제도로 지원했던 장교와 하사관으로 구성된 또 다른 무리는 규모가 더 작았다. 지원 사병 및 징집병으로 복무한 이들도 있었다.

이처럼 조선인들이 일본군에 많이 입대했지만 일본군의 어떤 부대도 조선인 부대란 이름이 붙지 않았다. 그러나 일본군이 조선인들을 징모했던 방법은 일제강점기 후기에 조선인들이 얼마나 깊이, 그리고 얼마나 많은 분야에서 일본에 동화되어 갔는지를 보여주고 있다. 점점 더 유동화하여 뿌리를 내리지 못하는 사회에서, 철저한 내부훈련으로 다져진 안정된 기관으로 성장한 이런 조직들(관료와 군부)이 놀라울 정도로 강력한 충성과 결속의 중심이 된 것이다. 일제강점기 후기에 그들 조직의 미래역할이 이미 암시되고 있었다. 그들은 일

은 용정 광명중학교를 졸업했고, 강문봉은 신경중학교를 졸업했다. _옮긴이).

109 특히 훗날 ≪사상계≫를 창간한 장준하, 고려대 총장을 지낸 김준엽 등 일단의 인사들이 1945년 초 일본군에서 탈주해 충칭으로 가 광복군에 들어갔다. Lee, Chong-Sik(이정식), *The Politics of Korean Nationalism*, pp. 226~227. 장준하는 1967년 6월에 저명한 야당 지도자로서 국회의원에 당선되었다.

본이 유산으로 남긴 조선인 엘리트들 가운데서 가장 잘 훈련되고 응집력이 강한 이들이었다. 일부 과격파를 제외하고 그들은 아마도 세속적인 개인치부로 인해 거치적거리는 것이 없기 때문에 더욱 인기가 있었던 것 같다. 그들의 관료적인 업적이 그들의 가치를 계속 유지했으며, 그리고 많은 '대일협력자'들은 자신들이 설사 일본에 협력은 했지만, 일본 진영 내에서 반쯤 숨긴 태극기를 손에 들고 있었다고 생각했다. 그런 종류의 관료들을 제외하고 잠재적인 조선인 지도력은 계속 붕괴되어갔다. 극소수의 민족주의자들 외에는 이 극한적인 억압의 세월을 타협 없이 어떻게 살아갈 방도가 없었던 것이다.[110] 해외 독립운동의 허약성을 감안하면, 이것은 해방 후의 정당이 주로 사회로부터 유리된 지도층에 의해 형성되지 않을 수 없었다는 것을 설명해준다.

대일협력과 사회분열

표면적으로 전쟁은 사람들을 이리저리 이동시키고 교통과 통신을 증대시키며, 그리고 분파주의를 격화시키기보다는 오히려 약화시키는 경향을 보였다.[111] 지역적 분열 대신에 사회적 분열이 시작되었다. 이런 점에서 전시동원

---

110 이들 중에는 최남선(「독립선언서」 기초자), 최린(33인의 민족대표 중 1인), 윤치호 남작, 이광수(소설로 문화적 독립의식을 크게 고취시킨 재능이 뛰어난 소설가) 등이 포함되어 있었다. 이들 대부분은 일본의 전쟁 노력을 공개적으로 지지하는 연설을 하거나 그들의 단체에 가입하거나 했다. 이광수는 『나의 고백』(서울, 1948)에서 한 열렬한 민족주의자가 대일협력자로 변신한 것에 대해 대단히 흥미로운 해명을 하고 있다.

111 이리하여 도이치(Karl W. Deutsch) 교수의 가설이 실현되는 것이다. 도이치 교수는 그의 글 "Social Mobilization and Political Development," *American Political Science Review*, 55.3(Sept. 1961), pp.493~514, 501에서 조급한 사회적 동원은 "주민들이 이미 동일한 언어, 문화 및 사회적인 중요 제도들을 공유하고 있는 국가의 통합을 촉진하는" 반면 그런 요소들이 더 이질적인 조건 아래서는 분열을 가져오는 경향이 있다는 가설을 제시했다.

은 일본의 통치기간 중 분명히 정치적인 것으로 구분되었던 분열현상을 단연 가려주었다.

분열은 이제 더 이상 옛날의 분파적인 분열이 아니고 그 자체가 고통스러운 쟁점에 근거했다. 사회의 극히 일부, 이른바 5% 이하의 사람들은 민족주의운동에 몸을 바쳐 일본에 적극적으로 저항했다. 또한 일부 소수의 사람들은 공공연하게 일본에 협력했다.[112] 사회의 거의 대부분의 사람들은, 정도의 차이는 있지만, 일제강점기 최후 15년간의 동원 시기에 약간의 출세 기회를 잡으려고 너나없이 동분서주했다. 일제치하에서 산다는 것은 마치 공산주의체제에서 사는 것처럼 중립을 지킨다는 것이 거의 불가능했다. 최근의 북한 공산정권처럼, 체제지배가 전국 어디의 누구든지 간에 침묵을 허용하지 않았기 때문이다. 해방 후 한국사회는 한국전쟁에 의해 그 흑백이 가려질 때까지 친일파 문제로 분열했다.

이 문제는 고통스러운 것이었지만 얼른 정의를 내려 끝내기가 쉽지 않았다. 일본과 일본의 정치를 마음속에서 진정으로 좋아했는지 그렇지 않은지가 핵심이 아니었다. 문제는, 일본정부에 굴복하거나 권력의 유혹에 넘어간 개개인의 태도를 어느 선까지 엄격하게 제재하느냐 하는 점이었다. 일본 식민주의에 대한 원한이 문제해결을 더욱 어렵게 했는데, 한국전쟁을 전후하여 남북한 정권에 대한 각각의 국민 태도에도 정도의 차이는 있을지언정 당시와 비슷한 정치적 선택의 어려움이 남아 있었다. 유교전통 때문에 개인들이 중앙권력에 쉽게 복종하고, 동시에 도덕적·윤리적 비난을 또한 쉽게 퍼붓는 사회에서는 심한 고통을 낳는다. 대일협력 문제를 놓고 보면 몇몇 확실한 경우를 제외하고는 협력자와 비협력자 사이에 분명한 경계선을 긋는 것이 사실상 어려웠다. 극단적으로 판단하는 사람들은 일제강점기의 모든 조선인 신진관료 엘리트와 부자들

---

112 이광수는 『나의 고백』, 209~210쪽에서 대일협력자들의 수가 "1만 명 이상"이며, 그들의 가족까지 합치면 "약 수십만 명이 될 것"이라고 추산했다.

을 한데 묶어 비난했다. 공산주의자들은 일반 인민대중에 대한 그들의 입장을 강화시켜 그들 자신을 지도 원리를 가진 혁명의 정통적인 계승자라고 자처하기 위해 이 문제를 교묘하게 이용했다. 또한 온건한 의견을 가진 사람들조차도 경험이 풍부하고 재력 있는 사람들 중 상당수를 비난했으며 일제치하에서 국내에 머무르며 국내에서 할 수 있는 일을 하려 했던 많은 지도자들의 정통성을 헐뜯었다. 아프리카와 아시아의 많은 식민지 국가에서 그랬듯이, 외국의 패턴에 동화하여 아직도 동화하지 않고 있는 자국민들을 경멸한 식민지정권의 직업 관료와, 그런 동화를 거절한 장래의 정치가들이 서로 앙숙이 되었다. 의혹, 대립, 험담 등이 사회에 만연했다. 한국의 새로운 중산층은 런던, 보스턴, 오사카 등지의 상인들과는 달리 서로 단결하지 못했으며, 사회는 독립한국이 절실히 필요로 하는 집단형성 능력을 거의 가지지 못했다.

한편, 전쟁이 막바지로 치달으면서 일본의 긴 역사를 가진 감시기관들은 그들의 조직형태상 최고 간부 아래서 정부동원과는 별개로 자신들의 의지대로 움직였다. 일본인들은 실로 정보가 풍부했으며 그들의 권력기구 안에서 정보를 잘 유포하고 이용하였다. 조선인들의 조직은 일본의 감시의 눈이 침투해 들어와 그 존재가 발견되지나 않을까 하고 언제나 두려움에 떨었다. 자위를 위해 작은 집단이나 동창생들의 친목단체 및 폭력단은 형제의 의를 맺었으며, 이들이 사회의 한 단위가 되었다.[113] 동창생들의 친목이 중요성을 더해갔다. 사회는 이런 식으로 훨씬 더 분열되었다. 이런 상황은 공산주의자들의 조직 만들기 기술과 잘 부합되었다. 공산주의자들만이 이런 단체들을 수직계열의 조직으로 조립하여 더 높은 정책실행으로 연결시키기 위한 효과적인 방법을 전개했다. 제2차 세계대전이 가져온 환경은 이런 세포들에게 자양분을 주었다.

일본의 조선통치는 베트남의 프랑스 식민주의와 아주 유사해, 존 페어뱅크

---

113 이런 종류의 작은 집단이나 단체들은 철저한 감시 전통이 한국보다 더 긴 일본의 특성이기도 했다.

(John K. Fairbank) 교수가 지적한 것처럼 "그것은 뜨겁게 논의는 되고 있으나 좀처럼 해독할 수 없는 착취와 근대화 양자 모두를 혼합해서 가져왔던" 것이다.[114] 조선 강제병합이 조선의 정치패턴에 여러 영향을 미쳤지만, 식민지 조선의 관료주의적 계획과 일치하지 않는 것이었다. 거대한 행정국가였음에도 정치는 쇠퇴하지 않았다. 민족주의가 일어나 전면에 모습을 드러냈다. 처음으로 조선사회의 절대다수가 증오스러운 외국의 지배라는 사실로 인해 단결할 수 있는 하나의 이념을 가지게 되었다. 독립운동의 규모가 작고 정치적 응집력을 갖지 못해 상대적으로 실패한 운동이긴 했지만 그러나 결코 그것을 말살할 수 없었다는 점이 이 이념의 존재를 말해주는 것이다. 일본의 전시동원은 민족주의 이념을 더 약화시켰다. 차라리 1920년 이전처럼 정치참여를 가로막는 벽이 더 높고 그것을 넘어갈 수 있는 받침대가 없었다면, 오히려 더 강력하고 응집력 있는 민족주의운동이, 마치 튀니지의 네오 데스툴 당(Neo-Destour Party)처럼 일어났을지도 모른다. 조선 사람들이 일본 체제에 참여할 기회가 많아진 것이 이집트와 같은 영국 통치지역에서 그러했던 것처럼 정치적 결집에 타격을 주었다.

동시에 일본은 조선 내부의 경제발전이나 근대화에 걸맞은 충분한 사회적 또는 정치적 체제를 만들 수가 없었다. 관료제와 공업화는 종래 조선의 어떤 정부 아래에서보다도 훨씬 많은 수의 중간적인 조직을 만들어냈으며, 그 내부에서 전문화와 직업 구성이 갖춰지기 시작했다. 일본은 조선시대의 관료정치 개념을 변화시켰지만, 그것은 이기적인 관료정치로부터 대중의 이익을 추구하는 것으로의 변화가 아니었다. 식민지 관료들이 조선민중의 복지를 경멸했기 때문이었다. 하지만 일본 관리들은 자기들의 주머니 대신 일본의 이익을 위해

---

114 존 페어뱅크 교수는 "How to Deal with the Chinese Revolution," *New York Review of Book*, Vol.VI, No.2(Feb. 17, 1966)에서 베트남에서의 프랑스 통치에 대해 이런 이야기를 했다. 착취와 현대화 양면에서 조선의 경험은 더 가혹한 것이었다.

봉사했으며, 이런 이익이 발전으로 연결되었기 때문에 발전을 위해 봉사하는 관료정치를 기대할 수 있었다.

그러나 한편으로, 일본은 자신들이 만든 제도에 대한 조선인들의 참여를 억제하고, 거기에 전시의 광적인 성장속도를 부과함으로써 제도의 영속성과 그 효과를 약화시켰다. 일본은 교육, 교통, 통신, 공업화 및 도시화를 통해 많은 조선인들이 정치에 참여할 수 있거나 혹은 그들에게 압력을 넣을 수 있는 기회를 확대했다. 그러나 궁극적으로 일본은 전쟁기간에 중앙정부의 노골적인 조종과 동원에 의해 애착이나 충성심도 없는, 그리고 이전에도 없었던 유동적이고 원자화한 형태로 민중의 힘을 방출시키는 패턴을 만들어냈다. 제2차 세계 대전 중에 일본은 다른 곳에서는 매우 보기 힘든 식민지 전체주의의 한 형태를 조선에 만들어놓았다.

끝으로 매우 중요한 것은, 일본 식민주의가 공공연하게 정치활동을 금지함으로써 조선인들이 조선왕조 말기까지 유지해왔던 옛 조선의 정치패턴과 정치적 본성을 동결시켜 보존하는 경향이 있었다는 점이다. 조선인들은 35년간, 극히 작은 규모의 것 외에는 그들 자신의 정치적 경험을 요구하는 정치활동을 전혀 시도할 수가 없었다. 해방이 되었을 때, 일부는 조선시대로부터 물려받고, 일부는 근대의 도시화에서 비롯된 중앙권력에의 통제 없는 원자적인 접근을 도모하는 오래된 본성이 다시 살아나게 되었다. 식민지 시대가 정치패턴에 영향을 주긴 했지만 그것을 정착시키지 못했고, 무엇보다 조선인들이 만족할 수 있고 안정성 있는 새로운 형태의 정치를 마련하지 못했던 것이다.

5

혼돈의 문

해방이 되었을 때는 이미 갖가지 조류가 문지방을 넘어서고 있었다. 일본의 통치 기간에 인구는 배로 늘어났고, 도시화와 산업화가 크게 진척되었으며, 교육과 통신이 몇 배로 보급되었다. 외국 식민주의의 억압은 정치에의 야망을 증대시켰고, 식민지 종주국을 따라가려는 욕구가 경제적 야망을 불태웠다. 전쟁은 대중동원이라는 더 역동적인 사태를 몰고 왔다. 이런 모든 변화의 배후에는 강력한 중간적인 제도나 조직들을 갖지 못한 채 계급관념이 희박한 야심적이고 유동적인 사회가 존재하고 있었다. 사람들은 강력한 지도자를 원했다. 갑자기 모든 멍에가 사라지자 마음이 들뜨고 참을성이 부족해진 대중은 정치와 경제라는 험한 바다에 마구 뛰어들어 새로운 희망의 대안(對岸)을 향해 헤엄치고 있었다. 그러나 한국 전래의 여러 제도들은 대중을 이끌어갈 수 없었을 뿐 아니라 가야 할 방향조차 가르쳐주지 못했으며, 그 결과 극심한 혼란이 소용돌이를 치게 되었다.

우유부단한 미국정책

일본 육군대장 아베 노부유키(阿部信行: 1944~1945년 재임) 휘하의 조선총독부는 1945년 8월 11일의 첫 항복교섭과 8월 15일의 결정적인 무조건 항복 소식을 듣고 서류소각을 시작했다. 한편 오키나와에서 승리를 자축하던 전선부대 사령관인 존 R. 하지(John R. Hodge) 육군중장은 조선 미 점령군사령관에 임명되었다는 통보를 받았다. 그가 한국에 도착한 것은 그해 9월 7일이었으며, 부하들과 함께 중앙청으로 달려와 의기소침해 있던 일본군 사령관의 항복을 받아내고 사령부를 설치한 것이 그 이튿날이었다. 그는 아직도 일본인들의 온기가 남아 있는 기분 나쁜 침대에 불편하게 누워서 앞서의 주인들과는 다른 꿈을 꾸어야만 했다.

이와는 대조적으로 아베 총독관사의 창문 밖 세계는 소란스럽기 그지없었다. 전쟁의 종결과 해방으로 그간 한국인들의 가슴속에 켜켜이 쌓여온 한이 압력과중의 보일러처럼 터진 것이다. 한국인들로서는 겨우 2년 전까지만 해도 자유를 찾을 수 있는 희망이 거의 사라진 것처럼 보였다. 외부세계로부터의 엄격한 고립, 검열제도, 치열한 선전 등으로 인해 전쟁이 이렇게 빨리 끝나리라고는 꿈에도 생각하지 못했다. 일본인들은 천황의 육성 라디오 방송 내용이 거의 믿어지지 않을 정도로 충격을 받았으며 한국인들의 보복을 두려워했다. 서울의 어느 일본인 은행장은 조심하느라 그의 차를 먼저 가게하고 혼자 거리를 걸어서 집으로 돌아오다 심장발작을 일으켜 사망했다. 한국인들은 갑자기 싸늘한 눈길로 일본인들을 '외국인'으로 보기 시작했으며, 그것이 일본인들로선 '견디기 힘든' 일이었다. 일본인들이 외국인들임에는 틀림없었지만 박해받은 사람들은 비교적 적었다. 옛날의 주인이었던 그들은 이젠 거리에서 한국인들에게 머리 숙여 절을 하고 몸을 숨겼다. 그들은 곧 모든 재산을 빼앗기고 일본으로 송환되는 운명을 맞았다.

한국인들은 열의에 불타고 도취된 나날을 보냈다. 누가 제의를 했거나 서로

의논한 적도 없는데 자발적으로 온 나라에 휴일상태가 계속되었다. 일본인 고용주들은 한국인 피고용자들에게 선의를 보이려는 뜻에서 1년분의 임금을 지급했다. 학생, 노동자 그리고 도시와 시골의 장삼이사들이 급히 휘갈겨 만든 깃발과 플래카드를 들고 거리를 누볐다. 길가에 정종과 막걸리 통들을 늘어놓고 아무나 마음대로 퍼 마시게 했다. 지금까지 고이 감추고 있던 대형 태극기가 하늘 높이 펄럭였다. 발행금지되었던 신문들이 축하를 받으며 재간행되고 많은 새로운 신문들이 우후죽순처럼 생겨났다. 사적인 모임에선 평소에 근엄한 얼굴을 하고 있던 교수들까지 술에 취해 옷을 벗어젖히고 고래고래 소리치며 야단법석을 떨었다.

아베 총독은 한국인 과도정권에게 권력을 이양하는 응급조치를 강구했다. 그의 희망은 권한이양을 하는 대가로 미군이 도착할 때까지 최소한 일본인들의 생명과 재산을 보호받는 것이었다.[1] 그러나 그의 목적에 접근할 수 있을 만큼 온건하고 대중의 존경을 받으며 비공식적인 권한을 휘두를 수 있는 권위를 가진 집단이 많지 않았다. 그런 소수의 집단 가운데 하나는 주로 한반도 남서부의 풍요한 땅인 전라도의 지주들로 구성된 보성그룹으로 김성수가 이끌고 있었다. 보성그룹은 일개 지방 지주 신분에서 산업, 출판, 교육부문의 지도적인 위치로 성장하게 되자 초기의 지역 정치집단 결집을 위한 조직적 유대를 형성하고 있었다.

8월 12일경, 총독부 정무총감 엔도 류사쿠(遠藤有作)는 행정권을 이양할 목

---

1 아베 총독도 정보에 밝은 소수의 조선인들도 8월 11일부터 일본의 항복이 진행 중이라는 것을 알고 있었다. 극도로 충격적인 상황이었음에도 아베는 신속하고 효과적으로 권력이양 계획에 착수했다. 그러나 누구에게 권력을 넘기느냐 하는 문제가 제기되자 일본인들은 당황하지 않을 수 없었다. 이런 상황은 일본이 패전 직전에 인도네시아와 인도차이나에서 권력을 이양할 때 분열적인 결과를 초래했던 것과 무언가 유사하다. 해방 전야의 한국정세에 대한 상세한 내용은 그 당시를 몸소 체험한 김삼규(金三奎) 씨 등과의 대화를 통해 많이 알게 되었다.

적으로 김성수의 오른팔이던 송진우에게 면담을 청했다. 이 접촉은 엔도의 부하인 경무국장 니치히로(西光忠雄)를 통한 것이었다. 송진우는 정권이양 권한은 미국에 있지 일본에 있지 않다는 이유로 엔도를 만나는 것마저 거절했다.[2] 그렇지 않아도 좌익들이 우익들을 친일파라고 비난하고 있는 마당에, 송진우는 아베의 꼭두각시가 되는 어떤 인상도 주지 않기 위해 특별히 주의를 기울이고 있던 참이었다. 더욱이 그는 대한민국임시정부(당시 아직도 중국에 있었다)의 정통성이 그런 과도정부에 의해 훼손되어서는 안 된다는 생각을 가진 것으로 알려졌다. 그러나 송진우의 협력이 꼭 필요했기 때문에 엔도는 8월 14일, 공산당 변절자이며 당시 송진우의 가장 절친한 동지였던 김준연(金俊淵)을 통해 송진우를 설득할 요량으로 그에게 만나자고 요청했다.[3] 그러나 김준연도 송진우의 사주로 엔도의 면담요청을 거절했다. 결국 8월 14일 밤, 엔도는 여운형과 접촉했고, 여운형은 8월 15일 아침 6시 30분에 중도파인 안재홍(安在鴻)과 함께 엔도의 자택을 방문했다. 여운형은 인망이 높고 개인적인 매력의 소유자며 웅변가이고, 1920년대 초기에 공산주의자로 단기간 상하이 임시정부에도 참여한 적이 있는 아주 정열적이며 카리스마 넘치는 지도자였다. 그는 엔도와 만난 자리에서 모든 정치범 석방, 한국인민들을 3개월간 충분히 먹일 수 있는 저

---

2 그 무렵 송진우는 병을 핑계로 칩거하고 있었다. 일본이 아직도 조선인 동원에 혈안이 되어 있었고, 그리고 조선인 민족주의자와 지식인을 잡아들이기 위해 최후의 발악을 할 것이라는 근거가 없지 않은 끈질긴 소문이 무성하던 때였기 때문이다. 일본은 1945년 3월에 '몇몇 음모가 발각되었다'는 핑계로 약 4,000명의 조선인들을 체포했다. 김성수, 송진우 및 그들의 집단에 대해 좀 더 상세한 것을 알려면, Kim, Sam-gyu(김삼규, 金三奎), *Konnichi no Chosen* (Today's Korea; Tokyo, 1956), pp.20ff와 Morita Kazuo(모리타 가즈오), "Chosen ni okeru Nihon tochi no shuen"(The end of Japanese rule in Korea), in Nihon Kokusai Seiji Gakkai(Japan International Political Science Association), *Nik-Kan kankei no tenkai* (Development of Japanese-Korean relations; Tokyo, 1963), pp.90ff 참조.

3 김준연은 전에 공산주의자였으며 김삼규의 절친한 친구였고 친척이었다. 그의 일본인 아내는 아베 총독의 정치부문 정보책임자의 사촌이었다.

장미 방출, 언론과 집회의 자유, 한국인들의 정치활동과 노동자 및 청년들의 조직 활동을 방해하지 않는다는 등의 조건으로 행정책임을 맡는 것에 동의했다.[4] 그 대신 여운형은 현존의 정부기구를 해산하지 않을 것과 정황이 허락하는 한 일본인들의 생명과 재산에 대해 폭력적인 보복을 억제할 것이라고 약속했다. 여운형은 필요한 권한을 부여받았으며 보조금도 지급되거나 제의를 받은 것 같다.[5]

여운형과 그의 동생 여운홍(呂運弘)은 그날 밤 당장 건국준비위원회(이하 건준)라는 통치위원회 조직의 시안을 만들었다. 여기엔 좌우익의 민족주의자들과 공산주의자들을 망라했는데, 송진우와 안재홍은 물론 기타 우익과 중도파들도 포함되었다. 그러나 송진우는 거절했다. 이튿날 엔도는 여운형에게 연락하여, 미군은 한반도 최남단의 부산-목포 라인 이하 지역만을 점령할 것이며, 나머지 지역은 소련이 점령할 것이라고 말했다. 그것은 이미 8월 12일에 한반도에 들어와 남하를 계속하고 있는 소련군의 동태와, 한편 매우 활동적인 소련

---

4 이때의 상세한 내용에 대해선 해방 직후 창간된 영자신문 ≪코리아 타임스≫의 1945년 9월 5일 판을 참조했다. 이 신문은 후에 하지의 특별보좌관이 되는 이묘묵(李卯默)과 하버드 대학의 첫 한국인 박사인 하경덕(河敬德)을 포함한 일단의 미국유학생 출신 한국인들에 의해 창간되었다. 이때의 ≪코리아 타임스≫는 일제강점기 총독부 기관지였던 ≪경성일보(京城日報)≫가 그 시대의 1차 자료를 제공해주듯이 해방 직후의 1차 자료를 제공해주고 있다. 그 밖에 1945년 11월 13일 자 AP통신의 로버트 마이어스(Robert Myers) 기자가 여운형의 '인민공화국'에 대해 쓴 기사도 참조했다. 총독부와의 협상에 대한 상세한 내용은 이만규(李萬珪), 『여운형 투쟁사』(서울, 1946), 186~189쪽에서 여운형 일파 중 한 사람의 진술 형식으로 기록되어 있다. 송진우는 1945년 12월 21일 미군정 방송국인 JODK의 라디오 방송을 통해 자기의 견해를 표명했다. 그때 그는 정권 인수자가 된 여운형을 아베가 '지명한 사람'으로 혹평했다.

5 총독부로부터 보조금을 받았다는 비난은 그 뒤 여운형의 정적들에 의해 문제화되었다. 이만규, 『여운형 투쟁사』, 227~228쪽. 70만 엔을 '뇌물'로 받았다는 '근거 없는 소문'이 파다했는데, 이만규와 여운형은 그 소문의 진원지가 송진우가 분명하다고 생각하고 있었다. 가능하다면, 미군당국이 엔도에게 문의하여 그 소문을 확인했는지 여부에 대한 군정청의 공식적인 기록을 조사해봐야 할 것이다.

의 서울주재 총영사 알렉산더 폴리안스키(Alexander Polianskii) 및 그의 휘하에 있는 36명의 영사관 직원들이 의도적으로 퍼뜨리고 있는 여러 소문들과도 일치했다.[6] 그래서 여운형은 소련이 한국을 통치할 것으로 확신한 나머지 새 정부 조각에서 스스로 보수파들과 거리를 두었다. 다만 온건한 보수파인 안재홍만 일시적으로 부의장에 앉혀 건준에 참여시켰다.[7]

해방 후 영광스러운 며칠 동안 사람들이 많이 모이는 곳에서는 새로운 미래를 향한 단결과 결의, 양보와 관용의 의기가 충만했다. 해외로부터의 귀환동포

---

6 Lee, Won-sul(이원설), "Impact of United States Occupation Policy on the Socio-Political Structures of South Korea,"(unpub. diss., Western Reserve University, 1961), p.55 참조. 소련 영사관원들은 일본인들의 방해를 받지 않고 태평양전쟁 전 기간 내내 서울에 주재했다. 서울의 소련영사관이 최종적으로 폐쇄되고 관원들이 모스크바로 철수한 것은 1946년 6월경이었다. USAMGIK, Summation No.9(June, 1946), p.18. 이 기간에 소련 영사관의 활동이 한 번도 밝혀진 적이 없었다. 8월 15일 직후 소련 포스터들이 서울에 나붙었다. 미국이 한반도 남부 해안지대만 점령한다고 계획한 흔적이 없으며, 엔도 정무총감은 종전 며칠 후까지도 미군과 무전접촉이 되지 않았기 때문에 직접 미군의 점령지역에 관한 정보를 들을 수가 없었다. 그는 미국 합참의장이 번스(James Francis Byrnes, 1879~1972년) 국무장관에게 "소련과의 경쟁에서 우리는 비록 부산 근방의 한반도 끝부분을 얻는다 해도 잘 해나갈 것입니다"라고 한 말을 아마도 알 수 없었을 것이다. Martin Lichteman, "To the Yalu and Back," in Harold Stein, ed., American Civil-Military Decisions (University, Ala., 1963), p. 576. 엔도가 그런 정보를 흘린 것은 단지 추측에 의한 것이 아니었나 싶다. 그러나 그 결과는 비록 좌익과 우익 지도자들 사이의 비공식적인 접촉에서 건국준비와 정부구성에 대한 의견불일치가 확연히 드러나기 했지만, 가히 비극적이었다.

7 이만규의『여운형 투쟁사』는 이 부문에 대해 훨씬 정확성이 떨어지는 설명을 하고 있다. 그는 이 책 203~207쪽에서 여운형이 송진우를 배제한 것은 친구들이 송진우를 잊어버리도록 종용했기 때문에 어쩔 수 없이 그렇게 한 것으로 설명하고 있다. 이만규는 송진우와 여운형이 처음부터 적대적인 관계였다는 점을 분명히 하고 있다. 여운형이 송진우를 비롯한 우파를 건준에서 배제한 것만으로 이 부문에 대해 모든 설명이 되는 것은 아니다. 다른 관찰자들은 엔도가 그런 잘못된 정보를 여운형에게 전했다는 얘기 자체를 미심쩍어하고 있으며, 해방 후 좌우익 분열은 소련의 서울진주가 임박했다는 끈질긴 소문과 분위기로 인해 과거의 알력이 다시 불거진 것으로 믿고 있다. 실제로 8월 16일에 일단의 군중들이 소련군을 환영하기 위해 서울역에 모여든 적도 있었다.

와 공산주의자들의 점령지역인 북한으로부터 탈출해온 사람들이 거리에 넘쳐 흘렀는데, 여학생들이 자원봉사로 그들에게 밥을 지어주고, 병원에선 의사와 간호사들이 솔선하여 밤낮을 가리지 않고 환자들을 돌보았다. 전국 방방곡곡 에서 재력 있는 사람들은 교육이 바로 나라를 일으키는 최선의 길임을 확신한 나머지 중학교를 세우고 야학을 열기 위한 위원회를 만들기도 했다. 극소수의 열렬한 친일파들은 일본으로 달아났고, 다른 많은 대일협력자들은 얼굴을 숙이고 조심했으며 자신들의 신상에 무슨 일이 일어날지 몰라 안절부절못했다. 그렇지 않은 사람들은 모두 평등하고 형제처럼 보였다. 식민지정부가 전쟁을 위해 재빨리 동원할 수 있었던 대중사회였다면, 그 사회가 독립과 평화를 위해 더 좋은 전원일치의 합의를 이루어내지 못할 것도 없었다. 기존의 이익집단이 없다는 것이 합의를 촉진시키기까지 했다.

얼마 동안 일치협력은 가능한 것처럼 보였다. 전후 한국의 정치는 8월 15일 여운형의 건준 발족으로 정식으로 되살아났다. 건준은 3주 후에 공식적으로 채택한 조선인민공화국이라는 이름으로 알려지게 되었다. 여운형은 널리 신망을 얻었다. 토론에 재능이 있고 정력적이고 자유주의적인 민족주의자이며, 넓은 가슴을 가진 다부진 체격에다 핸섬하여 학생들의 폭넓은 지지를 받고 있었다. 건준은 처음에는 거의 정치적 배경을 고려하지 않고 정치의식이 높은 많은 단체의 에너지를 재빨리 흡수하기 시작했다. 새로운 신문들이 쏟아져 나오고 각양각색의 정치비판들이 흘러넘쳤다. 그러나 아무도 거의 눈치 챌 수 없는 사이에 사실상 내부적 정치 분열이라는 최초의 주사위가 이미 던져져 있었다. 여운형 일파는 지방에서는 아직 중도파를 포함하고 있었지만 좌익으로 기울어졌다. 건준의 지도적 구성원들이 좌익이었다. 1945년 12월 1일 ≪동아일보≫가 재등장하기까지 대부분의 신문들은 좌로 기울고 있었으며 여운형의 뒤를 밀었다. 이미 8월 16일, 투옥되어 있던 약 1만 명의 복역자들이 남한 각지의 교도소에서 석방되면서부터 최초로 좌익적 색채가 농후해지고 큰 변화가 오기 시작했다.[8] 그들 중 상당수가 정치범들이었으며, 그들 대부분이 당시 38선 이남 각

지로 흩어져 공산주의 정치운동의 지도자가 되었다.[9] 다음날인 8월 17일, 공산주의 핵심지도자 가운데 한 사람인 박헌영(朴憲永)이 기와공장 인부로 일하고 있던 전남 광주로부터, 모스크바에서 내려진 것으로 알려진 당의 지령을 휴대하고 상경했다.

여운형은 일본인들과의 약속을 지키려고 노력했으며 보복행위를 억제하기 위해 개인적 영향력을 행사했지만, 과격분자들은 신사(神社)를 불사르고 일본인 경관들을 구타하기 시작했다. 총독부는 뒤늦게 그들이 소련군 대신 미군에게 지휘권을 이양할 수 있음을 알고는 이젠 여운형 '정부'를 '건국치안대'로 격하시켜 그의 기세를 꺾으려 했으며, 급히 3,000명의 무장 일본군을 경찰력에 투입해 어떻게든 일본의 힘을 회복하려 했다. 총독부 기관지인 ≪경성일보≫가 다시 간행되었으며, 8월 20일에는 여운형에 대항하는 자세를 보였다.[10] 그러나 때가 너무 늦었다. 여운형을 효과적으로 억제할 수 있는 시간이 이미 지나버린 것이다.

각국의 성명과 세계의 뉴스들에 따르면, 미군이 한국에 상륙하며, 그 지배구역도 엔도 정무총감이 지레짐작한 것보다 넓어질 것임이 분명해졌다. 8월 31일, 오키나와에 주둔하고 있던 미 제24군단이 상당한 곤란을 겪은 후 서울에 있는 일본군의 고즈키(上月良夫) 중장(제17방면군 = 조선관구사령관)으로부터 어렴풋한 무전신호를 받을 수 있었다. 오키나와와 도쿄의 방송들은 아베 총독의 부하들이 미 제24군단의 계획을 알고 있으며, 총독부는 미군이 상륙할 때까지 통치를 계속하고 공공의 질서를 유지하며 시위를 최소한으로 억제하도록 명령

---

8   이만규, 『여운형 투쟁사』, 170쪽의 의견이지만, 막연한 추정인 것 같다.

9   Lee, Won-sul(이원설), "Impact of United States Occupation Policy on the Socio-Political Structures of South Korea," pp.55ff. 이들 가운데는 이강국, 이기석, 정백, 하필원 등이 포함되어 있었다. 서울청년동맹으로 알려진 집단의 회원들도 석방되었다.

10 이 점에 대해 이원설은 국무부의 정치고문실이 하지 중장의 참모인 베닝호프(Merrill Be-nninghof)에 대해 국무부에 보낸 보고서(미 정부기록보관소 소장)를 인용하고 있다.

받았다고 보도했다. 이런 뉴스는 총독부에 용기를 주었다. 총독부는 소련보다는 미국 쪽이 덜 무서운 것으로 알고 있었다. 건준으로부터 제외되고 공산주의자들의 공세로 수세에 몰렸던 우익들이 이 바람에 원기를 회복하여 김성수의 보성그룹이 8월 27일 정당 결성을 시도했지만 무위로 끝났다.[11] 그 자체의 응집력을 결여하고 있던 한국의 국내정치는 이미 이때부터 외국의 지도편달을 구하기 시작했다.

중도파가 빠진 여운형 일파는 더욱 좌경화했다. 8월 28일까지 박헌영은 그 자신이 공산주의자들의 영수로서 확고한 위치를 굳혔을 뿐 아니라 여운형 일파 안에서도 그의 세력을 크게 확대해갔다. 이와는 달리 자유주의자들의 위치는 점점 불안해졌다. 폭력 대책과 진주해오는 미군에 대한 대응문제가 전면에 부각되었다. 9월 3일 온건좌파에 속하는 세 사람이 인민공화국 중앙집행위원회에서 추방되었고, 그들은 곧 보수파에 가담했다.[12] 9월 7일 인민공화국 내각 각료들을 인선하고 있던 여운형은 테러리스트의 습격에 의한 부상으로 20일간 절대안정을 취해야만 했다.[13] 지도자로서의 그의 권한은 허헌(許憲)이 대행했는데, 그는 당시에는 공산주의자가 아니었지만 여운형보다는 훨씬 좌경화해 있었고, 훗날 월북하여 북한의 지도자가 된 사람이다. 한국 민족주의자들의 단결은 심지어 상층부의 좌파민족주의자들 사이에서도 붕괴하기 시작했다. 그럼에도 인민공화국은 한국임시정부의 이름을 빌리고 대의명분을 남북 양쪽에 내세우며 사실상 실권을 장악하기에 이르렀으며, 다른 어떤 정파보다도 정통성

---

11 강진화, 『대한민국 건국 10년지』(서울, 1956), 186~187쪽.
12 전 공산주의자인 김약수, 그리고 이규갑, 이동화이다. 한때 보수주의자들과 인연을 끊었던 원세훈도 김성수 진영에 가담했다.
13 이만규, 『여운형 투쟁사』, 235~236쪽 참조. 테러단은 5명이었는데, 학생모를 쓴 한 사람이 여운형을 구타한 후 차로 도주했다. 8월 18일과 9월 7일의 테러를 당한 이후 여운형은 심한 몸살과 불면증으로 고생했다. 이 시대 일어난 대부분의 테러사건이 그렇듯, 여운형을 테러한 범인들도 결코 확인되지 않았다.

에 가까이 가고 있었다. 그들은 해방된 지 3주 만에 사실상 라이벌이 없을 정도로 세력이 커졌다.

그 지위는 갑작스러운 해방으로 인한 한국의 정치적·경제적 공백기에 얻게 된 당연한 결과였다. 어느 한 나라가 그토록 갑작스럽고 급격하게 혁명적인 정치·경제 발전과 그에 수반하는 여러 종류의 자산 내지 사회적 변화를 향해 움직이도록 자극받는다는 것은 드문 일이다. 해방이 직접적인 원인인 것 같았다. 또한 그 저류에는 일본의 통치자들에 대한 한국인들의 심리적인 자세가 다른 어느 식민지의 경우보다 더욱 강하게 한국인들의 기대를 고취한 점이 있었다. 야심적이며 더욱이 독자적인 오랜 정치·문화의 배경을 갖고 있는 한국인들은 일본인들이 한국에서 이룩한 경제적인 성과에 대해 한국인 자신들의 힘만으로 이룰 수 없을 정도로 공적이 크다고는 생각하지 않았다. 한국인들은 한일강제병합을, 자신의 문화가 일본보다 열등해서가 아니라 비슷한 수준에서 우연히 탈취당한 것으로 보았다. 결국 70여만 명의 일본인들이 이룩한 물질과 교육의 성과는 경쟁심을 일으키는 강력한 자극제가 되었으며, 자신들도 그 일을 쉽게 할 수 있다는, 문화적 능력에 대한 자신감을 갖게 된 것이다. 이런 풍조는 정치인들의 극단적이고 혁명적인 정책선전에 이용되었다. 그 가운데서도 여운형 일파가 대중들의 이런 충동적인 마음을 제일 먼저 사로잡았으며, 결속력이 강한 공산주의 조직의 핵심이 여운형과 제휴하여 그런 사업에 필요한 대중유도 방법과 정책입안 지식을 제공했다.

일본인들이 전국 각지에 흩어져 거주하는 바람에 보급이 확대된 교육과 통신제도가 인민공화국이 더 적극적으로 그리고 광범위하게 정치 주도권을 잡는 데 도움이 되었다. 그들은 일본의 식민지정권이 유지하고 있던 행정망, 수송망 및 통신망을 즉각 장악했다. 인민위원회가 전국적인 규모로 설치되었다. 인민공화국 대표는 9월 8일 상륙한 미군과의 항만 면담에서 135개의 지방인민위원회가 이미 설치되었음을 알렸다. 이미 그 대부분은 일본 관리들을 대신해 잠정적으로 지방행정을 펴기 시작했으며, 지방 교도소의 죄수들을 석방하고 대일

협력자들을 추방했다. 그리고 몇몇 인민위원회는 앞으로 있을 토지개혁을 미리 준비하기 시작했다.

이 혁명적인 시기에 인민위원회에 참여한 사람들 대부분은 좌파들이었으며, 공산주의자들의 세포나 혁신적 좌파 내지 노동자위원회가 있는 곳에서는 그들이 점점 주도권을 잡게 되었다. 그 밖의 지역에서는 농민조직이 권력을 장악했다. 그 가운데 일부는 보수파들이 주도했고, 때로는 그 지도자가 기독교 목사일 때도 있었다.[14] 소작료의 경감과 토지재분배를 주장하는 사람들이 더 늘어났다. 지방경찰을 신용하지 않았던 흰 셔츠를 입은 많은 젊은이들이 치안대를 조직했다. 그들의 조직은 8월부터 11월 또는 12월까지 정도의 차는 있었지만 대부분의 지역을 지배했다.[15] 이들은 일반적으로 선량한 행동을 했지만, 때로는 우파 인사들을 폭행하고 일본 경찰들을 죽이기도 했으며, 세금징수(강탈)를 하고, 지주와 소작인과의 분쟁에서 일방적으로 소작인 편을 들기도 했다. 각 군(郡) 인민위원회는 북한에서처럼 임시국회 대의원을 선발했으며, 대단한 자발성으로 국정참가 의욕을 불태웠다. 그들의 이런 급진성과 함께 공산주의자들의 조직과 수법에 반쯤 포로가 된 것을 보고 사람들은 대체로 각 지방의 정치참여가 이제 급속히 시작되는 것으로 여겼다. 정치적 의사전달과 정부 참여가 대단한 열의와 속도로 진전되었다.

이들 지방인민위원회는 거의 대부분 중앙의 지시도 없이 결성되었으나, 서울의 건국준비위원회는 그들을 모두 정부기관으로 간주했다. 9월 6일, 하지 중장이 상륙하기 이전(상륙일은 9월 8일)에 얼른 그 조직의 정통성을 기정사실화

---

14 Richard D. Robinson, "Korea: Betrayal of a Nation," pp.43~44; 그리고 E. Grant Meade, *American Military Government in Korea*, pp.54~58에서는 광주에서 보수파들이 만든 인민위원회에 대해 자세히 설명하고 있다. 이 인민위원회는 공산주의자들이 지역조직을 장악해 감에 따라 차츰 좌경화해갔다.

15 전라남도의 도청소재지인 광주에선 김석(Kim Suk) '대위'가 11월 초순 미군에 의해 축출될 때까지 6,000명의 추종자들과 함께 시를 다스렸다. E. Grant Meade, idem, p.70.

하기 위해 서울에서 '전국인민대표자회의'가 소집되었고, 대다수 지방 의원들을 포함, 1,000명 이상의 대의원들이 참가했다. 단단한 조직을 가진 좌파가 지배하는 핵심요원들이 모든 계획을 입안했다. 잇달아 일사천리로 「조선인민공화국 임시조직법」이 채택되고, 55명의 인민입법위원회 대표들이 선발되었으며, 여운형이 의장에 허헌이 부의장에 각각 뽑혔고, 이 두 사람에게 내각 구성을 위촉하였다. 국호를 '조선민주공화국'(민주공화국이 그들의 정강 목표였다)으로 하는 것이 어떻겠느냐는 논의가 있긴 했지만, '조선인민공화국'으로 선포하였다. 여운형 자신은 이 이름이 마음에 썩 내키지 않았고, 그의 동생(여운홍)과 다른 일부 사람들도 그것이 결정적인 실수임을 곧 깨달았다. 만약 이 과도정부를 '조선민주공화국'으로 부르기로 결정했다면, 그 후의 전반적인 정치상황이 달라졌을지도 모른다. 여운형은 이 '의회(인민대표자회의)'를 어떤 방향으로 끌고 가겠다는 사전계획 수립에 참여하지 않은 대부분의 대의원들이 진정 무슨 일이 일어나고 있는지 거의 알지 못하고 있음을 알았다. 허둥지둥 서두르는 바람에 사전에 면밀한 계획도 세우지 못했고 또한 한국에 어떤 의회 운영의 전통도 없다는 점을 이용해 여기에 참여한 공산주의 집단이 그들의 영향력을 증대하였다. 여운형마저 부상으로 병상에 있었기 때문에 그 자신의 '각료' 인사 몫마저 거의 챙기지 못했다.

3·1독립운동은 아직도 정통성의 근거가 되었다. 거의 전 국민에게 공통적이었던 민족감정의 전통에 영합하기 위해 인민공화국은 대한민국임시정부의 간판을 이용했다. 따라서 이승만이 대통령으로 선출되고, 부통령에 여운형, 국무총리에 허헌, 내무부장관에 김구, 외무부장관에 김규식, 국방장관에 김원봉(金元鳳)이 임명되었다. 그러나 이들 가운데 여운형과 허헌 외의 사람들은 그때까지도 외국에 있었고 연락도 되지 않았다. 이들을 제외한 거의 모든 차관이나 기타 국장 자리는 공산주의자들이나 좌파 극렬주의자들이 차지했다. 이승만도 김구도 이런 각료 구성을 승인할 리가 만무했다. 지주나 자산가들은 인민공화국이 정권을 잡게 되면 필경 그들의 재산이 몰수되고 인민재판이 진행될

것으로 생각했다. 해방된 지 1개월도 되지 않아 한국은 정치적으로 크게 분열되었고, 실권의 대부분이 공산주의자들과 좌경 민족주의자들의 손으로 넘어가게 되었다.

해방이 혼란을 불러오는 것은 불가피한 일이었다. 그러나 처음에 정치적 질서를 찾으려는 얼마간의 노력은 있었다. 조선총독은 정권이양을 원만하게 하기 위해 최선을 다했음이 틀림없다. 그런데 곧 무력화되어 버렸고, 연합군의 진주계획에 대한 정확한 정보도 제때에 들을 수가 없었다. 여운형이 우파와 중도파를 배제한 것이 필시 언젠가는 충돌을 일으키게 되어 있었다. 그 사이에 인민공화국이 지방에 뿌리를 내리고 어느 정도 수준까지는 정통성을 확립했다. 아베든지 여운형이든지 간에 그때까지의 등장인물은 모두 해방 후 한국이 처해 있는 환경에 대해 직감적이거나 혹은 사색적인 지식을 갖고 일을 했다. 그들은 한국사회의 무정형성, 고삐 풀린 야망, 중앙권력에의 집중성 및 사회조직의 결여 때문에 지도자들이 야망의 격렬한 상승기류를 어떻게 조정해볼 도리가 없음을 알고 있었다. 다시 말해 이들 두 사람은 각각 내심으로는, 조선총독부가 한국의 정치적 성장을 방해한 한편 그 혼란도 어느 정도 억제해왔다는 점을 인정하고 있었다.

식민지정권은 고압적이며 인기가 없었지만 행정능률이 높았던 것을 부인할 수는 없다. 일본의 방침은 확고했으며, 그것은 본국 정부로부터 변함없는 지지를 받았고, 실질적으로는 모든 일본인들도 이에 찬동했다. 그리고 그에 반대하는 조선인들에게마저 양해를 얻고 있었다. 식민지정권은 조선인민들에게 고압적 통치방법이 인기가 없다는 것을 알고는, 적어도 1919년 이후에는 적당한 수준 이상으로 관료통치제도를 재정비하고 새로운 정보기관들을 만들어냈다. 전에 한반도를 통치했던 어떤 권력도 일본인들이 이룩한 정보수집 능력의 수준에까지 도달한 적이 없으며, 박정희 정권이 그런 일본식 수법을 통치수단에 원용할 때까지, 어느 한국정부도 그처럼 효율적이면서 반민주적인 성장의 표본이 된 적이 없었다.[16] 그들의 통치는 완벽한 지배였을 뿐만 아니라 그런 완벽성을 보증까지 했다. 조선에 대한 일본인들의 지배는 항상 계획성과 결단성이 풍부했다.

아베 총독과 그의 서류, 그의 부하 그리고 그의 결단력은 최후의 시간을 맞았다. 이제 미군이 총독부와는 정반대의 정부를 서울에 수립한 것이다. 미국의 군인들은 한국의 사정에 대해 상식적인 것마저 알고 있지 못했다. 그들은 자신의 눈앞에 일어나고 있는 사회의 유동성을 분석할 수도 없었고 그 방향을 판단하지도 못했다. 그들에게는 어느 것 하나 자료가 없었고 실제로 자료 속에 담을 정보도 없었다. 행정요원들은 있었지만 일본어를 할 줄 아는 사람들이 거의 없었고 한국어는 말할 것도 못 되었다. 미군이 이기적인 목적을 갖고 있었던 것은 아니다. 사실 그들은 결코 분명한 목적을 거의 갖고 있지 않았으며 이리저리 더듬어서 정책을 정했다. 그들에게는 결단의 근거가 될 만한 것이 없었다. 이런 지식과 목적의 공허가 모든 사람들로 하여금 필요한 다른 요건들을 구비하지도 않고 중앙의 권력을 지향하는 환경에 둘러싸이게 했으며, 다른 어떤 미국의 의도적인 친절보다 더욱 결정적으로 한국정치의 미래를 결정하게 되었다.

미국이 한국에서 적극적인 행동을 취할 수 없었던 무능은 '전통'에서 온 것이다. 과거 미 국무장관 윌리엄 슈어드(William H. Seward)는 1866년 조선에서 제너럴셔먼호 사건이 일어난 후 조선에 미국의 영향력을 강력하게 확립해야 한다고 생각했지만, 당시 한편에서 알라스카 인수 상담이 오가고 있었기 때문에 이것을 단념했다.[17] 대리대사 조지 C. 파울크(George C. Foulk)와 공사 호레

---

16 일본제국의 정보수집 조직은 1961년 군사쿠데타 이후 설치된 한국 중앙정보부의 조직적인 신상자료 처리에 아마도 아주 중요한 영감을 줬을 것이다. 이정식 같은 한국인 저자도, 한국인들의 항일적 비밀 민족주의운동에서 일본제국의 경찰이 알지 못한 것이 극히 적었다고 지적하고 있다.

17 Tyle Dennett, *American in Eastern Asia* (New York, 1922), pp.417~421. 슈어드 국무장관은 한국원정에 합동작전을 제안했는데, 아마도 프랑스를 포함시킨 것 같다. 다행히 다른 대

이스 알렌(Horace N. Allen)은 미국이 점진적으로 조선에 개입해야 한다고 국무부에 요청했으나 유야무야되고 말았다. 시오도어 루스벨트 대통령은 적어도 결단력은 있었지만, 조선에 대한 미국의 지배를 포기하고 일본의 진출을 묵인한다는 부정적인 것이었다.[18]

전쟁이 종결되고 미국 정책입안자들의 주의가 한국이 아닌 다른 곳에 쏠려 있었기 때문에 우유부단이라는 옛날의 망령이 다시 머리를 치켜들었다. 1943년 12월의 「카이로 선언」은 조선을 독립시키기로 결정했지만 그 독립도 '적당한 시기'에 한다는 것이었다. 언제 어떤 단계로 독립시킬 것인지 확실한 합의가 없었다. 신탁통치제도 또는 보통 얘기하고 있는 4대국에 의한 '보호감독' 내지 '수습'기간이 대개 5년에서 40년이 되는 경우도 있는데, 아무도 그 성격에 대해 진지하게 생각하지 않았다.[19] 미국과 소련은 38도선에서 서로 대립했으며 맥아더는 일본점령에 소련이 참가하는 것을 거부한 가운데 4대국 또는 3대국 협력 분위기마저 모두 사라져버렸다.[20] 미국이 한반도 대책에 진지성을 갖

사건들로 인해 그의 주장을 실천에 옮길 수 없게 되었다.

18 Fred H. Harrington, *God, Mammon, and the Japanese*. 이 책에서 그는 상당 부분을 이 이야기에 할애하고 있다.

19 루스벨트 대통령은 카이로 회담이 끝난 후 테헤란에서 스탈린과 만났을 때 "한국이 완전 독립을 하기 이전에 일정한 기간, 아마도 약 40년간의 긴 수습기간이 필요할 것"이라고 말했다. Robert E. Sherwood, *Roosevelt and Hopkins: An Intimate History* (New York, 1948), p.777. 얄타에서 루스벨트는 스탈린에게 그 기간을 20년에서 30년으로 하자고 했다. 얄타 회담에 대한 국무부의 한 브리핑 보고서는 "한국이 스스로 통치할 수 있을 때까지 일정기간"의 4대국 신탁통치를 지지하고 있다. Carl Berger, *The Korean Knot* (University Park, Pa., 1957), p.38. 분명히 루스벨트는 한국을 필리핀과 유사한 것으로 잘못 보고 그렇게 조급한 판단을 내린 것 같다. 1945년 5월 28일, 홉킨스(Harry Lloyd Hopkins)는 1945년 5월 25일에서 6월 6일 사이에 있었던 스탈린과의 대화에서 25년 미만을 이야기했지만, '확실히는' 5년에서 10년까지의 신탁통치가 한국에 필요할 것이라고 했고, 4대강국의 감독개념을 추가했다. Herbert Feis, *Between War and Peace* (Princeton, 1960), pp.115~116 참조. 맥아더가 소련의 일본 일부지역 점령제안을 거부함으로써 4대강국의 협력 분위기가 깨져버렸다.

20 1946년 1월 말, 한국에 대한 연합국의 신탁통치 안건을 설명하면서 국무장관 서리 딘 애치

지 못했다는 것은 1945년 7월 24일 포츠담에서 조지 마셜(George C. Marshall)과 소련군 참모총장 알렉세이 안토노프(Aleksei I. Antonov) 사이의 심각한 대화 가운데서도 나타난다.[21] 그러나 그 직후, 에이버렐 해리먼(W. Averell Harriman)과 모스크바에서 온 에드윈 폴리(Edwin W. Pauley) 및 제임스 번스(James F. Byrnes) 같은 매파들은 미국이 한반도 정책에 더 적극적으로 나서야 한다고 권고했다.[22] 일본군의 항복접수를 위해 '일시적인 군사상의 편의'로서 한반도를 분할하고 미국이 남한을 점령한다는 것과 군사항복의 경계를 38도선으로 하기로 한 최종적인 결정은 소련과의 타협에서 나온 것이라기보다는 오히려 미 정

슨(Dean Acheson)은 모스크바 외무장관회담에서 제시한 미국의 기본 제안서를 예로 들며, "한국에 대한 신탁통치기관이 연합국의 정부여야 할지 아니면 그 밖에 다른 종류의 것이어야 할지 아직 논의되지 않았다"라고 말했다. *Department of State Bulletin* (Feb. 3, 1946), p.155. 중국과 영국이 왜 한국문제 토의에서 제외되었는지 자세한 설명은 없었다.

21 하원 외교위원회에서 행한 팀버먼(T. S. Timberman)의 증언을 기록하고 있는 George L. Millikan and Sheldon Z. Kaplan, *Background Information on Korea: Report of the Committee on Foreign Affairs Pursuant to House Resolution 206*, House Report 2496, 81st Congress, 2nd Session(Washington, D.C., 1950), p.3 참조. 조지 마셜은 알렉세이 안토노프 소련군 참모총장이 미국은 한국에서의 소련군 작전을 지지할 것이냐고 묻는 말에 "우리는 모든 노력을 다해 일본 본토 공략에 매진할 것"이라고 대답했다. 소련은 마셜의 이 말에서 그들이 채울 수 있는 세력공백이 있음을 알고 그들의 당초 목표였던 '만주에서의 일본군 분쇄'에 한국을 추가시켰는지도 모른다. 1943년 11월의 테헤란 회담 때까지만 해도 스탈린은 소련군의 한국 진공을 생각하지 않았던 것 같다. Cho, Soon-sung(조순승), *Korea in World Politics, 1949~1950* (Berkeley, 1967), pp.22, 41, 50~51 참조(이 책은 『한국분단사』란 이름으로 한국에서도 출판되었다). 조순승 박사는 이 책에서 한국의 분단문제를 아주 훌륭하게 설명하고 있다.

22 Richard C. Allen, *Korea's Syngman Rhee* (Rutland, Vt., 1960), p.70; Martin Lichteman, "To the Yalu and Back," p.276에서 제임스 번스는 가능한 한 한반도의 먼 북쪽까지 미군이 진주하여 일본의 항복을 받아내기를 원했지만, 합동참모본부는 최대한 한반도 남부 이상의 지역 점령은 무모한 것으로 보았다. 맥아더는 또한 "만주와 한반도 전부를 공산주의자들에게 잃는다고 체념한 것"으로 보인다. Trumbull Higgins, *Korea and the Fall of MacArthur* (New York, 1960), p.6.

부 내의 매파와 비둘기파 사이의 타협의 산물이었다. 8월 10일 저녁 펜타곤에서의 왁자지껄한 기획그룹 회합에서 당시 매파인 해리먼, 폴리, 번스 등과 비둘기파인 마셜 및 합동참모본부 사람들 사이에서 허둥지둥 결정된 것이다.[23] 소련은 미국의 우유부단 때문에 그들에게 길이 열릴 때까지 그들이 뒷날 한반도 문제에 대해 보여줬던 완강함을 그 당시에는 보이지 않았다.

일본의 항복과 전후 시기를 거치면서 미국의 우유부단한 정책은 조금도 개선의 기미를 보이지 않았다. 미국의 한국에 대한 책무와 의사결정은 1947년 8월까지는 거의 믿어지지 않을 정도로 분열되고 혼란스러웠다. 점령이 '군사적인' 것이기 때문에 그 책임이 육군부에 위임되었는데, 거기에는 한국에 관심을 가지고 있거나 한국문제에 대한 지식을 가진 사람이 한 사람도 없었다.[24] 「카

---

23 R. Ernest Deputy and Trevor N. Dupuy, *Military Heritage of America* (New York, 1956), p.658. 그리고 전 국무부 극동담당차관보 존 카터 빈센트(John Carter Vincent)와의 대화 및 Department of State Publication 7084, *The Record on Korean Unification, 1943~1960* (Washington, D.C., 1960), p.44~45 참조. 또한 Cho, Soon-sung(조순승), *Korea in World Politics, 1949~1950*, p.46~54 참조. 이 기획그룹의 제안은 8월 11일의 국무부 육해군조정위원회와 8월 12~13일의 합참과 국무부에 의해 결정되었으며, 8월 13일 트루먼 대통령이 승인했다. 38도선을 경계선으로 하자는 제안은 한 미국 대령한테서 처음으로 나온 것인데, 그는 한반도를 대략 절반쯤으로 가르는 선을 38도선으로 하는 것이 적당하다고 보았으며, 더욱이 서울이 남쪽에 포함되므로 미국 측에 유리하다고 생각했다(1944~1945년에 국무부 극동문제 전문가였던 맥쿤(George M. McCune)과의 대화에서 나온 이야기임]. George L. Millikan and Sheldon Z. Kaplan, *Background Information on Korea: Report of the Committee on Foreign Affairs Pursuant to House Resolution 206*, p.2에서는 제임스 웹(James E. Webb) 국무장관 아래서도 역시 그 문제로 회합을 많이 가졌음을 밝히고 있다. 이 문제에 대해선 Arthur L. Grey, Jr., "The Thirty-Eight Paraell," *Foreign Affairs*, 29(April, 1951), pp.482~487 역시 참고가 될 것이다. Leland M. Goodrich, *Korea: A Study of U.S. Policy in the United Nations* (New York, 1956), pp.12ff; Roy E. Appleman, *South to the Naktong, North to the Yalu* (Washington, D.C., 1961), p.3; Cho, Soon-sung(조순승), idem, p.52는 7월 말 포츠담에서 존 헐(John E. Hull) 중장과 일단의 기획그룹이 38도선 인근의 한 라인을 미국과 소련 세력권 사이의 적절한 경계선으로 결정했다고 밝히고 있다. 하지만 이 아이디어는 포츠담 회담의 연합국 군사대표 회합에선 논의되지 않았다.

이로 선언」 이후 20개월이 지났는데도 한국문제에 대해 생각한 것이 거의 없고 전혀 준비가 되어 있지 않았다.[25] 육군장관 로버트 패터슨(Robert P. Patter-son)과 그의 막료 대부분은 한국문제를 지엽적인 문제 정도로 생각했으며, 오로지 '수렁에 빠지지' 않으려고 이 문제를 회피하려고만 노력한 것으로 알려져 있다.[26] 미국은 한반도에 결정적인 이해관계를 갖고 있지 않기 때문에 손을 떼야 한다고 했던 테디(시오도어) 루스벨트 식의 무관심이 그들의 정책심의실 공기를 압도하고 있었다. 한편 국무부는 점령지역에 대한 미국의 정책을 추진하는 책임을 맡았다.[27] 그러나 패터슨의 주장에도 불구하고 번스는 "유럽과 태평양의 점령지역 통치에 관한 권한을 육군부에서 국무부로 이양하는" 움직임에 반대했다.[28]

국무부 업무를 보좌하기 위해 육군준장 존 힐더링(John Hildering)이 점령지

---

24 아마도 1948년 초 이후 미국의 한국 점령지역 전 민정관인 브레이나드 프레스코트(Brai-nard E. Prescott) 대령은 예외에 속할 것이다.

25 E. Grant Meade, *American Military Government in Korea*, p.47. 미군의 한국 진주 후 처음 몇 달 동안 민정관리로 있었던 미드는 이 시기와 그때 겪었던 문제점들을 정직하게 기록했다. 당시 국무부의 맥쿤(George M. McCune)은 정책입안자들이 한국문제에 관심을 갖도록 노력했으나 도로에 그쳤다. 그 무렵 한국에 대한 민정편람 작업(Work on Civil Affairs Handbooks for Korea)은 상부의 명령에 의해 중단된 것으로 알려졌다. 1944~1945년에 미국이 일본의 관동군을 너무 과대평가한 것이 미 정부의 일부 관리들로 하여금 이 지역에 대한 소련군의 개입 필요성을 지나치게 강조하게 되고, 또한 한반도가 통째로 소련 세력권 속으로 떨어질지도 모른다는 생각을 하게 된 것 같다.

26 존 카터 빈센트와의 대화에서 나온 얘기이다. 또한 Walter Millis, *The Forrestal Diaries* (New York, 1951), p.273 참조. 마셜 국무장관은 이 견해에 동의하지 않았다.

27 Department of State Publication 2794, *American Policy on Occupied Areas* (Washington, D.C., 1947), p.1.

28 James F. Byrnes, *Speaking Frankly* (New York, 1947), p.244. 패터슨 육군장관은 국무부에게 한국에 대한 책임을 떠맡도록 한 번 이상 요청했다. 그는 마셜이 국무장관에 취임한 후에는 그런 요구를 하지 않았다. Richard E. Lauterbach, *Danger from the East* (New York, 1947), p.248.

역 담당 차관이 되어 국무부에 들어왔다. 그와 그의 부하들은 유능했지만 그들의 주요 관심사는 독일과 일본이었다. 사실 한국은 「카이로 선언」에서 한반도가 '해방지역(liberated area)'으로서 별도로 취급되어야 한다는 점을 분명히 해두어야 했음에도 '점령지역(occupied area)'이라는 범주에 포함된 것이다.[29] 오스트리아의 경우엔 히틀러는 물론 그의 반유태주의를 양육한 곳이었음에도 종전 후 해방지역 대접을 받으며 경미한 간접점령으로 끝났고, 일본 역시 간접점령이 허용되었다. 이에 반해 한국은 4대 점령국들과는 가장 무관했는데도 유독 독일의 경우와 비슷하게 직접점령지역이 되었으며, 심지어 고압적인 대우까지 받았다. 국무부 극동담당 국무차관보인 존 카터 빈센트의 상관인 힐더링 준장은 중국의 내전이 점점 치열해지자 국무부 극동국이 한국문제를 적극적으로 다루려는 것을 훼방 놓는 데 일역을 했다. 왜냐하면 빈센트가 중국문제 전문가이기 때문에 그에게 중국내전에 대해 머리를 써야 할 시간을 더 배정했던 것이다.[30]

빈센트 휘하의 일본-한국 부서는 일본전문가들에 의해 운영되었다. 이곳에서도 또한 일본이 중요하게 취급되는 바람에 한국의 존재는 미미해져 버렸다. 미국에서 첫 손가락에 꼽히는 한국전문가는 한 퇴역 해군 중위였다. 그는 사실

---

29 한반도가 점령지역이냐 해방지역이냐 하는 구별이 전혀 되어 있지 않았으며 구별이 될 전망도 보이지 않았다. 1944년 6~7월의 사이판 탈환전 때 해병대 중위로서 포로관리 책임자로 있던 나는 「카이로 선언」의 정신에 따라 한국 출신 포로들에 대한 처우를 일본인 포로와는 다르게 해야 할 것 아니냐는 제안을 한 바 있다. 북중국에서 근무한 바 있는 나의 해병대 상사들은 한국인들이 일본제국을 위해 몹쓸 짓을 하고 있다면서 나의 생각을 단념시키려고 했다. 한국에 대한 그런 감정은 감춰져 있긴 했지만 그러나 초기 미 점령군의 한국인들에 대한 태도를 결정하는 실질적 요인들이 되었으며, 상륙 첫날 하지 중장이, 한국인들을 "일본인들과 같은 혈통의 고양이들"(Richard E. Lauterbach, *Danger from the East*, p.201)이라고 내뱉었다는 유명한 소문도 뜬소문만은 아니었을 것이다. 더욱 놀라운 사실은 그때나 그 이후에 어떤 미국인 비평가나 지식인도 '해방시켜야 할 곳을 점령해버린' 잘못을 발견한 것 같아 보이지 않는다는 점이다.

30 당시의 극동문제담당 차관보였던 존 카터 빈센트와의 대화.

한국에 근무해본 적도 없으며 한국에 관한 전문가인 체 하지도 않았음에도 모든 사람들로부터 한국문제로 비난받는 입장에 서게 되었다. 모든 정책은 '국무부육해군정책조정위원회(SWNCC)'의 동의가 필요했다. 모든 '중요' 사항은 추가로 극동위원회(Far Eastern Commission)의 미국대표 승인을 받아야 했다. 그리고 또한 맥아더와 그의 막료의 결재를 받아야 했다. 맥아더는 1947년 8월 8일 이전에 한국 통치에 대한 전권을 위임받았지만, 그로부터 1년간 그의 '봉토(封土)'에 한 번도 발을 들여놓지 않았다.[31] 하지 중장은 군사문제에 관해서는 맥아더 사령부와 합동참모본부 두 곳으로부터 승인을 받아야 했다. 육군의 최고 고참이며 또한 육군 안에서 가장 오지랖이 넓은 장군들 중 한 사람으로 유명한 맥아더의 지시를 받는 입장에 서게 되면, 설령 하지가 아니더라도 대담하게 주도권을 행사하기가 어려웠을 것이다. 하지가 이렇게 복잡하게 얽힌 권력이라는 천계(天界)가 혼란과 지연으로 날을 지새우고 그 자신이나 한국을 위한 북극성이라고 해야 할 확실한 지침이 없다고 느꼈다면, 그가 모든 책임을 질 수는 없는 일이다.

물론 이런 혼란이 필시 한국진주 군사령관으로 임명된 사람의 무능에 의해 더욱 깊어진 것 또한 사실일 것이다. 처음에 두 사람의 유능한 장군이 사령관 물망에 올랐으나 탈락되어야 했다.[32] 선택은 가장 단순한 편의주의에 의해 마

---

31 Millikan and Sheldon Z. Kaplan, *Background Information on Korea: Report of the Committee on Foreign Affairs Pursuant to House Resolution 206*, p.4에서 맥아더의 결재를 받은 9월 7일 자의 다음과 같은 일반명령 제1호를 인용하고 있다. "38도선 이남의 영토와 그곳 주민들에 대한 모든 통치권은 당분간 나의 소관 아래 집행될 것이다."

32 앨버트 웨드마이어(Albert C. Wedmeyer) 중장이 미군정 책임자로 제일 먼저 물망에 올랐던 것으로 알려져 있다. 그 당시에 그는 북부 중국에 있었으며, 중국문제에 경험이 풍부한 그를 그곳으로부터 빼나오기에는 그곳 상황이 (공산군-팔로군의 진출로 인해) 너무 급격하게 악화되어가고 있었다. 웨드마이어 다음으로 물망에 오른 사람은 또 다른 극동전문가인 조셉 H. 스틸웰(Joseph H. Stilwell) 중장이었다. 그가 임명되면 한국에 그의 10군(軍) 사령부가 설치될 예정이었다. 하지만 이 소식이 장제스의 귀에 들어갔을 때, 총통은 급히 맥아

지막 순간에 내려졌다. 병력을 실어갈 선박이 부족했고 점령군은 가능한 한 한국 근방에 주둔하고 있는 병력에서 차출해야만 했다. 시간은 더욱 절박했다. 소련군이 8월 12일에 한국에 진입하기 시작했기 때문이다. 당시 한국에서 가장 가까운 곳에 있는 미군 대부대는 600마일 떨어져 있는 오키나와의 제24군단이었다. 따라서 이 부대가 한국 점령에 적당한 부대로 차출되었으며, 이 부대 사령관이었던 하지도 같은 짐 꾸러미에 들어가게 되었다. 하지는 강인하고 근면하며 결단력 있는, 일리노이 농장 출신의 실전파 장군이지만, 웨스트포인트 출신은 아니고 병졸에서 장군으로 승진한 사람이며 지성적이지도 못했고, 그가 맡은 정치적 성격의 업무에 필요한 자격 같은 것은 전혀 없는 전형적인 군인이었다. 아마 틀림없이 그는 단지 수송시간이 없다는 이유로 약 2,000만 명의 인구를 가진 나라에서 정치권력을 행사하는 자리에 선택된 사상 초유의 사람일 것이다. 일단 업무를 맡은 그는 전심전력을 다했다. 역사가 도쿄나 워싱턴에 있던 하지의 상사들보다 하지를 더 신랄하게 비판하는 것은 온당치 않다. 결국 도쿄와 워싱턴의 혼란과 우유부단 때문에 한국 통치는 하지와 그의 다른 양심적인 미국인들에게 고통의 샘이 되었던 것이다.

고토 심페이가 이 말을 들었으면 무덤 속에서 틀림없이 깜짝 놀랐을 것이다. 훌륭한 행정관들을 임명하고 그들을 도와주며 그들이 도움을 요청하는 이외에는 그들 스스로 문제를 처리하도록 내버려두는, 고토가 끝까지 지켰던 현

더에게 친서를 보내, 만주 옆구리에 스틸웰을 앉히려는 데 항의하며, 만약 그를 임명하면 그와는 협력하지 않을 것이라고 으름장을 놓았다. 따라서 스틸웰도 탈락했다. 그는 아시아의 전쟁과 혁명문제에 대해 깊이 알고 있는 소수의 미국 장군들 중 한 사람이었는데, 만약 건강과 정치가 그에게 행운을 가져다주었다면, 한국 무대에서의 그의 판단은 결정적인 것이 되었을 것이다. Richard D. Robinson, "Korea: Betrayal of a Nation," p.11~12 참조(로빈슨은 한국의 미군정 장교로서 이 문제에 관한 공식기록을 읽은 사람이다). 선박의 부족이 또 하나의 요인이 되었는지도 모른다. 한국으로 군단(corps)을 수송하는 것이 군(army)을 수송하는 것보다 선박의 품이 덜 들어가는 것은 당연한 일이다(미 육군에서는 사단을 모아 군단을 편성하고, 군단을 모아 군을 편성한다).

명하고 이상적인 방법은 미군정의 경우엔 통신이나 정책전달의 길이 방해를 받아 혼란에 빠져들었기 때문에 실현될 수 없었으며 결국 확실한 정보가 뒷받침되지 못한 무능한 통치로 끝났던 것이다. 워싱턴의 처방들은 일본 식민주의가 조선에서 사명감에 가까운 패기로 바로잡으려고 했던 정치적 혼란을 오히려 조장하는 결과가 되었다. 만약 미국의 의도가 통제하지 않는 책임체제와 조선시대 '자문기관'형 정부의 파벌항쟁을 재생시키는 것이라고 한다면 그 의도는 충실하게 실현되었다고 할 수 있다. 미국의 군정 아래 소생한 정치는 1910년 이전의 정치 특징을 그대로 되살려 계승한 것이었다.

하지 중장은 본국 정부의 도움을 거의 받지 못했다. 그는 국무부에 정치고문의 파견을 요청하지 않을 수 없었는데, 이에 대해 국무부는 2급 외교관을 보내면서 확실한 훈령도 보좌진도 딸려 보내지 않았다. 하지는 그 외교관이 한국에 관해 실질적인 지식이 없어 별 쓸모가 없음을 알고는 본국으로 되돌려 보냈다. 하지 사령부에 배속된 일급 보좌관인 아치볼드 아놀드(Archibald V. Arnold)는 웨스트포인트 시절 주로 미식축구 선수로 이름을 날린 장군이었다. 그와 함께 상륙했던 부대에 민정전문가들은 없었으며, 최초의 가장 중요한 5주간에 사령관은 자신들이 점령하고 있는 나라에 대해 지금까지 거의 들어보지 못한 병사들로 구성된 제6, 제7 및 제40 보병사단이라는 전투부대를 지휘하여 세계에서도 가장 미묘한 정치상황에 대처해야 했다.[33] 겨우 10월 20일이 되어서야 처음으로 일단의 민정담당 부대들이 도착했지만, 그들은 주로 필리핀 상륙을 목표로 전투훈련을 받았던 사람들이며, 9개월의 교육 기간 중 한국에 대한 강

---

33 한국의 미군정부는 1946년 1월 4일까지 구성되지 않았다. 초기에 파견된 민정 팀들은 그때까지 전술부대의 지휘를 받았으며, 그해 9월 12일 이후에야 군정장관인 아치볼드 아놀드의 휘하로 들어간다. SCAP, *Summation of Non-Military Activities in Japan and Korea*, No. 4(Jan. 1946), p.281 참조(이후엔 날짜별로 SCAP Summation으로 인용할 것임). E. Grant Meade, *American Military Government in Korea*, pp.47~52 및 기타 여러 자료에는 미군정 담당자들이 봉착한 어려움을 상세하게 설명한 일류 관찰자들의 기록이 포함되어 있다.

의는 1시간도 되지 않았다.[34] 그 뒤 2차로 온 부대들은, 이번에는 필리핀이 아니라 일본 상륙을 목표로 교육받은 사람들이었다. 한국에 대한 군정을 조직적인 관점에서 살펴보면, 주한 미 군정청(U.S. Army Military Government In Korea: USAMGIK)의 업무는 작전부대인 주한미군(U.S. Armed Forces In Korea: USAFIK)의 엄격한 감시로 인해 장기간 방해를 받은 것으로 보인다. 한국에서 단기근무를 하고 있는 병과장교들의 결재를 받아야만 하기 때문에 행정사무가 믿어지지 않을 정도로 지연되었으며, 그 결과 서로 간에 욕구불만과 반감이 생겼다. 도대체 이런 책임을 맡아야 하는 장교들과 그 부하들이 엉터리 기준으로 선발된 것이다. 그들이 맡은 최초의 업무는 일본군의 신속한 무장해제였다. 그 이후 주한미군이 중점을 둔 것은 7만 2,000명 병사들의 건강을 주의하고 귀찮은 일을 일으키지 않는다는 것이었다. 한국인과 친분을 가지는 것을 엄격하게 금지한 명령 때문에 심지어 책임 있는 자리의 미국인들이 상황을 확인하든가, 미국의 정치목적을 돕든가, 또한 미군에 대한 신뢰를 구축하는 데 필요한 범위의 접촉이나 우정을 만드는 것도 금지되었다. 그 결과 '우정'은 미군 정보부대(CIC)에 정보를 제공하는 것과 결부되었으며, 한국인들과의 인간관계는 친절한 가정부의 범위로 최소화되었다. 병사들의 전속지로 한국은 '막다른 곳'이었으며, 도쿄의 맥아더 사령부는 가장 질이 떨어지는 군인들을 보충병으로 한국에 보냈다. 그것도 몇 번이나 독촉을 해야만 마지못해 보내주었다.

일단 하지 같은 인물을 선정했다면, 위로부터 모든 지도와 정책지시가 뒤따랐어야 했다. 당시 미국의 정책의사 전달경로는 얼버무려 넘기기와 지연에 안성맞춤이었다. 상륙을 끝낸 하지는 "한국의 정치적·경제적 문제에 대한 당면한 구체적인 조치나 권고안이 없는 훈령의 초안"만 받은 상태였다.[35] 1945년 9

---

34 Lee, Won-sul(이원설), "Impact of United States Occupation Policy on the Socio-Political Structures of South Korea," p.81 참조. 2개 부대가 뒤늦게 9월에야 얼렁뚱땅 한국에 대한 교육을 받았지만, 도착은 더 늦었다. E. Grant Meade, *American Military Government in Korea*, p.51 참조.

월 7일 맥아더의 일반명령은 한국인들의 "인권과 종교상의 권리"를 보호한다는 오직 정치적인 언설뿐이었다.[36] 국무부는 여기에 단지 "평화적이고 민주적인 기초 위에서 정치활동을 재건하려는 것"이라는 미사여구만 첨가시켰다. 그리고 이 구름 잡는 식의 국무부 훈령마저 한참 지난 뒤에야 나왔다.[37] 일본군의 항복과 송환업무는 확실했지만, 그러나 한국 통치에 대해서는 "미국의 정책과 조화를 이루며 수행해야 한다"고만 되어 있었다.[38] 하지가 주장하지 않았다면, 국무부는 고문관마저 조기에 파견하지 않았을 것이다. 사령부는 국무부가 한국에 대한 미국의 정책결정 배경에 대해 기본적인 자료를 제공하고 있지 않다고 느꼈다. 최초의 정책훈령은 1946년 1월 29일에야 겨우 받았으며, 최초의 상세한 정책에 관한 훈령이 나온 것은 그해 7월이었다.[39] 전에 국무부의 한국 문제 수석고문으로 있던 조지 맥쿤(George M. MacCune)이 자기의 책상을 거쳐 간 서류를 근거로 "2,000만 명 이상의 사람들이 살고 있는 나라라는 것 이상으로 한국에 관해 어떠한 생각도 해본 것이 없었다"라는 술회가 그간의 사정을 잘 말해주고 있다.[40] 하지가 상륙하면서 가지고 있던 『육군민정요람(Army Civil

---

35 George M. McCune, "Occupation Politics in Korea," *Far Eastern Survey*, 15(Feb. 1946), p.34.

36 Department of State Publication 7084, pp.44~46; Millikan and Sheldon Z. Kaplan, *Background Information on Korea: Report of the Committee on Foreign Affairs Pursuant to House Resolution 206*, p.5.

37 *Department of State Bulletin*, No.18(1945).

38 Richard E. Lauterbach, *Danger from the East*, p.199에 따르면, 당시 한국 문제를 담당하던 조지 맥쿤은 하지가 오키나와를 떠나기 전에, "비록 당분간 현지의 기존 정부구조를 존속시킨다 하더라도 일본 행정관들은 해고해야 할 것이라고 분명하게 언급한" 내용의 명령 초안을 받았다고 말했다. 하지만 그 명령서는 당면한 정치적 또는 경제적 문제를 해결할 확고한 계획안을 주지 못했다. 모든 걸 고려할 때 그 명령서는 그저 얼렁뚱땅 작성한 느낌이 없지 않다.

39 Richard D. Robinson, "Korea: The Betrayal of a Nation," pp.7, 84, 130 참조.

40 Geroge M. McCune, "Korea: The First Year of Liberation," *Pacific Affairs*, 20.1(March

Affairs Manual)』(이것도 또한 점령지역에 관한 책이지 해방지역을 위한 책이 아니었다) 외에는 앞으로 자기가 맡을 업무에 결정적으로 도움을 줄 만한 것이 거의 없었는데, 이 책에는 "정치의식 면에서 아무리 건전하다 하더라도, 이미 조직되어 있는 민간정치 집단을 군정부의 정책결정에 참여시켜서는 안 된다"라고 적혀 있다. 또한 일반적으로 그런 집단과 접촉할 때에는 신중해야 한다고 요청하고 있다.[41] 그동안에도 일본 총독부는 하지 휘하에 그대로 남겨두고 있었으며, 한국인들의 발탁과 훈련에 따라 서서히 단계적으로 교체할 작정이었다.[42]

한국인들은 아주 다른 생각을 하고 있었다. 미국 측이 전혀 모르고 있는 사이에 충칭에 있는 대한민국임시정부는 「카이로 선언」이 1942년 12월에 발표되었을 때 곧 그 선언 내용을 한국어로 번역했는데, "적당한 시기에 자유와 독립 운운"의 "적당한 시기(in due course)"라는 말을 "즉시(immediately)" 또는 "수일 안에(within a few days)"로 번역했고, 1944년 초에는 이 번역문을 수천 부나 복사하여 국내에 몰래 갖고 들어왔다.[43] 한국인들은 만약 그들 자신이 진주군의 한정된 군사목적에 협력하는 정부를 만들면, 곧 그 정부가 실권을 장악하게 될 것이라고 믿고 있었다. 또한 한국인들은 최대한 전속력으로 권력에 접근하는 정치적 생존권을 주장하는 일에 초조해했다.

인민공화국은 미군에 협력하는 자세를 보이기 위해 영어를 할 줄 아는 3명의 환영단을 9월 8일 인천에 닻을 내린 하지 중장의 기함에 파견했다.[44] 이들 3

1947), p.4 참조.

41 *United States Army and Navy Manual of Military Government and Civil Affairs* (Field Manual 27-5; Washington, D.C., 1943), pp.9, 17, cited in E. Grant Meade, *American Military Government in Korea*, p.60.

42 예컨대 1945년 9월 18일 자 트루먼 대통령의 언급(*Department of State Bulletin SLII*, p. 435) 참조. 하지는 아마도 미국이 대한민국임시정부를 승인하지 않을 것이란 사실을 그의 고문관으로부터 들은 것 같다.

43 E. Grant Meade, *American Military Government in Korea*, p.44 참조. 또한 Sumner Welles, *The Time for Decision* (New York, 1944), pp.301~302 참조.

명은 여운형의 동생으로 미국 우스터 대학을 나온 여운홍, 또한 부유한 지주로 1905년 브라운 대학을 졸업했으며 온건한 정치성향을 갖고 있는 백상규(白象圭)와 여운형의 비서로 역시 중도파인 조한영(趙漢永)이었다. 하지는 이들 3명이 사용한 조선 '정부'라는 호칭에 놀랐으며, 이에 대한 훈령도 없었을 뿐더러 찾아온 3명이 일본인들의 지원을 받고 있는 것이 아닌가 하는 의구심과 그리고 그들과 정치적으로 연결되는 것이 싫어서 그들과의 면담을 거절했다. 비록 그의 부하가 면담은 했지만, 하지는 이 집단이 중도파이며 앞으로 미군정부가 현지 정치 세력과 좋은 관계를 만드는 일에 기여할지도 모른다는 것을 알 도리가 없었다.

일본군의 항복을 받아낸 후 서울에 총사령부를 설치하자 하지의 부하들은 인민공화국의 정체를 알아내기 위해 열심히 정보를 수집했다. 인민공화국에 관한 문헌도 참고자료도 없었기 때문에 그들은 개인들로부터 그에 관한 정보를 들었다.[45] 그들에게 정보를 준 한국인들 가운데는 영어를 할 줄 아는 기독교 신자와 선교사 가문 출신인 한 미국 해군 중령의 친구들도 포함되어 있었다. 이 해군 중령이 한국어를 할 줄 안다고 들은 하지는 곧 그를 정치담당 보좌관에 임명했다. 이처럼 미군과 접촉하는 한국인 대다수가 미국에서 교육을 받은 사람들이었다. 주로 30대 후반에서 40대였던 그들은 유능하고 선의에 차 있었지만 본능적으로 보수적이었던 반면 여운형 쪽 사람들은 20대가 많았으며

---

44 하지를 꼭 만나야겠다는 일념으로, 그리고 과연 그를 만날 수 있을지 반신반의하면서 이들 환영단은 제대로 (숙식에 대한) 준비도 하지 않은 채 흔들리는 배 위에서 사흘 동안 그를 기다렸다.

45 워싱턴에서 미 육해군 합동정보기관이 한 편의 보고서를 낸 바 있지만, 그것은 한국의 국내 정치에 대한 정보로선 미흡했다. 한국에 대한 정보가 크게 부족했고, 심지어 제대로 된 지도조차 없었다. 사태가 얼마나 심각했는지, 오키나와에서 잡은 일본군 한인 포로(대부분이 노무자들이었다)로부터 얻은 산만한 정보조차 활용될 정도였다. Harold B. Peterson, "The United States Occupation of South Korea, 1945~1948"(unpub., diss., Columbia University, 1952), p. 21.

더 급진적이었다. 이들 새 보좌관들의 견해가 인천에서 미국인들이 품었던 의혹을 훨씬 깊게 했다. 이윽고 여운형 일파가 공산주의자들의 영향을 받고 있고 그들의 의도대로 움직인다는 소문을 하지는 물론 도쿄와 워싱턴에서도 듣게 되었다.

수년간 전쟁을 치르면서 적 아니면 아군이라는 이분법으로 단순화된 세계에서 생활해온 미군병사들에게 '인민공화국'은 즉시 적이나 라이벌로 비치게 되었다. 미국의 영향력이 크게 먹혀 들어가는 연립정부 설립을 바라는 워싱턴은 "미국의 정책은 미군정 당국이 이른바 대한민국임시정부나 기타 정치조직을 승인하거나 이들을 정치적 목적에 이용하는 것을 금한다"라며 선을 그었다.[46] 미군정 당국은 처음에는 개인적으로 그리고 차츰 공식적으로 '인민공화국'과 그들의 정통성 주장을 비난했다. 여운형은 한 달 넘게 하지를 만날 수가 없었다.[47] 결국 하지는 12월 12일 '인민공화국'을 불법화했다.[48] 혼란한 상황에서 일본인과 한국인이 처음으로 시도한 정치적 결집이 미국 측에 의해 와해되고 만 것이다.

이 때문에 생긴 혼란과 불만의 대가는 훗날 톡톡히 치르게 된다. 주로 지방에서 임의로 관직에 올랐던 '인민공화국' 요원들이 즉시 해고되었다. '인민공화국'이 정치적으로 비교적 강력한 지배권을 갖고 있는 지방에서는 적의가 생겨났다. 남원에선 미군이 인민위원회를 접수했을 때 작은 충돌이 벌어졌다. 하동에서는 '인민공화국'이 읍의 행정권을 장악하여 군정을 거부한 것으로 보도되었다. 창녕에서는 유사한 '독립당' 당원들이 읍을 장악하기 위해 읍장에게 경찰을 해산하도록 명령했는데 결국 경찰이 쫓겨났다.[49] 동해안의 3개 군에서는

---

46 SCAP Summation No.1(Sept-Oct. 1945), p.177.

47 E. Grant Meade, *American Military Government in Korea*, p.44 참조. 또한 Sumner Welles, *The Time for Decision*, p.248 참조.

48 하지는 "정부 행세를 하려는 어떤 정치조직도 불법적인 활동으로 간주할 것"이라고 선언했다. Richard D. Robinson, "Korea: The Betrayal of a Nation," p.54.

미군이 '인민공화국'계 사람들의 관직인수를 합법화해주는 것이 현명하다고 판단하고 그냥 방임해뒀는데, 거기서는 불온상태가 수개월, 불만은 수년간 계속되었다. 제주와 완도 등 몇 개 지역에서는 '인민공화국'이라는 이름 아래 지방주민들의 지지를 받고 있던 인민위원회의 실질적인 지배가 계속되었으며, 이런 곳에선 불만과 파괴심리가 저류에 흐르고 있었다.[50] 인민들의 지지 위에 세우려던 정부의 싹이 미처 트기도 전에 이렇게 뿌리째 뽑혀버리고 말았다. 해방으로 용기를 얻어 그들 자신의 지방문제에 대해 정치적 주도권을 장악하고 일정한 책임감을 느끼기 시작한 많은 열성참여자들이 이제 심한 불쾌감과 환멸을 갖게 되었다.[51]

그 공백을 메운 것은 미군에 의해 지탱되는 미군정 당국뿐이었다. 더욱이 식민지 지배자였던 일본인 관리들이 맥아더의 명령으로 계속 존속하고 있었다. 하지는 9월 12일에 이르기까지 아베 총독과 엔도 정무총감을 통해 행정을 폈으며, 그 후 수주일간은 몇 사람의 아베 부하들을 활용했다.[52] 미군에 대한

---

49 SCAP Summation No.1, p.186.

50 Richard D. Robinson, "Korea: The Betrayal of a Nation," pp.47, 55~56; E. Grant Meade, *American Military Government in Korea*, pp.177, 185.

51 Richard D. Robinson, idem, pp.56~57. 하지만 그 패턴이 가지각색이었다. 더 과격한 인민위원회도 있었고 더 온건한 인민위원회도 있었다.

52 George M. McCune, "Postwar Government and Politics of Korea," *Journal of Politics*, 8.3(August 1947), pp.611~612 . 그런 실수는 아직도 믿기지 않는다. 일본인들에 대한 한국인의 감정은 당시 국무부 고문이던 맥쿤도 잘 알고 있었다는 사실을 작년에 뉴욕에서 책을 출판한 그라얀체프(Andrew Grajdanzev)가 상세히 설명하고 있다. 하지의 첫 정치고문이었던 베닝호프는 제24군단 사령부가 한국에 상륙했을 때 맥쿤이 작성한 국무부 비망록을 하지에게 전달했다고 말했다. 그 비망록에는 일본군의 항복을 받아낸 즉시 일본인 최고위관리들을 구금하도록 권하는 내용이 있었다. 그래야만 몇 주간의 첫 점령 기간에 (한국인들의 저항감 없이) 일본인 하급 기술 관료들을 부릴 수 있을 것이라는 이유였다. 베닝호프는 자기가 너무 취약한 지휘부 아래서 일하고 있으며, 이 비망록을 그의 호주머니에서 꺼내 하지에게 전달해 그대로 시행하도록 요구하기에는 군정을 맡을 제24군단의 군사적인 색채가 너무 강하다고 분명히 느꼈다(1948년의 조지 맥쿤(George M. McCune)과의 대화 및 1967년

한국인들의 환영 열기가 갑자기 식어버렸고, '인민공화국'을 포함한 좌파들은 격분했다. 하지는 당황한 나머지 일본인 관리들을 부랴부랴 해고했다. 일본인 관리들을 그냥 붙들고 있었던 처음의 대실책 때문에 하지는 심지어 북한 공산주의자들이 핵심 일본인 기술자들을 그냥 그 자리에 존속시킨 사례마저 따라할 수가 없었다. 7만 명이던 일본인 관리들이 1946년 1월에는 오직 60명만 현직에 남았다. 그해 봄에는 이 60명조차도 전원 일본으로 귀환했다.[53] 일본인들이 1910년 이래 지금껏 한 번도 보인 적이 없는 무지와 무책을 하지의 군정당국이 한국인들에게 보여줬다는 것은 아마도 굉장히 큰 실책이었을 것이다. 하지의 무능과 무지 그리고 영어를 할 줄 아는 한국인 보좌관들에 대한 지나친 의존성 때문에 일부 한국인들이 연줄을 동원하여 권력에 접근하려는, 옛날부터 내려온 정치적 책략을 궁리할 여지를 남겼다.

아무튼 이런 정치적 혼란을 수습하기 위해서는 어떤 대책을 강구해야만 했다. 미국인들은 표면상으로는 정치적 중립을 내세우고 있었지만 약간 다른 과정의 정치적 통합을 시작할 필요성을 통감했다.[54] 중앙의 지시를 받는 것에 익숙해져 있는 비응집적인 대중사회에서 곧잘 있는 일이지만, 한국인들은 권력을 쥔 사람들이 외국인들이라고 해도 그런 실권자들이 정치개혁 방향을 지시해줄 것을 바랐다. 새로 독립한 민족들 가운데서 거의 유일하다 할 정도로 한국인들에겐 이전 식민지 종주국의 가치체계를 계승하는 것이 불가능했다. 그이유는 제1차 세계대전 이후 식민지 종주국들 가운데서 패전의 굴욕을 당한나라가 유독 일본뿐이었기 때문이다. 여기에다 미국이 점령국으로서 무능하고준비도 없었기 때문에 한국인들이 더 우왕좌왕하게 된 것이다. 특히 여운형과공산주의자들이 파문당한 상황에서 한국인들은 미국이나 중국에 망명하고 있

의 섀넌 맥쿤(Shannon McCune)과의 대화].

53 Richard D. Robinson, "Korea: The Betrayal of a Nation," p.14.

54 미 군정청 민정장관인 프레스코트(Brainard E. Prescott) 대령은 1946년 1월 20일 ≪뉴욕 타임스≫ 기자에게 "미 군정청의 정책이 한국정치와 결합되지 않고 있다"라고 말했다.

는 한국인 정치가들에게 그들의 지도를 맡기지 않을 수 없게 되었지만 그들의
입국허가조차 미군정 당국이 열쇠를 쥐고 있었다.

　미군정 지도자들은 우유부단으로 인해 일련의 상호 모순되는 행동을 함으
로써 그들의 어리석음을 잘 보여주었다. 이승만은 귀국이 허용되었는데 그 배
경은 거의 알려지지 않았다. 국무부는 이승만이 독립운동을 '전혀 하지 않고
있던' 긴 시기에 그와 접촉한 경험을 갖고 있으며, 그가 완고하여 다루기 힘들
다는 것을 알고 있었다. 국무부는 처음 한국의 신탁통치안에 찬동하여 소련과
보조를 맞췄다. 이 계획을 실현하기 위해서는 이승만의 완강한 반공주의가 하
지보다는 국무부에게 시기가 적절치 않는 것으로 비쳤기 때문에 국무부는 미
국정부의 후원으로 그를 즉시 귀국시키는 것에 반대했다. 미 육군부 고위층에
서는 이 문제에 대해 별로 큰 관심을 두지 않았지만, 그러나 이승만은 이들 군
부 내에 친구들을 두고 있었으며, 특히 프레스턴 굿펠로(Preston Goodfellow)
대령과 친밀하게 교제했다. 한편 서울에서 정치적으로 궁지에 빠진 하지는 안
정된 영향력을 가진 지도자가 필요했고, 개인적으로는 여운형과 인민공화국에
대항할 수 있는 반공주의자에게 희망을 걸었다. 군정청 주위에 몰려 있는 보수
적인 한국인들도 이승만의 귀국을 선호했다. 그러나 이승만이 미군 점령지역
에 들어가기 위해서는 국무부의 정식허가가 필요했다.

　굿펠로 대령과 그의 친구들은 이 문제를 논의하기 위해 긴급 회합을 가졌는
데, 그들은 이 회합에 국무부 여권과의 한 여성책임자를 국무부 대표 대신에
초청했다. 이 여성책임자는 평소에 이 연로한 망명자(이승만)를 '훌륭한 애국적
노신사'로 생각하고 있었으며 한국의 복잡한 정세에 대해서는 무지했다. 국무
부 극동국(局)을 대표하는 사람은 아무도 참석하지 않았다. 이승만의 귀국허가
는 이 회합에서 당장 결정되었고, 그는 군용기에 겨우 몸을 싣고는 도쿄까지
와서 국무부의 정책입안자들이 미처 무슨 일이 일어났는지를 눈치 채기 전인
10월 16일 맥아더의 전용기로 의기양양하게 서울에 도착했다. 그의 귀국은 방
송을 통해 대대적으로 선전되었으며 환영군중이 구름처럼 몰려들었다. 하지는

이승만을 미군이 접수하고 있던 조선호텔 귀빈실에 묵도록 조치했고, 이튿날 아침 하지와 군정장관 아놀드 두 사람은 기자회견에 그를 대동하고 나왔다.[55] 환영대회가 10월 20일에 열렸으며, 그 이후 미군 경호원들이 배속되었고 또한 자동차용 가솔린 보급권이 지급되었다. 국무부가 이승만에 대해 가지고 있던 의혹에 관해 아무 것도 모르는 한국인들에게는(국무부는 미국의 대한정책을 전달해주는 복잡한 채널을 통해 그들의 의구심을 하지에게 밝힐 수 없었다) 이제 미국의 정책이 분명해 보였다. 이른바 이승만이 미군정의 후계자가 된다고 생각한 것이다. 결과적으로, 전후 수개월간 다듬어왔던 미국의 중요 대외정책결정 중 하나가 국무부의 한 여성 여권과장에 의해 효율적으로 실현된 셈이었다. 사람 좋은 이 여성과장은 자신이 옛날의 명성황후와 비슷한 일을 했다는 것을 알 턱이 없었다.

하지와 이승만의 밀월여행은 단명으로 끝났다. 10월 20일의 대중집회에서 행한 이승만의 연설이 지나치게 소련을 비난하고 38선 고착화를 공격함으로써 하지를 당혹케 했으며 그에게 정치적 난제를 안겨줬다.[56] 국무부는 불쾌했지만 이듬해 1946년 1월 말까지는 어떤 훈령도 보내지 않았다. 1945년의 지도자 공백시기에 이승만은 구세주적인 지도자로서의 존재가치를 계속 유지했다. 그리고 또한 미국의 우유부단과 실책이 계속되었다. 1월 29일 국무부는 하지에게 이승만이나 김구 어느 사람과도 지나치게 가까워지지 않도록 주의를 주었다. 이에 따라 미 군정청은 이승만과 가까워진 지 3개월도 지나지 않아 방침을 바꿔야 했는데, 뒤늦게 하지는 마음 내키지 않는 태도로 중도파 지도자들을 위주

---

55 Robert T. Oliver, *Syngman Rhee, The Man Behind the Myth* (New York, 1954), pp. 13~ 15. 이승만의 절친한 친구였던 올리버 박사는 이승만의 반(半)공식적 전기 작가였으며, 미국에 등록된 한국정부 대리인이었다. 그는 많은 신문들과 접촉하며 이승만에 대해 이야기했다. 그렇지 않았다면 이승만에 대한 각종 자료가 부족했을지도 모른다.

56 미 군정청은 이승만의 그 연설을 "예정에 없던 뜻밖의 것"이었다고 논평했다. SCAP Summation No.1, p.150.

로 한 연립정부를 구성하는 일에 착수했다. 다시금 정계 혼란과 미군정의 지도력에 대한 불신이 더욱 심화되고 한국인들을 점점 더 무질서 속으로 몰아갔다.

여기에 당시 충칭에 있던 대한민국임시정부의 문제가 남아 있었다. 그들이 자칭하는 정통정부 주장은 무언지 공허했지만, 조직기구로서의 정통성 주장은 뿌리가 깊었다. 이 임시정부는 연합국 보호 아래 자유선거가 실시되기 전에 한국에서 "애국적인 단체들과 연립정부를 구성하기 위해" 귀국하기를 바라고 있었다.[57] 미 국무부는 임시정부가 한국인들에 의해 "새로 그 정통성을 확인받을 필요가 있다"고 생각했으나, 그것이 소련과의 합의기회를 놓치는 계기가 되지 않을까 우려했다.[58] 한편, 임시정부가 정통정부라는 주장은 하지에게는 인민공화국의 경우처럼 난처한 일이었다. 그에게는 한국의 어떤 정치집단도 정통정부의 주역으로 승인할 수 있는 권한이 없었다.

요컨대 임시정부를 즉시 귀국시킬 것, 신탁통치는 파기할 것, 그리고 임시정부는 미 군정청의 거부권에 복종한다는 조건하에 정부로서 인정할 것을 내용으로 하는 국무부 서울주재 군정고문관의 권고에도 불구하고, 임시정부의 귀환은 충칭의 앨버트 웨드마이어 중장에게 김구와 그의 집단이 정부 자격으로서 귀국하지 않겠다는 서면약속을 제출할 때까지 약 1개월간 저지되었다. 날개를 꺾인 김구와 그의 동지 14명은 11월 23일이 되어서야 일반 군용기 편으로 서울에 도착했으며, 다른 14명은 12월 2일에야 귀국했다.[59] 그들의 귀국은 사전보도가 없었고, 최초의 기자회견도 외국기자들에게만 허용되었기 때문에 한국인 기자들을 격분시켰다. 김구와 임시정부는 여운형보다는 훨씬 따뜻한 대접을 받았지만, 이승만은 그들보다 1개월이나 빨리 귀국해 미 군정청 내부에 이미 기반을 구축하고 있었다. 게다가 이승만은 조직도 가지지 않고 프리

---

57 ≪뉴욕 타임스≫, 1945년 9월 4일.

58 SCAP Summation No.1, p.178.

59 SCAP Summation No.2(Nov. 1945), p.183; No.3(Dec. 1945), p.187.

마돈나처럼 무대를 독점했다. 그는 그런 역할을 즐겼지만, 한국인들은 이승만이 개인플레이를 할 것이 아니라 정부 지도자로서 활약해줄 것을 바랐다. 군정당국이 여운형과의 잦은 충돌에 이어 임시정부에 대해 어떤 정통성도 부여하기를 내켜하지 않음으로써 한국정치에서 비공산주의자들이 결집할 수 있는 절호의 기회를 놓치게 되었으며, 아울러 독립운동으로 구축한 리더십 전통을 크게 훼손하여 공산주의자들이 빠진 정국에 다시 혼란이 일어났다.

유일하게 남아 있던 정치적 단합의 원천을 제거해버린 군정당국은 북한에서 공산주의 이념 아래 강요된 정치적 단결을 향한 큰 걸음을 내디딘 소련과 신탁통치교섭에 들어가야 하는 국면을 맞게 되었다. 이에 얼마간 당황한 하지는 한국의 정계 재편성을 시도했다. 1945년 9월 12일 그는 '조직화한 정치단체'만을 대상으로 '협의'를 시작할 것이라고 발표했다. 이어서 아놀드는 "규모가 작은 여러 정치단체는 그들의 목적에 따라 좀 더 큰 조직에 통합되어야 한다"라는 담화를 발표해 군소 조직의 합병을 촉구했다.

이 같은 통합은 "정치적 성숙을 위해 필요한 사전준비"로 표현되었다.[60] 하지와 아놀드는 강력하고 다양한 지방전통, 개인의 이해관계, 여러 조직들이 아래로부터 중앙정부에 압력을 가하기 위해 뭉치는 그들 자신의 나라 미국과 비교하여 한국을 생각하고 있었다. 그들은 곧 일종의 입헌회의 같은 것을 만들 궁리를 했다. 그들은 한국에서 중앙에 강한 매력을 느끼는 중앙집권 지향성과 동질적 대중사회가 얼마나 자유단체기구의 설립을 방해하고 있는지 이해할 수 없었으며, 그들이 처리하고 있는 업무의 근본 패턴이 원자화한 알갱이들의 융합을 시도하는 것이며, 자기주장과 대의(大義) 간의 융합이 조정기능을 갖춘 사회에서의 융합과는 다른 것임을 알지 못했다. 당시 한국에서는 스스로 현실적인 강령을 만들고 목표를 설정할 수 있는 집단이 거의 없었다. (결집시켜줄 줄 알았는데) 결집하라는 명령을 받는 것이 이해가 되지 않았으며, 무엇을 중심으

---

60 SCAP Summation No. 1, p. 178.

로 결집하면 좋을지도 모르고 있었다.

한편, '협의'하고 싶다는 군정당국의 요청은 전후 한국의 정치풍토에서는 가장 의미 있는 '중앙지시' 가운데 하나였다. 그것은 중앙권력이 조언을 원하고 있으며, 권력에 접근하는 영광스러운 길이 열리고, 그리고 권력을 갖고 있는 '중앙 자문기관'이 개방적이 된 것임을 의미했다. 많은 사람들이 그런 요청에 응할 만한 충분한 자격이 있다고 자부하며 거기에 간절히 끼이고 싶어 했다. 그들 각각은 자신들이야말로 '조직화한 정치단체'를 만들도록 요청받은 것으로 느끼고 있었다. 하지가 '정치지도자들'에 한해서 회합을 갖겠다고 선언했을 때 1,200명의 신청자가 몰려들었다.[61] 사실 1945년 9월 1일까지는 '인민공화국'이라는 단체를 제외하고는 이렇다 할 정치단체가 없었다. 그러나 하지가 9월 12일 서울 시공관에서 처음으로 연설을 했을 때는 이미 33개의 '정당'이 있었는데 대부분이 바로 그 주에 결성된 것들이었다. 10월 10일에는 43개의 정당 사회단체 대표자들이 통일문제를 토의했다.[62] 그 1주일 후 이승만이 귀국했을 무렵에는 하지가 협의해야 할 필요가 있다고 생각한 '정치단체'나 '정당'이 50개 이상으로 늘어났다. 10월 24일까지 군정청에 등록된 '정당' 수는 54개였다.[63] 1946년 3월에는 약 134개의 정당이 「군정령(軍政令)」 55호의 규정에 의해 등록을 마쳤다.[64] 그 후에도 정당 숫자는 소용돌이를 치며 높아만 갔다. 1년도 되기 전에 그 숫자는 300개에 이르렀고, 애국적 단결이라는 간판이 미련 없이 내동댕이쳐지고 결집과 조직을 쟁취하기 위한 민주적인 시도가 분열과 무제한 경쟁으로 변질되었다.

미·소 간의 냉전이 이런 정국의 혼전을 격화시켰다. 1945년 12월, 한국문제가 미·영·소, 그리고 뒤에 참석한 중화민국을 포함한 모스크바 4개국 외무부장

---

61 SCAP Summation No.1, p.178.

62 idem, p.179.

63 idem, p.20.

64 USAMIK Summation No.6(March 1964), p.2.

관회의에서 토의되었다. 미국으로서는 여전히 한국문제를 '더 중요한 안건'으로 취급하여 소련과의 합의를 이끌어내려고 했다. 그에 대한 대가는 충분히 치를 복안이 있었다. 기타 '지엽적인 문제'에 대해서는 타협이 더 쉬웠기 때문이다. 한국문제는 기본적으로 이런 성질의 것이었다. "한국인민들에게 완전한 독립을 부여하기 위해" 한국임시민주정부 수립을 도울 수 있는 미·소 공동위원회를 설치하기로 합의했다.[65] 이 위원회 설치는 결국 최고 5년까지 한반도를 4개국 신탁통치 아래 둔다는 합의를 이끌어내기 위한 것이었다. 그렇게 하는 데는 하지가 시도한 대로 '협의'가 이루어져야 하겠지만, 다만 좀 더 대규모적인, 즉 국제적인 규모의 '협의'가 이루어져야 하는 것이다.

한반도 북쪽에서 소련의 유도로 외견상 점점 거대해져 가는 통합체에 맞서기 위해서도 남쪽에서 정치적 통합을 이루는 것이 급선무였다. 민주적 협의 제도를 구비하기 위한 정치적 '융합'이 다시 시도되었다. 미·소 공동위원회에 대처하기 위해 미군정 당국은 1946년 2월 11일 남한에 민주의원(民主議院)을 만들었으며, 이것은 미·소 공동위원회의 협의에서 미국의 의사를 뒷받침할 '대표적'인 정치기구가 되었다.[66] 민주의원은 여러 정당들을 공통의 대의로 규합하기 위한 것이었지만, 주요 각 정당에 할당된 4명씩의 대의원들을 모아 구성해야만 했다. 협의에 참석했던 사람들은 더 큰 '대형' 정당을 결성하지 않으면 안되겠다고 판단했다. 1946년 2월 23일에 공포된 법령 55호는 정치에 영향을 주거나 정치활동에 참여하기 위해 3인 또는 그 이상의 사람들로 구성되는 모든 정치사회단체는 군정청에 의무적으로 등록토록 했다.[67] 이에 따라 지금까지 거의 유명무실하던 모든 군소 정치단체들도 정부에 등록이 가능하게 되었는

---

65 Department of State Publication 5609, *The Korean Problem at the Geneva Conference* (Washington, D.C., 1954), p.2.

66 Richard D. Robinson, "Korea: The Betrayal of a Nation," p.82.

67 idem, p.88; SCAP Summation No.5(Feb. 1946), pp.281~282; USMGIK Summation No.6, p.2.

데, 등록은 권력에의 접근, 다시 말해 사회적 위상을 높이는 것을 의미하기 때문에 이 제도는 한편으로 다당화 경향에 박차를 가하는 꼴이 되었다. 이익단체가 부족하기 때문에 사람들은 동창이나 친구들의 친목단체에 접근하여 의견을 교환하고 이것을 근거로 단번에 하나의 정당으로 등록하여 사회적 지위를 확보하는 경우도 늘어났다. 민주적인 방법으로 협의하는 것 자체는 비난받을 일이 아니었으며 사람들은 미·소 공동위원회가 당초 이런 것을 허용하지 않았느냐고 반박할 수도 있게 되었다. 그러나 한국의 유동적 정치형태의 안정을 위해서는 이런 방법은 오히려 역효과를 내는 것이었다.

한국에서 어떤 정치단체와 협의해야 할 것인가 하는 문제에 관한 미·소 간의 의견불일치는 한국 내의 정치 분열을 더욱 심화시켰다. 신탁통치를 지지한 정치단체는 상부(소련)의 지령을 받은 공산주의자들과 극좌 세력뿐이었다. 우파는 신탁통치를 반대하는 와중에 그들 자신을 결집시켰다. 소련은 1946년 3월 미·소 공동위원회에서, 신탁통치에 반대하는 한국의 정당사회단체들을 공동위원회 협의에 참여시켜서는 안 된다고 요구함으로써 미국과 대립했다. 우파를 제외한다는 것은 곧 공산주의자들이 지배하는 임시정부를 만드는 꼴이 되기 때문에, 미국 측은 이것을 어떻게든 저지하기 위해 앞서 국무부가 내린 1월 29일 자 훈령에 근거하여 추가조치를 취했다. 즉, 중도파를 끌어들여 중도파연합을 결성한다는 복안이었다. 이런 조치는 우파와 중도파의 분열을 크게 심화시켰다. 1946년에 협의문제를 둘러싸고 결렬된 후 미·소 공동위원회는 "위원회에 협력할 용의가 있는" 단체들과의 협의를 계속하기 위해 1947년 5월 22일에 재개되었다.[68]

이 일이 세계 여러 신문에 대서특필되고, 미·소 양국 지도자들 사이에 서한

---

68 1947년 5월 2일 마셜 국무장관이 소련 외상 몰로토프(Vyacheslav Molotov)에게 보낸 편지. Department of State Publication 2933, *Far Eastern Series 18, Korea's Independence* (Washington, D.C., 1947), p.6에 요약되어 있다.

을 주고받을 정도가 되자, 한국의 정치가들은 좌·우 양파 모두 될 수 있는 한 많은 당원들을 거느리는 협의단체를 만들 필요성을 느끼고 사람 모으기 경쟁에 혈안이 되었다. 이전보다 훨씬 많은 단체들이 결성되었는데 그 대부분은 지금까지 있던 옛 단체들의 분열에 의한 것이었다. 이런 증식은 별로 지속적인 의미를 갖는 것이 아니었으며 큰 단체를 추종하지 않으면 안 되는 작은 단체 지도자들의 용기를 꺾는 일이기도 했다. 이런 원자화는 미·소 공동위원회가 여러 단체에게 미래의 한국정부가 직면할 문제점과 그들의 정부수립에 사용될 방법들에 대한 의견을 묻겠다는 방침 때문에 훨씬 가속화되었다. 미·소 공동위원회 미국 측 수석위원은 6월 19일까지 남한의 344개 정당사회단체에게 동 위원회와의 협의신청서 사본을 배부한다고 발표했다.[69] 이것이 정치적인 의견통일에 기여하기는커녕 오히려 의견불일치를 촉진하는 결과가 되었다. 미·소 공동위원회의 협의세목이 발표된 후 24시간 이내에 80개 이상의 정치사회단체들이 그 문서를 손에 넣기 위해 미·소 공동위원회 사무실에 대표를 보냈다. 극우 세력들은 참여를 거부했지만, 남북한 합쳐 463개의 정당과 사회단체 — 몇 백만 명의 지지자들을 거느리고 있다고 주장하는 '민주전선'부터 소수의 사람들이 모인 '보름달동호회(Full Moon Mating Society)'에 이르기까지 — 들이 협의신청서를 제출했다. 미군관할지구(남한)에서만 425개 단체가 신청했다.[70]

좌·우 양파가 미·소냉전과 신탁통치 문제로 사사건건 대립하며 사이가 점점 더 벌어지는 바람에 그간 격리되어 있던 중도파가 들어설 공간이 마련되었

---

69 USAMGIK Summation No. 21(June 1947), p. 25.
70 USAMGIK Summation No. 22(July 1947), p. 24는 미·소 공동위원회와의 협의를 원하는 단체들 가운데는 '이상오 자동차협회(Yi Sang-o Automobile Society)'와 서울의 '안암로 청년단체(The Youth Organization of Anam St.)'도 있었다고 기록하고 있다. 미국 대표 측은 최초의 등록 숫자를 계획적으로 줄였다. South Korean Interim Government(SKIG) Activities No. 23(August 1947), p. 163은 총 147개 정당과 사회단체(북한 28개, 남한 119개)가 협의명단에 들게 되었다고 기록하고 있다.

다. 중도파 인사들은 미 국무부의 1월 29일 자 훈령이라는 미국의 지지를 등에 업고 결집하기 시작했는데, 불행히도 그들은 한 지붕 아래서 각양각색의 입장을 보였다. 1945년 9월 말부터 1946년에 걸쳐 중도를 표방한 정당사회단체들이 우후죽순처럼 늘어났다. 김규식과 원세훈(元世勳) 등 임시정부 지도자들, 오세창, 이갑성(李甲成), 권동진(權東鎭) 등의 3·1독립운동 지도자들, 그리고 안재홍 등의 국내파 중 온건한 민족주의자들도 각각 자기들의 당을 갖고 있었다. 공산주의자들과 분리된 좌파 또는 인민공화국에 관계했던 지도자들 ─ 여운형과 그 지지자들 ─ 은 이합집산을 계속하면서 역시 그들대로의 당을 만들었다. 누가 어느 정당에 참여하며, 누가 누구와 싸웠거나 분열했는가를 보도하는 것이 그 당시 점점 번창하고 있던 신문들의 중요한 일과 중 하나였다.[71]

1946년 7월, 미 국무부는 앞서 1월 29일의 훈령에 이어 뒤늦게 처음으로 실질적인 정치훈령을 조심스럽게 내렸다. 이 때늦은 문서는 미군정 당국에 과도정부 수립을 위한 제1보로서 중도파들을 결집시키는 공작을 벌이도록 지시하고 있다.[72] 중도파 연합은 여운형과 김규식을 중심으로 결성할 계획이었다. 이 고도의 정치목표를 달성하기 위해, 분산되어 있는 중도파들을 급진 좌파와 우파 사이에서 종합 정리하여 중도연립 그룹으로 결집하도록 유도하는 지시를 내리고, 그 조종간을 움직이는 업무는 한 미군 중위의 손에 맡겨졌다.[73] 여운

---

71 예컨대 USAMGIK Summation No.11(August 1946), p.15는 "8월 말까지 86개의 전국적인 단체 및 86개의 지방 단체들이 포고령 55호에 의해 등록을 마쳤다. 18개의 다른 단체들은 해체와 합병으로 사라졌다"라고 쓰고 있다.

72 Richard D. Robinson, "Korea: The Betrayal of a Nation," p.130 참조. 미국 관리들과의 대화도 참조했음.

73 오하이오 주 애크런 출신의 변호사이며 홀리크로스 대학과 하버드 로스쿨을 졸업한 레너드 버치(Leonard M. Bertsch)는 중위로 진급한 직후 상당히 정치적이고 설득력 있는 재능을 보여주었다. 그는 이처럼 거의 불가능해 보이는 상황에서도 훌륭하게 일을 잘 처리했다. 위험을 무릅쓰고 지시 받은 일을 수행하던 그는 아는 사람들에게 고맙다는 인사나 또는 작별 인사를 할 기회도 갖지 못한 채 1947년 여름에 귀국선을 타야 했다.

형의 동생인 여운홍은 인민당으로부터 탈당할 것을 권유받았는데, 인민당은 그 전신인 인민공화국처럼 공산주의자들의 지배하에 있었다. 여운형 자신도 점점 중도연립 그룹 쪽으로 기울어졌다. 확실한 좌파 지도자인 허헌마저도 중도연립 그룹의 회합에 얼굴을 내밀었다. 이 깨지기 쉬운 연립은 1946년 여름에 공산주의자들과 우파가 번갈아 가며 사사건건 물고 늘어지는 시련을 겪으면서 결성되었다. 1946년 10월 8일, 중도연립 그룹은 한반도 통일에 대한 7개의 기본원칙을 발표했다. 그 가운데는 미국의 제의로 과도입법의원의 설립을 권고하는 항목도 있었다. 이 과도입법의원안은 하지의 승인을 받아 시행했는데, 의원들의 일부는 선거를 통해, 그리고 일부는 하지의 임명으로 구성되었다. 중도연립의 지도자인 김규식 박사가 12월 12일 남한과도입법의원 의장으로 피선되고, 미군정 당국은 한국인들을 남한과도정부의 각부 장관에 임명하여 그들에게 훨씬 무거운 책임을 부과했으며, 중도파 성향인 안재홍을 1947년 2월 10일에 민정장관으로 임명했다. 우파와 극좌 세력들은 남한과도입법의원에 대표단 파견을 거부하고 끊임없이 성명을 발표하며 방해에 나섰지만 중도연립은 1947년 여름까지 일부 진전을 보이며 계속되었다. 미국 측이 좀 더 신속하고 강력하게 정치적 영향력을 행사했기 때문이다.

1947년 7월, 이 허약하기 짝이 없던 중도연립이 결국 무너졌다. 그들의 강령은 미·소 공동위원회를 통한 공산주의자들과의 남북통일 협상을 근간으로 했으며, 그들의 결집은 그 강령에 대한 미국의 지지와 입장에 입각한 것이었다. 그러나 제2차 미·소 공동위원회의 결렬은 북한과의 협의에 의해 통일의 길을 열어가려는 희망을 송두리째 날려버렸다. 강력한 중도파 지도력에 대한 유일한 희망도 7월 19일 경찰서 바로 코앞의 백주대로에서 여운형이 암살됨으로써 역시 사라져버렸다. 미국의 중도파 지지는 그 후에도 한동안 계속되어, 온건한 지도자들로 구성된 민주독립당이 미 군정청의 지지를 받아 1947년 10월에 결성되었다.[74] 그러나 1948년 초 미국은 한국정계의 중도파들을 통해 통일을 달성한다는 시도를 포기하지 않을 수 없었고, 결국 유엔 감시 아래 분리 선거를 실시하는 새 정책을 추진하기 위해 이승만 쪽으로 돌아섰다. 그보다 앞선 1947년 9월 23일 한국문제가 유엔총회 의사일정에 올랐으며, 11월에 유엔총회는 한국의 국회의원 선거를 감시하기 위한 유엔임시위원회 설립을 요구하는 미국결의안을 채택했다.

소련은 이에 대한 참여를 거부했다. 통일을 국내적인 방법으로 추진할 것을 주장하며 항상 남북분리 선거를 반대해온 김규식과 그가 인솔하는 15개의 군소 중도파 정당들도 참여를 거부했다. 이승만의 대두로 조금씩 옆으로 밀려나던 김구는 이 문제를 계기로 그의 한국독립당을 중도파 정당들과 동맹하도록 했다. 이들 두 김 씨와 그들의 동조자 몇 명은 1948년 4월 22, 23일 양일간 평양에서 개최된 남북정당사회단체연석회의에 참석해 남북한에서 모인 545명의 대의원들 사이에 모습을 드러냈다.[75] 미국은 최근까지 군정청에 협력하다가 이 정치협상에 참가한 사람들에게 "공산주의자들의 미끼에 걸려든 맹인들"이라는 낙인을 찍었다.[76] 이들 중도파는 1948년 총선은 물론 그 이후 2년간 계속 정치에 참여하지 않았으며, 결국 한국정치로부터 완전히 배제되었다. 1956년부터 1961년까지 진보정당들이 어느 정도 그들의 후계자처럼 보이기도 했지만, 그 이후에는 강력하면서도 진정으로 온건한 중도파 정치운동은 한국의 토

---

74 George M. McCune, *Korea Today*, p.91.

75 원래 남북정당사회단체연석회의에 대한 아이디어는 자유중국(국민당 정부하의 중국), 특히 류유완(Liu Yu-wan) 대사한테서 나온 것이다. 그는 이승만을 포함한 모든 정치지도자들이 중국의 영향력이 크게 미칠 수 있었던 '아시아인들이 자주적으로 처리하는 통일계획(Asian-managed Unification Scheme)'에 참여하기를 원했다. 발 빠른 대응을 잘하기로 소문난 이승만은 처음에 개인적으로 그 제의를 받아들일 뜻을 비쳤지만, 다시 다른 사람들에게 슬쩍 책임을 돌리다가 결국 혼자 덤터기를 쓴 채 유야무야되고 말았다. 이승만은 처음에 그 제의를 받아들일 뜻을 비친 그의 이전 동료들을 비난했다(미·소 공동위원회 전 정치고문과의 대화).

76 George M. McCune, *Korea Today*, p.264. 남한의 총선기간과 참여자들의 반발에 대해서는 Reports of the United Nations Temporary Commission on Korea(UNTCOK), UN Document A/AC.19/80 with Addenda and UN General Assembly Official Records(GAOR; hereafter so cited), 3rd Session, Supplement No.9(A/575), 1948 참조.

양에서 뿌리를 내리지 못했다.[77]

중도파의 실패는 다시금 소용돌이 정치의 도래를 예고했다. 중도파는 이전에 한국이 갖지 않았던 견고한 조직을 배경으로 한 정치적 다양성이 존재하는 것으로 믿었다. 그들은 인내와 타협에 의해 한국의 정치적 전통과는 이질적인 특성인 그런 다양성에 어울리는 사회적 가치를 추구했다. 그들은 중산계급의 지지를 필요로 했지만 한국에는 사실상 계급이 없었고, 그나마 한국의 새로운 중산계급이라고 할 수 있는 층도 공산주의를 두려워해 오른쪽으로 기울어지고 말았다. 중도파는 신문도 학교도 후원자도 없었고 의지할 수 있는 조직화된 충성심도 없었다. 재정적 지원도 기대할 수 없었고 지방에 지지자들도 없었다. 사상적인 면에서도, 공산주의자들은 마르크스-레닌주의를 가졌고, 우파는 유교주의로부터 약간의 이론적 근거를 마련하고 있었지만, 중도파는 한국에서 어떤 철학적 기반도 갖고 있지 않았다. 중도파를 에워싼 분위기 또한 그 이상 더 불리할 것이 없을 정도로 험악했다. 한국은 혹독한 억압으로부터 일전하여 갑자기 해방이 되었고, 잇달아 분열과 냉전의 정서불안정에 빠졌으며, 공산주의와 우익의 숙청을 경험했다. 이것은 중도파에게 친숙한 분위기가 아니었다. 시위나 파업을 일상행사처럼 반복하던 학생들은 그들의 이론적 무장을 위해서는 미지근한 중도주의보다는 더 강력한 요소를 필요로 했으며, 1987년 현재까지도 아직 필요로 하고 있다. 중도적 주장이 강력한 힘을 발휘하기 위해서는 근본적으로 신념을 가진 많은 개인들의 자발적인 단합이 필요하다. 분열되고 응집력 없는 사회에 살아온 사람들만이 그 사회가 야기하는 불안, 즉 확신을 가진 통일행동을 저해하는 불안을 이해할 수 있다. 여운형마저 중도파가 육성될 수 있는 바탕이 협소한 것에 대해 지나치게 동요하거나 자신이 없었다.

---

77 1966년 2월, 또 다른 중도노선의 정당이 차기 선거 이전에 창당될 조짐이 있었지만, 그 지도자가 그해 상당기간 당국에 의해 괴롭힘을 당하고 구금됨으로써 1967년과 1968년 두 해 모두 약간의 중도 성향을 가진 정당의 부활 조짐도 거의 나타나지 않았다.

중도파가 실패한 데는 다른 원인들도 있었다. 미국의 지원이 너무 늦었다. 하지의 지지가 너무 미온적이어서 신뢰감을 줄 수가 없었다. 중도파는 우파가 지배하는 남한 경찰로부터 끊임없이 위협을 받았다. 군정당국은 이런 경찰의 횡포를 거의 제어하지 않았다. 경찰서 문 앞에서 여운형의 암살이 자행되었으며, 그에 앞서 그의 생명을 노린 아홉 번의 암살 시도 중 몇 번인가가 경찰서 근방에서 일어났다. 폭력과 위협의 분위기 속에서 중도파가 실력행사를 억제하는 것은 절조 있는 것으로 보이기보다 오히려 무력해 보였다. 설사 처음부터 미국의 지지를 받았다고 하더라도 중도파의 정치적 노력이 아마도 몇 년 못 가서 수포로 돌아갔을 것이다. 비극은 실질적인 것이었다. 김규식이나 여운형 그리고 그들의 위대한 재능을 알고 있는 사람들은 누구나 그들의 중도주의가 한국의 토양에 영구한 뿌리를 내리는 것이 불가능했다는 점과 그들의 실패가 가져온 정치의 원자적 분해 경향에 대해 그들이 고뇌했다는 점을 인정했다. 그들의 실패는 그들의 지도력이 부족해서가 아니라 전후 세계정치의 비타협성과 한국이라는 나라의 특성과 전통 때문이었다.

그간 형성되고 있던 한국의 독특한 정치패턴은 이렇게 미군 점령시대 첫 2년을 거치면서 분명한 모습을 갖게 되었다. 미국인들은 한국의 정치적 결집의 중요한 원천을 파괴하거나 소외시켰다. 이전의 식민지 권력에 대한 거부가 전례가 없을 정도로 철저했기 때문에 한국으로서는 당혹감이 의외로 컸다. 1948년 말까지 미국은 한국에서 무력 이외에는 정치적 결집을 이룰 다른 어떤 대응방법을 발견하지 못했다. 미국은 처음에 신탁통치를 지지했고 다음에는 중도파를 지지함으로써 우파의 지지를 잃었으며 더욱이 중도파의 정치활동을 육성할 토대를 마련하는 방법도 찾아내지 못했다. 미국은 '협의하는 기술'과 '의견의 자유'를 갖고 들어옴으로써 한국정치의 비응집성을 가중시켰다. 이런 것은 민주주의 세계에서는 아주 자연스러운 것이겠지만, 한국에선 자체의 토양에 뿌리를 내리고 있던 비통일성과 정치적 경쟁성을 더 악화시키는 결과를 가져왔다.

모두들 쉽게 평등한 권력접근을 민주주의와 동일한 것으로 생각하지만, 한국에선 바로 이것이 조선시대 말기 최후 수십 년간을 괴롭혔던 치열한 경쟁과 상승이동을 유발시키는 요소가 되었다. 사회가 생존력이나 분명한 특징을 가진 단체를 형성하는 능력을 결여한 점과 과거에 존재했던 계급, 가치 및 단체들이 붕괴된 점 등이 사회 내부의 정치적 경쟁을 점점 격화시켰으며 응집력을 가진 정당의 형성을 어렵게 했다. 미국의 우유부단과 민주적 절차의 기계적인 투약이 한국을 쉽게 혼란으로 이끌었다. 집단 협의방식을 수용하면 분열에 이른다는 패턴을 종전 직후 한국만큼 경험했거나 경험하고 있는 나라가 세계 어디에도 없을 것이다. 당시 미군이 진주했던 다른 어느 나라에서도 정치에 모든 사람들을 자유롭게 참여시키는 방법은 채택되지 않았다.

폭력사회

지도력의 결여와 우유부단은 또 하나의 혼란 요소가 되었다. 아노미 현상을 보이는 광포한 폭력의 대두는 마침내 정치의 양상을 크게 바꾸어놓았다. 한국의 인구증가는 당시에 아마도 이스라엘을 제외하고는 세계 어느 지역보다도 눈부셨다. 남한의 인구는 1945년에 1,600만 명을 겨우 넘긴 것으로 추정되고 있는데 다음 해에는 그보다 21%나 증가했다.[78] 한편 만주와 북한에서 넘어온 25만 명을 포함해 총 88만 5,188명의 일본인들이 본국으로 송환되었다. 1950년까지 대부분이 전시 노무자들인 110만 8,047명의 한국인들이 일본에서 귀국했으며, 12만 명이 중국과 만주에서, 그리고 180만 명이 북한에서 들어왔다.[79]

---

78 U.S. Congress, *Background of U.S. Aid* (Washington, D.C., 1949), p.13. 1944년 인구조사에서는 한반도 전체 인구가 2,590만 142명이었다. 또한 USAMGIK, Department of Public Health and Welfare Bureau of Vital Statistics, Census Report(Sept. 1946); SKIG Activities No.27(Dec. 1947) 참조.

79 SKIG Activities No.23(August 1947), p.3과 USAFIK, Office of the Military Governor,

1945년 말에 벌써 남한에는 50만 명의 북한 월남민이 있었다. 출생 수에서 사망 수를 뺀 1년간의 인구증가율이 3.1%였다. 농촌지역까지 사람들로 북적거렸으며 그 결과 월남민에 대한 적의가 생겼다. 전시 중에 이미 급속히 확대되고 있던 도시들은 전후에 엄청난 수의 새 인구를 보탰다. 이들 새로 유입된 사람들은 뿌리도 없고 거칠었으며 도시에 내팽개쳐진 기민(棄民)이 되었다. 월남민의 3분의 1 이상이 서울로 흘러 들어왔다. 「네이선 보고서(Nathan Report)」는 "한국은 아마도 다른 어느 나라보다도 더 어려운 근본적인 인구문제를 안고 있다"며 이 위기의 시대를 간결하게 전하고 있다.[80]

행정은 사실상 붕괴되었다. 일본인들이 송두리째 쫓겨났기 때문에 일상 업무가 마비되어버렸다. 생활필수품을 어디서 누구에게 구입해야 할지 몰라 막막했다. 긴급을 요하는 일거리가 태산처럼 쌓인 채 방치되고 있었다. 경제는 이런 엄청난 인구증가를 흡수할 수 있게 확대되기는커녕 쇠퇴하고 있었고 공업부문은 파탄 직전이었다. 일본과 엔화 블록이 1939년에 조선 총 수출의 96.9%를, 1944년에는 99%를 흡수했는데 이제는 거의 전무하다시피 했다. 전쟁(제2차 세계대전)이 거대한 공업성장을 가져왔지만 공업설비를 혹사하는 바람에 이젠 노후설비가 되고 말았다. 해방 직후 그것들을 복구하거나 또는 그대

Summation of Economic Activities(June 1947) 참조. 단지 60명의 일본인들이 1946년 1월 말까지 정부부처에 고용되어 남아 있었다. 5개월 전만 해도 그곳에선 7만 명의 일본인 공무원들이 일하던 곳이었다. 2월 25일까지 단지 6,608명의 일본인들이 미군 관할지역(남한)에 남아 있었다. SCAP-USAMGIK Summations Nos.4-6(Jan.-March, 1946); Republic of Korea, Ministry of Foreign Affairs, *Trade Guide to Korea* (Seoul, 1959). SKIG Activities No.23 (August 1947), p.3은 1947년 8월까지의 유입인구를 82만 2,380명으로 기록하고 있다. 38선 전 지역을 통해 남하하는데다 '헤아릴 수 없는 많은 사람들'이 월남민 수용소로 가지 않고 바로 친척집으로 가거나 일본인들이 비우고 간 건물로 직행하거나 했기 때문에 정확한 인구통계를 만들기가 불가능했다.

80 Robert A. Nathan Associates, *An Economic Programme for Korean Reconstruction* (Washington, D.C., 1954), p.23 참조.

로 유지할 만한 경제적 세력이 없었다. 한국 이외 지역으로부터의 원료공급이 단절되었으며 한국의 공장들이 하청을 맡아왔던 일본의 공장들도 비슷한 상황이었다. 70만 명의 일본 민간인들이 빠져나가는 바람에 기술, 경영 숙련자, 공업자본원이 거의 모두 사라지고 말았다.[81] 공업자산의 거의 90% 정도와 도시 부동산의 상당부분이 창졸간에 소유자를 잃고 방치되었으며 적성재산으로 미군정청에 귀속되었다. 미군은 경제에 대해 아는 것이 전혀 없었으며 그것을 작동할 준비도, 의지도 없었다. 이런 혼돈을 수습할 수 있는 조직이 그 당시 한국에는 전무했다.

노동자들이 뿔뿔이 흩어지고 남은 사람들은 공장 설비를 떼어내 팔기 시작했다. 삼화철강은 종업원들과 절도범들에 의해 폐허가 되었다. 몇 개인가의 용광로는 용해된 금속을 가득 담은 채 방치했기 때문에 무용지물이 되었다. 나라 안의 거의 모든 광산은 지하수를 퍼내지 않는 바람에 갱이 물로 가득 차버렸고 그중 일부는 완전히 황폐해져 재(再)조업이 불가능해졌다. 90%까지 완성되었던 신규철도가 그냥 방기되었다. 적어도 그 가운데 하나는 해방 후 완공하는 데 20년 이상 걸렸다. 미국에서 철도 배차원으로 일했던 스물세 살짜리 미군 병장들이 한국에서 갑자기 시멘트공장, 화학공장, 제견(製絹)공장과 탄광의 관리자가 되었다.[82] 1947년까지 산업부문과 다른 여러 재산의 귀속에 관한 기본 재산목록도 없었다. 점령 종결 때까지 재건을 위한 토대로서 당연히 시행해야 할 조사도 제대로 이루어지지 않았다.

정확한 통계는 앞서 보았듯이 불가능하지만, 아마도 1948년 말의 생산은 종

---

81 북한정권은 적어도 공장을 정상 가동하는 데 필요한 일본인 기술자들을 송환하지 않고 이용했다. 군정청 사람들 대부분은 남한도 일본인 기술자들을 그냥 두고 활용해야 한다고 생각했다. 그러나 해방 후 일시적인 일본인 행정관리체제가 한국인들의 극렬한 반발을 불러일으키자, 군정청은 일본인 기술자들을 잡아두기가 정치적으로 도무지 불가능하다고 생각했다.

82 ≪뉴욕 타임스≫, 1946년 8월 6일 자 보도 참조.

전 이전 잠재생산 능력의 10~15%를 넘지 않았을 것이다.[83] 1947년 9월에는 산업부문 취업자 수가 1944년과 비교하여 60%선으로 줄어들었다. 당연히 실업이 여러 분야에서 크게 확대되었으며, 남한 과도정부(미 군정청)는 1944년에 완전 고용되었던 취업자가 1947년에는 1,000만 노동인구의 절반에 지나지 않는 것으로 추산했다.[84] 1947년 7월 군정청은 적어도 소규모 공장에 한해 한국인 개인에게 불하해 가동토록 하는 것이 실업구제에 효율적이라는 견해를 보였지만, 불행히도 그런 조치는 한국인의 자주적인 정부가 들어설 때까지 미뤄야 한다는 태도였기 때문에 불하에서 오는 효과도 기대할 수 없었다. 일본이 남기고 간 공장은 거의 전부가 비능률적인 정부의 손에 맡겨져 가동되었다. 1945년부터 1955년까지 한국에서 농업생산력의 상대적인 회복과 공업생산력의 급격한 쇠퇴가 폭력은 물론 극렬우파의 대두를 초래한 한 가지 중요한 정치적 요인이 되었다.

인플레이션이 혼돈을 가중시켰다. 총독부는 전쟁으로 인한 '신들의 황혼(Gotterdammerung: 게르만족 신화에 나오는 얘기로 옛 신들과 세계가 멸망하고 새 신족이 발생한다는 뜻. 바그너가 오페라로도 각색했다. _옮긴이)' 같은 분위기 속에서 처음에는 전시 인플레이션으로, 다음에는 패전으로 인한 히스테리 상태에서, 그리고 부분적으로는 일본인들의 신변보호를 위해 온 나라에 엔화가 넘쳐나게 만들었다. 1943년 6월에 조선은행이 발행한 엔화는 10억 엔 이하였지만 그럼에도 현저하게 많은 액수였다. 1945년 8월 6일에는 40억 엔이 유통되었다. 10월에는 미군 점령지역 내에서만 70억 엔 또는 그 이상이 유통되고 있었다.[85]

83 Charles Clyde Mitchell, Jr., "The New Korea Company Ltd."(unpub. Diss., Harvard University, 1949), p.4.

84 SKIG Activities No.24(Sept. 1947).

85 *Department of State Bulletin* (Jan. 27, 1946). E. Grant Meade, *American Military Government in Korea*, pp.115~116에 따르면 1945년 9월 말까지 80억 엔의 돈이 풀렸다. 당시 민정장관이었던 프레스코트 대령은 1946년 1월 19일 NBC방송 인터뷰에서 1945년 8월 6일에

생산과 적절한 세수가 없음에도 통화는 점점 더 팽창되어갔다. 1947년 1월에는 183억 엔, 12월에는 334억 엔이 되었다. 1948년 말에는 정부가 조선은행에서 초과 인출한 금액이 380억 엔에 달했다.[86] 소매물가는 1945년 8월부터 1946년 12월까지 사이에 10배로 올랐으며 도매물가는 28배나 뛰었다.[87] 전기모터 가격은 2년 사이에 100배로 폭등했다. 20엔이던 카뷰레터 가격이 1947년엔 7만 엔이 되었다. 1인당 식비는 전쟁 전에는 월 평균 8엔이었는데 1946년 9월에는 800엔으로 올랐다. 물가상승은 미 군정청이 1945년 10월에 곡물가격통제를 철폐했기 때문에 초기에 크게 악화되었다. 설사 직업이 있다고 해도 임금(공무원들의 경우는 말할 것도 없고)이 물가를 따라가지 못했다.[88] 파업과 시위, 분노에 찬 요구가 끊임없이 계속되었다. 그런 흐름을 제어할 수 있는 개인 기업가들은 사실상 아무도 없었다. 일본인들이 거의 모든 기업의 경영을 독점했기 때문에, 일본에 협력했던 사람들만이 일본인이 남기고 간 기업들을 조업하든가 재출발시킬 수 있는 행운을 가졌다. 이런 소수의 사람들조차 인플레이션과 친일파 혐의로 위협을 받았다. 아직 빈부격차 확대가 극도로 심각한 상황에 이르지는 않았지만, 악화된 경제는 개인적 노력으로는 어떻게 해볼 도리가 없는 절망적인 상태에 빠졌다. 모든 것은 미 군정청의 손에 달렸으나 그들은 무능하고 대책도 없었다.

이런 사회 환경으로 인해 1945년 늦여름부터 범죄가 무서울 정도의 비율로 증가했다. 직업도 없고 가정적 공동생활이라는 사회적 구속도 없는 월남민과

서 9월 6일까지 한 달 동안 일본인들이 한국경제에 30억 엔의 돈을 쏟아부었다고 말했다. 본국으로 전원 송환될 처지에 있는 일본인들은 돈을 풀어 한국인들로부터 신변보호를 받으려고 애썼다.

86 Republic of Korea, *Economic Review of the ROK, 1948* (Seoul, 1949), p.5.

87 장기영, 「해방된 조선경제의 실상」, ≪신천지≫, 2.2(Feb. 1947), 51쪽.

88 1948년에 공무원의 평균월급은 3,000엔이었던 반면 의복, 의료, 오락비 등을 제외한 가구당 평균 최저생활비는 월 1만 엔이었다. Charles Clyde Mitchell, Jr., "The New Korea Company Ltd." p.187 참조.

귀국자들은 서울이나 부산의 뒷골목이나 시장에서 도둑질을 하기도 하고 암거래나 매음소개를 하는 폭력단에 가담하기도 했다. 부정부패가 사회 곳곳에 만연했다. 인천경찰서는 도둑들이 너무 많아 사람들이 거의 집을 비울 수가 없을 지경이라고 보고했다.[89] 매일 4,000명의 월남민들이 남한으로 유입되었으며 방기되거나 방치된 과거 일본인들의 집으로 무조건 밀고 들어갔다. 주택의 횡령, 무단건축, 강탈, 기계부품 절취 등이 풍토병처럼 유행했다. 예전에는 거의 알려지지 않았던 암시장이 이젠 합법적인 상거래를 압도했다.

일제강점기와는 전혀 다른 상황이 온 나라를 엄습했다. 전쟁터의 대궤주(大潰走: sauve qui peut)와 같은 악몽이 해방의 찬란한 꿈을 재빨리 뭉개버렸다. 보수계 신문인 《조선일보》는 하지에게 보낸 1946년 8월 31일 자 공개장에서 "한국국민들은 지금 일본 식민지 시대보다 더 고통스러워하고 있다"라고 썼다. 일반 국민들은 무엇보다도 안전, 제지, 규율, 경찰에 의한 보호 등을 바랐다. 공포와 불안, 불신감 등이 조선 말기에 지방에서 동학당이 난을 일으키고 보부상폭력단이 발호했던 시절보다 훨씬 더 심했다.

이런 대량이동과 실업 및 범죄의 물결에 휩쓸린 사람들은 주로 청년층이었으며 그들의 평균나이는 21세였다. 이전에 만주에서 성공의 기회를 노리거나 일본의 공장이나 군대에 징집되었던 사람들은 모두 젊은이들이었고 직장에서 일할 수 있는 능력을 가진 사람들이었다. 그들이 지금 일자리 없는 사회에 흘러넘치고 있는 것이다. 이제 막 발족된 경찰이나 국방경비대 같은 몇 안 되는 기관만이 약간의 젊은이들을 흡수할 수 있었을 뿐이다. 1945년 여름 무렵부터 범죄가 급증하고 폭력단 유사조직들이 날로 늘어났는데, 그들 가운데는 근린동지협회나 여운형의 서울학생통일촉진협회와 같은 학생단체도 있었다. 1890년대와 유사하게 손수레 인부들을 모아 조직을 만들려는 시도도 있었지만 이번에는 성공하지 못했다.[90]

---

89 USAMGIK Press Release(Dec. 5, 1946).

청년단체의 시대가 한국에 도래했다. 청년단체의 대부분이 정치적이고 선동적이었는데 처음에는 주로 좌익성향을 보였다. 그 가운데 몇 개는 활발한 지하활동을 하고 있던 조선공산주의 청년동맹에서 파생한 것들이었다.[91] 이들 단체는 처음에 인민위원회의 이름으로 8월 15일 이후 수주일간 존재했던, 작은 정부라고나 해야 할 것을 움직였던 치안대의 일부로서 결성되었다. 이들 젊은 이들은 일본인들이 남기고 간 무기들을 닥치는 대로 수중에 넣어 경찰서를 점거하고, 순찰을 하고, '기부'를 강요했으며, 분쟁에도 개입하며 권력의 길을 추구했다. 가장 폭력적인 단체는 조선민주청년동맹(朝鮮民主靑年同盟)이었다.[92] 이들은 점점 공산주의자들의 지령을 따르는 단체로 변모되었으며, 1947년 5월의 테러행위로 해산되었으나, 조선민주애국청년동맹(朝鮮民主愛國靑年同盟 = 民愛靑)으로 재건되어 마침내 공칭 회원수가 78만 명에 이르는 거대단체가 되었다. 그들의 행동에서 증명되었듯이 이 청년 폭력집단은 남한 좌파들의 최강의 무기였으며 선전의 중요한 보급원이었고 불법자금 조달과 테러의 도구였다. 북한에도 이와 유사한 단체가 있었으며 북한정권의 중요한 인재 공급원이 되었다. 만약 남한에서 공산주의자들이나 좌파가 정권을 장악했다면 아마도 이 민애청이 같은 역할을 했을 것이다. 남한에서도 비교적 많은 수의 이 단체 '동창생'들이 경찰에 투신했으며 일부는 뒷날 군에도 들어갔다.[93] 1948년 여름까

90 Justine Sloyane, "The Communist Effort in South Korea, 1945~1948"(M.A. Thesis, North-western University, 1949), pp.145~163.

91 idem, pp.67~69. Richard D. Robinson, "Korea: The Betrayal of a Nation," p.35에서는 당초 1920년에 조직된 조선공산주의 청년동맹이 3만 회원을 자랑했다고 쓰고 있다. 박헌영 또한 이 단체에서 출발했다. 청년단체들과 그들의 테러에 대해서는 SKIG Activities No.27 (Dec. 1947), p.169도 참조 바람. SCAP Summation No.3, p.192는 이 단체가 활동을 시작한 첫 달이 12월이었으며 그 이전에는 "평화를 깨는 단 한 건의 사건도 일으키지 않은 채 한 주 전체를 보냈다"라고 쓰고 있다.

92 E. Grant Meade, *American Military Government in Korea*, p.162. 그들의 첫 번째 합병으로 조선청년총동맹(그 후 이름을 조선민주청년동맹으로 바꿨다)이 탄생했다.

지 모든 좌파 청년단체들이 불법화되었다.

좌파 청년동맹, 미·소냉전, 실업, 그리고 정치활동 열망 등이 우파 청년단체들을 탄생시키는 계기가 되었다. 각 정치단체나 중요 정치지도자들이 '청년단체'를 휘하에 두려는 것은 부분적으로는 자기들의 정치선전과 권력을 위해, 그리고 또 한편으로는 여러 좌파 집단에 대한 자위수단의 표준무기로 삼기 위해서였다. 1945년 가을, 지방의 우파정치가들은 한국민주당, 통일당, 그리고 뒷날 한독당의 기치 아래 청년단체들을 조직했다. 예를 들어 반공주의자로 미군에 의해 광주시장으로 임명된 서민호 같은 우파 지도자들은 청년단체를 만들어 좌파를 공격하기 위한 테러단체로 활용했다.[94] 1946년에 한층 세력이 강화된 경찰은 이들 우파단체들을 지원했고 그들로부터 요원들을 충원했다. 주로 평안도 월남민들로 조직된 거친 서울의 서북청년단은 제주도 반란 진압에 투입되어 죽창을 휘두르며 잔혹한 행동을 한 것으로 소문이 났다. 이 청년단은 뒷날 여러 정치지도자들을 배출했다. 폭력단의 한 사람인 김두한(金斗漢, 훗날 국회의원이 되었다)은 과격하기로 유명한 대한민주청년연맹 감찰부장으로 14명의 동지들과 함께 2명의 좌파 측 사람들을 때려죽인 혐의로 재판을 받았다.[95] 이승만은 대한독립청년단 조직을 갖고 있었으며, 임시정부와 광복군 지도자였던 이청천(李靑天) 장군은 대동청년단을 거느렸다. 1947년 6월의 미·소 공동위원회 개최를 앞두고는 34개의 이런 청년단체가 등록했다.

---

93 미드는 같은 책, p.162에서 한때 전라남도에서 경찰관의 30%가 전 치안대 대원이었다고 밝히고 있다.

94 idem, p.163. 서민호는 이승만 정권 말기에 깜짝 놀랄 정도로 정치적 변신을 했으며, 1965~1967년엔 이따금씩 사회주의 세력을 규합하기도 한 진보진영 지도자가 되어 남북 접촉과 협상을 주창했다.

95 Richard D. Robinson, "Korea: The Betrayal of a Nation," p.258; SKIG Activities No.27, p.166. 1966년에 국회의원이었던 김두한은 대정부 질의 도중 국무총리와 장관들에게 분노를 끼얹는 오물투척사건을 일으켜 내각을 위기에 몰아넣는 바람에 의원직 제명은 물론 구속되는 곤욕을 치르기도 했다.

미군정 당국 역시 이런 열병에 면역되어 있지 않았다. 그들은 1946년 중반 비밀리에 공금 약 500만 달러와 미군장비, 그리고 미군 중령 한 사람을 훈련고 문으로 지원하여 조선민족청년단(朝鮮民族靑年團)을 조직했다. 미 군정청은 그 단장에 중국의 조선광복군 2지대 사령관이었던 이범석(李範奭) '장군'을 앉혔는 데, 그를 선택한 것은 아마도 중국에서 그가 미국 정보원들과 적극적으로 협력 했기 때문이었을 것이다.[96] 이범석의 정치철학은 좀 더 완고한 중국국민당 활 동가의 그것에 가까웠다. 그는 안호상(安浩相) 박사를 이론적 지도자로 영입하 여 수원훈련소를 개설했는데, 안호상은 나치 시대의 독일 예나 대학 졸업생으 로 헤겔학도였으며 공개적으로 히틀러 유겐트를 찬미한 인물이다.[97] 반공정치 훈련이 수업의 일부가 되었다. 1947년 7월까지 약 7만 명이 훈련을 받았으며 그해 말까지의 목표는 10만 명이었다. 그들의 훈련목표는 만약 소련과 합의가 이루어지지 않아 통일이 안 될 경우, 단원들을 반공 대한민국 국군의 모체가 될 수 있게 하는 데 있었다. 소련의 항의를 피하기 위해 비밀주의를 유지했고 청년단 호칭도 쉬쉬했다. 그 단원 중 많은 사람들이 훗날 실제로 한국군으로 편입되었으며 일부는 장교가 되었다. 이처럼 미 군정청이 이범석의 후원자 역 할을 하고 또한 규모가 크고 훈련된, 그리고 응집력을 가진 단체 하나를 그의 손에 쥐어주었다는 것은, 그들이 사실상 이범석을 한국의 가장 중요한 정치지 도자의 한 사람으로 인정했다는 의미다. 뒷날 족청(族靑)으로 알려진 이 단체 의 활동은 한두 번 이름을 변경해가며 한국전쟁 때까지 계속되었으며, 이승만 이 해산시킬 때까지 한동안 큰 정치 세력으로 이름을 떨쳤다. 그들의 충성심과 연대의식은 그 후 여러 해 동안 유지되었다.

이 청년단들은 당시의 많은 외국 관찰자들에게는 기이하게 보였지만, 지금

---

96 Lee, Chong-Sik(이정식), *The Politics of Korean Nationalism*, p.227 및 Richard D. Robinson, "Korea: The Betrayal of a Nation," p.215 참조.

97 Richard D. Robinson, idem, pp.248~250과 *Far East Stars and Stripes Weekly Review* (June 15, 1947) 참조.

생각하면 그들은 아노미 현상을 보이는 여러 세력들의 일종의 고전적 표현이었던 것 같다. 그런 단체는 모든 다른 유형의 집단에 속하지 않은 실업자와 유민대중들을 동원하면 쉽게 결성될 수 있었다. 그들은 폭력과 혼란이 계속되는 동안 테러와 무법으로 번영을 누렸으나, 한국전쟁 후 사회가 안정되면서 쇠락해갔다. 단체의 운영은 주로 불법자금에 의존했는데, 그들이 거둔 강압적 또는 '자발적' 기부금은 1949년 국가세입의 거의 절반에 달했다. 청년단체들은 그들보다 더 발전된 정치조직이 결여하고 있는 부분과 충성심을 보충했을 뿐 아니라 한국 정치활동의 절반에 해당하는 잠행적인 특성을 증진시키는 데 아주 중요한 역할을 했다. 그 결과 한국정치는 공식 조직과 비공식 조직으로 분리되어 거의 2중 국가적 작동을 하게 되었다. 청년단체들은 정치적 사회화가 진행된 가장 중요한 영역 속에 자리 잡고 있었다. 그 바람에 그들은 정계와 군부지도자들의 등용문으로서 중요한 역할을 했으며, 많은 국회의원과 장군들을 배출했다. 독립운동 때 조선인들이 보고 배운 일본인의 집단조작기술과 중국국민당의 책략이 연연히 이어져 이들에게도 영향을 끼쳤음이 분명했다. 각 청년단체들은 그런 지식들을 습득하여 사회적으로 한국적인 상황에 적합한 방식을 창출해냈다. 다시 말해 사회적·정치적 유동성을 가진 거대하고 비공식적인 채널이 도시적인 난폭성과 근대적 긴박성을 보이며 권력을 찾아서 대등하게 경쟁하는 집단형태를 주조해냈다. 일본인들이 슬로건이나 국가조직으로 동원했던 수법이 이제 한국적 환경에서 거의 자연발생적으로 되살아난 것이다.

폭력의 도가 높아지고 혼란이 커질수록 경찰도 강력해졌다. 일본이 항복할 무렵 한반도 전체의 경찰 숫자는 약 2만 3,000명쯤이었던 것으로 추산되는데 그것의 40%에 해당하는 약 9,000명이 한국인들이었으며 대부분이 하급경찰관이었다.[98] 그들은 경찰서와 주재소라는 거대한 조직망을 통해 전국 방방곡곡

---

98 일부에선 당시의 경찰관 수를 더 낮게 잡는다. Lee, Won-sul(이원설), "Impact of United States Occupation Policy on the Socio-Political Structures of South Korea," p.93에서는 2

을 관리했다. 일제강점기에 제대로 제도가 확립되고 훈련된 여러 관료조직 가운데서 한국인들이 가장 많이 투신한 곳이 경찰부문이었다. 1945년 일본의 항복으로 중앙 또는 지방정부가 붕괴되자 경찰이 부득불 전면으로 나서게 되었다. 광주경찰서의 마지막 일본인 서장이 진주해온 미군에게, "만약 경찰 권력을 인민위원회나 그 예하기관인 치안대에게 넘기게 되면, 다른 모든 정부기관들 역시 모두 그들에게 귀속될 것"이라고 말했는데, 그의 상황 판단은 정확했다.[99] 미군장교들은 치안우선 정신이 강했으며 경찰에 동정적이었기 때문에 이런 충고에 귀를 기울였다.

1946년 초까지 약 1만 4,000명의 일본인 경찰이 면직, 송환되었으며 약 1만 5,000명의 한국인 경찰이 그 자리를 메웠다. 치안에 신경을 쓰던 미군정 당국은 다른 어느 조직에 비교해도 많은 63명의 미국인 고문관들을 경찰에 파견했고, 이들 경찰고문관들은 군정청 내에서 큰 파벌을 형성했다. 경제경찰과 사상경찰은 해체되었고, 위생경찰은 공중위생국으로, 경계업무는 기동대로 분할되었다. 그럼에도 경찰의 권력은 강화되었다.[100] 일제강점기에 경찰에 투신했던 한국인 중 약 85%가 남한에서 현직에 머물렀는데 여기에는 남한에 있던 사람들뿐만이 아니었다. 북한에서 과거 대일협력을 했다는 이유로 고발되어 남쪽으로 피해 온 많은 전직 경찰관들이 남한 경찰에 흡수되었다.[101] 그 가운데 많은 수가 그들의 동포를 체포하고 고문했다는 잔혹한 기록을 가진 사람들이었다.[102]

만 명으로 잡고 있다. 미군 관할지역(남한)엔 약 1만 5,000명의 경찰이 있었다. 내가 추산한 숫자는 1945년 미 군정청의 공식적인 계산에 근거한 것이다. SCAP-USAMGIK Summation (Sept. 1945~August 1946), p.100; Summation No.18(March 1947), p.19 참조.

99   E. Grant Meade, *American Military Government in Korea*, p.70.

100 idem, p.120.

101 Lee, Won-sul(이원설), "Impact of United States Occupation Policy on the Socio-Political Structures of South Korea," p.94.

102 Metropolitan Police of Seoul, *Chronological History of the Metropolitan Police Department Territory* (Seoul, 1947).

1946년 7월에는 경찰관이 2만 5,000명으로 늘어났으며 그들의 무장은 칼이나 곤봉에서 미국제와 일본제 소총과 기관총으로 바뀌었다. 미군은 그들에게 자동차를 제공하고 전화와 무선전신망을 정비해주었다.[103] 거의 2년 동안 경찰 혼자서 남한의 무력부문을 도맡았다. 1948년 말에 이르기까지 경찰은 국내 질서뿐 아니라 38도선의 안전도 책임졌다. 그들은 적극적으로 업무를 추진했으며 '많은 성과를 거두었다'. 그들은 1947년 중반까지 약 2만 2,000명의 사람들을 감옥에 보냈는데, 이 숫자는 일제강점기 남한 재소자 수의 약 2배다.[104] 경찰관의 총 숫자에는 약간의 혼란이 있다. 1948년 말까지 경찰관이 6만 명으로 증가한 것으로 되어 있는데, 정부수립 후인 1948년 9월 3일에는 단지 3만 4,000명으로 집계되고 있다. 어느 경우든 크게 증가한 것만은 사실이다.

한국전쟁 중 경찰관 수가 7만 5,000명으로 늘었으나 그 후 점점 줄어들어 1956년엔 4만 7,000명으로, 1958년엔 3만 9,000명, 다시 1963년엔 약 3만 명이 되었다. 그러나 그 이후 한국에 거대한 도시화가 진행되면서 경찰관 수가 점점

---

103 일본경찰은 사벨[サーベル, 양검(洋劍)]을 차고 다녔다. 1945년에는 한국 아낙네들이 다듬이질을 할 때 사용하는 방망이와 아주 닮은 경찰봉으로 대체되었는데, 그 바람에 경찰관들이 '세탁부'로 불렸다. 조롱을 받을 정도로 취약한 경찰관의 신변안전 필요성이 커짐에 따라 무장이 보강되었다. 일본군과 일본경찰에게서 압류한 거대한 양의 무기와 미군의 대규모 부대해체로 남아돌게 된 무기들이 공급되었는데, 어떤 다른 종류의 미군 고문관의 충고나 조력, 훈련 또는 정책입안보다도 경찰에 훨씬 더 도움이 되었다.

104 International Cooperation Administration, *Report on the National Police* (Seoul, 1957) 참조. SUAMGIK Summation No. 22(July 1947), p. 34에 따르면 1947년 5월에 감옥에 간 사람들의 숫자는 2만 554명이었다. SKIG Activities No. 23(August 1947), p. 196은 1947년 7월 31일까지 감옥에 갇힌 죄수들의 숫자를 1만 9,777명으로 계산하고 있다. 하지만 SKIG Activities No. 27, p. 165는 일제강점기 마지막 시기에 한반도 전체의 죄수 숫자가 3만 명을 조금 넘었으며 그 가운데 1만 6,200명이 남한 감옥에 갇혀 있었다고 주장한다. 경찰관 숫자에 대해서는 Report of the United Nations Commission on Korea, GAOR, 4th Session, Supplement No. 9(A/936), 1940, I, pp. 22~23 참조. 서울에만 1만 명의 경찰이 상주하고 있었다.

더 늘어나, 1986~1987년의 대규모 시위사태 때는 서울에서만 7만 명 또는 그 이상의 경찰이 상주했다. 해방 후 여러 정부 기관 중 가장 강력한 결속력으로 무장한 경찰은 일반 국민들로부터 경멸과 분노를 사면서도 과거 일본인들이 그랬던 것처럼 '제어하기 힘든' 반항적인 대중을 갖가지 방법으로 단호하게 제압하여 공공질서를 바로잡았으며, 약 10년 동안 내부적으로 확고한 소속감을 가진 기관으로선 한국 최대 집단임을 과시했다. 그들과 그들의 폭력적인 끄나풀들은 1890년대 보부상이 날뛰던 시절에 그랬던 것처럼 권력에 접근하려는 하층 출신 청년들에게 계속 매력을 주었다. 제복과 무기를 방패로 그들은 동포 시민들에게 자신들의 분노를 한껏 풀 수 있었다. 법에 대한 존경도 그들을 억제할 수 있는 국내 세력도 존재하지 않았다.[105]

믿을 만한 노련한 관료나 정치적 기반도 없이 소수의 통역관들에게 의존하고 있던 미 군정청은 '폭넓은 기능'을 행사하는 경찰에 주로 의지하는 수밖에 도리가 없었다. 경찰의 '조사부문' 부서는 정치정보와 정치활동에 관한 중요한 정보수집원의 하나였다. 군정청이 모든 좌파지도자들과 선동자들을 무조건 체포하라는 포괄적 지령을 비밀리에 내린 것으로 알려졌다.[106] 재판에서 증거는 거의 적용되지 않았다. 판결은 특히 좌파에 대해서는 전문증거(傳聞證據)와 협박에 의한 증언을 근거로 내려졌다.[107] 그러나 우파 폭력단 두목인 김두한은

---

105 미군정 시절 초기 수개월 동안에는 경찰 제복마저 옛 일본 경찰의 것을 그대로 사용했다. 제복공장이 해방 직후 혼란기에 생산을 중단했기 때문이었다. 상술한 바와 같이 경찰은 1965년에야 변화를 맞았다. 이미 4·19학생혁명으로 옛 경찰의 권위가 땅에 떨어진데다 일본 경찰에 몸담았던 간부들 대부분이 노령화로 물러나게 되었기 때문이다. 개혁된 경찰은 내부적으로 변화한 조직을 갖게 되었으며, 이전의 파워를 오직 단계적으로 회복하고 있었다.

106 Richard D. Robinson, "Korea: The Betrayal of a Nation," p.142.

107 로빈슨(Richard D. Robinson)은 1947년 3월 김원봉의 경우를 예로 들고 있다. 경찰은 김원봉이 연설을 했다고 거짓 주장을 하고 있었지만, 실제로 그 연설이 없었다는 것을 다행히 로빈슨이 증명해낼 수 있었다. 이런 행운을 누릴 수 있는 사람은 드물었다. E. Grant Meade, *American Military Government in Korea*, pp.133~136 역시 참조 바람.

1947년 4월 20일에 체포한 2명의 좌파 청년단원 고문치사 사건에 대해 약간의 벌금만 물고 석방되었다.[108] 경찰은 종종 대중시위나 출판, 문서배포에 대한 허가권을 부여받곤 했는데, 이 허가권은 꼭 좌파에 대해서만 엄격하게 행사되었다. 우파 지도자들이 농촌에서 연설할 때의 경찰호위는 엄중했지만 좌파 또는 중도파 지도자들에 대한 보호는 거의 없었다. 경찰은 전국적 규모의 미곡징수 과정에서 주된 집행관이 되었는데, 그들은 정부에 공출되는 쌀을 실제 시장가격보다 훨씬 낮은 고정가격으로 징수했을 뿐 아니라, 지방위원회에 출석하여 각 농가에 대한 할당량을 임의로 결정했다. 계속되는 급격한 인플레이션 시대에 이런 권한은 아주 굉장한 것이어서 큰 원망을 샀지만, 당연히 정치적으로 행사되었다.[109]

입에 차마 올리기조차 민망한 옛날의 고문수법들이 아직도 버젓이 행해졌다. 아랫배 신장 부분을 주먹으로 후려치기, 물고문, 전기쇼크('전화기 고문'으로 잘 알려져 있다), 엄지손가락에 묶어 매달기(통칭 '비행기' 고문), 고춧가루물 먹이기 등등이 자행되었고 그 수법도 점점 발전해갔다.[110] 부패도 여전했다. 경찰의 수입 가운데서 봉급이 차지하는 비율은 원래 미미했다. 1945년 9월에 경찰의 평균월급은 140엔, 약 3달러를 조금 넘었지만, 웬만한 직위에선 상당한 액수의 정보수집용 비밀자금을 용도를 밝히지 않고도 사용할 수 있었다. 미 점령

108 Richard D. Robinson, "Korea: The Betrayal of a Nation," p.156; SKIG Activities No.27 (DEC. 1947), p.166 참조. 김두한은 14가지 다른 죄목으로 기소되었다. 일반법원의 재판에 불만을 가졌던 군정청은 그 재판을 군사법정으로 이관했다.

109 Richard D. Robinson, idem, pp.148~149 참조.

110 idem, pp.143~158에서 많은 고문 사례들을 열거하며 상세하게 설명하고 있다. 특히 고문으로 악명을 떨쳤던 사람은 일제강점기 때 고문경찰로 이름났던 노덕술(盧德述)이었다. 그는 한 형사피고인을 고문하다가 그가 죽어버리자 시체를 한강 얼음 속에 던져 넣은, 증거가 충분한(봄에 얼음이 녹자 발견되었다) 혐의로 재판을 받기 전에, '사라져버렸다'. 그는 훗날 자유당을 위해 산업박람회를 개최하기도 했다. 1959년 이기붕과의 대화에서 나온 이야기다.

군은 1945년 경찰금고에서 이런 비밀자금에 사용된 돈이 수백만 엔이나 예치되어 있는 것을 발견했다. 경찰의 금품강요는 특히 1946년과 1947년에는 일상적인 일이 되었다.[111] 1958년에 들어와서도 이런 '자발적 기부'에서 나오는 '수당'이 기본급의 50배에서 80배에 달했다. 그들의 정치적·경제적 권한은 교통정리와 같은 대민업무를 아주 하찮은 것으로 만들어버렸다. 교통순경이 여러 행인들이 주시하고 있는 가운데 호각 랩소디를 계속 연주하며 박력 있게, 그러나 아무 필요도 없는 일에 이리저리 간섭하고 다니는 동안 운전자들이 그에 아랑곳하지 않고 도로에 난 구멍을 피해 졸졸 지나가는 광경은 당시의 대중에게는 잠시 동안의 오락이 되었다. 하지만 진짜 경찰 권력은 그렇게 대중을 재미나게 하는 것이 아니었다. 1946년 말까지 경찰은 재빨리 미군정 당국의 통치와 정치적 결집을 위한 둘도 없는 도구가 되었으며 그와 함께 국민들의 미군에 대한 혐오감도 증폭되었다.[112]

잇달아 폭풍을 머금은 구름들이 몰려왔다. 설사 냉전이 없었더라도 한국의 국내 갈등과 충돌은 피할 수 없었을 것이다. 다만 미·소냉전으로 분열과 저항이 훨씬 빨리 찾아왔을 뿐이다. 공산주의자들은 청년집단, 폭력단 및 시위 등에서 최초의 유력한 지배자였다. 수개월이 지나는 사이 그들은 이 지배력을 주로 유력한 기업노조와 운송·체신 노조를 자기들 편으로 끌어들이는 데 집중 활용했다. 미군은 경찰을 재건하기 시작했고 마침내 좌익 노조의 라이벌이 될 수도 있는 우익 노조를 결성했다. 냉전의 경계선이 굳어짐에 따라 전선이 분명해졌다.

---

111 1945년 대구에서 경찰의 앞잡이 노릇을 하는 현지의 한 폭력 갈취단 명칭은 '이웃사랑 협회(Love Your Neighbor Society)'였다.

112 당시 정치권에서 경찰의 지위에 대한 견해는 놀라울 정도로 솔직했다. SKIG Activities No.27, p.167은 법무부 여론부서의 다음과 같은 의견을 기록해놓고 있다. "경찰은 한국정치권에서 하나의 강력한 응집력을 가진 기관으로 간주되고 있으며, 개혁을 하더라도 너무 빨리 약화되지 않게 살살 다루어야 한다."

1946년 9월 24일, 남조선철도동맹 소속 노동자들이 그들의 고용주인 미 군정청 운수국을 상대로 쌀 배급량 증량, 임금·수당 증액, 일급제 폐지(노조는 이것을 출근을 강제하기 위한 규정으로 보았다), 점심 제공 및 감원 중지 등을 요구하고 나섰다.[113] 이런 요구는 당시 악화일로의 인플레이션으로 고통 받고 있는 많은 다른 노동자들의 공감을 샀다. 그러나 이에 대한 회답을 들을 수가 없었다. 미군정 관리들이 노동자들의 요구를 처리하는 데 익숙하지 않았기 때문이다. 다음날 철도노동자들이 파업에 돌입했다. 철도수송이 곧 마비되었다. 파업은 인쇄공동맹으로 번졌고 9월 30일에는 전기공동맹으로, 그리고 다른 많은 산업 분야로 확대되어갔다. 하지는 9월 28일, 파업은 "선동자들이 도발한 것"이라고 비난했다.[114] 우익이 결성한 노동조합이 그 산하의 노동자들을 파업 현장에 취로시키는 바람에 양파 사이에 대격전이 벌어졌다. 경찰은 파업에 참가한 약 2,000명의 노동자를 체포했고, 우익 폭력단은 3,000명의 우익 노동조합원들의 현장복귀를 방위했다. 10월 2일엔 시내전차 운전사와 차장들이 동정파업에 들어갔다. 투쟁은 계속되었다.[115]

파업은 서울 이외 지역으로 급속히 확대되어갔다. 마침 그때쯤 막 추수를 끝낸 곡물의 공출에 큰 불안감이 일었다. 전체 곡물수확량이 예년보다 40% 감소하고 쌀 수확 부족량이 20%로 추정되었기 때문이다.[116] 군정청은 쌀 공출과 쌀 가격통제를 실시하기로 결정했다. 이전 해(1945년)에 그런 조치를 내리려다 미루는 바람에 참담한 인플레이션이 일어났는데 이제 그 쌀 가격 폭등의 기선을 제압하기 위해서였다. 하지만 경찰의 공출할당은 반공주의자들을 편애하는 결과를 보였으며, 미국이 쌀을 짜내고 있는 것은 한국에서 곡물가격을 폭락시킨 과거 일본을 흉내 내는 것이라는 소문을 퍼뜨려 경찰에 대한 저항감을 고취

---

113 *Seoul Times* (Sept. 25, 1946).

114 *Seoul Times* (Sept. 29, 1946); USAMGIK Press release(Sept. 28, 1946).

115 Richard D. Robinson, "Korea: The Betrayal of a Nation," p.161.

116 John Carter Vincent, speech at Cornell University(January 22, 1947).

시킬 구실을 좌파에게 주었다.

10월 1일, 대구에서 200~300명의 시민들이 식량을 요구하는 시위를 벌였다. 경찰관 1명이 중상을 입었고, 그 당시 번지고 있던 파업에 참가한 노동자 1명이 사살되었다. 이 소문이 퍼지자 이튿날 오전 10시에 사람들이 구름처럼 모여들었다. 학생과 노동자들이 사살된 노동자의 시체에 학생복을 입혀 들것에 들고 인파로 가득히 메워진 거리에서 모든 사람들이 잘 볼 수 있게 들어 올렸다 내렸다 하면서 메고 다니다가 경찰서 입구 계단에 안치해놓았다. 시위는 폭동으로 변해 군중들과 경찰 사이에 유혈충돌이 일어났고 많은 경찰관이 겁을 먹고 도망가 버렸다. 군중들은 경찰서를 점거하고 무기를 탈취하여 수 시간 동안 대구를 제압했으며 경찰관을 그들의 집까지 뒤쫓아 가 사살하고 쌀을 빼앗았다. 부상을 입은 경찰관들이 병원 침대에서 질질 끌려나와 살해되었다. 일부 의사들은 군정당국이 독립시킨 보건부의 관할권을 경찰이 빼앗았다 하여 분노해왔기 때문에 부상경찰관의 치료를 거부했다. 몇 명인가의 경찰관 사체는 도끼나 예리한 칼로 난자되어 있었다. 다른 몇 명인가의 경찰관들은 손이 뒤로 묶인 체 출혈과다로 고꾸라질 때까지 가장자리가 날카로운 석판(石板) 세례를 받고 숨이 끊어졌다. 또 다른 몇 명인가는 머리가 으깨어질 정도로 돌팔매질을 당해 죽었다. 총 53명의 경찰관들이 중상을 입거나 살해되었다. 오후 4시가 되어 대구 주둔 미군사령부는 계엄령을 선포하고 미군 전투부대를 동원하여 질서를 회복했다.[117]

그 후 4일간 대구의 경우보다는 좀 작은 규모의 유사한 충돌이 남한 여러 지역의 도시와 마을에서 발생했다. 그 대부분이 대구를 둘러싼 한반도 동남부 지역이었다. 영천에서는 1만 명 규모의 군중들이 폭동을 일으켜 경찰관 40명의 무기를 뺏고 납치했으며, 경찰서, 우체국 및 우파 유력자들의 가옥을 불살랐

---

117 이 사건에 대한 공식 설명은 USAMGIK Summation No.13(Oct. 1946), pp.23~25에 많이 부드러워진 내용으로 기재되어 있다.

다. 왜관에서는 약 2,000명이 폭동을 일으켰는데 군중들은 경찰서장의 눈을 빼고 혀를 자른 후 부하 5명과 함께 때려 죽였다. 작은 시장 마을인 낙송동 (Naksong-Dong이라고 했는데 정확히 어디를 말하는지 알 수 없다. _옮긴이)에서는 몽둥이를 든 약 2,000명의 군중들이 집하된 쌀을 탈취하여 분배했다. 우파와 좌파의 청년집단들 사이에서도 격렬한 충돌이 계속되었다. 충돌은 기계, 성주, 박정희의 고향인 선산으로 번졌다. 상주에서는 경찰관이 구타당한 후 생매장 되었다. 진주, 마산, 의령을 점거하려고 했던 좌파의 계획은 경찰의 강력한 저항으로 좌절되었다. 전주에서는 신경이 곤두선 경찰이 비무장 군중에게 발포하여 시민 20여 명이 사살되었다. 죽은 사람들 대부분은 부녀자와 어린이들이었다. 분쟁은 북쪽지방으로 번져나갔지만 그 격렬성은 많이 수그러들었다. 덕산, 홍성, 예산에서도 폭동이 발생했다. 군정청 경찰부장 조병옥은 38선 바로 아래에 있는 개성에서 10월 20일, 약 40명의 경찰관과 그와 비슷한 수의 폭도들이 살해되었다고 추정했다. 경찰관 사체의 수족절단과 계획적인 소각마저 행해졌다. 수천 명의 고교생과 대학생들이 노동자들의 파업에 동조하여 거리로 뛰쳐나와 시위를 벌였다. 좌파는 이번 저항을 일제강점기에 일어났던 저항의 수준을 넘어섰다고 주장했다.[118] 한국은 바야흐로 대규모 폭동의 가장자리에 들어와 있었다.

하지는 사태를 오해하여 공산주의자들을 주시했다. 조사결과, 북한계의 간첩이나 앞잡이는 한 사람도 폭동에 관여하지 않은 것으로 드러났다.[119] 합동조사위원회가 소집되었는데, 경찰을 억제하고 경찰 수뇌부를 해고토록 한 하지의 권고는 무시되었다. 그 대신 체포된 사람들의 숫자가 자꾸 불어났다. 1947년 6월까지 약 7,000명의 정치범들이 수감되었다. 이런 식으로 파괴와 억압의

---

118 Richard E. Lauterbach, *Danger from the East*, p. 239.

119 Richard D. Robinson, "Korea: The Betrayal of a Nation," pp. 162~165. 그리고 증인들의 설명을 듣고 기록한 나의 비망록.

영속적인 패턴이 정립되었다. 이 사건 이후, 공산주의자들의 파괴공작, 경찰대에 대한 세력침투, 1948년의 여순반란, 한국전쟁 직전인 1950년 봄이 되어서야 수그러들었던 게릴라 활동 격화 등 크고 작은 사건이 연쇄적으로 일어났다.

이런 몰가치적인 폭력의 증가는, 하지가 생각한 것과 같은 미·소냉전 때문이 아니고, 급격한 도시화, 공업화, 1937~1945년의 전시동원에다 경제 붕괴, 인구이동, 해방 후 첫해의 지도력의 결여 등에서 온 불가피한 결과였다. 공산주의자들은 도화선에 점화하는 것을 도와준 입장이었다. 그러나 더 본질적인 것은 10월 폭동의 경우처럼 대중사회가 즉시 동원될 수 있는 위험을 안고 있다는 점이었다. 그 격렬성과 잔혹성은 이런 사회가 내포하고 있는 힘의 변태를 증명한 것이다. 중간매개집단들이 근절되어버린 바탕 위에서 불어난 도시인구는 대중 활동에서만 표현될 수 있는 분노를 느끼고 있었다. 미 군정청이 인민위원회를 승인하지도 이용하지도 않고 지방 현지와의 다른 정보전달 채널을 발견하지도 못한 것이 사회불안에 박차를 가했다. 또한 미 군정청의 허약한 통치가 권력쟁탈전을 벌인 옛날의 본능을 다시 되살려놓았다. 그러나 몰가치적인 폭력 그 자체가 그 당시 한국사회의 정치적 관계를 증명하고 있었다. 폭력은 민주주의와 중용을 위한 희망적인 전조가 아니었으나 폭력이 거기에 존재할 만한 필연성을 갖고 있었다. 일부분은 미국의 무책 때문에, 그리고 대부분은 통제 불가능이라고 해야 할 폭력의 방출 때문에 남한 사회는 혼돈의 문 앞에 서 있었다. 어떤 응집력이 이 사회를 재결합할 것인지 난감했다.

6

정치적 정통성 추구(1948~1987)

민주주의 가장

전후 시대는 여러 정치형태를 통해 정치적 정통성과 사회가 잃어버린 국민의 일체감을 발견하기 위한 갖가지 시도를 한 시기였다고 볼 수 있다. 39년(여기서 39년이라 함은 대한민국이 건국된 1948부터 저자가 이 책을 수정·보완한 1987년까지를 말한다. _옮긴이)이란 긴 기간 동안에 한반도의 양 진영 중 한쪽 아니면 다른 쪽에서 공산주의, 민주주의, 문관에 의한 독재, 군부에 의한 독재, 군민혼합에 의한 한정된 민주주의라고 하는 여러 해결책이 시도되었다. 더러는 긍정적인 것이기도 했고, 더러는 부정적인 것이기도 했던 많은 것들을 한국인들은 배웠다. 화려한 경제개발과는 대조적으로 정치적 진보는 지금(1988년 현재 _옮긴이)까지도 최저한의 것이다. 학생시위와 대학의 폐쇄, 인권침해, 언론통제, 그리고 야당의 보이콧으로 인한 국회의 기능부진이 1986~1987년을 1966~1967년 때처럼 국민들을 짜증나고 괴롭게 만들었다.

미군 철수

1947년 늦여름부터 가을에 걸쳐 미국은 한국에 대한 정책을 재검토한 후 변경했다. 이 정책변경은 비관적인 분위기 속에서 진행되었다. 최초의 미·소 공동위원회는 해결의 실마리조차 보이지 않은 채 실패했으며, 1947년 7~8월의 제2차 공동위원회도 한반도 통일을 위한 노력, 이른바 한국에 관한 소련과의 합의노력에 종지부를 찍고 말았다. 이것은 1945년부터 1947년까지 펼쳤던 미 국무부의 대한정책 기조가 허물어졌음을 의미했다. 국무부는 군사비 삭감을 요구하는 의회의 목소리가 높아지고 국내의 반대압력이 강화된 정세 아래서 한국문제를 다루었다. 미군이 세계의 너무 넓은 지역에서 지나치게 엷게 포진하고 있다는 우려가 특히 군부 내에서 확산되었다. 동시에 위험을 경고하는 압력도 있었다. 즉, 중국에서 국민당정부의 입장이 약화되고 공산당 세력이 계속 강화되고 있다는 점이었다. 아시아 대륙이 공산주의자들의 수중으로 넘어간다는 것은 이미 분명해지고 있었다. 따라서 한국이 미국에 중요한 이해관계를 가진 국가라는 확신이 섰다면 적극적인 조치를 취하는 것이 정당화될 수도 있었을 것이다.

그러나 1947년에 국무부는 물론 특히 국방부도 미국이 한국에 그다지 긴장된 이해관계를 갖고 있는 것으로 보지 않았다. 1904~1905년의 시오도어 루스벨트 대통령처럼 이들 양 부처는, 약체에다 복잡하며 별로 깊은 이해관계도 없는 한국을 여차하면 버려도 (대소련정책 수행에) 별 문제가 없는 것으로 결론을 내렸다. 그들은 한국에 대한 미국의 계획을 비용이 많이 들고 위험한 견제작전 (소련의 유럽 강공책을 약화시키기 위한)으로 보았다. 합동참모본부도 "전쟁이 발발할 경우, 현재 한국에 주둔하고 있는 우리의 병력이 군사적인 부담이 될 것이다. 권위 있는 보고에 따르면 한국은 자유독립국가로의 발전이 계속 지연되고 있으며, 만약 무언가의 조치가 취해지지 않으면, 극심한 혼란을 포함, 미군이 점령군으로서의 위치를 지킬 수 없는 사태에 직면할 공산이 크다는 점을 시사하고 있다"고 믿고 있었다.[1] 따라서 패터슨 육군장관이 언급한 것처럼 미국

---

1 한국에 관한 미국 국무부육해공군조정위원회(SWNCC)의 문의에 대한 1947년 9월 26일 자

은 한국으로부터 "품위 있게"(이른바 연막을 치면서) 철수해야 한다고 결론을 내렸다.[2]

이런 연막의 첫 번째 요소는 군사적인 것이었다. 한국의 국방경비대가 재빨리 정규군으로 편제를 바꿔 확대 강화되어야 했다. 어느 정도 확대 강화할지에 대해서는 의견이 분분했다. 중국에서의 공산주의 위협이 봉쇄정책 욕구를 불러 일으켜 한국의 무력을 크게 증강시키자는 의견이 있었다. 다른 한편으로 미국은 이승만이 북한을 공격할 우려도 있다고 보았다. 첩보활동에 의한 북한군의 병력 추정은 그리 크게 신뢰할 수도 없었고 정확한 것도 아니었다. 결국 한국군은 약 10만 명의 약체군대가 되었다. 무기는 겨우 6만 5,000명분밖에 없는데다 그나마 그 대부분은 부품부족으로 사용 불가능한 것들이었으며, 탱크도 없었고, 비행기는 있으나 마나였으며, 기타 중화기도 참담할 정도로 빈약했다.[3] 이런 한심한 군사력이었지만 일반 국민들에게는 북한군의 공격을 충분히 막아낼 수 있다는 신뢰감을 주고 있었다. 당시 북한군은 소련에 의해 조직되고 훈련된 약 15만 명의 병력에다, 약 242대의 탱크, 아마도 211대의 비행기, 그리고 한국군보다 훨씬 강력한 중화기로 무장하고 있었다.[4] 사실상 한국군은 공

국방장관 제임스 포러스틸(James Forrestal)의 답변은 기밀 리스트에서 제외되어 1952년 11월 3일 자 ≪뉴욕 타임스≫에 개제되었다.

2 1957년 1월 30일, 빈센트(John Carter Vincent)가 ≪뉴욕 타임스≫에 보낸 편지. 빈센트는 이 편지의 상당부분에서 한국에 대한 경제원조가 실패했다고 쓰고 있다. 경제원조는 당초 그의 부서에서 주장한 것이다.

3 Robert K. Sawyer, *Military Advisors in Korea: KMAG in War and Peace* (Washington, D.C., 1962), p.98. 이 시절엔 공식 출처에서 나온 귀중한 정보가 지나치게 적게 활용되었다.

4 W. D. Reeve, *The Republic of Korea: A Political and Economic Study* (London, 1963), p. 28. 이 논문은 George M. McCune, *Korea Today*, p.266을 인용하고 있다. *Korea Annual* (합동통신, Seoul, 1966), p.277도 참조했음. 북한군에 대한 평가는 터무니없이 제각각이었다. 대한민국 육군참모총장은 유엔위원단에게 북한군은 17만 5,000명의 병력에다 탱크와 중포(重砲)로 무장하고 있다고 보고했다. 한국군사고문단(KMAG) 단장인 로버츠(Roberts)는 북한군의 총병력을 약 10만 명으로 잡고 있었으며, 탱크도 없는 것 같다고 생각했다.

격에 저항할 능력이 있다는 합리적인 추정을 내릴 수 없을 정도로 빈약한 훈련을 받았으며 개인무장도 제대로 되어 있지 않았다.[5]

　제1회 미·소 공동위원회가 실패로 끝난 후 1946~1947년 겨울에 한국에 대한 5억 달러의 3개년 원조계획이 의회 제출용으로 입안되었다. 이 계획서 내용은, 한국의 통일문제는 유엔으로 이관하며, 한국을 미국의 방위권 바깥에 두고, 한국에 있는 모든 미군 전투부대는 철수하는 것으로 되어 있다.[6] 이런 정책은 아이젠하워(Dwight D. Eisenhower)가 육군참모총장, 포러스털(James Forrestal)이 국방장관이었을 때, 그리고 애치슨(Dean Acheson)이 국무장관직을 물려받았을 때 입안된 것인데, 애치슨 장관이 1950년 1월 12일 내셔널프레스 클럽에서 행한 유명한 연설 중에 언급한 것이 바로 이 정책이다. 일본 방위를 위한 한국의 전략적 중요성을 놀라울 정도로 모르고 있었던 맥아더는 이 계획을 전폭적으로 지지했다. 맥아더는 미국이 "전면적인 침략에 대처하기 위해 한국군을 훈련시키고 무장시킬 여유가 없으며, 만약 중대한 위협이 발생할 경우에는 미국은 한국군을 지원하는 군사적 행동을 포기해야 할 것"이라고 믿었다. 맥아더는 한국에 있는 미군 잔류부대의 철수를 권고했고,[7] 대통령의 보좌관들

Leland M. Goodrich, *Korea: A study of U.S. Policy in the United Nations* (New York, 1956), p.89.

5　이 같은 문제점과 그리고 그 배경의 상당부분에 대해서는, 1952년 미국대통령 선거기간 중 벌어진 한국에 대한 '대논쟁'에 관한 문서 참조. 이 정보의 상당부분은 1947년 9월 국무부육해군정책조정위원회(SWNCC)와 합동참모본부 사이에 주고받은 교신에 포함되어 있으며, 1952년 11월 3일 ≪뉴욕 타임스≫가 보도했다. 미군 철수와 유엔의 남한단독 총선 정책에 대해서는 ≪뉴욕 타임스≫ 상기 호에 인용한 트루먼 대통령의 성명서 참조.

6　Robert K. Sawyer, *Military Advisors in Korea: KMAG in War and Peace*, pp.22~113.

7　idem, p.37. 소여(Sawyer)는 이 책에서 극동군 최고사령관(CINCFE)의 전언을 인용하고 있다. 외견상 이처럼 근본적으로 한국을 불신하고 있음에도, "대통령은 주한미군이 완전히 철수해도 안전이 충분히 보장된다고 극동의 미군 최고사령관(맥아더)이 보증할 때까지는 동의하지 않았다. 1949년 봄, 대통령은 이러한 보증을 받았다". ≪뉴욕 타임스≫가 1952년 7월 22일 더글러스(Paul Douglas) 상원의원의 연설을 인용하여 보도. 한국문제 전반에 관련

도 이에 동의했다.

하지는 여기에 동의하지 않았다. 그는 한국군의 허약성을 올바르게 평가했고, 미국의 보장 없이 군대를 철수시켜서는 안 된다고 믿었으며, 미군의 철수가 공산당이나 북한의 한반도 지배를 가져올지도 모른다고 예상했다. 그의 정치고문인 랭던(William R. Langdon) 역시 한국문제를 유엔으로 이관시키는 데 반대했다. 그는 이 문제는 폭넓게 국제적으로 풀어야 할 것이 아니고 4대강국이 풀어야 할 문제라고 생각했다.[8] 하지만 1947년 3월 미국은 한술 더 떠 앞서 말한 연막 치기 중 대한국원조계획 거의 대부분을 취소해버렸다. 이 원조계획이 의회에 제출되기 직전, 영국이 그리스와 터키에 대한 방위부담을 할 수 없다고 미국에 통고했다. 그리스와 터키 원조계획이 급히 미 의회에 제출되었다. 동시에 트루먼 대통령은, 자기는 2개의 거대한 원조계획을 의회에 제출할 수 없다고 슬쩍 국무부에 알렸다. 그래서 결국 한국에 대한 장기원조계획이 제외되어야 했다. 그 후 한국전쟁 때까지 "미국의 대한원조는 이렇다 할 만한 것이 없을 정도로 불충분했으며 간헐적으로 행해졌다".[9]

아무튼 결정은 이미 내려졌다. 그것은 제2차 세계대전 후 내려진 미국의 정책결정 가운데서 최악의, 가장 불명확한, 그리고 뒷날 가장 큰 논쟁을 불러일으킨 것 중의 하나였다. 미군 철수가 시작되었다. 그러나 '품위 있는' 철수가 아니었다. 필요한 원조도, 방위체제도 없었으며, 미국이 입안했던 한반도정책

된 맥아더의 태도와 판단은 전체적으로 분명히 재평가할 필요가 있다. 만약 맥아더가 한국군의 강화와 특히 미군 철수에 관한 판단에서 이중의 오류를 범하지 않았다면, 아마도 한국전쟁은 일어나지 않았을 것이며, 1950년의 인천상륙작전도 필요치 않았을 것이라고 생각해 볼 수 있는 것이다. Trumbull Higgins, *Korea and the Fall of MacArthur*는 이 재평가를 시작했다.

8 랭던이 1952년 12월 4일 아이젠하워에게 보낸 편지. 하지의 입장에 대해서는 "Military Situation in the Far East," *Joint Senate Committee on Armed Services and Foreign Relations Hearings*, 82nd Congress, Ist Session(Washington, 1951), pp.2008~2009 참조.

9 1957년 1월 30일, 《뉴욕 타임스》에 보낸 빈센트의 편지.

은 탄생할 때부터 다리 없는 괴물이었다. 이 돌이킬 수 없는 엄청난 판단착오
(혹은 판단착오의 시리즈라고 해야 할 것이다)는 아시아에서 그 후 몇 번이나 있었
던 실수의 전조이며, 그것은 유럽에서 성공의 선구가 된 마셜계획의 실시와 거
의 때를 같이하고 있었다.

우경화와 이승만

철군정책으로 미국은 한국정계에서 찾을 수 있는 반공 세력에 대해 그 세력
의 성격이 어떤 것이든 가리지 않고 지지하게 되었다. 폭력행위의 증가는 '강
경한' 정책, 강력한 청년단체, 강력한 경찰을 요구하는 목소리를 높였을 뿐 아
니라, 민주적인 정부보다는 국토방위와 질서에 새로운 힘을 발휘할 수 있는 단
호한 반공정부의 출현을 요구하는 여론을 강화시켰다. 미국이 지지했던 한국
의 중도파들은 그들의 최대 전성기에도 정부를 만들 수가 없었다. 그들의 시대
는 이미 과거의 것이 되었으며 새로운 정책 실시로 미국의 안중에서 사라져버
렸다. 유엔 감시하의 총선거에 의해 중도파와 공산주의자들은 배제되었으며,
새로운 현실정치를 지탱하는 세력은 우파밖에 남아 있지 않았다. 미 국무부는
많은 유보조건을 내걸긴 했지만 이젠 이승만과 우파를 그들이 지지하는 남한
유일의 세력으로 선택하는 결단을 내렸다.

한편 여전히 비밀에 붙여지고 있던 철군정책은 1948년 9월 15일부터 1949
년 6월 29일까지 계속되었던 미군의 단계적 철수에 반영되었다. 1950년 1월
12일 내셔널프레스 클럽 연설에서 애치슨 국무장관은 한국이 미국의 방위선
안에 있지 않다고 시사했다. 그해 5월에 상원외교위원회의 톰 코널리(Tom
Connally) 의원은 한술 더 떴다.[10] 이승만과 그의 우파는 이런 움직임에 우려를

---

10 코널리 상원의원은, "한국은 그렇게 크게 중요하지 않기" 때문에 설사 소련이 한반도 전체
   를 장악한다 해도 괘념치 않는다는 의견을 피력했다. Trumbull Higgins, *Korea and the Fall
   of MacArthur*, p.14.

금치 못하고 경보를 발했다. 그는 자위수단의 하나로 청년단체와 경찰을 크게 강화시켰다. 결국 미군 철수는 미국이 민주주의라고 하는 건물의 외관을 칠할 재료를 시급히 반죽해야 할 바로 그 시기에 민주주의 발전에 도움이 되지 않는 불안을 조장하고 민주주의와는 크게 거리가 먼 세력들을 육성시키는 결과를 가져왔다.

이승만은 그때 이미 경쟁후보가 없는 우파의 지도자로서, 또한 1947년 7월 이후 한국으로부터 손을 떼고 있던 미국인들이 상대하는 유일한 인물로서의 지위를 확보하고 있었다. 그는 1945년 조국에 첫발을 내디딘 순간부터 이미 일종의 "위기를 구하기 위해 신이 내려주신 인물"이 되었다. 그의 항일전력은 반론의 여지가 없을 정도로 빛나는 것이었다. 여운형의 항일전력마저도 이승만에게는 미치지 못하는 것으로 회자되었다. 1순위에 드는 애국자 가운데서 항일기록의 일관성과 강경성 면에서 이승만에 필적할 수 있는 사람은 김구뿐이었는데, 김구, 김규식, 여운형 등은 이승만보다 연하였다. 이승만은 서울 이외 지역에서는 강력한 기반을 갖고 있지 않았지만, 그 때문에 오히려 어느 한 지방에 강력한 결속력을 갖고 있는 지역적 지도자가 아니라 지방을 초월하여 많은 사람들과 단체들의 충성을 요구할 수 있었다. 향반 출신인 그는 배타적이고 유아독존적인 작은 계급이 아니라 포용력이 크고 보편타당성을 가진 계급에 속해 있었고 이런 입장에 걸맞은 사람들과 가까이 했다. 그에게는 이권청탁을 할 만한 친척이 없었는데 사실상 한국에서 친척을 가지지 않았다고 생각되는 거의 유일한 지도자였다. 그의 부인이 오스트리아인이기 때문에 한국에 외척이 있지도 않았다. 동양과 서양 두 부문에 걸친 고전지식 면에서 그를 따를 만한 사람이 거의 없었으며, 그의 프린스턴 대학 박사학위 논문은 고전을 인용하거나 옛 그림을 논하는 솜씨에서 타의 추종을 불허하는 명성을 얻었다.

또한 외국인들을 다루는 방법 내지 외교라고 하는 어려운 기교의 숙달 면에서도 그를 앞설 만한 사람이 없었다. 그는 중국을 흠모하며 교묘하게 구슬렸던 그의 조상들보다도 더 큰 힘과 독립성을 가지고 자신의 외교술책을 구사했다.

그리고 그의 이런 외교술책은 최근까지 식민지였으며 지금도 외국에 점령되어 있고 또한 국제신탁통치라는 위협에 직면하고 있는 나라에서는 특히 가치가 있었다. 그의 민족적·정신적 통일론이나 복잡한 지성적 고뇌를 가지지 않은 애국주의에서 나오는 단순명쾌한 신념은 지식인이나 좌파 반대집단들을 제외한 모든 사람들의 지지를 받았다. 결국 그는 현장에 왔던 최초의 인물이며, 미국의 권유, 맥아더의 비행기 제공, 하지의 소개라는 축복도 있었다. 그 이후 그는 선두주자로서의 자기의 위치를 결코 포기하지 않았다.[11]

---

11 《동아일보》가 1946년 7월 23일 실시한 여론조사에 따르면, 통행인 6,671명 가운데서 1,916명(29%)이 초대 대통령으로 이승만을 생각하고 있었다. 김구를 생각하는 사람은 11%, 김규식은 10%, 여운형 10%, 박헌영 1%, 기타 2%였으며, 375명이 모르겠다고 대답했다. 이승만은 가난하고 권력을 잃은 왕족의 후예로서 전형적인 향반 출신이었으며, 그의 조상들은 15세기 이래 관직에 나가지 못했다. 그의 부친은 술주정뱅이였으며, 모친이 이웃집 빨래나 바느질품을 하여 생활을 이어나갔다. 서정주, 『李承晩博士傳』(서울, 1949), 32, 110쪽. 이승만은 많은 향반들을 상승지향으로 내몰았던 불만에 찬 자존심, 야심, 자기방어가 뒤섞인 성격을 끝까지 갖고 있었다. 그는 배재중학을 졸업한 젊은 기독교인으로 독립협회에 참여했다가 대한제국 정부가 독립협회를 해산할 때 체포되어 7년간 투옥되었다(그는 이때 옥중에서 『獨立精神』이라 불리는 인기 있는 소책자를 집필했다). 그 후 1904년에 석방되었는데, 이것은 당시 일본의 주한특명전권대사였던 하야시 곤스케(林權助)의 요청에 의한 것이었는데, 하야시는 단순히 친러파의 선동에 의해 체포된 사람들은 모두 석방되어야 한다고 생각했다. 독립협회를 해산시킨 것은 친러파의 사주에 의한 것이었다(이것은 1959년 이승만의 죽마고우로 당시 이승만과 함께 옥살이를 한 신흥우(申興雨) 박사와의 대화에서 나온 얘기이다). 이승만은 석방된 후 선교사의 도움으로 미국으로 건너가 3개의 대학에서 학위를 받았는데, 그 가운데 하나는 1910년 프린스턴 대학에서 받은 국제관계론에 관한 것이다. 1911년에 조선으로 나왔지만, 감시가 심해 활동을 할 수가 없었으며, 1912년에 미국으로 다시 건너가 1945년까지 그곳에서 머물렀다. 그는 조선에서 최고의 고등교육을 받은 정치학자였기 때문에 1919년 상하이 임시정부의 대통령으로 궐석(闕席)인 채로 선출되었다. 그는 1920년 12월부터 1921년 6월까지 겨우 6개월간 상하이 임시정부에 머물렀으나 그 구성원들과 계속된 불화로 조직이 거의 와해되어 미국으로 되돌아갔으며 그 후 다시는 임시정부에 영향력을 가질 수 없었다. Lee, Chong-Sik(이정식), *The Politics of Korean Nationalism*, pp.148~152. 그 후 1945년 말까지 대부분을 워싱턴의 망명정부위원회 의장으로 있으면서, 이 망명정부를 승인 받기 위해 백방으로 뛰었으나 실패했다. 그러나 그의 주장을 홍보한다

그는 당시 우경화하고 있던 조류에 잘 영합했다. 그는 초지일관 타협할 줄 모르는 반공주의자였으며 좌파와 인민공화국이 그의 중요한 적이었다. 그는 이런 적들에 대항하기 위해 미 군정청 및 그 산하의 경찰과 기꺼이 제휴했으며 자기의 세력을 확대하기 위해 그들을 활용했다. 그에게 대항할 수 있는 사람은 없었다. 일본은 한국에 지도층의 진공상태를 남긴 채 물러갔다. 한국민주당(이하 한민당)은 꽤 좋은 기반과 지지층을 갖고 있었지만 이승만 정도의 인물과 자격을 갖춘 지도자를 갖고 있지는 못했다. 과거의 친일파들은 전면에 내세울 만한 지도자가 없었다. 그들과 한민당은 이승만이 가진 것과 같은, 미국과 대화할 수 있는 능력을 필요로 했으며, 동시에 이승만 정도의 독립운동 전력이 필요했다.

한편 이승만 쪽에서도 스스로의 정치적 기반을 가지지 못했기 때문에 한민당의 기반이 필요했다. 이승만이 그들과의 협력 없이 단독으로 공산주의자들과 자유롭게 전국적인 경쟁을 벌이면 패배할지도 몰랐다. 하지만 공산주의자들이 1946년 가을에 파괴활동을 일삼는 폭력적 반대집단으로 낙인찍혀 불법화되었기 때문에 이승만을 둘러싸고 있는 문제점들이 많이 해소되었다. 경찰과 군대가 이승만의 어깨를 누르고 있는 문제들을 처리하고 있는 사이에 그는 자기야말로 이 시대 최적의 인물이라는 듯이 자신감을 드러냈다. 이른바 혼란의 와중에 국제적으로 존경을 받으며 애국적 단결의 상징으로 질서회복에 헌신하고 있다는 이미지를 심은 것이다. 이 과업에서 그는 미국이 한국에서 결여하고 있던 결단력과 단순명쾌한 정책 제시라는 특성을 보여주었다. 미국은 자신들의 이익이 어디에 있는지도 몰랐던 반면, 이승만은 방향감각이라는 것이 있었다. 그에 대한 후세 사람들의 평가가 어떠하든지 간에, 또한 민주주의 수행에 그가 과연 진실성을 갖고 있었는지 의심하는 사람도 많지만, 그리고 그의

는 점에서는 약간의 효과가 있었고, 그는 정치평론가, 조직자, 확고한 신념을 가진 성실한 지도자로서의 천부의 재능을 발휘했다.

경제적 지식 결여에도 불구하고, 그는 뛰어난 지도자였다. 당시의 혼란했던 정세 아래서 철수를 단행한 미국으로선 이러한 인물을 발견한 것이 행운이었다.

민주주의적 외관

한국의 정치지도자나 정치상황이 민주적인 여러 제도에 전혀 걸맞아 보이지 않았고, 미국인들은 성급하게 한국을 떠나버렸다. 그럼에도 민주적인 여러 제도와 기구들을 조립하는 시도는 필요하다고 생각되었다. 남북한 전체의 정치적 통합에 대한 탐색은 끝났으며 남한만의 민주주의 탐구가 시작되었다.

최초의 중요한 새 기구는 의회였다. 군정장관은 1946년 6월 29일에 처음으로 입법기관 설치를 제안했다.[12] 이 제안은 그해 여름에 좌우합작위원회에 제출되었고, 10월 8일 동 위원회는 정식으로 입법원 설치를 건의했다. 이런 일련의 과정은 연합 중도파들이 미국과 신탁통치합의를 이끌어내는 작업을 진행하고 있을 때 군정청이 더 많은 한국인들의 정치참여를 이끌어내기 위해 계획한 절차에 따른 것이다. 10월 9일 하지는, 남조선과도입법의원(南朝鮮過渡立法議院: KILA)은 남한의 입법기관으로 관리임명을 인준하게 될 것이며, 자유로운 토론을 위한 광장이 될 것이고, "국민의 자유로운 표현을 촉진하고 …… 여론을 잘 전달하는 반향판(反響板)"이 될 것이라고 선언했다. 그러나 이 기구의 모든 결정은 군정청의 검토와 거부권의 대상이 되었다. 과도입법의원의 설치를 결정한 「군정령」 제218호가 10월 12일 신문에 발표되었다. 좌우합작위원회의 건의로부터 「군정령」 발표에 이르기까지 걸린 시간이 너무 짧기 때문에 이 입법의원의 설치는 미국 측이 부랴부랴 서둔 것임이 분명해 보였다. 심지어 미국 측 원안에 찍혀 있는 날자가 8월 24일로 되어 있을 정도였다.

남조선과도입법의원은 90명의 의원으로 구성되었는데, 절반은 선거에 의해서, 그리고 절반은 기이하게도 과거 일본이 하던 방식대로 임명에 의해 채워졌

---

12 USAMGIK Summation No.10(July 1946), p.12.

다. 이 입법의원은 전체 의원을 선거로 선출하는 입법의원을 만들기 위한 「선거법」을 재빨리 가결하려고 했다. 그러나 과도입법원의원의 선거는 독특했다. 미 군정청 홍보국 정보부가 2월에 입법부 설치계획에 대해 사령관으로부터 자문을 받았을 때 미군정보부대(CIC)는 한국인들에게 보통 선거권을 주게 되면 좌파가 승리할 것임이 분명하다고 보고했다. 그래서 민주적인 선거를 회피했다.[13] 몇 개의 마을로 구성된 한 지역구에서 2명의 대표(선거인)를 '선출(또는 임명)'했다. 그러나 최초의 선거에서 누가 투표할 것인지 투표권에 대해 정한 규칙이 없었다. 선거권을 납세자에 한정한다는 일본 법률이 여전히 살아 있었다. 대부분의 경우에는 일제강점기 때부터 계속 그 자리를 지키고 있는 면장이 선거인들을 임명했으며 스스로 선거인이 되기도 했다. 민주선거는 고사하고 공정한 선거를 실시하기 위한 어떤 조치도 취해지지 않았다. 어떤 도의 내무국장으로 있던 한 미군은 미 특파원들에게 전후사정을 설명하면서, "전략적으로 이것은 우파를 입법의원에 진출시킬 수 있는 절호의 기회"라고 말했다.[14]

이승만은 그해 여름에 지방을 다니면서 유세를 했는데, 그 무렵 그 자신의 조직인 독립촉성국민회(獨立促成國民會: NARRKI)가 각 지방의 행정을 관리하고 있었다(제10장 참조). 경찰이 10월 초순의 폭동을 진압한 후 적대 세력의 공공연한 준동 없이 치안을 유지할 수 있었던 시기인 10월 중에 서둘러 선거를 실시했다. 지방에서는 적절한 홍보도 설명도 없었다. 이리하여 카드놀이는 노골적으로 완전히 우파들을 위한 잔치가 되어버렸다. 남한 최초의 정치적 정서는 여운형의 인민공화국을 지지하는 경향이었음에도 우파들이 갑자기 들이닥쳐

---

13 USAMGIK Summation No.13(Oct. 1946), p.3; Richard D. Robinson, "Korea: The Betrayal of a Nation," p.174. 1946년의 선거를 직접 체험한 로빈슨의 설명을 주로 참고했다. 그 시기에 대한 미 군정청의 '조사보고서'로선 당시의 복잡 미묘한 상황을 알기가 어렵고, 그리고 미국의 한국에 대한 정치적 자세가 그때그때 달랐기 때문에 그 보고서를 신뢰하기가 미심쩍었다.

14 Mark Gayn, *Japan Diary* (New York, 1948), p.395.

자리를 차지해버린 것이다. 선거에서 선출된 의원 45명 가운데 32명이 공식적으로 이승만, 김구, 그리고 한민당 지지의 '우파'였으며, 11명이 우파 성향의 '중도파'였다. 2명이 제주도에서 선출된 민족주의적 좌파였으나 이들은 인민공화국파의 지령에 따라 참여를 거부했다.[15] 좌우합작위원회 위원장인 김규식은 11월 5일 하지에게 편지를 보내 이번 선거는 "비민주적 성격의 인상을 심어주어 국민들에게 실망을 안겨줬다"면서 선거 무효화를 요구했다.[16] 이에 하지는 여운형을 좌우합작위원회에 머물게 하는 대가로 서울과 강원도의 선거를 무효화시켰으며, 또한 그들의 요구대로 임명제 의원 45명 가운데 30명을 중도파 또는 좌파로 임명했다.[17] 한민당은 이에 즉각 거부권을 행사해 이제 막 탄생한 입법의원의 기능을 마비시켰다. 과도입법의원은 12월 23일까지 소집조차 되지 못했고, 그 달부터 1947년 3월 8일까지 법률을 한 건도 가결하지 못했다. 입법의원이 존재하고 있던 1년 반 동안에 성립된 법률은 겨우 11건이었는데, 그 가운데 몇 건은 하찮은 것들이었고 나머지도 부실하게 만든 법률이었다. 신문은 의원들에 대해 흥미를 잃었고 일반 국민들의 지지율도 낮아 다음 번 입법의원 선거에서 재선된 사람들은 90명 가운데서 겨우 13명에 불과했다.

의회를 설치하려는 미국의 두 번째 시도는, 첫 번째보다 더 잘 알려지고 평판도 좋았지만 아직도 급조한 인상을 피하지 못했다. 미국은 지금까지 독자적으로 주물럭거리던 일방적인 조치를 단념하고 한국문제를 유엔의 무릎에다 내던졌다. 유엔총회는 1947년 11월 14일, "1948년 3월 31일 이전에" 시행되는 한국의 국회의원 선거를 감시하기 위한 임시위원단 설치를 요구하는 미국 제안을 가결했다.

---

15 USAMGIK Summation No.13, p.3은 누구는 '우파'이고 누구는 '무소속'이라는 식의 구구한 해석에 근거한 약간 다른 수치(파벌에 대한)를 제공하고 있다.

16 Richard D. Robinson, "Korea: The Betrayal of a Nation," p.177과 1946년 11월 6일 자 ≪동아일보≫ 참조.

17 남조선과도입법의원 명부는 SKIG Activities No.24(Sept. 1947), pp.115~116 참조.

유엔한국임시위원단(UNTCOK)이 1948년 1월 12일 처음으로 한국 땅을 밟았다. 북한 공산당이 당초 주장한 것처럼 북한에서의 유엔 선거감시가 저지당할 경우에는 남한에서만 선거를 감시한다는 결정을 유엔총회 임시위원회가 내린 것은 1948년 2월 26일이 되어서였다. 3월 1일, 선거는 2개월 반 이내인 5월 9일(그 후에 5월 10일로 변경)에 실시한다고 발표했다. 3월 17일, 동 위원단은 '자유로운' 분위기를 조성하기 위해 몇 개 조항의 「선거법」을 개정하도록 권고했다. 경찰에 변화가 가해졌고, 숨 돌릴 사이도 없이 「선거법」, 「형사소송법」 등에 중요한 수정이 행해졌다. 오래된 탄압적인 법률 몇 개는 폐기되었다.[18] 4월 1일 하지는 '권리장전'에 규정된 것 같은 기본적인 규정을 열거한 「시민권선언」을 발령했다. 3월 31일엔 약 3,140명의 복역자들이 특사를 받았다. 3월 30일부터 4월 16일까지 국회 200석에 대해 총 948명의 후보자가 등록했다.[19] 공정선거 감시, 치안유지, 여러 매체를 통한 정보전달 등의 계획들이 정성스레 입안되었다. 군정청이 발행하는 홍보용 주간지의 발행 부수를 60만 부에서 75만 부로 늘리고, 4월에는 선거에 관한 홍보자료를 담은 삐라 563만 5,000부를 발행하고 그 가운데 상당수를 공중 살포하여 각 마을에서 직접 주워 보도록 했다.

폭력행위가 문제를 복잡하게 만들었다. 이제 군정청에 의해 절망적으로 격리되어버린 공산주의자들은 선거를 방해하려는 마지막 노력으로 일련의 사건을 일으키기 위해 통일된 행동에 나섰다. 2월 6일, 사전 계획된 폭력사건이 발생했다. 분명히 2월 9일의 북한 인민공화국 2주년 기념일에 맞춰 계획된 것이었다. 하룻밤 사이에 40량의 기관차가 파괴되었고, 1개월 이내에 100명 이상

---

18 1948년 제헌의원 선거에 대한 주된 정보 출처는 GAOR, 3rd Session, Supplement No.9 (A/575 with Addenda), 1948, 그리고 UN Documents A/AC. 19/80, AC.19/SC.4, AC.19/SR.33-106, and AC.19 61-95를 포함한 UNTCOCK(유엔한국임시위원단) 보고서다. 또한 Philip Jessup, "The Question of Korea in the UN Interim Committee," U.S. Department of state, *Documents and State Papers*, 1(May 1948), pp.92~98 참조.

19 *Historical Record of Assembly Elections* (Seoul, 1964), p.71.

(33명의 경찰관 포함)이 살해되었으며, 8,000명 이상이 체포되었다. 유엔임시위원단도, 미국도 심히 우려하기 시작했다. 사태는 크게 악화되어갔다. 불온했던 제주도에서는 정치적 정서가 본토보다도 좌경화되어 있었으며 항복한 일본군이 이곳에 집결했다 떠났기 때문에 무기도 풍부했다. 이 바람에 군정청의 이제 겨우 갓 태어난 국방경비대가 준군사적인 공격에 대비하여 병력을 전개해야만 했다. 선거를 앞둔 10일 사이에 323명(경찰관 32명 포함)이 여러 사건으로 살해되었다.[20] 조병옥 경무부장은 3월 29일부터 5월 19일 사이에 경찰관 63명, 정부 관리와 후보자 37명, '방위대' 대원 150명, '폭도' 330명을 포함한 589명이 살해되었으며, 한편 약 1만 명이 경찰서에 '소환'되어 있다고 말했다.[21]

이런 소요사태로 인해 치안담당 기관이나 단체들이 다시 발호하게 되었으며, 선거의 새로운 '민주적' 절차에 당연히 필요한 많은 연락업무들이 이들의 감시 아래 수행되었다. 4월 16일 이후 군정청은 '향토방위대' 또는 '국토방위단' 등 여러 이름으로 불리던 대규모 경찰 예비대를 창설했다. 이런 단체들의 대원이나 단원들을 모집하기 위해 경찰은 겨우 4년 전인 제2차 세계대전 중 일본이 여러 '애국'단체들을 만들며 갖가지 방위 노력을 하던 수법들을 부활시켰다. 경찰은 18세 이상 25세 이하의 모든 '충성스러운' 젊은이들에게 무급으로 참가해달라고 호소했다. 몽둥이와 조그마한 손도끼로 무장한 대원이나 단원들이 마을을 순찰하곤 했는데, 그들에 대한 정부의 '후원'에 자만하여 주민들의 일상생활에 간섭함으로써 주어진 지위를 과시했다. 경찰이나 이런 청년단체들의 구타, 위협, 강탈, 갈취 및 선거권 미등록자들로부터 배급표를 빼앗는 사건들이 유엔임시위원단에 보고되었다.[22]

---

20 Leon Gordenker, "The United Nations, the U.S. Occupation, and the 1948 Election in Korea," *Political Science Quarterly*, 73.3(Sept. 1958), p.447.

21 Cho, Pyung-ok(조병옥), *Seoul Times*(June 4, 1948) 참조. 1948년 2월 7일부터 4월 20일까지 일어난 소요를 상세하게 기술하고 있는 UN Document A/AC.19/SC.4/20, April 28 참조.

22 UN Document A/AC.19/SC.4, 1948, reports 16, 18 and passim.

군정 당국이 취한 이런 조치들은 부작용도 많았지만 한편 선거에 대한 간섭을 억제하고 투표율을 촉진시키는 면에서 성공을 거두었다. 그런 성공은 통치 말년에 꽤 능력을 갖게 된 미 군정청의 개선된 계획 덕분이었다. 군정청의 계획 가운데서 가장 훌륭했던 것은 농업부문이다. 군정청은 통치를 시작한 첫 수주 사이에 소작료의 최고한도에 대해 종전에 수확의 50~90%였던 것을 3분의 1로 감축했다. 이런 계획을 진지하게 실시하려고 한 남한 관리들은 거의 없었지만, 정부에 귀속된 과거 일본인 소유의 토지에서는 효과가 있었다.[23] 이 토지를 미군의 통치가 끝나기 전에 소작인들에게 매각한다는 행운의 결정이 1947년에 마침내 내려졌다. 1948년 9월까지 48만 7,621에이커의 토지가 50만 2,072명의 소작인들에게 매각되어, 일본인들이 소유하고 있던 토지 가운데서 겨우 약 1만 8,620에이커만이 팔리지 않고 남았다.[24] 대부분의 매각은 선거 직전에 시행되었다. 소작인들의 숫자가 1945년 당시 전체 인구의 약 75%에서 약 33%로 줄어들었다. 조건은 공평했다. 이런 토지의 처분은 농촌의 불안정성을 감소시켰다. 농민들 사이에 있던 현실적 또는 잠재적인 공산주의 영향력이 약화되었으며, 선거에 대한 농민들의 협력을 강화시켰고, 뒷날 결국 시행되었지만, 한국인 지주들이 소유하고 있던 토지도 비슷한 방법으로 처분될 것이라는 기대를 불러일으켰다.

투표일이 휴일로 선언됨으로써 투표에 대한 열기가 고조되었다. 이번 선거는 유교국이었던 이 나라가 예전에 전혀 경험한 적이 없는 대축제였다. 정부 관리들이 총출동했을 뿐 아니라 유엔감시단원들인 외국인들의 얼굴이 보였던 것도 훨씬 활기를 띠게 만들었다. 행정관리, 경찰, 신문, 라디오 등 국가의 모든 기관, 매체들이 총동원되어 투표가 애국적인 의무라는 것을 국민들에게 강

---

23 C. Clyde Mitchell, "The New Korea Company Ltd., 1945~1948"(unpub. diss., Harvard University, 1944), p.33. 미첼은 당시 군정청에 귀속되었던 일본인 소유의 토지와 관련된 업무를 맡은 군정청 관리였다.

24 idem, p.131.

조했다. 이들은 지주들로 하여금 정부와 접촉케 하여 소작인들에게 돌아갈 농업적인 특전을 많이 얻어오도록 부추겼다. 그들은 이승만 박사야말로 애국주의의 화신이라고 믿고 있었다. 외국에서 온 빈객들은 이번 선거를 더욱 축복되게 했다. 시골사람들은 정부고관들과 접촉하는 영예를 얻은 일부 이웃사람들을 부럽게 바라보았으며, 또한 그 영예를 시샘하는 주민들도 적지 않았다. 이런 대대적인 선전과 경찰의 주도로 선거를 방해하려고 했던 공산주의자들의 시도를 좌절시킬 수 있었다. 공산주의자들은 총파업을 일으키려 했으나 실패했다. 1만 3,000개소 이상의 투표장 가운데 폭도들의 습격을 받은 곳은 겨우 40군데에 지나지 않았다. 제주도의 2개 군에서만 선거무효를 선언할 정도의 방해를 받았다. 유권자의 약 80%가 등록하여 그 가운데 95%(약 748만 명, 즉 유권자의 거의 4분의 3)가 투표했다. 이번 선거기간 중에 공산주의자들은 남한에서 전국적인 규모로 심각한 파괴활동을 하려 했으며 그것이 그들의 최후 시도였다는 것이 그 후에 밝혀졌다.

따라서 기술적인 면에서 이번 선거는 성공이었으며, 그것도 예상을 상회할 정도의 대성공이었다. 하지만 이번 성공은 선거의 중요성과 선거절차에 대한 유권자들의 깊은 이해 때문에 온 것은 아니었다. 그 후 계속 선거가 있었고, 그리고 신문도 야당도 선거문제에 매달림으로써 선거에 대한 이해가 서서히 깊어지게 되었지만, 아무튼 1948년에 보인 국민들의 성숙성은 매우 전진적인 것이었다. 한편 농민들은 자신들의 이익을 대변시키기 위해 투표한 것은 아니었고, 정부와 그 경찰이 투표를 종용했고 또한 야심 있는 현지 지도자들에게 중앙정계에 진출할 기회를 주는 것이 대견했기 때문에 투표한 것이다. 막상 국회 자체의 실체를 새롭게 하고 민주적인 것으로 하기 위한 준비와 훈련은 하지 않았다(제8장과 제9장 참조).

새 헌법은 선거의 경우와 유사한 조급성으로 인한 허점과 위험성을 안고 있었다. 앞서 과도입법의원은 장시간에 걸쳐 헌법초안에 관해 토의했지만, 군정장관 대리가 "유엔임시위원단의 업무를 방해한다"는 이유로 거부권을 발동하고 말았다.[25] 이번엔 총선거로 새로운 상표의 입법의원(국회)이 탄생하여 헌법 제정에 착수하긴 했으나, 과거 과도입법의원의 초안과는 근본적으로 다른 헌법을 만들어 8월 15일의 새 정부 출범에 맞추기 위해서는 겨우 2개월 정도밖에 남지 않아 급조가 불가피했다. 장기간 국회 본회의가 개최되었고, 유진오(兪鎭午)와 같은 원외의 한국인 헌법전문가들도 초안준비를 위해 초빙되었다. 미국의 조언은 그렇게 열심히 구한 편이 아니었다.[26] 이번에 당선된 국회의원들은 대체로 보수계 인사들이 주류를 이뤘는데도 헌법에 대한 각자 의견들이 중구난방이어서 합의점을 도출하지 못했고 그들은 또한 헌법 원리에 대한 지식이 거의 없었다. 이승만은 이런 상황을 개인적으로 이용하여 내각책임제라는 당초의 계획을 취소하고 국무총리가 '대통령 보좌관'의 지위밖에 갖지 않는 대통령중심제를 채택하도록 했다.[27] 헌법은 가결되었고 1948년 7월 17일 공포되었다. 조선왕조가 명나라의 제도를 적용하는 데 수십 년 내지 수백 년이 걸렸던 데 비해, 현대 한국의 국회는 '서구식' 입헌민주주의 제도의 닻을 올리는 데 겨

---

25 SKIG Activities, No. 27(Dec. 1947), pp. 147, 152~153.

26 미국인 고문들은 한국인들이 조언을 구할 때만 응하라는 주의를 받았으며, 그들의 지식은 단지 부분적으로만 활용되었을 뿐이다. 그들 중 한 사람인 프랑켈(Ernst Frankel) 박사는 미국의 입헌 경험은 물론 양차 대전 사이의 독일 바이마르 헌법과 역사적 경험에 대해 해박한 지식을 갖고 있었다. 한국 측이 당시 미국인 고문들을 잘 활용했다면 크게 도움을 받았을 것이다.

27 Robert T. Oliver, *Syngman Rhee: The Man behind the Myth*, p. 272에 나오는 이승만의 언급이 이때의 상황을 이해하는 데 도움이 되겠다. 그는 이렇게 말했다. "격렬한 의견분열을 초래한 또 다른 문제가 있었습니다. 처음 만든 헌법초안은 총리와 내각에 통치권을 주는 것(즉, 내각책임제)이었습니다. …… (특정한 야망을 가진 의원들이) …… 이런(내각책임제) 취지의 …… 결의안을 제출했습니다. 내가 그것을 알고는 …… 우리는 미국정부 체제를 채택해야 한다고 설명했습니다. …… (헌법심의) 위원회는 밤을 지새가며 그들의 초안을 변경하여, 총리제도는 그대로 유지하되 행정부 최고 수반인 대통령을 보좌하는 것으로 결론을 내렸습니다." 이승만은 서울에서 압도적인 득표로 국회의원에 당선되었으며(그를 반대하는 유권자들은 경찰의 압력 아래 기권 '설득을 당했다'), 대통령으로 당선되기 전에 제헌의회 의장으로 피선되었다.

우 수주일밖에 걸리지 않았다.

그러나 민주주의와 독재정치의 혼합이라는 불안한 상황이 발생했다. 헌법 조문은 이루 헤아릴 수 없을 정도로 민주적인 권리와 자유를 명기하고 있었다. 그것은 행정부·입법부와 사법부 사이보다는 행정부와 입법부 사이의 권력의 억제와 균형 및 분리에 중점을 두고 있었다. 또한 그것은 평등주의와 심지어 평화주의도 공언하고 있었다. 요컨대 새 헌법은 강력한 대통령제였으며 그나마 타협점이 있다고 한다면 국회가 대통령을 선출한다는 정도였다. 권리와 자유, 억제와 균형, 그리고 권력의 분립이라는 것이 형식적인 의미에서도 확실히 보증되지 않는, 온당치 못한 징후가 잠재해 보였다. 거의 모든 시민적 권리들은 나중에 시행되는 법률에서 세목을 결정하는 것으로 되었다. 또한 사법부의 독립성은 헌법에 관련된 심리가 헌법위원회 심의대상이 되는 것으로 한정시켜 놓고 있었기 때문에 제한적이었다. 더욱이 이 헌법위원회라는 것도 행정부와 입법부에서 참여하기 때문에 판사들은 소수파에 지나지 않게 되었다. 이 헌법위원회는 결국 한 번도 구성되어본 적이 없으며, 몇몇 법률이 분명히 위헌적인 요소를 가지고 있음에도 29년이 지나도록 위헌으로 선고된 법률은 없었다. 판사의 임기는 10년으로 제한했는데, 그들의 유임 여부는 행정부의 권한에 속했다. 국무총리와 대법원장의 임명만이 입법부의 승인을 필요로 했으며, 국무총리 이하 모든 각료들의 파면은 대통령의 의사 하나로 결정되었다. 국회가 행정부와 대립할 경우 대통령이 국회를 해산하는 규정은 없었다. 국회로서는 오직 국무회의의 계획을 가결하지 않을 권한을 갖고 있었다. 또한 대통령의 거부권을 초월하여 법안을 가결할 권한도 규정상 갖고 있었다. 바이마르 헌법을 떠올리게 하는 것으로, 한국의 대통령은 "법률의 효력을 가지는 명령을 내릴 수 있는" 비상대권을 부여받았다.

이처럼 국회는 표면적으로는 힘을 가지고 있었지만, 행정부를 억제하는 데는 거의 효과가 없었다. 행정부의 지배영역은 헌법과 그 후 가결된 법률의 모호한 표현과 생략에 의해서, 그리고 그저 명색뿐인 지방자치권과 절대적인 중앙집권주의로 인해 더욱 확대되었다.[28] 이 헌법은 당초 미국의 한 전문가가 예측한 대로 "정부가 강력한 인물 또는 강력한 정당에 의해 끌려가는 사태를 초래할 우려"가 있었다.[29] 이 제헌헌법은 본질적으로 일본의 메이지 헌법처럼 결점을 많이 갖고 있었는데, 실제로 한국의 헌법초안자들이 머리에 그리고 있던 것이 바로 이 메이지 헌법이었다. 국민들에게 일단 권리를 주었지만 그 후 개개의 하위 법률에 의해 제한을 가함으로써 결국 헌법은 국민들에게 명목적인 권리를 보장한 것에 지나지 않게 되었으며, 권력분산은 원칙적으로는 규정되어 있었지만 실제로는 거부하고 있었다. 진정한 의미의 법의 지배는 존재하지 않았다. 행정부와 국회 사이의 책임의 소재가 모호해 타협보다는 대립을 심화시키는 경향도 있었다. 그러나 적어도 권력은 전반적으로 대통령의 손에 단단히 쥐어져 있었다. 대원군 이전의 조선의 역사가 그런 권력집중의 필요성을 입증해주었다. 이런 모든 결점에도 불구하고 이 헌법은 아마도 그 후에 나온 헌법이나 그것을 개정하여 만든 헌법보다는 더 훌륭했다고 할 수 있을 것이다. 특히 1987년 3월 현재 한국인들이 가지고 있는 헌법보다는 훨씬 나은 것이다.

행정부의 개혁이 절실히 필요했다. 한국인들이 '우리' 정부라고 말할 때 그들의 머리에 떠오르는 것은 국회도 사법부도 아닌 행정부였다. 또한 이것은 거대한 일본 관료통치 유산의 계승을 반영하는 것이기도 했다. 고도로 중앙집권화된 복잡한 정부는 사람들로부터 "멀리 떨어져 있으며", 접근하기 어렵고, 국민들과 관계가 없다는 느낌이 강했다. 동시에 정부의 치안유지를 둘러싼 과도한 집중, 특히 정부의 탄압적 측면인 경찰에 대한 강한 반감 역시 널리 확산되고 있었다. 따라서 한국인들의 정치적 소외감과 그리고 일본의 패배로 자유로워진 변화를 요구하는 거대한 압력이 행정부로 집중되었으며, 행정부의 형태,

---

28 지방의 공공기관들은 단지 "법률과 명령의 틀 안에서만 그들의 행정업무, 그리고 정부가 그들에게 위임하는 추가적인 활동을 하도록" 규정되어 있었다(1948년 헌법 제96조).

29 Paul S. Dull, "South Korean Constitution," *Far Eastern Survey*, 17.17(Sept. 8, 1949), p.207.

구성인원 및 그 정신이 주된 표적이 되었다.

전후의 여러 정부는 당연히 이런 불만을 중요한 개혁의 대상으로 삼았어야 했다. 즉, 권력의 광범위한 지방분산, 면, 군, 도의 주민들에게 친근한 행정의 강화, 치안이 허락하는 한도 내에서의 경찰의 집중배제 내지 삭감이었다. 미 군정청이 1946년에 워싱턴으로부터 받은 지령은, 한국에 강력하고 영속적인 민주제도를 발전시키기에 적절한 조건을 만들어내기 위해 경제와 교육의 폭넓은 개혁 프로그램을 실시하는 것이었다. 그러나 서울의 미군 사령부는 참모진이 너무 허약했고, 개혁을 위해 행정적으로 대처해야 할 일들을 너무 몰랐으며, 더욱이 당시 일본에서 실시하고 있는 것과 같은 개혁을 그대로 밀고 나가는 것에만 골몰하는 대령들에 의해 지나치게 방해를 받았다. 창의적인 행정부의 기초가 구축되지 못하고 만 것이다. 한국에 관한 연합군 최고사령관의 보고서는 "일본이 한국에 확립한 공무원제도에 미군정이 근본적인 변화를 줄 것으로는 생각하지 않는다 ……"라는, 거창하긴 하나 무책임한 내용으로 시작되고 있었다.[30]

이런 최초의 실패는 미 군정청이 만든 한국인 관료기구에도 크게 나쁜 영향을 미쳤다. 군정당국은 1946년 봄부터 한국인들의 국정참여를 장려했다. 9월 11일부터 한국인들이 정부의 부·과장 자리에 앉았다. 미국인 전임자들은 외견상 고문이 되었다.[31] 그러나 관직 경험이 있는 한국인들은 거의가 이미 일본을 위해 일했던 사람들이었다. 대량의 일본인 탈출로 생긴 공백을 메워야 했는데 그걸 위해 한국인들을 훈련시킬 시간도 훈련시킬 능력을 가진 미국인 스승도 없었다. 공무원연수원이 설립되어 1946년 4월 1일 첫 수업이 시작되었다. 그러나 이것은 번갯불에 콩 구워 먹는 식의 즉석놀음이었다.[32] 임용도 아무렇게

---

30 SCAP Summation No.1, p.177.

31 USAMGIK Summation No.12(Sept. 1946), p.99. Summation No.19(April 1947), pp.11~12 는 1947년 3월 15일 한국인 관리들을 임명하여 책무를 이관한다는 군정장관 러치(Archer L. Lerch)의 성명서를 싣고 있다.

나 했으며, 그리고 일단 임용되어도 한국인들이 미국인으로 갑자기 교체되기도 하고 그들의 공식적인 조치가 돌연 취소되기도 했다. 어느 한국인 민정장관은 과도입법의원이 발족하기 전에는 자기가 경찰의 행동에 대한 하등의 통제권도, 경찰총수를 해임할 권한도 없었다고 고백했다. 1947년 8월 현재 아직 3,231명이나 되는 미군고문들 역시 권한이 없었다.[33] 따라서 그들에게는 책임감도 없었고 신뢰감도 없었다. 미국인 관리들도 한국인 관리들도 어떤 식의 개선조치를 취해야 할지도 모르고 있었다. 공무원 기구와 관리에 관한 규칙이 1946년 6월 13일에 공포되었으나 한국 관료기구의 낡은 형태를 신속히 타파할 수가 없었다.[34] 진정한 책임감도 목적도 결여하고 있었기 때문에 미 군정청의 한국인 관료기구는 임명과 해임이라는 낡은 업무에 매달렸다. 또한 권력이 없음에도 불구하고 옛날의 입신출세주의에 정신을 쏟고 있었다.[35]

1948년 8월 15일에 권력을 장악한 이승만 대통령은 이런 낡은 패턴의 유지를 바랐다. 그는 그렇게 할 수 있었다. 미국의 철군정책, 그리고 라이벌인 김규식을 미국이 한때나마 더 지지했던 일로 인해, 주한미군이 종전에 이승만에게 발휘했던 것과 같은 심한 견제나 영향력은 이제 더는 가능하지 않게 되었다. 이승만은 과거 수세기 동안 한국의 어느 지배자보다도 타인으로부터 은혜를 적게 입은 사람이었다. 그는 정권 초기에 어떤 결집된 반대파의 저항에 직면한 적이 거의 없었으며, 권력행사가 비교적 자유로웠다. 우선 첫째로 그는 정치의 도구로서 조선시대의 관료기구에 관한 개념을 부활시키기로 했다. 그것은 행정의 도구라기보다 오히려 수많은 야심가들을 관료기구란 체로 걸러서 좋은

---

32 USAMGIK Summation No.6(March 1946), p.5.

33 George M. McCune, *Korea Today*, p.74; Richard H. Mitchell, *The Korean Minority in Japan* 은 그 시절의 업무관리자의 '한국인화'에 대한 생생한 실상을 보여주고 있다.

34 USAMGIK Summation No.9(June 1948), p.15.

35 이에 대한 뛰어난 설명은, Roger Baldwin, "Our Blunder in Korea," *Nation* (August 2, 1947), pp.119~120 참조.

사람들만 골라내겠다는 것이다. 그러나 해방 이후 제대로 통제하기 힘들 정도로 많은 정치조직들이 생겨났으며, 참여자 수도 크게 늘어났다. 결국 이 많은 사람들을 수용하기 위해 구(舊)조선총독부의 복잡한 관료기구가 계속 유지되었으며, 그것이 2배로 그리고 다시 2배로 확대되었다. 1953년까지 이승만은 일본이 한반도 전역을 지배하기 위해 필요로 했던 수의 3배에 달하는 관료를 한반도의 절반지역을 위해 고용했다. 총독부가 1945년에 고용한 관료 총수는 16만 명이었다. 참고로 1970년의 정부 관료 수는 42만 5,000명이었다. 이승만은 일본 관료의 전통인 전문가 기질에 꽤 신경이 쓰였다. 이런 전문가 기질은 행정부 안에서 이승만에 대한 의존도가 약한 기득권익을 만드는 경향이 있기 때문이었다. 이승만은 개혁 대신 경찰과 군대를 강화하고 지방자치를 한사코 반대했다.[36] 공무원들은 이제 한국인들로 채워졌지만, 이 사실이 일반 국민들의 반발과 소외감을 해소시켜주는 것은 아니었다. 일본 식민주의의 잔여 유산인 관료주의가 여전히 팽배해 있었기 때문이다. 이승만 정권은 개혁이나 민주주의적 개념을 지지하지 않았다. 정권의 형태가 과거 일본의 것 그대로였으며, 정치적 기능과 정신은 조선시대의 현대판이었다.

정책입안과 실행에서 이처럼 개혁이 뒷걸음질치자 부식작용이 나타나기 시작했다. 권력에의 통로를 통제하는 일이 모든 것에 우선했다. 새로운 국가건설을 위한 문제해결은 그다음 일이었다. 앞서 수세기와 마찬가지로 전문가 기질이 암암리에 억제되었다. 대통령은 각 부처 이외의 사람들로부터 받은 조언이나 자문(그 가운데는 외국 사람들의 것도 있었다)에 귀가 여린 경향이 있었고 그에 곧잘 따랐다. 설사 대통령이 원했다고 해도 권한의 적절한 위임은 불가능했다.

---

36 미 군정청이 「포고령」 제126호로 지방자치제 선거를 실시하려고 했지만 결국 뜻을 이루지 못했다. 새 정부 출범 후 이승만 대통령은 국회에서 가결된 지방자치제 법안을 두 번이나 국회로 되돌려 보냈다. 심지어 지방의회 선거도 1962년(1952년의 오식 _ 옮긴이) 이후에야 실시되었으며, 시장, 읍장, 면장 선거도 1956년 이후에 실시되었다가 그 후 다시 임명제로 환원되었다. W. D. Reeve, *The Republic of Korea: A Political and Economic Study*, pp.72~93.

이 때문에 대통령은 무한히 계속되는 사소한 문제의 흐름에서 벗어나지 못했으며, 대통령도 측근들도 질서 있게 계획을 세우고 결정을 내리는 것이 시종 방해를 받았다.[37] 전에 신세를 졌던 사람들로부터 즉각적인 압력을 받고 있는 그의 각료들 역시 밤낮을 불문하고 사무실과 자택에서 줄을 서서 기다리는 수많은 청원자들에게 압도당하거나 아니면 정치적인 또는 금전적인 이익을 최대한으로 확보하는 데 마음을 빼앗겼다.

사정이 이렇다 보니 중요한 행정적인 실무가 제대로 돌아갈 리 없었다. 「토지개혁법」은 장기간의 토의를 거쳐 입안되었지만, 북한 공산주의자들이 토지개혁을 한 후 4년이 경과한 1950년이 될 때까지 서명, 실시하지 못했다. 물가는 계속 오르고 있었지만, 미국의 공식적인 압력에도 정권 발족 후 첫 18개월 동안에 이에 대처하는 효과적인 조치가 나오지 못했다. 장기적인 경제개발계획은 이승만이 실각하기 직전까지 입안되지 못했다. 각 부처는 자신들의 존재 가치와 이해관계를 주장하거나 또는 '자문기관'적 경향을 드러내지 못해 위축되었다. 고위관료들은 엘리트층을 형성하기보다 오히려 그것을 파괴하는 경향을 보였다. 각료들의 임기는 거의 수개월에 지나지 않았으며 개중에는 수주일간인 경우도 있었다. 조선 말기처럼 짧은 임기와 그 후 그들의 우울한 장래를 비교해보면, 권력 재임기간이 그렇게 짧은데도 그 직위를 이용하여 최대한 이익을 올리려고 했다는 것을 미루어 짐작할 수 있다. 다방(茶房)가에 유포되고 있던 소문에 따르면, 이승만 정권의 129명 각료 가운데서 재임 중 재산을 늘리지 않았던 사람은 단 두 사람뿐이었다. 그 가운데 한 사람은 어리석을 정도로 정직하고 금욕적이었던 변영태(卞榮泰) 외무장관이었고, 다른 한 사람은 재임기간이 너무 짧아 미처 이권에 손을 댈 시간이 없었기 때문이었다. 소문들 중에는 이런 일반적인 경향에 저항한 영웅적인 개인의 노력(그것은 낮은 지위일수록 더 자주 있는 일이었지만)을 기리는 얘기도 조금은 있었다. 그러나 아니 땐 굴

---

37 Robert T. Oliver, *Syngman Rhee: The Man behind the Myth*, p.277.

뚝에 연기가 나지 않는 법이다. 이승만의 목적은 관료제도를 자기 뜻대로 주무르고 자기에게 의존하게 하는 것이었다. 관료제도의 또 다른 성격이 거기서부터 생겨났다.

이승만의 조직운영법

1948년 5월 27일, 새로 선출된 200명(실제로는 제주도 2개 구에서 선거를 치르지 못했기 때문에 198명이었다. _옮긴이)의 의원들은 서울에 있는 국회에서 본회의를 열어, 189표 대 9표로 이승만을 임시의장으로 선출했다. 의원들은 급히 서둘러 헌법을 심의해 가결했다. 7월 20일, 이승만은 180표를 얻어 대한민국 대통령에 선출되었다. 16명이 김구에게 투표했다. 이리하여 대한민국은 거의 만장일치로 선출된 지도자를 갖게 되었다.

그로부터 10주도 안 되어 큰 문제가 발생했다. 아직 소요가 그치지 않는 제주도로 이동하던 한국군 제14연대가 한반도 남단의 해안도시인 여수에서 10월 19일 반란을 일으킨 것이다. 이 반란은 경찰에 대한 반감 때문에 더욱 부추겨져 확대되었다. 2개의 큰 도시를 포함해 인근 5개의 소도시들이 이들 반란군에 일시 점령되었으며, 수백 명의 시민들이 인민재판으로 학살되었다. 10월 27일까지 반란은 진압되었지만, 약 2,000명의 군인들과 민간인들이 살해되었고, 군부와 일반 시민들 사이에 공포와 불안감이 크게 확산되었다.[38] 이 여순반란 사건은 공산주의자들의 주요 음모단과 관련된 육군의 젊은 장교와 하사관들의 선동으로 일어난 것인데, 그 핵심 음모 장소의 하나가 장교훈련반이었던 것으로 밝혀졌다.

이런 사건들이 독재정치로 가는 추세에 박차를 가했다. 정부는 재빨리「국가보안법」을 국회에 제출했으며, 11월에 약간의 반대가 있었지만 이를 가결했고, 12월 1일 시행에 들어갔다. 이 법은 안보의 이름을 빌려 공산주의를 불법

---

38 Robert K. Sawyer, *Military Advisors in Korea: KMAG in War and Peace*, pp.39~40.

화하고 공산주의자들을 기소할 수 있게 한 것이지만, 모호한 정의를 내릴 수 있게 제정되어 행정부가 정적을 공산주의자로 몰아 배제할 수 있게 되었다.[39] 다만 미국대사관이 개입해 소급처벌 조항은 포함되지 않았다. 마침내 사법부는 행정부의 지배도구가 되었다. 사법부는 권리의 옹호자도 권력의 균형을 위한 기관도 아니었으며, 식민지 치하에서보다도 오히려 더 적극적인 행정부의 시녀로 변했다.

1948년 9월 4일부터 1949년 4월 30일 사이에 8만 9,710명이 체포되어 그 가운데 2만 8,404명이 석방되었고, 2만 1,606명이 기소되었으며, 2만 9,284명이 '치안국'에 넘겨졌고, 6,985명이 헌병대로 송치되었으며, 1,187명이 미결이 되었다고 유엔위원단에 보고되었다. 기소된 사람들 가운데 80% 이상이 유죄선고를 받았다.[40] 교도소에 유치된 사람 수는 발표되지 않았지만, 법무부장관은 12월 17일 "형무소 수용능력이 1만 5,000명인데, 현재 4만 명이 수용되어 있다"고 말했으며, 또한 1950년 봄, 재무부의 쌀 배급계획서에서는 한국의 21개 교도소 복역자 수를 5만 8,000명으로 잡고 있었다.[41] 국회 조사에서는 복역자의 50~80%가 「국가보안법」 위반자들로 밝혀졌다. 1949년 11월의 배급계획서에서는 7만 5,000명의 복역자들이 배급대상이 되었다. 그러나 이 숫자는 경찰

---

39 「국가보안법」(개정되기 이전의 구「국가보안법」을 말한다. _옮긴이) 1조 2항은 "국가의 안전을 저해할 목적으로 만든 결사집단 또는 단체에서 주모자 역할을 한 사람과 공모한" 사람을 처벌하게 되어 있다. 제11조는 "적절한 것으로 간주될 경우에 법원은 피고인에 대한 선고를 연기할 수 있으며, 동시에 그를 유치(留置)하여 덕육(德育)으로서의 법의 전통적인 기능인 재교육을 시킬 수 있다"는 내용으로 되어 있다. 또한 제17조는 재교육 캠프를 언급하고 있다. 자료는 United Nations Commission on Korea(UNCOK) Report, GAOR, 4th Session, Supplement No.9(1949), pp.11, 32 참조.

40 GAOR, 4th Session, Supplement No.9(A/936), p.28. 또한 Lawrence K. Rosinger, *The State of Asia* (New York, 1951), p.149. 여기에 나온 숫자와 설명이 다소 서로 모순이 있다.

41 ≪동아일보≫, 1948년 12월 28일 자 보도 참조. Andrew Grajdanzev, *Modern Korea*, p.254에 따르면, 일본인들은 외견상 1만 명 이하의 정치범과 약 2만 명의 다른 범죄자들을 감옥에 유치하고 있었다.

이 여분의 식량을 암시장에 매각, 부수입을 올리기 위해 인원수를 늘린 것으로 보인다.

전국의 주요 조직과 단체들이 이 같은 일제 검거선풍의 대상이 되었다. 문교부장관은 1948년 12월 7일 '좌익'을 해고하기 위해 전 교직원의 상세한 이력서를 제출하도록 예하 여러 교육기관에 명령했다. 군부는 1,500명의 장교와 사병(거의가 하사관)이 그 지위를 박탈당했을 때 공황상태가 되었는데, 그렇게 하는 것이 어느 정도 필요하기도 했다.[42] 아직 소규모였던 국방경비대의 상급 장교들은 국군 창설에 참여하여 군의 중핵이 되고 있던 장교와 하사관의 3분의 1 이상이 처형, 투옥, 혹은 해고된 것으로 추정했다. 언론도 사정이 그다지 좋지 않았다. 1948년 9월부터 1949년 5월까지 정부는 주요 신문 7개와 통신사 하나를 폐쇄했다. 많은 기자들이 체포되었고 이름 있는 발행인들과 편집인들이 추방되었다. 대부분이 「국가보안법」에 의한 것이었다.

1950년 6월 25일 전쟁이 발발했을 때 지금까지의 비극적 상황은 단지 서곡에 지나지 않았던 것으로 드러났다. 최전선 바로 뒤에서도 공공연히 폭력이 자행되었으며, 이미 분열 상태에 있던 사회는 법률이나 규칙으로부터 더욱 일탈하거나 권위에 대한 반항 가능성이 더 높아졌다.

1950년 말에서 1951년 초에 걸친 겨울에 중공군의 개입으로 전선이 남하하자 북한 피난민을 포함한 중부지역 각지의 수많은 젊은이들을 급거 모집하여 공칭 대원 약 50만 명의 국민방위군이 창설되었다. 이들을 지원하기 위해 40억 원(이 가운데 수백만 달러에 해당되는 자금은 미국이 갹출했다)이 지출되었지만 그 돈은 국회의원에 대한 뇌물과 기타 정치 또는 개인 목적으로 거의 탕진되고 말았다. 남부로 후퇴해가는 도중 이들 가운데 많은 사람들이 2주 가까이 식량

---

42 Robert K. Sawyer, *Military Advisors in Korea: KMAG in War and Peace*. 소여는 이 책에서 당시 한국 군사고문단 단장이 로버츠(William I. Roberts) 준장으로부터 받은 편지를 인용했다. 그 편지에서 이런 숫자가 나왔는데 개략적인 것이며 실제보다 더 높을 수도 있다.

도 의복도 제대로 보급 받지 못해 다수가 아사한 것으로 헌병사령관에게 보고 되었다.[43] 1951년 4월과 5월에 5명의 방위군 간부들이 군사법정에서 사형언도를 받고 총살형에 처해졌다. 내무장관(조병옥)과 법무장관(김준연)은 해임되었고, 또한 대통령 다음으로 큰 권력을 쥐고 있던 국방장관 신성모(申性模)도 해임되어 주일대사로 전보됨으로써 그의 정치생명은 끝나버렸다.

중남부 산악지대인 거창에서는 피비린내 나는 더 참혹한 사건이 일어났다. 1948년 여순반란이 진압된 후 반란군의 일부가 지리산에 들어가 준동하는 바람에 1950년 봄까지 거창의 가난한 농민들은 훗날의 베트남처럼 낮에는 경찰들에게 밤에는 게릴라들에게 시달렸다. 1950년 9월 유엔군의 인천 상륙작전 성공으로, 낙동강까지 밀고 왔던 공산군이 붕괴된 후 패잔병들의 일부가 지리산을 중심으로 게릴라 활동을 크게 확대했으며 일부 현지 주민들의 지원을 받고 있었다. 한편 한국군은 현지 주민들로부터 음식이나 정보를 얻는 것이 어려워졌음을 알게 되었다. 1951년 2월, 명령을 받은 한 장교가 인솔한 일단의 군인들이 수백 명의 촌민들을 "명령을 전달한다"라는 명목으로 불러냈다. 이들 촌민의 대부분은 부녀자와 어린이들이었다. 촌민들이 모이자 군인들은 그들을 한 골짜기에 몰아넣고는 미리 준비해둔 기관총으로 일제사격을 가해 모두 죽였다. 현지조사를 위해 국회조사단이 파견되었지만 게릴라로 가장하여 매복한 한국군들의 사격을 받고 퇴각했다. 10년이 지나도록 사무친 원한을 풀길이 없었던 희생자 가족들은 이승만 정권이 무너졌던 1960년 여름, 사건 당시 현지

---

43 United Nations Civil Assistance Command, Korea(UNCACK), Political Memorandum No.9(August 4, 1952). 또한 헌병사령관 최경록(崔慶祿) 중장과의 대화. 이때 죽은 사람들이 187명으로 되어 있지만, 직접 조사를 지휘한 최경록은 사망자 수가 훨씬 더 많았으며 아마도 700명을 웃돌 것이라고 믿고 있었다. UNCACK Political Memorandum No.10(August 27, 1952); United Nations Commission for Unification and Rehabilitation of Korea (UNCURK) Report, GAOR, 6th Session, Supplement No.12(A/1881), 1951, p.18, *Korea Times* (August 13, 1952). 나 또한 그 사건에 대한 조사팀의 개인적인 설명을 적어두었다.

경찰 책임자였던 한 남자를 끌고 와 사지를 막대기에 묶고 그 아래 나뭇단을 쌓아 정미소에서 가져온 기름을 붓고는 불에 태워 죽였다. 당시의 신문들이 보도한 바로는 그것은 마치 촌민들이 여름에 개를 불에 태워 잡는 광경과 같았다고 했다.[44]

이런 사건들은 정치권에 큰 반향을 불러일으켜 결과적으로 정당정치의 눈을 뜨게 하는 데 상당한 역할을 했다(제10장 참조). 거창 사건처럼 끔찍한 것은 아니라 하더라도 비슷한 사건들이 무수히 일어났다는 사실은, 교묘한 조작에 우롱 당하고 법이 미치지 못하는 구제할 길 없는 대중사회의 상황을 잘 말해주는 것이다. 끝없는 뇌물공세, 밀수를 위한 특별 허가증, 국민적 영웅의 동상을 건립하기 위해 모금한 자금의 유용, 첩보기관 내부(또는 외부)에서의 공산주의자들의 체포, 서울 수복 때 장교들에 의한 빈 주택이나 개인의 재산몰수 등등은 당시의 세태를 잘 반영하고 있다.

이런 증상은 항상 독재의 자양분이 되었다. 독재자들은 탄압에 사법제도를 조직적으로 활용하여 독재를 강화했다. 판사는 경찰이나 검찰이 타당한 이유를 제시할 때만이 체포영장을 발부하게 되어 있다. 그런데 수천 건이나 되는 영장신청서 가운데는 확실한 증거가 없는 것도 많았지만 신청이 기각되는 일은 드물었다. 여기에는 진심에서 우러난 반공감정과 일제강점기에 뿌리를 둔 판사, 검사, 경찰들 간에 잠재하는 일종의 공동체적 단체정신이 한몫을 했다. 그리고 물론 사법부의 독립성이라는 전통이 전혀 없었다는 점도 똑같은 역할을 했다. 행정부의 노골적인 협박은 점점 더 도를 더해갔다. 판사나 검사는 국가치안관계의 재판결과에 대해 개인적으로 경고를 받곤 했다. 그리고 이런 경고는 1949년 12월, 전 대검차장검사를 포함한 21명의 판검사들이 체포됨으로

---

44 거창 양민학살사건은 "유엔위원단에게 큰 충격을 주었으며, 해외에 한국군의 이미지를 흐리게 하고 있다"라고 당시 GAOR, 6th Session, Supplement No.12(A/1881), 1951, p.24에 기록되어 있다. 이 서류의 pp.22~24에 상세히 기록되어 있는 이 사건에 대한 자세한 설명은 주로 한국정부 쪽에서 나온 내용이다.

써 그 실체를 드러냈다. 체포된 사람들 중 한 사람의 혐의는, "그는 몇 회에 걸쳐 공산주의자들을 변호했다"는 것이었다. 그때 이들을 구속하기 위해 사용된 수법은 당시의 법무부장관이 1949년 12월 27일의 기자회견에서, 이젠 검찰관 인원도 늘어났기 때문에 "경찰이 고문할 수 없도록 피의자들이 수용되어 있는 독방을 엄격히 검사한다"라고 하며 기자들에게 혐의를 재확인할 필요를 느낀다고 한 사실로 추정해볼 수 있다.[45] 체포된 판검사 대부분은 4개월 동안이나 재판도 없이 유치되어 있었다. 그리고 법정은 그들에게 남조선노동당이 아직 합법조직이었을 때 탈당하지 않았던 죄를 소급하여 적용했다. 그러나 그 판결 형량은 아주 가벼웠기 때문에 실제로는 유죄가 아니었음을 암시했다. 정부 산하 다른 기구의 관료들도 이와 유사한 대접을 받았다.

행정부는 사법권을 장악한 후 국회권력 쪽으로 방향을 틀었다. 국회는 행정부가 적극적으로 나서기 전에 상기 사건의 공범자들과 그들의 재판, 체포 등에 관한 감독권을 뺏으려고 시도했다. 국회의원으로서의 양심 때문이라기보다는 오히려 유교적인 충고정신 때문에 46명의 의원들이 1948년 10월 13일, 한반도로부터 미·소 양 군대의 철군을 요구하는 결의안을 제출했으며, 1949년 2월 4일에는 더 많은 지지자들을 모아서 다시 한 번 제출했는데 두 번 다 성공하지 못했다. 1949년 3월 18일, 63명의 의원들은 유엔위원단에 메시지를 보내 한국에 주둔하고 있는 미 전투부대의 철수를 요구했다. 전투부대의 철수는 어차피 당시에 진행되고 있었다. 긴장감이 감돌던 1949년 봄, 국회는 대통령의 반대에도 불구하고 「지방자치법안」을 가결했으며, 더욱이 대통령의 거부권을 무시하고 「토지개혁법」을 가결함으로써 행정부에 대한 저항을 노골화했다. 1949년 6월, 국무위원들의 총 사퇴를 요구한 2개의 중요한 결의안이 국회에서 가결되었다. 대통령은 자신의 지배권이 위협받고 있음을 분명히 느꼈다. 5월 18일, 어느 젊은 야당의원이 체포되었다. 6월 26일, 김구가 한 육군소위에게

---

45 《동아일보》, 1949년 12월 28일.

암살되었다. 이 소위는 유죄판결을 받은 얼마 후 석방되어 군에 복귀했으며 결국 중령으로까지 진급했다. 암살사건 직후 경찰이 현장에 도착했는데, 미국대사관의 전문가에 따르면, 그 신속성이 한국의 통상적인 연락체제에 비춰 이례적이었다. 며칠이 지나지 않아 10명의 '야당'의원들이 또 체포되었다. 그 가운데는 독립투사로 이미 잘 알려져 있는 국회부의장 김약수도 포함되었다. 그해 10월 7일까지 16명이 추가로 체포됨으로써 체포된 의원이 국회의원의 거의 8%에 이르렀다.[46]

재판에 이르기 전까지의 과정은 완전히 행정부의 의도대로 진행되었다. 용의자들은 외부와의 연락이 단절된 채 구금되어 있었으며, 1949년 11월 17일 재판이 시작될 때까지 계속 고문을 받았다. 신문은 거의 관심을 보이지 않았다. 이런 서슬 푸른 국면에서 그들을 돕기 위해 자발적으로 나서는 변호사나 시민운동단체는 없었다.[47] 국회가 단결하여 "신속하고 공정한 재판이 국민들의 행동규범에 좋은 본보기가 될 것"이라는 근거에서 재판의 촉진을 요구하는 편지를 법원에 보내기까지 4개월이 걸렸다.[48]

재판엔 독재정치의 영향력이 몇 배로 증폭되었다. 구치소에서 고문으로 받아낸 자백을 근거로 오제도(吳制道) 검사가 작성한 기소장이 여러 차례 법정의 재판진행을 압도했다. 자백은, 한 여자간첩의 신체의 '은밀한 부분'에서 찾아

---

46 이 가운데 단지 13명이 재판을 받았다. 한 의원은 국회 회기 동안 석방되었다가 '근신'하는 바람에 재수감되지 않았다. 지방도시에서 재판을 받은 다른 일부 의원들은 징역형을 선고받았지만, 보석으로 석방되어 국회에 다시 나타났다. 세 번째 추가로 체포된 의원들은 약식 재판을 받는 것에 끝내 선고는 내려지지 않았다. 유엔위원단에게 보낸 메시지의 내용과 그 서명자들을 알려면 GAOR, 4th Session, Supplement No.9(A/936), Addendum 1, 1949, pp.41~42 참조.

47 언론은 아직 재판이나 또는 재판 이전의 진행과정을 분석하는 데 효과적이지 못했으나 민권과 법률구조 또는 변호사 단체들은 한국전쟁 발발 이후 약간의 효율성을 갖췄다.

48 국회의장 신익희(申翼熙)의 서한이 1949년 10월 29일 국회에서 엄숙한 유교적 억양으로 낭독되었다.

내 압수된 문서에 의해 '정식으로 확인'되었다. 이 여자간첩은 그때까지도(그이후에도) 누구인지 들어본 적이 없는 사람이라며 변호인 측이 그녀의 신원을 정확하게 밝혀줄 것을 반복하여 요구했는데도 끝내 법정에 나타나지도 않았으며, 문제가 된 서류의 신빙성을 다른 방법으로 증명하려고 시도하지도 않았다. 공산당의 지령을 전달했다고 알려진 다른 두 사람의 '간첩'도 출정하지 않았다. 그리고 증인으로 소개된 한 사람의 공산당원은 몸이 무척 수척한 상태로 출정했는데, 그는 피의자들의 역할과 심지어 그들의 존재에 대해서조차 의문을 표명했다.[49] 재판장 사광욱(史光郁)은 검찰 측 요구에 따라 변호인 측의 증인신청 13건 및 기타 여러 가지 요청을 기각한 반면, 검찰 측 증인신청은 모두 인정하고 게다가 직권으로 경찰 스파이와 끄나풀까지 모두 증인으로 인정했다. 법정에서 재판장 스스로 가장 노골적인 유도심문을 했다. 실제 사실과 동떨어져 있다는 점, 그리고 판결을 내리는 데 결정적으로 중요한 증거를 주관적으로 해석

---

49 5명의 피고가 공개법정에서 그들이 고문을 당했으며 그들의 결백 주장을 전혀 받아들인 적이 없었다고 진술했다. 이들의 재판상황은 미국대사관의 한국인 직원이 작성한 방청기록에서 뽑은 것이다. 이 방청기록은 이들 2명의 직원이 각자가 메모한 것을 대비 검토한 후 작성된 것이다. 재판 전 과정에서 있었던 모든 심문과 답변을 기록한 것은 아니다. 1949년 11월 17일과 1950년 2월 4일 사이에 이들에 대한 14번의 공판이 있었다. 공산당원 출신 증인인 이재남(Yi, Chae-nam)은 1950년 1월 20일 재판에 출정했다. 그의 몸이 수척해진 것이 '경찰과 헌병'들에 의한 장기간의 혹독한 취조 때문이었는지에 대한 질문은 없었다. 다음과 같은 사실로 미루어 볼 때 이 재판은 정의의 실현보다는 문화적·정치적 가치의 확인이라고 하는 것이 오히려 더 적절해 보였다. 바로 당시 한국에서 시행되던 독일-일본식 법 체제는 법정 안에서 획득한 증거보다 법정 바깥에서 획득한 증거가 신빙성이 더 크다는 이론에 의거하여 작동되지 않았다는 사실이다. 독일의 「형사소송법」은 직접심리주의(Unmittelbarkeit)를 인정하고 있으며, 당시 식민지 조선에서 시행되던 일본의 「형사소송법」은 법정을 통해 피고 측이 증인에게 추가 질문을 함으로써 각 증인을 반대 심문할 수 있는 피고의 권리를 인정하고 있었다. 이 조항에 따라 이 공판이나 또는 다른 많은 공판에서 피고는 범행을 계속 부인하거나 부정할 수 있었다. 당시 주한 미국대사관의 법률담당 고문이었으며 베를린의 프리(Free) 대학 교수였던 프랑켈(Ernst Frankel) 박사가 전문적인 조언을 해준 데 대해 감사를 드린다.

했다는 점에서 이 재판은 조선시대의 재판을 거의 빼닮은 꼴이었다.[50] 사건의 최종 논고나 판결은 독방에서 피고의 자백에 근거해 작성한 검사의 기소장이 거의 예외 없이 채택되었으며, 공판정에서의 변론은 무시되었다.[51] 재판은, 다시 말하면, 판결에 정부 관리의 도의적인 판단과 견식이 큰 역할을 하고, 재판 진행과 행정부의 결정과의 사이에 분명한 선이 그어질 수 없었다는 점에서 조선왕조의 수준에 머물러 있었다. 법원의 민주적 기능을 위한 어떤 효과적인 훈련이나 준비의 결여가 이곳에서도 다른 곳과 마찬가지로 분명히 드러나고 있었다.[52]

조선왕조식 재판 관습은 좀처럼 사라지지 않았다. 한국전쟁에서 공산 점령 군과 협력했다는 혐의로 체포된 사람들이 홍수를 이루었기 때문에 그런 식의 재판진행이 더욱 장려되었다. 1950년 11월까지 부역자들을 다스리기 위해 설치한 합동조사위원회는 1만 6,115명의 용의자를 체포했다. 그 가운데서 우수한 인재들을 몇 사람인가 포함한 500명 이상이 정의와는 거리가 먼 즉결재판

---

50 여덟 번째 공판에서, 판사는 한 피고가 선거 때 기호가 2번이었다는 점에 대해 질문했다. "피고의 입후보 기호가 2번이었는데, 좌익분자들이 그들의 좌익 성향 유권자들로 하여금 기호 2번에 투표하게 하기 위해 야경꾼을 시켜 밤에 그들의 막대기를 2번씩 두드리도록 했다. 그들은 또한 봉홧불을 두 번씩 밝혀 같은 효과를 내도록 했다. 이게 모두 사실인가?" 그런 혐의를 증빙할 만한 아무런 단서도 없었으며, 피고는 물론 그것을 부인했다.

51 피고들은 1950년 5월 14일 유죄선고를 받았는데, 그들의 죄상이 확실할 경우 선고받을 형량보다 훨씬 짧은 징역형에 처해졌다. 북한공산군이 서울을 점령했을 때, 그들이 석방된 후 했다는 언행에 비추어 보건대, 그들 중 두 사람은 유죄였지만 다른 사람들은 공산주의자들과의 접선에 대해 아무 것도 모르고 있었다. 중국법에 대한 한 전문가는 "피고인의 회개 정도와 그의 도덕적 특성은 측정이 가능하다"라고 솔직히 이야기하고 있다. 그의 말대로 이것은 중국 공산주의자들이 자주 사용하던 방식이었다. Luke T. Lee, "Chinese Communist Law: Its Background and Development," *Michigan Law Review*, 60(Feb. 1962), p.461.

52 교육적인 방편으로서 1947년에 모의재판이 Korean-American Legal Academy의 후원으로 개최되었지만, 그 노력은 충분한 효과를 거두지 못했다. USAMGIK Summation No.19 (April 1947), p.15 참조.

으로 사형판결을 받고 처형되었다. 그 외에 수만 명 — 아마도 10만 명 이상 — 이 전라남도 영광, 전라북도 정읍, 경상북도 김천, 상주, 안동 및 그 밖에 좌익 성향의 평판을 듣고 있던 지역들을 한국군과 특무부대(CIC)가 탈환했을 때, 그 어떤 재판 절차도 없이 살해되었다. 그런 사건 내용은 기록으로 남아 있지는 않지만 그 상흔은 남아 있다.[53]

1952년 5월과 6월에 국회의원들에 대한 검거선풍이 다시 불었는데, 이번에는 1949년의 경우보다 더욱 악랄했다. 야당의원들의 과반수를 점하는 약 45명(당시 야당 세력은 이승만의 재선을 저지할 수 있을 정도로 위협이 되고 있었다)이 1952년 5월 26일 국회에 등원하는 도중에 구금되었다. 헌병들의 검문에 신분증명서를 보이지 않았다는 것이 체포 이유였다. 2일간 구금된 후 석방되었지만, 그 가운데 4명은 구금이 계속되었다.[54] 6월 19일, 14명의 피고(그 가운데 절반은 국회의원)들이 '공산당과 접선했다'는 「국가보안법」 위반혐의로 7명의 군인과 3명의 문민 판사로 구성된 법정에 끌려나왔다. 6월 21일에 재판이 일단 휴정되기까지 변호인도 선임되지 않았다.[55] 내무부장관은 다시금, 공산간첩이 '중대한 문서'를 소지하고 있다가 검거되어 이들과의 접선사실이 발견되었다고 주장했지만, 이 또한 증명된 것이 없었다.[56]

---

53 1950~1951년에 한국에서 시행된 사법행정의 문제점들이 유엔한국위원단에게 큰 관심의 대상이 되었다는 사실이 GAOR, 6th Session, Supplement No. 12(A/1881), 1951, pp. 20~22에 상세히 기록되어 있다.

54 UNCACK Political Memorandum No. 1(June 2, 1952). 이 자료는 시카고의 국제문제 도서관에서 찾았다. 여기에 인용한 것을 포함해 1952년 여름부터 시작하여 1954년까지 기록된 정치 관련 비망록들이 계속 비밀해제된 것은 가장 흥미 깊은 일들 중의 하나이며, 그것들을 통해 그 시대의 실상을 알 수 있다. UN Document A/AC.39/Inf. III/Add.2(June 27, 1952) 또한 참조.

55 UN Document A/AC.39/Inf. III/Add.5(June 24, 1952).

56 한국군 특무대의 수사기록은 미국인들에게 그 피고들의 공산간첩 접선 증거가 부족했음을 말해주었다.

체포된 사람들 대부분은 반공주의자로 알려진 사람들이었다. 1952년 7월 2일, 국회 출석의원들로는 정족수가 모자랐기 때문에 내무부장관은 대통령의 헌법개정안 찬성표를 확보하기 위해 의원참석자 수를 늘릴 것을 명령했다. 7월 3일 하루 종일 마음내켜하지 않는 국회의원들을 본회의장에 끌어 모았다. 계엄사령관은 반역죄로 재판에 회부되어 있는 거의 모든 의원들을 보석금으로 석방하여 의사당으로 연행했다. 1952년 7월 4일 국회는 헌법개정안을 163대 0으로 '가결'했고, 기권은 겨우 3표였다. 사실상 대통령에 대한 국회의 권한이 마비된 셈이었다. 대부분의 구속 의원들에 대한 혐의가 조용하게 취하된 것은 물론이다. 8월 5일 계엄사령관은 중대사범 가운데 7건의 혐의를 일시 정지시킨다고 발표했다.[57] 그 후 그런 대규모 정치재판은 1960년의 혁명과 이 수법이 다시 부활한 1961년의 군부쿠데타 때까지 일어나지 않았다. 그러나 한국정계의 여러 분야에서 화려하게 활약한 사람들의 투옥이나 재판은 독재정권이 끝날 때까지 독재의 교훈을 계속 가르치고 있었다.[58] 즉, 1986년 가을의 국회의

---

[57] 살인혐의로 1952년 4월 24일에 체포된 국회 야당 지도자인 서민호 의원의 재판은 1952년 6월부터 1953년 10월까지 계속되었으며, 모순을 드러낸 언도와 공정성의 실패라는 현란한 모습을 보여주었다.

[58] 이런 사례들은 많다. 1952년부터 1954년까지 계속된, 정치부기자이며 이범석 전 국무총리계 사람이었던 정국은(鄭國殷)의 재판도 그중 하나다. 그는 결국 교수형에 처해졌는데, 하도 혹독한 고문을 받은 바람에 몸을 가눌 수 없어 형 집행을 1개월 가까이 미뤄야 할 정도였다. 또 1953~1954년에는 1950년 가을에 평안남도를 탈환했던 미군에 의해 수주일간 평남지사로 임명되었던 김성주(金成柱)가 체포되어 재판을 받았는데, 판결이 미처 내려지기 전에 고문으로 살해되었으며, 그의 시체는 헌병사령관 자택의 별채 마루 밑에 쑤셔 넣어두고 있었다. 1956~1957년에는 강문봉(姜文鳳) 중장 등 일단의 장교들이 당시 육군특무대(CIC) 사령관이며 스네이크 김(snake Kim)이라고도 불렸던 김창룡(金昌龍) 소장 살해사건으로 장기간에 걸쳐 재판을 받았는데, 파렴치죄를 저지른 죄인들과 똑같은 취급을 받았다. 1958~1959년에는 농림장관과 국회부의장을 지내고, 사회당 당수이며 대통령 후보이기도 했던 조봉암(曺奉岩)이 '공산주의자들과의 공모혐의'로 기소되었다. 중요한 증거가 강박에 의한 것으로 밝혀졌기 때문에 마땅히 기소가 취소되어야 함에도 불구하고, 조봉암은 서둘러 거의 비밀리에 처형되었다. 그로부터 얼마 지나서는(4·19혁명 이후), 자유당 지도자들에 대한

원 유성환의 체포가 생생하게 말해주듯이, 정치적 투옥이나 재판이 유사한 교훈의 가르침을 계속 반복하고 있는 것이다.

다른 여러 분야에서는 전진과 희망의 현저한 징후가 나타나고 있었다. 그러나 1987년 3월 현재, 정치와 법이라는 기본적인 분야는 경제와 문화의 폭발적인 확대 이면에서 비참할 정도로 계속 제자리걸음을 하고 있다.

긴장의 고조

전쟁을 위한 국가동원 문제에 대해 토크빌은, "간단없이 국가의 특권을 확대하고 개인의 권리를 제한하도록 사람들을 선도하는 경향은, 특히 크게 그리고 빈번하게 일어나는 전쟁에 노출되어 있는 나라에서 더 빨리 진행되며 또한 끊임없이 계속된다"라고 논했다.[59] 한국에서 민주적인 제도를 중심으로 새로운 정치적 결속을 확립하려 했던 미국의 시도는 전쟁으로 타격을 받은 데다 제대로 된 계획도 없었기 때문에 재빨리 독재체제를 낳고 말았다. 이승만의 1인 지배는 반란, 게릴라 활동, 침입, 전쟁, 대부분의 국토상실 등의 과정을 거치면서 국가의 안정을 유지해나갔다. 1952년부터 1956년까지 독재체제는 최고조의 안정기를 누렸다. 중앙권력을 지향하는 원자화한 유동성은 저지되었다가

재판이 열렸는데, 장면 정부는 어쩔 수 없이 과거로 소급하여 소추했다. 1961년 군사쿠데타 후에는 민주당 정부 사람들에 대한 재판이 열렸는데, 그 기소수법이 아주 환상적이었다. 군부에 의해 특별히 임명된 '검찰총장'의 노골적인 압력과 반칙으로 단죄가 된 것이 특징이었다. 그 이후 오늘날(1988년 현재 __옮긴이)에 이르기까지, 박임항(朴任恒), 김동하(金東河)와 같은 파벌 이단자, 윤길중(尹吉重), 이동화(李東華)와 같은 정치가, 그리고 인민혁명당 같은 여러 정치집단들이 똑같은 성격의 재판을 받았으며, 거기에는 모의와 날조에 의한 기소, 간접증거, 국내에 없는 중요증인으로부터의 추론, 고문, 자백, 법정 내의 증언과 법정 외의 증언과의 차이, 유도심문, 특히 1949년의 국회의원 소송절차 시에 사용된 소도구 등이 특징이었다. 최근 들어서도 이런 현상이 일어나고 있음을 감안하여 판단할 때, 사법부는 아직도 균형 잃은 압제를 부추기는 행위를 하고 있으며 그런 관례를 법률과 헌법과 조화시키려는 최후의 집단 중의 하나가 될 것 같다.

59 Alexis de Tocqueville, *Democracy in America*, II, p.318.

그 뒤 자유당 내에서 다시 활력을 찾았다(제10장 참조). 이 시기엔 누구도 감히 지배권을 위협하지도 않았으며 진정으로 지배권을 장악하려고 경쟁하지도 않았다. 민주주의적인 여러 제도가 무시되거나, 유린되거나, 타락하거나 혹은 배척받거나 했다. 민주적 제도를 이식하려던 시도는 조직적인 노력이 아닌, 겉으로 흉내만 낸 것에 지나지 않은 것으로 드러났다. 고대로부터 바다에 비는 꾸준히 내렸지만 아직도 바다는 소금물이었다.

전쟁은 특히 군부의 힘이 커지는 바람에 장기적으로 한국정치에 중대한 결과를 가져왔으며 동시에 단기적인 정치적 결과도 만들어냈다. 한국전쟁은 정치적 의미가 강한 쟁점을 한층 더 심화시켰으며, 더욱 강력해진 독재적 수단을 좀 더 정통적으로 보이게 하는 환경을 만들어갔다. 그러나 이승만 정권 시대에는 전쟁이 아직 정치에 결정적인 영향을 주지는 않았던 것 같다. 독재와 그에 대한 저항, 당내에서의 반발 기운 상승, 수단과 이론적인 제도가 서로 양립할 수 없다는 점에 대한 단계적인 인정, 새로운 도시 세력의 대두, 그리고 드디어 이승만 정권의 전복으로 이어지게 된 일련의 이야기는 설사 한국에 전쟁이 없었다고 하더라도 역시 같은 내용이었을 것이다(아마도 약간 다른 형태가 되겠지만). 대체로 1950년대 초반에 한국의 정치패턴은 조선왕조 500년 동안에 그랬던 것처럼 전쟁의 정치적 영향, 그것의 기술화 및 전문화에 저항하는 것이었다.

그러나 1955년부터 1960년 사이에 조류가 변하기 시작했다. 극단적인 중앙통제는 정부가 잘못하고 있다는 감정과 분노 및 그에 따라 일어나는 공격을 중앙으로 집중시키는 결과를 가져왔다. 여당인 자유당의 창당은 권력경쟁을 격화시켰다. 도시의 불만 세력들은 야당의 결속과 성장을 한층 촉진시켰다. 한편, 전쟁으로 덩치가 커진 군부 세력은 처음으로 하나의 권력기관이 되었으며 중앙정부로부터 반쯤 독립된 기득권을 갖게 되었다. 이런 현상(각각 별도의 장에서 다루고 있다)의 배경을 이루는 것은 전쟁보다는 정치·사회의 발전에 따른 많은 변화 요인들의 대두, 이를테면 도시화, 통신의 발달, 교육의 확대 등이었다. 이런 것들이 1950년대 후반의 정치적 변화에 불가결했던 것처럼, 오늘날

(1980년대 후반 _ 옮긴이)에도 여전히 한국의 정치적 압력 요소로 불가결한 것이 되고 있다.

전쟁은 증가하고 있던 서울의 인구를 뿔뿔이 흩어지게 했다. 그러나 1953년에 평화가 찾아오고 정부가 서울로 환도한 결과 서울인구는 간단없이 증가했다. 1930년에 39만 4,200명이던 서울의 인구는 1940년에는 93만 5,500명, 1949년에는 144만 6,000명, 그리고 1951년 초에는 10만 명 이하로 줄어들었던 것이 재건이 본격적으로 시작된 1954년에는 124만 2,880명에 달했다. 이승만 정권이 끝날 즈음엔 서울의 인구가 실질적으로 배로 불어났는데, 1960년에 244만 5,400명이었다.[60] 그리고 폭발적인 산업개발 후인 1987년에는 거의 1,000만 명이 되었다. 1940년에 전체 인구의 11.4%였던 도시인구가 1960년경엔 33.2%가 되었으며[61] 1987년경엔 그것의 거의 2배가 되었다. 그 사이에 서울은 전국 인구 증가분의 3분의 1을 흡수했다. 1960년대의 서울은, 시의 절반쯤은 새로 들어서기 시작하는 빌딩들, 노면전차, 전기, 택시 등으로 상징되는 도회로, 절반은 산복에 다닥다닥 붙은 판잣집과 소란스러운 골목길, 수도도 전기도 없는 빈민가로, 부챗살처럼 뻗어가는 머리 큰 괴물처럼 그 자체가 격렬한 소용돌이였으며 대중사회의 상징이었다.[62] 그리고 1980년대 중반 현재의 서울은 깨끗해지긴 했지만 그러나 거대한 아파트군으로 둘러싸여 있으며, 오히려 더 날카로워져 있다.

증가한 것은 인구만이 아니었다. 서울은 여러 종류의 건물이 들어서고 시설이 확충된 장소였다. 그중에서도 통신과 교육시설이 놀라울 정도로 집중되어

---

60 서울시청 통계에 근거해 보도한 1964년 7월 11일 자 및 1965년 4월 20일 자 ≪코리아 타임스≫.

61 Yun, Chong-ju(윤종주), "Voting Behavior of Eup Inhabitants," *JAS*, 4.1(June 1962), p.5.

62 심지어 1965년에도 서울 주민의 단지 65%에게만 수돗물이 공급되었다. ≪뉴욕 타임스≫, 1966년 11월 28일. 1966년 2월 22일 자 ≪코리아 타임스≫는 서울 전체 가구의 거의 절반이 단칸 혹은 두 칸의 방이 달린 집에서 생활하고 있으며, 10년 이내 주택 부족 숫자가 100만 채에 이를 것으로 보도했다.

있다. 이 때문에 서울은 한국의 거의 모든 지식층과 여론, 다양성과 불평과 반대의견들이 집중된 장소가 되었다.

1948년부터 1960년까지 대학 수준의 교육기관은 31개에서 2배인 62개로, 대학교수는 1,800명에서 3,633명으로 증가했으며, 그리고 대학생은 2만 4,000명에서 9만 7,819명으로 격증했다.[63] 1965년까지 1인당 연간 국민소득은 여전히 100달러 이하였고, 국민 280명 중 한 사람이 대학에 다니고 있었다(영국에서는 1인당 국민소득이 연 1,200달러였을 때 국민 425명 중 1명이 대학생이었다).[64] 중등학교도 1945년의 97개교에서 1952년엔 166개교, 1960년엔 357개교로 비슷한 급증세를 보였다. 1945년에 비해 1962년에는 고교생이 거의 4배로 증가했다.[65] 교육기관은 주로 서울에 집중되어 있었는데, 1964년에는 전국 합계 189개의 고등교육기관 가운데 89개를, 또한 전국의 공인된 대학 49개교 가운데 31개교가 서울에 있었다.[66] 1963년 전국의 고등교육 이수 학생 13만 8,428명 가운데 9만 명 가까이가 서울에 몰려 있어, 서울이 세계 최대 교육중심지의 하나가 되었다.[67]

서울은 또한 가장 불만이 많은 도시의 하나였다. 대학 졸업자의 취직숫자는 학교별로 그리고 전공학과별로 다 달랐는데, 1964년도에 공식으로 발표한 취직률은 43%였다. 여기에는 제대 후에 취직이 확실치 않은 군입대자도 포함되

---

63 Korean Ministry of Education and National Commission for UNESCO, *Education in Korea* (Seoul, 1962), p.37.

64 원자력연구소 연구원 이창근(Lee Chang-gun), ≪코리아 타임스≫, 1965년 8월 10일.

65 문교부, 『문교통계요람』(1965), 194쪽.

66 이창근(Lee Chang-gun), ≪코리아 타임스≫, 1965년 8월 10일, 28쪽.

67 1963년 4월 현재 서울에 있는, 한국에서 가장 이름난 대학인 서울대학교엔 학부학생과 대학원생을 합쳐 1만 1,649명의 학생들이 다니고 있다. 1개의 공립대학(public college), 10개의 사립대학교(private university), 13개의 사립대학(private college), 12개의 초급대학(junior college), 1개의 국립교육대학, 2개의 사관학교, 1개의 국방대학, 그리고 1개의 육군대학이 서울에 몰려 있다. 『한국출판연감』(1963), 634~638쪽.

었다.[68] 그러나 신문이나 일반의 추정은 그보다 훨씬 낮았다. 중요 신문들은 졸업생 중 자신이 희망한 직장에 취직한 사람이 10%를 넘지 않는다고 추산했다. 관변 소식통마저 교육의 낭비비율을 50% 가까이 보고 있었다.[69] 희망하는 직장을 구하기 위해 평균 100대 1의 경쟁 속에서 최고 34번이나 시험을 치른 경우도 있었다. 사실상 제1차 세계대전 후의 독일처럼, 오히려 그보다도 더 대규모로 한국의 학생들은 얼마간 실업을 피하거나 연기하기 위해 대학에 입학했던 것으로 보인다. 설사 졸업과 동시에 취직이 되었다고 하더라도, 1960년대에 그들의 초임은 월 25달러에서 60달러 정도로 빠듯하게 생활할 수 있는 수준이었다. 아무튼 대학 졸업생의 40% 또는 그 이상이 어떤 곳이든 취직이 되는 것으로 보고되고는 있지만, 그 가운데 대부분이 대학 졸업 수준에 걸맞은 직장이었다고 할 수 없었다. 공식조사에 따르면, 예컨대 법학 분야의 경우에는 "고용가능 숫자보다 18배나 많은 졸업생이 해마다 배출되고 있는 것"으로 나타났다.[70] 일부 단과대학들은 거의 취직을 할 수 없는 졸업생들을 배출하고 있

68 문교부, 『문교통계요람』(1965), 98쪽. 1963년엔 30%, 그리고 1964년에는 44.6%로 다른 공식발표와 비슷했다.

69 ≪코리아 타임스≫, 1964년 11월 26일 참조. 1966년 2월 24일 자 ≪뉴욕 타임스≫는 그해 한국에서 2만 3,000명의 대학 졸업생 중 단지 1,200명만이 제대로 된 직장을 구했다고 보도했다. Paik, Hyon-gi(백현기), "Educational Plans and Economic Plans," *Journal of Social Sciences and Humanities* (Seoul), No.23(Dec. 1965), p.40은 고등학교 졸업생의 10% 미만이 고용이 되거나 고용되어 자신이 공부한 분야에서 일하거나 한다고 주장했다. 백현기 박사는 "중등교육을 받은 인적자원의 거의 절반 이상이 어떤 결실을 거두지 못하고 낭비되고 있다"고 말했다. 그는 1967년 현재, 중앙교육연구원 원장이다.

70 한국 문교부·United States Operations Mission to Korea, *Report on Survey of National Higher Education in the Republic of Korea* (Seoul, 1960), p.155 참조. 이 결론은 법학전공 졸업생들이 대체로 법률 전문 직종이 아닌 다소 더 많은 수를 채용하는 일반 관료직이나 사무직을 택하는 경우를 전제로 하고서일 것이다. 하지만 비교적 전문분야인 약학 전공 졸업생들도 유사한 실업비율을 보이고 있다. 과학 전공 졸업생들은 최근에 크게 고용이 늘었다. 전통적으로 인문학을 선호하는 경향에서 벗어나고 있는 추세 때문일 것이다. 사회복지 부문과 경영학 부문이 최근 들어 그들의 '상품'을 파는 데 성공하고 있다.

는 형편이었다. 그럼에도 교육은 여전히 사회유동성의 통로가 되고 있었다. 교육의 이 같은 엄청난 확대는 사회가 속박 없는 유동적인 시스템이 되었음을 상징하는 것이며, 고등실업자의 과다를 염려하여 대학입학을 억제하는 정책을 펴다간 오히려 정치적인 위기를 몰고 올 가능성이 있었다.

대학에도 많은 불만이 있었다. 학생들은 대체로 아버지로부터 분명한 지침을 받고 저마다 많은 가족들이 보살펴주는 친밀한 대가족제도에 익숙해왔다. 그러나 거대하고 과밀한, 그리고 비개성적인 캠퍼스에 던져 넣어져, 의지할 만한 연장자도 없고 자신에게 관심을 가져줄 만한 사람도 거의 없는 상태에서 그들은 분개하고 불만에 차게 되었으며, 1987년 현재의 학생들도 여전히 불만에 차 있다. 4·19학생혁명 직전 무렵 한국의 가장 저명한 교육심리학자가 실시한 조사에서는, 대상이 된 2,400명의 학생들 가운데 94%가 '이해해주는' 교수가 한 사람도 없다고 답했으며, 91%가 일반적인 개인지도의 효율성에 불만을 갖고 있었다. 그리고 57%가 대학의 학습과정에 대체로 불만을 표시했고, 39%가 현재의 전공이 자신에게 부적당함을 느꼈으며, 46%가 개인지도를 할 수 있는 교수가 없다고 답했고, 85%가 개인적으로 교수와 대화를 할 수 있는 장소가 없다고 불만을 나타냈으며, 80%가 대학에 대한 기대가 어긋났음을 인정했고, 50%가 그들이 택한 진로가 거의 무의미하거나 전혀 의미가 없다고 생각하고 있었다.[71] 교수들은 교수들대로 불만에 차 있었다. 교수급료가 박봉일 뿐만 아니라, 교수 한 사람이 담당해야 할 학생 수가 너무 많아 어찌할 바를 모를 지경이었다. 1945년 이전 일제강점기의 '엘리트주의' 교육제도에서 교수가 학생 개개인들을 보살폈던 부성적(父性的)인 책임을 이젠 거의 더 이상 질 수 없게 되었음은 물론, 그가 과거에 가졌던 개인적인 학생 지지자들이나 혹은 학생 조직의 만족을 얻지 못하고 있었다. 또한 교수의 실추된 위신을 보상하기 위한 새

---

71 서울대 사범대학 조교수 Chong, Pom-mo(정범모), "Summary Report of Research Project: Individual Problems of College Students"(Mimeogrphed, 1960), p.38.

로운 가치관이나 더 확대된 사회적 인식의 출현을 느끼지 못하고 있었다. 이런 상황에서는 설사 보상을 받는다 해도 보상 자체가 축소되어버렸기 때문에 별 의미가 없는 것이다.

이 같은 종류의 근본적인 불만은 400년 이상 조선왕조의 정치를 저해해온 학생(성균관 유생)시위의 전통, 항의의 전통, 그리고 수입된 가치체계를 보호하려는 전통 등에 의해 더욱 증폭되었다. 한국의 이 전통은 세계에서 이와 비슷한 종류의 전통으로서는 가장 오래된 것인지도 모른다. 사실 19세기 독일이나 러시아의 학생들, 그리고 황제정치 최후 10년간 중국학생들의 전통보다도 훨씬 오래된 것이다. 이런 전통은 새로운 정치제도와 이론의 도입으로 생겨난 자극에 특히 민감했다. 왜냐하면 이 전통이 불교나 무속에 영향을 받은 사회에서 유교적 가치를 적용하려는 극단적이고 교조적인 자세를 가진 학생(성균관 유생)들에 그 뿌리를 내리고 있기 때문이다. 실제로 1945년 이후 한국의 대학은 다른 어떤 사회조직보다 더 많이 민주주의의 원칙을 배우고 그것을 지키려고 노력해왔다. 대학은 '혼탁한' 사회 속에서 스스로를 순수와 이데올로기와 행동의 아성으로 생각해왔다.[72] 대학은 일본 식민지 치하에서 다른 표현채널이 거의 없을 때 그들 자신이 사람들의 '목소리'를 대변하는 것으로 생각했다. 1946~1947년의 시위, 특히 미 군정청의 교육개혁안에 반대하는 서울국립대학의 대규모 시위에서 학생들은 자신들을, 당시 교수회의에 분산되어 있던 권한을 행정적으로 중앙본부에 집중시키려는 '독재'에 대항한 자유의 수호자라고 생각하고 있었다. 그 이후 과거 일제강점기풍의 교수와 학생의 관계를 '민주화'함

---

72 1964년 3월 30일, 고려대학교 학생회가 한일회담에 반대하여 시위에 나서면서 발표한 다음의 선언문 내용 참조. "고려대학교의 긴 역사를 통해 우리 6,000명 고려대학교 지성인들은 조국에 검은 그림자가 드리울 때마다 주저 없이 행동에 나섰다. …… 우리 학생들은 5월 혁명(4월 혁명의 오식 _옮긴이)을 우리의 독립에 대한 국가적 의미를 정화하기 위한 시도였다고 판단했기 때문에, 상아탑 안에서 지도이념을 찾기 위해 투쟁해왔다"(≪경향신문≫, 1964년 3월 30일).

으로써, 학생들의 교수나 총장에 대한 자제나 복종의 기분이 약화되었다. 사회 구조 내의 연대감 약화, 전문적인 지도의 부재, 그리고 취직난이라는 우울한 전망 등, 이 모든 것들이 학생들의 안정감을 위협하는 큰 요인이 되었다. 학생들은 개인적으로 고립되었다고 느끼면 느낄수록 정치적인 것에 의미를 두게 되었으며, 다른 학생들과 결집하여 위험에 아랑곳하지 않고 통일된 사회적 목표에 스스로를 일치시키는 것에서 의의를 찾으려고 했다.[73] 이리하여 서울은 세계 어느 곳보다도 학생들과 지식인들의 불만이 가장 크게 집중되어 있고 가장 선동적인 장소 중 하나가 되었다.

언론 역시 인구증가로 위세가 커졌다. 신문사의 수와 발행 부수가 서울에 압도적으로 집중되어 있었는데 그것이 몇 배로 늘어났다. ≪동아일보≫는 해방 직후 1만 7,000부라는 아주 작은 부수에서 1964년 여름에는 약 40만 부로 늘었다. 대부분 1960년 이전에 는 것이다. 1960년 5월 현재, 약 600종의 신문과 정기간행물이 출판물로 등록되어 있는데, 외무부는 1961년 2월 1일 현재 "신문은 1,444개로 늘어났고, 약 10만 명의 기자들이 있다"고 밝혔다.[74] 이런 매스컴 세력은 한국의 모든 것을 흡수하는 정치 쇼를 가장 잘 관람할 수 있는 무대 맨 앞좌석을 국민들에게 마련해주었다. 신문들은 정치적 변혁의 전위가 된 분노한 도시의 여론을 만들고 그것을 급속히 증폭시키는 역할을 했다. 1957년 6월 이승만 대통령에게 보내는 조병옥의 유명한 공개질의서 같은 기념비적 항의는 신문으로 인해 이에 공감하는 여론이 크게 확산될 조짐을 보였지만[75] 정부가 즉각 보복에 나섬으로써 신문에 의한 반대여론 확산이 봉쇄되었다.

---

73 오늘날 미국 학생들 사이에서 번지고 있는 이런 현상에 대해서는 존스홉킨스 대학의 정신의학과 교수인 프랭크(Jerome D. Frank) 박사의 저서와 1965년 5월 9일 자 ≪뉴욕 타임스≫를 참조하기 바람. 그것은 1934~1946년의 급속한 도시화와 산업화로 한국에서 생긴 현상과 본질적으로 궤를 같이 한다.

74 외무부, 『한국 군사혁명』(서울, 1961), 61쪽.

75 ≪동아일보≫, 1957년 5월 31일.

1955년 대구의 가톨릭계 신문인 ≪대구매일신보≫는 자유당이 사주한 깡패들의 공격을 받았다.[76] ≪동아일보≫는 대통령이라는 한자(漢字)가 들어간 기사 제목의 오식으로 수개월간 발행정지처분을 받았다. 또한 서울에서 가장 솔직한 의견을 토로했던 ≪경향신문≫은 1959년에 분명히 부적절한 근거에 의해 폐간되었으며, 복간은 이승만 정권이 붕괴된 1년 후에야 가능했다. 여러 해 동안 아마도 일본을 제외한 극동에서 가장 유명한 지식인 잡지였던 ≪사상계(思想界)≫는 갖가지 박해에도 불구하고 이승만 정권에 대한 공격을 계속 강화했다. 신문에서도 기사화하지 못하는 것에 대해서는 다방에서 사람들의 입을 통해 전달되는 바람에 다방은 지식인들의 정치적 울분의 해소처가 되었다. 다방은 1950년에 50곳이던 것이 이승만 정권 말기에는 800곳 가까이 늘어났다.[77]

강제 폐간, 골탕 먹이기, 폭력행사, 은행융자 차별, 경찰권 행사 등, 이승만 정권은 비판의 소리를 막기 위해 온갖 수단을 다 동원했다. 그러나 도시가 성장하면서 비판 세력을 억제하려는 경찰력이 약화되어갔다. 폭력단이나 암살단이 부패와 독재 분위기 속에서 번영을 구가한 것은 사실이지만, 1956년 내무부의 사주로 장면 부통령의 손을 저격한 사건이나 1955년 폭력단에 의한 대구 매일신보사 피습사건 등은 사람들을 공포에 몰아넣기는커녕 오히려 반대 세력을 더욱 강화시켰다. 도시화가 확대되고 교육열이 높아질수록 정치적 압살의 시대가 조용히 물러가는 것 같았다. 옛날 같은 경찰력에 의한 지배는 이제 비난의 대상이 되었다. 경찰은 한국전쟁 때 7만 5,000명의 정원으로 그 세력이 최고조에 이르렀으며, 1955년까지 주로 게릴라 소탕에서 중요한 군사적 역할을

---

76 이 무렵 두 개의 이름난 한국 신문인 ≪대구매일신보≫와 ≪경향신문≫은 가톨릭 재단이 운영했으며 ≪대구매일신보≫의 편집장(발행인으로 추정된다. _옮긴이)은 가톨릭 신부였다. 이 두 신문은 아마도 이승만 정권 시절에 가장 거리낌 없이 비판을 가한 저항신문이었을 것이다. 가톨릭이 일제강점기의 압제에 훨씬 덜 저항적이었던 사실은 흥미로운 일이다. 하지만 이승만 시대에는 가톨릭과 신교의 이러한 역할이 얼마간 역전되는 경향이 있었다.
77 ≪코리아 타임스≫, 1964년 4월 25일.

했다. 경찰을 필요로 하는 군사작전이 줄어들었을 뿐 아니라 1951년의 스캔들에 대한 반동이 정치문제가 되고 또한 야당의원들과 경제원조당국이 균형예산을 강력하게 요구하자, 자유당은 경찰관의 수를 서서히 줄일 수밖에 없었다. 1955년 7월 31일, 야당은 경찰력을 4만 6,520명에서 4만 명으로 감축하기 위해 압력을 넣었으며, 자유당은 이를 기를 쓰고 막아냈다.[78] 그러나 1958년에 경찰관 수는 인정된 정원인 3만 9,000명을 크게 상회하지 않았던 것으로 보이며 표면적으로는 그로부터 10년 후와 비슷한 숫자였다. 일제강점기 때 훈련받은 나이 많은 경찰관들 가운데서 1950년대 후반까지 남아 있던 사람들은 겨우 600여 명에 지나지 않았지만, 그러나 그들이 주로 요직을 차지하고 있었으며 낡은 기구상의 전통이 여전히 남아 있었다.

경찰은 일제강점기에 그랬던 것처럼 정부에 신명을 바쳐 충성했다. 감시, 긴급체포, 부정한 재판사주, 혐의날조, 반대자에 대한 온갖 종류의 위협 및 고문이 자행되었고, 이런 것들이 점점 긴장과 반감을 불러 일으켜 결국 경찰에 대한 복종을 거부하게 만들었다.[79] 1950년대에 한국의 유력한 권력기관으로서 경찰이 누리던 지위가 육군으로 옮겨갔다. 육군은 유엔군과의 밀접한 관계를 통해 새로운 도덕률과 기준을 흡수해 경찰의 전통을 경멸했으며 정부나 정치로부터 꽤 거리를 두었다. 육군이 나서게 된 것은 뒷날의 일이며 이승만 정권에 대한 반발은 표면 아래 잠복해 있었다. 경찰권의 절정기는 이미 끝났다. 경찰에 대한 반발이 커졌다는 것은, 더 세련된 도시화한 사회가 얼굴을 슬쩍 내

---

78 ≪동아일보≫와 ≪경향신문≫은 1955년 8월 1일 이 사실을 보도한 유일한 신문들이었다. 국회를 비판한 기사를 쓴 기자는 은행으로부터 융자금을 즉시 상환하라는 압력을 받았으며, 경찰은 그의 가족들을 괴롭혔다.

79 1957년 초 거창학살사건의 주요 기획자였던 '백두산 호랑이' 김종원(金宗元)이 내무부 치안국장으로 현직에 복귀했다. 1957년 3월 7일 자 ≪조선일보≫는 김종원 국장이 장면 저격범(김상붕)의 병실을 찾아간 이야기를 다음과 같이 보도했다. "그가 입원해 있는 병원 원장으로부터 그가 매우 위독하다는 전갈을 받고 병원으로 가서 그를 일으켜 앉히고는 얼굴을 찰싹 찰싹 때리며 몇 가지 물어 보았다."

비쳤음을 의미했다.[80]

민주주의 약진

새로 성장한 도시의 힘이 야당을 키우고, 다음에 논하겠지만 정당제도를 크게 강화시켰다(제10장 참조). 도시로의 이 같은 힘의 집중은 정치의 긴장도를 높이고 정치목적을 달성하는 데 사용되는 수단을 늘렸으며, 보복 사이클을 가중시켰다. 1959년 이후 전국적으로 확대된 불안과 어수선한 분위기는 1960년의 정·부통령 선거를 위한 전초전 성격을 띠었다. 1960년에 85세가 되는 이승만은 점점 노쇠해갔다. 그의 후계자로 보였던 국회의장 이기붕(李起鵬)은 보행성운동실조중 때문에 행동이 부자연스러웠으며 의자에서 일어서는 데도 부축을 받아야 했고, 장시간 계속 문장을 읽어 내려가는 일은 연로한 이승만보다도 더 곤란했다. 이들 두 사람은 1960년에 비교적 강력한 그리고 지지도가 높은 야당인 민주당의 대립 후보들과 선거에서 맞서게 되었다.

대통령 후보였던 조병옥은 선거 1개월 전에 병사했지만, 부통령 후보인 장면은 1956년 선거 때보다도 오히려 더 유리했다. 주로 장경근(張暻根)이 이끌던 자유당은 불안감을 떨쳐버리지 못하고 극단적인 '충성심'에 호소하여 집단투표, 부정투표, 투표의 무효화, 또는 야당 지지표의 파기라고 하는 극비의 계

---

80 반(反)경찰 정서는 지속되었다. 경찰의 위세는 1960년 4·19혁명으로 사실상 땅에 떨어졌다. 많은 고참 경찰관들이 해임되고 새 인물로 교체되었는데 이들 새 인물들의 상당수는 대학 졸업자로서 지금까지의 경찰전통에 호의를 갖고 있지 않은 사람들이었다. 1961년부터 1964년까지 군사정부는 그들의 국민 통제를 경찰보다는 중앙정보부에 더 의존했다. 중앙정보부는 더 도시 지향적이었으며, 경찰처럼 어설픈 방식을 쓰지 않고, 시골지역은 그간 수십년 동안 잘 알려져 왔던 것보다도 약간 더 가벼운 통제 아래 두었다. 하지만 1964년 이후 경찰 정원이 다시 늘어났다.

획을 짜서 선거운동을 전개했다.[81] 이런 계획을 둘러싼 소문과 보도가 몇 주간에 걸쳐 신문지면을 메웠고 긴장이 높아갔다. 우려했던 최악의 결과가 선거일인 1960년 3월 15일 당일에 현실로 나타났다. 이승만은 88.7%를 득표했고, 이기붕은 822만 5,000표 대 185만 표로 장면을 이긴, 실로 믿어지지 않는 결과가 나왔던 것이다.

이런 대사건이 폭력을 무대 한복판으로 끌어냈다. 도시 지식인층은 이미 야당 쪽으로 기울었고, 이것이 특히 학생들 사이에 강력한 작용을 일으켰다. 그들은 선거 전 몇 개월 사이에 작은 비밀 조직들을 만들었고, 때로는 젊은 교수들을 모시고 선서의식을 행하며 비밀리에 모임을 가졌다. 회원들은 "민주주의를 구한다"라는 슬로건에 대해 광신적일 정도로 열의를 보였다. 한 번 그런 회합에 참석하면 누구라도 그 모임의 구성원들이 느끼고 있는 행동과 의무의 외침에 강한 사명감을 가지게 되었으며 다른 조직에 눈을 돌릴 수 없었다. 선거 당일 저녁, 남쪽의 작은 해안도시인 마산에서 경찰이 부정선거 항의시위를 벌이고 있는 민주당 지지자들에게 발포하여 8명이 사망했다.[82] 4월 11일, 경찰의 고문으로 희생된 한 고등학생의 시체가 바다에 떠올라와 발견되었다. 이를 계기로 마산은 3일간 손을 쓸 수 없을 정도의 자연발생적인 폭동이 일어났고 추가로 사상자를 냈다. 이 뉴스는 검열을 거치지 않고 유출되어 서울의 학생들을 흥분시켰다. 4월 18일 고려대학교 학생들은 경찰의 폭력에 항의하고 선거 무효화와 재선거를 요구하며 대규모 평화적인 시위를 벌였다. 시위를 끝내고 돌아가던 그들은 대통령 관저인 경무대 경찰서장이 사주한 폭력배로부터 체인과 몽둥이와 주먹 공격을 받았다. 피습 뉴스는 그 밤 안으로 요원의 불길처럼 사방으로 퍼져나갔다. 4월 19일 아침, 수만 명의 비무장 학생들이 서울 중심부로

---

81 외무부, 『한국 군사혁명』, 36~37쪽.

82 Stephen Bradner, "The Student Movement in the Korean Election Crisis of 1960"(M.A. thesis, Harvard University, 1963), p.85. 4·19혁명을 개인적으로 몸소 체험한 브래드너 씨는 영문으로 된 것으로는 4·19혁명에 대해 가장 상세하게 기술한 책을 펴냈다.

모여들었다. 일부 젊은 실업자들과 구두닦이 소년들까지 가세했다. 학생들은 처음에 혁명까지는 생각하지 않았다. 그러나 대통령 관저 앞에서 경찰은 시위 대열을 향해 무차별 사격을 가했고, 수많은 학생들이 쓰러졌으며, 쓰러진 학생들의 선혈과 발포의 포악성 및 홍분한 군중들의 만장일치의 합의가 수분 만에 시위를 혁명으로 바꿔놓았다.

정부가 혼란에 빠진 채 양심을 갖고 대응했기 때문에, 4월 25, 26일 양일간 더 큰 시위가 일어나 정부를 넘어뜨렸다. 이승만은 하야한 후 4월 29일 하와이로 망명했고, 5년 후 그곳에서 운명했다. 국회의장이며 부통령으로 당선된 이기붕은 그의 부인, 두 아들과 함께 자살했다(당시 언론은 육군 소위였던 이강석이 아버지 이기붕, 어머니 박마리아, 동생 이강욱을 권총으로 사살한 후 자살한 것으로 보도했다. _옮긴이). 자유당은 1910년 일진회의 경우보다 규모는 작았지만 그와 유사하게 급속히 그리고 조용히 소멸되었다. 1965년 또는 1967년에 자유당 후보로 국회의원에 당선된 사람은 한 사람도 없었다. 이 혁명을 목격했던 사람들은 당시 한국의 각 도시를 휩쓴 전원합의성, 자발성, 그리고 철저한 신념을 결코 잊지 못할 것이다. 좀 더 다원적인 사회들도 그런 감정의 색조를 만들어낼 수 있으리라고 기대하기 어렵다. 그것은 마치 여러 해 동안의 망설임과 행동의 결여 및 좌절감을 보상이라도 하듯 단 몇 시간 안에 교감이 이루어져 만들어낸 에너지처럼 보였다.

한국은 무정부상태의 가장자리에까지 가 있었다. 시위대의 제1 목표였던 경찰은 이제 경찰서마저 불태워지고 사기가 곤두박질쳤다.[83] 육군은 수수방관

---

83 4월 혁명에 참가한 서울대학교 학생들을 대상으로 여론조사를 실시한 결과, 65%가 "포악한 경찰에 대한 분노"가 참가동기가 되었다고 답했다. 김성태, 「4·19 심리학」, 《사상계》, 9.4(1961년 4월), 78~85쪽. 이승만 정권 붕괴 후 초기 상황에 대해서는, John M. Barr, "The Second Republic of Korea," *Far Eastern Survey*, 16(June, 1960), pp.242~249 참조. 4·19혁명 직후 학생들이 보여준 정치적 성숙성은 위협적인 혼란에서 벗어나 질서를 다시 세우는 핵심적인 요인이 되었다는 점이 강조되어야 한다.

하는 태도였는데, 이른바 질서유지의 책임은 지면서도 정치적으로는 아무런 태도를 밝히지 않았다. 그러나 혼란의 가장 심각한 요소는 행동의 계기가 된 학생들과 도시 세력이 사회질서를 회복하기 위해 필요한 조직도 계획도 가지고 있지 않았다는 사실이었다. 게다가 살아남은 정치 세력들은 이승만 정권을 전복한 학생들이나 도시 세력과 밀접하게 결부되어 있지 않았다.[84] 학생들이 신봉하고 있던 것은 민주주의였고, 그들은 그것을 위해 큰 공헌을 했다. 그 후 권력을 장악한 민주당 정권은 이런 적극적인 세력을 질서 있는 정부 세력과 통합하는 문제에 직면하게 되었지만, 이 문제는 그들의 후계자들에 의해서도 아직 해결이 되지 않고 있다. 불만을 가진 확대된 도시의 확대된 학생 파워는 계속 정치적 안정에 위협이 되었다. 그들의 세력은 1967~1968년에 약화되었지만 결코 완전히 없어지지 않았다. 스스로를 표현할 수단을 만들어내는 능력도 없으면서 사회가 이 정도로 큰 신념을 가지고 있다는 것은 놀라운 일이라고 해야 할 것이다.

민주당에 리더십을 부여한 여러 세력들을 포용하지 못한 것이 민주당 정권의 운명을 재촉했다. 이승만 독재정권의 전복으로 민주당이 정권을 잡게 되었지만, 과도정부의 통치기간을 포함하여 겨우 1년 남짓 만에 끝났다. 군부의 극히 작은 일부가 일으킨 1961년 5월 16일의 군사쿠데타에 의해 민주당 정권의 운명이 지나치게 빨리 끝났기 때문에, 그들의 실질적인 정치적 중요성이 무엇이었는지, 그리고 그들이 좀 더 오래 집권했다면 성공할 수 있었는지에 대해 결론을 내릴 수는 없다. 그러나 한국 대중사회가 질서와 결집을 필요로 한다는 것을 이 민주당 정권의 단명이 웅변으로 말해주고 있음은 분명하다.

4·19학생혁명은 독재와 경찰 권력의 일시적 전복 이상의 의미를 갖고 있다. 다시 말해 그것은 비독재 정부 수립으로 가는 길을 닦아주었다. 군부는 일시적으로 권력 장악기회를 놓쳤으며, 좌익 세력은 거의 존재하지 않았고, 그때까지

---

84 여야 정당 모두를 공공연히 비난하는 일부 주장들이 학생들에게서 나왔다.

여·야 양대 정당으로 발전해왔기 때문에 민주당이 어떤 형태로든 정치적 변혁의 수혜자가 될 것임은 분명했다. 선택의 여지가 없었던 것은 민주당의 행운으로 보였다.

4·19학생혁명 후의 혼란을 생각하면 민주적 정치로의 이행이 처음에는 괄목할 만한 성공을 거두었다고 할 수 있다. 이승만은 혁명 후 그에게 남아 있던 1주일 동안에 옛 동지이며 자유당과 자유당 지배의 최후기간에 보였던 극단적인 독재정치와 거리를 두고 있던 정치가인 허정(許政)을 불렀다. 허정은 국무총리 겸 대통령 대행으로서 과도정부를 만들었으며, 즉각 미국의 지지를 받았고, 사회질서 회복을 위해 능력과 인내를 갖고 노력했다. 민주당도 처음 수개월간 학생들과 마찬가지로 그의 노력을 방해하지 않으려고 행동을 자제했다. 사회 전체에 무정부상태의 위험을 느끼는 공기가 팽배했다. 언론도 이런 느낌을 조성하여 사람들이 자발적으로 행동을 자제하도록 분위기를 만들어내는 데 공헌했다. 지도력이 약했음에도 불구하고 한국사회는 공통의 목적을 만들어내는 능력을 갖고 있었다. 이러한 합의 분위기는 6월 19일 아이젠하워 미 대통령의 역사적인 방한 때까지 계속되었다.[85] 합의의 더 중요한 결과는 당시 수주일 간에 많은 입법상의 성과가 있었다는 점이다.

6월 15일 허정 과도정부는 대통령의 권한을 줄이고 국무총리의 권한을 강화하여 행정부의 수장이 되게 하는 내각책임제 헌법개정안을 선포했다. 상원으로서 참의원이 신설되고, 대통령은 참의원과 민의원(하원)의 합동회의에서 선출하며, 국무총리는 대통령이 지명하여 민의원의 인준을 받도록 했다. 권리

---

85 그때의 합의 분위기는 미국인들을 기쁘게 했다. 4월 19일 미국대사관이 개혁의 필요성을 강조하고, 대통령의 사임을 비공식적으로 촉구하면서 학생들의 불만을 '정당한 것'으로 정의하는 신속한 성명을 발표한 것은 분명히 당시 수주일간 보여주었던 변화를 바라는 한국국민의 여론을 감안한 행동이었다. 하지만 4·19혁명은 미국대사관을 크게 당황하게 했다. 4월 19일 처음 거리로 뛰쳐나온 학생들이 정부를 무너뜨릴 생각은 하지 않았는데 결국 혁명으로 변했기 때문이다.

와 자유는 이제 더는 법적유보의 대상이 아니게 되었다.[86] 새 「지방자치제법」에 의해 도지사와 시장의 공선제가 결정되어 1960년 12월 지방자치제 선거가 실시되었다. 새 「선거법」은 선거를 정부의 개입범위 밖에 두었으며, 민의원의 원과 참의원의원을 선출하는 총선이 7월 29일에 실시되었다. 이 선거에서 민주당은 양원 모두에서 확실한 과반수를 차지했다.[87] 국회의 규모가 확대되고 ― 민의원 233명, 신설된 참의원 58명 ― 권한이 크게 강화되었다. '구파'의 윤보선 (尹潽善)이 압도적 다수표를 획득하여 대통령이 되었다. 그러나 대통령의 자리는 이젠 의례적인 것이었다. 대통령 선출 때보다 훨씬 품이 들었지만, 장면이 국무총리가 되었다. 내각책임제를 위한 민주당의 오랜 투쟁이 이제 그 목표를 달성한 것이다. 국민들과 신문, 그리고 옛날의 자유당 당원마저 포함된 국회는 이처럼 독재정치를 타도한 민주주의의 눈부신 대두를 축하했다. 이제는 국내 여론에 잘 부응하고 해외에서 박수갈채를 보내는 성공적인 민주주의 정부의 무대가 완전히 차려진 것처럼 보였다. 국민들은 희망찬 분위기 속에서 뿌듯한 긍지마저 느꼈다.

하지만 오래가지 못했다. 새 정부의 딜레마는, 나의 견해로는 주로 한국 고유의 정치적·사회적 역학관계, 그리고 두 번째로 지도력의 결함에 있었다.[88]

---

86 W. D. Reeve, *The Republic of Korea: A Political and Economic Study*, pp.142~143 참조. 한태연(韓泰淵), 「제2공화국 헌법의 경향」, ≪사상계≫, 8(1960년 6월호), 165~173쪽.

87 민주당이 민의원의 약 75.1%, 참의원의 53.4%를 차지했다. 『중앙선거관리위원회 보고서』 (1963), 446~448쪽.

88 민주당 정권의 나약성은 흔히 국무총리 장면과 그의 추종자들의 지도력 탓으로 돌리는 경우가 있다. 장면은 독재적 성격의 소유자가 아니었으며, 민주적 절차를 중요시하고 화합을 존중하며 그에게 부과된 민주적 책무의 성격을 깊이 마음속에 새기고 있었다. 그는 정치적 영향력과 대담성은 없었지만, 성실하고 근면하며 지성적이었다. 그의 내각은, 개각이 지나치게 빈번하고 과도한 업무를 추진하는 경향이 있었지만, 본질적으로 이 나라가 가져본 내각 중 가장 유능한 내각이었다. 훌륭한 계획과 개혁이 준비되었으며, 각료들의 개인적 과오도 비교적 적었다. 내각 자체를 강력하게 국민들과 결부시키는 리더십이 결여되어 있었다는 느낌은 어느 정도까지는 이 나라가 학생혁명 후에 결정한, 특정한 형태의 민주주의에서

그러나 그런 곤란이 그들의 민주정치를 끝장낸 것은 아니다. 그들의 민주주의는 분명히 실패한 것이 아니라 힘에 의해 전복된 것이다.

비극의 첫 단계는 한국적인 유동성 패턴에 민주당이 정립한 개념이 충돌하면서 시작되었다(이 문제는 제7장에서 자세히 다룬다). 원자화한 상승지향적인 유동성의 힘이 당의 화합을 압도했다. 윤보선 대통령을 수장으로 하는 민주당 구파와 장면을 수장으로 하는 신파의 5년간에 걸친 동맹이 권력다툼으로 쪼개지고 말았다. 그해 8월에 윤보선 대통령은 자파의 김도연(金度演)을 총리로 지명했다. 김도연은 근소한 표차인 122대 111로 민의원의 인준을 받지 못했다. 이 때문에 윤보선은 장면을 총리로 지명하지 않을 수 없었으며, 117대 107의 역시 근소한 표차로 인준을 받았다. 인준에 필요한 과반수를 겨우 3표 넘어선 것이었다. 민주주의의 과정 자체가 미군정과의 '협의'시대와 마찬가지로 여기에서도 다시 분열적인 효과만 가져왔을 뿐이었다. 국민들은 이번 총리지명 해프닝이 전적으로 파벌싸움에 지나지 않는 것으로 생각했다. 장면은 구파 사람들을 대폭 입각시킨 '연립내각'을 구성하는 식으로 분열을 방지하려고 했다. 그러나 구파는 협력을 거부하고 입각에 동의한 자파 의원 한 사람을 '배신자'라며 공공연히 비난했다. 대통령의 지지 아래 구파는 스스로 정권투쟁에 나서기로 결의했다. 1960년 9월, 구파 의원 86명이 민주당을 탈당, 우선 새 교섭단체로 등록한 후 이어서 '신민당'을 창당하여 독립했다. 이 결과 95명의 '신파'만 거느리게 된 장면은 의회의 과반수 의석에 미치지 못하게 되어 개각을 하지 않을 수 없었다. 그러나 장면은 인내와 설득으로, 때로는 권력을 행사하기도 하고 금전으로 유혹하기도 하여 자파 세력을 서서히 늘렸으며, 10월 19일에는 118석의 과반수를 넘기게 되었고, 그 후에도 계속 인원을 불려, 그의 정권이 무너질 무렵엔 신민당의 62명보다 배가 넘는 133명을 거느릴 정도가 되었다.[89]

온 파생물이었다.

89 두 당(민주당과 신민당)이 안고 있는 문제점은 실로 심각했다. 자유당 정권의 붕괴가 많은

그럼에도 그의 입장은 비교적 취약했고 지도력은 은근히 비판받고 있었으며, 그의 정권은 강력하고 무자비한 반대파벌들에 의해 끊임없이 고통을 받았다. 반대파들은 구체적인 쟁점이나 강령 혹은 이데올로기에 의해서가 아니라 파벌 싸움으로 여당에서 이탈했다는 이유 때문에 정부에 관한 한 어떤 문제든지 물고 늘어지고 공격재료로 삼았다. 결국 장면 정부의 통일성, 활력, 안정성이 사라져버렸다.[90] 이런 정치적 움직임을 옛날부터 습관화된 냉소적 시각으로 보고 있던 일반 국민들의 실망이 확산되었다.[91]

권력에 접근하기 위해 수단방법을 가리지 않는 뿌리 깊은 행태 역시 장면 총리의 일련의 인사정책 및 행정부의 내구력과 연속성을 훼손했다. 개각이 빈번하게 행해졌다. 최대한 많은 수의 추종자들에게 권력을 나누어주었는데도, 그들에게 금전적인 보상도 동시에 해주어야만 했다. 장면 자신은 개인적으로 청렴했지만 부패가 극성을 부렸다. 선거와, 그리고 국회에 의해 국무총리와 대통령이 선출되거나 인준됨으로써 부패의 골이 더욱 깊어졌다. 이승만 정권 아

군소정당을 창당하려는 1945년도 추세의 부분적인 재탄생을 가져왔다는 사실을 특히 유념해야 한다. 이 시기에 약 12개 정당이 만들어지기도 하고 없어지기도 했다. 하지만 그 가운데 어느 것도 주요 대형 정당으로 성공하지 못했다. 그중 가장 큰 정당이었던 사회당은 단지 민의원에 네 명의 의원(1.7%)을 진출시켰을 뿐이며, 그 시기의 좌익 공포를 감안하더라도 이전에 조봉암에 대한 지지표를 고려하면 확실히 초라한 성적이었다. 전체적으로 공산주의자들도 어떤 다른 좌파들도 혼란과 자유의 이점을 이용하는 성공을 거둘 수가 없었다.

90 예컨대 10월에 일부 야당의원들의 사주를 받은 학생시위대들은 전 자유당 고위직들의 단죄에 대한 장면 정권의 온건한 태도에 격렬한 공격을 퍼부은 후 국회에 난입하여 의장석을 점거하고 자유당원들을 응징하기 위한 소급입법을 하도록 농성을 벌였다. 1960년 12월 31일자로 된 「공민권제한법」 587호는 자유당 정권의 저명인사 690명의 공민권을 제한했다(1961년 2월 25일 자 법무부장관 발표). 이 '소급법에 저촉된 사람들'은 7년 동안 공민권을 행사할 수 없었기 때문에, 민주당은 그들의 반대 세력에게 합법적으로 권력에의 접근을 금지하고 있었던 셈이다.

91 1960년 9월 29일에 ≪한국일보≫가 실시한 여론조사는, 분파주의와 구태로 7월 이후 정부와 민주당의 인기가 내리막길을 걷고 있음을 보여주었다.

래서와 똑같이 탈세를 위한 증수회가 공공연히 행해졌다.[92] 1960년도가 끝날 즈음엔 국가예산안을 가결하기 위해 의원들을 매수해야 할 정도였다. 그와 같은 음성적인 재정상의 필요성이 특히 군부에 영향을 미쳤다. 예산안 가결을 위한 의원매수용 자금이 주로 국방예산에서 염출되어야 했기 때문이다. 군사쿠데타 때에 체포되어 그 후 재판에 회부된 민주당 각료들은 비교적 청렴했던 것으로 확인되었는데, 어떤 사람은 개인적으로, "수년간 권력에 굶주려오던 끝에 잡은 것이기 때문에 많은 민주당 정치가들이 축재하기 위해 동분서주한 것은 당연히 예상했던 일"이라고 술회했다. 한국의 국회는 그 시절에 얻은 나쁜 이미지로부터 아직도 벗어나지 못하고 있다.

　장면 정권은 공공치안 부문에서 가장 부실한 면모를 보였다. 경찰의 권위가 실추해버렸기 때문에 1945~1946년의 혼란과 유사한 상태가 되었다. 통제가 서서히 회복되기까지 폭력이 제 세상을 만난 듯 난무했다. 이승만 정권 말기 정도의 대규모 폭력도 아니고 정부가 뒤를 봐준 것도 물론 아니지만, 수적으로는 오히려 더 빈번했다. 중산층과 특히 하층민까지도 폭력배들의 횡포에 속수무책이었다. 절도사건도 만연했다. 도시 교외에서는 시민들이 낮에도 불안을 느끼고 밤엔 공포로 떨어야 했다. 4월 학생혁명의 놀라운 성공에 용기를 얻은 불만에 찬 모든 사람들이 자신들의 불만을 학생들처럼 쏟아놓으려 했다. 1961년 2월까지 하루도 시위가 없는 날이 거의 없었다. 4·19혁명으로부터 5·16쿠데타까지의 1년 동안에 약 2,000회의 시위가 있었으며, 약 90만 명이 참가한 것으로 추정되었다.[93] 그중 대부분이 소규모였고 위험한 시위는 적었다. 그리

---

92 외무부, 『한국 군사혁명』, 47쪽엔 다음과 같은 언급이 있다. "13명의 기업가들로 이루어진 한 무리가 관료들에게 거대한 액수의 뇌물을 먹여 공식적으로 인정한 탈세액만도 달러로 환산하여 3,344만 9,924달러에 달했다." 장면 총리의 기업가 친구에게 중석회사를 매각한 사건에 대해선, 《코리아 타임스》, 1961년 3월 22일 참조.

93 Stephen Bradner, "Korea: Experiment and Instability," *Japan Quarterly*, 8.4(Oct.-Dec. 1961), p.414 . 외무부, 『한국 군사혁명』, 65쪽은 1,835회의 시위에 96만 9,630명이 참가했

고 대부분의 신문들이 시위가 악화일로를 걷고 있다고 보도한 것과는 반대로, 장면 정권 최후의 3개월간은 정세가 오히려 개선되고 있었다.[94] 그러나 일반 국민들은 아직도 불안을 떨쳐버리지 못했다.

1961년 초, 일부 좌익이 몇 개인가의 유명 대학 학생층에 침투해 민통(民統), 즉 '민족통일 전국학생연합'이 결성되었다는 보도에 우려가 더욱 확산되었다. 민통 지도자들은 평화통일을 주장했고, 장면 정권 최후 몇 주 동안에는 북한 학생들과의 토론을 모색하기도 했다. 서울대학교 정치학부에 비교적 튼튼한 기반을 갖고 있던 민통은 장면 정권이 무너질 때까지 단지 몇몇 대학에서 조직되었고, 그 회원들은 좌경 학생단체 가운데서도 소수파에 속했다. 그러나 민통은 목소리가 컸으며 점점 세력이 불어났다. 서울에서 35마일 떨어져 있는 북한의 군사력, 사회의 신경질적인 분위기, 이전의 좌·우파 간 적대감과 유혈에 대한 기억으로 인해 사회지도층이 좌파 세력의 위험 가능성에 비정상적으로 민감한 반응을 보였다.[95] 10월에 연세대학교에서 발생한 파괴적인 폭동에서는

으며, 하루에 7.3회 꼴로 시위가 있었다고 밝히고 있다. 한국 전체 대학생들의 약 절반인 47만 1,779명이 시위에 참가한 것으로 생각된다. 노동자들은 약 675회의 시위에 약 21만 9,303명이 참여했다고 한다. 『한국연감』(합동통신사 간행, 1966), 283쪽은 이들 시위 횟수를 대학생들의 경우 51회로, 그리고 고등학생들과 더 어린 학생들의 경우엔 총 11만 9,000명 참가에 117회로, 또한 노동자들의 경우엔 35회의 가두시위에 2만 명 남짓 참가한 것으로 크게 줄여 기록하고 있다. 시위에 대한 정의(定義)와 참가자 숫자는 불가피하게 조사기관마다 다를 수밖에 없겠지만, 합동통신이 밝힌 숫자는 당시 많이 벌어졌던 비(非)학생, 비노동자 시위(축첩에 반대하는 부인들의 시위 같은)를 모두 포함하는 것이 신뢰를 떨어뜨리고 있다. 다른 한편으로 브래드너와 한국 외무부가 계산한 숫자는 군사정권 지도자들이 느꼈던 '혼란이 민주당 정권의 특징'이라는 점을 과장하려는 군사정부 당국의 일부 경향을 반영하고 있는지도 모른다.

94 이 시기에 내가 근무했던 사무실(을지로 미 공보원)은 대부분의 서울 시위자들이 몰려드는 시청 앞 광장을 정면으로 내려다 볼 수 있는 위치에 있었다. 대개 1960년 5월 1일부터 1961년 2월 15일까지 나는 시위대의 함성소리를 듣지 않은 날이 거의 하루도 없었던 것으로 기억한다. 그 이후부터 군사쿠데타가 일어날 때까지는 시위(시청 앞 광장에서의)가 산발적으로 일어난 것 같다.

한국과 깊은 관계가 있는 저명한 미국인 총장대행의 저택이 파손되었기 때문에 지도층의 신경과민이 절정에 달했다. 공산주의자들이 사주한 분자들이 3월인가 4월에 반정부 폭동을 계획하고 있다는 소문이 퍼졌다. 3, 4월 두 달은 아무 일 없이 지나갔지만 끊임없는 불안이 저변에 감돌고 있었다.

이런 위협적인 불온한 움직임에 대해 장면 정부는 신중한 태도로 임했다. 그들은 독재와 경찰의 탄압에 맞선 자연발생적인 시위로 탄생한 정권이었다. 장면 정부는 학생들과 함께 대항해 싸워왔던 바로 그 독재와 경찰의 탄압이란 수단을 자기들은 사용할 정당성을 갖고 있지 않다고 생각했다. 정권 막바지에 가서야 단호한 성격의 신임 내무장관(김선태 무임소장관으로 추정된다. _옮긴이)의 입을 통해 치안확보 차원에서 「국가보안법」을 개정하거나 새로운 입법조치를 고려하고 있다는 말이 나왔다. 그간 「국가보안법」이 너무 물렁해 사회가 불안해졌다는 비난을 받아오던 차였다.

이승만 독재정권에 저항하여 인기를 모았던 신문들은 이제 자기들이 주장했던 민주적인 과정을 오히려 스스로 해치고 있었다. 신문과 각종 정기간행물의 숫자가 1960년 5월부터 1961년 5월까지 약 600개에서 약 1,500개로 격증했다. 그 가운데 상당수는 발행허가권을 매각해 돈을 벌 속셈으로 허가를 받은 후 아직 한 번도 발행을 해본 적이 없는 것들이었다. 거의 모든 신문과 정기간행물들은 센세이셔널하고 때로는 부정확한 정보를 마구 남발해 돈벌이에만 혈안이 되었다. 예를 들면, 기자가 한 번도 가보지도 않은 어떤 시골마을에 기근이 발생했다는 뉴스를 흘리곤 했는데, 실제 가서 확인해보면 그런 일이 없었다. 거의 모든 신문과 정기간행물들은 재정적으로 취약했다. 약간 좌경화한 편집방침을 가진 극소수의 출판물을 지원하는 자금이 일본의 조총련으로부터 흘러 들어오기 시작했다.[96] 좌익이건 아니건 간에 거의 모든 신문들은 장면 정권

---

95 루머에 의해 더욱 자극된 그 같은 민감성은 1961년 2월 23일 신현돈(申鉉燉) 내무장관의 언급에서 부분적으로 확인되었다.

이 민주주의의 틀 안에서 해결하려 고민하고 있는 문제에 대해 어떤 사려도 동정도 보이려 하지 않았다. 이들 신문들은 몇 세기에 걸쳐 변변치 못하게 나라를 다스린 과거의 여러 정부나 혹은 무자비하게 다스린 식민지정부에 대한 타고난 비판정신을 드러냈다. 신문이 칭찬을 하면, 뭔가 '아첨'을 하고 있는 것이 아닌가 하며 의심의 눈길을 보냈다. 이른바 비판은 발행 부수의 증가를 의미했다. 어떤 종류의 정치적 또는 재정적인 이익을 위해 제한도 원칙도 없이 싸우는 원자화한 사회 이미지가 신문 칼럼들에서 확대되고 왜곡되었다. 사회불안이 깊어갔다.

불신과 환멸이 동요를 일으키며 확산되어갔다. 1960년 12월 25일의 지방선거에서는 한국 역사상 최초로 도지사와 서울시장이 투표로 선출되었는데, 투표율이 평균 38.2%에 지나지 않았다. 그때까지의 다른 선거에서는 투표율이 전국 평균 82%에서 94%에 이르렀으며 도시에서도 최소한 70%는 넘었다. 정치적으로 활발한 서울 마포지구 선거에서는 유권자 11만 명 가운데 1961년 2월 10일에 투표한 사람이 겨우 3만 9,430명이었다. 이곳에서 1958년도 선거에서는 당시 인구가 1961년보다 적었는데도 투표자 수가 5만 5,409명이었으며, 그 가운데 4만 4,857명이 한 사람의 후보자에게 투표했다.[97] 겨우 몇 개월 전일인데도 벌써 이승만 정권의 독재와 탄압에 대한 기억이 흐려지면서 사람들은 그들이 쟁취했던 자유를 향유하기보다는 '무질서와 혼란'에 빠져드는 경향

---

96 1961년 1월 31일 자 ≪경향신문≫ 보도와 '≪민족일보≫ 사건' 재판기록 참조. 그리고 그 기록에서 인용한 1960~1961년의 ≪민족일보≫ 보도내용과 그 무렵 다른 신문의 이 사건에 대한 보도 내용 참조. 이 사건에 대한 다른 신문들의 보도는 매우 조심스러웠을 것이다. 왜냐하면 그 재판은 부적절한 재판절차로, 그리고 일본에 있는 핵심 증인의 법정 출두도 없이 진행된 아주 크게 날조된 것이었기 때문이다. 하지만 별개의 좌익 출처로부터 얼마간의 자금이 비밀리에 이 진보성향의 신문에 전달되었다는 상당한 혐의는 있다.

97 Oh, Kie-Chang(오기창), "Western Democracy in a Newly Emerging Eastern State: A Case Study of Korea"(unpub. diss., Georgetown University, 1963); *Report of the Central Election Committee*, pp.281, 433~434 참조.

이 있었다. 그 당시 사람들이 나누는 대화에 자주 등장하는 주제는 "긴장과 위험에 처한 한국에 민주주의가 과연 적당한 제도일까"라는 것이었다.[98] 장면 총리는 이런 의문에 동조하지 않았다. 그는 한국국민들이 "현재 헌법이 보장하는 여러 가지 권리와 자유를 향유하고 있다"라는 것을 자랑스럽게 생각했다.[99] 어쨌든 장면은 민주적인 의미에서 그의 시대와 사회를 앞서갔다는 평가에 의견이 일치하고 있으며 그것은 어느 정도 사실이다. 엄중한 보호영역 속에서 생활하고 있는 미국인들은 쟁취한 것에 대한 가치를 알고 있지만, 한국국민들이 느끼는 불안을 그대로 이해하기에는 아무래도 무리가 있다. 미국인들이 왓츠 (Watts) 폭동사건(1965년 8월 11~16일 로스앤젤레스 남서부 지역에서 발생한 흑인 폭동사건 _ 옮긴이) 이전에 가졌던 건전한 정신 상태는 그런 혼란에 의해 위협을 받지 않는 기반을 가진 더 안정된 사회에 합당한 것이다.[100] 아무튼 결론적으로 말해 이 무렵 한국사회에는 신뢰감과 확신이 거의 없었다. 장면 정권 시대 중간쯤, 8개 대학 3,000명의 학생들을 상대로 정부가 행한 여론조사에서, 장면 정권을 무조건 지지한다는 학생들은 겨우 3.7%에 불과했다. 51.5%는 당분간 관망하겠다는 태도를 보였다.[101]

솔직히 이 같은 여론조사 결과는 장면 정부를 좋게 보는 한국인들이 그리 많지 않다는 의미였다. 정부의 유능한 관리들은 재정개혁을 시작했고, 정치적인 논쟁을 무릅쓰고 재정적으로 건전한 환율을 추진했으며, 장기간 그 필요성을 인정해왔던 전력회사 통합을 실행했고, 그리고 정부로부터 거액의 보조금

---

98 비공식적으로 실시한 학생 여론조사는, 4월 혁명으로 얻은 성과에도 불구하고 한국의 민주주의를 불신하는 비율이 높게 나왔다. 가장 흠모하는 지도자로는 나폴레옹과 심지어 히틀러를 선택한 비율이 높게 나왔고, 에이브러햄 링컨은 낮게 나왔다.

99 ≪동아일보≫, 1960년 12월 8일.

100 이 시기에 한국의 고위 정치가들과 미국 대사관 관리들 사이에 많은 대화가 있었으며 이 대화에서 한국정치가들은 무슨 일이 벌어질 것 같다고 불안해했지만 미국 관리들은 그 불안요소의 근거를 대며 그들을 납득시키지 못했다.

101 ≪동아일보≫, 1960년 12월 28일.

을 받아온 국영 공익사업체들의 공공요금을 인상시켜 자립기반을 키워나가게 했다. 경제발전에 중점을 뒀던 것은 잘한 일이었다. 새로운 국가재건계획은 좀 더 큰 재건노력에 대한 기대를 높였다. 장면 정권 후의 군사정권은 이런 모든 계획을 실행해 나가면서 앞서 그것을 입안한 정권에 경의를 표했다. 그러나 이런 계획은 국민들이 참아내기 힘든 인플레이션을 유발하기 마련이다. 대부분의 개혁은 미국의 권고에 따른 것으로, 경제적으로는 의도가 좋은 것이지만 정치적으로 타이밍이 나빴다. 미국은 이승만 정권의 실패를 너무 오래 침묵으로 일관하다가 뒤늦게 정권 말기에 이르러서야 강력한 개혁조건을 내걸었는데, 4·19혁명 후의 혼란을 수습하느라 허우적거리고 있는 정권의 허약한 어깨 위에 또 다시 무거운 짐을 올려준 것이었다.

양원제 국회에서 토론이 툭하면 싸움으로 이어지거나 격렬한 상호비난의 난무로 모든 심의가 지지부진한 상태였기 때문에, 이런 개혁안은 단호한 결의를 가진 행정부가 나서서 민첩하게 행동해야만 국민들로부터 신뢰감을 얻을 수 있는 법인데, 그런 신뢰감을 심어주는 데 실패했다. 여론을 의식하지 않을 수 없는 내각의 고통스러운 신중성이 국가적인 개발에 꼭 필요한, 적절한 활력을 불어 넣어주는 능력을 잃게 했다. 각료의 경질 때 일어나는 혼란은 지도력이 취약하다는 인상을 주었으며 정치의 목표를 흐리게 만들었다.

다행히 시국은 위기로부터 벗어나 1961년 봄에는 상당한 기대를 걸 수 있을 정도로 호전되었다. 이승만 정권이 그렇게 오래도록 버티지 않고 또 그 정권에 대한 반발이 그토록 극단적이지 않았다면, 강력한 대통령제와 좀 더 소규모의 단원제 국회를 계속 유지할 수 있었을 것이다. 그리고 그런 틀 안에서 민주주의제도가 장면의 성품에 걸맞게 순조롭게 운영되었을 것이며, 이처럼 나라가 궁지에 몰리지 않았을지도 모른다. 그때도 민주주의제도에 대한 확고한 지지자들은 있었다. 그러나 당시의 '민주주의'는 오히려 분열을 촉진하고 확대시켜 권력을 아무에게나 공짜로 주는, 심약성과 우유부단의 이미지를 심어주는 꼴이 되고 말았다는 것을 부정할 사람들은 아마 드물 것이다. 당시의 혼란스러운 정세는 오히려 힘과 결단을 갈망케 했다. 이런 점에서 한국에서 민주주의란 과연 적당한 제도인가 하는 의문이 제기되었으며 그 답은 1987년 현재에도 아직 나오지 않고 있다. 민주주의에 의한 결집이 불가능하지 않을지는 모르지만, 그것이 요구하는 것들은 모두 엄격한 것들이다.

민주주의 회피: 군사정권하의 정치

쿠데타

한국의 민주주의 실험은 시작한 지 채 1년도 안 된 1961년 5월 16일 아침에 갑자기 중단되었다. 50만 명의 한국 육군 가운데서 약 250명의 장교들을 핵심으로 약 3,500명이 결행한 단기간의 거의 무혈의 군부쿠데타에 의해서였다.[102] 서울은 수시간 안에 점령되었으며, 다른 부대들, 특히 1군은 그 후 2, 3일 이내 굴복했다.[103]

---

102 5·16쿠데타의 주동자들에 관한 상세한 설명은 제13장 참조.

103 1군 사령관 이한림(李翰林)이 쿠데타를 지지한다는 강요된 성명을 발표한 것은 5월 17일 저녁이었다. ≪코리아 타임스≫, 1961년 5월 18일 참조. 그토록 작은 일단의 군인들이 그토록 신속하게 그리고 무혈로 정부를 장악할 수 있었던 이유에 대한 설명은 이 책의 범위를 벗어난 복잡한 주제이다. 군부쿠데타가 일어날 것이라는 소문은 어렴풋이 있어왔지만, 정확한 전모는 결행 직전까지도 드러나지 않았다. 당시 군 수뇌부의 쿠데타설에 대한 조사와 대처 노력이 불충분했으며 굼떴다. 미국의 정보기관은 한국에서의 쿠데타설에 대해 별 신경을 쓰지 않았다. 장면 정부는 온통 경제문제에 정신을 쏟고 있었으며, 정부 지도자들은 지쳐 있었다. 쿠데타설의 배경을 어렴풋이 알고 있었던 한 장관은 그 정보를 총리에게 말하지 않았다. 일단 쿠데타가 일어나자, 국군 수뇌부의 일부와 윤보선 대통령은 유혈사태를 피하려는 매우 강력한 본능이 발동되었다. 장면 총리는 수녀원으로 도피했고 결정적인 몇 시간 동안 연락이 두절되었다. 대통령은 부분적으로는 아군끼리의 교전을 피하기 위해, 부분적으로는 장면 정부에 대한 강한 혐오감 때문에 대통령으로서 마땅히 취해야 할 조치조차 취하지 않았다. 쿠데타에 대한 미국의 반대와 압력은 때마침 워싱턴의 모든 정

국민들에게는 아닌 밤중에 홍두깨 격이었다. 그간 쿠데타에 관한 풍설을 어렴풋이 들은 사람들은 극소수였으며, 그것이 성공할 수 있었던 것은 사전에 비밀이 잘 지켜졌기 때문이었다. 일반 국민들로선 그간 민주당 정부를 갈아치워야 한다느니 안 된다느니 하며 여론들이 구구했기 때문에, 이런 난데없이 나타난 후계정권에 대한 의견 역시 구구할 수밖에 없었다. 처음엔 충격을 받아 혹시 공산주의자들이 쿠데타를 주동한 것이 아닐까 하는 불안감마저 감돌았다.

쿠데타는 일부 군인들이 민주당 정권의 어설픈 통제력, 부패, 진취성 결여 등에 대한 비공산주의적, 아니 오히려 반공주의적인 반발이었다.[104] 그 핵심은 쿠데타의 주모자 박정희의 조카사위이며 쿠데타 모의 수개월 전에 퇴역당한 육군중령 김종필의 주위에 모인 10여 명 남짓 되는 대령, 중령들이었다. 그들은 그들의 사상적 선배들인 1930년대 초반의 일본 청년장교들(1936년에 2·26쿠데타를 일으키다 실패한 황도파 장교들 _ 옮긴이)처럼 문민정치를 혐오하는 메시아적이고 자기중심적인 애국주의 신봉자들이며, 직접적이고 극단적인 행동만이 세계를 개혁할 수 있다고 믿고 있었다.[105] 그들이 결행한 행위의 본질은 확고한 조직, 명확한 계획, 신속한 실천이었으며, 그리고 우선 첫째로 민주주의의 억제였다.

5월 17일 박정희 소장이 이끄는 30명의 중·대령, 준장들로 구성된 군사혁명위원회는 전국의 지배권을 장악한 후 국회를 무기한으로 해산하고 일제강점기 이후 처음으로 모든 종류의 정치활동을 금지시켰다. 혁명위원회는 여섯 가지

책입안자들이 쿠바의 피그스 만 쇼크에 매달려 정신이 없었기 때문에 심각하게 약화되어 있었다. 미국은 4월 16일에서 19일까지 화급한 피그스 만의 미사일 위기를 해결하느라 다른 문제들은 눈에 들어오지도 않았을 뿐 아니라 공연히 건드렸다가 '평지풍파가 될지도 모를' 어떠한 것에도 손대기 싫어하는 강한 정서에 빠져 있었다.

104 외무부, 『한국 군사혁명』, 38~43쪽.

105 다른 자료들 가운데서는 Yoshihashi Takehiko(요시하시 다케히코), *Conspiracy of Mukden* (Washington, D.C., 1963), pp.96~97 참조.

의 혁명공약을 발표했다. 이른바 반공, 미국과의 강력한 유대, '모든 부패와 사회악'의 척결, '새로운 도덕성'의 창출 및 '자력경제'의 확립이었다. 그리고 이 강령은, "이와 같은 과업이 성취되면 참신하고 양심적인 정치인들에게 정권을 이양하고 군 본연의 임무에 복귀한다"라고 약속했다.[106] 5월 19일, 혁명위원회는 국가재건최고회의로 이름을 바꾸고 이를 통해 국가를 다스리기 시작했다. 헌법은 한쪽 구석에 밀쳐두었다. 1961년 6월 6일, 국가재건최고회의는 「국가재건비상조치법」이란 것을 만들었다. 이 법은 본질적으로 헌법에 우선했으며 향후 행정, 입법, 사법의 3권을 국가재건최고회의에 부여한다는 내용이었다.[107]

민주당 정권의 통제가 느슨했던 데 반해 쿠데타 지도자들의 통제력은 의심할 나위 없이 강력했다. 장면과 그 휘하 지도자들 대부분과 측근들이 체포되었다. '부패'라는 마구잡이식 통칭에 연관된 정치인들은 모두 파문당했다. 6일 동안에 2,014명인가가 체포되었다. 그해 여름이 끝날 때까지 1만 7,000명의 공무원과 2,000명의 군 장교들이 체포되거나, 강제퇴역을 당하거나 했는데 그 가운데 1만 3,300명은 쿠데타 이후 수주 이내 그런 처분을 받았다.[108] 시위는 엄금되었다. 진짜 공산주의자들로 의심받은 민통의 학생지도자들을 포함해 조금이라도 의심이 가는 사람들은 모조리 체포되었다. 그들의 죄의 유무는 일단 체포해서 조사한 후에 가리겠다는 식이었다. 범법자와 폭력단 소탕작전이 벌어져 1만 3,387명을 잡아들였다. 교통관계법이나 통금위반자도 체포되었다. 사치금지령을 내려 커피 마시는 것까지 단속했으며, 단기간이었지만 나이트클럽에서 춤추는 것도 금지했다. 서울에서 발행되는 64개의 일간지 가운데 49개가 폐간

---

106 외무부, 『한국 군사혁명』, 2~3쪽. 또한 C. I. Eugene Kim, *Korea: A Pattern of Political Development* (Ann Arbor, 1964), pp.163~164 참조.

107 이 「국가재건비상조치법」의 번역문은 W. D. Reeve, *The Republic of Korea: A Political and Economic Study*, Appendix I, pp.179~185에 있음.

108 The Secretariat, Supreme Council for National Reconstruction, *Military Revolution in Korea* (Seoul, 1961), p.81.

되었고, 전국에서 1,573개에 이르는 일간신문, 통신사, 주간지, 월간지 기타 공공을 위한 정보매체 가운데서 1,170개가 국가재건최고회의 포고 제11호 및 공보처 명령 제1호에 근거하여 등록이 취소되었다.[109] 통제를 받는 신문과 라디오 방송국들은 국민들로 하여금 종전의 불안이 이제는 안정감과 신뢰로 바뀌었다고 느끼게끔 나발을 불어댔다.

젊은 영관급 장교들은 민주주의를 경멸하고 정치활동에 적의를 보였다.[110] 옛날에 한국을 지배했던 군인들, 이른바 1910~1945년의 일본 장군들처럼 그들은 토론이 행동을 옆길로 빠지게 하고 투표가 행동을 지연시킨다고 믿었다. 부패했던 정치를 정화하면 선량한 시민들은 질서 있고 잘 기획된, 국가가 주도하는 발전된 생활을 당연히 할 수 있다는 것이다. 국회의 무용성과 끝없는 토의의 무의미성이, 사적 모임 또는 때때로 공적 장소에서 젊은 영관급 장교들이나 그들의 동조자들의 대화 주제가 되었다. 시민적 권리는 이승만 시대보다 훨씬 더 축소되었으며, "혁명의 목표달성에 상반하지 않는 경우에 한해서"만 보장되었다. 1962년 3월 「정치정화법」에 의해 민주당 정권 시절의 정치가 4,367명의 정치활동을 약 6년간 금지한다고 발표했다. 군사정부는 그 뒤 정치활동에 참여하기 위해 허가신청을 내게 하는 방식으로 금지령을 약간 완화시켰을 때 신청자들에게 '카노사의 굴욕(Walk to Canossa)'을 강요했다. 1963년 정초 수주일 동안에 그간 정치활동을 금지 당한 사람들의 약 3분의 2가 신청을 했고, 이에 정부는 동년 2월 27일 신청서를 내지 않은 사람들을 포함해 200명을

---

109 C. I. Eugene Kim, *Korea: A Pattern of Political Development*, p.164. '통신사' 대부분은 전부터 경영이 어려운 상태였다.

110 하지만 일반 민중의 민주주의에 대한 신념과 군사통치를 수용할 수 있는 전통의 전적인 부재는 민주적 원리를 떠받치는 외부적인 조건을 강요하게 했다. 외무부, 『한국 군사혁명』, 2~3쪽엔 이렇게 씌어 있다. "한국에서 민주정치의 일시정지는 민주주의 원리의 영구적인 절멸을 의미하지 않는다. 현 정부 지도자들과 국민들 모두 가능한 한 빨리 합헌적인 문민정부를 세울 결심을 하고 있다. …… 불행히도 …… 지금까지 이 나라에 진정한 민주주의가 존재한 적이 없었다."

제외한 모두에게 금지령을 해제함으로써 그 힘을 과시했다. 나머지 200명도 몇 사람을 제외하고는 그해가 끝날 때까지는 해제되었다. 이들 몇 사람은 금지령이 자동적으로 실효된 1968년 8월까지 계속 묶여 있었다. 군사정부는 정치를, 이승만을 생각나게 하는 다소 통속적인 표현으로, '국민들의 소망과 의사'를 잘 아는 행정관이 신중한 행동으로 통치하는 과정으로 생각했으며, 그런 근거에서 자신들은 부패와 혼란을 '정화'시킬 자격이 있다고 믿었다. 이런 확신의 엄격성은 그 후 상당히 완화되었지만, 1987년 현재도 도처에 살아 있다.

사법부도 유사한 참회를 강요당했다. 정부는 쿠데타에 참가한 박창암(朴蒼岩) 대령(훗날 그 자신도 체포되어 고문을 받았다)을 수장으로 하여 장교들로 구성된 혁명검찰부를 설치했다. 박창암은 "쿠데타의 목적이 달성될 때까지" 머리를 삭발했다. 혁명검찰부의 기소로 군사법정이 취급한 범죄건수가 점점 불어났는데, 혁명 이전인 1960년에 1만 80건이던 것이 1961년엔 2만 219건, 그리고 1962년엔 3만 5,044건이 되었다. 재판의 내용은 이전과 동일했지만 그 방법은 훨씬 탄압적이었다.[111]

지방자치제와 지방분권이 다시 희생되었다. 혁명 직전에 치른 지방선거의 결과는 무효처리되었으며 새 선거는 시행되지 않았다. 서울과 인구 15만 명 이

---

111 한때 구속되었다가 무죄로 석방된 한 상급 장성은 곧 아주 동일한 혐의로 재판을 받고 전역했다. 그의 변호사가 판사에게 일사부재리의 원칙이 있는데 왜 동일범행에 두 번 재판하느냐고 물었을 때, 판사는 이 물음에 대한 대답을 들으려면 재판이 끝난 후 자기가 개인적으로 그에 관해 말할 때까지 기다려야 할 것이라고 답했다. 군법회의에 관한 법률에 강박에 의해 얻은 증거는 받아들일 수 없다고 규정되어 있지만, 정진(鄭震) 대령과 김동하(金東河) 중장에 대한 재판에선 분명히 고문으로 얻은 증거를 받아들였다. 군사법정은 "설사 피고들이 고문을 당했다 하더라도 …… 그들의 전직과 전력을 감안할 때 그들이 허위자백을 했다고는 믿기 어렵다"라고 판시했다. 재판에 가한 정부의 압력에 대한 추가 증거는 제1차 '인혁당' 사건을 처리한 내용을 보면 알 수 있다. ≪코리아 타임스≫, 1964년 9월 13일 자 보도 참조. 『한국연감』(합동통신: 서울, 1966), 285쪽엔 1961년 7월 29일부터 1962년 5월 10일까지 혁명재판소 단독으로 679명을 재판했으며, 이들 중 324명이 항소했다고 기록되어 있다.

상 도시의 시장과 도지사는 최고회의의 승인을 거쳐 내각이 임명했다. 그리고 그 외 모든 지방행정구역의 장은 도지사가 임명했다.[112] 장성들이 즉각 도지사로 임명되고, 다른 장교들, 거의 대령들이 주요 도시의 시장으로 임명되었다. 새 왕조가 시작할 때 모든 재산을 다시 배정하는 14세기 말의 옛 중앙집권적 경향이 자유당 시대의 부당이득자들을 처벌한 민주당의 조치에 의해 재확인되었으며, 군사정부에 들어와 '부정축재자'를 처벌하는 엄격한 조치에 의해 다시 부활되었다. 경제범들을 잡아들이기 위해 감찰위원회가 설치되었다. 다수를 체포한 데 이어, 8월이 되자 27명의 기업가들이 약 3,700만 달러를 국가에 헌납했다고 발표했다. 이 헌납은 10월에 '국가재건' 공장에 투자하는 것으로 정정되었다. 이런 과정 자체가 오히려 부패를 조장하는 결과가 되었다. 특히 기업들로부터 비밀리에 중앙정보부 활동비를 뜯어내는 경우가 그러했다. 1961년 9월 25일 군사정부의 감찰팀 전원이 수뢰혐의로 체포되었다.[113]

군사정권의 중간 평가

통제하고 지휘하는 능력 면에서 청년장교들의 실험은 훌륭했다. 제7장과 제9장에서는 군사정권이 '자문기관(최고회의)'의 운영지연을 용인하지 않으면서 어떻게 그 조직을 활용했는지, 그리고 거대한 중앙정보부가 김종필의 지휘 아래 어떻게 '자문기관'을 통제하게 되었으며, 또한 어떻게 공직자 추방으로 공석이 된 수천 개의 빈자리마다 얼굴을 내밀어 그걸 메우는 기동성을 발휘했는지를 설명했다.[114] 정권 찬탈 후 첫 2년간 발생한 최대의 위기는 중앙정보부가 지나치게 엄격하게 통제권을 행사한다는 문제를 둘러싼 내부의 파벌투쟁이었

---

112 W. D. Reeve, *The Republic of Korea: A Political and Economic Study*, p.152.

113 ≪뉴욕 타임스≫, 1961년 10월 8일 참조.

114 중앙정보부 자체가 지지자들로 채울 수천 개의 빈자리를 갖고 있었으며, 모든 정부부처에의 취직을 알선했다. 예를 들면, 1962년에 25명의 전직 장교들이 정보부의 알선으로 외무부에 들어갔다.

다. 그 밖에 다른 위기는 없었고, 사회의 낡은 방식들이 찬탈자들에게 도움이 되었다. 서슬 푸른 군부를 거부할 만한 결집력을 가진 강력한 집단이 없었으며, 효과적인 저항의 중핵이 될 만큼 충분한 기반을 가진 집단도 없었다. 타격을 받은 상류층의 반감이 확대되긴 했지만 산발적인 것에 지나지 않았으며, 중앙정보부는 분산된 이런 불만분자들이 결집하지 못하도록 감시의 눈을 게을리 하지 않았다. 중앙정보부는 수천 명 내지 수만 명의 앞잡이들 또는 스파이들을 잘 활용하면서 효과적으로 국민들을 통제했다. 그러나 정보부의 감시활동을 용이하게 한 것은 사회 그 자체였다. 한국사회는 원칙 같은 것은 아랑곳하지 않고 위험도 불사하며 권력을 잡고 있는 어떤 정권에 대해서도 순응하는 데 익숙해져 있기 때문에, 대부분의 한국인은 과거 일본인과 미국인에게, 그리고 이승만 내지 장면 정권에게 했던 것과 똑같이 쿠데타 정권에게 비교적 쉽게 스스로를 조화시켜 나갔다.

그럼에도 이런 종류의 통제는 장기적으로는 국민들의 일치된 반발에 직면하기 마련이며, 그리고 국민적 합의에 의한 이승만 정권의 전복이 국민폭발로 이어지는 퓨즈를 짧게 만든 것 또한 사실이었다. 군부가 이처럼 두각을 나타내게 된 것은 한국의 문화적인 바탕에서 성장한 임의적인 국내적 작용이 아니고, 전쟁을 계기로 한국군에 대한 미국의 지원이 그들을 우수한 집단으로 만들었기 때문이다. 국민 전체가 바라지 않는 소수파에 의한 쿠데타가 군부의 정권 탈취로까지 발전한 것이다. 어떤 집단도 군부쿠데타에 대한 반대 세력을 효과적으로 결집시킬 수가 없었다. 다시 말해 아직도 진정한 변화를 가져다줄 정도로 충분한 견인력을 가지고 개혁과 지도력을 전 국민들에게 받아들이게 할 수 있는 지지기반이 없는 것이다. 사실 군사정권의 개혁은 실패를 거듭하면서 진행되었다. 긴장이 팽팽한 최고회의로부터 간단없이 법률들이 쏟아져 나왔다. 매주 열리는 회의 때마다 이상적인 명칭으로 된 새로운 법률들이 마치 개구리가 알을 쏟아 내듯이 줄줄이 흘러나온 것이다. 중앙부처에서 면사무소에 이르기까지 군대식 일람표가 모든 벽면을 장식했으며, 놀란 나머지 눈을 크게 뜨고 있는 문민관료들은 매일 브리핑에 출석하는 영예를 얻었다. 이런 개혁은 좀 더 작은 단위나 균질적인 지휘계통에는 먹혀들지만, 군부와 군부의 조치들을 속으로는 가소롭게 생각하고 있는, 또한 그들에 대한 어떤 도덕적 존경심도 갖고 있지 않은 문민 세계에서는 실패를 거듭할 수밖에 없었다. 1963년 2월 18일 박정희는 그의 개혁이 실패했고 군부에 의한 '혁명'이 달성되지 못했음을 공식적으로 인정했다. 그는 정권을 여름까지 민간인들에게 넘기고 자신은 거기에 참여하지 않을 것이라고 말했다.

번의

1963년 3월 16일, 중앙정보부와 젊은 영관급 장교들의 강력한 압력으로 민정이양 결정이 번복되었다. 그러나 집권을 계속하기 위해서는 분명히 더 폭넓은 지지기반이 필요했다. 파벌 간의 알력과 군부 내의 반혁명 움직임 등을 외부로 방출시킬 통로가 절실했다. 군부 내의 파벌만으로는 안정을 가져올 권력기반으로서는 너무 협소했다. 외국으로부터의 압력 또한 끊일 새가 없었다. 1961년 여름 이후 미국은 정권을 민간 정치인들의 손에 넘겨주는 확실한 약속을 원조의 부대조건으로 삼았으며 유엔한국위원회도 비슷한 요구를 했다.[115]

권력구조를 확대하기 위한 준비 작업으로 1962년 12월에 새 헌법을 만들었다. 이 헌법은 의회의 승인 없이도 국무총리나 각료를 임면할 수 있는 권한을 가진 강력한 대통령중심제를 부활시켰으며, 대통령 선거를 1년 이내 시행해야 한다는 규정을 두었다. 또한 국회도 약체인 단원제였으며, 의석도 233석에서 175석으로 줄었고, 국가재건최고회의가 제정한 기본적인 법률을 국회가 개정하는 권한을 갖지 못하게 했다. 제36조 3항은 무소속의 입후보를 인정하지 않았고, 또한 제38조는 "당을 이탈, 또는 당적을 변경할 경우에는 의석을 잃게 된

---

115 Carl Berger, *The Korea Knot*, rev. ed.(Washington, D.C., 1964), pp.208~209. 또한 ≪뉴욕 타임스≫, 1961년 6월 13일.

다"고 규정했다.[116] 이 헌법은 1962년 12월 19일 국민투표에 부쳐져 투표자의 78.8%의 찬성으로 비준되었다. 이 국민투표는 헌법의 정당화를 위해서는 현명한 방법이었지만 당시의 정세에서는 거의 의미가 없는 짓이었다. 12월 27일 박정희는 국가재건최고회의 의원들도 국회의원에 입후보할 수 있으며 정부는 정당을 결성할 계획이라고 발표했다. 1963년 1월 정치활동금지령이 선별적으로 해제되었다.

정치활동이 전면 금지되었던 1년 동안 비밀리에 만든 여당이 갑자기 그 위용을 드러냈다. 선거법과 많은 규정들이 시행되었다. 과거의 선거구는 통합되었고, 과거의 정치가들이 같은 선거구에 입후보하여 서로 겨루는 바람에 새로 입문한 정치지망생들에게 더 큰 기회가 주어졌다. 비례대표제가 도입되어 175석 가운데 44석은 3개 이상의 선거구에서 승리하든가 또는 투표자 수의 5% 이상을 득표한 당대표에게 할당하게 되어 있어 각 당은 득표비율에 따라 의석을 '배분'받게 되었다. 이리하여 지역구 기반이 약한 후보도 기회를 얻게 되었으며, 분열된 정당은 약체화하고, 승리한 당의 마진이 커지게 되었다. 일부 군사정권 지도자와 그들의 가족들이 과거에 공산주의에 연루된 일이 있었기 때문에, 중앙선거관리위원회는 9월 18일 대통령 비방죄를 새로 해석하여, 선거에서 "어떤 사실도 공공연히 지적하는 행위"를 금지시켰다. 많은 야당 지도자들이 아직도 「정치정화법」에 묶여 있었는데도 야당들이 결성되었다. 정치자금에 대한 엄격한 제한은 여당 후보자들보다도 주로 야당 후보자들에게 적용되었다.[117] 중앙정보부는 그들 부처로부터 입후보한 많은 후보자들을 물심양면으로 지원했을 뿐 아니라 반대당에 스파이들을 잠입시켜 단결을 저해하거나

---

116 이 헌법과 이 시대 다른 중요한 법률을 영문으로 수록한 책인 *Laws of the Republic of Korea* (Seoul, 1964)를 한국법률센터로부터 구할 수 있었다.

117 Kim, Kwan-bong(김관봉), "Politics in Korea: Report of a Young Man"(unpub. MS, University of Pennsylvania, 1965), p.28에 이때의 여러 선거규제 사례들이 나온다. 김관봉 자신이 중앙정보부 직원 출신으로 여당 입후보자였다.

혹은 표를 분산시키기 위해 야당 사람들을 여당보다 더 많이 입후보하도록 거액의 자금을 뿌렸다. 선거운동 기간은 겨우 30일밖에 인정하지 않았다.

이리하여 '질서 있는' 그리고 신중히 관리된 대통령 및 국회의원 선거가 1963년 10월과 11월에 치러졌다. 대통령 선거에서 투표자의 과반수(53%)가 야당에 표를 던졌지만, 야당표가 분산되어 여당 후보인 박정희가 46.5% 그리고 야당 후보인 전 대통령 윤보선이 45%를 득표했다. 마찬가지로 11월 의회선거에서도 여당인 민주공화당이 총 투표자 수의 겨우 32%(투표율은 72%였다)를 득표했는데도 88석과 비례배분에 의한 22석을 획득, 175석 중 110석이라는 과반을 훨씬 넘는 의석(63%)을 차지했다. 단합이 안 되면 대가를 크게 치를 것이라고 신문에서 매일 경고했지만, 결국 야당은 거의 모든 선거구에서 복수의 후보자를 냄으로써 사실상 자살행위를 한 셈이 되었다. 정부에 저항력을 가진 자연발생적인 중심지가 없이 동질적인 사회 안에서 작동하는 유동성 패턴이 정부에게 승리를 안겨준 것이다. 대체로 경찰의 개입이나 탄압, 부정투표 등이 자행되지는 않았다. 선거는 기술적으로는 자유로웠다. 자유는 이제 조직과 계획, 음모와 책략에 의해 조작되는 기교적이고 관리적인 것이 되고 말았다. 새로운 민주주의를 냉소적인 분위기가 위협했다. 이런 냉소는 불행히도 1967년 5월 3일과 6월 8일의 선거에서도 불식되지 않았다. 5월에 박정희 대통령은 윤보선 후보보다 공정하게 116만 2,000표를 더 획득함으로써 서서히 인기가 올라가고 있음을 보여주었다. 그러나 6월의 국회의원 선거에서는 여당인 민주공화당이 야당의 45석에 비해 130석을 차지했는데, 야당은 선거부정을 비난하고 정부도 그것을 인정했다. 이 결과 야당은 등원거부로 국회를 마비시켰고, 이런 상태가 1967년 11월 말까지 계속되었다.

정치적 탈수상태

야당은 대중사회 안에서 자발적인 수단으로 결집해야 하는 불리한 입장에 있었다. 그들은 낡은 정치패턴을 극복하고 군사정부에 대해 크게 높아진 도시의 불만을 결집하고 구체화하는 것에 이상하게도 성공하지 못했다. 한심할 정도로 분열해 있던 민주당 '구파'는 윤보선을 필두로 41명을 의원으로 당선시켰다. 민주당의 핵심을 이뤘던 다수의 야전 출신 지주들은 그들의 후보를 내세우는 데 더 자유로운 입장이 되었다는 점 이외에는 특별히 내세울 만한 이유도 없이 윤보선이 이끄는 지도부를 멀리했으며, 자유민주당의 이름으로 군인 출신들을 내세워 9명을 당선시켰다. 그 대부분이 훗날 여당에 합류했다. 민주당 '신파'는 그들이 정권을 잡고 있을 때 구파의 반대에 골머리를 썩였기 때문에 구파와 단합할 수가 없었으며 13명을 당선시키는 데 그쳤다. 허정을 대표로 하는 또 하나의 야당 분파는 겨우 2명을 당선시켰다. 전 자유당 분파는 자유당을 재편성하여 후보를 내세웠지만 한 사람도 당선시키지 못했다. 1965년 5월에는 길고 긴 토론 끝에 야당 각파들이 언제 깨질지도 모르는 위태로운 단합을 이루긴 했으나, 한·일조약 반대에 어떤 전술을 구사할 것인가를 두고 대립한 끝에 다시 거의 분열 위기에 놓이게 되었다. 격렬한 토론을 거친 후 의원직 사퇴라는 극단적인 방법이 채택되었다. 1965년 8월 거의 모든 야당의원들이 의원직 사퇴서를 제출했다. 야당에 대한 국민들의 지지가 서서히 줄어들었다. 주요 야당 세력들이 혹독한 어려움을 겪은 끝에 1967년에 재통합했지만, 그해 6월 선거에서는 9개의 야당 각파들이 제각각 후보자를 내세우는 바람에 1963년 선거 때보다 크게 의석을 잃었다. 1956년부터 1960년까지 보여줬던 종류의 야당 부활을 일궈낼 강력한 새 지도자는 1968년에도 나타나지 않았다.

여당인 민주공화당의 당 운영도 야당보다 크게 낫다고 하기는 어려웠다. 공화당은 겉보기엔 통일되어 있는 것 같았지만, 안으로는 김종필을 위시한 중앙정보부 출신 세력과 이에 반대하는 세력의 알력으로 사실상 부분적으로 기능 부전 상태에 빠져 있었다. 헌법상 국회도 정당도 큰 권력을 가질 수 없었기 때문에 이런 때 회복력이나 적응력을 발휘할 수가 없었다. 국회는 자문 또는 일부 감시 권한을 갖고 있었지만 검열관 이상의 역할이 아니었다. 어느 정당도 1956~1960년의 자유당과 민주당이 가졌던 전국적인 영향력을 이젠 가지지 못했다. 토론문화가 점점 쇠퇴했으며 행동을 대신하는 역할이 저하되어갔다. 학생들과 같은 적극적인 집단들은 이젠 정당이나 국회를 국가 안에서의 효과적인 의사전달 통로로 보지 않았다.[118] 그 결과 한국과 일본의 국교정상화라는 큰 이슈가 1965년 여름까지 고질적인 가두정치를 몰고 왔으며, 때로는 학생들의 유혈시위로까지 번졌다.[119] 이 시위는 1967년 6월의 선거에 대한 반동으로 재연되었다. 이런 문제를 해결할 정치적 수단이 없었기 때문에 정부는 그간 중강시켜온 경찰력을 사용하려는 유혹에 점점 끌려갔다. 때마침 미국의 강력한 지원 아래 베트남 방위를 위해 약 4만 5,000명의 군대를 파견한다는, 정치적으로도 경제적으로도 이익이 큰 결정을 내리게 되었는데, 이것이 1965년 마지막 수개월 이래 뚜렷한 안정요소가 되었다. 그러나 정치적 안정은 필경 표면적 현상에 지나지 않았으며 앞으로 다시 폭력사태가 일어날 가능성이 완전히 사라진 것은 아니었다.

요컨대 과거 식민지 조선의 발전을 위해 일본이 내세웠던 방식, 이를테면 관료주의, 경제중시, 군대식 효율성, 탈정치화, 그리고 엄격한 반공주의를 근간으로 하는 지배가 수정된 형태로 박정희 정부에 의해 다시 강요되었다. 기획입안 기능의 중시와 1961~1963년에 정부가 주창하여 전국적으로 전개한 재건국민운동 같은 것은 1930년대의 것들과 흡사했다. 관료들은 입법부의 감시 등에는 거의 방해를 받지 않았던 옛날 식민지 시대 방식으로 업무를 처리했다. 부패는 억제기능이 줄어들었기 때문에 다시 극성을 부렸으며, 1967년 대통령 선거전의 주요 쟁점이 되었다. 국가재건을 위해 군사정권이 실시하려 했던 많

---

118 사회과학 전공 대학생 377명을 대상으로 한 최근의 설문조사에서 86%가 한국과 서구의 문화적 차이 때문에 한국에는 서구식 민주주의가 어울리지 않거나 부적당한 것으로 답했다. Robert Scalapino, "Which Route for Korea," *Asian Survey*, 2.7(Sept. 1962), p.2.

119 ≪코리아 타임스≫, 1965년 4월 20일. 한·일 국교정상화 반대시위는 1964년 5월과 6월에 정권을 위협했으며, 1965년 4월과 8월 두 달 모두 서울에 심각한 불안을 조성했다. 이때마다 몇몇 주요 대학들이 임시휴교조치에 들어갔다.

은 긴축조치가 무의미해졌다. 군사정부가 내세운 '새로운 모럴'은 설사 한때 존재했다고 해도 이미 소멸해버렸으며, 경제에 대한 기대와 성취만이 부르주아 계급의 사기를 되살렸다. 효과적인 정보전달 수단과 효율적인 대의제 수단을 갖지 못했다는 것은, 반대가 어느 정도로 확대될 것인지, 또는 장기적인 파괴가 어느 정도 범위가 될 것인지를 측정할 수단이 없음을 의미했다.

여당도 야당도 정치적 해결책을 안출해내지 못했기 때문에 사회적 불안을 해소하기 위해 강화된 경찰, 중앙정보부, 그리고 군부가 정치 대신 활용되어야 했다.[120] 그러나 1965년부터 1971년 12월까지 이 같은 체제는 비록 늘 원활했던 것은 아닐지라도 꽤 안정적으로 운영되었다. 당시의 정치제도는 일본과의 협력이라는 큰 정치문제에서 파생되는 긴장에 대체로 잘 견뎌냈다. 하지만 남북통일이라는 문제에도 잘 견뎌낼지 어떨지는 알 수 없었다. 1967년 6월의 선거부정으로 인해 야당에 의한 그해 가을의 긴 등원거부는 정부의 과도한 권력행사를 억제하는 데 기여하기는커녕 오히려 정상적인 정치발전을 저해했다. 1971년 12월 6일부터 1972년 10월에 걸쳐 박정희 대통령이 다시 한 번 정치체제를 더 간략하고 효율적인 것으로 만들기 위해 일련의 가혹한 조치를 취한 것은 한국의 정치제도가 아직 신념을 고취시키기에 너무 체질이 허약하고 발전되지 못했다는 증거를 보여준 것이었다.

한편 옛 식민지 시대에 일본이 자만한 것 중 하나였던 경제적 성과는 이젠 박정희 정권의 자랑이 되었다. 행정을 방해받는 일이 전보다 훨씬 덜했기 때문에 정부는 정책의 실시나 계획을 더 빨리 더 탄력적으로 수행할 수 있었다. 전통적인 문민관료들과 그리고 1975년까지 박정희의 탁월한 '우선순위에 대한 직관력'에 대부분 의존함으로써, 행정부는 입법부와 사법부보다 훨씬 눈부신

---

120 1965년 10월 초순 정부는 국내치안을 확보하고 공산주의자들의 침투 위협을 저지하기 위해 경찰관 수를 3,000명 늘려 총 3만 8,000명이 되게 할 것이라고 발표했다. ≪뉴욕 타임스≫, 1965년 10월 24일. 많은 관찰자들은 실질적인 경찰력이 이미 이 숫자를 넘어선 것으로 추산했다.

성과를 거두었다. 울산공업단지와 창원기계공단 및 일부 중화학단지 같은 대규모 프로젝트는 부분적으로는 계획을 지나치게 서두른 점도 있었지만, 그러나 그런 것들은 다루기 어렵고 잔소리가 심한 국회의 심의를 거쳐 점진적으로 추진하는 프로그램들보다 훨씬 과단성 있는 이미지를 고취시키고 국가적인 이익을 상징하는 경향이 있었다. 1965년부터 20년 동안 경제적인 보상과 가치가 정치적인 것을 점점 대신하기 시작했다. 그것은 식민지 시대의 정부가 노렸던 것과 똑같은 것이었다. 인플레이션과 부패가 공무원들의 급료를 상회하고, 관료기구를 경제계의 매수대상이 되게 했지만, 그런 것이 경제계로의 경사를 재촉해 젊은이들로 하여금 정부 관리가 되기보다 경제계에 투신하는 것을 선호하게 만들었다.

경제계에서 이익집단이 점점 늘어났고, 일부 공업 및 상업 제국(기업)들이 크게 성장하게 되었는데, 이들이 현재까지 한국인들이 한반도에서 만들었던 가장 강력하고 영속적인 기관들과 같은 부류에 들어가게 되었다. 정치적 이익집단들은 뒤처지고 있었다. 만약 안정이 유지된다면, 1920년대 후반의 일본의 경우처럼 보수정치 속에서 거대기업들이 주도권을 잡는 일이 벌어질지도 모르겠다. 언젠가는 이런 경향에 대한 자연적인 반발로서 이 집단들을 허물어뜨리고 중립주의에 의한 통일을 주장하는 강력한 사회주의 정당이 생길 가능성도 있을 것이다. 일본과의 전면적인 국교회복에 관한 협정은 1965년 12월에 조인했는데 위에서 말한 두 가지 경향을 강화시킬지도 모르는 큰 일보를 내디뎠다고 할 수 있다.

한국사회와 정치의 근원적인 패턴이 장기적으로는 개선이 가능해 보인다. 한국적인 상황에서 자유민주주의의 발전에 관심을 가진 사람들로서는 민주주의가 온갖 난관을 극복해가며 한국적인 정치패턴에 확실히 뿌리를 내려 적응하기 전에 인위적으로 전복된 것은 불행한 일이다. 그러나 군사정권이 민주주의를 아주 소박한 형태로 만들어 대충 그 원칙을 흉내 냈다고는 하더라도 그들이 민주주의가 진정으로 필요하다는 것 자체를 인정했음은 분명하다. 1885년부터 1910년까지와 1945년부터 1961년까지 한국이 겪은 두 경험이 똑같이 개인 또는 중간 단계의 결집을 방해하고 리더십과 정부의 안정강화를 저해하는 정치적 집중이라는 소용돌이 패턴이 있음을 보여주었다. 그와 같은 패턴은 대중사회의 여러 규약들을 영속화시키고 다원적인 근원의 창조와 개발에 필요한 전문가주의의 확립을 방해한다.

군사정권은 중앙집중화를 고집함으로써 소용돌이 패턴의 한국정치가 갖는 문제의 깊이를 측정하는 데 실패했다. 그러나 군사정권은 '대중'민주주의의 파괴력도 어느 정도 인식했다. 군사정권은 오히려 고압적으로 비정치화를 실행하여 경제와 상업의 발전에 좀 더 중점을 둠으로써 제도의 다원성과 그런 제도가 만들어내는 가치를 강화시키는 조치를 취했다. 1885년부터 1910년까지와 1945년부터 1961년까지의 각각의 시기에서도 한국이 이런 결과에 이르는 좀 더 자연스럽고 정치적으로 연속된 길을 발견하지 못했다는 것은 불행한 일이다. 그러나 이 두 경우에도 결과적으로는 다원주의가 필요했던 것이다. 다원주의를 처음 만들어내는 세력이 아무리 반자유적이라고 해도, 소용돌이는 다원주의의 기반 위에서만 진정될 수가 있으며, 대의제에 의해 자유로운 민주주의가 번영하기 시작하는 것이다.

좀 더 가까운 장래에는 이 같은 불만과 정치적 긴장으로 먹구름이 끼게 될지도 모른다. 그러나 더 먼 관점에서 보면 큰 희망이 없는 것은 아니다. 발전도상국에 으레 상존하는 여러 정치적인 문제점들에 비춰볼 때 한국은 많은 유보조건에도 불구하고 비교적 만족스러운 상황이라 할 수 있다.

아직 얼버무리고 있는 민주주의: 박정희·전두환 체제

패턴의 영속성, 1967~1987
이 책의 초판이 나온 후 20년 동안 한국의 정치는 남북한 어느 쪽에서도 거의 대부분 근본적인 내용의 변경 없이 외형만 변화해왔고 소용돌이 패턴의 특징 역시 조금도 약화되지 않은 채 계속되어왔다. 실제로는 정치가 소용돌이 패턴을 서투르게 모방해왔다. 권력은 계속 꼭대기에서 장악하여 교묘하게 관리하고 조종하였다. 남한의 경우, 한때 학생투쟁 집단을 떠났던 재능 있는 학생들이 계속 새 회원으로 가입하고 있었는데, 그들에게 주목할 만한 예외가 있다면 별도의 과격파 집단을 만드는 일을 대부분 그만두었다는 점일 것이다. 지방자치는 여전히 공약으로만 남아 있었으며 심지어 1988년 올림픽 개최 이후에 자치를 실시한다는 계획을 발표할 때마저 대부분 망설임과 열정 없는 내용으로 채워졌다. 정치적으로 새로운 뿌리가 내리지 않았을 뿐 아니라, 기존의 뿌리마저 사회의 크게 증가한 유동성으로 인해 더욱 약화되었다. 사실상 1987년까지는 정치적 뿌리가 깊어지는 것을 의도적으로 회피해왔다고 해야 할 것이다. 정당들은 계속 상의하달 방식으로, 때로는 엄명에 의해 만들어졌으며, 설사 그들이 결집하기 위해 더욱 필사적인 노력을 기울였다 해도 노력하기 이전보다 더 큰 난관에 부딪쳤을 것이다. 문제가 되고 있는 지역감정은 오래 전에 고향을 떠나 서울로 온 정치지도자들에 의해 증폭되었다.

한편 전보다 더 강화된 권력의 중앙집중화는 전부 아니면 전무, 승자가 모든 것을 차지하는 필사적이고 양보 없는 정치게임을 낳았다. 그러나 한국인의 특징을 더 잘 반영하고 있는 것은 이런 정치게임보다도 앞서 여러 장에서 서술한 바와 같이 한반도에서 권력과 선취권이 항상 모든 걸 움켜잡는 승자독식의 중앙집중화 구조라고 해야 할 것이다.[121] 훨씬 더 자유로운 분위기에서 대통령 직선제를 실시하기로 한 1987년 6월 29일의 결정만이 결국 더 다원적이고 더 민주적인 전망이 보이는 길을 열게 될 것 같다.

---

121 많은 한국인들이 매우 다른 정치패턴을 가진 외국에 잘 적응해가고 있기 때문에, 앞으로도 치열한 경쟁은 계속되겠지만, '전부 아니면 전무' 기질은 재빨리 그리고 조용히 사라지게 될 것이다.

동토의 땅 북한

북한에선 김일성 치하에서 어디서든 독재자가 얼굴을 내밀며 일거수일투족을 통제하는 혹한의 정치가 계속되고 있다. 1985년 4월에 알바니아의 독재자 호자(Enver Hoxha, 1908~1985)가 죽은 이후 세계 각국 원수들 중 가장 고참에 드는 '위대한 지도자'는 조선민주주의인민공화국 수반으로 40여 년간을 눌러 앉아서, 아래로부터 투사되고 있는 아첨 세례를 받으며 76회 생일을 맞고 있다.[122]

1971년부터 시작된 남한과의 접촉과 회담을 파기해버린(1973년) 이후에 김일성의 친동생으로 남북회담의 북측 실질 대표였던 김영주가 후계자 자리에서 밀려나고, 1974년부터 '위대한 지도자'의 아들 김정일이 치밀하게 준비한 안무기술과 무대장치와 선전을 통해 차츰 전권을 물려받을 후계자로 부각되기 시작했다. 처음엔 '당중앙'이라는 완곡어법이나 호머풍의 형용어구로 불리며 노동당 군사위원회 서열 3위로 약간 주변에서 머물던 김정일은 1981년 초여름에 새로 설치된 정치국 상무위원이 되고 그의 아버지 다음가는 제2인자가 되었는데, 그때부터 평양 정권의 일상 업무에서 분명히 점점 더 중요한 역할을 해왔다. 결국 북한은 형제 사회주의국가들로부터의 무언의 반발에도 불구하고 세계 역사상 최초의 공산왕조국가가 되어가고 있다. 김정일의 지도력과 공적에 대한 두드러진 증거가 없는 가운데 이런 기이하면서도 그러나 특별한 정치적 개혁의 성공 여부는 여전히 의문으로 남는다.

평양의 내부정치는 그간 세계 다른 곳에서 정치적 장수를 누려왔던 알바니아의 정치만큼, 혹은 그보다 더 특이한 불투명성을 갖고 있다. 그러나 현재까지 외부에서 간파할 수 있는 것은, 북한의 체제유지는 모든 것들에 대한 정부

---

[122] 긴 치세와 극단적인 지도자의 장수가 겸비되는 경우는 적어도 한국의 역사에서는 희귀한 사례이며, 김일성은 역사상 세계에서 가장 연로한 현직 국가수반이 된 최초의 한국인인 것 같다.

기구의 폭넓은 감시와 강력한 통제에 의존하고 있다는 점이다. 실제로 각 지방 특유의 어떤 단체도 기관도 독자적으로 만들 수가 없고, 지방과 중앙정부 간에 이익집단으로서 독립적인 혹은 이름 붙일 만한 어떤 단체의 결성도 허용하지 않고 있다. 세계에서 가장 유연성 없는 대중사회의 표본인 북한의 본질은 국가 정치의 핵심인 열광적인 집단주의와 도처에 모습을 나타내 주의를 환기시키는 '위대한 지도자'가 공식적으로 인식되고 있는 것이 전부이다.[123] 북한은 이런 극단적이고 불투명한 '주체'체제 아래서, 외관상 공정한 분배를 하고 상당히 튼튼하면서도 온당한 경제적 건설과 교육적 진보를 하면서 유지되어왔다(1987년 현재 _ 옮긴이). 그러나 지난 5년 동안에 가속도가 붙으면서 세상을 놀라게 한 남한의 경제발전으로 북한은 거대한 남한 무역액의 겨우 5%를 유지할 정도로 크게 낙후되고 있다. 내부 움직임에 대한 엄격한 통제는 또한 남한의 경우보다 도시화 비율이 훨씬 뒤떨어지는 결과를 가져왔다.

북한은 남한 정부와의 접촉에 매우 자주 이랬다저랬다 하며 변덕을 부렸고, 1983년 10월 9일 버마 랭군에서 전두환 정부의 고위관리 17명을 폭사시킴으로써 남한과 새로운 냉각상태에 빠지게 되었으며, 1987년 11월 29일엔 버마 인근 상공에서 대한항공 여객기를 폭파시켰다. 1985년에 남북 간에 가능성이 더 커 보이는 접촉이 있었지만, 북한은 1986년, 1987년 그리고 1988년 중반까지 문을 걸어 잠갔다. 1988년 하계 올림픽이 서울에서 개최되기 때문이었다. 고르바초프 데탕트 시대에 북한은 군사 및 군비축소 회담을 열자고 남한에 제의할 것으로 보인다.

---

123 집단주의에 대해서는 Ilpyung J. Kim, "Communist Policies in North Korea"(Praeger Publishers, New York, 1975), pp.49~50 참조. 또한 Kihl, Young Whan(길영환), "Politics and Policies in Divided Korea: Regimes in Contest," *Westview Press* (1984), pp.65~73 참조. 길영환의 글은 그가 소용돌이 이론에 대해 서술한 것을 제외하곤 내가 정립했던 최근의 이론과 정확히 그리고 완전히 일치한다.

남한의 정치 변증법, 1967~1987년

지난 20년간(1967~1987년)의 남한정치사는 비록 약화되긴 했지만 분명히 옛 조선시대의 패턴이 여전히 지속되고 있음을 보여주었다. 1967~1971년의 첫 시기에는 1963년의 정당 재탄생, 국회의 정상적 운영, 그리고 비록 국민의 권리가 축소되긴 했지만 1963년과 1967년 및 1971년에 정기적으로 선거를 치름으로써 정치의 계속성을, 아마도 정치발전의 확대를 아주 약간이나마 보여주었다. 이 세 차례 선거에서 박정희는 적은 표차로 당선되었는데, 1971년에는 야당인 신민당의 대통령 후보였던 김대중이 43.6%를 득표한 데 비해 박정희는 51.2%를 득표하여 겨우 과반수를 넘겼다(하지만 도시지역에선 51.4% 대 44.9%로 야당이 앞섰다). 상당한 불공정 사례에도 불구하고 여당인 민주공화당은 1963년 총선에서 유권자의 32.4%밖에 득표하지 못했으며, 1969년엔 52.8%로 올랐다가 1971년엔 다시 과반수 이하인 47.7%로 떨어졌다. 한편 통합신민당은 도시지역에서 여당이 7석을 얻은 데 비해 35석을 얻음으로써 세력을 점점 확대해갔다.[124] 비록 반쯤 정상화된 정치이긴 하지만, 이런 과정을 거치면서 정치제도가 복원되고 폭력과 쿠데타의 상처가 아물기 시작했다. 그러나 그 치유는 오래가지 않았다.

박정희는 그의 공화당과 함께 확실하게 권력을 장악하고 있었고, 경제가 나아지고 북한의 위협이 줄어들고 있는데도, 자신의 권력욕을 억누를 수 없었다. 이미 1969년에 그는 이승만과 유사한 방법으로 헌법을 개정하여 대통령 3선 출마의 길을 열어놓았다. 박정희는 또한 공화당 내에서 자기의 라이벌이 될 수 있는 파벌결집 ― 그의 조카사위인 김종필을 중심으로 한 것일지라도 ― 시도를 절대 용납하지 않았다. 그는 점점 강화되고 있는 독재에 항의하는 학생시위의 지속, 닉슨 독트린, 1971년 3월 미군 7사단의 철수, 그리고 완전한 획일 체제인

---

124 Kihl, Young Whan(길영환), "Politics and Policies in Divided Korea: Regimes in Contest," pp. 51~60.

북한 정권과 심각하게 반복되는 접촉과 협상으로 인해 안정감을 찾지 못하고 있었다. 하지만 그가 1971년 12월 6일 국가비상사태를 선포하고 야당이 불참한 국회로부터 비상대권을 부여받은 것은 이런 여러 상황 중 그 어느 것을 어떤 관점으로 설명해도 그 자신의 강렬한 권력욕으로밖에는 설명할 길이 없다. 그것으로도 성에 차지 않은 듯 그는 9개월 후인 1972년 10월 17일에 친위쿠데타를 일으켜 계엄 아래서 헌법을 정지하고, 언론과 결사의 자유를 취소하고 정치활동을 금지시켰다. 1974~1975년에는 기상천외하게 억압하는 '긴급조치'들을 잇달아 발표하며 정부에 대한 모든 비판을 불법화했다. 이른바 캠퍼스에서 4명의 학생들이 모여 회합만 해도 이들 4명은 이론적으로 사형선고를 받을 수 있게 되었다. 박정희는 헌법을 약 72군데나 뜯어고쳐 만신창이로 만들었으며 입법부와 사법부의 독립성을 축소하고 핵심권한을 거두어버렸다. 그는 또한 자신이 의장이 되는 통일주체국민회의라는 괴상한 이름을 붙인 선거인단을 만들어 그에 의한 간접선거제도를 도입했으며, 1972년 12월 23일, 2,359명의 선거인단 투표자 중 2,357명이 공손하게 그에게 투표함으로써 북한의 경우처럼 절대다수의 지지표를 획득, 6년으로 임기가 연장된 새 대통령에 당선되었다. 그리고 대통령이 국회의원의 3분의 1을 지명할 수 있게 함으로써 그렇잖아도 행정부에 장악되어 있던 국회는 더욱 초라한 몰골이 되었다. 그 당시 한국의 헌법은 심지어 공산국가의 헌법까지 포함해 세계에서 가장 억압적인 것 중 하나였다. 박정희는 이런 독재주의 괴물을 유신체제라고 명명했다.[125] 미국은 한국의 이 같은 사태변화에 형식적인 반대밖에 하지 못했다. 베트남 전쟁으로 얼이 빠져 있는데다 한국군의 베트남 파병이라는 박정희의 결단에 고마워하고 있었고, 또한 한국이 미국의 경제 및 군사원조에서 재빨리 졸업해버려 압력을

---

125 Gregory Henderson, "The Politics of Korea," in Roberta Foss and John Sullivan ed., *Two Koreas: One Future?*, chapter 5(University Press of America, Md., February, 1987), pp.95~118, an even more recent treatment of many aspects of the two Koreas.

가할 만한 적절한 수단도 없었기 때문이다. 미국의 군사원조는 1969년에 한국 국방비의 50%던 것이 1978년에는 제로가 되었다.

소용돌이의 정치가 극으로 치달았다. 북한을 제외한 어떤 나라에서도 국가 최고책임자라는 정점에 이처럼 급속히 권력이 집중된 놀라운 사례는 찾아보기 힘들었다. 박정희는 당이나 국회 또는 홍보활동 대신 고도로 효율적인 국가 정보기구(중앙정보부)를 가진 거대하게 팽창한 현대적인 국가 관료체제로 권력을 휘둘렀다.[126] 립셋(Seymour Martin Lipset)의 공식대로, 박정희는 이 유신체제의 정당성을 그것의 능률성 — 경제적 능률성 — 과 '총화단결'에서 찾았다. 일면 그가 내세운 정당성이 결실을 거두는 것처럼 보였다. 유신기간 동안 상품수출 증가율은 연평균 25.7%였으며, 1973~1976년 절정기 때는 연간 경제성장률이 15%였고, 전 기간 평균 성장률이 10.3%로 이 시기에 다른 모든 나라들의 성장률을 뛰어 넘는 기적을 이루어냈다.[127]

그러나 점점 경제적 번영을 이루어감에 따라 교육받고 폭넓은 견문을 쌓은 도시화한 대중이 급속하게 늘어나면서 그런 가혹한 조처들은 점점 더 많은 저항과 충돌을 불러오기 시작했다. 극단적인 압제로 인해 저항이 상당기간 지체되긴 했지만, 마침내 1978~1979년에 격렬한 시위가 폭발했다. 특히 1979년 9~10월에 부산과 마산에서 일어난 시위가 가장 격렬했는데, 이 시위는 박정희 독재정권을 비난했다는 이유로 이 지역 출신 야당총재인 김영삼의 의원직을 박탈한 것이 도화선이 되었다. 시위대들에 대한 시민들의 보호본능 발로와 함께 이들 도시 전역으로 확산된 혼란을 본 당시 중앙정보부장 김재규는 유신정권이 이미 기로에 서 있음을 인식하고 박정희 대통령에게 회유책을 쓰도록 건의해야겠다고 생각했다. 박정희 대통령과 동석한 사사로운 만찬석상에서 김재

---

126 최장집(崔章集), "Political Cleavages and Transition in a Military Authoritarian Regime: Institutionalization, Opposition, and Process in South Korea: 1972~1986"(unpublished paper, November 1986), pp.4~9.

127 idem, p.9.

규의 이런 진언이, 공수부대 출신이며 대통령 경호실장인 차지철로부터 강한 면박을 받게 되었고, 결국 김재규는 박정희와 차지철을 저격했다. 1979년 10월 26일에 벌어진 일이다. 그 직후 김재규는 당시 육군참모총장인 정승화와 함께 그의 리무진을 타고 육군본부로 향했다.

1960년에 자유당이 이승만과 함께 무너졌던 것처럼 이번엔 유신체제가 그 창시자가 살해되면서 하룻밤 사이에 무너져버렸다. 유신을 선포할 만한 사회적 연대성을 갖지 못한 소용돌이 정치의 봉인이었다. 당시 박정희 정부의 국무총리로 있던 최규하를 수반으로 한 과도정부가 구성되었다. 최규하는 조심성 많은 직업관료 출신이었는데, 그는 현명하지 못하게도 인기 없는 고무도장인 유신선거인단 투표를 통해 1979년 12월 6일 대통령이 되었다. 최규하는 불행히도 결단력이 부족해 1960년과 상당히 유사한 상황에서 당시 내각수반이던 허정이 새 헌법제정과 민주주의적 정치체제를 만들어낸 것과 같은 길로 이끌지 못했다. 그러나 1979년 11월부터 1980년 5월까지 7개월 동안은 긴 세월 연기되어온 민주주의를 일궈낼 수 있는 커다란 희망의 기운을 보여주었다.

하지만 이런 희망들이 1960~1961년 장면 정권의 민주주의 시대에서처럼 다시금 사라지고 말았다. 국군 보안사령관이며 당시엔 별로 알려지지 않았던 열렬한 박정희 추종자인 전두환 소장이 박정희 대통령 시해사건의 수사책임자가 되었다. 그와 그의 일당은 정승화 총장이 시해사건의 공범자라는 아전인수식 결론을 내리고, 1979년 12월 12일 한미연합사령관의 허가도 없이 불법으로 군부대를 이동, 잽싸게 궁정쿠데타를 일으켜 권력을 잡고 정승화 총장과 그의 막료들을 박정희 대통령 시해가담 및 부패혐의로 체포했다. 이때 체포된 사람들과 정승화를 지지한 대부분의 다른 장군들도 곧 강제 퇴역되었다. 민간정부의 계속이라는 탈을 쓴 채 군부가 한국정치의 관리자로 다시 복귀했다. 전두환이 권력의 핵심으로 부상했다. 그는 미국적 환경에 적응된 지도력을 갖지 않은 좀 더 젊은 군인이었다.

야당은 본의 아니게도 이런 비극을 조장하는 역할을 했다. 1980년 초 김대중은 김영삼이 이끄는 야당에 참여할 만한 근거를 찾지 못하고 그 자신의 정당을 만들 계획을 세웠다. 1960년의 경우를 포함하여 종전의 야당 분열의 극단적인 결과를 기억하고 있는 거국적인 각성이 민주주의를 유린하고 있는 전두환을 향한 분노와 함께 일어났다.

1980년 4월 14일, 전두환은 이미 맡고 있던 보안사령관직 외에 중앙정보부를 국가안전기획부로 이름을 바꾸어 그 기관의 책임자가 되었다. 그의 안기부장 겸임은 전 김재규 부장 추종자들을 숙청하는 계기가 되었고, 그 후 이 기관은 다시는 종전의 막강한 권력을 회복하지 못했다. 학생들은 즉각 이 같은 사태진전에 항의하고 완전한 민주적 헌법개정을 요구하며 거리로 쏟아져 나왔다. 1980년 5월 17일, 전두환의 군부는 "법과 질서를 회복하기 위해" 최규하 대통령을 압박하여 계엄령을 선포케 했다(실제로는 제주도를 제외한 전 지역에 이미 계엄령이 선포되어 있었으나 그 효력이 상실되어가던 것을 전국으로 확대하며 강화한 것이다. _옮긴이). 시위는 불법화되고 대학들이 폐쇄되었으며 김대중, 김영삼, 김종필과 고 박정희 대통령 측근들이 체포되었다. 그들 측근들은 재산을 국가에 헌납한다는 조건으로 풀려났으나 세 김 씨들에 대한 감금은 계속되었다. 다른 23명과 함께 김대중에게는 ─ 정말 믿기 힘들게도 ─ 소요를 선동했다는 혐의가 씌워졌다. 그는 군법회의에 회부되었고, 한 사람의 알려지지 않은 '공범자'를 혹독하게 고문하여 받아낸 자백으로 유죄가 입증되어 사형선고(!)를 받았다. 대법원은 어처구니없게도 그 선고를 확정했다. 5월 18일 광주에서 격렬한 항의시위가 일어났다. 이런 속이 빤히 들여다보이는 선고는 국제적인 압력으로 그 후 전두환에 의해 무기징역으로 감형되었다가, 1982년 12월 결국 그를 치료명목으로 미국으로 망명케 했다. 김대중은 1985년 2월에야 귀국할 수 있었다. 그 이후 그에게 내려진 선고는 흐지부지되어 버렸다.

광주의 소요를 진압하기 위해 그 얼마 전 아마도 그런 나쁜 의도를 갖고 한미연합사에서 빼돌린 공수부대를 파견했다.[128] 이 특수부대는 유사시 적진에 들어가 가차 없는 살육전을 감행할 수 있게 단련된 부대였다. 광주시민들을 상대로 싸우도록 명령받은 이 부대는 극단적인, 아직 진상이 다 드러나지 않은 작전을 펼쳐 비무장 부녀자들과 소녀들을 포함, 수백 명을 죽이거나 불구자로 만들었다. 이런 만행에 심한 충격을 받고 격분한 광주의 일반시민들이 들고일어나자 5월 20일 공수부대는 외곽으로 철수했다. 소요가 시작된 지 9일 후 한미연합사의 위컴 장군은 전두환의 긴급요청에 따라 산하의 정규부대인 한국군 20사단을 광주에 투입, 가능한 한 살상을 억제하면서 아직도 잔존하고 있는 도전적인 요소들을 소멸시키고, 충격과 분격에 빠져 있는 광주를 1980년 5월 27일 정부군의 통제 아래로 되돌렸다.

당시의 계엄사령부는 1980년 6월부터 사실상 정부 행세를 한 전두환의 휘하로 들어갔다. 계엄사는 8,000명의 공무원들과 200명의 장관을 포함한 고급 관료, 그리고 800명의 언론인들을 현직에서 몰아냈으며, 172개의 정기간행물을 합병시키거나 폐간했다. 정치는 다시 한 번 법률의 보호 밖에 놓이게 되었다. 1980년 8월 16일, 이름뿐인 대통령인 최규하가 사임했다. 8월 22일, 전두환은 재빨리 소장에서 대장으로 진급한 후 퇴역했으며, 8월 29일, 통일주체국민회의의 투표자 수 2,525명 중 2,524표 득표라는 평양식 만장일치 투표로 대통령에 당선되었다. 9월 29일엔 유신헌법 조항 중 가장 지독한 부분을 삭제했으나 아직도 대통령 간접선거와 같은 다른 흠결을 가지고 있는 헌법초안을 급히 인쇄하여 10월 23일 계엄하의 국민투표에서 91.6%라는 지지로 승인을 받

---

128 한미연합군사령부가 몇 년간의 단계적인 이행기를 거쳐 1978년에 양국 합참의장이 서명한 위임사항(Terms of Reference)에 의해 마침내 창설되었다. 한미연합군사령부는 1974년에 위험징후를 보여주었던 것처럼 유엔사령부가 해체되든가 할 때 미군 지휘통제의 혼란을 피하기 위해, 그리고 또한 한국군에게 부분적으로는 병력과 훈련 양면을 충분히 보강하여 더 강력한 군대를 만들기 위해 계획된 것이다. 하지만 이 합의는, 미군사령부가 승인하지 않은, 그리고 예방할 방책도 없는 군사쿠데타에 미군사령부의 이름이 휩쓸려 들어가는 바람직하지 않은 결과를 낳았다. Gregory Henderson, "The Political Problems of the US Command in Korea" 참조(이 논문은 1987년 2월 12일에서 14일까지 애리조나 주립대학에서 개최된 "필리핀에 비추어 본 한국"이라는 주제의 심포지엄에 제출된 논문임).

았다. '소용돌이식 신규회원선출(vortex cooptation)'의 단적인 사례라 할 수 있는 전두환이 임명한 81명의 국가보위입법위원들은 최고통치자가 연속적으로 토해내는 약 100개의 고도로 권위주의적인 법률을 고무도장 찍는 식으로 통과시키기 시작했는데, 1980년 말부터 1981년 초에 걸쳐 때로는 하루에 20개꼴로 통과시켰다. 이런 입법행위는 본질적으로 박정희 식의 '관리 민주주의'를 존속시켰으며, 그런 행위는 1988년 2월 25일 전두환 퇴임 때까지 계속되었고, 사실상 전두환 정권에게 걸어볼 만한 조그마한 희망까지도 뭉개버렸다. 이런 보조적인 법률들은 그것들의 계속성을 위해선 다행스럽게도 위헌청구를 필요로 하지 않았으며 지금도(1988년 현재 _ 옮긴이) 그러하다. 최소한 1개, 즉 반대자들을 숙청하는 도구인 「정치정화법」은 분명히 비합헌적인 것이었다. 1987년 말에 개헌작업을 하면서 적어도 이런 법률들의 일부가 폐지·개정되기 시작하여 이듬해인 1988년 2월 26일 자로 새 헌법 발효와 함께 시행되었다. 국보위가 만든 법률 중 폐지해야 할 것이 아직 얼마나 많이 남아 있는지는 1988년 6월 현재로선 알 수 없는 일이다.

전두환 정권은 1961~1963년의 박정희 정권처럼 군부 지도 아래 새로운 정치질서 확립에 적극 나섰다. 1980년에 모든 정당들이 해체됨으로써 기존 정당들은 20년 사이에 두 번이나 수난을 당하는 꼴이 되었다. 구정치인들에게 지역적인 기반에 대해 잠깐 생각해볼 겨를도 주지 않고, 새 정부는 재빨리 새로운 다당제제도를 기획해냈다. 여당인 민주정의당은 단합된 대정당이 되도록 교묘하게 조작하고, 야당은 분산시켜 각각의 이념(공산주의자들을 제외한) 성향 및 각각 지시해준 부문별로 소수정당을 만들되, 그러나 종전의 정치적인 사연과 당파성, 이를테면 구민주당원, 신민당원, 박정희의 공화당원, 사회주의자, 노동자 및 농부, 기독교도, 불교도의 색깔은 엷게 하도록 강요했다. 상의하달 방식으로 정치를 교묘하게 조작하는 이런 소용돌이 패턴보다 더 해괴한 정치놀음을 다른 곳에서 찾아내기는 아마도 어려울 것이다. 실제로 이런 인위적인 정당 창조는 세계 여러 나라들의 정치사를 훑어보아도 그 규모 면에서 유일무이

한 것이다.

하지만 이 같은 노골적인 사기극을 주시하고 있던 한국의 유권자들은 재빨리 이런 사이비 패거리들을 외면하고 실질적인 야당으로 간주되는 정당에 표를 몰아주었다. 1984년 12월부터 「정치정화법」에서 풀려난 정치인들이 만든 신한민주당이 급속히 부상하여 창당 두 달 만인 1985년 2월 12일의 국회의원 선거에서 29%를 득표, 총 275석 중 67석을 차지했고, 민한당이 거의 와해됨으로써 민한당 의원들이 입당, 잠깐 사이에 102석을 차지하는 대정당이 되었다. 박정희의 공화당 후신인 한국국민당 역시 살아났다. 여당인 민주정의당은 단지 35%를 득표했으나 왜곡된 비례대표제 때문에 151석의 의회 다수당이 되었다. 총 투표자의 거의 3분의 2가 야당에 표를 던졌다. 비록 아직 분열되어 있긴 했지만 처음에 18개의 정당이 단지 6개만 살아남았으며, 그 가운데서도 민주정의당, 신한민주당, 한국국민당만이 주요 정당이 되었다. 결국 1956~1961년의 양당제로 회귀하는 의미심장한 경향을 보였다. 더욱이 정치에 대한 대중들과 미디어의 관심이 크게 되살아났다. 비록 잠복성 언론검열을 반영하는 왜곡된 형태이긴 했지만 정치가 신문 1면을 장식했다.

1985년 2월의 성공에 용기를 얻은 야당은 1985~1986년에 들어와 전두환 대통령의 임기가 끝나는 1988년 2월 이전에 직선제 대통령 선거(그리고 국회의원 선거) 실시를 위한 거국적인 헌법개정서명운동의 선봉에 섰다. 이 운동은 처음엔 주춤거리기도 했지만 점점 크게 호응을 얻어 70만 명의 서명을 받아냈다. 정부는 마지못해 일부 헌법개정의 필요성을 인정하기에 이르렀다. 1986년 4월 30일, 야당 지도자들과 회담을 끝낸 후 전두환은 국회에 여러 형태의 헌법을 연구하도록 헌법개정위원회 구성을 요청했다. 몇 달 후인 1986년 7월 30일, 국회에 45인 헌법개정특위가 구성되어 8월부터 천천히 활동에 들어갔다. 한편 7월에 민주정의당은 갑자기 단원제 국회가 상징적인 대통령을 선출하는 내각책임제 헌법초안을 내놓아 사람들을 깜짝 놀라게 했다. 신한민주당이 제시한 초안은 직선제 대통령중심제였다. 격렬한 논쟁이 계속된 끝에 1986년 9월 신한

민주당은 헌법개정특위 참여를 거부했으며, 1987년 7월이 되기까지 어떤 결과를 보지 못한 채 혼란만 가중되었다. 설상가상으로 1986년 10월 중순 정부가 전 학생지도자이며 신한당 의원인 유성환(兪成煥)을 체포함으로써 타협이 더욱 어려워지게 되었다. 유성환의 남북통일론이 구체적으로 「국가보안법」을 위반했다는 것인데, 실제로는 유성환이 전두환 대통령 동생의 폭력배 커넥션 소문과, 1988년 2월에 전두환이 퇴임한 이후에도 계속 정부를 통제할 계획을 하고 있다는 소문을 폭로했기 때문이다. 즉, 전두환은 민정당 회장 역을 맡고, 정책자문기구를 순수한 자문기관으로서보다는 정책개발기구로 강화시켜, 내각제하의 대통령과 국무총리 지명을 배후에서 조종한다는 것이다.

1986년 말 여당은 야당을 따돌리고 몰래 국회를 개회하여 예산안과 계류 중인 다른 법안들을 일방적으로 가결함으로써 여야 간의 타협 기미는 전무해 보였다. 1986년 5월 3일 인천에서 10만 명이 참가한 격렬한 집회를 위시하여 1987년 2~3월에 거리를 메운 박종철 학생 고문치사 사건에 대한 항의물결에 이르기까지, 학생들의 시위와 소요가 정부와 야당 모두를 수세로 몰아 부치며 한국 정치활동의 동반자가 되어갔다. 간단히 말해 이 무렵의 남한의 정치적 분위기는 경직되고 긴장되어 있었으며 북한의 그것은 조용하고 불가사의해 보였다. 정부는 국보위에서 만든 비민주적 법률들을 형식적인 의원내각제 지역선거로 교묘하게 가장하는 데 모든 승부수를 걸고 있었고, 야당은 고참 정치인들이 여당의 신출내기 장군 출신 정치인들보다 국민들에게 더 어필할 것이란 점에서 조작성이 훨씬 덜한 대통령직선제에 모든 것을 걸고 있었다. 한국정치는 전부 아니면 전무, 거의 그 자체를 풍자화할 수 있을 정도로 극단적인 타협 없는 소용돌이 속에서 1987년을 시작했다.

1980년대 한국 정치무대에 출연한 주요기관 및 세력

1980년대 한국정치의 표면적인 논리는 이처럼 무기력한 불변성을 유지하고 있었다. 얼른 보아서는 정당, 군부, 관료 및 원자처럼 개체화되어 있는 대중들의 모습이 독립성과 기득권 형성, 결집성 및 그 기반에서 이전보다 더 나빠지진 않았지만, 여전히 변화가 거의 없는 것 같았다. 다만 좀 더 자세히 들여다보면 바람직한 변화를 위한 최소한의 조건들을 드러내고는 있었다.[129]

정당

정당은 거의 변화나 개선을 보이지 않고 있는 중간매개집단들 가운데 가장 첫 번째로 꼽지 않을 수 없는 기관이다(제10장 참조). 돌연한 정치적 격동과 독재자의 명령에 의해 인위적으로 창조된 민주정의당은 거의 희극적일 정도로 그것의 직계 조상들인 이승만의 자유당과 박정희-김종필의 민주공화당을 쏙

---

129 주로 지난 20년간(1988년의 시점 _ 옮긴이) 한국에서 일어나고 있는 한 가지 흥미로운 근절 (deracination) 사례는, 꼭 양반 배경(일부는 아전의 후손들이었다)은 아니라 할지라도 옛 지주의 가족들이 지방에 기반을 가져왔다는 점이다. 지난 수십 년 동안 지방에 영구 터전을 잡은 이들 가족들로부터 상당수의 정치가와 지역 지도자들이 배출되었다. 서민호, 이재학(李在鶴), 나용균(羅容均)과 같이 전후 한국의 1세대 정치가들이 이들 가문에서 나왔다. 이들이 주로 서울에서 살아왔기 때문에 1965년 이전의 그들의 지역 뿌리가 약화되긴 했지만, 박정희 정권이 전개한 새마을운동이 이들 지역 출신 정치지도자들 대부분의 지도력을 쇠퇴케 하는 결정적인 요인이 되었다. 새마을 지도자들은 주로 각 지역의 군 장교 제대자들 가운데서 뽑혔으며 그들은 대개 비천한 집안 출신이었다. 이전의 좋은 가문 출신 지도자들은 새마을운동이라는 이름을 걸고 활동하는 것이 자기들의 품위를 떨어뜨리는 것 같은 느낌이 들었다. 이 때문에 그들의 지도력과 경제력이 쇠퇴일로를 걷게 되었으며, 마침내 그들은 하나 둘씩 그들이 살던 마을을 포기하게 되었고, 때로는 도시의 빈민이 되기도 했다. 그 지역에서 옛 위상을 갖지 않은 신참 지도자들은 중앙권력에 더 고분고분해졌다. 한국에선 이미 역사 속으로 사라진 과거가 지역 지도력의 가치와 정당성을 평가하는 유일한 기준 중 하나이기도 했다.

빼 닮았다. 비록 민주정의당이 앞서의 자유당과 민주공화당보다 더 나은 지역적 뿌리는 없다고 하더라도 해방 이후 거의 40년간 한국정치사에서 사실상 훨씬 복잡한 반향을 불러일으켰으며, 전두환이 정치적 선임자로서의 기득권이 없는 점을 감안하면 아마도 민주정의당은 더 자주적이고 영향력이 큰 정당이었다고 할 수 있을 것이다. 그러나 본질적으로 민주정의당은 그것의 선배정당들과 마찬가지로 아래로부터 정치 미립자들을 끌어 모아 꼭대기 주위의 공간을 휘감아 돌게 하는, 구름 속에서 태어난 다리도 없는 한 소용돌이의 실체에 불과했다.

야당들 역시 근본적으로 더 변한 것이 없었다. 비록 가망이 없다고 하더라도 그들이 단결을 모색하는 것이 더 안전했을 것이다. 그런데 단결은 계속 취약성을 드러냈다. 1987년 봄이 되자 신한민주당은 아직도 김대중, 김영삼, 이민우 파들로 분해되는 것을 간신히 모면하고 있는 것처럼 보였다. 분파적인 충성과 분파적인 결집에서 오는 만족이 조직적인 단합과 계속성에서 오는 분명히 더 장기적인 보상과 계속 상충했다.

군부

한국의 여러 중간정치 세력 후보들 가운데 두 번째는 실(實)병력 약 65만 명의 군부를 들 수 있겠는데, 1988년 현재 약 80만 명으로 보도되고 있는 규모가 더 큰 북한군을 제외하면 역사상 한국인이 만든 가장 큰 응집력 있는 조직체다. 일관성을 가진 방대한 교육과 훈련을 받은 한국군은 단순한 방위조직 이상의 것이다. 그들은 군사문제 외에 정치, 경제, 국제관계에 대한 상당한 지식은 물론 애국심과 반공정신에 투철한 조직적 신념을 갖고 있으며 기획과 행정부문에서도 일가견이 있다. 군부는 한국정치사에서 중요한 정치 세력이 되어왔다. 군 제대자들은 두터운 조직망에다 사소한 알력이나 이념적 무기력증도 없이 국가를 이끌어가는 탁월한 능력의 소유자라는 확신을 가지고 사회 모든 부문으로 파고들었다. 이런 점은 아마도 남한에서뿐 아니라 어떤 형태로든 북한에서도 같은 현상을 보이고 있을 것이다. 처음 전두환 정권은 정당, 정치가, 학생, 노동자, 종교단체들의 정치참여를 배제하고 군부 과두독재정치로 출발했다.[130] 그러다가 점차적으로 민간 – 준민간 – 정당정치로 옮겨갔으며, 결국 문민도(文民度)의 수준이 과거 박정희의 군부 과두정치보다 더 높아졌다. 그러나 전두환 정권의 권력중추는 여전히 군부 잔존물 몫이었다. 노태우 대통령은 취임 후 1988년 중반까지 당과 내각에서 가능한 한 군부의 색깔을 줄이려고 애를 썼으며, 군부 출신이라도 좀 더 리버럴한 인물을 등용했다.

군부의 정치지향성이 모든 부대와 군인들의 보편적 현상은 아니었다. 대부분의 군인들은 정치권력에 대한 꿈을 거의 갖고 있지 않았다. 군부의 권력중추는 특수한 부문에 집중되어 있었다. 즉, 전두환과 노태우가 사령관으로 있었던 국군 보안사령부, 그리고 전두환의 출현으로 그의 육사 11기 동기생들 중 특별한 친구들에 의해 즉각 모두 전두환 편으로 돌아선 수도방위사령부와 특전사령부가 그런 곳이었다. 하지만 전두환은 육사 11기들이 똘똘 뭉치거나 다른 핵심 부류들이 합동으로 불만을 가져 그에게 위협이 되지 않도록 하기 위해 몇 차례에 걸쳐 동기들 안에서 버팀목이 될 만한 인물들을 거세했다. 그 당시 그의 군부 장악은 확실했으며, 그리고 또 다른 쿠데타를 일으켰을 경우 얼마나 지지를 받을 수 있을 것인지 또 그 혼란은 어떠할 것인지에 대한 원가의식이 군부 내에서 잠재해 있었다. 가능성을 아주 배제할 수야 없지만 더 이상의 쿠데타는 없을 것 같다. 그러나 이 말은 거의 예상되지 않는다는 뜻이다. 군부의 정치참여는 앞으로도 불투명하며, 최근(1988년 현재 _ 옮긴이) 들어 아직 군부의 참을성이 검증되지 않았다며 군부의 정치적 미래를 과장하여 추측하는 사람들도 있다. 한국군부를 연구하는 사람들은 지나치게 문민화한, 그리고 군부가 완전히 배제된 미래의 정치는 한국에서 장기간 지속되기 어려울 것 같다고 보는 경향

---

130 Kihl, Young Whan(길영환), "Politics and Policies in Divided Korea: Regimes in Contest," p.82f.

이 있다.[131] 사실 모든 면에서 육군(해군과 공군은 정치에 훨씬 덜 개입하고 있다)의 정치적 위치는 상당기간 거의 변하지 않고 있다. 그러나 그것은 정치에 대한 군부의 개입 성향이 줄어든 것이 아니라 천천히 강화되어왔음을 의미한다.

학생

반군부 돌격대인 학생 파워가 빠르게 성장해왔으며 군부독재에 대한 그들의 반대 목소리가 눈에 띄게 더 격렬해졌다. 이렇게 된 원인은 대학생 정원의 증가에 있다. 1979년부터 1985년까지 4년제 단과대학 및 종합대학의 학생 정원이 33만 345명에서 93만 1,884명으로 증가했으며, 이 가운데 약 25만 명이 1988년 현재 서울에 몰려 있어 세계 어느 도시보다 높은 대학생 집중률을 보이고 있다. 고등학생들 역시 간혹 정치에 민감한 반응을 보일 때가 있는데 같은 기간에 약 3.5배가 불어났다. 대학 졸업생들의 취업률이 해마다 떨어지고 있는 것도 반체제 급진주의를 증가시키는 요인이 되고 있다. 취업률이 1980년에 57.7%던 것이 1986년엔 38.3%로 떨어졌다. 그들의 급진주의 및 반미주의적인 시위와 소요가 1986년 전반기까지 10만 명의 학생들이 참여하는 시위를 포함, 연간 300회 이상으로 꾸준히 늘어났으며, 그 후에도 계속 증가세를 보였다. 비록 시위 참가자 수가 전체 대학생들의 단지 5.8%에 불과하지만 전체 학생 수가 워낙 많기 때문에 그런 낮은 비율의 참가자도 얕잡아 볼 수 없는 엄청난 위력을 발휘한다. 그들은 1987년 1월 14일 박종철 군 고문치사사건 이후 전두환 독재와 군부통치를 끝장낸다는 기치를 내걸었다.[132]

이 같은 학생들의 저항에 정부는 경우에 따라서는 5만 내지 10만 명씩 대집

---

131 예컨대 1987년 2월 12일에서 14일까지 애리조나 주립대학에서 개최된 "필리핀에 비추어 본 한국"이라는 주제의 심포지엄에 제출된 C. I. Eugene Kim, "The Military Institution's Withdrawal from Political Power in South Korea" 참조.

132 *Far Eastern Economic Review* (Hong Kong, 15 January, 1987), pp.30~35; Gregory Henderson, *12 Rock Hill St.* (Medford, MA. 02155, March 20~August 21, 1987).

단으로 경찰을 투입했으며, 1986년 1~9월에는 1985년보다 55% 늘어난 31만 3,204개의, 금액으로 치면 678만 달러어치의 최루탄을 쏘아댔다. 1986년 10월 이후의 진압에서 수백 명의 학생 행동대가 체포되었다. 1987년 봄부터는 시위 강도가 점점 더 격렬해지기 시작하여 중산층 시민들의 폭넓은 지지를 받은 6월에는 최고조에 이르러 마침내 노태우의 6·29 방향전환을 이끌어냈다. 얼마간 휴면상태에 들어갔다가 다시 잦아지기 시작한 학생시위는 이젠 반미와 통일에 대한 목소리를 높이며 정부를 압박했다. 1988년 6월에는 평양이 쌍수를 들고 환영하는 이벤트인 판문점 남북학생회담을 주장하기도 했다.

학생 행동주의자들은 한국의 지도자들이 그들을 설득하거나 포용할 수 있는 수용능력 범위를 훨씬 벗어나는 행동을 해왔다. 한국전쟁이 발발한 지 35년이 지났건만 과격파 학생들을 공산주의자들로 몰거나 기소를 하는 것이 운동권 학생들의 평판을 떨어뜨리는 데 효과적이었다. 학생들은 정부를 몰래 추적하고 궁지에 빠뜨리고 심지어 불안하게 만들 수도 있었고 전두환의 국제적인 이미지를 손상시킬 수도 있었다. 그들은 1987년 6월 29일의 '양보'를 이끌어내는 데도 제일 큰 역할을 했다. 그러나 막강한 군부가 전두환 정권에 충성을 하는 한 학생들이 정부를 전복할 수는 없는 일이다. 학생들은 불만을 가진 일부 노동자들을 끌어들였지만 야당 속으로 그들이 통합되는 것은 천박하고 약삭빠른 짓이다. 그들은 1967년 때보다도 훨씬 더 격렬하고 위력 있는 공격단체가 되었으나 본질적으로 그들은 약간 더 과격해졌다는 것 외엔 옛날이나 마찬가지 전력을 갖고 있다.

노동자

노동자들은 국민과 정부 사이의 또 다른 조직적 정치 세력이면서도 지금까지(1988년 현재 _옮긴이)는 출연횟수가 적었다. 그러나 도시지역에서의 그 숫자와 집중도가 극적으로 증가해왔으며 잠재적으로 정부가 우려할 거대한 세력이 되고 있다. 지금까지는 정부가 노동조합들을 통제해왔다. 전두환 정권의 철저한 감시감독과 대여섯 개의 규제 법률로 노동자들을 직접통제하고 있었기 때문에 어떤 심각한 노동자 소요도 억제하거나 연기시키거나 최소화할 수 있었다. 하지만 보도되지 않은 소규모의 파업, 충돌, 시위가 계속 일어났다. 임금 중 생활비가 차지하는 비중이 높아 ─ 약 50~70% ─ 노동자가족들의 3분의 1이 아직도 단칸방에 살고 있고, 다른 3분의 1이 두 칸 방에 살고 있다.

한국의 노동운동은 도시의 노동자 인구단위가 크게 늘어나고 동원력이 커지면서 장래 정치적·경제적으로 큰 위협이 될 전망이다. 하지만 현재까지 노동자들은 확고한 이익단체로서의 분출이 억제되어온 대표적인 소용돌이 패턴으로 남아 있으며, 정부가 교묘하게 조종할 수 있는 상황이 되어왔다. 민간기업과 사업장에서 노동자의 비율이 늘어나고 정부와 산하 국영기업 노동자들의 수가 단계적으로 안정되거나 줄어들어 그들의 정부에의 의존도와 관련성에 대한 감정이 희박해지고 더 독립적이 되면 노동자들의 파워가 마침내 분출하기 시작할 것이다.

교회

거의 변하지 않는 중간매개집단의 마지막 보루는 기독교회다. 물론 기독교 인구가 크게 증가하여 지금(1988년 현재 _ 옮긴이)은 신도수가 남한인구 4,200만의 4분의 1이 넘을 정도니까 전혀 변하지 않고 있는 것은 아니다(북한에선 더 이상 실질적인 교회가 존재하지 않으며 오직 고립된 지역에 선전용으로 남아 있을 뿐이다). 한국 기독교회는 천주교와 개신교뿐만 아니라 개신교 사이에서도 68개의 한국 종파가 있으며, 심지어 장로교회 안에서도 여러 분파가 있다. 이렇게 분열된 원인의 일부는 사실상 중도파와 극단적인 보수파 간의 정치적 이유 때문이다. 거의 200만 명의 신도를 가진 천주교는 일제강점기엔 정치적인 활동을 거의 하지 않았는데, 1950년 이래 가장 적극적으로 민주주의와 인권을 주창하는 교단으로 변했다. 한국 기독교 공동체 내에서 소수파의 수장이면서도 강력하고, 진보적이며, 용기 있고, 할 말은 꼭 하는 김수환 추기경은 신한민주당과의 상호접속을 통한 단합으로 천주교를 한국 민주주의 발전을 위한 중요한 정치 세력으로 만들었다.

1988년 현재 신도수가 800만 명이 넘는 한국 개신교는 약 68개의 교파와 25만 개의 교회로 뻗어나고 있다. 그 가운데 한 교파는 열렬하게 인권과 더 큰 정치적 자유를, 그리고 더 많은 경제적 평등과 민주주의를 주창해왔다. 거기에 앞장서던 많은 목사들이 구속되었고 지금도 구속되고 있다. 새로 생긴 다른 교파와 교회들은 정치적 주장 없이 엄격한 신앙에만 완고하게 집착하고 바깥을 향해서는 반공을 요란하게 외쳐대고 있다. 이 부류의 교회들은 지난 20년 동안 다른 교회들보다 대개 급속한 성장을 해왔다. 전두환은 그런 부류들 속에서 자기의 동맹군들을 찾고 있었으며, 그가 이런 세력을 어떤 종류의 새로운 보수적 종교 동맹군으로 활용할 것이란 소문도 있다.

불교 역시 정치적 중흥을 보여 왔다. 한국의 더 흥미 있고 새로운 정치현상 중 하나가 1986년 초부터 나타났는데, 반정부 인권시위에 불교승려들이 참가했다는 점이다.

재벌

1988년 이전 20년간 한국 정치무대 전면에 등장한 가장 중요한 중간매개집단은 한국 수출의 70%를 담당하는 것으로 알려진 대형 복합기업, 즉 재벌이다. 재벌이 독립된 정치행위자가 될지는 아직도 불확실하다. 그들은 실제로 아주 바람직하지 않은 새로운 군부과격주의의 분출을 경계하고 있으며, 정치와 명백히 분리되지 않고 정부정책의 가까운 제휴자로서 자신의 역할을 하고 영향력을 행사하는 일본 자이바쓰(財閥)의 사례를 따르고 싶어 하는 것 같다.

전두환 정권은 1980년에 구성된 데 불과하지만 두서너 개의 상급 재벌들은 40년의 뿌리를 갖고 있다. 정부와 군부는 지난 15년 동안 규모 면에서 비교적 변화가 없었으나, 재벌들은 규모, 자산 및 물량 면에서 엄청나게 커졌다. 정부가 억압과 빈약한 정치적 이미지로 손상을 받아온 데 비해, 재벌들은 그들의 사업에, 그리고 비교적 은밀히 종업원들에게 회사에 대한 충성심을 되풀이하여 가르치는 그들의 훈련 프로그램에 즐겁게 매진해왔다. 정부 관리들이 상식을 벗어난 쿠데타, 변화무쌍한 행정의 변화, 낙하산 인사 및 정치와 부패압력 등의 지배를 받아온 데 반해 재벌들은 특이한 안정과 승진 및 비교적 공정하고 관례화된 보수를 공공의 눈을 의식하지 않고 제공해왔다. 그런데도 최근 대학 졸업생들 가운데 정부 관리가 되기를 원하는 비율이 높고 처녀들이 관리를 가장 선호하는 남편감으로 치는 것은 좀 이상하다.

재벌의 성장은 한국에 본질적으로 중대한 결과를 가져왔다. 처음으로 중앙 정부 외에 상승 소용돌이와 유동성의 훌륭한 목표가 될 수 있는 기관이 생겨난 것이다. 한국에선 이제 단극자장(單極磁場: 모든 것이 중앙정부로 집중되는)의 시대가 가고 다원주의 시대가 시작되었다. 다원주의는 또한 개인소득이 1950년 대보다 20~40배 많은 연간 2,000달러 이상(1988년 기준 _ 옮긴이)으로 증가하여 새로운 중산층이 크게 늘어나고 도시화가 진행되면서 더욱 활성화되고 발전해 갔다. 이런 성취가 제도화를 이루게 된 것은 재벌이 있었기에 가능했으며 한국에게 제도화는 지극히 중요한 사안이다.

물론 몇 가지 단서가 있다. 한국에서는 부자가 인기를 끈 적이 없으며, 재벌들 역시 많은 지식인들의 냉소와 모욕의 대상이 되고 있다. 정부는 두서너 개의 신참재벌을 박살냈으며 그들과의 일종의 공개적인 경쟁에서 위압적 자세를 보였다. 더욱이 정부의 정책, 도처에서 위용을 드러낼 수 있는 정부의 막강한 힘, 그리고 재벌들이 국가에 지고 있는 엄청난 부채를 감안할 때, 기업의 독립성을 북미나 서유럽 수준으로 높이기는 어려운 실정이다. 심지어 현재 재벌이 갖고 있는 독립성도 더 천천히 커지도록 정부가 제한을 가하고 있다. 그러나 재벌의 독립성은 장기간 꾸준히 진행되어왔다. 이제 더는 상급재벌이 정부에 의해 분쇄될 것이라고는 생각하지 않는다. 그들의 지도력이 크게 앞서 있으며, 경제적 역할 역시 막강해져 정부가 마음대로 지배할 수 없게 되었다. 삼성과 현대는 그 자체로서 정부 역할을 할 수 있을 만큼 덩치가 커졌다. 문제는 더 이상 그들의 공헌에만 매달릴 수 없고, 새로 태어나는 더 작은 기업들에 대한 재벌들의 막강한 지배력을 제한함으로써 그들의 그늘로부터 벗어나 다양성이 최고조로 되살아날 수 있게 하는 데 있다.

한국에선 재벌 형태의 기업이 계속 그 맥을 이어갈 것 같다. 그리고 일단 재벌이 되면 생존을 위한 대안을 모색할 수 있는 제도적 강점이 점점 확대되고 있는 것 같다. 결국 법이 이런 독립심을 지켜주는 쪽으로 맞춰가야 할 것이다. 결국 재벌의 영향력은 정치에서 감지될 것이며, 정부의 시녀로서가 아니라 다른 방향, 즉 다원주의의 한 축으로서 감지될 것이다.

이런 날이 오면, 한국은 더 타협적인 다양한 정치 세력과 덜 히스테리하고 더 온건한 기득권자들 사이의 더 정상적인 경쟁, 간단히 말해 더 정상적인 정치를 기대할 수 있을 것이다. 결국 경제혁명이 정치적 변화를 불러오게 될 것이며, 아직까지는 얻지 못한 한국의 안정된 정치적 아이덴티티에 대한 길고 괴로운 탐색은 끝날 것이다.

제3부

한국적 정치문화의 연속성

한국의 사회와 정치를 연구하다 보면 그것이 이전 사회든 현대사회든지 간에 특정한 주제들이 나타난다. 그런 주제들이 중국의 유교, 일본의 식민주의, 미국의 군사우선 정책과 민주주의라고 하는 것들의 충격에 의해 직접적으로 생긴 단순한 파생물이라는 의미는 아니다. 그러나 이런 수입품들이 한국의 정치이론과 정치단체뿐 아니라 심지어 일상 활동에까지 영향을 미친 것은 확실하다. 이런 수입품들을 신봉했음을 증빙하는 기록들과 그들이 미친 영향이 도처에서 발견되고 있다. 하지만 그 이면에는 한국의 정치기능 가운데 좀 더 깊고 영속적인 어떤 종류의 토착적 특성이 자리 잡고 있는 것 같다. 조선시대의 여러 당파, 일진회, 자유당, 민주당 등 해방 후 40여 년간 부침을 겪은 수많은 정당들은 이런 특성을 하나의 명확한 형태로 외부에 드러낸 현상이라 할 수 있다. 바로 이런 특성이 플라톤이 늘 말했던 '페라스(peras)'다. 한편 더 영속적인 토착적 주제는 일관되게 계속되는 사회, 즉 플라톤이 말한 '아페이론(apeiron)'의 본질을 보여주고 있다(그리스어인 'peras'는 본래 일상 언어에서는 '한계' 내지 '끝'을, 'apeiron'은 '무한한 것' 내지 '무규정적인 것'을 뜻한다. 이 일상적인 용어는 피타고라스에 의해 최초로 '한정자'와 '무한정자'라는 대립된 한 쌍의 개념으로 사용되기 시작하면서 철학적 의미를 부여받게 되었고, 플라톤에 와서 세계의 대상들을 파악하는 개념의 틀로서 사용하면서 형이상학적·인식론적으로 특별한 의미를 갖게 되었다. 플라톤의 『필레보스』라는 작품에 나오는 사례에 따르면, 우리가 만약에 쾌락에 대해 좋은 쾌락과 나쁜 쾌락이라는 'peras'를 확정지어주지 않으면, 우리는 쾌락에 대해 어렴풋하게만 느낄 수 있을 뿐, 학문적으로 정확한 인식을 할 수 없게 된다. 세계에 대한 이성적·학문적 인식의 패러다임이 된 플라톤의 이 개념을 저자는 한국 정치현상에 대한 학문적 설명을 위해 사용하고 있다. __ 한국외대 철학과 박희영 교수의 해설). 문화의 모태가 주는 영향은 마치 아버지가 자식들에게 주는, 또는 아버지가 바뀐다 해도 어머니가 자식들에게 주는 영향과 같은 것인데, 수입품이 줄 수 있는 영향의 범위에서는 일정한 한계가 있게 된다. 분석컨대, 우리가 마법을 써서 불러내야 할 것은 아페이론이다. 왜냐하면 만약 우리가 한국의 정치현상을 순간적인 우연한 사건으로 취급하면 우리는 실질적인 이해를 포기하게 될 것이며, 그런 이해가 없으면 조직적이고 광범위한 방법으로 해결책을 찾을 수 있는 기회를 상실하고 말 것이기 때문이다. 엄청난 위력을 가진 중국문화가 한국의 토착문화를 거의 완전히 뒤덮어 겹쳐버렸기 때문에 연속성을 가진 한국 문화패턴의 원류를 찾아내기가 여간 어려운 게 아니다. 이 책은 몇 가지 점에서 적어도 마르크스주의 체제 외의 세계에서는 정치 분야에서 그런 탐색을 시작한 최초의 시도이다. 이미 제1부와 제2부에서 넌지시 밝힌 잠정적 결론의 대부분이 여기서 다시 수정되어야 할지 모르겠다.

한국에서는 상술한 바와 같이 동질적인 사회에 지속적으로 고도의 중앙집권제를 강요한 결과 일종의 소용돌이, 즉 문화 전체를 통해 활발히 움직이는 강력한 상승기류와 같은 힘을 발생시켰다. 통상 이 힘은 고립되지는 않았지만 응집력이 없는 마을 사람들, 소도시 주민들, 농부나 어부들과 같은 개인들에게 영향을 끼쳤다. 이들은 단지 가족이나 때로는 문중, 또는 마을 단위의 조직을 가지고 이 상승기류의 힘에 집착하지만 그것이 정치적으로 효과적이고 강력하게 통솔되는 단계는 아니었다. 현대로 들어오면서 소용돌이의 힘은 과거 그 어느 때보다 이런 개인들에게 더 작용했다. 왜냐하면 가족이나 계급 또는 마을에 대한 충성의 힘이 약화되었기 때문이다. 과장된 감은 있지만 우리는 이런 종류의 개인을 '원자(原子)'라고 부른다. 그 이유는 그들이 중심 세력으로부터 아무리 멀리 떨어져 있다 할지라도 유대관계에서 멀리 물러서 있지 않기 때문에 부르면 상승기류에서 알기 때문이다. 우리는 여기서 대가족 및 마을에 깊이 새겨진 정서와 출세할 수 있는 대안을 제공하는 조직에 가입하는 것과의 사이에 생긴 차이점을 알 수 있다. 그러나 유동성이 더 충만해 있다. 즉, 사회가 구축하려는 어떤 통일 집단들 ─ 사회계급, 정당, 기타 중간 집단들 ─ 로부터 구성분자들을 분리시키려는 것이며, 그 결과 집단 자체의 단결을 해치고 전체적으로 원자화되어 상승적인 유동성을 형성하게 된다. 이 상승기류는 또한 기능의 규정, 법적 한계, 공식절차 그리고 전문화의 발전을 저해하는 경향이 있다. 이 소용돌이는 부분적으로 한국이 이런 분야에서 비정상적으로 발달이 지연된 것에 대한 설명이 될 것이다. 정치 분야의 발전 지연에도 불구하고 한국은 개인적이고 가정적인 문화와 교육과 정치의식, 그리고 최근에는 도시화와 경제 분야에서 발달했다.

소용돌이 개념은 1987년 현재 세계에서 가장 오래되고 가장 끊임없이 지속된 정치체제를 가졌던 나라 중의 하나인 한국이 어째서 7년 이상 된 정당이 지금 하나도 남아 있지 않은가 하는 수수께끼 같은 질문에 대한 해답을 구하는 데 도움이 될 것이다. 이런 역학이 만들어내는 권력접근이라는 압도적인 문제점들이 이른바 광범위한 표면접근을 형성하는 쪽으로 더 진전해 나가는 경향이 있다. 이런 광범위한 표면접근 기능은 권력을 지향하는 사람들을 최대한으로 흡수한다. 권력에의 접근 문제는 논점, 피부색깔, 종교나 문화 면에서 당연히 균열이라는 것이 없는 동질적인 환경에서 생기기 때문에, 이런 권력접근의 필요성은 정부의 광범위한 부문에 인위적인 균열을 만들고, 신념이나 기득권익에 의해서라기보다 오히려 고의적인 적의와 입으로 하는 신랄한 공격 때문에 발생하는 문제들로 충돌하는 야심 찬 '자문기관(또는 공산주의하의 여러 파벌들)'의 권력투쟁을 조장한다. 라이벌들은 협상을 통한 해결 가능성을 도외시하고 동일한 문제에 대해 동일한 방법으로 투쟁한다. 정치에서 동일한 목표를 놓고 타협할 줄 모르고 경쟁하는 것은 이 책의 개정증보판을 쓰고 있는 1987년 3월 현재 국가적인 문제가 되어 경종까지 울리고 있다.

연구의 초기 단계에서 이런 것, 그리고 오직 이런 것만이 한국 정치문화의 아페이론이라고 주장하는 것은 무모한 일이다. 이 이론을 훨씬 정밀한 것으로 만들기 위해 추가하고, 그리고 아마도 삭제하기 위해서도 더 많은 조사와 논의가 필요할 것이다. 아페이론에 관한 이런 이론은 아무튼 이 연구의 기초 원리이며, 아래 각 장에서는 한국이 정치적 통합을 성취하려는 노력을 이런 이론에 기초하여 논하게 될 것이며, 그러기 위해서는 우선 아페이론에 관한 충분한 분석이 필요하다.

7

중앙집권화와 정치적 유동성

중앙집권화

조선시대 말기와 식민지 시대

앞서 지적한 바와 같이 한국에서 중앙집권주의의 뿌리는 역사가 깊고 튼튼하다. 조선왕의 정통성은 중국황제의 정통성, 즉 중국황제와의 적절한 관계유지에서 비롯되었다. 사실상 왕은 그의 왕국과 하늘 사이를 중재하는 사람이었다. 왕은 하늘의 뜻을 백성들에게 대신하여 전하고, 양반은 왕이 유교의 원칙과 심지어 백성들의 의사에 따라 지배할 책임이 있다고 하는 개념에 호소할 수 있는 자격이 있었다. 그러나 궁극적으로 왕에 대한 어떤 방어도 명확한 적법성을 갖지 않았다. 재산은 이론적으로 왕이 상으로 줄 수도 있고 거두어들일 수도 있는 왕의 것이었다. 왕에 접근해 점점 더 그의 권력을 통제하는 것이야말로 관료집단을 모든 개인적인 야망, 권력 및 지위의 정점(頂点)으로 이끄는 중요한 원동력이었다. 한국에서 관료기구는 유교만큼이나 오래된 것이기 때문에 그보다도 더 오래된 토착적인 사회 세력을 어느 정도 정통화하고 더욱 정교하게 했다.

사회는 이런 중앙권력을 완화시키거나 통제할 수 있는 명확하게 규정된 별

도의 기구를 갖지 않았다. 사회 내부에 서로 대결하는 상이한 종족이나 문화가
전혀 존재한 적이 없었다. 종교적 분쟁조차도 폭넓은 기반을 가진 지방 또는
사회집단으로 집중되는 일이 거의 없었으며, 응집력을 가진 어떤 반대 세력이
나 개개 이익집단의 결성은 결코 용납되지 않았다. 외국무역의 배제 및 중앙관
료기구에 의한 상업기능의 통제와 천시는 상인계급의 발달이나 항만의 개발
그리고 지방의 힘을 강화시키는 전문화를 가로막았다. 지방기관은 취약하고
분산되어 있었으며 지방정부는 어떤 위신의 대상도 되지 못했고 야심 찬 젊은
이들은 서울 이외의 지역으로 내려가서는 유대관계나 출세에 지장이 있다고
생각했다.

　전반적으로 중앙집권주의 경향은 16세기 이래 조선 농촌의 중요기관으로서
불교사원이 유교서원에 자리를 내줄 때 강화되었다. 그 이후에는 사창(社倉: 대
원군 시절에 강화된 곡물저장과 물품교환장으로서 오히려 지방화를 촉진하는 민주적
형태를 가지고 있었다. _옮긴이)이 일본의 은행이나 협동조합과 같은 기관들로 대
체되었을 때 그런 경향이 강화되었다. 그것들은 숫자가 많고 효율적이긴 했지
만 지방적 계층조직은 아니었고 지방으로부터 중앙권력으로의 사다리 역할을
하는 이른바 전국적인 관료기구의 지점들이었다.[1]

---

[1]　예를 들어 일본인이 설립한 산업은행은 지방에 67개 지점이 있었고, 신용협동조합은 1907
　　년의 10개(회원 6,616명)에서 1939년 말에는 723개(회원 193만 4,000명)로 늘어났다. An-
　　drew Grajdanzev, *Modern Korea*, pp.204, 278~279 참조. 협동조합은 지방조직이지만 금
　　융 채널이었으며 행정적인 통제기구였다. 1938년까지는 189개의 관개조합이 있었고 수원
　　소재 중앙농업시험소의 지사가 있었다. 우카기 총독은 1934년 1월 1일 농촌재건운동에 착
　　수했다. 군사정부의 재건국민운동과 유사한 이 운동을 제외하고 이들 기관들은 오늘날에도
　　한국화되거나 다소 다른 이름으로 생존하고 있다. idem, pp.95~99, 204~208 참조. 그리고
　　Hoon K. Lee, *Land Utilization and Rural Economy in Korea* (Chicago, 1936), pp.124~
　　131 참조. 4-H 클럽활동은 미 군정청이 1946년 도입했는데, 한국이 세계에서 이 클럽을 가
　　장 빠르게 성장시킨 국가 중의 하나가 되었다. 1958년에 7,324개이던 클럽 수가 1966년에 2
　　만 2,000개(회원 72만 명)로 늘어났다(한·미재단, 뉴욕).

여러 도시들이 생겨나 빠르게 발전하는데다 1931년 이후엔 사실상 일본의 식민지가 되다시피 한 만주 또는 일본 본토에서 일할 기회가 많아짐에 따라 많은 사람들이 이 사다리 위로 올라갔고, 수백만 명의 사람들이 고향을 떠났다. 그 시절 농촌주민들의 도시이주도 괄목할 만한 것이긴 했지만, 일제강점기가 끝난 이후엔 더욱 가속화되어 오늘날에는 전체 인구 4,200만 명 중 3,000만 명이 도시에서 거주하고(1980년대 중반기 통계 _ 옮긴이) 있다. 해방 이전 대탈출의 주요 요인은 농촌 인구과잉, 지주제도, 한발이나 홍수 그리고 야망이었다. 경찰제도도 또 하나의 원인이었다. 관청이 거의 없는 농촌에서 관청으로 설립된 경찰주재소는 시골생활의 구석구석까지 파고들 수 있었으며 시골사람들의 자발성과 지도성을 좌우할 수 있었다. 한편 도시에서는 비밀을 지키기가 더 쉬웠기 때문에 집단의 힘이 더 커졌으며 개인들이 활동할 여지가 있었다. 1950년대와 1960년대에 도시사람들이 시골을 방문하면, 야망을 가진 농촌의 젊은이들이 그 방문자와 함께 떠나고 싶어 하는 거의 보편적인 욕망을 불러 일으켰다. 그 이후에는 방문자 같은 것은 필요 없었다. 시골 청년들이 스스로 떠났기 때문이다.

해방

일본강점기에는 부분적으로 다른 요인들이 중앙집권주의를 완화하는 작용을 했다. 광업과 어업은 도시 이외 지역에서 기관이나 단체들을 크게 늘렸으며 삼척과 같은 소도시의 일부 공장들은 현지의 자원을 가공했다. 서울 이외 지역에 살고 있는 일본인 또는 조선인들을 위해 행정기관과 학교가 새로 설립되거나 확충되었으며, 충직하고 전문적인 일본 관료들은 권한과 책임을 지방으로 대폭 분산시켰다. 해방이 되자 이런 지방분산 작업의 많은 부분이 취소되었다. 일본인 주인들이 버리고 간 지방의 공장과 광산 및 대형 어업회사들이 일제 때보다 훨씬 중앙집권적인 서울의 관료기구가 엄격하게 관리하는 귀속재산이 되는 바람에 그 중요성과 생산성이 크게 감퇴하고 지방 사업이 더 위축되었다.

부산, 마산, 대전, 군산, 목포와 같은 도시에서는 과거 일본인들이 구축한 경제적·사회적 기반이 무너졌으며, 나치가 유태인을 축출한 후의 프랑크푸르트 이상으로 도시의 중심핵이 제거되어버렸다. 일본식 관료기구를 대체한, 좀 더 새롭긴 하지만 전문화가 덜 되고 안정성이 훨씬 떨어지는 새 관료기구가 제대로 된 관리를 하지 못했다. 한편, 중앙정부가 받아서 배분하는 미국원조에 의존하게 되자 중앙을 향한 상승 소용돌이가 더욱 거세어졌다.

전쟁과 전후

한국전쟁은 중앙집권을 심화시켰다. 전쟁은 민간집단들을 뿔뿔이 흩어지게 하고 민간소유 재산을 거의 완전히 파괴했다. 몇 안 되는 중간매개집단 중의 하나인 교회는 불타버린 경우가 많았고 신도들도 흩어졌다. 지식층은 대부분 궁핍해졌고 지주들은 깊은 상처를 입었다. 많은 토지가 북한 공산당 남침 직전인 1950년 5월과 6월에 소작인들에게 분배되었다. 그때 분배되지 못한 토지는 종전 직후부터 수년간에 걸쳐 분배되었다. 1957년까지 1,500만 명으로 추산되는 농민들이 이전에 소작하거나 농사꾼으로 일한 땅 1,200만 에이커를 취득했다.[2] 3년 동안 농부들은 수확량의 3분의 1을 정부에 지불하면 정부는 연 평균 수확량의 50%를 산업투자에 사용할 수 있는 채권의 형태로 지주들에게 환불했다. 이 보잘것없는 보상마저 전쟁으로 인한 물가폭등과 손실로 그 가치가 거의 사라져버렸다. 대지주들이나 친척이 많아 최대한 7.5에이커의 논을 소유할 수 있도록 허가 받은 약삭빠른 지주들을 제외하고는 거의 모든 지주들이 몰락했다. 농업규모의 단위가 급격히 축소되었다. 농업인구는 1959년까지 1,400만 명, 가구 수로 치면 230만 가구로 불었다. 한 가구당 가족 수가 평균 6명으로

---

2   W. D. Reeve, *The Republic of Korea: A Political and Economic Study*, p.129; Robert T. Oliver, *Syngman Rhee: The Man behind the Myth*, p.284에는 123만 6,558명의 소작인에게 170만 9,320에이커의 토지를 불하했다고 기록되어 있다.

약 2에이커의 농지를 소유하고 있었다. 약 43만 호가 5분의 4에이커 이하를 소유하고 있었으며 7~8에이커 이상을 소유한 농가는 사실상 사라졌다. 규모가 큰 농가들이 등장한 것은 1975~1987년 동안이다. 한때 지주에 크게 의존했던 농촌의 기술발전과 농업대부, 저장 및 판매 문제는 이제 점점 더 정부의 기능이 되어갔다.

지주들에 대한 일부 분노의 영역은 제거되었지만, 동시에 지방의 정치적 리더십과 각 지방과의 효과적인 주요 의사소통 기반도 제거되었다.[3] 과거 그 어느 때보다 부(富)가 평준화되면서 점점 더 폭넓게 경쟁하게 되고, 동일한 목표를 위해 차이는 적으면서 정부권력의 비호는 더 받는, 민족과 문화에서 동질적 대중사회의 정치적 이미지가 더 깊게 새겨졌다. 민주적인 형태의 정치제도를 구축하는 데 불가결한 이익집단의 결성 및 논쟁과 타협이라고 하는 것은 시작도 되기 전에 거의 토대가 무너져버렸다.

산업 분야에서는 전국에 산재해 있던 공장들의 4분의 3이 사라졌다. 미국과 유엔은 부흥 사업으로 수억 달러를 이 나라에 쏟아부었다. 국내의 어느 개인기업도 독자적인 민간지원 자원을 가진 곳이 없었고 모든 원조는 중앙정부를 통해 배분되었다.[4] 1956년 이후부터는 원조자금에 대한 접근이 자유당을 통해서만 가능하게 되었다. 인플레이션은 1957년에도 계속되었는데(1945년 이후 거의 지속되었다), 특히 1950년 이후에 격심했다. 재산은 날아가고 물가는 폭등하여 이전의 부자와 중산층 가정들이 심각한 타격을 입었으며 대부분이 몰락하고 말았다. 돈은 생산을 통해서가 아니라 투기와 외환거래로 벌었다. 인플레이션

---

3   토지개혁으로 사회의 지도력이 은연중 큰 상처를 입게 되었다고 강력하게 주장한 사람은 변영태이다. Pyun, Yung-tae(변영태), *Korea, My Country* (Seoul, 1949) 참조. 그는 이런 주장을 한 극소수의 사람들 중 한 사람이다. 대부분의 한국인들은 변화를 몹시 갈망하고 있으며, 과거에 대해선 별 관심이 없다.

4   하나의 예외는 한국인 소유주들이 미국 시민권자가 된 유한화학(Yuhan Chemical Company)이다.

이 계속 공식 환율을 앞지르고 있는데도 대통령은 이런 불균형을 좀처럼 시정하려 들지 않았다. 외환과 수입허가권의 판매는 막대한 정부 수입원이 되었으며, 그 덕택으로 당과 관리들에 대한 지불액수가 점점 늘어났다. 정부 대출, 특히 부흥은행을 통한 융자는 기업들에게는 중요한 자금원이지만 그것이 특히 인플레이션의 주요 원인이 되었다. 공식 이자율은 월 10% 이상에 달하는 사채 이자율의 몇 %밖에 되지 않아 리베이트가 공정금리를 크게 상회했으며, 그 결과 산업투자용 가용자금이 줄어들었다.[5] 자금 조달이든 수입물품 조달이든 가릴 것 없이 모든 조달업무에는 사실상 수뢰가 횡행했다. 경제는 예전보다 더욱 정부의 부속물이 되었다. 특히 자유당의 대두와 함께 기업은 정치인들의 영지(領地)가 되었다.

다시 중앙정부의 지배가 더욱 강화되었다. 1945년 이전 이상으로 거의 모든 기득권익이 배제되었으며, 전시하에서 더욱이 원조에 대한 정부의 통제가 거의 무제한으로 행해졌기 때문에 사실상 국유화된 것과 진배없었다. 부패가 이런 상황을 잘 대변한다. 부패 역시 중앙에 집중되었다. 테이블 밑으로 은밀히 건네지는 돈이 멀리 지방으로 내려갈 리가 없으며, 중요한 사안에는 반드시 고위관리가 한몫 잡기 때문에 오히려 직접 고위층에 아첨하는 것이 값이 싸고 더 효과적이었다. 하나 둘씩 큰 회사들이 생기기 시작했는데, 그들의 성장은 정부 내 핵심관료 전체를 관리하는 능력과 관계가 있었다. 관리들이 정부에서 받는 봉급은 — 어떤 경우에도 봉급으로 생활할 수 없었다 — 기업들이 주는 이런 은밀한 돈의 극히 일부에 불과했다. 관리들의 이동이 빈번했지만 그것은 오히려 부패의 압력을 가중시켰을 뿐이다. 즉, 전 직원과의 '양해'는 그의 후임자와 재빨

---

5 자유당 정권이 무너진 후 수사와 재판을 통해 그런 사례들이 수없이 드러났다. W. D. Reeve, *The Republic of Korea: A Political and Economic Study*, pp.96~99 참조. 또한 U.S. House of Representatives Sub-Committee for Review of Mutual Security Programs, Staff Survey Team, *Report … on Economic Assistance to Korea, Thailand and Iran* (Washington, D.C., 1960) 참조.

리 갱신해야 했다. 이런 관행은 정치가들이 자기들의 정치기반을 손질하기 위해서도 그리고 기업인이 관리의 입 막을 돈을 제때에 지불하기 위해서도 수도에 반드시 머물러야 할 필요성을 제기했다.

법치의 취약성이 이런 과정을 심화시켰다. 법전과 집행기관이 중요성과 신뢰성을 가질 때만이 법의 보호를 받을 수 있다는 확신 아래 어디서나 상거래를 마음 놓고 할 수 있는 것이다. 그러나 법률제도가 정치적·경제적 압력으로부터 국민들을 보호하지 못했기 때문에 모든 기업들이 개인적인 관계나 중앙관료기구와의 관계에 의존하게 된 것이다. 그런 요인은 자유당 말기에 크게 증가했고, 1961~1963년의 군사정부 아래서는 중앙정보부 활동으로 다시 강화되었다.

한국은 다시 조선왕조 시대를 앞지를 정도로 수도중심 사회로 발전했다. 일제치하에서는 독립적인 경제인들이나 중요한 지위에 있는 관리들이 지방의 도시나 항구의 거리에서 기업을 신장시키거나 출세할 수 있었지만, 한국 고유의 제도에서는 모든 것의 본거지가 서울이 아니면 안 되었고, 모든 야심가들은 서울로 가지 않으면 안 되었다. 서울에 있지 않으면 소외감을 느꼈고, 지방에서 산다는 것은 불명예를 의미했다. 잠시 동안의 휴가 기간 이상으로 지방에 체류하게 되면 — 보통, 휴가는 다른 서울사람들과 함께 휴양지에서 보냈다 — 망명 인사처럼 창백하고 미묘한 문제가 있어 보였다. 이런 상황이 장기간에 걸쳐 계속됨으로써 한국은 현대 문명이 상정할 수 있는 가장 중앙집권화한 제도를 갖게 되었다.

정치적 유동성 패턴의 형성

중앙권력에의 참여를 대신할 만한 만족스러운 대안이 전무하기 때문에 모든 수단을 강구하여 중앙권력을 향해 돌진하는 것이 야심가들의 유일한 목표가 되었다.[6] 따라서 가장 먼저 해야 할 일은 권력에의 접근을 제한하는 문화적인 장애를 극복하는 일이었다. 전 국민을 하나의 공통된 노력으로 동원할 수 있게 하는 외국으로부터의 위협이나 큰 국제적인 문제가 없었기 때문에 이런 문화적 집중화가 더욱 배타적인 것이 되었다.

교육

중앙관료기구에 들어가는 권력접근의 중요한 관문이 시험이기 때문에 교육은 거의 1,000년 동안 뛰어 넘어야 할 제일 큰 장애물이었다. 이런 현실이 교육제도에 대한 정부의 정책을 강화시키고 학교에 정치를 불러들이는 원인이 되었다. 14세기 이래로 성균관이 운영되어왔는데, 관장과 고위직원은 중앙정부의 고위간부 직원, 즉 대간이나 혹은 공식적인 학문적 지위를 겸임하는 직함을 가졌다.[7] 성균관은 국가시험을 거쳐 전문 관료가 되기를 바라는 양반들의 교육기관이었다. 정원이 200명을 넘지 않았기 때문에 입학경쟁이 극심하고 때로는 파당적인 책략이 개입되었다.[8] 오늘날 자녀를 국립 서울대학교에 입학시키기 위해 열광적인 경쟁을 벌이는 현상은 마치 옛 성균관이 약간 현대적인 옷을 갈아입고 우리 앞에 다시 나타난 것 같다.[9] 원래 성균관 유생들은 자신들이 특권을 가진 엘리트일 뿐만 아니라 이미 준(準)자문권한을 가진 정부기관의 일부로 생각하고 있었다. 그들은 교내 문제의 대부분을 스스로 처리하고 집단으로 왕에 건의하며 15세기 이후부터는 공공연히 가두에서 시위를 벌이기도 했

---

6 '은거한' 학자로 시골서원에서 별 재주도 없고 기질도 뛰어나지 않은 젊은이들을 가르칠 생각을 하지 않는 양반들은 모두 중앙권력 주위를 맴돌았다.

7 Gari Keith Ledyard, "The Korean Language Reform of 1446: The Origin Background and Early History of the Korean Alphabet," p.70.

8 Ministry of Education and National Committee for UNESCO, *Education in Korea* (Seoul, 1962), p.35.

9 국립대학을 성균관이라 불렀다. 이 이름과 옛 성균관 집터 및 잔여 건물은 국가기관의 기능을 갖지 않은 한 사립대학이 사용하고 있다. 이 대학의 기능은 옛 성균관의 기능과 관련이 없으며, 오늘날 그 기능을 대신하는 곳은 국립 서울대학교라고 해야 할 것이다.

다.[10] 때때로 그들은 행정부 내 '선배' 동창들의 사주를 받기도 했다.[11]

초기 성균관 유생들이 신봉한 대의는 중요한 것이었다. 15세기 한국은 새로운 외국 제도를 채택하고 불교국가를 새로운 유교 이미지로 개혁하려는 큰 시도를 하고 있었다. 양반과 집권 세력들은 광기에 가까운 열정을 가지고 이 개조작업에 참여했다. 양반 엘리트의 자제들인 성균관 유생들은 개혁속도가 너무 느려 보이는 조선사회에 더 과격하고 '더 순수한' 교조적 형태의 새로운 교리를 촉구하는 역할을 수행했다. 그들은 15세기 내내 불교에 반대하는 시위를 반복했으며, 심지어는 조선왕조의 가장 위대한 군주인 세종대왕(1418~1450년 재위)이 불교에 우호적이라며 항의시위를 벌였다. 1492년에는 수백 명이 공동으로 청원서(상소)를 냈다. 그들은 젊은 관리인 조광조(趙光祖, 1482~1519년)의 급진적인 유교개혁을 지지하고 그가 1519년에 실각하여 추방되었을 때는 "궁궐 문을 밀고 들어가 왕의 거실 입구까지 진출해 피고가 무죄라며 통곡하고 항의했다".[12] 1873년 12월 최익현(崔益鉉)이 대원군을 비난하는 상소를 올렸을 때 성균관 유생들의 연루 여부가 큰 문제가 되었고, 이에 흥분한 유생들이 집단 결강하는 사태가 벌어졌으며 그들 중 3명은 퇴교조치를 받았다.[13] 유생들은 '정의'를 지키기 위해 적극적으로 정치에 개입했는데, 그들이 지키고자 하는 정

---

10 성균관에는 재회(齋會)로 알려진 유생 자치회가 있었는데, 이 자치회에서 행동에 나설 것인지를 다중의 의견을 듣거나 또는 다수결로 결정했다. 이 자치회는 동료 유생을 징계할 수도 있었고, 자치회의 이름으로 정부에 청원서를 보내어 정치에 참여할 수도 있었다. 때로는 동맹휴학을 결의하기도 했다. 이상백,『한국사, 근세전기 편』, 271~272쪽.

11 김사엽,『조선 문학사』(서울, 1950), 175쪽.

12 Edward W. Wagner, "The Literati Purges," pp.97~99, 372~373, closely following the dynastic annals.

13 Cho, Ching-yang(조진양), "The Decade of the Tae-won-gun," pp.506~507. 이때 성균관 유생들은 "인간관계의 근본을 파괴하는 것"이라고 주장하는 상소자의 비난에 매우 조심스레 분노의 뜻을 비쳤다. 고발된 유생들에게는 성균관 퇴교 외에 과거시험 응시자격을 박탈하는 벌을 내렸다.

의는 이따금씩 '더 우월한' 국가로부터 인위적으로 도입한 정치제도 이론과 도그마의 관점에서 본 정의였다. 외국의 가치관을 이식하려는 그들의 열의는 가끔씩 조선의 유생들을 당시의 중국, 미국, 영국 학생들과 구별하는 특징이 되었다. 이런 나라들의 학생들은 항의할 일이 있어도 그들의 강력한 국가적 (적어도 좀 더 국내화한) 가치관 내에서 했기 때문이다.

일본이 조선에 가져온 정치제도는 분명히 조선인들이 원하는 것이 아니었으며, 교리상으로도 낡았고 이론적인 호소력도 부족했다. 비록 일부 학생들이 그것을 현대화와 동일시했지만, 정부 후원의 집회를 제외하고 학생들이 그 제도를 위해 시위하지는 않았다. 학생들은 1919년 3·1독립운동과 1929년 광주학생사건으로 촉발된 시위에서처럼 독재정치를 반대하고 민족주의를 지지하기 위해 거리로 나서는 데는 아주 적극적이었다. 정치에 학생들이 깊이 개입하는 전통과 항의활동에서 학생들이 일정한 역할을 하는 전통이 재확인되었다. 그러나 이런 경우는 중국의 학생운동을 포함해 많은 다른 반식민지 학생운동과 일치한다.

학생운동의 이런 몇몇 전통이 해방 후 한 곳으로 집중하게 된다. 1946년에서 1947년까지의 좌우익 충돌과 이승만, 박정희, 전두환 정부에 반대한 항의시위에서 단골 메뉴로 등장한 독재정치 이슈는 식민지 시대에서 상속받은 것이다. 반이(反李), 반박(反朴), 반전(反全) 투쟁에서는 15세기 유생들의 역할이 압정의 문제와 결부되어 놀랍게 부활했다. 학생들이 내건 목표는 항시 순수한 민주주의의 대의를 신봉하고 그 교의를 '충심으로' 지지한다는 것이었다. 다시금 학생들은 토착 문화의 진전이 너무나 불완전한 것으로 생각하고, 수입된 정치제도의 지지자, 때로는 과격한 지지자 역할을 맡았다. 아마도 세계 다른 어느 나라도 한국에서처럼 학생(유생)들이 시위하고 청원하며 정치에 적극 참여하는, 중·근세로부터의 전통이 지속되고 있는 나라는 없을 것이다. 이런 전통적인 과격성은 중앙권력 접근에 모든 것이 집중되어 있다는 점, 중앙권력에 접근하는 데 핵심적인 역할을 하는 교육제도, 그리고 조그마한 나라가 외국의 제도를 채용할 때 일어나는 지적 긴장을 말해주는 것이다.

교육의 확대도 중요한 역할을 했다. 성균관과 기타 4곳의 서울소재 교육기관들은 권력 추구욕이 점점 커지고 있는 양반계급의 교육수요를 모두 수용할 수 없었다. 지방교육기관(서원)의 설립은 중앙의 상층부를 향한 흐름을 확대시키기 위한 시도였다. 교육이 권력접근의 주요 통로이기 때문에 각 정치 당파들은 면세혜택으로 돈을 벌 수도 있고 또 상소를 올려 자신들의 관료적·정치적 목적을 지원할 수도 있는 지방의 서원을 인수하거나 새로 세웠다. 이런 서원들로부터 당파적인 유대관계가 생겨나기도 하고, 관료기구 내 또는 그 근처에 접근하는 데 성공한 졸업생들의 지원을 받기도 하고, 과거에 급제해 관직에 오르기도 했다.[14] 대체로 이런 제도가 어떤 성격을 가지고 있었던가는 서원의 비정상적인 수의 증대가 설명해준다. 18세기가 끝날 무렵엔 약 650개의 서원이 있었는데, 이 가운데 270개는 토지공여 및 기타 정부의 지원을 받았다. 사실상 대부분의 졸업생이 관료가 되지는 못했지만, 서원들은 엄격한 양반신분을 까다롭게 요구하지 않고 지방민에게 교육을 베풀 수 있는 기회를 넓혀주었다.[15]

1872년 대원군이 대부분의 서원을 폐쇄함에 따라 그런 특전도 막을 내렸다. 성균관 역시 쇠퇴의 길을 걸었다. 교육은 이제 권력접근을 결정하는 중요한 역할을 하지 못했다. 그러나 이런 역할은 1920년대 사이토 총독 시절에 일본이

---

14 과거시험 예상문제를 직접 지도하는 특별교육에 의한 것이든 또는 시험관에 대한 영향력 행사에 의한 것이든, 시험결과에 영향을 미치는 중대한 문제는 그 시대의 당파와 관련된 사건으로 조명되고 있다. 특히 1575년의 경우는 그로 인해 당파싸움이 완전히 시작된 시점으로 종종 인식되고 있다. Key P. Yang and Gregory Henderson, "An Outline History of Korean Confucianism,". Pt. I, p.96; Pt. II, pp.272~273.

15 Yoo, Hyung-jin(유형진), "Intellectual History of Korea from Ancient Times to the Impact of the West with Special Emphasis on Education"(unpub. diss., Harvard University, 1958). 서원의 토지세 면제와 징병면제에 대해 유형진은 서원이 백성들의 무책임성 전통에 크게 영향을 준 것으로 믿고 있다. 서원은 양반들이 많지 않았던 북부지방에서도 많이 설립되었다.

조선인들에게도 고등문관시험에 응시할 자격을 주고, 조선인들의 관료기구 최대 등용문이 될 경성제국대학을 설립(1926년)함으로써 크게 부활하였다. 현재의 서울대학교가 이 역할을 승계했다. 서울대학교와 대부분 해방 후 설립된 109개의 단과대학과 대학교 그리고 170개의 대학원은 1543년부터 1800년까지 서원이 한 것처럼 정부권력을 향한 관문을 확대시키려 모색해왔다. 대학교육은 계속 유동성의 주요 통로가 되었으며, 그 문은 과거보다 더욱 넓어졌다.

신분의 유동성

현대에 들어와 교육이 유동성의 고속도로로서 확대되기 이전에는 별도의 힘에 의해 그 관문이 확대되었다. 그 배경에 대해서는 사회적 설명이 필요하다. 권력이 특히 공권력에 집중되어 있던 왕조 시대의 교육은 정치 등용 시스템으로선 그 자체가 지나치게 무차별적인 것이었다. 이 때문에 조선의 법률에서는 중국과는 달리 양반혈통을 과거시험의 주요 응시요건으로 규정했다. 대간은 관리로 임명될 모든 사람의 가계기록을 엄밀히 조사했으며, 때때로 임명을 저지하는 경우도 있었다. 과거시험과 더불어 이 같은 응시자격 제한은 조선왕조 500년간 정치적 등용을 조정하기 위한 충분한 억제력이 되었고 왕조의 안정을 위한 기반이 되었다.

그러나 상승 소용돌이가 만들어낸 압력은 엄청났다. 교육을 통한 제한은 서원의 설립과 과거시험에 대한 파벌의 참견 때문에 부분적으로 실패했다. 혈통을 통한 제한이라는 오랜 관례도 이제는 동일한 상승 소용돌이 압력에 직면했다. 이런 통제를 거스를 수 있는 전략적 비밀은, 조선사회가 인종, 종교, 또는 토지나 지방권력 소유 등의 기준에 의해 접근을 제한하기에는 너무나 동질적이고 비봉건적이어서 교육, 예절, 의복 등과 같은 몸 다듬기와 흉내 내기에 기준을 두고 잘 살펴서 구분하지 않으면 안 되었다는 사실에 있다. 가계제도의 근간이 되는 가족기록(족보)의 노골적인 변조도 횡행했다. 중앙권력을 향한 접근압력은 아마도 엄청나게 큰, 그러나 표면에 나타나지 않은 사회적 유동성을 유발했다(제2장 참조).

이처럼 표면에는 드러나지 않은 계층이동이 적어도 1592~1598년의 임진왜란 중에 진행되었는데, 당시 족보 등의 기록이 대량으로 유실됨으로써 계층이동이 용이했기 때문이다. 이 유동성은 그 후 3세기에 걸쳐 점차 확대되어 신분제도를 침식했고, 서서히 제한이 없어지게 된 중앙권력에의 경쟁에 참여하기 위해 사회의 여러 계층을 단련시키게 되었다.[16] 대원군은 공식적으로 새로운 계급에 문호를 개방하기 시작했다. 하지만 그가 하층계급에서 채용한 숫자는 소수에 불과하다.

궁중양반들은 이들 새로 입문한 계급들이 이익집단으로서 실질적인 권력을 가졌다면 아마도 그것을 저지했을 것이다. 양반들은 불평하긴 했지만 저지하지는 않았다. 아버지 대원군의 실각으로 뒤늦게 실권을 쥐게 된 고종은 신분과 계급소속이 의심스러운 사람들을 포함한 공직자 임명에 탄력적인 방법을 활용했다. 임명을 목적으로 한 계급 차별의 공식적인 철폐는 1894년에 취한 중요한 개혁 중 하나이다. 이런 조치는 일본의 총검으로 구성된 고무도장에 불과한 조선의 '중추원'에 의해 내려진 것인데, 그들이 개혁한 제도가 건전한 것이었다면 아마도 사문화되었을 것임에 틀림없다. 그런데 거꾸로 강제적으로 행해진 몇 개인가의 중요한 개혁은 직접적이고 영속적인 효과를 발휘했다.[17]

송병준, 이용익과 같은 하층 계급 사람들의 출세는 낮은 계급에서도 정치적 판단이 가능하다는 자신감과 정계에서 경쟁할 수 있는 자격을 갖고 있다는 정

---

16 제2장에서 소개한 이수광의 책, 『지봉유설』에서 따온 인용문은 임진왜란으로 인해 일어나게 된 거대한 사회적 유동성을 언급하고 있다. 그는 임진왜란을 직접 겪었고 그 후 30년을 더 산 사람이다.

17 1894~1895년에 단행한 갑오경장(甲午更張)은 일본의 간섭 없이 진행되었는데, 이미 비공식적으로 정부에 소개된 개혁과정을 반영하고 나서야 제대로 성공할 수 있었다. 관리채용에서 계급적 차별을 철폐한 것은 특히 시의적절한 중요한 조처였다. 갑오경장의 상세한 내용과 그 배경은 W. H. Wilkinson, *the Korean Government: Constitutional Changes*를 참조했다.

서가 하층으로 침투하기 시작했음을 보여주었다. 뚜껑은 열렸다. 정치 전반에 영향을 미치는 규모로 거의 모든 계급으로부터 중앙권력을 향해 야망에 찬 개인들이 원자처럼 흩어진 채 제한 없이 쏟아져 나오기 시작했다. 이들의 권력접근은 돈키호테적인 인물과 기회주의자들에 의해 때때로 야기된 개인적인 정실로 결정되었다. 법적인 의미로 그것은 새로운 것이지만 사회적인 과정 자체는 오래된 것이다. 사실 그것이 새로운 것이었다면 양반들이 저항했을 것이다. 조선사회가 근대화된 일본보다 앞설 정도로 갑작스럽게 계급차별의 폐지를 쉽게 흡수할 수 있었던 것은, 적어도 향반사회에서 이런 평등화가 오랫동안 진행되어왔으나 감춰져 있다가 그 과정이 단순히 표면화한 것에 불과했기 때문이라고 할 수 있다. 권력투쟁이 다양한 사회계층의 야심에 찬 일부 인사들을 포함시키기에 충분할 정도로 폭넓게 공개된 것은 비공식적이라 할지라도 이미 일종의 정통성을 획득했다. 민주주의는 이런 정통성에 새로운 광채를 발하게 했다.

권력에 접근하는 비공식적인 과정은 거의 서술된 적이 없기 때문에 구체적인 예증이 필요할 것 같다. 본질적으로 권력접근 과정은 아직도 한국에서는 정치과정의 핵심이다. 문화 그 자체가 이처럼 권력을 향해 상승하는 힘을 제도화시키는 데 미묘하면서도 명확한 지원자 역할을 했다. 조선시대 상류계급의 저택들은 보통 대문 양편으로 조그만 방들이 여러 개 준비되어 있는데, 이런 방들은 여러 종류의 심부름꾼, 정치적 끄나풀, 청지기, 가난한 친척, 열성적인 시골선비, 훈도 그리고 '식객'을 위한 것이다. 식객은 조선시대 생활의 포용력과 온후함, 열성, 기회주의를 대변하는 인물이며, 쉽게 설명하기 힘든 기능을 갖고 있다. 웬만한 서울 세도가의 집에는 지방에서 소개장을 들고 올라온 야심찬 젊은이, 가장이 좋아하는 기생 아들, 가문의 직계 종손인 서원 졸업생 등이 기식하고 있었는데, 이들은 저마다 똑똑한 척하며 주인에게 충성을 바쳐 임용해주기를 바라면서 자진해서 그 가문의 가신이 된 사람들이다(가신제도에 관하여는 제12장 참조).

한국에는 고래로 인색한 것을 비난하는 가치관이 있다. 부자나 권력자들이,

섬기고자 하는 소개장을 들고 온 사람들과 먹을 것이 필요한 사람들에게 문을 활짝 열어 맞아들이지 않는 것 이상으로 인색한 것은 없었다. 시대가 이런 권력접근을 선호하기도 했다. 자유로운 사고가 조금씩 파고들며 기회가 아래로도 확산되었다. 상층부 사람들은 좀 더 많은 개인적 지지자들이 필요했다. 19세기 말에 와서는 당파의 지원이 사라졌다. 500년간의 왕조 기간 동안 내부적으로 자라온 적대감이 새로운 사고와 외국으로부터의 새로운 유혹, 새로운 경제동향 등의 갈등에 첨가되었다. 그리고 일족들도 일체감을 상실해가고 있었다. 양반들마저 과거 어느 때보다 스스로에 의존해야 했다. 이는 그의 가족에게 의존해야 한다는 것을 의미한다.

1870년대 또는 1880년대 초 어느 날 허스키한 음성의 준수하게 생긴 한 젊은이가 23살의 나이로 군부대신이 된 왕의 외사촌 민영환(閔泳煥)의 집으로 걸어 들어왔다.[18] 이 청년은 조선에서 가장 황량하고 외떨어진 곳 중의 하나인 함경도 장진 출신이었다. 그는 어머니의 편지를 가지고 왔는데, 그의 아버지는 아전으로 지방의 세금징수인이며 어머니는 기생첩이었다. 그는 16살이 되었을 때 아버지의 세금징수 업무를 도와주었는데, 일부 세금청구서를 불태워서 인기를 얻는 기술과 그 대가를 받는 법을 배웠으며, 수많은 미납세자들로 하여금 신년을 유쾌하게 보내도록 해주었다.[19] 이 젊은이는 서울에서 기생이나 불량배들과 사귀면서 어느 누구와도 곧 친구가 되는 하층계급의 기술을 터득했으며, 어떤 귀족도 할 수 없는 불량배 조직을 만들고 운영하는 법을 배웠다.[20]

---

18 오재식, 『抗日殉國義士傳』(행정신문사, 1958), 193쪽.

19 Kamada Sawaichiro(가마다 사와이치로, 鎌田澤一郎), *Chosen shinwa* (A new story of Korea; Tokyo, 1951), p.285. 송병준의 아버지 신분에 대해선 그가 양반 자손이라는 등 여러 설이 있다. 하지만 송병준이 기생첩의 아들이라는 것은 의문의 여지가 없으며, 전문용어로 말해 그것으로서도 그는 하층계급 출신이라고 해야 할 것이다.

20 *Toyo rekishi daijiten* (Encyclopedia of Far Eastern history; Tokyo, 1937), V, p.374; Ri, Sei-gen(Yi Chong-won), *Chosen kindai-shi*, p.304 참조. 하지만 만약 서류를 함부로 뜯어고친 것이 아니라면, 송병준이 유명한 17세기의 학자관리인 송시열의 후손임을 뒷받침하는

수년간의 거리생활에서 그는 정치가의 본능과 비공식적이고 유동적인 조직을 만드는 방법을 터득했다. 1876년 초대 일본공사 구로다 기요타카(黑田淸隆)의 환영식에서 그는 자신이 젊은 불청객에 불과한 것에 자극을 받고 1879년에 일본말을 조금 배운 것으로 알려져 있다.[21] 이 젊은이는 잘생긴 외모와 타고난 야망으로 민영환을 매료시켰고, 민영환은 그를 자기 집의 식객으로 있게 했으며, 곧 그를 내부(內部 = 내무부) 서기직인 주사(主事)에 임명되도록 손을 써주었다. 혹은 군 장교로 만들었다는 설도 있다.[22] 서기든 장교든 그것은 북부 하층계급 출신의 젊은이에게 쉽게 주어지는 자리가 아니었다. 이 젊은이의 이름이 처음으로 알려지기 시작했는데, 그의 이름은 송병준이었다(송병준이 민태호의 식객이 되어 그의 후원을 받았다는 설이 있다. 물론 1884년 갑신정변으로 민태호가 죽은 후 그의 양자 아들인 민영환의 보호를 받았을 수는 있겠다. _옮긴이).

당시 치열했던 권력투쟁이 그에게 기회의 문을 열어주었다. 1884년 쿠데타(갑신정변)의 주동세력인 개화당을 패배시킨 민씨 일파는 일본으로 망명한 쿠데타 주모자 김옥균(金玉均)을 암살하기 위해 이 젊은 고용인을 파견했다. 유연하고 감수성이 강한 송병준은 — 그는 내세울 만한 명성도, 지킬 만한 가족의 지위도, '유교원리'에 대한 계급적인 유대도 없었다 — 일본에서 오히려 김옥균에 감화되어 그를 살해하지 않고 동지가 되기로 맹세했다.[23] 그가 서울로 슬며시 돌아왔을 때 의심 많은 민비에 의해 체포되었으나 그의 보호자였던 민영환이 석방시켜주었고 곧이어 현감이 되었다. 시대가 변했다고는 하지만 당시로서도 현감은 양반계급이나 차지할 자리였다. 그는 민영환의 지원을 계속 받아 고종

족보가 있음을 인정해야 한다. 송병준이 노론당파의 창시자인 송시열의 후손이라는 주장이 하층계급 후손으로서 민영환에게 접근하는 데 한 가지 요인이 되었든 되지 않았든 간에, 노론당파가 그때까지도 막강한 세력이었음은 사실이다.

21 Kamada Sawaichiro(가마다 사와이치로, 鎌田澤一郎), *Chosen shinwa*, p.285.

22 *Toyo rekishi daijiten*, V, p. 374.

23 idem, p.374.

의 후궁 소생인 의화군(義和君)이 1894년 도쿄를 방문할 때 수행원으로 따라갔다. 이것은 그가 최초로 왕족의 '내부'에 들어갔음을 의미한다. 그는 일본이름을 사용하며 10년 동안 일본에 머문 다음 1904년 러·일전쟁 때 오타니 기쿠조(大谷喜久藏) 소장의 통역관 신분으로 조선으로 돌아왔는데, 일본에서 그는 개성과 경력이 자신과 비슷한 한 일본인을 만났다. 이 일본인이 바로 하층계급 출신으로 흑룡회(黑龍會) 지도자가 된 혈기왕성한 우치다 료헤이(內田良平)였다. 그는 우치다 밑에서 이용구(李容九)와 협력하여 일진회(一進會)를 만들어 그와 함께 조선에서 대중정치를 시작했다.

일본인들과의 협력과 자신의 정치력에 의해 절정기를 맞고 있던 송병준은 1905년 그의 후원자 민영환이 조선의 독립상실에 절망하여 자결했을 때도 침착성을 잃지 않았다. 그는 민영환이 베푼 은혜에 보답한다며 고인의 유산(토지) 관리자가 되었는데, 그 토지의 상당부분이 그 후 사라져버렸다. 그는 약삭빠르게도 1907년 이완용(李完用) 내각에서 농상공부대신으로 임명되었다. 그후 내부대신으로 옮겨 앉아 내각 안팎에서 일진회를 통해 일본 통감(統監)의 권력증대에 앞장섰으며(그는 1907년 7월 24일의 한일신협약 조인자의 한 사람이다), 마침내 일본에의 완전합방을 촉진하기 위해 적극적인 활동을 벌였다. 아마도 한일강제병합에 그보다 더 효과적인 역할을 한 한국인은 없을 것이며, 일본인 중에서도 강제병합에 그만큼 열성적으로 일한 사람은 드물 것이다. 그는 1910년 자작의 작위를 받고 그 후 백작이 되었다. 그는 조선의 공업화에 관심을 보였으며, 조선인들의 증오 대상이었으나 많은 명예를 가지고 1925년 사망했다.

그 시대에 이런 종류의 사람이 송병준 혼자만도 아니었고 그가 그 시대를 대표했던 것도 아니었다. 가장 비천한 출신에 문맹인 이용익(李容翊)은 마루를 닦고 있다가 미국인 선교사이며 후에 공사가 된 알렌(Horace Allen, 1858~1932년)에 의해 발탁되었으며, 임오군란 때 민비가 서울 근교에 은신하고 있는 기간에 왕비와 왕 사이의 비밀서신을 전달하는 일을 맡았다. 이 덕분에 그는 왕실의 재산관리인이 되었고, 여러 광산의 권리를 갖고 있는 왕의 개인적인 재정고문이 되어 1900년부터 1904년까지 조선경제를 주무르는 거물이 되었다. 그후 잠시 동안이나마 군부대신과 탁지부대신을 역임했다. 조선에서 최대의 부를 손에 넣는 과정에서 그는 보성교육재단(현 고려대학교의 전신인 보성전문학교를 산하에 둔)을 설립하고 한국 최초의 인쇄소를 세웠다.[24] 이용익과 마찬가지로 1882년 임오군란 때 왕궁에서 왕비를 피난시키는 공을 세운 하층계급 출신병사였던 홍계훈(洪啓勳)은 나중에 군부대신이 되었다. 또 다른 사람, 이범진(李範晉)은 어떤 장군(이경하)의 기생첩의 아들로서 1896년 법부대신의 자리에올랐으며 미국, 러시아, 프랑스, 오스트리아, 독일공사가 되었다. 민비가 왕궁에서 피신할 때 맨 처음 우연히 그의 집에 숨어든 것이 그의 출세 계기가 되었다.[25] 민비가 시골에 피신해 있을 때 민비를 만난 충청도 소년인 이근택(李根澤)은 두 번이나 군부대신을 지내고 자작이 되었는데, 독립협회를 분쇄하기 위해 보부상 조직을 조종했음이 분명하다.[26] 그의 형제 중 2명은 1910년 귀족 서

---

24 Fred H. Harrington, *God, Mammon, and the Japanese*, pp.165, 304; F. A. McKenzie, *The Tragedy of Korea* (London, 1908), p.100; *Chosen jimmei jisho* (Biographical dictionary of Koreans; Keijo, 1937), p.1994; *Toyo rekishi daijiten*, VIII, p.473. 이용익의 직계 가족에 대한 기록이 없고 또한 그가 설립한 재단 외에 그의 재산에 대한 흔적도 없다. 송병준의 가문은계속 번창했다. '가문을 일으킨 사람(송병준)'의 딸은 조선은행 일본지점 간부로 있던 구연수의 아내가 되었는데, 해방 후 그녀의 남편은 하지의 자문위원회 위원으로 있다가 이승만정권 때 한국은행 초대총재와 후에 재무부장관을 역임했다. 그들의 재산은 송병준을 키워준, 한때 지체 높았던 사람들의 가난한 후손들보다 엄청 많았다(조선은행 일본지점 간부, 하지의 자문위원, 한국은행 총재, 상공부장관(재무부장관이 아니다)을 차례로 역임한 사람은송병준의 사위인 구연수(具然壽)가 아니라, 사위의 아들, 즉 송병준의 외손자인 구용서(具鎔書)다. 저자가 구연수와 구용서의 발음이 비슷하여 착각한 것인지도 모르겠다. _옮긴이.

25 Kamada Sawaichiro(가마다 사와이치로, 鎌田澤一郎), *Chosen shinwa*, p.265; *Chosen jimmei jisho*, p.1997. 하지만 이범진은 또한 민씨 정권을 무너뜨리려는 또 다른 징후였던'폭동'(1882년의 임오군란)이 나기 전인 1879년(1878년이란 설도 있다. _옮긴이)에 과거급제자 명단에 올라 있기도 하다. 그의 빠른 승진은 왕비의 총애 때문이었던 것 같다(이범진의아버지 이경하가 당시 세도가이기도 했다. _옮긴이).

임 때 남작이 되었다.

　그들의 이런 경력은 조선왕조의 마지막 남은 공식적인 계급장벽이 붕괴된 결과라기보다는 오히려 우연한 정치적 과정의 결과라 할 수 있을 것이다. 이런 일들로 인해 은폐된 사회적 유동성이 엘리트와 평민과의 사이에 남아 있던 틈새를 메우는 과정이 시작되었고, 고종의 궁중은 문화적 가치에 근거한 지도력을 상실한 채 기회주의와 극적인 융통성이 활개를 치게 되었다. '새로운 사나이'들은 대중의 기준을 가장 높은 자리로까지 끌어올리기 시작했다. 엘리트와 비엘리트는 서로 더욱 유사하게 되고 더 직접적으로 서로 의존하게 되었다. 일진회에서 송병준은 파벌 형태로 된 엘리트의 지지를 끌어 모으려는 방법을 버리고, '대다수 국민들 사이의 반응이라는 공통의 기반'에 직접 호소했다.[27] 송병준은 새로운 사회로부터 온, 완전히 새로운 행동규범을 가진 새 사람이었으며, 관료적인 양반 선임자들의 구태의연한 제약이나 사고에 속박되지 않은, 이른바 막스 베버가 말한 "모든 지배에서 벗어난 자"였다.[28] 구식 엘리트들은 빈둥빈둥 시간만 보내며 결단을 내리지 못하고 있었다. 하지만 송병준은 항상 자신이 무엇을 추구하는지를 알고 있었으며, 다른 사람들이 아무리 비겁하다고 말해도 괘념치 않았다. 당시 영국 총리의 아들인 레이먼드 애스키스(Raymond Asquith)가 했다는 "영리한 상놈의 시대가 멀지 않았다"라는 말은 당시의 영국보다 오히려 조선을 잘 설명하고 있다고 해야 할 것이다.[29] 이제 새로운 상놈

---

26 Hosoi Hajime(호소이 하지메, 細井肇), *Joo Binbi* (Queen Min; Tokyo, 1931), pp.225~226; 『한국사사전』(서울, 1959), 137쪽. 이근택은 그의 부친, 조부, 증조부가 모두 무과에 급제한 무관집안 출신이었다. 그의 가문은 성종 때부터 계속 내리막길을 걸어오다가 다시 일어나게 되었다.

27 William Kornhauser, *The Politics of Mass Society*, p.108. '새로운 사나이', '대다수 국민들 사이의 반응이라는 공통의 기반'과 같은 표현들은 콘하우저의 이 저서에서 빌려왔다. 송병준은 이 저서의 주제가 말하는 인물과 묘하게 가까운 점이 있다.

28 idem, p.35.

29 John Buchan, *Pilgrim's Way* (Boston, 1940), p.54에서 인용한 레이먼드 애스키스의 말을

들이 새로운 지도자가 되는 변혁이 일어나기 시작한 것이다. 비록 증오의 대상이 되었다고 할지라도 송병준은 명실상부하게 한국 최초의 현대적 정치가였으며, 현대 한국인들이 그에 대해 아무리 침묵하기로 작정했다고 할지라도 한국 사회에 끼친 그의 역할이 갖는 의미는 그 중요성을 결코 잃지 않을 것이다.

기독교 교회의 영향

이처럼 마지막 장벽이 허물어지고 있는 동안 유동성의 새로운 사다리가 담장 아래 놓이고 있었다. 그렇다고 사다리 위의 사람들이 늘 정부 최고의 자리에까지 올라갔던 것은 아니다. 언어 — 영어와 함께 일본어 — 가 한 가지 수단이 되었다. 외국인들이 궁중과 접촉하고 영향력까지 갖고 있는 것으로 알려졌으며 서방의 위세는 일본이 청국과의 전쟁에서 승리한 후에도 여전히 높았다. 이 승만과 김규식 같은 사람들이 배재학당 같은 선교학교에 간 것은 기독교를 믿어서라기보다는 영어를 배워 정치적인 입지를 모색하기 위해서였다. 배재학당이 영어를 중시하지 않게 되자 지원자들이 대폭 줄어들었다. 1905년에는 하루 이틀 사이에 등록한 "학생의 절반이 영어를 찾아 다른 학교로 가버리는" 일까지 있을 정도였다.[30]

그러나 종교는 야심 있는 정치가들에게는 무시를 당했지만 하층민을 파고들었다. 서울의 버림받은 3만 명에 달하는 백정들의 개종은 "수도 주변에서 행한 기독교 전도 노력 중 가장 현저한 성과 중의 하나"였다.[31] 박 가(朴氏)라고 불린 한 개종한 백정은 기독교적 자유와 사회적 자유의 이상을 광범위하게 확산시켰는데, 그의 영향을 받은 천민들의 청원에 의해 1895년의 개혁에서 그들의 사회적·정치적 지위를 향상시킬 수 있었다(백정 최초로 세례를 받은 이는 박성춘

다시 인용한 것임.

30 Methodist-Episcopal North Report for 1886, cited in L. George Paik, *The History of Protestant Missions in Korea, 1832~1910* (Pyungyang, 1929), pp. 292~299, 120, 218.

31 idem, p. 222.

이다. 박성춘은 내무대신에게 진정한 신분철폐를 주장하는 탄원서를 올리고 전국의 백정마을을 다니며 평등사상을 전했다. 1898년 만민공동회에서 신분제 철폐를 주장하는 연설을 했던 건 한국 근대사에서 매우 중요한 사건이었다. 그의 아들은 제중원 1회 졸업생으로 한국 최초의 양의사가 된 박서양이다. _옮긴이). 기독교로의 '개종'은 인간으로서의 위신을 박탈당했다고 느껴온 북부 사람들 사이에서 크게 늘어났다. 중인들이 감화를 받아 움직이기 시작했다.[32] '예수교 학당'은 학생모집 때 "그들이 태어난 계급에서 빈곤한 집 아이들을 우선적으로" 뽑았다.[33] 여기서도 당시 정부의 최상층부처럼 사람을 뽑는 일에 엄격한 기준이 적용되지 않고 주먹구구식이었다. "가난이 …… 소녀를 우리에게 데려왔다"라든지, 또 다른 경우는 "스크랜턴 박사가 도시성벽 밖에서 사람들을 뽑았다"라는 얘기들이 심심찮게 나돌았다.[34] 어느 관리는 그의 소실을 교회에 보냈다. "최초의 기독교인들 대부분은 하인, 외국어 선생, 성서 행상인, 보수나 급료를 받고 있던 학교 선생들"이었다.[35] 종교의식은 흥미를 끌었고 또한 중요시되었지만, 선교사들은 학교, 병원, 교회도 운영했다. 이런 시설들은 쇠퇴해가는 주위의 재래 구식기관들과 비교가 되었으며, 자금도 풍부해 1903년 이후 급속도로 성장했다.

사회적 희생자들에게 동정적인 선교사들은 그들에게 출세의 사다리를 제공하는 일에 정성을 쏟았다. 하인, 부랑아, 행상인, 백정 등도 머리만 좋으면 이 출세의 사다리를 다른 사람들보다 더 잘 올라갈 수 있었고 실제로 올라가기도 했다.[36] 양반들은 여전히 교회를 멀리했다. 유교적인 계급과 가치체계가 양반

---

32 David Chung(Chong Tae-ui), "A Narrative of Christianity in Social Change in Korea since the 17th Century," *Journal of Social Sciences and Humanities*, 14(Seoul, June 1961), pp. 26~27.

33 L. George Paik, *The History of Protestant Missions in Korea, 1832~1910*, p. 222.

34 Mary Scranton, "Women's Work in Korea," *Korea Repository*, 3.1(Jan. 1896), pp. 3~4, cited in L. George Paik, idem, p. 119.

35 idem, p. 155.

과 불완전하게 혼합되어 있었다. 노동을 회피하고 신체적으로 움직이지 않는 것을 고상하게 생각하는 것은 일하는 것을 신성시하는 신교도의 윤리를 거스르는 것이다.

조선에서 교회가 성장하고 조선인들이 교회 내에서 책임 있는 자리를 갖게 되자 일본의 조선 통제가 강화되었다. 일본과의 긴장된 공존관계가 교회 성장에 영향을 미쳤다. 사람을 주먹구구식으로 채용하는 방식은 점점 사라졌다. 이제 사람들은 더 큰 정치적인 동기를 가지고 교회로 향했다. 교회는 의심받긴 했지만 일본의 통제를 철저하게 받지는 않았다는 점에서 희귀한 존재였다. 교회에서 조선인들은 많은 사람들에게 그들의 지도력을 자유롭게 발휘할 수 있었다.[37] 목사 또는 YMCA의 간사에서 정치지도자로 나가는 것이 — 일본의 통치가 언젠가 종식된다면 — 용이한 단계인 것처럼 보였다. 교회는 종교적인 진공상태를 채우는 것에 도움을 주는 것 외에 독립운동, 즉 정치적 활동의 중심지가 되기도 했다. 독립운동 지도자이며 내무장관을 역임했고 대통령 후보였던 조병옥은 '기독교 정치인'으로 자신의 모습을 제시했다.[38] 여운형도 한국장로교신학교에서 공부했다. 다수의 정치 신인들이 기독교의 온실에 심어졌다. 1919년 기미 독립선언 33인 대표 중 다수(16명)가 기독교 목사나 지도자였다. 나머

---

36 하지만 이 모든 사람들을 단지 그들의 진로 단계만 보고 기독교에 귀의했다고 생각해서는 안 된다. 한국은 그 시절에 심각한 정신적 공백상태에 있었으며, 국가독립 상실로 인해 정신적 위기를 느끼고 있었다. 기독교로의 개종 동기는 근본적으로 그들이 어디엔가 의지할 수 있다는 이기적인 생각에서였던 것 같다.

37 기독교로 개종하는 사람들과 유사한 계급의 사람들에게 호소력이 강했지만 본래 남부에서 성행했던 천도교는 독립운동에서 무언지 기독교와 유사한 기여와 역할을 했다. 3·1「독립선언서」 첫 서명자인 손병희와 두 번째 서명자인 최린은 천도교 지도자였다.

38 조병옥, 『민주주의와 나』(서울, 1959). 특히 353~356쪽 참조. 그 시절엔 전체 인구의 단지 1%가 기독교인이었지만, 독립운동을 하다 체포된 사람들의 18%가 기독교인이었고, 교회가 「독립선언서」 배포에 크게 기여한 핵심 단체들 중 하나였다. Lee, Chong-Sik(이정식), *The Politics of Korean Nationalism*, pp.112~117.

지 사람들은 독립 후 정부나 정당 지도자가 되었다. 교회는 사회 밑바닥으로 내려와 사람들에게 정치적이고 종교적인 사닥다리를 제공했다. 한동안 교회는 유일한 정치적 결집 요소였다.

표류하는 사회

1885년 이후 25년 동안 여러 기관과 단체들이 중앙권력에 줄을 대려는 개별 투쟁에서 밀려났다. 이 시대 특유의 관례는 '빽(ppaek = patronage)'이었다.[39] 상승운동도 너무나 제멋대로였고 개별적이어서 좀 더 실질적인 유대관계가 이루어지지 않았다. 1880년에서 1894년까지 발생한 14건의 폭동은 불만이 전국적으로 확산되었는데도 지역적인 사건에 그쳤다. 마침내 동학당만이 종교적인 열광으로 인해 어느 정도의 결집을 보여주었다. 궁중양반들은 사회에 대한 견인력과 세력을 규합할 능력을 상실했다. 민씨 문중에서 가장 강력하고 잘생겼으며 왕의 외사촌이고 왕비의 조카인 민영환은 대신이고 장군이며, 교육을 잘 받은, 아량이 크고 부패하지 않은 인물이었고, 게다가 서양과 그 문명의 관찰자였기 때문에 조선(당시는 대한제국)의 지도자로서 계급적·개인적·공적인 특성 등 어느 한가지에도 흠이 없는 사람이었다.[40] 그는 제2차 한일협약(을사늑약) 체결에 항의하기 위해 1905년 11월, 궁중에 100여 명의 전직 관리들을 소집했다. 그들은 모두 옛 관복을 입고 나타남으로써 11월의 하늘 아래 일대 장관이 펼쳐졌다. 그러나 그들은 단지 왕궁 앞에서 연좌시위를 하는 것으로 모든 행사를 끝냈다. "주변의 상점 주인들은 망국의 슬픔을 나타내는 의미로 모두

---

39 '백(back)'은 '뒤를 봐준다(backing)'라는 의미의 한국식 영어다. 이 말은 공식적으로 인정된 용어는 아니지만, 해방 후에 만들어져 한국전쟁 기간에 널리 사용되었다.

40 왕과 왕비와 민영환의 이런 연고관계는 부분적으로는 당시 민씨 일족에 만연해 있던 양자(養子) 습속에 기인한다.

철시"했지만 연좌시위를 하는 관리들과 합류하지는 않았다.[41] 을사늑약에 반대하는 상소를 올리려는 사람들이 어느 상점에서 집회를 가지려고 했으나, 일본인의 명령에 따른 조선경찰의 제지로 무산되었다. 조약체결에 참여한 관리들은 폭도들이 항의시위에 합류하지 않고 자기들을 습격할까봐 겁을 냈다. 아직도 한국군 6개 대대가 남아 있었다. 한 병사는 총으로 외무대신을 거의 쏠 뻔했다. 2년 후 이들 중 상당수가 반란을 일으키는데, 당시 민영환은 장군이며 두 번이나 군부대신을 역임했지만 만인에게 호소할 수 있는 공통의 대의를 만들어내지 못했다.

양반들은 프랑스 혁명 발발 한 해 전인 1788년의 프랑스 귀족들보다 더 무기력했다. 토크빌의 말처럼 "겉으로 보기에는 대군(大軍)의 높은 사령부지만 실제로는 뒤따르는 병사 하나 없는 장교단에 불과했다".[42] 조선은 총 한 방도 제대로 쏘아보지 못하고 항복했다. 민영환은 지휘할 부하가 한 사람도 없었다. 그는 집으로 돌아가서 자결했다. "나는 내가 죽는다고 해서 달성할 게 아무 것도 없으며 우리 민족이 곧 다가올 생사를 건 싸움에서 패배하게 된다는 것을 알고 있습니다. 그러나 살아서 이를 저지하기 위해 아무 일도 할 수 없다는 것을 알고 나는 결정을 내렸습니다"라는 아름다운 유서(아래, 민영환의 유서 번역 전문 참조 _ 옮긴이)를 남겼다.[43] 그의 지도력이 미치는 어떤 계층도 결속력을 갖

---

41 이 부분의 서술은 F. A. McKenzie, *The Tragedy of Korea*, pp.137~138을 많이 참고했다.

42 Alexis de Tocqueville, *The Old Regime and the French Revolution*, p.204.

43 *Korea Review*, 6.1(jan. 1906), p.6.
   민영환의 유서 전문 (박영선 번역, 문화발전연구소)
   오호라, 나라의 수치와 백성의 욕됨이 바로 여기에 이르렀으니, 우리 백성은 장차 생존 경쟁하는 가운데 모두 멸망하려 하는 도다. 무릇, 살기를 바라는 자는 반드시 죽고, 죽기를 기약하는 자는 삶을 얻을 것이니, 여러분들께서 어찌 이를 헤아리지 못하리오. 영환은 다만 한 번 죽음으로써 우러러 임금님의 은혜에 보답하고, 그럼으로써 우리 2,000만 동포형제에게 사죄하노라. 영환은 죽되 죽지 아니하고, 구천에서라도 여러분을 기필코 돕길 기약하노니, 바라건대 우리 동포형제들은 더욱더 분발하여 힘쓰기를 더하고, 그대들의 뜻과 기개를 굳

지 못했다. 그의 궁중양반 계급이나 관료 동지들은 을사늑약 문제로 분열되어 있었다. 그가 방문한 적이 없는 지방에서 일하고 있는 사람들은 물론 그가 명목상 장군으로 있는 수하의 부하군인들도, 그리고 그의 민씨 일족들마저도 분열되어 있기는 마찬가지였다. 그의 문중 사람들 대부분은 수년 후 일본의 작위를 받아들였다. 원자처럼 개개로 분열된 채 오직 위를 향해서만 돌진하고 있는 거대한 흐름이 약자를 못살게 구는 일본의 근성이나 그들이 조선에 주둔시킨 8,000명의 군대보다 훨씬 더 강력하게 조선의 사회적 결집에 패혈병적 결과를 가져오고 사회로부터 저항의 수단을 빼앗음으로써 외국에 병합의 길을 열어준 것이다. 그것은 실로 일본이 조선에서 자행한 것 이상으로 국가의 두 가지 중요한 요소인 국가적 통합과 사회제도의 생존력을 파괴했다.

그 대신 실질적인 힘을 발휘한 쪽은 개개의 원자들을 유인해내기 위해 권력을 사용한 권력자들이었다. 바로 송병준과 이용구를 이용한 우치다 료헤이와, 이완용과 조중응(趙重應)을 이용한 이토 히로부미가 그런 사람들이었다. 위계적인 또는 동지적인 유대관계도 없었고, 충성심도, 애국심도, 지켜야 할 아무것도 없었다. '빽'은 색맹이어서 조선인이든, 일본인이든, 도덕적이든, 비도덕적이든 상관하지 않았으며, 단지 그가 개인적으로 권력을 갖고 그것을 줄 수 있는지 없는지에만 관심을 가졌다. 조선을 전복하는 활동에는 권력이 총검보다도 더 위력이 있었고 증거를 적게 남겼다. 일본인들은 조선에서 좀 더 공식적인 채용 방법을 활용했지만 아직도 '빽'을 이용했다. 가난한 시골 소년이었던 이규완(李圭完, 1862~1946년)은 후작 박영효가 그의 마을에서 사냥하다가 우연히 발견하여 나중에 이토가 데려다 썼는데, 그는 "네가 공문서를 읽을 줄 몰라도 머리 좋은 보좌관에 의존하면 된다"라는 원로 이토의 충고를 충실히 따

건히 하여 학문에 힘쓰고, 마음으로 단결하고, 힘을 합쳐서 우리의 자주독립을 회복한다면, 죽은 나도 마땅히 저 어둡고 어둑한 죽음의 늪에서나마 기뻐 웃으리로다. 오호라, 조금도 실망하지 말지어다. 우리 대한제국 2,000만 동포에게 마지막으로 고하노라.

랐다. 그는 일본인들에게 잘 복종하여 1907년 중추원 국장이 되고 11년 동안 강원도 지사, 다음 6년 동안 함경남도 지사 그리고 동양척식회사의 고문이 되었다.[44] 그의 가족은 그 사냥이 있던 날 이후 부귀를 잃지 않았으며 사위는 이승만 정권하에서 장관까지 지냈다.

집단으로부터, 그리고 대의명분과 이상 및 합리성을 요구하는 압력으로부터 해방된 원자화한 유동성은 사람들의 모든 재능과 야망을 비인간적으로 만들었다. 사람들은 권력을 잡기 위해 친구, 명예, 그리고 국가를 예사로 팔았다. 그런데도 항상 나락의 가장자리에 서 있었다. 궁지에 몰린 사람들의 이런 심리 상태가 그들이 저지른 상궤를 벗어난 무자비한 행위의 많은 부분을 설명해준다. 투옥, 망명, 암살이 풍토병처럼 만연했다. 일부 인사들이 이런 위난을 다스릴 수 있는 힘을 가진 일본 편에 선 것은 일본인을 두려워한 것만큼 서로를 두려워했기 때문이다.[45] 당시 정치의 거의 전부를 지배했던 왕비는 자신의 궁궐에서 일본인과 한국인 폭도들에게 살해되어 불태워졌는데, 어떤 사람 말로는, 아직 숨이 넘어가지 않았는데도 불을 질렀으며, 매장할 것이라곤 겨우 손가락 하나가 남았을 뿐이었다고 했다. 블라디보스토크에서 태어난(함경도에서 태어나 블라디보스토크를 드나들었다는 설도 있다. _옮긴이) 평민인 김홍륙(金鴻陸)은 러시아 통역으로 고용되어 이를 발판으로 비서원승(秘書院丞)이 되었다가 1898년에는 학부협판이 되었는데, 3주 만에 왕의 요리사와 공모한 혐의로(커피에 아편을 섞었다고 했다) 투옥되어 언도가 내려지기 전에 척살되었다. "시체를 죽은 개나 고양이처럼 종로의 번화한 거리로 끌고 다녔으며, 지나가는 사람들이

---

44 『이규완 옹 100년사』(서울, 1958), 2, 32~33, 38, 76~78쪽. 이규완은 대부분의 한국인들이 그렇듯 말년에 빈곤하게 산 것으로 알려져 있었는데, 영광스런 삶을 살았다고 주장했다.

45 긴 망명생활 ― 친일파들은 일본에서, 다른 사람들은 상하이에서 ― 이 다반사가 되다시피 했다. 일부 인사들은 국내에서 계속 유배생활을 해야 했다. 예를 들어 조중응은 단지 북쪽 국경은 방어하고 남쪽 국경은 개방하자는 북방남개론(北防南開論)을 건의했다 하여 1883년 전라도 보성에 유배되었다.

발로 차고 돌로 쳤다."[46]

총리 김홍집(金弘集)도 이에 못지않게 비참한 최후를 맞았다. 왕조의 마지막 수년간 조선의 건재함을 상징하는 몇몇 인사 중 한 사람인 김홍집은 18세기 왕가의 외손으로 지체 높은 가문 출신이었으며 아버지는 개성 부유수(副留守)를 지냈다. 총명하고 명망이 높았으며 미국, 프랑스, 영국, 러시아 등과 차례차례 조약을 체결할 때 협상대표로 나섰던 그는 영의정이 아닌 총리란 이름의 직위를 최초로 제수받았고 1896년 말 이전에 세 번 그 직위에 임명되었다. 1896년 12월 28일 왕이 러시아 공사관으로 도피했을 때 김홍집은 일본과 조선 관리들의 경고에도 불구하고 왕을 데려오기 위해 가마를 타고 나가면서 "나는 외국인들에게 내 생명을 구하도록 부탁하지는 않을 것이다"라고 결의를 표명했다.[47] 결국 김홍집은 종로 대로에서 친러시아파들의 사주를 받은 보부상과 불량배들에게 돌멩이 세례를 받아 죽었고 시체는 몇 시간 동안 방치되었다. 그의 처는 비탄에 젖어 굶어죽었다.[48] 2명의 다른 각료들도 살해되었는데, 그중 한 사람은 그의 시골 집에서였다. 중간매개집단들이 만들어내는 충성이라는 것이 없기 때문에 이성을 잃고 제멋대로 벌이는 잔혹행위는 소용돌이의 드라마를 암흑으로 만들었다. 정부의 고위지위는 사실상 공무와는 전혀 관계가 없이 음모나 탈취, 폭력에 의해서만 차지할 수 있었고, 일단 자리를 차지한 자들도 언젠가 공격을 받을 것을 예상하고 두려워했다. 가장 양심적인 인사조차도 자기 자리에서 기분 좋은 죽음을 맞이하리라고 기대할 수 없었다. 사람들은 태풍의 눈 속으로 마구 달려 들어갔다.

---

46 Kamada Sawaichiro(가마다 사와이치로, 鎌田澤一郞), *Chosen shinwa*, pp. 201~202.

47 idem, pp. 201~202.

48 김홍집의 외동딸은 이시영(李始榮)과 결혼했다. 이시영은 독립운동에 참여한 몇 안 되는 양반 출신 인사 중 한 사람이며 1948년 대한민국 초대 부통령을 지냈다. 김홍집의 가문은 현재 가장 오래된 궁중양반의 후예치곤 한미한 편이다.

일본의 질서회복 시도

1910년 이후 식민지정부는 조선 말기 수십 년 동안의 정치적 적폐를 단호하게 청산하려 했다. 개인적인 지배와 영향력이 아닌 질서 있는 관료기구가 권력의 주체가 되었다. 엄정한 시험이 높은 지위로의 승진을 좌우했다. 대체로 시험관리가 철저했다. 정부의 각 부서는 엄밀한 규제를 받았으며 조선에서 엽관운동(獵官運動)하는 자들을 처음이자 마지막으로 일소했다. 정부의 행정과 교육은 청탁이 아니라 주로 능력에 의해 승진하는 전문직의 세계를 확립했다. 교육은 권력기구에 들어가는 주된 통로로 재정비되었다. 조선인들에 대해서는 제한을 두었지만 교육의 확대는 계급이 아닌 합리성을 기초로 권력에 접근하는 길을 넓혔다. 조선인들은 새로운 것을 배우는 것도 빠르고 위로부터의 흐름을 파악하는 것도 빨라 그들 자신을 새로운 세계에 재빨리 적응시켜갔다. 그러나 이런 종류의 소독된 세계는 조선인들의 존경심을 불러일으키는 도덕률이나 철학에 의해 그 정당성이 인정된 것이 아니라 외국인과 주로 외국인의 사고방식에 근거한 것이기 때문에 조선인들은 현대화와 동시에 소외감과 절망감을 느꼈다.

상승기류는 여전했으며 중앙집권화가 더 확대되었다. 관료기구가 크게 확충되고 그 업무가 몇 배로 늘어났다. 관료기구는 획일적인 농업사회에서 단순하고 변함없는 역할을 무기력하게 수행하던 것에서 점차 복잡해지는 국가를 현대화시키는 힘으로 변했다. 조선 말기 수천 명에 불과하던 관료가 점점 늘어나 9만 명을 넘게 되고 이 중 4만 5,000명이 한국인들이었다. 일본인들이 길을 막고 경계하면서 거의 모든 고위직을 독점하긴 했지만, 길이 매우 넓게 닦여져 있었기 때문에 일제 말기까지는 직위가 아무리 낮다 할지라도 일본인이 오기 전보다 몇 배나 많은 한국인들이 정부의 자리를 차지할 수 있었다. 1927년까지 중앙의 총독부 및 그 산하 기구에만 일본인이 2만 8,500명, 한국인이 1만 6,000명 근무했다. 몇 개의 대리기관과 사회기관이 설립되었으나 대부분은 중앙정부 지향적이었다. 일본인들은 조선인들을 정치로부터 격리시켜 실질적이고 생산적인 분야로 돌리려고 시도했으나 거의 실패했다. 경찰과 정보기관들은 수천 명의 하층계급 출신 조선인들이 위쪽으로 상승할 수 있는 길이 되었다. 명백한 차별에도 불구하고 교육을 받아 정부 내에 자리를 차지하려는 조선인들의 경쟁이 치열해졌으며, 특히 과거에 배제되었던 계급들 사이에서 강한 의욕을 보였다. 일본인들은 조선인들의 권력에 대한 접근을 제한했지만 권력을 둘러싼 은밀한 투쟁은 오히려 격렬해졌다. 한편 일본이 조선 고래의 정치적 관행을 무리하게 억눌러도 그것으로 정치적 현대화가 촉진되지는 않았다. 재래식 경쟁의 격화는 단지 식민지 지배에 의해서만 억제될 뿐이었다.

혼란의 재발

서울에 사령부를 설치한 하지의 참모들은 이 이상한 나라와 여운형의 인민공화국이 도대체 어떤 것인지 파악하느라 부산하게 움직였다. 그들의 두서없는 정책이 한국의 옛날 패턴을 부활시키는 계기가 되었다. 미국인들은 한국을 다스리기 위한 관료적인 계획도 세우지 않았고 훈련도 받지 않았다. 설명회도 없었고 참고서도 없었으며 특히 밀접한 접촉도 없었기 때문에 중요한 정책에 관한 정보는 우연히 또는 개인적인 출처로부터 입수했다. 미국인들이 최초로 자문을 받은 것은 '일본인 전임자'들로부터였던 것 같다.[49] 최초로 임명된 주요 정치담당 고문은 한국에 기반을 가진 미국선교사 가정 출신의 한 해군중령이었다. 하지가 인천에 도착하여 상륙준비를 하고 있을 즈음에 해군함정에서 그를 고문으로 임명한 것인데, 그 동기는 이 해군중령이 한 노점상과 유창하게 한국어로 이야기하는 것을 우연히 들었기 때문이다. 하지의 사령부를 최초로 방문한 한국인들 가운데는 이 해군중령의 몇몇 진보성향 친구들과 선교 사업에 기여하고 있던 유복한 가정 출신의 보수주의자들이 다수 포함되어 있었다.

---

49 하지는 1945년 9월 11일 기자들에게 실수로 그 점을 인정했다. "솔직히 말해 일본인들은 나의 가장 믿을 만한 정보통입니다." ≪동아일보≫, 1945년 9월 12일.

하지는 그들 중에서 통역 한 사람을 뽑았는데 이 통역은 3년 동안 하지의 사무실 문 앞에 앉아서 정책과 개인적인 자문을 하고 또한 방문객을 걸러내는 역할을 했다. 이 통역의 막강한 영향력은 한국인들의 마음속에 거대하게 부풀려졌다. 그는 두뇌가 명석하고 선량했으며, 하버드와 시러큐스에서 훌륭한 교육을 받은 사람이었다. 그러나 그를 선정한 방법은 40년 전 일본 사람들이 멋대로 사람을 뽑아 쓴 것에서 크게 나아진 게 없었다. 그런 환경 아래서는 아마도 더 나아질 수 없었을지도 모른다.

군정청의 미군 관리들은 고만고만하게 채용된 한국인들에 에워싸여 있었다. 그들의 핵심은 미국에서 교육을 받고 미국선교사와 유대를 가진 사람들이었다. 기독교로의 개종이 한반도 북부에서 가장 성공적이었기 때문에 새로운 종교와 새로운 교육채널을 통해 성장한 북한 출신 인사들이 많았다. 영어구사 능력은 하나의 중요한 요건이었다. 점령 초기 미국인들 곁에 가장 가까이 있었던 한국 인사들 중 30~40명은 영어를 아주 유창하게 했다. 신규채용 방법은 일본인들이 조중응을 뽑아 쓸 때를 상기시켰다. 1883년 진사(초시 합격자)였던 조중응은 이토의 후원 아래 각료급으로 승진했으며 마침내 귀족이 되었다. 이는 주로 그가 일본어에 통달했기 때문이었다. 그러나 미국인들은 1905년경의 일본인 전임자들보다 한국에 대한 경험이 훨씬 적었기 때문에 한국인 선정방법이 더 맹목적이었다. 미 군정청은 한국인들로부터 '통역관 정부'로 불리게 되었다.

70만 명의 일본인들이 떠나자 한국인들의 머리 위 하늘에는 수만 개의 일자리가 번쩍이며 펼쳐졌다. 해방 후 2년 동안 권력은 대부분 전쟁에 지친 미군장교들이 장악하고 있었다. 그들의 열망은 하루빨리 집으로 돌아가는 것이었고 장기적인 목표나 단기적인 방법도 준비하지 않은 채 '정책'을 집행했다. 채용과 관련된 조선 말기의 지나친 광기가 한국에 다시 찾아왔다. 제대 날짜만 헤아리고 있던 미 야전군 지휘관들은 자기들이 지방 도지사나 장관이 되어 있음을 알고 새삼스레 놀라곤 했다. 하사관들은 갑자기 화학공장과 섬유공장 관리자가 되었다. 오하이오 주 출신의 변호사였던 레너드 버치(Leonard M. Bertsch) 중위는 한국이라는 한 나라의 장래를 결정짓는 중요한 협상과 정책관리 총 책임자가 되었다가 나중에 쫓겨났다. 한국인들은 단지 미국인들에게 매력적인 멋을 부리고 접근하기만 하면 되었다. 천국이 가까이 있었다.

우리가 조선호텔을 떠날 때 대령 한 사람이 만면에 미소를 띠고 버치에게 접근하며 "여보게, 내가 알기론 자네가 임시 입법부를 위해 사람들을 추천하고 있다는데?"라고 하자, "그렇습니다" 하고 버치가 대답했다. "잘 되었군. 내가 나(羅)씨라고 하는 훌륭한 친구를 하나 알고 있는데, 경마협회 회장일세. 그 사람이 몹시 입법부에서 일하고 싶어 한다네. 자네가 그 사람 한 번 만나주면 나를 위해 큰 일 해주는 셈이 되겠는데……", "알았습니다"라고 버치는 말했다. "대령님의 명함을 들려 저한테 보내십시오. 그 사람과 이야기해 보겠습니다."[50]

물론 나 씨는 입법부에 들어갔다. 한국전쟁이 발발했을 때 이와 동일한 패턴이 다시 등장했다. 유엔군이 평양을 잠시 점령하고 있을 때 한 미군대령이 평양시장을 뽑았다. 당시 그 미군대령은 길옆에 서 있는 일단의 그럴싸해 보이는 인사들을 보고 넥타이를 맨 한 남자에게 시장이 되고 싶으냐고 물어보았다. 처음에 어리둥절해하던 그 사람이 곧 질문을 이해하고는 수락했다. 사환들조차 자기가 얼마나 출세할 수 있을지 예측할 수 없는 세상이었다. 눈 밝고 잽싼 자가 제일 먼저, 제일 많이 차지하는 낙천적 기회주의가 붕괴 직전에 처한 당시 사회에 만연해 있었다. 이는 우치다 료헤이가 득세하던 시대를 연상시킬 뿐 아니라, 더 오래된 사회인 1259~1354년에 고려의 지배자들인 몽골의 다루가치(達魯花赤)들이, 해방 직후 미군들보다는 덜 낙천적이었지만 그러나 유사하

---

50 Mark Gayn, *Japan Diary*, pp. 292~293. 게인은 그 시절 일본과 한국에서 활동한 유명한 특파원이었다.

게, 올바른 정보도 갖지 않은 채 맘 내키는 대로 수하의 지도자와 참모들을 뽑아 고려사회에 분열의 씨를 뿌린 시절을 연상시켰다. 미국인들은 그런 정치적 충원 방식이 한국의 정치문화에 얼마나 나쁜 영향을 미치는지 고려시대의 몽골 지배자들과 마찬가지로 전혀 알지 못했다. 바로 그런 등용 방식이 중앙권력을 향해 돌진하는 소용돌이를 격화시키고, 이전 두 왕조의 종말에서 경험했던 정도보다 더 악화된 불안정성을 조성했던 것이다. 또한 그런 전형방식은 아무나 포용할 수 있는 힘을 가진 동시에 누가 친구이며 누가 적인지 구분도 못하는 색맹이기 때문에, 한국에서 미국의 목표가 진지하게 평가될 수 있는 가능성을 약화시켰다는 사실을 깨달은 민감한 미국인들도 없었다. 나 씨의 경마장은 아무나 자유롭게 들어가는 바람에 마침내 무한경쟁의 장소가 되어버렸다.

독재정치의 길

이승만은 스포츠맨은 아니었지만 정치적인 문제에 관한 경기를 주관하길 좋아했다. 이승만은 인물감식 능력 면에서 전임자인 미국인들보다 훨씬 전문적이었으며 한결 우수한 고문들을 곁에 두었다. 그러나 행정부에 대한 그의 사고방식은 근본적으로 조선 말기와 같았다. 야망을 가진 사람들로서는 출세를 위해 매달릴 곳이라곤 이승만뿐이었고, 게다가 그는 빈번한 인사이동을 통해 그들이 스스로 어떤 이익집단에 속하는 것을 막았다. 그는 최초의 비왕족 출신의 국가원수였지만 대원군처럼 후계자 문제를 포함해 어떤 면에서는 섭정처럼 행동했다. 그와 동시대의 인물들 사이에서 이승만과 비교할 수 있는 사람은, 처음에 왕위계승권이 없었으나 일단 등극하고 나선 강력한 지도자로 변신한 에티오피아의 하일레 셀라시에(Haile Selassie) 황제를 꼽을 수 있을 것이다.

이승만의 통치패턴은 1948년 8월 4일 발표된 최초의 내각에서 드러났다. 각료로 임명된 지 몇 주 만에 해임된 한 사람의 사소한 예외를 제외하고는, 미 군정청의 장관으로 있다가 새 정부로 옮겨온 사람은 없었다. 내각에서 가장 중요한 자리인 국무총리 겸 국방장관이 된 이범석은 미 군정청이 지원한 조선민족청년단(이하 족청) 단장으로 당시 몇 안 되는 규모가 크고 충성심 있는 중요한 단체의 지도자였다. 이승만의 본심은 그를 실각시키는 것이었으며 그래서 그에게 고위직을 준 것이다. 인사를 이용하여 이범석을 자신의 충성영역 안으로 끌어들인 이승만은 1949년 족청을 그 무렵 다른 사람이 이끄는 좀 더 큰 대한 청년단과 통합토록 함으로써 효율적으로 영도되는 반대 세력의 대두라는 위험을 무릅쓰지 않고 족청의 해체과정에 들어갔다. 족청이 해체되면 이범석은 여순반란사건 이후 계속된 군부 내의 갈등에 대한 희생양으로 이용될 수 있었다. 이범석은 1949년 2월 국방장관직에서 해임되고 1950년 4월에는 총리직에서도 해임되었다. 1952년 초여름 이승만은 극단적인 방법으로 야당을 탄압하는 데 이용하기 위해 3개월 동안 그를 다시 총리(내무부장관 _ 옮긴이)로 기용했다. 그러나 이 목적을 달성하자 이범석은 용도폐기되어 완전하고 영구적인 은퇴생활이 강요되었으며, 그가 4년 전에 가지고 있던 권력과 위신의 거의 전부를 잃고 말았다.

이와 유사한 경우로, 1948년 이승만이 이전에 공산주의자였던 조봉암을 농림부장관으로 임명한 것도 훗날 조봉암이 중요한 경쟁상대로 등장하는 것을 사전에 방지하려는 노력 이외의 다른 의도로 보기 어렵다. 조봉암이 나중에 진보당 당수가 되어 능력이 입증된 지도자로서 야당의 대통령 후보로 맞서자 이승만은 그에게 날조된 혐의를 씌워 1959년에 처형했다.

이승만이 결속력을 가진 북한 월남민들의 주요 정치단체인 조선민주당 부당수 이윤영(李允榮)을 총리로 임명하려던 기도는 부분적으로는 그들을 지원하려는 의도도 있었지만, 동시에 이윤영의 친정부적 역할을 둘러싼 파벌적인 갈등을 조장함으로써 북한 출신 인사들의 입장을 약화시키려는 의도에서였다. 그 결과 생긴 갈등은, 한국에서 가장 통일된 불만분자들의 잠재적 이익집단 중 하나였던 조선민주당의 정치적 발전을 허물어뜨렸다. 이윤영의 능력을 크게 샀다기보다 오히려 이런 동기가 임명 배후에 도사리고 있음을 알고 국회는 1948년과 1952년 사이에 세 번이나 그의 총리 인준을 거부했다.

한국민주당을 훼방 놓고 그 당원들을 – 그들의 중요성과 그리고 자신을 지지하고 있음을 알면서도 – 내각에서 배제한 이승만의 전술은 한국 정당사의 고전에 속한다. 각료로 남아 있던 사람들은 대부분 대통령의 개인적인 추종자들로서 완전히 그에게 의존했으며 자기들이 맡고 있는 업무에 걸맞은 능력을 가진 사람들은 거의 없었다. ≪동아일보≫는 대통령이 "나약하고 적임이 아닌 무리들을 측근에 모아놓았다"라고 단언하며 내각에 대한 실망감을 표명했다.[51] 항상 신중한 태도를 보이는 유엔한국위원단조차도 "대통령이 구할 수 있는 가장 유능한 인사들을 최대한 활용하는 데 실패했다는 광범위한 비판과 그리고 그런 감정이 있다"라고 보고했다.[52] 이승만은 대통령에 취임하자마자 선조들의 관리임면 패턴을 답습하기 시작했다. 그는 12년이 채 안 되는 집권기간 중 129명의 장관과 총리를 임명했다. 관료기구 자체가 권력경쟁을 수용하기 위해 1953년까지 30만 명 이상으로 팽창했다. 남북으로 분단되지 않았던 시절인 1938년에 일본이 한반도 전체를 다스리기 위해 고용한 관리는 9만 5,385명이었다.[53]

낡고 시대에 맞지 않은 조선시대 패턴이 집요하게 지속되고 있었던 것은 근본적으로 얼마만한 압력이 한국사회에 작용하고 있었는가를 보여주는 것이다. 한반도는 더 이상 고립되어 있지 않았다. 고도의 통치역량이 필요했다. 그러나 아직도 우선시되는 것은 상승기류의 통제와 조작이었다. 통치이론과 의복, 오락, 습관, 교육, 통화, 심지어 언어조차 현대 한국에서는 변화했지만, 정치적 충원과 지도력 그리고 엘리트 형성은 본질적으로 과거와 마찬가지로 변하지 않았다. 1945년부터 1965년까지 한국의 훈련받은 인력자원 거의 대부분이 어떤 업적을 남기기가 불가능할 정도로 취직과 퇴직이 너무 빨리 반복되었다. 그

---

51 ≪동아일보≫, 1948년 8월 7일.

52 GAOR(유엔총회 공식기록), 3rd Session, Supplement 9(A/575), 1948, p.10. 특히 한국 내에선 그런 비판이 일상화되다시피 했다. 많은 내용이 유엔 보고서에 기록되어 있다.

53 1953년 5월경 공무원 숫자는 30만 4,000명 또는 32만 6,591명으로 다양하게 추정되고 있다. 여기엔 군인은 물론 제외되었지만 국방부의 민간 군속은 포함되어 있다.

들은 조기 퇴직 후, '더 낮은 자리'에서 일하기 싫어함으로써 침체하고 말았다.[54] 그들은 갑자기 출세하기도 하고 실패하기도 했지만, 거기에는 전문적인 재능과는 상관없는 비합리성, 흥분되는 불가사의, '빽'의 복합성, 그리고 한국의 과거냄새가 스며들어 있었다.

민주주의와 유동성

일단 하부 패턴을 이해하게 되면 그것에 미치는 민주주의의 충격도 예상하기가 쉬워진다. 한국에서 '민주주의'는 권력에 접근할 수 있다는 기대를 크게 부풀게 했으며 또 누구나 참가할 수 있는 것으로 되어 있기 때문에 권력에 굶주린 야심가들의 숫자를 몇 배로 증가시켰고, 게다가 초기단계에서 취약했던 응집력을 더욱 약화시켰다. 그럼에도 민주주의는 더 큰 문화(유교의 후계문화 = 서구문화)로부터 온 위신을 높여주는 제도로서뿐 아니라 문화에 아주 불가결한 유동성을 정통화하는 것으로 보였기 때문에 기꺼이 수용되었다. 한국의 지식인들은 미국인들이 한국에 가져온 것으로 아는 이 새로운 교리를 적극 환영했다. 베르사유 조약 체결로 3·1독립운동이 일어난 이후 한국에서 항상 '민주주의'라는 말은 신생국들이 '민족자결'을 보여줄 수 있을 때 달성된다고 서방대국들이 생각하고 있다는 사실을 표현하는 말로 통용되었다. 전쟁과 함께 증가한 라디오 방송은 해방의 새벽이 오자마자 민주주의란 말의 사용을 몇 배로 늘렸다.[55] '민주주의'는 1945년 현재 세계 각국에서 사용하는 공통적인 표어였으며,

---

54 내가 한국에서 문정관으로 일한 3년 반 동안 한국정부의 나의 상대역은 21번이나 바뀌었다. 많은 인사들이 유능하고 열심이었지만 한국에 혜택이 갈 수 있는 무수한 계획이 수행될 수 없었다. 그 이유는 재임기간이 너무 짧고, 다음 자리를 위해 움직이는 데 시간을 소비했기 때문이다.

55 미 군정청은 식민지 당국이 사용하던 라디오 방송국을 인계받아 방송을 시작했다. 하지만 그들은 총독부 기관지인 《경성일보》는 인계받아 군정청 기관지로 활용하지 않았다. 그 바람에 군정청은 자기들 관할 지역임에도 공산주의자들과의 홍보전에서 불리한 입장에 처했다. 공산주의자들은 사실상 2개의 기관지를 발행하는 데 성공하여 신문의 영향력을 크게

한국 독립선언의 주제이기도 했던 자유평등 사상과 똑같은 것이었다. 그런 '민주주의'가 모든 사람들의 입에 오르내렸다. 공산당도, 여운형의 인민공화국도, 우익도, 그리고 미국인들이 라디오 방송 프로그램을 가져오기도 전에 이미 라디오도 민주주의를 외쳐대고 있었다. 모든 사람들이 표현과 집회의 자유에 대해 얘기했다. 이런 개념이 무엇을 의미하는지에 대해 읽을 만한 자료도 거의 없었다. 비민주적인 환경의 과거 경험과 선교사의 몇 마디만이 유일한 가이드가 되었다.

일제강점기 이전 세기의 대부분을 지배했던 상대적인 혼란이라든가 비능률적인 정부 이외에 어떤 다른 종류의 '자유'를 알고 있었던 사람들은 단지 극소수의 해외여행자들뿐이었다. 그 당시 사람들은 상소를 올리거나 또는 우연한 접촉경로를 통해 권력접근이라는 이상을 실현할 수 있었다. 이제는 지위도 계급도 자격도 필요하지 않았다. 교육은 유익했지만, 실질적으로 또는 '마음속으로만' 했던 항일운동, 학교의 설립, 외국학위 또는 단지 '강력한 결의' 등, 이 모든 것이 민주주의가 모든 사람들에게 권장하는 경주에 참가할 수 있는 '동등한' 입장권이 되었다. 일본의 철저한 억압을 받은 뒤 찾아온 '자유'는 애국적인 정열을 가진 모든 사람들이 제한 없이 공적인 토론과 시위를 할 수 있게 보장해주는 것으로 여겨졌다. 1945년에 시위자들은 매일처럼 거리를 휩쓸고 다녔으며 서울역 광장은 열변을 토하는 소리로 메아리쳤다. 자유와 민주주의는 우유부단한 통치와 변덕스러운 인사를 가져왔고, 어떤 사람이든 어느 한 집단에 종속되거나 다른 사람의 리더십을 참으며 거기에 조화를 이뤄야 하는 어려움을 안겨줬다. 옛날식 게임에 새로운 서방식 초대장이 발송된 것이다.

총선 실시는 강력한 흥분제가 되었다. 기술적으로는 1948년의 거창한 선거 홍보활동이 흥분을 배가시켰다. 사람들은 어떻게 투표할 것인가를 알았다. 선

활용했다. 이 심각한 실수는 미국이 한국을 다스릴 준비가 전혀 되어 있지 않은 채 군정을 실시했음을 단적으로 보여주는 것이다.

거도 선거였지만 유엔한국임시위원단 사람들과 관리 및 선거운동원들이 여러 마을을 방문한 것은 농민들에게 마치 엘턴 메이요(Elton Mayo, 1880~1949년)가 호손(Hawthorne)전기회사와 어느 섬유공장에서 행한 (동기유발에 관한) 실험에서 얻은 결과와 동일한 효과를 가져왔다. 즉, 사람들은 책임 있는 인사들이 그들에 대해 관심을 기울인다고 생각했기 때문에 격려를 받았던 것이다.[56] 유엔한국임시위원단이 선거에 열의를 보였던 것은 사실이지만, 국민들은 국회의원을 통해 자기들의 소망을 국정에 반영하기 위해 선거에 열심히 참여한 것은 아니었다. 오히려 국민들은 오랫동안 자기들을 무시해온 정부가 이제 갑자기 접촉하고 대화하면서 자기들을 존중해주는 것을 보고 즐거워한 것이다. 나중에 선거 홍보활동이 줄어들자 아울러 선거 열기도 식었다. 경찰이 나서서 겁을 주며 투표참여를 종용해도 소용이 없었다. 그러나 어떤 의미에서 이번 선거는 시골사람들에게 참여의식을 심어준 것이 확실하며, 시골선비가 열심히 공부하여 과거에 급제, 중앙 관직으로 진출하는 전통이 그런 참여의식을 문화 속에 정착시키는 데 한몫했다.

이제 야망을 가진 사람들은 누구나 마치 옛 얘기에 나오는 가난한 선비의 성공담처럼 정치적으로 성공할 수도 있다는 희망을 갖게 되었다. 처음에는 해방, 그다음에는 국회, 이제는 각종 선거가, 한 남자가 가질 수 있는 가장 명예롭고 멋진 직업이었던 1910년 이전의 정치활동의 역할로 부활시켰다. 국회의원은 향촌사회에서 지위와 존경의 상징이었다. 자기들의 의사를 표현하기 위한 수단으로서 투표의 의의는 그렇게 썩 잘 이해되지는 않았을지 모르지만, 과거에는 시험을 통해 지방의 아들을 중앙으로 보내던 가치기준이 이제는 선거를 통해 전광석화와 같은 속도로 그를 서울로 보낼 수 있게 바뀐 것이다.

---

56 Elton Mayo, *The Human Problems of an Industrial Civilization* (New York, 1933), esp. pp.119~121; Mayo, *The Social Problems of an Industrial Civilization* (Cambridge, Mass., 1945), pp.61~67, 72ff.

선거는 옛 제도를 수정하는 지위를 갖게 되었지만, 그러나 사회제도의 구조 내에서 개혁을 더욱 확대하는 경향을 보였다. 과거의 상류계급 행동양식은 이제 '민주적' 정치경력에서는 장애와 부담이 되었다. 지프차를 타거나 도보로 밤이 이슥하도록 각 마을을 돌아다니면서 마이크로 평민들에게 호소하고, 손짓발짓을 해가며 설득하고, 마음에도 없는 문자를 동원한 슬로건이 적힌 품질 나쁜 종이를 나눠주며, 귀천의 구별 없이 친밀한 척하는 이런 모든 것들은 옛날 같았으면 하층계급, 잘해야 아전의 행동양식들이었다. 양반들은 당연히 이런 행동들을 멀리해야 했다.[57] 이처럼 가장 보수적인 향촌사회를 제외하고 사람들은 송병준 같은 야망, 에너지, 배짱을 선호했으며, 그리고 입후보하기 위해 수단과 방법을 가리지 않았다.[58] 정미소 주인, 양조장 주인, 대지주나 소지주(토지개혁 이후에는 모두가 소지주가 되었다), 옛날 면 직원, 군 직원, 전쟁터에서 돌아온 사람들, 명문가의 대표들, 마을 지도자들, 수도에 친척이 있는 사람들, 다른 일에 모두 실패해 좌절한 사람들 등등 모두가 선거에 입후보했다.

어떤 때는 한 선거구에서 20명의 후보가 경합했다. 1950년 선거에서는 210석을 놓고 총 2,209명이 경쟁했다. 선거전을 활기 넘치게 한 것은 선거운동원들이 먼지 나는 신작로 길을 따라 마을과 마을로 고가의 대형스피커를 고통스럽게 메고 다니며 왕왕거리는 것과 선거에 사용된 막대한 자금이었다. 그들이 쓴 선거자금은 도시에서는 2,000만~5,000만 원이었고(당시 미화로 2만~5만 달러에 상당) 시골에서는 500만~2,500만 원에 달했는데, 개인의 연평균 소득이 7만

---

57 귀족들이 이와 유사한 역할을 수행함으로써 생기는 충격은 물론 많은 사회에서 얼마든지 있는 일이다. 미국에서조차 1830년대에 그런 현상을 겪었다. 당시 많은 군중 앞에서 선거운동을 하는 어려움과 어색함은 '신사' 후보자들 가운데서 비교적 흔한 불평거리였으며, 다수의 미국 상류층은 정계에서 멀어졌다. 그러나 미국·영국 상류층의 활동은 한국의 진짜 양반들의 활동보다 민주적인 정치활동과 잘 조화를 이뤘다. 여기서 다시 향반과 차이가 난다. 향반은 편견을 덜 갖고 자아의식이 적어 정치에 훨씬 적응을 잘했다.

58 예컨대 양반고장으로 가장 이름난 안동에서도 국회의원에 자주 당선되는 사람은 아전 가문 출신 인사였다.

원(70달러)에 불과한 나라에서의 일이었다.

이와 같이 누구나 참가할 수 있는 경쟁에서는 아전들의 입지가 가장 유리했다. 그들만이 전통적으로 지방의 정치적인 기능을 향유해왔기 때문이다. 지방의 지주 지위를 확보한 이들은 아마도 옛날의 과거(科擧) 집단처럼 다른 어느 계층보다도 지방정치에 참여해 성공한 유일한 집단이었다. 그러나 그들은 물론 전체적으로 소수파였다. 정치적 경쟁이라는 그물은 모든 무리의 물고기를 가리지 않고 포획했다. 정당은 지방에 튼튼한 기반을 형성하지 못했으며, 그것의 중요성이 증가한 것도 나중의 일이었다(제10장 참조). 1954년 이후부터 혼란스럽고 원자화한 권력에의 접근을 억제하기 시작해도 문제는 여전히 심각했으며 나중에 군인 정치인들이 무소속 후보를 완전히 금지시킬 정도가 되었다. 정당을 통한 권력접근과 유동성이 억제됨으로써 정치의 열기가 많이 식었다. 그 이유는 유동성이 한국적인 사회패턴의 근본을 이루고 있으며 그런 원자적 흐름의 폭발적인 성격이 조직의 규율에 크게 저항했기 때문이다.

권력에의 큰 길, 학교

민주주의가 정치적인 유동성의 힘을 증가시킴으로써 도시의 성장, 더 현대화하는 경제, 원조, 행정적인 복잡성 증대 등의 충격이 국민생활에서 서울 및 중앙관료기구의 영향력과 매력을 한층 증대시키는 작용을 했다. 여러 기업들도 이 같은 상황에 보조를 맞추었다. 서울은 한국에서 경제적으로 부존자원이 가장 적은 지역에 위치하고 있으나 관료기구에 근접해 있는 것이 자원에 가까이 있는 것보다 더 중요했다. 관료기구에 접근하는 비공식적인 방법이 이젠 다양해졌는데 이는 송병준 시대를 상기시켰다. 그러나 차츰 그들은 하나의 문을 통해, 즉 교육을 통해 거기에 갈 수 있게 되었으며, 더 높은 곳까지도 이를 수 있게 되었다.

한국사회에서 이 무렵의 교육은 거대한 문화적 압박을 잘 견뎌내야 했다. 이것은 분명 유익하거나 필요한 압박이 아니었다. 고등교육을 받은 사람들의 절반 이하 ― 걸맞은 직장을 찾은 사람만 계산하면 3분의 1 이하 ― 밖에 취직할 수 없었으며, 이들 중 많은 사람들이 전공을 살릴 수 있는 직장에 들어가지 못했다. 이 압박은 문화적인 것이고 본질적으로 아주 오래된 것이었다. 중앙권력에 접근하려면 교육이 필요하며, 야망은 어떤 다른 통로를 알지 못했다. 서울의 성벽 같은 대학의 요새들은 좀 더 중앙집중화한 형태로 조선 중기 때 나타난 서원 열풍의 재판이었다.[59] 일본인들은 공식적으로 고등교육을 그들이 확대한 관료기구로 가는 고속도로로 이용했으며 더욱이 자신들이 독점했는데, 그것이 오히려 조선인들의 교육 욕구를 자극하는 역할을 했다.[60] 현대적인 학문과 기술에 대한 훈련의 필요성이 교육을 더욱 확대하고 복잡하게 하고 그리고 중앙집중화하는 결과를 가져왔다.

이런 모든 영향들이 누적되어 끼친 상승효과가 전후 세계 각국의 교육 붐 중에서도 유독 한국에서 가장 선풍적인 폭발현상을 낳게 만들었다. 1945년에 한국에는 대학교가 오직 하나 ― 경성제국대학(지금의 서울대학교) ― 밖에 없었다. 고교(구제중학)는 김나지움(특히 독일의 대학진학을 위한 고등학교) 형태의 것이 19개였으며, 이 중 몇 개는 전문대학이란 이름을 사용했다. 1946년 4월에는 이들 전문대학이 모두 4년제 대학으로 승격되었으며, 여기에다 신설된 것을 합해 총 26개의 대학 기타 고등교육기관에 940명의 교수와 9,562명의 학생들이 재적하고 있었다.[61] 1962년에는 단과대학(4년제 내지 2년제 대학)과 몇 종류

---

59 고등교육의 확대와 집중에 대해선 제6장 참조. 1966~1968년에는 베트남 전쟁 수요와 한국의 산업성장이 이런 상황(취직난)을 약간 완화시킨 것 같다.

60 Andrew Grajdanzev, *Modern Korea*, p.262에서 일제강점기 조선에 거주하는 일본인 자녀들의 약 절반이 고등학교 교육을 받은 데 반해 조선인 자녀들은 단지 5%만이 받았다고 쓰고 있다.

61 USAMGIK Summation No.7(April 1946), p.31.

의 종합대학을 합쳐 85개로 늘어났으며, 학생 수는 12만 8,557명에 달했고, 이외에 1만 명이 3군 사관학교, 국방대학, 참모대학, 육군대학, 해양대학, 그리고 주로 서울 소재의 신학대학에 다니고 있었다.[62] 대학 재학생 수를 3분의 1로 줄이려는 정부의 노력에도 불구하고 1965년에는 고등교육기관에 다니는 학생 수가 15만 명으로 늘어났다.[63]

전두환 대통령이 고등교육기관의 학생 쿼터를 대폭 늘려준 것은 광주민주화운동 이후 땅에 떨어진 국민들의 인기를 얻기 위해 사용한 정책으로서 한국의 교육 압력에 대한 좋은 설명이 된다. 1984년의 경우 109개의 4년제 대학 및 대학교와 170개의 대학원 및 2년제 전문대학에 등록한 학생 수는 총 106만 3,406명에 달했다. 이 중 77만 2,907명이 4년제 대학 학생이었다. 이 수준에서 안정화되는 추세를 보였다. 대학 이하 학교들의 확대규모도 이에 못지않았다. 1983년 10월 현재 고등학교 수가 1,535개교였고 학생 수는 205만 3,351명이었다. 제2차 세계대전 말 중등학교 수가 139개교에 학생 수는 8만 8,000명에 불과하던 것이 1960년에는 1,165개교에 66만 5,630명이었다.[64] 1966년에 초등학교 수가 5,125개교에 학생은 491만 4,343명이던 것이,[65] 1984년에는 6,500개교에 학생 수는 525만 7,164명이었다. 서울에서만 2부 수업을 하는 초등학교의 졸업생 수가 매년 3만 명 비율로 늘어났다. 1945년의 경우 남북 전체의 학생 총수가 140만 명이었는데,[66] 1984년에는 남한에만 1,100만 명이 되었다.

---

62 문교부, 『문교통계요람』(서울, 1962). 이 통계요람은 한국 교육통계의 표본역할을 했다.

63 문교부 통계 및 1964년 11월 26일 자와 1965년 1월 9일 자 ≪코리아 타임스≫ 참조. 1966년 2월에 ≪코리아 타임스≫가 보도한 문교부 통계에 따르면, 1966년 2월에 69개의 단과대학 및 종합대학이 2만 2,500명에게 학위를 수여했으며, 같은 달 전문학교 및 기술학교에서 약 1만 4,000명에게 학위를 수여했다.

64 문교부, 『문교통계요람』(서울, 1962), 65~67쪽.

65 Marion L. Edman, *Primary Teachers of Korea Look at Themselves* (Seoul, 1962), p.12. 웨인 주립대학 교육학 교수인 에드먼 박사는 서울의 어느 대학에 풀브라이트 교환교수로 근무한 바 있다.

이와 같은 교육의 개선과 확대라는 엄청난 압력 못지않게 재정적인 부담 또한 가중되었다. 문교부의 추정에 의하면 1961년에 대학생은 연 평균 학비로 1만 6,200원(미화 123달러)을 지출했으며 이는 총 22억 8,000만 원(미화 1,764만 달러)에 달했다.[67] 민간이 지출한 이 금액은 당시 총 통화량 119억 원의 20%에 육박하는 것이다. 추가로 국립대학과 사립대학 운영을 재정지원하기 위해 국고에서 5억 6,000만 원(미화 430만 달러)이 지출되었다. 여기에 추가하여 민간 증여, 선교 기부, 미국 원조, 각급 재단의 투자수익, 관례적으로 학부형에 요구하는 보충비용 등이 있었다. 이 밖에 옛날부터 내려온 '부모가 선생님에게 드리는 촌지'는 군사정부가 '폐지'했지만 점차 모금에 의한 기금조성으로 대체되었다. 적어도 고등학교에서 1분기에 2,000~3,000원을 요구했다. 이런 기금에도 불구하고 교사들의 봉급은 형편없는 수준이었다. 많은 선생들이 일당 1달러 수준을 넘지 못했다. 가난 때문에 몇 명의 교사가 자살을 했는데 이전에는 알려지지 않은 현상이었다. 민간 장학금은 소수에 불과했지만 등록금 면제가 늘어나 1964년에는 2만 7,710명의 학생이 혜택을 입었다.[68] 이런 통계는 1987년까지 훨씬 더 높은 수준으로 증가되었으며, 20년 전과 마찬가지로 지금(1980년대 말 _ 옮긴이)도 소용돌이의 정점을 지향하는 교육의 길은 국가에 거대한 재정적인 부담을 안겨주고 있다.

이런 압박은 한국의 가정에 큰 충격을 주었다. 모든 부모들은 자식들의 장래가 오직 교육에 달려 있다고 믿었다. 그러나 대학을 졸업해도 취업률은 가장 낙관적인 추정으로도 44.6%를 넘지 않았다. 그리고 오직 일류대학 — 통상 서울대학교 — 졸업자들만이 쉽게 정부에 들어갈 수 있었기 때문에 어린이들의 장

---

66 *The Europa Yearbook, 1967*(London, 1967), II, p.726 및 ≪코리아 타임스≫, 1964년 8월 28일.

67 Korean Ministry of Education and National Commission for UNESCO, *Education in Korea* (Seoul, 1962), pp.42~43.

68 『문교통계요람』(1964), 196쪽.

래는 또한 선택하는 초·중·고등학교의 질과 평판에 따라 달라졌다. 일류학교 — 사실상 모두 서울에 있었다 — 에 들어가기 위한 재정적·교육적인 비상한 노력은 히스테리 증상에 가까웠다. 많은 가정에서 변제능력을 초과할 정도로 돈을 빌리거나, 모든 재산을 담보로 하거나, 먹을 것과 입을 것을 절약하며 필사적인 희생을 감내했다. 시골에서 야심 있는 농부들은 소뿐만 아니라 때로는 가옥과 농토까지도 팔아 아들을 대학에 보냈다.[69] 어머니가 자식의 학자금을 마련하기 위해 돈을 빌리는 일에는 물불을 안 가렸는데 때로는 감정을 폭발시켜 우정에 금이 가기도 했다. 아이들은 거의 쉴 틈도 없이 공부에 내몰렸으며 중요한 입학시험으로 심각한 정서적 위기를 겪기도 했다.[70] 어머니는 시험장까지

---

69 때때로 동생인 경우도 있었다. 유교의 영향이 큰 시골에서 장남은 동생들을 성심성의껏 보살피는 것을 당연한 일로 여겼다. 심지어 장남 자신이 결코 가져보지 못한 것조차도 동생들에게 기꺼이 주었다. 동생들은 가족 중 다른 사람들에게 요청하고 요구하도록 훈련받았고, 장남보다 책임을 지는 훈련은 훨씬 적게 받았다. 이 무렵 대학생 중 동생들이 많았다는 사실은 학생시위가 빈번해진 한 요인이기도 했다.

70 나는 이 문제를 약간의 추측 이상으로 고찰하기엔 아직 불충분한 한국 가정의 아이들 교육에 대해 몇 가지 짚어보고자 한다. 아무튼 아이들 교육에서 큰 역할을 하는 배후의 가족연대를 보고 한국 가정엔 분열과 긴장이 없다고 생각해서는 안 될 것 같다. 혼잡한 도시로의 이주가 전형적인 대가족이 소규모 핵가족으로 급격히 바뀌는 원인이 되었으며 이것이 부모의 자녀양육 역할에 상당한 변화를 가져왔다. 다시 말해 이전에 집안 어른들(아이들의 할아버지와 할머니)과 같이 살 때만큼 아이들을 알뜰하게 보살필 시간을 갖지 못하게 된 것이다. 한편으로 이것은 과거만큼 자주 할아버지와 할머니의 훈육을 받지 못하는 아이들이 두 세대(世代)의 영향에서 벗어나게 되는 것이며, 다른 한편으로는 새로운 역할로 인해 부모는 물론 아이들도 긴장과 때로는 불만을 갖게 된다. 부모에겐 여기에다 도시생활에서 오는 고독과 불만이 더해지며(제10장 참조), 그것은 또한 잠재적으로 아이들에게도 영향을 미친다. 아이들이 긴장과 불만을 가지게 되면 부모가 전하는 행동규범과 가치를 받아들이는 데 장애를 일으킨다. 그리고 만약 이런 규범과 가치들이 상류층의 유교전통에서처럼 매우 엄격한 것이면, 때때로 아이들이 노골적인, 심지어 난폭한 반항을 할 수도 있다. 그런 요인들이 1910년에서 1945년까지의 날카로운 역사적인 변화에 의해 지난 세대에 조성된 것과 같은 극심한 세대 간의 갈등을 유발한다. 이런 요소들은 아마도 사회적·정치적 불안상태를 조성하긴 해도 교육의 큰 파도에 덧붙여져 비교적 빠른 성장을 위한 고삐가 될 수 있었고 지금도

자식들을 따라가서 시험이 끝날 때까지 밖에서 기다렸다. 고위직에 있는 아버지조차 자식 중의 하나가 그런 고된 시련을 겪을 때는 해외여행을 삼갔다. 입학시험에 떨어지면 자식이나 어머니가 정신적으로 큰 타격을 받았으며 자살하는 경우도 있었다. 나쁜 시험성적을 만회하기 위한 뇌물수수도 예사로 이루어졌다.[71] 한편 대학 총장은 한국사회에서 특권계급이 되었으며, 때로는 장관보다도 집과 차가 더 큰 경우가 많았고, 정치의 세계에서는 볼 수 없는 직위의 영속성을 누렸다.

그러나 우리가 4·19혁명의 배후압력을 검토하면서 알 수 있었던 것처럼 사회가 경쟁에 어떤 제한을 가하지 않으면서, 경쟁 수위만큼 충분한 일자리를 마련해두지 못하고 있다. 소망하는 관리 자리나 대기업 사원 자리가 교육받은 사람들을 모두 흡수할 수 없는 것은 마치 조선의 관료기구가 18세기 서원 출신을 다 흡수할 수 없었던 것과 같다. 어느 유명한 신문은, 1965년에 3만 8,000명으로 추정되는 대학 졸업생들 가운데서 "은행, 국영기업 또는 신문사의 화이트컬러 부서에서 1,000명을 흡수할 수 있다"라고 보도했는데, 정부가 흡수할 수 있는 인원은 그보다 훨씬 더 적다.[72] 고용 확대에도 불구하고 25만 명의 졸업생이 매년 사회에 쏟아져 나오기 때문에 1987년에 들어와서도 이전과 별로 달라진 것이 없다. 겨우 취직이 되었다 해도 초임은 거의 생활을 꾸려 나가기 힘들 정도로 낮다. 예를 들어 원자력연구소의 연구원 월급은 5,500~8,000원이며 자동공제 이후 실수령액은 미화로 15~27달러 정도다.[73] 공개경쟁시장에서 순수

되고 있는 변화와 혁신을 위한 개방으로 이끌기도 한다.

71 1964년에 총장의 일방적인 학생 입학정책을 둘러싸고 일어난 숙명여자대학교 총장과 일부 교수들 사이의 갈등이 좋은 사례가 될 수 있다. '비밀'을 유지할 필요가 있었기 때문에, 총장과 일부 교수들이 그 사건으로 사임해야 했다.

72 《코리아 타임스》, 1964년 11월 26일.

73 원자력연구소 간부인 이창근(Lee, Chang-gun)이 1965년 10월 13일 자 《코리아 타임스》에 기고한 글과 그가 나에게 보낸 개인 서신. 그러나 새로 설립된 한국과학기술연구소는 현재(1968년) 이보다 몇 배의 월급 ― 미화 약 400달러 ― 을 지급하고 있다.

하게 제공되는 제한된 일자리는 6개 정도의 일류대학 졸업생, 즉 전국 대학 졸업생들의 7%에 의해 충원된다.

소용돌이가 교육의 체(sieve)를 통해 야망을 끌어냈으며 그 결과 다른 어떤 곳보다도 더 강력한 욕구불만이 일어났다. 실업자가 된 수만 명의 대학 졸업생들은 가족한테로 돌아가야 한다. 그럴 때면 부모들은 '나머지' 자식들에게 문을 닫고 만다. 그것은, 자리는 제한되어 있는데 경쟁자가 너무 많은 상황에서 스스로 자신을 돌봐야 하는 수세기 동안의 체험에서 생긴 방법이다. 운이 좋으면 아버지나 친척 회사에 임시직으로 들어갈 수 있다. 1960년대 중반, 일부 대학 졸업자가 독일 루르 석탄광에서 광부로 고용되는 계약을 체결했다. 그렇지만 한국에서는 교육받은 사람들이 대체로 힘든 일을 하기 싫어한다. 취업을 못한 일부 졸업생들은 호주머니 돈을 쥐어짜 일 없는 한량들을 흡수하는 당구장, 다방, 극장에서 시간을 보낸다. 다른 사람들은 대부분 집에서 얼굴을 숨기고 있거나 조그만 서클을 만들기도 하고 대학원에 진학하기도 하고, 가능한 경우에는 해외로 유학을 가기도 한다.

교육이 중앙권력을 향한 경쟁을 약화시키기는커녕 오히려 증대시키기 때문에 '빽'은 대학 졸업생들을 그들의 목표와 연결시켜주는 역할을 지속적으로 수행한다. 그래서 학생들은 종종 정치인들에게 접근하려고 노력한다. 후원자가 권력을 잡게 되면 더 영속적인 직장을 구할 수 있을 것이라는 기대 아래 정도의 차이는 있지만 아무런 보상 없이도 봉사한다. 그런 식의 구직운동은 관료임용제도의 안정을 계속 위협한다. 그리고 "고용이란 케이크를 너무 오래 먹는 것은 불공정하다"라고 믿는 풍조를 만들어낸다. 구직운동은 모든 관리들, 특히 고위직들의 시간을 상당히 많이 빼앗는다. 사회에 참여할 기회가 없으면 자기 자신에 대한 적극적인 사고, 긍지, 자제력이라는 가치감각이 감퇴하게 되어 대중운동에 쉽게 이끌리고 다른 사람들의 판단을 자신의 것으로 쉽게 받아들이게 된다. 이런 불운에도 불구하고 실업자의 가족들은 결혼을 강요하여 가난한 가정을 또 하나 만들어 부모, 형제 또는 친구나 친척에 의존하게 한다. 그런 관습이 인구증가와 실업자 추가에 기여했다. 실업자는 1965년 현재 전체 노동력의 26%인 272만 2,000명에 달할 정도로 늘어났다.[74] 그러나 1980년대 중반이후 실업문제에 큰 진전이 있었다. 공식 자료에 의하면 1969년의 인구 3,114만명이 1980년대 중반엔 4,200만 명 선으로 늘어났는데 실업자는 50만 1,000명, 실업률은 4%에 불과했다.

한국국민들이 분발하여 스스로를 개선하고, 또 그 개선이 일부 특혜계층에 한정되지 않았음을 보여주는 것은 신기해할 것도 칭찬할 것도 아니지만, 그 결과 부분적으로 큰 성과를 보여주었다. 비문맹자 비율이 1945년의 15%에서 1966년에는 70~80%, 1987년에는 98%로 늘어나고, 1967년에 초등학생 수가 해방 당시보다 훨씬 많은 350만 명이던 것이 1984년에는 525만 7,164명에 이른 것이 현대화를 위해 크게 향상된 환경을 제공하고 민주화를 위해서도 확실성은 적지만 유사한 환경을 제공했다고 해야 할 것이다.[75] 교육받고 동기부여가 확실한 한국의 거대한 인력은 1967년 이래 국제적으로 잘 활용되었다. 이

---

74 Pak, Song-yong(박성용, 朴晟容), "Prospects for the Export of Labor from Korea," *Korea Journal*, 5.3(March 1965), p.10. 이 논문은 당시 경제기획원의 최신 통계를 인용했다. 272만 2,000명의 실업자 가운데 60만 4,000명은 완전 실업자로 분류되어 있고, 211만 8,000명은 불완전 고용상태로 분류되어 있다. 실업통계는 정확성이 많이 떨어지긴 했지만, 장기간 대체로 이 선을 유지했다. 최근의 경제발전과 수출 증대가 실업자를 많이 줄어들게 한 것으로 보인다. 1965년 이래 군 병력 증가도 통계상 실업자 수를 줄이는 데 한몫했다.

75 1960년대에 정부는 한글 비문맹률이 90% 이상이라고 주장했지만, 대부분의 관찰자들은 실제로는 그보다 훨씬 낮았을 것으로 ― 아마도 약 70%로 ― 믿고 있다. 1945년 이후 엄청난 교육 확대로 비문맹률이 꾸준히 증가해왔으며 1987년에는 98% 이상이라는 주장이 제기되고 있다. 1944년 총독부 인구조사에선 전체 인구 2,279만 3,766명 중 1,964만 2,775명이 무학(無學)인 것 ― 결국 315만 명만 학교를 다닌 것 ― 으로 집계되었다. 이 조사에선 단지 7,374명만이 김나지움 수준의 고등학교를 능가하는 4년제 대학 또는 대학원을 졸업한 것으로, 그리고 단지 2만 2,064명이 전문학교 또는 기술학교를 졸업한 것으로 나타났다. Oh, Kie-Chang(오기창), "Western Democracy in a Newly Emerging Eastern State: A Case Study of Korea".

민 기회의 확대는 한국인의 유동성을 확산시켜 수십만 명 또는 아마도 100만 명이 미국, 캐나다 등지로 이주했다. 1982년의 경우 19만 6,855명의 한국인들이 해외에서 17억 6,000만 달러를 벌어들였다. 이런 해외에서의 외화벌이는 계속 증가하다가 1985~1987년도에는 급격한 감소세를 보였다. 교육받은 사람들의 큰 욕구불만도 현대화를 향한 일보일 수 있다. 또한 다른 나라의 개발을 위해 이런 자원을 잘 활용하는 것은 국제사회에서도 바람직한 일이다.

널리 인식되고 있는 바와 같이 광적이기까지 한 교육열이 현대화의 전제조건이라면, 한국인들은 세계에서 가장 야망에 찬 국민에 속한다고 할 수 있을 것이다. 이런 패턴에서 더욱 두드러진 것은, 그리고 이런 패턴의 원활한 활용을 어렵게 하는 것은 그것의 뚜렷한 원자화와, 사회 각 부문의 여러 지점으로부터 동일한 목표를 향해 진행하는 속도가 거의 같다는 점이다. 한국의 전후 교육은 비합리적이고 비정상적인 이 같은 패턴으로 인해 이점과 동시에 난점을 안겨주기도 했다.

지나친 과잉교육, 저류에 있는 유동성, 그리고 그 결과 생기는 인사의 극단적인 불안정성 등은 한국의 국민성을 판단하는 중요한 관건이 된다. 이런 것들은 낭비와 좌절로 인해 사회에 피해를 준다. 이처럼 스스로 피해를 입는다는 것은 그것의 문화적 경향이나 절대적 필요성에 그 원인을 찾지 않는 한 설명될 수 없다. 분명히 한국의 경우 이런 필요성은 단지 부분적으로만 교육의 것일 뿐 유동성의 것이다. 교육의 과잉확대와 그로 인해 아마도 취직할 수 없는 졸업생들이 세계에서 가장 많이 배출되어 수도로 집중하는 것은, 중앙권력 접근에 문화를 초지일관 집중하는, 그리고 이 접근을 비정상적으로 광범위하고 유동적인 것으로 만드는 그 결정의 내부적 열의를 보여주는 것이다. 조선시대 조정의 문관양반들이 자기들의 자리를 빼앗을지도 모른다고 두려워한 나머지 무관들을 괄시함으로써 국가안보를 기꺼이 위태롭게 한 것처럼, 오늘날(1988년 현재 _옮긴이) 한국은 유동성 상승기류를 조장함으로써 스스로의 안전을 위태롭게 하고 있다. 서울에서 고등교육을 받고 있는 약 25만 명이 넘는 학생들은 북한도 공산주의도 할 수 없는 일을 해냈다. 즉, 정부를 하나 무너뜨리고 그 이후 들어선 정부도 끊임없이 위협했다. 이런 현상에서도 문화의 유동적인 의도가 똑같이 존재하고 있는 것이다.

8

기능과 기구의 확산

　만약 소용돌이 패턴이 어떤 사회에 만연하여 높은 유동성과 호환작용을 일으키고 있다면, 우리는 그 흔적을 상부에서와 마찬가지로 하부에서도 볼 수 있을 것이다. 거기서 우리는 고도로 융통성을 가진 영역이 만들어지고 위계질서나 전문화에 거의 구애를 받지 않는 집단이 형성됨으로써 사람들이 높은 지위를 노리고 쉽게 집단을 떠날 수 있고 서로 간 기능교환을 하기 위해 자기의 주체성을 쉽게 버릴 수 있다는 사실을 보게 될 것이다. 만약 어떤 사람이 송병준처럼 출세하게 된다면, 송병준이 함경도에 한 것처럼 그는 고향에 아무런 책임감이나 애향심도 보이지 않고 더욱 고향과 담을 쌓게 될 것이다.

　만약 누군가의 제1차 목표가 지역사회의 환경이나 유대관계에서 만족을 얻는 것이 아니라 그 사회의 표를 이용해 국회의원이 되는 것이라고 한다면, 그가 사람들을 꾀어내 이끌어가는 유일한 지도력이나 인격이 조야하고 불량하며 무법적이라고 해서 그다지 놀랄 일은 못 될 것이다. 이런 필요성에 걸맞게 한국의 하부조직들도 그런 특성을 갖고 있으며, 동시에 한국의 문화적 풍토가 이런 특성을 강화해왔다고 할 수도 있고, 거꾸로 이런 특성이 한국의 문화적 풍토를 만들어왔다고 할 수도 있기 때문이다. 한국에서는 어떤 성곽도시도 길드나 무역항 또는 상인사회를 자체적으로 확고하게 만들어 일본이나 유럽을 특징짓는 무기 제조업자, 염색업자, 상인은 물론 전문화, 계층화 및 충성심 등과 같은 것을 발전시키지 못했다. 윤곽이 확실치 않는 조직, 유동적인 직능, 통치와 법에 대한 저항, 도시에서의 일시적인 주거 등이 사회에 반영되고 사회적 작용이 행해지는 환경을 만들어 그들의 일시적 성격과 서로 어울려 상승하려는 힘을 부추겼다.

토착적인 뿌리들

시골마을

한국에서 토착적인 뿌리를 찾으려면 시골마을과 시장터로 가야 할 것이다. 잘못하면 피상적이 될 염려도 있지만 아무튼 이런 장소를 방문하는 것은 의미가 있다. 그런 곳에서 우리는 중국이나 일본 또는 미국 문화의 영향권에서 가장 멀고 민중들에게는 가장 가까운 기초조직을 보게 된다.

한국의 특징이 동질성이라고 한다면 그것의 일부는 아직도 시골에서 비롯되고 있다. 인구의 60%는 여전히 시골에서 생활하고 있다(1960년대 시점. 이하 같음. _옮긴이). 남한에서 시골사람들의 숫자는 1,600만 명을 넘고 있는데 이는 1910년의 한반도 전체 인구보다 300만 명이 많은 숫자다. 우리가 기억하는 바로는 한때 농촌인구가 전체 인구의 80%에 달한 적이 있으며 현재 도시인구의 대부분도 시골 출신이다. 모든 마을이 똑같은 상황이라고 말하는 것은 옳지 않을 것이다.[1] 기원으로 따져 경상북도 '하회'처럼 양반일족이 사는 마을이 있다.

1　이 장은 내가 한국에 근무한 7년 동안 지방 출장을 자주 가면서 시골에 체류한 경험에 주로 기초한 것이다. 나는 1개 군을 빼고는 남한의 모든 지역을 방문했다. 또한 나는 한국의 한 마을에서 1년 반 동안 체류한 풍부한 경험을 얘기해준 소프(Maner Thorpe) 박사에게 감사한다. 한국의 시골에 관해서는 다음과 같은 자료가 있다. 이만갑, 『한국농촌의 사회구조』, 한

그런 마을에선 관리가 많이 배출되었는데 본래는 한 양반가정이 자리를 잡고 살다보니 그 후손들이 번성해 한 마을을 이루게 된 것이다. 지주가 지배하는 마을도 있는데 그는 관리였다기보다는 농촌투자가였다고 할 수 있다. 평민 마을은 때때로 한 씨족이 지배적인 경우도 있고 때로는 몇 개 이상의 씨족으로 분리되어 있는 경우도 있다. 어떤 마을은 예전에 노비, 도망자 또는 백정들이 정착해 살았다.[2]

좀 더 현대적인 관점에서 보면, 일부 마을은 조직이 단단하게 짜여 있고 일부는 느슨했는데 어떤 사람들은 자기들 마을의 '민주주의'를 자랑스럽게 이야기했다.[3] 어떤 마을은 심정적으로 좌익이었고 다른 마을은 우익이었다. 가난한 마을이 있었고 부자마을이 있었다. 일반적으로 동질적인 사회 환경 안에서 약간 큰 마을 수준에서조차 서울 정치의 축소판인 배타적인 도당과 파벌이 형성되어 있었다. 중앙의 상층부 정치와 마찬가지로 도당과 파벌은 한국사회에 결여되어 있는 자연적인 혹은 기능적인 경계선을 대신했다. 원한이나 중상이 분열과 단합의 기준 역할을 했다. 서울에서와 마찬가지로 도당과 파벌은 행동과 상호보호의 실질적인 단위였다.[4] 이런 그리고 기타 무수한 상위점이 사회

국연구 시리즈 제5권(코리언 리서치 센터, 1960); John E. Mills, "Ethno-Sociological Reports of Four Korean Villages"(U.S. Operations Mission, Community Development Division, Seoul, 1960); Cornelius Osgood, *The Koreans and Their Culture* (Tokyo, 1954). Vincent S.R. Brandt, *A Korean Village: Between Farm and Sea* (Harvard University Press, 1971); Dieter Eikemeier, *Documents from Changjwa-ri: A Further Approach to the Analysis of Korean Villages* (Otto Harrasswitz, Wiesbaden, 1980).

2 Herbert Passin, "The Paekchong of Korea," *Monumenta Nipponica*, 12.3-4(Oct. 1956), pp.27~72.

3 Maner Thorpe, "A Study in the Logic of Ethnography"(unpub. MS, 1965)는 경상남도 진주 인근의 한 마을에서 본 그런 특징을 기술하고 있다. 그는 그 마을에서 여러 달을 보냈다.

4 Herbert R. Barringer, "Increasing Social Scale and Changing Social Character in Korea" (unpub. MS, 1965), pp.21~26에서 한 산골마을의 배타적인 파벌현상을 매우 잘 묘사하고 있다. 일가친척 내의 언쟁과 도로 보수를 위한 강제 인력동원 등이 대부분 파벌의 지도자들

적 구분의 특질을 이루고 있으나 부분적으로는 이 상위점의 범위가 비교적 한정되어 있기 때문에 이슬람과 힌두교의 갈등 같은 큰 대립은 전혀 없었으며, 사소한 차이를 둘러싸고 마을 사람들이 살아가며 다투고 결집했다.

그러나 모든 마을이 다 그렇지는 않겠지만, 그들은 다원적인 사회를 형성하지 못했다. 기능이나 생산, 직업 및 '기득권'에 의한 차이가 거의 없었다. 노동의 분업에 근거한 차이가 없을 뿐 아니라, 만약 차이가 발생했을 경우, 누군가가 멸시를 받게 되고, 그는 그 이단의 오명이 표준이라고 하는 바다 속으로 유실되기를 바랐을 것이다. 예를 들면 도공(陶工) 마을에는 천주교도들이 많았는데, 과거 수세기에 비해 지금은 상당히 감소하고 있으며, 담양의 죽세공 마을도 그 수가 꽤 줄어들었다. 어촌도 물론 같은 현상이었다. 이런 업종에 대한 경멸감은 외부사람들의 눈에 띌 정도의 것은 아니다. 보통의 여행객들은 보지도 듣지도 못할 것이지만, 그러나 그것이 거기에 있는 것이 사실이다. 보이지 않는 멸시의 힘은 큰 것이다. 해방 직후 많은 한국인들이 일본에서 귀환해 자신들의 마을로 되돌아가 정주하려고 했을 때, 일본에서 몸에 밴 습관이나 말의 차이 때문에 시골사람들로부터 야유를 받고 일본으로 되돌아간 사람들도 있었다.

동질성이라는 규범은 대단히 강력한 힘을 가졌다. 중국에서처럼 경쟁력이 강한 봉건적인 영지가 하나의 새로운 지역적인 체제로 발전하고, 그런 것들이 일본의 도쿠가와 체제 아래서 열매를 맺었던 몇 세기인가의 시대에는 조선에서도 그런 힘이 증대했다는 징후가 분명하게 보였다. 그러나 대규모 지역적인 여러 제도가 쇠퇴하고 말았다. 거대한 사원과 겨우 살아남은 서원들이 거의 텅비어 있다. 조그만 서원이나 사원이 옛날에 존재했던 제도의 중심을 보여주는 증거로 남아 있다. 사원의 넓은 대웅전은 거대한 기관이 시골 땅에서 한때 번영했음을 말해준다. 한때 향촌사회가 주위 수 마일에 걸쳐 결성되어 있었다.

에 의해 조종되고 있었으며, "여러 파벌집단이 자기 쪽 사람들을 감싸주기 때문에 그곳 경찰지서에서 '범인을 잡거나' 통금 위반자를 취체하기가 곤란할 정도였다".

생산물이 교환되고 대차(貸借)가 이루어졌다. 사람들은 주막과 우(牛)시장에서 뒤섞였다. 신용의 고리가 거대한 향촌사회의 관습으로 굳어졌다. 다양한 공동체가 소멸한 데서 오는 손실은 한국의 문화에 의해 아직 회복되지 못하고 있다. 역사가들이 기록한 것 이상으로 도자기의 역사가 그것을 더 잘 말해준다.

15세기에는 지역별로 유약이나 디자인의 차이로 100가지 종류나 되는 다양성을 갖고 있던 주발이 1800년까지는 거의 없어지고 말았으며, 오늘날에는 단지 비슷한 김치단지 외에는 거의 보이지 않고 있다. 도망자의 자손에게 남겨진 전설이라든가, 15세기 이래의 제조법이 전해지고 있는 많은 도자기들, 독특한 디자인, 특수한 매듭, 초롱, 조미료나 의복 같은 제품들을 만들고 있던 일본형 공동체는 한국의 역사에서는 소멸되고 말았다. 마찬가지로 일본에 있는 희귀한 방언이나 언어가 남아 있는 낙인부락(落人部落) 같은 것이 한반도에서는 거의 알려지지 않고 있다. 넓은 지역에 걸쳐 방언이 분포하지만, 동질화 과정으로 좁은 지역의 특수한 방언은 거의 사라졌다. 현재도 군사정권의 국가재건국민운동의 일환으로 설치된 수천 개의 라디오앰프, 국영교육제도, 전국적 규모를 가진 금융, 협동조합조직 등이 언어의 단일화를 위해 간단없이 압박을 가하고 있다.

시골마을의 패턴에 깊이 내재한 힘이 장기간 상향적 동질화를 부추겨왔다. 죽세공이나 도공 등 기타 전문가들(specialists)이 경멸의 대상이 되고 있을 때, 농민들은 농업의 모든 기능들을 수행하면서 시장에서 상거래를 하고 겨울의 농한기에만 특수한 것들을 만드는 건실한 만능가들(generalists)로서 다른 종류의 전문적인 일들을 하고 있는 사람들의 신분을 의심의 눈초리로 쳐다보았다. 즉, '전문가들'은 관청에서 빈민굴에 이르기까지 'ㅇㅇ장이'로 불렸는데, 특정한 전문가들을 이 정도로 경멸하는 말도 드물 것이다. 일부 벽지를 제외하고는 가정에서 모든 주부들은 스스로 김치를 담그고 간장을 만들어 오랫동안 보관하며 사용했다. 주부들은 품앗이로 이웃의 도움을 받기도 하고 도와주기도 했다. 그러나 어떤 주부도 자신의 가정용품 이외의 제품은 만들지 않았다. 시장이 서는 날 남편이나 아내, 또는 양쪽 모두 장터에 가서 좌판을 벌여 가져간 것을 팔고 필요한 것을 사기도 했다. 기능과 노동은 광범위하게 서로 빌리고 빌려주었다. 기능이 최대한으로 동질화되어 있었기 때문에 상호 교환을 해도 과정상 별 갈등이 없었다. 한국의 시골시장은 수세기 동안 다른 나라의 많은 시장들이 보여주고 있는 상설시장화와 종속적인 위치로 발전해 나가는 경향에 저항해왔다.

도시의 시장

한국의 도시 시장들은 수세기 동안 마을과 중앙정부 사이에 존재한 사회제도 중 최대의 것이다. 도시에 농촌 패턴이 지속적으로 미친 영향이 아직도 가장 분명하게 보이는 곳이 시장이며 이곳에서는 중국이나 기타 나라로부터 수입된 형태의 영향을 별로 받지 않고 있음을 느낄 수 있다. 시장은 도시마다 존재하며 모든 도시에서 시장은 아마도 대부분의 사람들을 함께 모이게 하는 경제활동의 유일한 형태일 것이다. 서울에도 많은 시장이 있는데 그 가운데서도 가장 오래되고 큰 것은 동대문과 남대문 근방에 있는 시장이다. 이들 두 시장의 이름은 모든 서울 가정에서 매일 입에 오르내린다. 많은 사람들이 이곳을 생활의 근거지로 삼고 있다.

이런 시장들은 농촌시장의 확대판이다. 즉, 거대하고 밀집형으로 엉켜 있는 조그마한 가게, 칸막이를 한 좌판, 텐트를 친 점포와 노점상들이 방대한 상품들을 고객들에게 직매하기도 하고 서울의 좀 더 영구적인 상점을 위해 도매를 하기도 한다.[5] 이곳은 자본도 없고 연줄도 없는 무수한 사람들이 새로 사업을 시작하거나 혹은 생활비를 벌기 위해 노력할 수 있는 장소다. 이곳에서는 지방

---

5 나는 한국 도시의 대형시장에 대한 연구가 있는지 알지 못한다. 여기에 쓴 자료는 시장에서 일하는 사람 또는 거기에 관심을 가진 사람의 이야기를 듣고, 그리고 개인적인 관찰로 수집한 것이다.

토산품 판매업자, 달걀에서 미군 PX물품에 이르기까지 물자를 수집하는 중매인, 손수레를 끄는 인부, 칸막이 좌판의 상인, 일수놀이꾼, 중개인, 폭력단 등, 아직 사람을 고용할 돈이 없어 서로 서로를 필요로 하는 사람들이 모여서 생활하고 있다. 시장을 사회제도의 하나라거나 일종의 권력기구로 생각하는 사람은 아무도 없다. 그러나 어떤 의미에서는 그런 면이 존재한다. 시장에는 정식으로 통일된 기관이 하나도 없으며, 규약도 없고, 전체를 통괄하는 사람들도 없으며, 법적인 일체성도 없다. 이런 규약이나 통일성을 가진 다른 집단들은 의식적이든 무의식적이든 서구나 일본을 모방하여 한국의 도시생활에서 매일처럼 흥망성쇠를 반복하고 있다. 그러나 그런 것들이 없는 시장만은 수백 년간 생명을 이어오고 있으며, 앞으로도 무한히 생명을 이어가려 할 것이다.

시장 내부에 어떤 공식적인 조직이 없는 것은 아니지만, 이들은 비교적 중요성이 적다. 동대문 시장에서는 조합연합회가 청소비와 정부소유의 부지대금 명목으로 각 상점으로부터 소액을 징수하고 있다. 정부에 내는 토지임대료는 정부가 소유하고 있는 복개한 청계천에 관한 것이다. 가장 전형적인 것은 시장에 무수히 있는 소상인과 행상인들의 집합체인데, 이들 각자는 경쟁도 하면서 협조도 하고, 어떤 경우에는 시장 전체의 이익에 충실하지만, 시장 내부에서 자기들의 몫을 확대하려고 안간힘을 쓴다.[6] 동일한 상품을 판매하는 상인집단은 때로는 서로 치열한 경쟁을 벌인다. 그러나 그중 한 업자가 운수가 나빠 부도가 나게 되면 그 집단의 다른 회원이 돈을 빌려주는데 영수증을 받지 않고 줄 때도 종종 있다. 한 업자가 폭력단의 위협을 받게 되면, 다른 회원들이 보호해주기 위해 뭉칠 것이다. 만약 정부가 그들의 사업에 저해되는 정책을 펴기라도 한다면, 그들은 단결하여 이에 항의할 것이다. 정치적인 문제가 그들의 이익과 중요하게 관련된다면 서로가 논의할 것이다. 이들 각자는 불확실한 세계

---

6 한국의 한 정당 내의 개인 또는 집단의 자세와 아주 유사하다는 점을 유의하기 바란다. 한국의 시장은 유럽 중세의 길드조직보다는 공동의 이익에 관심이 덜한 것처럼 보인다.

에서 다른 사람의 도움이 필요하다는 것을 알고 있으며 그에 따라 행동한다. 1
년에 한두 번씩 이런 조그만 '단체들'은 함께 야유회를 가는데 술을 충분히 가
져가 마시며 평소의 사소한 갈등을 풀고, (부인이 아닌) 여자들을 동반하여 노
래를 시키고, 공통의 이익에 대한 문제를 몇 번이나 조율하고, 의견 차이로 가
시 돋친 농담(또는 싸움)을 주고받으며, 끊임없이 북을 치고, 높은 가락의 여자
노랫소리가 나오면 한국인이면 누구나 할 줄 아는 팔다리를 올렸다 내렸다 하
는 춤을 춘다. 이런 아주 유동적인 세계에서는 이 밖에 그들에게 리더십을 추
구할 기회나 단체적인 의견표현을 할 기회는 거의 주어지지 않는다. 따라서 이
런 조직은 독재정치에 거의 장해물이 되지 못하는 종류의 조직이다. 시장이 전
통적인 공동체이면서도 그러나 바로 이런 면을 가진 점이, 한국이 2차적인 기
관이나 조직이 부족하고, 정부를 떠받치고 있는 하부조직의 전통적 권위가 결
여되어 있다는 사실을 부각시켜준다.

　도시의 시장들은 전문화 현상의 영향을 받지 않을 수 없으며, 확대된 도시
의 경제기능에 따른 광역화 현상과도 무관할 수 없다. 해방 전 일본인들은 섬
유와 같은 상품은 제조에서 판매에 이르기까지 그들 자신이 관여하고, 식료품
에도 시장기능을 집중시키려 하는 경향을 보였지만 시장에 별 영향을 끼치지
는 않았다. 해방과 함께 일본인들의 섬유 거래체계는 붕괴되었고 시장 활동에
익숙한 평안도 월남민들이 들어와서 동대문을 한국의 섬유 소매센터로 만들었
다. 시장 안 및 근처에 세워진 대형 영락교회와 동대문교회 공동체는 평안도
세계의 또 다른 센터가 되었으며, 그 지역 월남민들에게 다른 남한 사람들의
무리보다도 더 큰 유대감과 커뮤니케이션을 제공했다. 그들은 서로 돕고 서로
돈을 빌려주는 상호신용활동으로 유명해졌다. 점점 상업적인 기반을 잡아가면
서, 그들은 쌀의 저장과 판매에 대한 일정한 지배권을 장악하게 되었으며, 민
간인으로서 한국인이 정부에 대항할 수 있는 얼마 안 되는 강력하고 비폭력적
인 무기 중 하나를 손에 넣게 되었다.

　따라서 해방은 무정형적인 한국의 시장세계에 일정한 전문적 특징과 어느

정도 차별된 이익집단의 성격을 부여했다. 그러나 그 변화는 제한적이었으며, 기본 성격은 그대로 남아 있다. 작은 것이 큰 것에 집중·합병되는 일이 일부 섬유부문에서 있었지만 그것은 드문 경우다. 자금력이 있는 기업가들조차 흡수하거나 결합하기 위해 돈을 쓰는 경우가 드물었다. 그들이 그렇게 할 줄 몰라서 피하는 것이 아니었다. 그들은 일본인들의 사업방법을 보기도 했고, 대기업이 어떤 것인가를 알았으며, 대기업의 효율성을 주의 깊게 살펴보고 있었다. 대기업의 세계가 자신들의 것과는 다르기 때문에 대기업화를 피하고 있는 것이다. 한국에서는 가난한 사람들 사이에서조차 우열의식이 일본 정도로 느껴지지 않고 있다. 대기업은 소기업과 격렬한 경쟁을 벌이고, 싸움으로 상대방을 잠식하지 않으면 안 된다. 정부도, 정치가도, 청년단체도, 재향군인회도, 폭력단 두목도, 거지도, 쓰임새가 확대된 가게도, 아이들이 다니는 학교도, 결혼비용이나 학비, 장례비용의 보조를 바라는 가난한 친척들도, 이 모두가 일부는 폭력이나 위협을 배제하지 않으면서 사람들이 가지고 있는 것은 무엇이든지 상관 않고 서로 아옹다옹 다투는 세계이다. 그런 세계에서는 더 큰 상점이나 기업들은 효율성이 높아진다고 하는 인상을 주기보다는 더 큰 강제징수의 대상이 된다는 인상을 준다. 이런 강제징수의 압력에 응하기 위해 그렇게 부지런히 일해야 하는지 주인도 종업원들도 의문을 떨쳐버릴 수가 없는 것이다.[7]

이에 비하면 작은 가게를 운영하는 여주인이 결국은 좀 더 행복한 것처럼 보인다. 여주인들은 반강제로 돈을 거둬들이는 자가 오면 머리를 살래살래 저

---

7 이런 해석은 성인사회의 비효율적인 응집성을 매우 솔직히 설명하고 있다. 한국가정 내의 자녀교육 습관이 문제의 일부가 아닌지 의문이 제기될 수 있다. 한국의 어린이는 따뜻한 대가족과의 관계에 관해 비교적 주의 깊게 훈련을 받았기 때문에 지나치게 의존성이 강하다. 그러나 한국 어린이는 가정 이외에서의 행동이나 친구에 관해서는 감독이나 훈련을 별로 받지 못했다. 이는 일본과 좋은 대조를 이룬다. 이로 인해 어린이가 자라난 후 밀접하고 상당히 작은 무리에서는 문제가 없으나 좀 더 비인격적으로 운영되는 큰 집단 내에서는 불안하게 느끼는 패턴의 원인이 된다.

어 돌려보낼 수 있다. 쌓아놓은 상품 옆에 점원이나 손자와 함께 앉아 주위에 무수히 많은 다른 장사꾼과 손수레 장사꾼을 간혹 불러들여 장안의 가십을 나누곤 하는데, 그것이 사람들에게 삶의 감동을 느끼게 한다. 쉴 새 없는 얘기와 낯익은 풍경이 빚어내는 따뜻함, 여기에 익숙해진 사람들과 냄새가 가게 여주인을 마치 큰 가족들 사이에 있는 것처럼 분위기를 만들어주고 있으며, 심야의 통행금지와 한기 때문에 가게 문을 닫고 터벅터벅 집으로 돌아갈 때에는 그녀가 도무지 감당할 수 없는 골치 아픈 일들을 거의 잊게 해준다.

도시의 이웃관계

공동행동을 똑같이 제한하는 어떤 것이 도시의 이웃관계에서도 나타난다. 가난한 사람들은 자기들끼리 몸을 비비며 함께 모여 산다. 때로는 거지나 도둑 또는 암거래상이 옛날의 천민집단이었던 백정들과 똑같을 정도의 친밀한 결속력을 가진다. 이들은 수색하러 오는 경찰관을 보아도 아무도 그들을 도와주려 하지 않을 것이다. 퇴거 위협이나 빈민가 철거는 이들에게 공동행동을 할 명분을 제공한다. 서로의 문제를 잘 알고 있으며 본능적인 이해를 나타낸다. 그러나 다시 한 번 한국의 사회학자들이 놀라는 것은 도시빈민들의 이웃관계 대부분이 응집력이 결여되어 있다는 점이다. 한 사회학자는 다음과 같이 지적한다. "일본의 빈민가에서 강조되는 것은 함께 사는 것이며 부엌, 변소, 수도, 심지어 침대까지도 공유한다. 그러나 대구의 한 빈민가에서는 생활공간이 협소함에도 불구하고 일반적으로 개개의 집을 갖고 있다." 공동생활에 중점을 두지 않은 것이다.[8]

불화는 곧잘 먹을 것을 둘러싸고 일어난다. 공동체를 빈번하게 기근에 빠뜨리고 초근목피로 연명하게 한 천재나 인재를 수세기에 걸쳐 겪어온 생활경험

---

8 「조사보고서」(대구, 1963). 대구 빈민촌에 관한 이 조사보고서는 경상북도 도청의 의뢰로 경북대학교의 사회학 교수들이 작성한 것이다.

은 식량 분배에 대해 특별히 진한 감정을 길렀으며, 식량이 공평하게 분배되어야 한다는 '정의'에 대해 강한 관심을 나타낸다. 그 '정의'가 바로서지 않을 경우 격렬한 불평과 질투심을 불러일으킨다. 이런 감정이 일본에서 비교적 희박했던 것은 상당히 강력한 지방 세력이 존재해 지방의 자질구레한 식량문제에까지 책임을 져주고 있었기 때문일 것이다. 공평해야 한다는 이런 감정이 현대에 와선 돈과 일자리와 주택, 교육 등으로 어느 정도 확대되었다. 식량과 '행운'을 공평하게 나눠가져야 하는 압박감은 다수의 한국 공동체에 정서적인 긴장상태를 안겨주었으며, 그것은 계속 결핍과 기아에 허덕이는 집단에서 더욱 강렬했다.[9] 따라서 식량의 공급, 준비, 소비는 어느 정도까지 비밀을 수반했다. 이것은 식량공급이 거주구역 밖에서 이루어지는 도시지역에서 특히 심했다. 아무 것도 나눠가질 물건이 없는 도시의 밀집 지구에서는 이웃에 대한 경계심이 아주 컸으며, 관계가 대부분 새로운 것이고 취약하기 때문에 공유의 한계마저 선을 긋기가 어렵다. 이웃 간의 친밀감이나 협력관계의 깊이는 음식물, 특히 생선이나 술, 된장과 같은 진미식품을 구입하거나 요리하거나 먹는 데 얼마만큼 자리를 함께 할 수 있느냐에 따라 달라진다. 좀 더 잘사는 계층의 거주지는 안마당이 호기심을 가진 세상으로부터 음식에 관한 정보를 차단하는 기능을 하지만, 가난한 집은 그런 비밀을 지킬 수가 없으며, '관대한지' 또는 '인색한지'에 대한 평판은 나눠먹는 정도에 따라 정해진다. 일반적으로 인색하다는 평판이 더 많았다. 1963년 대구에서 시행한 조사에 의하면 120개의 가난한 가정 중 55개 가정은 다른 집과 밀접한 관계를 갖고 있지 않았으며 51개 가정은 단지 한 가정과, 11개 가정은 2개 가정과 친하게 지냈는데, 3개 가정 이상과 친하게 지내는 가정은 사실상 하나도 없었다. 또한 77개 가정은 음식을 나눠먹지

---

9 한국 역사서에 매우 자주 기록되었고 최근에도 이따금씩 보도되고 있지만, 실제로 기아는 지난 50년간 곡물분배의 호조로, 그리고 1945년 이후엔 미국의 식량원조로 거의 발생하지 않았다. 하지만 먹을 것이 충분치 않다는 부족감과 항상 배가 고픈 것 같은 기분을 갖는 허기증은 한국 사람들이 흔히 갖는 감정이었다.

않았으며 34개 가정은 단지 다른 한 가정과 나눠먹었고 그 이상의 가정과 나눠먹은 가정은 없었다. 82개 가정은 경조사 때 이웃을 방문하지 않았다.[10] 나눠먹기가 거의 당연시되는 시골생활과는 달리 도시에서는 거의 의식적으로 회피하고 있는 것처럼 보인다. 응집력이 방해받는 것은 시골에서 이웃과 너무 가깝게 나눠먹는 생활을 한 결과를 두려워하기 때문이다. 따라서 자발적으로 이웃과 제휴하여 뿌리를 내리는 일은 대단히 드물었다. 절망과 무관심만이 빈민가의 표현이며, 거기에서 사회적 항의의 소리는 일어나지 않았다.[11]

이처럼 여느 시골전통과는 달리 외롭고 상대적으로 고립된 생활양식 속에서 부딪치는 빈곤은 한국 도시생활의 근원적인 불행과 긴장, 그리고 적대감을 심화시키는 결과를 가져왔다. 시장바닥이나 사람들이 많이 다니는 골목길에선 주기적으로 일대 난투극이 벌어지곤 했다. 이런 곳에선 결집되고 공통의 입장을 취하며 다중이 용인하는 지도력을 발전시킬 수가 없다. 이런 환경에서 형성된 사고방식으로는 문제를 합리적으로 해결하지 못한다. 한국인들이 정치나 경제 또는 사회의 상층부에서 공공연히 드러내는 질투와 알력은 근본적으로는 시골생활과 매우 밀접한 관계가 있지만, 농촌가정이 가난한 도시공동체로 이전되었을 때 악화된 패턴에 부분적으로 원인이 있음이 틀림없다.[12]

---

10 「조사보고서」(대구, 1963). p.254. 부유층이 사는 동에서는 대부분이 이런 유대(음식을 나눠먹는)마저 없었으며 더 고립된 생활을 하고 있었다.

11 배리너(Herbert Barriner) 박사가 실시한 설문조사에서 대구시 하층민 응답자들이 '이론적' 성향에서 모든 조사 대상 지역 중 가장 낮았던 것으로 밝혀졌다(중앙부처공무원 선호도에 대해 전체 응답자의 74.5%가 선호하는 것과는 대조적으로 17.1%만이 선호했다). 이는 사회 참여율이 낮고 합리적이고 이론적인 구조로 문제를 해결하는 능력이 부족함을 말해준다.

12 이걸 동전에 비긴다면 그 이면에는 성직을 박탈당한 장로교회 목사인 박태선의 신앙공동체가 있다. 그는 새로운 광적인 종파를 창단했는데, 이 종파는 서울 근교에 두 개의 공동체를 가지고 있다. 이들은 극단적으로 결집되어 있으며, 자체 공장을 갖고 있고, 자신들의 행동 표준을 설정하여, 서로 간 마음의 벽을 허용하지 않는다. 그들은 한국에서 찾아보기 힘든 공동체를 설립하여 성공적으로 운영하고 있는 것에 자부심을 드러내고 있다. 그러나 이런 공동체 광신주의는 한국 도시공동체 대부분의 응집력 수준이 아주 낮은 데 대한 그들의 의

서울에는 물론 윤곽이 좀 더 뚜렷하고 응집력을 가진 집단들이 있다. 예컨 대 한경직 목사의 영락교회 같은 곳은 기독교 신앙뿐 아니라 사회문제와 고용 문제 등도 함께 고민하는 평안도 월남민 센터가 되고 있다. YMCA, YWCA, 적 십자사 등의 단체, 그리고 서울의 무수한 학교와 대학 등도 응집력을 가진 집 단이다. 직·간접적으로 서구의 영향을 받아 조직된 이런 집단들 전부가 갖고 있는 조직의 견고성과 형식주의는 약간 '버터 냄새'를 풍긴다. 별종의 대중사 회 내부에 점재하는 결속력이 강한 이들 '섬[島]'들은 도시의 새로운 조직이며, 이런 조직이나 그 지도자들은 그 구성원들이 다원적 환경에 있음을 간과한 나 머지 현실적 한계 이상의 생활을 지배하려 하는 경향이 있다. 이런 조직들은 그 희소성과 형식주의에 의해 위와 아래로부터 특별한 압력을 받는다.

도시 폭력배

그러나 그런 '섬'들은 한경직 목사의 영락교회처럼 그들의 결속력이 지도자 의 확고한 지도력과 결부되어 있는 곳이었다. 시장과 이웃, 그리고 시골의 마 을조차 자기들의 이해관계를 상층부에 전달하는 일에서 그들을 대변할 수 있 는 지도자를 자유로운 의사로 선정하기 위한 합의나 공동목표 내지 결속력을 이끌어낼 만한 충분한 영역을 확보하지 못했다. 그들은 상하의 위계질서에 작 동하는 기능도 분명히 갖지 못했고 질서정연한 구분관계도 발전시키지 못했 다. 따라서 이런 조직들과 정부의 힘 사이에 중재가 불가능한 갈등이 형성되는 경향이 있었으며 그 틈새를 종종 폭력배가 메웠다. 폭력배는 어떤 면에서는 유 동성을 갖고 있으면서 어떤 면에서는 형태가 확실하지 않은 조직으로 각종 공 동체에 정부의 독재적 요구를 실행하고, 정식제도가 수행해야 할 힘을 대행할 수 있었다. 혈기는 있으나 직장이 없는 젊은이들이 즉각적인 복종과 충성을 요 구하는 두목의 비호에 몸을 맡겼다. 두목은 이런 비한국적인 특성과 깡패라는

식적인 적대감을 반영한 것으로 볼 수 있다.

호칭의 천박함에 대해 빈정대는 표시로 종종 '아오마쓰(靑松)'와 같은 일본식 이름으로 호칭되었다.[13] 두목은 돌발적인 사태에 적절히 대처할 수 있게 엄격한 위계질서를 세우고 심복을 두었으며 그 아래 계급에 따라 여러 부하들을 거느렸다. 깡패 두목에는 김두한의 경우처럼 정치가와 결탁하여 보호를 받는 대신 암살을 청부받는 자, 노덕술과 같은 전직 경찰간부와 내통하거나 시장의 특정단체들과 결탁하여 이권에 개입하는 자 등등 여러 유형이 있다. 공갈·협박 전문가로서 시장바닥이나 어떤 사람의 이웃관계를 면밀히 알고 있다는 것은 독재정치의 요긴한 도구가 될 수 있는 요건이다. 한 깡패집단의 두목인 고희두(高熙斗)가 1948년 가을 어느 날 저녁 체포된 뒤 고문을 받다 죽었는데, 부인이 다음날 시체를 거두어갔다. 암흑가를 훤히 꿰뚫고 있던 국군특무대의 '스네이크(Snake)' 김창룡은 그의 '비밀 일기'에서 다음과 같이 적었다.

> 고희두는 원남동협회 회장이며 민방위대 동대문지회 회장이고 동대문경찰서 지원회 회장이며 사법보호위원회 회장이었다. 이런 직함은 그의 명함에 적힌 것이다. 고희두는 동대문경찰서 관할의 청계천변에서 장사하는 노점상 대표였다. 그는 수천 명이나 되는 젊은이들의 실질적인 지도자였다. 어떤 면에서는 동대문과 청계천의 통제권을 장악하고 있는 자는 서울의 실질적인 지배자로 간주될 수 있다.[14]

김창룡은 대체로 한 가지 점에서 오류를 범했다. 폭력배와 두목은 정부가 대중과 대결할 때 이용하는 지배도구 이상의 것이 아니었다. 당시 폭력배 활동 중 가장 악명을 떨친 것은 경무대 경찰서장 곽영주(郭永周)라는 든든한 정치적

---

13 가족 내에서나 주권자에게 또는 특별한 결의형제에 대한 충성과 복종은 한국 역사에서 종종 발견된다. 더 큰 단체, 그리고 특히 더 일반적인 단체에선 그런 경우가 희귀하다.

14 김창룡이 암살된 후인 1956~1957년에 발행된 《경향신문》에 개재된 내용이다.

'빽'을 갖고 있던 이천의 폭력배 두목 이정재(李丁載)가 한 짓이었다. 이천 폭력배들은 자유당의 후원과 임화수(林和秀)의 비호를 받으며 동대문시장에서 활동했다. 그들은 필요시에는 폭력전술을 구사하며 시장 터의 주요 민간 토지에 대해 임대료를 징수하여 상당액을 자유당에 상납하고 더 많은 금액은 자기들이 챙기고 나머지는 '소유자'인 광장주식회사(廣壯株式會社)에 넘겼다. 광장주식회사의 입장에선 이렇게 하는 것이 적어도 더 많은 금액을 강제징수 당하는 것을 피할 수 있는 길이며 자신들을 보호하는 길이라고 생각했다. 보도에 의하면 이 자금은 자유당의 최대 수입원이었다. 이 이천파 폭력배는 1960년 4월 18일 고려대학교 학생들을 공격하는 데 중심역할을 했으며 혁명 성공과 함께 몰락했다. 폭력배는 자유당 조직의 가장 썩은 부분으로 원성의 대상이었다. 폭력배의 제거는 5·16군사쿠데타 목적 중의 하나가 되었으며 장기간에 걸쳐 폭력배 단속이 강화되었다. 그 후 상당기간 폭력배에 대한 이야기가 잠잠해졌지만 폭력배는 정치적·경제적 조류에 따라 부침하는 법이다. 거대한 실업과 강제징수의 깨뜨려지지 않은 전통, 그리고 끝없는 '보호'의 필요성이 과연 폭력배를 영원히 사라지도록 내버려둘 것인지 의문이다.

시장과 이웃은 아마 다른 어느 조직 — 조직으로 불릴 수 있다면 — 보다도 한국사회의 더 실질적인 축소판이라 할 수 있을 것이다. 이런 조직은 위계질서, 리더십 또는 단합으로 이어지는 통일성, 직업의 전문화 또는 노동의 분업을 회피한다. 그러나 그들은 부지불식간에 의견통일을 이루는 뒤얽힌 소통조직을 갖고 있어 위기가 닥칠 땐 물가를 올리고 내릴 수 있으며, 위기로 영향을 받는 집단들을 통제하고, 정치적인 의견을 증폭시키며, 때로는 강력하게 때로는 종잡을 수 없는 형태의 험담과 위협으로 그것을 보강한다. 한국의 시장은 — 그리고 이웃은 — 통합된 정치적 의견을 가지기에는 외견상 결속되어 있지 않고 지나치게 분산되어 있으며, 특정한 단기적 문제를 해결하기 위해 효과적으로 동원되기에는 너무 조직력이 약해 보인다. 따라서 주체적으로 나서서 무언가를 하는 것에는 대체로 신중하고 관대한 편이다.

시장 단체들은 일본의 지배에도 자유당의 지배에도 반항하지 않고 적응했다. 상인들은 힘으로 부딪치기엔 생존의 가장자리에 너무 가까이 있다. 그들은 아네모네와 같아서 자신의 바위에 가볍게 붙어서 동일한 조수의 흐름에 즉각 미묘하게 반응하면서 끊임없이 흔들린다. 시장은 개개의 소문이나 압력에 민감하며, 회피할 수 있을 때는 단결을 피하고, 단결이 명백히 필요할 때는 단결하여 가격조작이나 쌀 시장의 매점매석 소문이 있으면 일종의 여론을 일으켜 힘을 발휘한다. 그 힘은 사안마다 순간마다 행사되지는 않는다. 시장은 상인 개개인에게 비교적 가벼운 어조로 계속 성실과 헌신을 권하며, 사회에 집착케 하는 근거를 제공하는 일은 드물고, 사회의 상승하는 소용돌이에는 크게 노출된다. 시장의 힘은 유연성과 모호성 및 그 장구성에 있다. 한국인들이 대체로 지금까지, 그리고 지금도 추구하고 있는 행동양식은 엄격한 위계질서가 없는, 시장에서 흔히 볼 수 있는 것과 같은 분명히 문제점을 가진 집단관계이다.

수입된 위신문화, 정부

전통사회의 상층부는 직접 중국의 영향을 받아왔다. 공식 조직은 방만하게 확대할 수 없었다. 왜냐하면 조선적인 방식에 따른 스스로의 발전에 맡긴 것이 아니라 정교하고 대체로 합리적인 중국 관료제도를 바로 거의 그대로 복사한 것이기 때문이다. 예조(禮曹)는 중국의 예부(禮部)와 같은 기능을 했으며 의문이 제기되면 자문을 구할 책이 있고 궁중 자문관이 있으며 경고할 관청이 있었다. 조선시대에는 각 직책의 관할권과 직능에 대해 빈번하게 문제가 제기되었지만 적어도 가끔씩은 일종의 조직적인 규율정신으로 해결했다. 양반의 권력은 대간에 이어 비변사(備邊司) 같은 문무합의기구로 옮겨가며 계속 유지되었는데, 나중엔 규장각(奎章閣: 왕립도서관)으로까지 어느 정도 세력을 확장했다. 그러나 이런 기관들은 규정된 직능의 저촉을 받아 본래의 기능을 발휘하지 못했기 때문에 분명히 일반화한 권력으로 지향하는 추세를 보여주었으며, 더욱이 세월이 흐르고 왕이 계속 바뀜에 따라 서서히 한 기관에서 다른 기관으로 이동함으로써 표면상으로는 하부집단에서 보이는 것과 같은 무정형성을 드러냈다. 대체로 중국을 닮은 정부조직은 정신보다는 그 형식을 모방한 일본 식민주의와 미 군정청의 선구자였다. 중국, 일본, 미국이라는 이 3대 외부 세력은 한국사회에 각각 그들 나름대로의 규율을 가져다주었다.

만능가형 관료

여러 면에서 중국에서 조선으로 전해진 위신패턴은 마을과 시장의 만능가적인 본능을 한층 강화시켰다. 이것은 특히 두 분야에 현저하게 많은 영향을 미쳤고 또 오랫동안 지속되었다. 첫째로, 직능이나 경력 면에서 전문화를 피했으며 제도와 전문가에 의한 판단을 싫어했다. 둘째로, 합리적 또는 제도적인 공정성을 거부한 결과 절차를 존중하는 정신이 부족하게 되었으며 권력분산에 대한 이해가 희박해졌다.

전인적 인격을 중히 여기는 유교의 가르침은 너무나 잘 알려져 있어 여기서 새삼 자세히 언급할 필요가 없겠다. 이상사회에서는, 똑같은 종류의 고전체계를 배우고, 똑같은 문과시험에 급제하여 정부 어느 분야의 직책을 맡아도 감당할 능력을 갖게 되고, 어떤 사회적·행정적인 문제에도 가르침을 줄 자격이 있는 자문관(counselor)이나 사가(memorial writer)가 되는 것이 이상적인 것으로 간주되었다. 즉, 현자가 통치하는 사회였다. 일반적으로 전문가는 존경받지 못하고 종속적인 서기직밖에 차지하지 못했다. 중국은 광대하고 변화가 많은 국가이며 그 때문에 어느 정도 전문화가 가능했다. 중국에서는 또한 일반직 체제 가운데서 군사, 외교, 그리고 운하체계 때문에 기술자 등 일정한 수준의 전문가를 양성해야 할 필요성이 있었다. 조선은 중국의 다양성으로부터 자극받지 못하고 스스로의 힘보다 중국의 군사적·외교적 지원에 의존했으며 국토가 너무 작아 중국과 같은 규모의 행정이나 수자원 관리 문제를 유발하지 않았기 때문에 그런 압력이 별로 없었고 종합적인 인격을 존중하는 유교의 가르침을 곧이곧대로 수용해 자구해석에만 집착했다.[15]

관리는 언제 어디로든지 전보될 수 있었다. 조선의 경우 관직의 이런 교체 가능성은 항상 결연히 유동하는 사회인지라 위로만 치솟는 극단적인 상승압력과 멋지게 결합되었다. 이처럼 만능가형 관료들의 잦은 교체 가능성은 단기적인 인사이동을 촉진하는 원동력이 되어 최대다수의 후보자들에게 지위를 부여할 수 있게 되었다. 그 결과 믿기 어려울 만큼 짧은 재직기간이 오히려 만능가형 관료제의 필요성을 제기하게 되었다. 이른바 업무달성의 장(場)으로서의 관료제도의 모든 개념은 사실상 사라졌으며 관료의 기능은 그것을 가진 자에게 신분과 보상을 제공한다는 정도의 것으로 격하되고 말았다.

인사의 단속성(斷續性)

이런 조선의 비정상적인 관료임기제도를 보면서 우리는 다시 한 번 문화적 변태를 접하게 된다. 오직 조선왕조 초기와 그 이후 극히 예외적인 경우를 제외하고는 한 사람이 어떤 직위에서 충분히 자기의 능력을 발휘할 수 있을 만큼 오래 머문 적이 없었다. 아마도 조선왕조 기간 중 가장 효율적이었던 세종의 통치기간(1418~1450년)에서만 공직의 연속성이 유지되었으며 그것이 바로 그 시대의 훌륭한 특성을 잘 드러내 보여주었다. 예컨대 의정부 정승이었던 황희(黃喜)는 모든 기록을 깨고 1426년에서 1449년까지 23년 동안 그 자리를 지켰

---

15 예를 들어 전문 화가는 대체로 사회적 지위가 별로 높지 않은 전문가 취급을 받은 데 비해, 주로 대나무와 경치를 주제로 한 문인화를 즐겨 그리는 아마추어 화가는 중국 지식인들의 아류로서 존경을 받았다. 이런 아마추어 형식의 그림에 대해 중국의 학자가 칭찬했다는 것은 이해하기 어렵다(김정희의 '세한도'를 이상적이 중국에 가져가 중국학자들에게 보이고 받은 찬시를 두고 하는 말인 것 같다. __옮긴이). 조선의 지식인이었던 강희안(姜希顔, 1419~1465년)은 다음과 같이 말한 것으로 전해진다. "그림은 비천한 전문기술이다. 만약 내가 그린 그림이 후세에 남는다면, 그것은 오직 나의 이름을 욕되게 할 것이다." Robert T. Paine ed., *Masterpiece of Korean Art* (Boston, 1957), p.21.

다(실제로는 1427년에 좌의정에 올라 1430년에 파직되었고, 1431년에 다시 영의정에 올라 1449년까지 18년간 계속 재임했다. _옮긴이). 그러나 조선왕조는 관리들의 임기를 오래 유지하지 않은 것이 상례였다. 초대 왕(태조)조차 대사간을 1년에 1.7번 바꿨으며, 그의 아들(태종)은 그 자리를 평균 1년에 3번 바꿨다. 그리고 1400년부터 1406년까지 대사간이 평균 60일마다 새 사람으로 바뀌었다는 기록도 있다. 이러한 교체비율은 그 이후에도 줄어들지 않았다. 7대 왕(세조) 때는 평균 연간 3.6명, 9대(성종) 때는 2.5명 그리고 10대(연산군) 때는 4.2명, 11대(중종)의 처음 12년 동안에는 6.6명, 그리고 그 이후에는 수십 년 동안 평균 4.7명을 기록했다. 1571~1574년의 단기간 동안에는 평균 거의 매달 새로운 대사간이 임명되었다.[16]

이런 열띤 속도는 조선건국 때부터 200년 동안 지속되었으며 그 이후에도 완만해지지 않았다. 대원군은 분명히 대간의 불만과 권력을 억누르기 위해 대사간을 1864년 1월 3일부터 1873년 12월 16일까지 183번이나 교체했는데, 이는 약 10년 동안 평균 20일에 한 사람 꼴로 갈아치운 셈이다. 같은 기간에 대간의 또 다른 주요 관리인 대사헌(大司憲)은 193번 바뀌었다.[17] 이 기간 내내 좀 더 젊은 대간들의 임기도 적지 않게 짧아, 10일 동안 장령(掌令), 그 후 3개월 동안 군수, 그런 다음 15주간 승정원 승지를 하는 경우가 빈번했다. 중국에서는 이와는 달리 감찰기관에 있는 관리들이 통상 2~3년간 같은 자리에서 근무하고 때로는 대간의 기능이 전문직에 접근했다.

대간이 인사의 집중포화를 가장 많이 받았다. 그러나 기타 행정직도 불안정

---

16 Son, Po-gi(손보기), "Social History of the Early Yi Dynasty, 1392~1952," pp.37, 412. 물론 이런 변화의 일부는 권력에 대한 접근을 확대하는 것 이외에 다른 동기도 있다. 왕은 대간을 교체함으로써 자신에 대한 공격을 방지하거나 둔화시키기를 바랐다. 일부 대간들은 5~6번 임명과 사임을 반복하는 바람에 날카롭던 공격이 많이 무디어졌다.

17 Cho, Ching-yang(조진양), "The Decade of the Tae-won-gun," p.495. 대원군은 이것을 대간의 권력을 약화시키는 수단으로 삼았다.

하고 단속적이긴 마찬가지였다. 제3대 왕(태종)은 2년 동안에 의금부(義禁府)를 13번 개편했다. 조선 관리들의 경력을 보면, 약 30년간의 관직기간 중 100회 또는 그 이상 보직을 바꿨다는 기록이 있다. 이 기간에 잠정은퇴, 부모상(父母喪)으로 인한 잠정휴직, 그리고 기타 일시적으로 임기를 중단하는 경우가 있었다. 유명한 율곡 이이는 대사간에 두 번 임명되었는데 매번 수일간 했다. 그는 호조판서와 홍문관대제학(弘文館大提學) 수개월, 형조판서를 수주일간 역임하고 그런 다음 병조판서를 했는데 곧 사임할 때까지 중상모략의 대상이 되었다.[18] 현재의 서울시장 격인 한성부판윤(漢城府判尹)은 조선 518년 동안 약 1,375번이나 바뀌었다. 천년의 절반이 넘는 기간에 130일마다 새로운 시장이 태어났다는 것은 아마도 어떤 문화에서도 그 유래가 없을 것이며 세계기록이 될 것이다.[19] 1850년에서 1862년까지 12년 동안 442명이 넘는 감사와 군수와 군사령관이 부패했다는 비난을 받고 해직되었다. 경상도에서 140명, 전라도에서 105명에 달했다.[20] 새로 임명된 관리들은 전보되거나 해직되기 이전에 지방 부임지에 도달하면 다행인 경우도 종종 있었다.

이런 상황은 조선 말기가 되자 가히 광란이라고 해야 할 상태에까지 이르렀다. 1894년부터 1895년에 걸쳐 사회제도가 붕괴되고 더 광범위한 계층으로 공직이 개방되자, 돈 많은 하층계급에게 양반신분을 파는 일이 성행했다. 하층계급들은 이런 방식으로 자기들이 양반계급이라고 주장할 수 있는 법적 근거를 만들 수 있었다. 차함(借銜), 즉 '명예계급 차입'에 의해 어떤 사람이 돈을 낸 대가로 어느 직위에 임명되고 다음 날 사임하는 것이다. 이리하여 그는 다른 직위를 수임할 수 있는 자격을 획득하고 그가 구입한 직위에 수반되는 특권과 면

---

18 김경탁(金敬琢), 『율곡연구』(1960), 6~8쪽.

19 국사편찬위원회, 『향토 서울』(서울, 1957), I, 160~170쪽은 역대 한성부판윤의 모든 이름을 기재하고 있다. 조선왕조에서 행정적으로 할 일이 가장 많은 직위 중 하나인 한성부판윤은 다른 직위와 겸임하지는 않았다.

20 Cho, Ching-yang(조진양), "The Decade of the Tae-won-gun," p.66.

제권(군역, 세금 등에 대한)을 부여받았다.[21]

이와 같은 미치광이 놀음의 와중에서 맡은 바 임무를 성실히 수행하고 있는 사람들이 받은 타격은 가히 놀라운 것이었다. 같은 시대 수십 년 동안 해협 너머 일본에서는 마쓰가타 마사요시(松方正義)가 대장성장관을 8년, 야마가타 아리토모(山縣有朋)가 내무성장관을 4년 총리를 3년 반 역임했고, 오야마 이와오(大山巖), 데라우치 마사다케(寺內正毅)가 각각 9년 동안 육군장관을 했다. 당시 조선의 관리 중 중요한 인사인 박제순(朴齊純)은 1883년 공직에 발을 들여놓고 27년 후 조선이 망할 때까지 54개의 직위를 옮겨 다녔다. 그중에서도 그는 11일 동안 궁내부 주사, 2주 동안 같은 부의 협판(協辦), 한성부좌윤(漢城府左尹) 2개월, 의전, 공공사업, 국세부문 부서의 협판을 1개월씩, 그리고 전라도 감사 1개월, 충청도 감사 4개월, 농상공부 대신을 5일 동안 맡았다. 그는 외부대신을 세 번 역임했는데 두 번은 각각 한 달씩 했다. 또 그는 한 달 동안 주필리핀 대사를 역임했으며(이는 당시 느린 배로 필리핀까지 가는 기간이다!), 2개월 동안 참정대신을 지냈다. 그는 전문화의 증거로 2개월 동안 중장(中將)으로도 임명되었다.[22] 그가 역임한 자리는 당시 조선이 거의 연속적으로 위기와 위험에 처한 때에 중요한 임무를 가진 중요한 행정 포스트였다. 그때는 두 번의 전쟁과 국내에서 대반란이 일어났고, 근대화의 초기가 시작된 중차대한 시기였다.

일제강점기의 전문화한 관료제도는 조선의 이런 패턴을 차단했지만, 앞서 본 바와 같이 독립과 함께 다시 원상회복되었다. 이승만 대통령은 취임 후 6개월 안에 장관의 절반을 갈아치웠다. 그 후에도 인사이동은 가차 없이 행해졌

---

21 W. H. Wilkinson, *The Korean Government: Constitutional Changes, July, 1894, to October, 1895* (Shanghai, 1897), p.36. 1895년 4월 4일 자 내부(內部: 내무부) 명령으로 차함(借銜) 행위와 그것을 선동하는 행위를 금했다. 그 시절의 이른바 사만(仕滿)제도가 몇몇 직위를 일정한 기간 동안 제한함으로써 이 차함행위를 부추겼다.

22 Hosoi Jajime, *Chosen kosho* (A series on Korea; Seoul, 1936), II, p.154; *Toyo rekishi daijiten*, VIII, p.25.

다. 각 부의 차관은 장관의 분신으로 고려되어 장관과 함께 바뀌었다. 1950년대 중반까지 다수의 국장과 그 아래 직원들은 장관이 개인적으로 임명한 사람들로 취급되었고 대체할 수 없는 전문자격을 가진 사람들로 인정받지 못해 장관이 바뀌면 같이 바뀌었다. 집권 12년 동안 이승만은 매년 10명 이상의 비율로 장관을 경질했다.

혁명도 이런 패턴을 타파하지 못했다. 실제로는 오히려 악화시켰다. 이승만 정권의 마지막 수일 동안 임명된 3명의 장관을 제외하고 전 정권의 장관으로서 아무도 과도정부에 남지 못했다. 과도정부 112일 동안에 장관의 변동은 오히려 더 빈번했다. 장면이 실권을 장악했을 때 과도정부 장관들이 모두 경질되었다. 장면 정권은 하위직급에서 2,213명을 면직시켰다. 이 중 다수는 과도정부가 임명한 사람들이었다. 그 이후 장면은 조선시대가 끝난 이후 그때까지 가장 빈번한 비율로 장관을 바꾸었는데, 어떤 장관은 수주 또는 수일 만에 물러나야 했다. 장면 정권 최초 4개월 동안에는 매월 내무장관이 새로 임명되었다. 8개월의 단명으로 끝난 장면 정권 기간에 총 28명의 장관이 임명되었는데 개각은 고통스럽고 소란했다. 1961년 1월 장면의 가까운 지지자들로 새로운 내각이 구성될 때까지 끊임없는 논란이 지속되었다. 그의 지지자들 중 소장그룹은 여전히 불만에 차 있었으며 다가오는 봄에 개각을 다시 하겠다는 약속을 했다는 소문이 나돌았다.[23] 도지사와 시장 선거가 실시되었지만 장면의 민주주의는 중앙의 정치흥정에 사로잡혀 지방의 민주적인 역량을 육성하거나 뜻 깊은 지방분권화를 실행할 시간을 갖지 못했다.

쿠데타도 이런 패턴을 수정하는 데 실패했다. 군사정권의 최초 수년간 장관, 고문, 그리고 최고회의 위원조차 이전과 거의 같은 속도로 빈번하게 교체되었다. 또한 과오로 현직에서 쫓겨난 사람들에 대한 처벌도 분명히 더 엄격해졌다. 고관의 지위에서 물러난 사람들 중 다수가 투옥되거나 고문을 받기도 했

---

23 ≪동아일보≫, 1961년 1월 30일.

다. 그러나 1963년 선거를 치르고 정부가 '문민화'한 이후 드디어 변화의 징후가 나타나 박정희 대통령은 관료기구를 안정시키기 위한 의식적인 노력을 기울였다. 그때 이후 또한 전두환 정권기간 동안 교체가 빈번하기는 했지만 횟수가 과거보다 현저하게 줄어들었다.

이와 같은 열광적인 교체패턴은 한국 정치문화의 비뚤어진 면을 여실히 보여준 것이다. 이런 패턴은 또한 어느 도나 어느 부처 또는 어느 위원회 안에서도 조직을 만들거나 유대관계를 맺거나 개인적인 힘과 기득권을 공고히 하는 것을 제어하거나 방지하는 작용을 했다. 1910년까지 500년 동안 한 왕조가 교체되지 않고 계속된 것은 이런 패턴이 성공했음을 의미한다. 이런 패턴은 모든 하급기관의 성장을 강력하게 저지하는 역할을 했으며 하급기관 내부의 단결이나 규율의 형성을 저해했다. 그 결과 이해관계의 강화가 불가능해져 욕구불만이 생겨났지만, 이것은 한국문화에서 옛날부터 전해오는 정치적 패턴과 일치하는 것이다.

규칙과 법

모든 고위관직이 만능가형 관료면 누구나 수임이 가능한 '일반직'이었던 것처럼, 중국과 조선이 고안해낸 법제는 서구와는 달리 일반적인 도덕률과 별로 차이가 없었으며, 보편성을 추구하는 정부의 기능과도 크게 구별되지 않는 경향이 있었다. 통치자는 하늘에 대해 (조선의 경우엔 중국의 황제에 대해) 사회질서가 자연의 법칙과 조화를 이루도록 통찰할 책임을 졌다. 왕과 그의 관리들은 하늘에 대한 이런 복종이 인간행동으로 어떻게 구현되는가를 도덕이나 격언 내지 실례를 들어 백성에게 가르쳤다. '예(禮)', 즉 5대 인간관계[五倫]를 지배하는 규칙은 조화된 행동의 중요 기준이며 사실상 법적인 효력을 가졌다. 가족과 일족의 장이 지시와 본보기의 역할을 완벽하게 수행한다면 루소(Jean Jacques Rousseau, 1712~1778년)의 주장처럼 법과 정부가 필요 없는 상태가 확산될 것으로 생각했다. 그런 상태가 될 수 없는 경우에만 사회를 조화시키기 위한 지배자의 의사를 연장한 것으로서 법이 필요했다. 그 같은 '행정상'의 법은 '신성한' 것으로 간주되었고, 통치자가 고안한 것이긴 하지만 가능한 한 행사하지 않는 것이 좋은 것이었다.[24] 따라서 모든 사람들은 법에 의존하면 명예에 손상이 가고 통치자를 불신하는 결과가 된다고 생각해 법을 회피하는 경향을 보였다. 법정에 출두하는 사람은 권리의 옹호자가 아니라 말썽부리기 좋아하고 다루기 힘들며 교육을 더 잘 시킬 필요가 있는 사람으로 간주되었다. 관리의 일반적인 기능이 백성들에게 모범을 보이는 것이었던 것처럼 법적인 판단은 주로 관리의 '의무'인 윤리적인 가르침의 문제로 여겼다.

조선유교의 저명한 초기 지도자였던 정도전(鄭道傳)은 이 경우를 다음과 같이 잘 설명하고 있다. "현자가 말씀하시기를 법은 법으로 지배하려는 것이 아니라 법의 도움 없이 지배하기 위한 것이다."[25] 가족 형태가 이를 뒷받침해주었다. 가장에게 행위의 실행, 즉 대부분의 법률 실행을 위임한 것은 사람들로 하여금 개인적이고 가족적인 실행을 기대케 하고 제도나 전문가에 의한 판단을 싫어하도록 만들었다. 국내의 평화가 장기간 지속된 것으로 보아 이 제도는 효과가 있었다. 법은 개인 간에는 별로 발동되지 않았으며, 단지 정부가 탄압을 정당화하기 위한 수단으로 이용하였다. 일상의 문제에서는 예(禮)가 각 지역의 훌륭한 자기규제 방법이 되었다. 사회적 규율과 준법은 현대 한국의 특징이라기보다 오히려 옛 조선의 특징이었다. 그러나 이런 것은 타인의 개인적인 판단에 맡기는 것을 의미했으며 그 결과 인간의 불안을 조장하는 것이 되었고 합리적이거나 제도적인 재판제도의 발달을 저해했다.

조화의 개념은 중국식 조선법률의 발달과 대형조직이 가져야 할 공식적인

---

24 예컨대, C. K. Yang, "Chinese Bureaucratic Behavior," David Nivison and Arthur Wright eds., *Confucianism in Action* (Stanford, 1959), p.150에 인용된 명나라 철학자 류쿤(Lu K'un)이 한 말을 참조할 것.

25 정도전, 『삼봉집(三峯集)』(목판본, 대구, 1791), 책 8, 국사편찬위원회 재발간, 『한국사료총서』 제13권(서울, 1961).

규칙의 발달을 저해하는 것으로 간주할 수 있다. 조화는 조직상의 구별을 불필요하게 하며 법적인 구별의 발달과 엄밀한 규칙의 형성을 가로막는다. 동시에 그것은 권력행사의 유보라는 개념의 발달을 좌절시키는 경향이 있다. 개인의 권리는 근본적으로 신비스럽고 정의되지 않은 개념을 자의적으로 판단하는 판관에 의해 좌우된다. 백성 또는 피고용자들로선 일반적인 윤리에 어긋난 것을 소송하는 것 이외는 이처럼 제멋대로 하는 판단에서 벗어날 수가 없다. 증거에 기초해 판정을 내리는 법규가 발달하지 못했으며 변론이나 변호사 등에 대한 개념은 생소했다. 그것은 판관이 도덕적 훈계를 하는 '의무를 방해하기' 때문이다. 기타 많은 분야에서 진보를 보인 조선사회에서 이처럼 중국식 법체계만은 여전히 미발달된 상태였고 본질적으로 정체상태에 있었다. 이런 것이 훗날 이승만과 같은 지배자가 사회를 조작할 수 있게 하고, 안정되고 실용적인 권력의 기초를 다지는 데 실패하게 했다.

법의 제정이나 운용 면에서 일본은 한국에 중요한 변화를 일으켰다. 주로 프랑스와 프러시아에서 모방한 매우 훌륭한 법체계가 실행되었고 법에 따라 생활한다는 사고가 심어졌다. 처음으로 한국은 전문적인 법률가를 갖게 되었는데, 1930년 경성제국대학 법학부의 제1기생 졸업 때 수명의 조선인이 포함된 것이다. 식민지배가 종료될 무렵에 한국 전체의 판검사와 변호사의 15%가 한국인이었다.[26]

일본의 법제는 일본이 패전한 후에도 한국에 계속 살아남아 현재까지도 거의 변하지 않은 채 시행되고 있다. 사실상 전후의 일본에서보다 오히려 한국에

---

26 E. Grant Mead, *American Military Government* (New York, 1951) p.132. 조선왕조가 잔명을 이어가던 마지막 수년 동안에 법률학교 설립 시도가 있었으나 무위로 끝났다. 몇 명의 조선인들이 일본 법률학교를 졸업했고, 조선인 최초의 변호사가 1906년에 변호사 사무실 간판을 내걸었다. ≪코리아 리뷰≫, 1905, p.477. 그리고 1904~1906년 ≪코리아 리뷰≫의 뉴스 칼럼에서 다른 여러 소개들이 있었다. 하지만 이 같은 초기 시도는 그리 영속적인 효과를 거두지 못했다.

서 변하지 않은 것이다. 그러나 강점기 시대에 일본의 법제와 그것이 지향하는 개념은 외견상 훌륭해 보이긴 했지만, 그것을 둘러싸고 있는 생활에는 여전히 이질적인 것이었다. 한국인들은 일본의 법률과 그 집행자들을 탄압의 수단으로 보고 가능한 한 피하려 했다. 이런 태도는 해방 이후 미군정 당국자는 물론 이승만 정권과 군사정권이 시행한 제도의 활용으로도 완화되지 않았다. 권력 균형의 불가결한 본질의 일부인 사법권 독립이라고 하는 헌법상의 개념은 결코 발달하지 못했다. 판사와 검사는 전문적인 법률상의 기준보다는 오히려 정부에 대한 충성을 지켰으며, 이들은 '비정부적인' 변호인의 역할을 자기들의 공적인 도덕적 기능과 지위를 침해하는 것으로 간주했다. 기소는 오랫동안 유죄와 동일시되었고 아직도 그러하다.[27] 미 군정청 당국은 구속영장, 피고 측 변호인 선임, 보석, 인신보호절차 등의 개념을 도입했지만, 시간도 시행솜씨도 없었기 때문에 (맥아더 사령부가) 일본에서 시행한 것과 같은 법제의 체계적인 개혁에 실패했다. 효과를 내는지 어떤지 감시할 방법이 없었고 여러 가지 새로운 개혁이 정작 실행단계에서 실행되지 않았다. 또한 경험이 부족한 미군장교들에 의한 법정이나 그 당시 한국 법정에서 행한 재판이 효과적으로 감독을 받지 않았기 때문에, 미군정 시대에 행한 재판방식의 권위를 더욱 잃게 되었다.[28] 미군은 그들이 한국에서 수립한 제도가 법적으로 부적절하게 실행되는 것을 통제할 수 없었다. 한국에 관한 미국의 어떤 공식 역사자료는 "통상 경찰은 법위반자를 함부로 체포할 권한을 갖지 않았지만, 계속 그것을 무시하고 임의대

---

27 일제강점기에 판사가 심리한 판례에서 무죄선고 비율이 7%로 떨어졌으며 일본에서마저 사실심(1심 법정)에서의 무죄선고 비율은 2.5%였다. 1심에서의 그 비율이 식민지 조선에서는 더 낮았다. 1916년부터 검사들은 그들 자신이 "피고가 유죄라는 확신이 없는 한 기소하지 않는다"라는 것이 차츰 전통이 되어갔다. Arthur von Mehren, *Law in Japan* (Cambridge, Mass., 1963), p.298. 메이지 시대 일본에서의 '오추(Otsu) 음모소송사건'과 같은 사법부 독립을 상징하는 소송사례가 한국에선 있어본 적이 없었다.

28 예컨대 E. Grant Meade, *American Military Government in Korea*, pp.133~136 참조. 그리고 George M. McCune, *Korea Today*, p.86 참조.

로 체포하고 수색영장 없이 수색했다"라고 기록하고 있다. 재판은 대체로 절차와 상관없이 유죄판결을 내리길 원하는 행정부의 요구를 공공연히 따르는 방식으로 진행되었다.[29] 조선왕조 시대에 행해진 것과 유사하게 모호한 제도적 증거가 사용되었다(제6장 참조). 사법부 내에 건전한 법적 전통도 집단정신도 발전되지 못했다. 법과 사법부는 행정권에 대한 억제요인 중의 하나가 되지 못하고 독재적 지배의 중요한 도구 중 하나가 되었다. 1980년 김대중 재판이 보여주었듯이 전두환 정권 때도 그런 전통이 남아 있었다.

전문가의 딜레마

우리는 지금까지 마을, 시장, 이웃, 관료기구, 사법부 등에서 한국사회의 중요한 만능가적인 성격을 추적했다. 모든 부문에서 특별한 기능이나 개혁이 좀 더 깊은 직업적인 집중으로까지 발전하지 못하고 무시되고 방해받고 천시되어 왔다. 농부는 '장이'가 되기를 원치 않았으며, 시장상인은 대체로 특별한 상품만을 취급하는 전문화를 회피했고, 관료는 누구나 대체할 수 있는 능력만으로 최대한 권력에 접근하려 했다. 일시에 만능가적인 성격을 갖는다는 것은 재능이 다채롭고 폭이 넓고 복잡하며 힘이 있음을 말하는 것인데, 이는 일본이나 독일의 봉건적 전문가 중시 사고보다는 오래된 미국과 러시아의 프런티어적인 이상에 가까운 것이라고 할 수 있다. 마을의 농부로부터 총리에 이르기까지 지금도 한국인들은 '장이'가 되는 것을 피하기 위해 많은 일을 할 수 있어야 한다. 한국인들은 신속하게 배우고 적응해야 하며 관심의 폭이 넓어야 한다. 한국인들은 열정적이고 재빠를 뿐만 아니라 자기 주위의 모든 일과 다른 모든 사람들의 일에 지칠 줄 모르고 관심을 표시한다. 이로 인해 동료와 경쟁하고 대립하게 되며 또한 지방과 공공의 문제에 관심을 갖게 된다. 그런 문제에 대한 관심은 공동의 복지를 개선하고자 하는 데 있기보다는 주로 새롭거나 또는 좀 더

---

29 Robert K. Sawyer, *Military Advisors in Korea: KMAG in War and Peace*, p. 26.

높은 역할을 하려는 자신의 개인적인 기회포착과 관련이 있다. 그럼에도 이 같은 한국인들의 적응력은 개발에 이용될 수 있으며 관심 분야가 넓은 것은 민주 시민으로서의 기초가 될 수 있을 것으로 생각된다.

해방 후 한국은행과 같은 위상이 잘 정립된 특정기관들은 현대화한 식민지 시대의 패턴을 유지하며 관료기구의 지도층을 육성하는 장소가 되었다. 1955년 이후 수립된 경제재건계획은 한국에 좀 더 실질적인 기구정비를 강요했다. 베트남에서 전쟁이 격화되면서 일본 '자이바쓰(재벌)'를 닮은 통합 비즈니스제국이 형성되었다. 그리고 대규모 조직에서 일하는 경험을 쌓아가기 시작했다. 옛날 패턴이 길을 양보하기 시작한 것처럼 보였다.

농부들은 비닐하우스에서 채소와 특용작물을 재배하는 전문화로 소득을 극대화시킬 수 있음을 알고는 얼른 농업패턴을 바꾸기 시작했다. 섬유생산이 증가하고 자동차교통이 대중화됨에 따라 시장에서도 더 많은 전문가들을 필요로 하게 되었다. 관료조직에서도, 미국원조를 관리하고 전문가인 미국원조기관에 회계보고서를 제출하는 기술적인 자격이 필요하게 되어 한국전쟁 이후 '만능가'들을 경제부처에서 거의 일소할 수 있게 되었다. 북한에서는 기술교육 확대를 더욱 강조했다. 크게 늘어난 대학 진학과 해외 유학이 전문가 훈련을 촉진했다. 만능가보다도 전문가가 대접을 더 잘 받게 되자 서울대학교 공과대학은 법과대학과 문과대학을 제치고 위상의 중심으로 떠올랐다. 그러나 상과대학은 정부의 지원에도 불구하고 역할을 증대시키는 데 큰 어려움을 겪어왔다. 최근 수년간, 특히 1960년 이후에는 산업생산과 수출증대 그리고 미국의 국제개발처(AID)와 대학 간의 계약 아래 경영학부가 설립되는 등 경영과 기술 전문화를 더 중시하게 되었으며 다른 어느 곳보다 이 분야에서 전문가를 더 많이 고용하게 되었다.

한편 전문가 특히 과학기술 분야의 전문가들은 여전히 충분한 위상과 영향력 그리고 보상을 누리지 못하고 있었고 과학적인 연구 활동도 활발하지 못했다.[30] 적어도 한국과학기술연구소가 설립될 때까지는 그러했다. 미국에 학생을 유학 보내는 100여 개국 중 한국은 전문가들을 귀국시키는 일에 지난 10~15년간 두 번째로 최악인 것으로 알려졌다. 1970년까지 유학생의 80~90%가 귀국 후 다시 떠났거나 아예 귀국하지 않았다.[31] 한국보다 상황이 더 나쁜 국가는 만능가주의에서 한국의 선배 격인 중국이었다. 변화해가는 사회의 이면에서 시장, 마을, 이웃은 과거의 패턴을 여전히 유지하고 있었으며 옛날 방식을 스스로 재생산했다. 전문가, 규칙, 법, 조직 내의 규율 및 이런 성과를 활용할 수 있는 제도 등의 미발달은 한국이 안고 있던 가장 심각한 문제 중 하나였다. 1987년 현재 전문가 인구가 대폭 늘어났으며 이들을 채용한 산업과 비즈니스 관계회사도 크게 증가해 20년 전의 문제는 대부분 사라진 것으로 보인다. 그러나 최근의 한국이 어디서 왔는지 아는 것이 중요하다.

---

30 외국에서 교육받은 한 과학자의 특별히 주목할 진술은 1965년 10월 8일 ≪코리아 타임스≫에 보도된 원자력연구소 연구원인 이창근(Lee Chang-gun)에 관한 기사 참조. 이 기사에서 이창근 박사는 원자력연구소의 역사가 일천한데도 그동안 외국유학을 하고 입사한 직원의 70%가 도로 나가버렸으며, 남아 있는 직원도 가능한 한 외국에서 일하러 대부분 떠날 것이라고 말했다. 과학연구를 촉진할 수 있는 새로운 국립과학기술연구소가 미국의 도움으로 현재 설립 중에 있다.

31 Gregory Henderson, "Foreign Students: Exchange or Immigration?" *International Development Review*, 6.4(Dec. 1964), pp.19~20.

9

파벌주의와 '자문기관'의 기능

'공리공론적 논쟁'의 오랜 전통

중앙정치권력을 향한 원자화한 상승기류는 소용돌이 꼭대기 아래에 있는 사회응집력을 저해하는 것처럼 보인다. 그러나 이 개개의 분자가 대기에 도달했을 때 만들어지는 형태에 대해서는 꼭 무어라고 단정할 수 없는 상태이다. 지금까지는 단지 꼭대기는 뜨거울 것이며 증기가 발생하는 분자가 있고 접근 압력이 최대한으로 클 것이라고 생각했을 뿐이다.

한국에서는 앞서 기술한 바와 같이 수세기 동안 중국식을 모방한 왕정이 계속되었으며 왕의 정통성은 중국황제로부터 유래하고 궁중도 관료기구도 중국 − 유교 − 의 이미지를 지니고 있었다. 그러나 그 이면에서 조선사회의 하층부는 물론이고 상층부까지 스스로의 역학과 논리 및 역사로 된 더 오래된 패턴을 유지해왔다. 상승기류가 특별히 강했던 것도 이런 패턴의 일부이며 상승기류는 꼭대기에서 스스로의 패턴에 부합하는 공간을 요구하는 경향을 보였다. 상승기류가 만들어낸 그 공간은 '자문기관'이 지배했다. '자문기관'은 대부분의 모든 사회에 존재하는 것이 보통이지만 한국에서는 몇 가지 점에서 독특하며, 그 근원은 한국문화가 시작될 때로 거슬러 올라간다.

한반도 정치사의 초기 아마도 7세기 신라시대의 화백(원로들의 회의제)이나 6촌(村)시대 무렵, 또는 그보다 더 일찍부터 개인적 지도력이 취약한 상황에서 부족장이나 귀족들이 '자문기관'을 만들어 이를 통해 나라를 통치하는 경향이 생겼다. 왕권이 아닌 '자문기관'이 종교상의 재가권을 가졌던 것으로 보이며 왕권에 대한 생각은 중국과 일본의 그것에 비해 내용이 빈약했다.[1] '자문기관'을 통한 지배는 본래 군사상의 필요에 의해 결성된 부족연합을 위한 일종의 대의원제도와 같은 것으로 보인다. 그러나 그것이 남긴 흔적은 그냥 사라져버린 것이 아니다. 고대로부터 대부분의 마을을 지배해온 원로회의와 오늘날에도 사회의 여러 기관과 단체가 요구하여 작동하는 자문기능의 패턴에서 그것이 반영된 것을 볼 수 있기 때문이다.

고려시대(918~1392년)에 들어와서는 일족의 가장이 내린 결정이 공식적인 정부의 관행에 더욱 근접해졌다. 문무관리로 구성된 고위 '자문기관'은 시대에 따라 다양한 이름으로 불렸는데, 거의 모든 국가 중대사를 결정하거나 확인했다.[2] 1170년의 군사쿠데타 이후 지배층에 새로운 피를 수혈했을 때에도 '자문기관' 자체의 전통은 거의 흔들리지 않았고 오히려 확대되어 1279년에는 합동원로회의[도병마사(都兵馬使)]가 확대개편[도평의사사(都評議使司)]되었다. 고려가 몽골 지배하에 있던 시대(1259~1354년)에는 고려의 왕들은 몽골의 앞잡이가 되었으며 국내에서 위신을 상당히 상실했다. 외교정책과 조공의 문제는 몽골이 장악했으나 '자문기관'은 왕들이 종종 인질로 잡혀 있어 행사하지 못한 대부분

---

1 Edward W. Wagner, "Korea," p.87; Edward W. Wagner, "A Symposium: Korean Modernization: Some Historical Considerations," *Korea Journal*, 3(August 1963), pp. 27~28.

2 처음에 도병마사(都兵馬使)로, 다음엔 확대개편하여 도평의사사(都評議使司)로 불렸고, 합좌(合坐)로 불리기도 했다. 고려의 '자문기관' 통치에 대한 이 서술은 Son, Po-gi(손보기), "Social History of the Early Yi Dynasty, 1392~1952," pp.130~131을 많이 참고하여 썼다. 또한 고려에는 최고위원회, 경제담당위원회 및 군사담당위원회로 이루어진 문하사(門下司)도 있었다. Cho, Ching-yang(조진양), "The Decade of the Tae-won-gun," p.133 참조.

의 국내 권력을 행사한 것으로 보인다. 몽골인들은 고려의 국내권력을 행사할 의욕을 갖지 않았으며 또한 고려 내부에서 권력유지를 위한 지속적인 제도상의 기구를 갖지 않았다.

이 '자문기관'은 14세기 마지막 10년간 고려왕조를 새로운 조선왕조로 바꾸는 데 중요한 역할을 했다. 이성계를 지지하는 합동원로회의[都評議使司]는 다른 관리들과 공동으로 이성계가 왕위를 받아드릴 것을 청원하고 명나라 황제에게 아주 중요한 상주문을 기초해 발송했다. 이 상주문은 이성계의 즉위를 황제에게 알리고 황제의 이해와 동의를 구하는 미묘한 임무를 띤 것이다. 명 황제의 회답은 새로운 조선의 왕에 보내진 것이 아니라 이 '자문기관'에 보내진 것이다. 특히 양반의 다수가 참가하고 있는 것이 이런 요청을 정당화시킨 것으로 지적되었다. 고려왕조에 소속된 '자문기관'이 이성계를 지지한 것은 사실상 '하늘의 명령'으로서 새로운 지배자에 정통성을 부여한 것이다. 이후 500년 동안 취약한 왕권과 양반 '자문기관' 지배의 강렬성과 다양성은 조선왕조의 정부를 중국의 원형으로부터 주로 구별하는 중요한 특징이 되었다. 전제적인 청나라 정부와의 대조가 특히 두드러진다.[3]

대간(臺諫)

실질적으로 국가를 지배한 '자문기관'은 시대에 따라 다른 명칭으로 불리고 책임범위도 변했는데, 그 가운데서 제도화한 가장 경이로운 기관은 대간(사헌부와 사간원)이었다. 대간은 원래 중국정부의 특별한 기관인데, 유교의 교리에

---

3   본래 조선의 의정부는 이론적으로 명나라와 청나라의 내각을 표본으로 한 것이지만 1519년 까지는 사실 중국 기관을 크게 능가하는 권위를 가졌으며, 대원군 개혁 후에 새 이름을 붙인 연속된 기관들도 동일한 것이었다. 조선인들은 그들의 정부가 청나라를 모델로 했다고는 결코 주장하지 않았다. 그리고 청나라와의 관계는 명나라와의 관계보다 현저하게 냉랭한 것이었다. 사실 조선 말기 비평가 중의 한 사람인 박제가(1750~1805년)는 그가 살던 때인 조선 말기에 청나라 중국에서 일어난 변화와 발전을 무시하는 데 대해 비판했다.

기초해 행동하는지, 그리고 도의적인 결정을 행하는지 어떤지를 지적하는 의무를 가진 고결한 학자들에 의해 통치자와 관리가 항상 비판될 필요가 있다는 유교적 신념에 바탕을 둔 것이다. 양반만이 왕과 정부를 비판하는 자격을 가졌으며 또한 어떤 점에서는 비판하는 의무를 지고 있었다.[4] 이런 비판이 관료위계 채널 이외의 건의(상소)를 통해서도 왕에게 제출될 수 있었지만, 그런 기능은 대간의 정식임무이기 때문에 대간은 특별한 위세를 가졌다. 대간으로 임명되기 위해서는 가족관계를 철저히 조사받아야 했고 성적이 우수해야 했으며 품행이 단정하고 절대적으로 성실해야 했다.[5] 대간은 "정부의 정책을 비판하고 관리의 행동을 조사하며 관습을 시정하고 양반들의 부정을 제거하며 서류의 위조와 악용을 방지하는 일을 담당했다".[6] 대간은 매일 왕에게 유교적 관점에서 본 정세 비평문을 올리고, 정부 관리에 대한 불만 표출의 통로역할을 하며, 부분적으로 집행관으로 행사하는 특정의 경찰 및 사법적 기능을 가졌다. 그러나 대간은 적극적인 의미의 행정상 책임을 지지 않았기 때문에 스스로 실행할 것을 요구받는 두려움 없이 자유롭게 비판했다. 대간은 이상주의적이고

---

4   태종실록은 "간언이 없는 국가는 국가라고 할 수 없다"라고 기록하고 있다. Son, Po-gi(손보기), "Social History of the Early Yi Dynasty, 1392~1952," p.347에서 인용. 하지만 '간언'이란 말은 오해의 소지가 있는 함축된 의미를 갖고 있다. 왜냐하면 '간언'의 기능은 존엄한 것이긴 하지만, 온당치 못한 개인적인 불만이나 불필요한 비난을 쏟아낼 수도 있는 거의 상투적인 의무이기 때문이다. 그러나 양반사회에서 이 비판 기능의 입지와 조선왕조적인 패턴을 통한 그 기능의 역할 확대는 백성들이 양반지도자들에 대해 곧잘 비난을 퍼붓고 험담을 하는 빌미가 되기도 했다. 이 경우에 상류층에 대한 평가가 악화되고 반대로 정치적 행태와 자세에서 하류층의 규범이 칭송받는 경향을 보였다.

5   대간과 그 기능에 대한 이 요약은 와그너(Edward W. Wagner)의 아주 훌륭한 논문 "The Literati Purges"를 참고하여 썼다. 나는 여기서 대간기관 내부의 형식적인 분할(예컨대 사간원, 사헌부로의 분할)은 무시했다. 그런 분할이 전체적으로 감찰기능을 수행하는 데 본질적인 것으로 보이지 않기 때문이다.

6   idem, p.26. 서류의 위조와 악용은 주로 은밀한 유동성(계층이동)을 부추길 위험성 때문에 심각하게 다룬 것 같다.

때로는 교조적인 유교적 열의에 충만하여 부분적으로는 법제처와 같고 또한 부분적으로는 신학적 '자문기관'의 기능을 갖추었기 때문에 반대하기 좋아하고 설득력 있는 재능을 갖춘 사람들에게는 이상적인 연단이었다. 대간은 잘못되거나 잘못될 위험이 있는 경향을 색출하며 거의 2,000년에 걸친 옛 중국의 사회와 정부에 대한 수많은 고전적인 비평문들로부터 사례들을 인용해 자기들의 주장을 보강하는 면에서 재능과 학식을 보여주었다. 대간은 지식인들의 정치적 등용과 지식인들의 비판을 반영하는 정치적 파이프라인 역할을 하는 기관이었다. 요컨대 영지(英知)와 학식을 겸비한 인사가 사회적·정치적으로 건설적인 목적을 찾아내는 의무를 제도화한 것이다. 대간은 경고하고 비판하며 권고하는 데 실패하면 처벌받을 수 있었다.

대간은 정부의 중심이었을 뿐만 아니라 정부로부터 성장한 가치체계와 유동성의 중심이기도 했다. 그것은 명예로운 엘리트 집단의 중요 직위였다. 대간은 또한 이제 성균관에서 갓 졸업한 스타급 유교 광신자들을 맨 아래쪽에 배치했다. 이들 새 동창생들은 그들의 후배 재학생들과 연락을 계속하고 그들을 사주하여 시위를 벌이게 하여 성균관 유생들을 압력집단으로 활용하기도 했다. 한편 대간의 선임자는 정부의 중요 직위에 영향력을 행사할 수 있었다. 그들은 핵심직위의 관리들을 자기편으로 끌어들이려 많은 노력을 기울였다. 그 대상은 승정원, 집현전, 의정부 그리고 왕에게 유교 강의를 아침 일찍부터 되풀이하는 경연관(經筵官) 등이었다.[7] 이들 모두는 상소문을 올려 그들의 주장이 관철될 때까지 사실상의 업무파업을 할 수 있는 부서였다.[8] 정부의 모든 부서와 사무실 등 요소요소에는 이들의 개인적인 지지자, 동문, 친척, 그리고 동료들이 심어져 있었다. 좀 더 깊이 들어가 보면 대간의 손이 왕의 거실에까지 뻗쳐

---

7 존 녹스(John Knox)가 스코틀랜드의 메리 여왕, 댄리(Darnley) 경 등에게 가한 신학상의 공격이 여러 가지 면에서 조선시대 대간의 비판과 흥미롭게 비교된다.

8 Son, Po-gi(손보기), "Social History of the Early Yi Dynasty, 1392~1952," pp.211ff는 사관들의 중요성과 권력에 대해 설득력 있고 해박한 설명을 하고 있다.

있었고 대간과 한패인 사관이 붓대를 쥐고 있기 때문에 왕의 모든 회합을 감시하고 왕의 모든 말을 들을 수 있었다.

왕은 자기의 아들을 후계자로 지명하는 일에 양반들의 지지를 마음대로 이끌어낼 수 없었듯이 사관이 무엇을 기록하고 어디에 보관하는지 통제권을 갖지 못했다.[9] 대간의 권리는 매일 또는 거의 매시간 왕의 곁에 다가갈 수 있는 '접근권'에서 나왔다. 대간의 권력이 확대되자 왕은 시종이나 신하들의 감시와 간섭을 받지 않고는 대부분의 개인적인 기능을 수행하기가 어려울 정도였다.[10] 왕은 자신의 머리 위에 있는 중국의 명나라나 청나라 황제들과는 달리 자신이 마음대로 제어할 수 있는 '자문기관'을 결코 만들어낼 수가 없었다. 양반들이 결코 그것을 허용하지 않았던 것이다. 중국은 독재라고 할 정도의 권위주의적 통치제도를 택했지만, 조선은 통치하지 않으면서 이론을 제기할 수 있는 '자문기관'제도를 택했다. 왕의 권력은 저지되었으며 왕의 행정적인 통치행위 그 자체가 무력화되었다. 고위관리들마저 탄핵을 받았기 때문에 1516년 의정부의 감독권이 회복된 뒤에도 당시 의정부의 최고 수반인 영의정조차 제대로 역할을 수행할 수 없었다.[11]

---

9 한 고위관리가 말했듯이, "대간(사간원이나 사헌부)이 떠들면 홍문관이 맞장구를 치고, 홍문관이 떠들면 성균관 유생들이 그에 호응한다. A가 노래를 부르면 B가 장단을 맞춰, 합창이 된다". Edward W. Wagner, "The Literati Purges," p.108에서 인용. 그 같은 동맹을 만들고 유지할 수 있는 대간의 능력은 조선정부의 파벌 특성을 잘 설명해준다.

10 조선왕조 2대왕(정종, 1398~1400년)이 운동부족으로 인한 신체적 고통을 호소하자 대간은 마지못해 왕이 사관의 임석하에 공놀이를 힘닿는 대로 하는 것은 무방하다고 진언했다. 이 왕은 그 후 아직 젊음이 한창 때였는데도 왕위를 동생에게 물려주게 되었다. 대간의 진언이 항상 도덕적인 힘을 갖는 것은 아니었다. Son, Po-gi(손보기), "Social History of the Early Yi Dynasty, 1392~1952," p.221.

11 Suematsu Yasukazu(스에마쓰 야스카즈, 末松保和), "Chosen giseifu ko"(Study of the cabinet system in the Yi Dynasty), Chosen Gakuho (Journal of the Academic Association of Koreanology in Japan), 9(March 1956), pp.12~26. 스에마쓰 교수는 한국사 권위자다. 관리들을 감독하고 육조(六曹)와 왕 사이의 소통채널이 되었던 의정부의 권한은 세조(1455

이 같은 연합 '자문기관'들 가운데서 중요한 전문적인 기능을 갖고 업무를 수행한 기관은 없었다. 정부가 규모가 비교적 작은 데다, 유교적 교의는 행정면에 적용하기도 쉽고 이해하기도 쉬운 성격을 갖고 있어 누구라도 정부의 여러 중요한 문제에 관심을 가질 수 있었다. '자문기관'은 고만고만한 주장들을 끝없이 강요하는 경향이 있었다. 그런 기관을 만든 양반들도 그렇게 했다. 유력한 농업사회에서 일종의 과두통치제도인, '자문기관'에 의한 일반적인 감독체제를 발전시킴으로써 조선은 세계 여러 정부들 가운데서도 이상한 진품을 만들어냈다.

　'자문기관'이 휘두르는 권력은 시대에 따라 변하긴 했지만, '자문기관'을 통한 양반의 지배는 역사적으로 장기간 연속성을 유지했다. 앞서 상세하게 언급한 대간에 대한 내용은 조선 후기보다 초기 150년(1395~1545년)에 더 해당되는 얘기다. 자문권력은 조선시대를 통해 한 기관에서 다른 기관으로 쉽게 이동하는 경향을 보였는데 이는 대부분의 기관들이 전문적 성격이 없었기 때문이다. 16세기 중반 이후 약 2세기 동안 자문권한은 원래 국방 관련 기관인 비변사(備邊司)가 가지고 있었다. 그 이후 적어도 부분적으로는 권력이 왕립 도서관인 규장각으로 이동했다. 이런 기관들은 실질적인 권력을 이어받자마자 그 기능이 극도로 일반화되었으며 그 통제 메커니즘도 대체로 유사해졌다. 이들 기관들은 19세기까지 계속 일련의 '자문기관' 형태로 통제를 계속했다.

~1468년)에 의해 거세되었다. 조선왕조 후대 정부에 계속 영향을 미치게 된 이 조치는 정부의 가장 중요한 위계단계를 제거하고, 육조를 직접 왕에 노출시켰다. 관료기구가 왕에 직접 노출됨으로써 정도의 차이는 있겠지만 이 의정부 권한의 제거는 역사적으로 권력접근과 표면적이 넓은 '자문기관' 패턴을 장려한 것으로 볼 수 있다. 실제로 이때부터 하부기관과 하급 관리들이 왕에 직접 상소하는 숫자가 현저하게 증가하는 추세를 보였다.

'자문기관'의 폐해

역설적이지만, 이런 과정이 오랜 기간 지속되었는데도 조선을 지배한 '자문기관'은 확실한 형태와 규정된 기능, 분명한 목표, 그리고 그들 기관 자체의 위계질서에 의해 충성심을 가진 영속적인 제도로는 정착하지 못했다. '자문기관'이 수행한 역할은 대간과 같이 중국으로부터 수입된 상당히 전문화한 공식적인 기능에서 비롯된 것이라고 할 수 있지만, 조선에서는 규정이 분명치 않고 기능이 일반화되고 형태가 모호한 경향을 띠었다. 일본과 비교해보면, 도쿠가와 시대의 조직기구 특성은 그 시대에 걸맞은 위계질서가 만들어져 언어, 복장, 예술 등이 각각의 역할에 따라 다르고 전문화해 있었던 데 비해 조선에서는 마을과 시장의 경우처럼 근본적으로 그런 것들을 결여하고 있었다. 역대 대부분의 '자문기관'들은 그 자체의 아이디어와 계획을 갖지 않았다. 교조적인 유교 교의는 왕보다도 현자들(이른바 양반 학자들)에 의한 지배를 요구했으며, 조선왕조 건국 후 처음 130년 동안 '자문기관'들은 진짜 정치적 반대 세력처럼 기세를 올렸다. 그러나 이런 큰 목소리는 왕조가 장기간 지속되면서 점점 잦아들었다. 특이성의 결여가 반대 세력의 형성을 저지시킨 것이다.

'자문기관' 내의 지도력은 대체로 지도력이 없는 것이 특징이었다. 내규상 '자문기관' 내에서 개개인은 동등한 자격과 발언권을 가졌다. 또한 의견은 만장일치로 결정되어야 하기 때문에 의견이 대립할 때는 결정을 무기한 내리지 않았다. 조광조가 처형되기 전 수년간은 예외였다. 그러나 대체로 '자문기관' 내부에서 강력한 지도자가 혜성처럼 나타날 징후가 있거나 또는 유력한 관리가 왕의 이름으로 관료기구 내의 다른 부서에서 행정기능을 수행하려 할 때는 항상 발언권의 평등화를 주장하며 기득권을 방어하기 위해 그에게 상습적인 명예훼손 공격을 가하고 적대했다. 따라서 왕이나 또는 어떤 유력한 관리의 '권위주의적인' 지도를 따르려는 의도를 보이는 자는 누구에게나 형틀을 씌우려는 경향이 뚜렷했다. 그런 사람들에겐 '자문기관' 사람들이 오명의 꼬리표를 붙였다. 예를 들면 '독재적인' 왕 세조(1455~1469년 재위)와 연합한 무리들, 영의정까지 지낸 권신 김안로(金安老, 1481~1537년)를 중심으로 한 '3인의 악당'[중종 때 반대파를 무자비하게 축출, 살해한 김안로, 허항(許沆), 채무택(蔡無擇)을 정유삼흉(丁酉三凶)이라고 한 것을 두고 말하는 것으로 보인다. _옮긴이], 강력한 당파의 영수이며 유능한 행정가였던 송시열(宋時烈, 1607~1689년)을 떠받들던 사람들과, 19세기 대원군에 사사했던 사람들에게 그런 꼬리표가 붙었다.

권위주의적인 지도에 대한 동일한 종류의 적대감은 20세기의 국회가 이승만과 전두환에게 보여줬고, 정도는 낮지만 박정희에게도 보여줬다. 그러나 스스로 그들의 지도자가 되어 표면에 나서서 적대감을 보인 사람들은 상대적으로 소수였다. 그들은 집단이라는 보자기를 쓰고 지도자를 공격하는 권리를 행사하길 좋아했다. 지도력은 지방의 봉토나 보부상 동업조합 또는 군부에서 발휘되지 못했고, 실제로 긴급사태 같은 곤경에 처해도 발휘되는 일이 없었다. '자문기관'에 의해 유지되는 정부는 긴급과제에 대한 대응력을 상실했기 때문에 이런 결함을 메울 수 있는 환경을 제공하지 못했다.

정책을 입안하는 과정이 조선왕조 지배 초기 100년부터 이미 정체를 보이기 시작했으며, 그 이후 점점 더 질식되어 통상의 행정적 행위마저 저지되었다. 왕이 통치하려 시도하면 대간은 그의 '자의적인 결정'을 비난했다. 예컨대 왕은 중국황제에 대한 불경이란 비난을 감수하지 않고는 하늘에 제사지내는 것조차 불가능했다. 제3대 왕 태종은 유교도덕주의의 옷을 입은 대간들이 사사건건 트집을 잡는 것에 격노한 나머지 성균관의 공자사당에 절하지 않았다.[12] 조선의 가장 위대한 왕인 제4대 왕 세종은 제천의식에서 향불을 피우는 것 이상의 절차를 진행하지 못했는데(중국황제만이 할 수 있다는 이유로), 그렇게 하는데도 '자문기관'의 강력한 반대에 부딪쳐 많은 기지와 인내가 필요했다. 제7대 왕 세조는 역대 왕 중 가장 독재적이었기 때문에(따라서 공식 역사서인 '실록'에서 비아냥거렸다), 마침내 '자문기관'의 반대를 눌러 꺾고 개인적으로 제천

---

12 Son, Po-gi(손보기), "Social History of the Early Yi Dynasty, 1392~1952," p.26.

경배를 강행했다. 1468년 그가 죽은 후 후대의 어떤 왕도 감히 이 문제를 끄집어낸 적이 없었다. 제천의식을 거행하던 환구단(圜丘壇)은 해체되었으며, 1897년에 와서야 일본의 주장으로 주로 관광용으로 재건되었다(사실은 이 해 8월 16일 대한제국이 선포되고 고종이 황제의 위에 올랐는데, 지금까지 이론적으로 중국황제만이 할 수 있었던 제천의식을 고종황제가 직접 집전하기 위해 세운 것이다. 현재 조선호텔 경내에 그 일부인 팔각당이 남아 있다. _옮긴이). 첫 세 명의 왕(태조, 정종, 태종)들은 왕으로서 마땅히 할 수 있는 일도 제대로 할 수 없다는 것에 괴로워하며 생을 마감하기 훨씬 전에 은퇴했다. 또한 제4대 왕(세종)도 조기에 왕위를 세자에게 넘겨주려 했으나 13년간에 걸친(1437~1450년) 대간들의 강경하고 집요한 반대로 저지되었다. 세종은 승하할 때까지 계속 재위에 있었으며 말년에는 적대적인 성균관 유생들의 시위로 우울해했다. 1세기에 걸친 왕과 '자문기관' 사이의 그 같은 긴장상태는 제10대 연산군 때 이르러 이런 방해전술이 그의 편집광적인 성질을 타오르게 하는 바람에 절정을 이루며 끝을 맺게 되었다. '자문기관'의 세력을 꺾기 위해 연산군은 수십 명의 학자와 대간들을 살해하고, 이미 옛날에 죽어 묻힌 사체의 목을 자르는 부관참시(剖棺斬屍)의 형벌까지 감행했다. 일부 신하들이 단결해 1506년의 쿠데타로 그를 몰아냈으며 추방된 지 2개월 후 원인불명으로 그는 사망했다. 그 이후 1864년까지 어떤 왕도 '자문기관'에 결정적인 반대의사를 제기하지 못했다.

양반 인구가 증가하면서 대간의 자문기능이 확대되고 다른 기관들이 자문기능을 하는 사례가 늘어났다. 19세기 중엽에는 70개에 달하는 국, 위원회, 협의회 등이 존재했는데, 정도의 차는 있어도 저마다 자문기능을 수행하거나 수행하려고 했다. 이런 기구들은 공신, 준공신, 왕의 시강자(侍講者), 왕족, 왕의 사위, 왕실의 양자, 국청관 등과 관련이 있었다.[13] 왕권은 양반들이 단결해야

---

13 Cho, Ching-yang(조진양), "The Decade of the Tae-won-gun," pp.53, 116. 이들 집단에게 주어진 권한을 제대로 행사하지 못하게 한 것을 유형원(柳馨遠, 1622~1674년)과 같은 개혁

할 만큼 위협이 되지 않았기 때문에 양반들끼리 권력투쟁을 벌여 사분오열되었다. 조선 중기와 말기에는 '자문기관'의 분열과 반목이 행정을 질식시켰다. 왕이나 행정기관이 내린 어떤 결정도 제대로 시행되는 일이 없었다. 어떤 시급한 문제도 통상 유교의 예에 따라 문제화시켜 철저하게 토의해야 했다. 그 이전 여러 왕국의 경우처럼 의견이 나뉘면 해당 안건은 시행될 가망이 없어지는 것이 상례였다.[14] 행정적인 결정은 좀체 내릴 수가 없었으며 끊임없는 공격을 받고 다양한 의문에 대해 충분한 검토가 없으면 공식적인 것이 될 수 없었다. 더더구나 이것으로 끝나는 것이 아니었다. 대간 ― 또는 기타 선임 건의자들 ― 이 그 문제에 대해 다시 공격을 재개함으로써 학식과 관록 내지 '충성심'을 보여주는 일이 언제나 가능했기 때문이다. 아무리 건설적인 것이라도 새로운 출발은 결국 희생을 강요하는 꼴이 되었다. 언론의 남용은 시정될 수 있는 문제가 아니었다. 결국 관리들은 실질적인 또는 이론적인 문제마저 제기하는 일에 점점 절망하게 되고, 정부는 일상의 자질구레한 업무와 개인적인 문제를 공격하기도 하고 변호하기도 하는 일을 일과로 삼게 되었다.

예를 들어 왕조 창건 후 곧 토지제도가 붕괴하기 시작하여 즉시 개혁이 필요했는데도 400년 동안 거의 손을 쓰지 않은 채 그대로 방치해두는 바람에 점점 절망적인 상황이 되어갔다.[15] 압록강변의 비옥한 미개간 토지에 조선인들

파 학자들이 신랄하게 비판했다.

14 Son, Po-gi(손보기), "Social History of the Early Yi Dynasty, 1392~1952," pp.126~127.

15 조선왕조 말기의 행정난맥상에 대한 요약은 주로 Cho, Ching-yang(조진양), "The Decade of the Tae-won-gun," pp.1~30에 있는 내용들을 많이 인용했으며, 추가로 진단학회의 『한국사』와 다른 표준 저서들을 참고했다. 과두적인 '자문기관' 통치로 인해 행정이 얼마간 반신불수가 된 유사한 사례로는 18세기 네덜란드의 경우를 들 수 있겠다. Everett E. Hogan, "National Differences in Personality and the Industrial Revolution: The Historical Evidence"(unpub. paper, 1965), p.35에서 인용하고 있는 이 시기의 한 네덜란드 역사가는 이 시대를 다음과 같이 기록하고 있다. "행동은 항상 수사적(修辭的)인 항의와 반대보다 훨씬 걸음이 느렸다. 말로 낭비하는 에너지와 행동으로 낭비하는 에너지 사이의 차이가 터무

을 재정착시키는 문제가 수세기 동안 논의되었지만 끝내 지지부진했다.[16] 토지의 재조사가 필요했지만 제대로 시행된 적이 거의 없었고, 왕조가 끝나기 1세기 동안에는 전혀 없었다.[17] 군사제도는 약 120년간 그런대로 시련을 견뎌오다가 그 후 급격히 쇠퇴했다. 조선시대의 가장 이름난 2대 철학자 관리 중 한 사람인 율곡 이이(1536~1584년)는 일본의 무력이 강성해지는 데 반해 조선이 너무 허약해져 있음을 감지하고 1583년 군사제도의 철저한 개혁을 요구했다. 이는 일본이 조선을 침략하기 10년 전 일이었다. 왕은 이 제안을 지지했지만 반대당파가 저지시켰다. 1616년 군세[軍稅: military tax라고 했는데, 아마도 임진왜란 후 훈련도감의 포수·살수·사수(砲手·殺手·射手)의 경비에 충당하기 위해 전세(田稅) 외에 부과한 삼수미제(三手米制)를 말하는 것 같다. _옮긴이]의 부과는 농민들이 이를 피하기 위해 노예가 될 정도로 고통을 안겨주었다. 1702년에 개혁을 요구하는 목소리가 있었지만 논란으로 거의 반세기를 보낸 후인 1751년에 가서야 결론이 났는데, 그것도 세금을 전폐하지 않고 세율을 반으로 낮추는 것으로 얼버무렸다. 대원군의 독재정치가 마침내 '자문기관'의 의사방해를 타파할 때까지는 필요한 호구세(戶口稅)를 부과하거나 구휼미(救恤米)제도의 악화를 방지하기 위한 조치를 취하는 일이 전혀 없었다.[18] 오직 독재체제와 외국의 지배

니없이 컸기 때문에 1747년과 1787년처럼 종종 그 결과가 비극적인 희극이 되고 있다." 네덜란드의 육군과 해군 모두 쇠퇴의 길을 걷게 되었는데, 이유는 이들 각각이 양보 없는 논쟁에 수년간을 허비하는 정치가들을 만났기 때문이었다.

16 Cho, Ching-yang(조진양), "The Decade of the Tae-won-gun," p.245.

17 1895년 1월 25일 자 The Korean Government Gazette 는 매 20년마다 토지세율을 재평가하기 위해 토지감독관을 서울에서 파견해야 했지만, 이 제도가 "오랫동안 유명무실한 상태인데다 토지 보유권 상황이 현재로선 지난 100년간 더 나빠지지 않았다"라고 논평했다.

18 Cho, Ching-yang(조진양), "The Decade of the Tae-won-gun," pp.41, 86~95에서 발췌한 다음과 같은 이야기는 조선왕조 시대의 '자문기관' 통치에 대한 정취를 느끼게 해준다. 1864년 대원군이 권력을 장악하기 전에도 긴 세월에 걸쳐 부패해온 구휼미제도와 전세(田稅)제도를 개혁해야 한다고 주장하는 세력이 관료기구 내에 있었다. 왕은 (1862년) 7월 8일 중앙정부의 전 관료와 저명한 선비(무관은 제외)들에게 '세 가지 제도의 결함 시정'에 관한 보고

만이 이런 패턴을 타파하고 적응능력을 가진 세력을 영입할 수 있었는데, 실제로 이들 양대 세력이 잇달아 등장하게 된다. 불가사의한 것은 이들 두 세력이 어떻게 등장할 수 있었느냐 하는 점이 아니라, 그렇게 목적 없이 논쟁만 일삼는 정부 기구가 어떻게 그렇게 장기간 지속될 수 있었느냐 하는 점이다.

대원군, 일제, 미군정 치하에서의 반응

대원군은 15세기 이후 '자문기관' 패턴을 일대 개혁한 최초의 지도자였다. 그는 왕권의 지도력과 권위를 분명하게 확립하고 원로들을 이에 종속시켰으며 대간의 권력을 거세했다. 그다음에 등장한 일본인 통치자들은 이런 '자문기관' 제도를 사실상 폐지했다. 총독부 내의 조선인으로 구성된 위원회들은 아주 주눅이 든 상태로 자문에 응했다. 조선인의 의견은 일본인이 만든 확대된 전문적인 관료기구와 공식적인 법률 아래 종속되었기 때문이다. 옛날 같은 강력한

문을 써내도록 지시했다. 제출된 보고문의 심사위원으로 임명된 사람은 독재주의의 대선배인 정원룡(鄭源龍)이었다. 보고문 작성자들은 집에서 10일 동안 생각을 정리할 기간을 부여받았다. 더구나 왕은 정부에 보고문 제목을 전국적으로 알리도록 명령하여 각 지방이 당면한 특정 문제를 알 수 있도록 했다. 고위관리들은 개혁에 대한 그들의 의견을 왕에게 직접 구두로 제안하도록 특별 요청을 받았다. 개혁위원회가 설치되고 계획 초안이 작성되어 9월 3일 왕에게 제출되었다. 10월 4일, 위원회의 고위 위원들이 모여 계획에 관한 최종 토의를 했는데, 이 회의에서 구휼미 방출제도의 폐지에 관한 지지파와 반대파로 나뉘어졌다. 78세의 정원룡은 이 제도가 "다년간 존재해왔다"는 이유로 개혁에 반대했다. 다수가 그에 반대했으나 결정은 투표가 아니라 전원일치에 의한 것이었다. 따라서 정원룡은 새로운 계획을 작성하도록 지시를 받았는데, 그것은 본질적으로 그 자신의 계획을 작성하는 것으로서 개혁 내용이 별로 포함되지 않았다. 소수 견해임에도 결국 정원룡의 의견이 채택되었는데 그 이유는 그가 연장자이고 왕의 신임을 받고 있었기 때문이다. 본질적인 개혁이 이루어지지 않은 채 위원회는 폐지되었다. 이런 미뉴에트는 남부 여러 지방에서 만성적이고 격렬한 폭동사태가 발생하는 배경 아래서 연출되었다.

'자문기관' 행세는 감히 엄두도 낼 수 없었다. 한국은 이리하여 50년 내지 75년 동안(여기서 말하는 50년은 갑오경장 이듬해인 1895년부터 사실상 일본의 지배가 본격화된 것으로 보고 그때부터 1945년 해방 때까지의 50년을 말한다. 75년은 앞의 50년에 박정희 정권 18년과 전두환 정권 7년을 보탠 것이다. _옮긴이) '자문기관'의 지배로부터 벗어나는, 거의 강요된 방학을 즐길 수 있었다.[19]

　이처럼 '자문기관' 제도가 상당기간 중단되어 능률적이고 관료적인 행정기관으로 대체되었지만, 그렇다고 식민통치 기간에 '자문기관'적인 본능마저 사라진 것은 아니었다. 그런 본능은 전통적인 마을 통제에서, 그리고 기독교장로회, 학교, 신문사 등 새로운 기관에서 지속되고 있었다. 이런 근대적인 조선인 기관들은 '자문기관' 패턴을 잠재적으로 활용해 중요한 힘의 원천으로 삼는 데 성공했다. '자문기관' 패턴은 여전히 원자화한 개인의 상승기류를 위한 논리의 저장고였다. 사회는 아직도 좀 더 위계질서를 가진 전문적이며 자치적인 지도력 채널로 대체할 이익단체와 전문성을 충분히 산출해내지 못하고 있었다.

　권력의 분산은 원자화한 상승기류의 내적 논리에 따르는 것처럼 보인다. 예컨대 만약 권력이 (소용돌이) 문화를 지배하게 되면, 권력 그 자체가 확실하고 분명해지기보다도, 최대한 많은 사람들이 과연 그 권력에 참여할 수 있을지 어떨지가 문제되기 때문이다. 결국 이 패턴을 민주주의와 결합시키는 문제에 접근하게 되는데, 한국인들이 '자문기관'적인 절차로 기울어지는 것은, 그들이 적극적인 의미에서 '자문기관' 패턴을 '선호하기' 때문이거나 일정한 패턴의 '자문기관'이 질서 바른 사회를 위해 필수적이라고 생각하기 때문이 아니다. 또한 '자문기관'이 국가를 대표하는 것으로 생각해서도 물론 아니다. 오히려 호흡하듯 자연스럽게 그들에게로 오는 원자화한 상승기류가 권력과의 동등한 접촉을

19　대원군은 정부 내에서 '자문기관' 구실을 하는 기관들을 개혁하긴 했지만 그 자체를 혁파하진 않았다. '자문기관'은 다소 줄어들긴 했지만 여전히 약간의 권력을 유지했다. 하지만 1895년의 개혁(갑오경장)과 일본의 간섭이 노골화된 후 공식적으로 '자문기관' 통치가 종말을 고했다.

최대 다수의 사람들에게 최대한 보장해주는 넓은 공간을 필요로 하기 때문이다. 그리고 권력집중과 강력한 지도력은 이런 추세의 역학과 일치하지 않기 때문에 이는 '부정한 것'으로 노엽게 생각하는 것이다. 권력이 분산되고 접촉이 최대한 확대되는 한, 무슨 종류의 '자문기관'을 작동하는가는 그렇게 문제가 되지 않는다. 따라서 '자문기관'의 형태는 시장과 같은 다른 토착적인 조직들에서와 똑같이 아메바처럼 이동하고 변할 수 있다. 이런 문화적인 특성 때문에 해방 후 몇 십 년이 지나도록 '자문기관'형 통치와 민주주의가 결혼하지 않고도 동거할 수 있었으며, '자문기관' 형태 자체가 국회로, 정당으로, 중앙정보부로 변모하고 동시에 국민들에게 수용되면서 그 패턴에 충실할 수 있었다.

따라서 해방 후 한국 정치인들이 '민주주의'를 '자문기관'형 정부를 위한 또 하나의 기회로 어떻게 오해했는지 이해하는 것은 어렵지 않다. 한국인들에게 조선시대 방식의 '자문기관'형 통치와 책임 있는 대의제 아래서의 '자문기관'형 통치 사이의 차이를 이해시키기 위해서는 면밀한 준비와 훈련 — 그리고 문제의 종합적인 이해 — 이 필요했다. 미군정 당국은 문제의 본질을 이해시키거나 그에 대한 훈련을 시킬 시간도 능력도 없었다. 1946년 이후 국회가 설치되었을 때 '자문기관' 세력이 부상하기 시작했다.

'자문기관' 재탄생의 징조가 처음 나타난 것은 한국에서 '민주적인' 의회가 개원한 첫날로 거슬러 올라간다. 하지 중장은 남조선과도입법원(KILA) 선거에서 극우적인 결과가 나타나자 균형을 유지하기 위해 45명의 중도파 — 일부 좌익 포함 — 를 일방적으로 임명했는데, 이를 다수파 우익에서는 '독재적인 행위'로 해석했다. 하지의 처사는 '자문기관'의 항의를 받기에 충분한 왕이나 섭정의 극단적인 행위와 같았다. 과도입법원의 보수파와 중도파 사이에 분열이 생겼다. 인신공격, 대일협력 비난, 항의, 격분한 나머지 본회의장으로부터의 퇴장 등이 입법의 장소에서 연출되었다. 3개월 동안 단 한 건의 법안도 의결하지 못했다.[20] 파벌적인 행동은 문제의 본질에 접근하기보다 반대당을 난처하게 만드는 것을 우선시하는 경향이 있다. 보수파는 1947년 1월 26일 김규식과 중도파 그리고 당연히 군정당국을 당혹스럽게 한, 그러나 실질적인 효과는 없는 신탁통치반대결의안을 가결했다. 또한 우파 신문이 위조주식매매사건에 김규식 의장이 연루되어 있다고 비난한 것에 대해 조사를 요구하는 역시 위선적인 결의안도 채택했다.[21] 과도입법원이 행정부를 비판하고 권고하는 결의안을 낸 것은 그들이 제출한 11개 법안보다 더 자신들의 성격을 잘 나타내는 것이다. 과도입법원이 제안한 11개 법안 중 몇 개는 사소한 것이거나 내용이 조잡한 것이었다. 이른바 입법원 자체의 의무를 다하기보다도 행정부의 행위를 걱정하는 데 시간을 더 보낸 것이다. 국민들은 입법의원들의 이런 행동에 민감한 반응을 보였으며, 다음 번 선거에서 과도입법의원 90명 중 재선된 사람은 겨우 13명뿐이었다. 사람들은, 독재정부는 그 모든 탄압적인 행동을 고려한다고 해도 적어도 능률적이라고 생각하기 시작했다. 1961년 쿠데타를 일으킨 젊은 영관급 장교들의 주장이 이미 한국이라는 스크린에 나타나기 시작한 것이다.

'자문기관'과 한국 국회

1948년 5월 선거로 구성된 제헌국회가 전통적인 '자문기관'의 성격을 지니고 있었다는 것이 두 가지 움직임에 의해 확인된다. 하나는 국회를 탄생시킨 선거 그 자체의 성격이며, 다른 하나는 이승만 대통령 정부 내에서의 그것의

---

20 남조선과도입법원(KILA)에 대해서는 1946년 10월부터 쓴 USAMGIK and SKIG Summation 과 1946년 12월부터 1948년 5월까지의 ≪코리아 타임스≫ 참조. 남조선과도입법원 의원들은 대부분 그들 자신과 조선시대 그들의 대간(臺諫) 선배들과의 사이에 유사성이 있음을 몰랐으며, 확실히 의식적으로 선배들을 흉내 내려 하지는 않았다. 그런 유사성을 그들이 전혀 의식하지 못했다는 사실은 한국인의 근본적인 정치적 본능을 드러낸 더 좋은 사례가 될 수 있을 것으로 생각한다.

21 *Summation of Non-Military Activities in Korea*, No. 20(May 1947), p. 15.

지위다.

조선시대의 '자문기관'과 현대 한국의 민주적인 국회 사이에 직접 대비가 될수 있다는 기대를 갖게 한 것은 대의제의 뿌리인 이 제헌국회뿐이었다. 그러나 그 뿌리 자체는 취약했다. 선거는 상당히 자유로운 분위기에서 치렀지만, 선거준비를 지나치게 서두르는 바람에 선거가 한국국민 개개인과 정부 간 커뮤니케이션의 시발과 수단이라는 개념을 확립할 시간이 없었다. 시골사람들에게 투표는 전국의 또는 지방의 명사들에게 개인적으로 권력에 접근할 수 있는 기회를 주는 것 이상의 것이 아니었다. 농산물 가격이나 개간 확대 필요성과 같은 전국적인 문제를 제외한 지방의 이해관계는 국회의 일상 업무에 별로 영향을 미치지 못했으며, 조직결성이나 정당, 강령, 입법상의 타협 등의 기초로도 별로 이용되지 못했다. 선거철이 지나고 나면 지역구와의 커뮤니케이션은 관료기구를 이용하는 개인적인 정실로 활용하는 것을 제외하고는 단절되는 경향을 보였다. 국회는 아래로부터의 감독, 억제, 지지, 그리고 때로는 주시(注視)라고 하는 자연적인 압력을 받지 않은 채 한국사회 위에서 자유롭게 떠돌고 있었다.

국회의 기능에 대한 한국인 개개인의 이해가 부족하면 국회가 더 이상 강력해지기는 어려울 것이다. 조선시대의 대간은 교육받은 농부의 자식이 그의 시골 가문에서 수행할 수 있는 기능을 수도에서 제도화한 것에 지나지 않았다. 즉, 농부의 자식은 아버지에게 순종은 하면서도 '간언하거나' 충고할 수 있었다. 간언할 수 있는 기능에 대한 이런 이해는 대간이 때때로 성균관 학생들로부터 획득할 수 있는 지지의 배후에도 존재한다. 조선왕조 초기에는 양반들이 왕에 대항하는 계급적 이해관계가 심화되었으며, 대간과 학자들을 동맹군으로 만들었다. 헌법상 그리고 입법상의 기능에 대한 이해가 1948년의 한국에서는 뿌리를 내리고 있지 않았다. 또한 건국 후 처음으로 선출된 국회의원들 역시 어떤 영속적인 동맹관계를 결성할 수 있는 종류의 자연 발생적인 사회집단이 아니었다. 학생들이 현대적이고 민주적인 제도를 지지한 것이 유일하게 적극적인 가능성을 보여주는 것이었다.[22] 1946년부터 1954년까지 대체로 신문과 도시와 국제여론의 압력만이 국회로 하여금 현대적인 입법부로서 행동하도록 약간이나마 자극하는 유일한 요소였다.

설사 한국인과 그 사회가 국회에 대해 거의 관심을 갖지 않았고 또한 지배력이 없었다고 해도, 이승만도 똑같았다고 말할 수는 없다. 헌법기초위원들에게 영향력을 행사해 많은 의원들이 바랐던 내각책임제 대신 대통령중심제라는 강력한 행정부를 요구했던 것은 이승만이 개인적인 이익 외에 연산군과 대원군 그리고 일본인들마저 직면했던 '자문기관'형 권한 대 집중적 권한이라는 오래된 문제를 본능적으로 느꼈기 때문이다. 15세기 말 연산군의 늙은 신하 노사신(盧思慎)처럼 이승만은 토착 세력의 '자문기관'적 경향에 저항했으며, 권력의 소재는 헌법상의 규정이나 실제 행정상에서도 행정부에 있다는 것을 명확히 규정해야 한다고 주장했다.[23] 그렇게 하지 않으면 끝없는 토론과 논쟁이 행정을 마비시키고 정부 전체의 관심이 통치가 아니라 어떻게 하면 권력에 접근할 수 있는가에 집중되고 말 것이라고 생각했던 것이다.

---

22 정부는 종종 학생 시위를 배후에서 사주한다면서 정치가들과 국회의원들을 비난했다. 대체로 학생들의 의견개진과 항의시위는 1959년 이후부터 시작했으며, 그리고 그들은 누구의 사주도 받지 않는 자주적인 세력이었고, 처음부터 그러했다. 야당 국회의원들과 정치인들은 4월 학생혁명에 큰 역할을 하지 못했다. 일부 학생들은 여당인 자유당과 야당인 민주당 모두를 공격하는 플래카드를 들고 다녔다. 하지만 1960년 10월에 이승만 정권의 월권에 책임이 있는 정치인들을 처벌하기 위한 소급입법을 강요하기 위해 국회에 학생들이 난입한 사건은 야당 국회의원들의 사주를 받았음이 분명하다.

23 노사신은 연산군 시대였던 1495년에 영의정이었다. 별반 이유도 없이 대간의 탄핵을 받아 사직서를 제출하고 은둔생활로 들어가면서 다음과 같은 말을 남겼다. "옛날 유교 성현들은 이렇게 말씀하셨다. '정권은 단 하루라도 조정에 있지 않으면 안 된다. 정권이 조정에 있지 않으면 대각(臺閣)에 있기 마련이요, 대각에 있지 않으면 궁중에 있기 마련이다. 그것이 조정에 있을 때는 국정이 잘 다스려지고, 대각에 있으면 국정이 어지러워지며, 궁중에 있으면 나라가 망한다.'" 1495년에 작성된 『조선왕조실록』의 한 구절을 와그너가 그의 "The Literati Purge," pp.108~100에 번역, 인용한 것임.

그러나 민주주의는 유교의 지배와는 달리 입법권과 행정부 견제권 둘 다 가진 국회를 요구했으며, 이런 민주주의적 요구는 정치가들이 오래 전부터 품고 있던 '자문기관' 패턴에 대한 기대와 강력하게 부합하는 것이다. 그런데 그들의 기대는 권력이 균형을 이루는 국가라는 비전의 뒷받침을 받지 못했다. 그들은 자신들의 본업인 전문적인 입법 기능에는 그리 큰 관심을 두지 않았던 반면, 현대적인 옷을 입은 유교적인 비판의 권리와 행정부를 억제해 지배하는 '자문기관'형 권리를 행사하는 것에 더 구미가 당겼다. 이승만은 그것을 알았으나 그들이 받아들일 만한 대안을 제시하지 않았다. 중국, 조선왕조, 그리고 미국의 세 가지 다른 정치 전통이 국회에 복합적으로 영향을 미쳐 비능률과 투쟁을 격화시켰다.

1948년부터 1952년까지 국회의 역사는 이런 성향으로 충만해 있었다. 미군정 아래서의 과도입법원 때처럼 입법 활동은 다시금 상대적으로 경시되었다. 관료기구로부터의 친일파 추방, 농업정책, 홍수나 한발대책 또는 외교문제 등에 대한 권고결의안들이 또다시 쏟아져 나왔다. 이런 유교적인 권고결의는 입법부의 임무를 대체하거나 불분명하게 했다. 또한 국회는 장관이나 대통령을 출석시켜 질의하거나 국정조사를 결의하고, 헌법상 인정되지 않은 권한인 내각사퇴를 요구하기도 하는 고질적인 경향을 보였다.[24] 국회는 걸핏하면 '조사위원회'를 설치했다. 이런 모든 행태는 서구적인 국회의원들이 하는 일이 아니었고, 옛 중국과 조선시대의 대간들이 하는 일이었다. 행정부는 애를 먹고 괴로움을 느꼈지만 상황이 개선될 기미는 보이지 않았다.

왕에 대한 '자문기관'의 지배라는 조선시대의 전통을 부활시키려는 시도는

---

24 1949년 6월 2일, 국회는 82대 61표로 내각총사퇴 결의안을 가결시켰다. 이유는 내각이 지방자치제를 위한 선거를 실시하지 않아 「지방자치제법」을 어겼다는 것이다. *Voice of Korea* (June 15, 1949), p.392 참조. 행정기관과 입법기관의 분열은 영국 식민지(예컨대 나이지리아)의 입법부에서 현명하게 작동하고 있었던 것과 유사한 규정에 의해 최소화될 수 있었다. 거기서는 대정부질문을 할 수 있는 시간이 한 주일의 특정한 시간으로 제한을 받았다.

즉각 신생 한국정부 내에서 제도를 둘러싼 정쟁을 불러일으켰다. 새 독립정부가 수립되자마자 국회는 결의안과 감사만으로는 '고집불통인' 행정부를 휘어잡기가 불충분하다는 것을 알고 행정부에 대한 지배권 확보에 나섰다. 1948년 8월 국회는 일본에 '악의적으로' 협조한 혐의를 받은 자들에 대한 체포, 재판, 처벌 등을 할 수 있는 「반민족행위처벌법」을 가결했다. 부유층과 옛 양반, 저명한 지식인, 그리고 국내에서 독립운동을 적극적으로 한 사람들까지 포함하여 수백 명이나 되는 사람들이 이 법의 저촉을 받게 되었다. 그 가운데는 주요 정부 관리도 포함되었는데, 예컨대 상공부차관이 대일협력 혐의로 사임압력을 받았다. 특별히 표적이 된 사람들은 이승만 정권의 치안유지 전위대의 핵심인 경찰간부들이었다. 이 법률은 조광조와 그의 젊은 유교맹신 동료들의 정신을 기리는 젊은 야당의원들이 추진했다. 그들은 이 문제를, 대일협력자들로부터 정치적·금전적 지원을 받고 있는 것으로 알려진 대통령을 공격하는 데 이용했다. 행정부가 이 법률을 성의껏 시행할지 믿을 수 없다고 생각한 국회는 동 법의 실행을 위해 특별조사위원회, 특별재판부, 특별검찰부, 그리고 특별경찰마저 지정하는 법안을 강행 처리했다(조선시대 대간도 특별법을 집행할 별도의 관리를 두었다). 대통령은 이에 반대했으나 일반 국민들이 지지한다는 것을 안 그는 법안을 공포하여 시행했다. 1949년 1월부터 6월까지 거의 매일 검거선풍이 불었으며, 주요 경찰 간부들이 국회의 '특별경찰'에 의해 구금되고, 특별재판이 열리고 선고가 내려졌다. 국회 지배하의 이 같은 활동이 무한정 확대될 것 같은 전망이 보였다. 만약 이런 '자문기관'형 지배가 계속 진행되면, 행정부와 사법부의 기능 모두를 입법부에 뺏기고 말 형국이었다.

대통령의 사주를 받은 국립경찰이 반격에 나섰다.[25] 1949년 5월 말, '공산주

---

25 반민족행위특별조사위원회에 대해서는 1949년 5월 29부터 6월 20일까지의 ≪코리아 타임스≫ 참조. 또한 GAOR, 4th Session, Supplement 9(A/936), 1949는 「반민족행위처벌법」, 26~27쪽을 번역하여 설명하고 있다.

의자'란 혐의로 국회의원들에 대한 일련의 체포가 시작되었다. 국민계몽협회
는 분명히 경찰과 기타 관계기관들의 지원을 받아 5월 31일과 6월 2일 국회의
원에 항의하는 선동적인 대중집회를 열고 반민족행위특별조사위원회(반민특
위) 사무실 앞에서 시위를 했다. 국회는 이에 대항해 3명의 국민계몽협회 간부
와 서울시경 소속 경찰서장 2명을 '반민족주의자'로 체포했다. 50명의 국립경
찰이 6월 6일 반민특위 본부를 급습하여 특별경찰들을 폭행하고 체포하여 복
수를 했다. 이에 발맞춰 대통령은 같은 날 반민특위의 해산을 명령했다. 국회
는 내각의 사임을 요구했다. 그것은 무시될 수 있었고 실제로 무시되었다. 국
회는 행정부와 사법부의 복수에 대항할 아무런 무기도 없었고 알몸으로 내동
댕이쳐졌다. 국회의원들의 체포가 본격화되었으며 결국 6월과 7월에 걸쳐 16
명의 국회의원이 구금되었다. 당시 야당 지도자였던 김구가 암살되었다. 국회
는 한동안 겁을 집어먹었다. 특별재판부와 특별재판은 서서히 소멸되고 말았
다. 이제 국회의원 자신들을 심판하는 재판이 시작되었으며 의심스러운 '증거'
들이 쏟아져 나왔다. 이승만은 경찰과 사법부를 이용하여 혐의점을 만들어내
고 권력을 동원하여 제1라운드를 승리로 장식했다. 이는 1519년 조광조와 그
일파에 사용된 것과 같은 책략이었다.[26]

　행정부가 '자문기관(국회)'의 펀치를 되받아치기도 하고, 거꾸로 카운트펀치
를 맞기도 하는 일이 그 후 3년 반 동안 계속되었다. 한국전쟁이 발발하기 1년
전에 국회는 그들의 입법기능을 통해 지배권을 탈환하려 했다. 국회는 이승만
이 반대할 줄 뻔히 알면서 「토지개혁법」과 「지방자치법」을 통과시켰다. 대통
령은 헌법상의 절차에 근거하지 않은 채 수정을 '시사'하거나 '시의가 적절치

26　조광조의 한 정적은 여러 책략 가운데서 다음과 같은 책략을 쓴 것으로 전통적인 전거에 기
　　록되어 있다. "궁궐 정원의 나뭇잎에 꿀을 발라 '조씨(조광조)가 왕이 된다[走肖爲王]'는 글
　　씨로 벌레들이 갉아먹게 했다. 벌레들이 당초 꾸민 글자대로 나뭇잎을 갉아먹자, 그는 그
　　잎을 왕에게 가져가 보였다. …… 이 외에도 왕의 마음을 돌아서게 하기 위해 여러 가지 방
　　법들이 모색되었다." Edward W. Wagner, "The Literati Purges," p.413.

못하다'는 토를 달아 국회로 되돌려 보냈다. 거부권은 행사하지 않았다. 국회가 법안을 다시 정부로 돌려보냈을 때, 대통령은 「토지개혁법」은 거부권을 발동하고 「지방자치법」은 시행하지 않고 방치하는 식으로 대응했다. 그리고 거부권이 국회에서 부결되자 대통령은 1950년 5월까지 토지개혁을 지연시켰다. 정부는 예산에 대한 국회의 통제를 회피하는 방법도 찾아냈다. 이를테면 1949년까지 미국경제협력처(ECA)는 한국 국가세입의 절반이 국회의 예산통제권이 미치지 않는 '자발적인 헌금(원조)'으로부터 나온 것으로 추정했는데, 이를 이용한 것이다. 자발적인 헌금으로 불충분하면 인플레를 유발하는 통화증발이 행해졌다.

행정부의 이 같은 책임회피나 불법행위 또는 권력남용은 유리한 지위를 차지하려는 국회의 결연한 의지를 오직 강화시켜줄 뿐이었다. 내각책임제 시행을 위한 헌법개정 결의안이 1950년 초에 제출되었지만 부결되었다. 그러나 국회의 주장이 그해 실시된 총선에서 지지를 받아 다수의 중도파가 당선되고 이승만을 전적으로 지지하는 의원들은 56명에서 24명으로 줄어들었다.[27] 한국전쟁이 발발하기 6일 전 소집된 새 국회는 이미 새로운 헌법개정을 의제에 올리는 조처를 취했지만 공산군의 남침으로 연기되었다.

전쟁이 격화되었으나 행정부와 '자문기관(국회)' 간의 갈등을 변화시키지는 못했다. 미국과 유엔으로부터의 막대한 군사원조와 구호물자의 유입은 권력에거는 판돈을 높였으며, 이승만이 이기고 있었고, 그의 권력 몫을 조금이라도

---

27 『역대 국회의원 선거상황』(1963), 173쪽. W. D. Reeve, *The Republic of Korea: A Political and Economic Study*, p.42에서 "국회의 이승만 지지자가 12명으로 줄어들었다고 하지만, 이승만을 지지하는 많은 의원들이 국민회는 물론 여러 청년단체에 소속되어 있기 때문에 그렇게 줄어들었다는 말은 과장"이라고 주장했다. 210석 중 126석을 차지한 중도 성향의 많은 의원들은 반이승만도 친이승만도 아닌 중립적인 자세를 보이고 있었다는 것이다. 리브가 말하는 숫자는 다시금 중앙선관위가 발표한 숫자와 일치하지 않고 있다. 하지만 2대 국회의원 선거는 이승만에게 좌절을 안겨주었다.

빼앗으려는 국회의 식욕도 강해졌다. 물가가 치솟고 부패와 의혹사건이 난무했다. 이런 상황과, 그리고 이승만의 점점 도를 높여가는 오만무례한 태도가 국회의원 과반수를 반이승만 노선으로 뭉치게 함으로써 이승만에게는 이중의 위협이 되었다. 국회가 헌법개정안을 통과시키는 것도, 1952년 6월로 예정된 국회의 대통령 선출 때 이승만을 낙선시키는 것도 가능해졌기 때문이다(제7장 참조). 대통령은 이대로 가면 그의 최후가 얼마 남지 않게 된다는 것을 알았고, 이 딜레마에서 영구히 탈출할 수 있는 유일한 방법은 스스로 상설 '자문기관'을 만들어 다른 '자문기관'의 펀치에 대항하는 것이 최선이라는 점을 깨달았다. 결국 자유당이 만들어진 것이다(1951년 12월 23일 창당, 제11장 참조). 그는 한술 더 떠 대통령직선제 개헌안을 국회에 제출했다. 국회는 이 개정안을 이승만이 체포와 대중동원을 하기 이전인 1952년 1월 18일, 143대 19표의 압도적인 다수로 부결시켰다. 국회는 그런 다음 1952년 4월 19일 내각책임제 헌법개정안을 제출했다. 5월 14일 정부는 정부통령 직선제 개헌안을 가지고 정면으로 대응했다.

연산군 식의 권력남용 제2라운드가 시작되었다. 5월 24일 대통령은 자신과 함께 자유당을 창당하여 부총재로 있는, 청년단체 지도자이며 적극론자였던 이범석을 내무장관에 임명했다. 계엄령이 즉시 선포되었다. 문민권한이 헌병 총사령관인 원용덕(元容德) 소장의 손에 들어갔다. 원용덕은 그의 뛰어난 교활성과 지혜를 이승만의 명령대로 사용해야 할 만한 특별한 동기가 있었다.[28] 대통령의 직접지시라는 이유를 대며 원용덕은 누구나 체포할 수 있는 권한을 가졌다고 주장했다. 그는 즉시 언론·집회의 자유, 개인의 이동, 무기소지 등을 제한한다고 발표했다. 다음 2일 동안 183명의 국회의원 중 50명이 체포, 구금되

---

28 국방경비대 창설자의 한 사람이며 여수반란사건 이후 한때 군을 떠났던 원용덕은 야인생활 때 세상이 냉담하다는 것을 뼈저리게 경험하고는 권력에 다시 복귀하기 위해 안간힘을 썼으며 후원자의 배려로 군에 다시 복귀했다. 그는 권력만 준다면 절대적인 충성을 바칠 각오가 되어 있었다.

었는데, 이 중 45명은 신분증을 소지하지 않았다는 것이 체포이유였다. 그 바람에 국회에는 일반법안 의결정족수는 채울 수 있지만, 헌법개정에 필요한 3분의 2에는 부족한 숫자의 의원들만 남게 되었다. 체포와 재판 그리고 대중시위가 매일 이어졌다. 5월 28일에는 이승만의 재선을 지지하는 4시간 동안의 시위를 하기 위해 가게, 시장, 학교까지도 문을 닫았다. 백골단이라는, 이전에 들어보지 못한 기괴한 폭력단체가 이범석의 요청에 따라 '국민의 뜻'을 만들어 내고 국회에 테러를 자행하기 위해 나섰다. 군부고위층이 쿠데타를 일으키기 위해 야당과 합류할 것이라는 소문이 최초로 나돌았다.[29]

야당의원들은 미국대사관에 '민주주의를 지키게 해달라'고 도움을 청했다. 대부분의 대사관 직원들은 동정적이었다. 그러나 전쟁에 우선권을 두는 정책파워 집단인 미국군부가 전시에 '보트를 뒤흔드는' 여하한 행동도 반대했다. 소련의 야콥 말리크(Jacob Malik) 유엔대표가 6월 24일 '한국전쟁의 평화적인 해결'을 모색하는 의사를 표시했다. 국무부는 이에 대해 6월 28일 면밀히 검토하고 있다는 회답을 보냈다.[30] 워싱턴 당국은 기존의 한국정부를 전복시키고 안정될지 어떨지도 모르는 민주적 정부를 환영하기보다는 전쟁 종결을 위해 움직일 필요가 있다는 주장에 설득되었다. 국무부가 그런 변화에 반대하기로 결정한 것이다. 이런 정보가 흘러나오자마자 체포된 의원이 공식적으로 석방되어 의사당에 들어갔고, 국회는 대통령직선제 헌법개정안을 가결시켰다. 이승만은 그 후 1952년 8월 5일 실시된 직선제 선거에서 투표자 수의 86%를 획

---

29 당시 만약 군부가 멀리 떨어져 있는 전선에서 벌어지고 있는 실전에 전력투구해야 할 상황이 아니었다면, 또한 공산군의 남침으로 인한 초기의 대패배 이후 전력이 재정비된 것이 아니었다면, 그리고 미군의 관할권 아래 있지 않고 군부의 정치 간섭을 강력하게 반대하는 사람(이종찬)을 참모총장으로 모시고 있지 않았다면, 군부쿠데타가 일어났을 수도 있었다.

30 야콥 말리크가 발표한 성명과 그에 대한 미 국무부의 성명에 대해선 Department of State Publication 7084, *Record on Korean Unification, 1943-1960* (Washington, D.C., 1960), pp.125~126 참조.

득하여 2대 대통령으로 당선되었다. 내각제에 대한 지지는 미미했다. '자문기관'과 전제군주와의 대회전 제2라운드에서 '자문기관'이 일패도지한 것이다. 제도적으로 보아 이 패배는 결정적인 것이었다. 그 이후 '자문기관' 패턴을 두고 벌어지는 싸움은 대부분 국회에서 정당으로 옮겨갔다.

고질적으로 행정기관의 '자문기관' 역할만 하려고 하고 유능하게 국민을 대표하지 못하는 기구는 옛날이나 지금이나 효과적인 방어를 하지 못했다. 행정부는 자체 채널을 이용하여 국회와 국회의원 개인을 반대하도록 국민을 교묘하게 조종했다. 대중도, 신문도 1949년의 국회의원 재판에 관심이 없었으며, 그런 사건이 제도적으로 중대한 결과를 가져온다는 것도 깨닫지 못했다. 군부는 국회에 대해 거의 지지를 표명하지 않았다. 군부는 국회가 1951년 거창 양민학살사건(제6장, 이승만의 조직운영법 참조)을 조사하려는 국회의 시도를 속임수로 좌절시킨 바 있다. 지방의 유권자들은 국회가 이승만으로부터 권력을 빼앗으려는 1951~1952년의 시도를 지지하지 않았다. 1952년 2월의 보궐선거에서 이승만의 자유당은 8석 중 3석을 획득했다. 한편 국회의 자유당 반대파는 후보를 내세우지 않았다. 각 도와 면 의회는 정부의 요구에 따라 이승만을 반대한 지방 출신 국회의원의 '소환'을 요구하는 청원서를 제출했다.[31] 1952년 5월과 6월 선거에서는 탈법적인 투표로 국회의 반이승만파에 대해 쉽게 승리를 거두었으며, 이를 위해서는 절대적인 힘이 필요했는데, 이승만의 전국적인 조직은 그런 힘을 쉽게 동원했다. 그런 조직이 자유당에 편입됨으로써 시종일관 힘의 중요한 원천 중 하나가 되었다. 대결이 끝났을 때 국회는 그들의 선배인 과거 왕조 시절의 '자문기관'보다도 더한 처지가 되었다. 말하자면 국민들이 제도로서의 국회의 권위와 위신과 존립을 지지해서가 아니라, 개개인의 입후

---

31 헌법에 국회의원을 소환하는 조항은 없었다. 국회가 1952년 봄에 펼쳐진 '국회의원 소환운동'에 항의했을 때 이승만은, 헌법은 '국민들의 의사'에 따라 개정될 수 있을 뿐 아니라 '보충될 수도 있다'고 답했다.

보자 면면만을 보고 투표하는 국회, 즉 국민대중과 동떨어진 일종의 교섭단체 내지 검열관 같은 기관으로 남게 된 것이다.

내면적인 성격에서도 국회는 옛날의 '자문기관'과 유사했다. 이를테면 유동성과 무정형성을 가진 반면, 지도성과 계획성을 결여하고 있었다. 공통의 조직에 속한 국회의원들이 아주 적었으며, 씨족적인 인연이나 약간의 종교적인 소속도 유대관계가 될 수 없었다. 옛날의 '자문기관'이 독재자의 통치에 일제히 반대하는 목소리를 높인 방식만이 국회를 분발케 했다. 그마저도 정당을 창당할 때까지는 결코 효과적이지 못했다. 직업상의 유대는 문화적으로 존중되지 않았다. 개개의 의원들은 사소한 문제나 기회만 생기면 이 조직에서 저 조직으로 옮겨 다녔다. 대통령이 국회의 자존심을 공격하고 협박할 때 단체로서의 국회의 결속력이 약간 강화되었다. 그러나 외부로부터 위협이 사라지면 곧잘 결속력도 사라졌다. 1949년과 1952년 여름의 경우처럼 정부가 진짜 힘을 보여주자 국회는 항복했다. 발언의 평등성에 관한 '자문기관'의 원칙이 민주주의로 보강되자 위계조직의 지도력 형성을 방해했다. 국회의원들은 그들의 옛 양반 선배들처럼 누구에게도 종속되기를 싫어했으며, 옛날보다 '더욱 평등하게' 된 지금 그 강도가 더욱 심할 수밖에 없었다. 김규식은 지식인이며 풍채도 좋고 재기도 있어 의장으로서 전혀 손색이 없었음에도 그가 과도입법원을 효과적으로 지도하는 데 실패한 것은 이런 환경의 희생자가 되었기 때문이다. 끊임없는 우익의 '반란'으로 그의 지도력이 약화되었던 것이다.

국회의원들은 헌법을 기초하는 수주일 동안에는 이승만의 리더십을 찾았지만, 이승만이 대통령이 되자마자 그에 저항하며 비판하고 반항하기 시작했다. 1948년에 아버지와 같았던 인물이 1951~1952년에는 적대적인 인물이 되었다. 이승만이 국회 내에 강력한 지지그룹을 결성한 것은 1952년에 국회의 권한을 상당히 빼앗았을 때부터다. 국회의장 신익희(申翼熙)도 그의 개성이 강렬했기 때문에, 옛날의 '자문기관'적 경향을 극복해 일관성 있는 효과적인 지도력을 발휘하는 데 실패했다. 그것은 그 자신이 만든 한국국민당이 다른 당과 마찬가지로 결속력이 없는 무정형적인 정당이 되고 만 것에서도 드러났다. 마치 1905년에 조선이 민영환을 활용하지 못한 것과 마찬가지로 1946년부터 1953년까지의 국회도 주위에 지도자의 자질을 가진 의원은 많았으나 진정한 지도자로 활용하지 못했다. '자문기관'은 국가를 통치하기 바랐지만 그러나 정치생활 속에서 위계질서적 복종과 충성심을 만들어낼 수 없었다. 그리고 사회 자체도 그런 것을 가르칠 기구를 결여하고 있었다. 결국 '자문기관'의 결함이 민주주의 좌절의 주된 원인이 되었다.

국회는 1952년의 싸움에서 패배하고 더욱이 1952년과 1954년 대통령의 헌법개정안을 가결함으로써 독립기관이나 억제기관으로서의 역할을 수행하는 일이 일시적으로 정지되었으며, 다시금 조선의 전통에 뿌리를 둔 '자문기관'제도로서의 의의를 상당히 상실했다. 1960년 국회는 이승만 정권이 붕괴된 후 내각책임제 헌법개정안을 통과시킴으로써 단기간이었지만 전례 없을 정도로 그 공식기능을 강화했다. 그러나 이 무렵에는 '자문기관'의 중요한 역할이 국회에서 정당으로 옮겨가고 말았다. 더구나 내각제 아래서 국회는 내각이나 행정부를 책임을 갖고 지원하는 입장에서 감찰관의 입장이 되었으며 그마저 이빨이 무뎌진 경향을 보였다. 비독재적인 인물로 유명한 장면 총리는 재임 9개월 동안 국회가 별도의 이익단체로 발전하는 것을 촉진하는 아무런 조치를 취하지 않았다. 국회가 양원제로 분리된 것도 똑같이 독자적인 정체성을 확립하는 데 방해가 되었다.[32] 1962년 군사정부가 취한 헌법개정안은 국회가 갖고 있던 실권의 대부분을 박탈하고 그 대신 헌법상의 규정하에 '자문기관'으로서의 역할을 조금 회복하는 전망을 갖도록 했다. 사실, '자문기관'에 의한 지배를 억제하는 것이 군사정권이 권력을 장악한 원래 동기 중의 하나였다.

---

32 민의원은 235석으로 확대되었고, 참의원은 58석이어서, 14년 전 미 군정하의 남조선과도입법원 의원 90명보다 3배로 커졌다. '자문기관'의 인원 숫자와 '자문기관' 숫자 모두를 늘이는 경향은 조선시대의 특성을 빼 닮았다.

이런 경향들이 변화에 대해 완강하게 저항한다면 궁극적으로 패턴이 변경될 수도 있을 것이다. 국회가 하나의 제도로서 발전할 기회는 겨우 15년에 불과했다. 한국의 장구한 역사에 비추어 보면 그것은 극히 짧은 시기에 지나지 않는다. 그 시발부터 미국의 준비와 관리가 대단히 잘못되었다. 영국이 식민지를 해방시키기 이전에 그 식민지에 의회를 만들어주었던 것과 같은 준비의 일부라도 미군정 당국이 한국에 제공했다면, 다시 말해 국회 회의장의 의식 및 토론과 절차의 건전한 규칙에 관한 훈련을 행하고, 좀 더 오래된 민주주의 국가의 의원들과 계획된 접촉 등을 행했다면 결과는 달라졌을지 모른다. 그렇긴 하지만, 한국사회가 성장함에 따라 이익집단들이 강화되고, 새로운 교육제도의 결과가 전면에 나타나고, 그리고 현재보다 더 좋은 분위기가 조성되면, 미래의 국회는 지금까지의 패턴을 파기하고 좀 더 발전할 수 있음을 증명해보일 것이다.

한편, '자문기관'의 통치기능은 이미 다른 곳으로 옮겨갔다.

자유당과 중앙정보부의 '자문기관'화

몇 가지 점에서 자유당(1951~1960년까지 존속)은 한국에서 지금까지 알려진 '자문기관'형 통치정당의 가장 대표적인 사례에 속한다. 적어도 민주정의당이 나타날 때까지는 그러했다. 하지만 자유당은 '자문기관'의 특성을 국회 밖에서 발전시켰는데 이에 관한 내용은 주로 다음 장에서 설명할 것이다. 자유당은 스스로 사실상 그 일부가 되고 있던 행정부에 종속하는 것으로 이런 특성을 구체화시켰으며 정부에 저항하지 않고 비판으로부터 정부를 방어하는 역할을 했다.

이런 이례적인 점들은 있었지만, 우리는 자유당이 당파로서의 또는 그룹으로서의 모든 힘의 원천을 전혀 결여하고 있었다는 점에서 '자문기관'의 전통적인 증거를 볼 수 있다. 개개의 당원과 파벌은 모두 소용돌이 속의 원자였다. 따라서 자유당은 특별한 사회적 또는 계급적 특색은 갖지 않았다. 이런 점에서 자유당은 박정희 정권의 민주공화당과 전두환 정권의 민주정의당과 같은 혈통이다. 좀 더 다른 특징을 지적한다면, '자문기관' 패턴을 통해 권력의 확산을 시도한 결과 기능과 목적의 완전한 일반화가 진행되었다는 점일 것이다. 자유당은 입법에 대해서는 미온적이었던 반면 가장 광범위한 분야의 관리를 즐겼다. 예컨대 융자를 지시하고 산업박람회를 지원했으며, 교육위원회와 교회를 지배하고 자선사업과 은행을 경영했다. 또한 신문과 정부사업을 운영하고 전국적인 폭력단 조직마저 거느렸다. 이런 수단을 통해 또한 권력에의 정치적 충원을 감독함으로써 자유당은 이전의 '자문기관'이 했던 것 이상으로 정치적이고 포괄적인 관료지배를 추진했다. 더욱이 지배권을 행사할 때는 이전과 마찬가지로 원자화한 패턴으로 휘둘렀다.

하지만 자유당은 '자문기관'형 지배를 하면서 그 이전의 국회보다 새로운 시도와 혁신을 단행했다. 자유당은 조선시대의 '자문기관'들처럼 존재형식에 대한 법적 제한에 얽매이지 않고 훨씬 더 강력한 권력원천과 그에 따른 책임을 부여받았기 때문에 전례 없는 복잡한 조직으로 확장되고 정교한 위계질서와 지도력을 발전시켰다. 전국당대회 아래 중앙집행위원회와 중앙위원회, 그리고 내무, 외무 등의 위원회를 두어 정부의 여러 활동범위를 커버했다. 엄청난 업무와 재정문제를 해결하기 위해 자유당은 집권 말기에는 경제 전문가들로 거대한 연락 기구를 설치했는데, 이는 한국정치에 전문성을 도입한 첫 사례다. 이런 혁신을 후배 정당인 민주공화당과 민주정의당이 따랐다. 이승만의 이기붕에 대한 강력한 지지는 분명하고 일관된 지도력을 낳았다. 이런 지도력은 수많은 위원회를 설치하고 위원장을 임명케 했으며 각 위원장들에게 권력을 분배함으로써 이전의 '자문기관'이나 파벌이 경험했던 것 이상으로 확고한 규율과 통제를 유지할 수 있었다.[33] 당파 간의 싸움이 옛날의 '자문기관'과 마찬가

---

33 예컨대 1954년 3월에 이기붕은 자유당의 폭력적인 요소에 의해 약간의 힘과 협박을 사용했

지로 열병처럼 번졌지만 자유당은 이상할 정도로 군대처럼 충성심을 강조했다. 그러나 그런 문제를 처리하기 위해서는 적어도 일부 위계질서가 정립되고 전문가 계급이 만들어져야 했다. 여러 결함에도 불구하고 자유당은 조선의 '자문기관'적인 행동양식을 크게 발전시켰으며 후배 정당들보다 제도적으로 혁신적이었다고 할 수 있다.

군부쿠데타는 1960년 8월 총선으로 구성된 국회를 해산함으로써 민주주의의 옷을 입은 '자문기관' 패턴의 지배를 단절시켰다. 쿠데타에 참가한 영관급 장교들은 대원군, 일본인, 이승만 등이 수행한 것과 동일한 역할을 그들과는 다른 방법으로 수행했다. 그러나 군사정권의 성격과 군사정권이 필요로 하는 정부는 역설적으로 다른 무늬의 '자문기관' 지배를 부활시켰다.

이 부활은 군사정부가 '자문기관'이라고 이름 붙인 기관들과는 관련이 없었다. 군사정권은 물론 스스로 '자문기관', 즉 최고회의를 만들었다. 이 최고회의는 산하에 쿠데타 핵심요원들이 지휘 통제하는 일련의 소'자문기관'(세분된 분과위원회)들을 두고 있었는데, 관료기구를 지휘하고 '정화'하기 위해 조직된 것이다. 이런 기능은 검사하고 감찰하는 '자문기관'의 권한을 다시 실행하는 것이긴 했지만, 그 조직과 정신은 군대의 정상적인 규율 중시 본능을 반영한 것이며, 한국의 전통적인 '자문기관'과는 거리가 먼 것이었다. 권한의 명확한 규정, 끝없는 논쟁을 불식한 행동의 신속성, 대학 전문가들과 이전의 관료들을 광범위하게 활용한 것 등이 지금까지의 전통적인 정권과는 전혀 달랐다. 이런 것들과 재건국민운동본부 및 나중에 나타난 새마을운동과 같은 방대한 집단 — 1930년대 초반 우가키(宇垣) 총독의 지방재건운동이라는 것과 무언의 유사성을 지니고 있다 — 은 조선시대 '자문기관'이 부여했던 것과 같은, 하위 수준에서의 정

음에도, '구파들'이 주도한 전당대회에서 중앙위원회의 자리를 두고 벌어진 경쟁에서 상대방의 책략에 말려 패했다. 이승만은 3월 18일 세 사람의 '구파' 지도자들을 내쫓고 그 자리에 고분고분한 대통령 지지자들을 앉힌 '변경된' 명단을 발표함으로써 이기붕에 대한 지지를 복원했다. 《동아일보》, 1954년 3월 19일 참조.

치참여를 증대시키는 작용을 했다. 그러나 군사정권 아래서의 대부분의 위원회와 운동단체들은 조급하게 만들어졌기 때문에 비능률적인 것으로 간주되었으며, 곧 쇠퇴하여 1963년 말 군사정권 종식과 함께 소멸되었다. 살아남은 것은 1970년대의 새마을운동이다. 이 운동은 우가키(宇垣一成)-미나미(南次郎) 시대의 정신 및 그 개념과 대단히 흡사한 것으로서 일본인들이 결코 할 수 없는 방식으로 성공하여 효과적으로 뿌리를 내렸다.

그러나 군사정부는 무심결에 정식 행정기관보다도 '자문기관' 전통에 훨씬 가까운 영속적인 하나의 기관을 남겼는데 바로 중앙정보부였다. 박정희의 조카사위인 김종필이 쿠데타 직후 설립한 중앙정보부는 대부분 김종필의 육사동기생인 '젊은 영관급 장교들'의 아성이었는데, 사실은 이들의 아이디어와 야망과 불만이 쿠데타를 촉발시켰던 것이다. 중앙정보부는 거대한 통제 및 감찰기관으로서 조선시대의 대간처럼 대부분의 공식적인 일상의 책임체제 바깥에 위치하고 있었고, 정부기구에 대해 매시간 접촉하면서 비판하고 권고하며 정부의 행동을 위협하고 저지할 권력을 갖고 있었다. 조선시대의 '자문기관'들처럼 중앙정보부 내에도 배타적 계급, 즉 군인들이 있어 이들이 전문가의 기능을 대신했다.

중앙정보부의 권력은 거대하고 모호했으며 그 권력은 이 조직을 통해 그에 접근하려는 수천 명의 사람들 사이로 확산되어갔다. 김종필과 그의 동료들은 오랜 정보활동 경험이 있었기 때문에, 중앙정보부는 옛날의 모호성을 현대적인 비밀성으로 대체하고 조사, 체포, 테러, 검열, 대량의 서류철, 그리고 국내외에 배치한 수천 명의 스파이와 제보자들로 권력을 강화했다. 이것은 한국 역사상 '자문기관' 기능을 가장 경이롭게 확장한 것인데, 정보부는 정부에 여러 가지 권고를 하고 검열하며, 많은 계획을 수립하고, 입법 원안을 만들어내며, 대부분의 정부기관에 상주하며 조사하고, 정부기관에 인사채용을 알선하고, 일본과의 관계를 촉진하고, 회사 설립을 후원하고, 억만장자들로부터 돈을 기부 받고, 학생들을 감시하고 조직하며, 이면의 브로커를 통해 증권시장을 조작하여 4,000만 달러 이상을 거둬들이고, 극장과 무용단, 오케스트라 및 대규모 관광센터를 지원했다.[34] 여당인 민주공화당도 중앙정보부에서 산란(産卵)되어 창당되었다. 중앙정보부는 중국 국민당 내지 각국 공산당 식 수법으로 강력한 사무국을 만든 후 이를 중핵으로 당을 운영했으며, 정보부 요원들은 대표로 선정된 사람들을 조종하는 기능을 부여받았다. 당, 정부, 군 — 실제로는 사회 전체 — 은 아메바처럼 스스로를 확대해 모호한 방법으로 모든 지배력을 행사하고, 모든 다른 형태의 권력접근과 결합을 방해하는 거대한 '자문기관'의 모자를 쓰고 있었다. 군부라는 산란처는 적어도 좀 더 형식적인 내부기구와 위계질서라는 외피를 '자문기관'인 중앙정보부에 주었다. 비밀이라는 것은 책임이란 대가를 지불하지 않고 어디서나 권력을 행사하려고 하는 '자문기관'형 지배 충동을 이상적으로 촉진하는 역할을 한다.

이런 의미에서 중앙정보부와 박정희 대통령의 관계는 국회나 자유당의 대정부 관계보다는 조선시대 왕과 '자문기관(대간)'의 관계에 더 가까운 것이었다. 과거 자유당이 도입한 정교한 위계질서적 기구와 충성심이라고 하는 새로운 방법과 체제를 원용하고, 여기에 중앙정보부 자체의 비밀 G-2 동지애와 민족주의적 이상이 결합함으로써 중앙정보부는 비록 비밀스럽고 위험하긴 했지만 한국에서의 국내적 정치응집을 위한 오랜 투쟁에서 결정적인 개혁을 달성했다. 중앙정보부가 정적들뿐 아니라 정권 그 자체를 위협할 수 있었다는 사실은 1979년 10월 박정희를 저격하는 데 중앙정보부가 수행한 역할에서 볼 수 있다. 중앙정보부는 이로 인해 옛날의 권력 중 많은 부분을 희생당했으며 1987년 현재 명칭을 국가안전기획부로 고치고 좀 더 온건한 형태로 살아남았다.[35]

---

34 이 시대의 다른 의혹사건들 — 일본으로부터 '블루버드'(새나라)자동차 수입사건, 워커힐 사건, 파친코 허가에 관련된 사건 — 들과 함께 증권파동사건에 대한 짧지만 함축성 있는 설명은 『한국연감』(합동통신 간행, 1966), 288쪽 참조. 중앙정보부가 정부기관에 취직을 알선한 한 가지 사례를 들면, 1962년에 한꺼번에 25명의 장교 출신 젊은이들이 외무부 근무 발령을 받았다.

다른 문화들은 페론(아르헨티나)이나 엔크르마(가나)에 그 독재정치를 의존했으나 한국은 원자화한 상승기류와 함께 '자문기관'을 통해 압정을 확대했다.[36]

파벌의 전통

전통적으로 한국에서는 '자문기관'을 노리는 정부 내부의 자리싸움이 치열했다. 이 싸움은 '자문기관' 지도자들이 자기들의 소속원들에게 더 이상 충분한 권력을 제공할 수 없을 때까지 계속되어 정기적으로 상위 '자문기관'들을 팽창시켰으며, 그 바람에 계급, 종교, 이해관계 또는 이데올로기를 불문하고 동일한 목표를 향해 경쟁하는 파벌 형성이 되풀이되었다.

조선왕조 후기 200년 동안 양반들의 그 같은 무수한 분열과 재결합이 반복된 후, 사색당파로 알려진 4개의 군건한 파벌로 어느 정도 안정을 찾았다.[37] 관료기구와 '자문기관'을 지배하려는 이들의 파벌투쟁은 장기간 조선의 중요한 정치활동이 되었다.[38] 그들 사이엔 근본적으로 뚜렷한 외부의 특징이나 귀속

---

35 중앙정부의 일부 부원들은 남조선노동당에 입당한 경력이 있었으며, 간부 대부분은 정보부에서의 정보활동을 통해 북한 공산주의 조직을 아주 잘 알고 있었다. 어떤 의미로는 남베트남의 고딘누(고딘 디엠 대통령의 계수로 한때 남베트남 제2인자라는 말을 들을 정도로 권력을 휘둘렀다. _옮긴이)의 패거리들과 조직원들을 연상케 하는 그들은 공산주의자들을 염탐하는 업무를 수행하는 동안 공산주의자들의 수법을 체득하게 되었다.

36 중앙정보부의 지도자상은 자유당의 그것보다는 더 복합적이다. 이기붕과는 달리 김종필은 그냥 의례적으로 정보부장 자리를 지키고 있었던 것이 아니며 두 번에 걸친 그의 해외망명이 일시적으로 그의 막강한 권력의 일부를 부식시켰다. 조직의 비밀로 인해 실질적인 권력향방은 잘 알 수 없지만, 대부분의 지도력은 김종필의 육사 8기 G-2 서클에서 지속적으로 나온 것 같다.

37 사색당파는 노론, 소론, 남인, 북인을 말하는데 이들 당파 사이에 생긴 것과 같은 지리적 구별은 그들의 출생가문으로 비롯된 것이 아니고 그들의 권력투쟁에 의해 만들어진 사회적 네트워크에서 비롯된 것이다.

적인 차이점이 없는데도 하찮은 차이를 포착하여 시시비비를 따졌으며, 더욱이 이따금씩 분열과 투쟁과 경쟁심을 유발하기 위해 그런 차이를 인위적으로 만들어내고 그것을 부풀리기도 하는 파벌들의 특징을 보였다. 처음에는 정책상의 실질적인 입장 차이가 이따금씩 파벌 결성요인이 되었음이 분명하다. 예를 들어 1580년대 일본의 국력과 침략적인 근성을 정확하게 평가해 조선의 국방력 강화 필요성에 관한 논의가 일어났을 때, 또는 1620년대와 1630년대 명나라가 쇠퇴하고 청나라가 강성해져 '청나라 승인 문제'가 제기되었을 때(이는 바로 1948년부터 1978년까지 미국이 중국문제로 당면했던 것과 같은 고통스러운 문제였다) 각각 파벌이 생겨났다. 그러나 이런 정책상의 논쟁은 곧 끝나고, 상대 파벌의 처벌, 서원에 대한 지원 그리고 죽은 왕비의 복상(服喪)기간을 1년으로 할 것인가 더 연장할 것인가 등의 문제를 둘러싼 언쟁으로 대체되었다.[39] 다른 파벌과 구별할 수 있는 색깔이 선정되어 파벌의 구성원들과 그들의 아내들까지 착용했는데, 이런 관습은 금세기로 접어들 때까지 때때로 행해졌다. 파벌 간의 분리는 엄격한 결혼 규칙에 의해 강화되었다. 파벌 구성원들은 오직 자기들의 파벌 내에서만 결혼을 했는데 이 때문에 혈통에 타격을 받을 정도가 되었다.[40] 많은 사람들이 다른 파벌의 사람들과는 대화를 하지 않거나 사회적인 교류를 거부했다.

이런 사소한 일들을 두고 벌인 대립이 이상할 정도로 격렬했다. 실제로 다

---

38 당쟁의 역사를 요약한 것으로는 Key P. Yang and Gregory Henderson, "An Outline History of Korean Confucianism," Pt. I: "The Early Period and Yi Factionalism," *JAS*, 18(Nov. 1958), pp.94~99 참조.

39 1670년대에는 수백 명 또는 아마도 수천 명의 선비들이 왕비의 복상기간 문제로 그들의 에너지를 소모했다.

40 이처럼 끼리끼리만 교통하는 관습은 결코 사라지지 않았으며 조선왕조가 끝날 때까지 점점 더 심화된 것 같다. 아직도 옛날 상대 당파의 후손과 자기 아이들과의 결혼을 승낙하지 않거나 상대당파 후손들의 품행을 그 조상 탓으로 돌리는 일부 가문들이 있다. 하지만 그런 말은 사석에서 오간다.

른 비정상적인 일들과 마찬가지로 이런 일들에 사회 저변의 물리적 현상에 의해 조성된 감정적인 욕구를 드러냈다. 당파는 최대한의 권력접근을 쟁취하기 위해 필요했으며, 쟁점은 조직을 활성화시키고 유지하는 데 필수적이었다. 그러나 쟁점이나 분열이 충분히 힘을 가질 수 있게 하는 문화적 기반이 없었다면 사소한 쟁점이나 분열을 마치 큰 문제가 있는 것처럼 만들지는 않았을 것이다. 정계 분위기가 악의에 찬 소문과 험담, 상상에 의한 음모 등으로 가득 차 있었다. 이런 현상은 우연의 산물이 아니며, 또한 어린 시절에 예의범절을 잘못 가르쳤기 때문도 아니었다. 적의도 결속도 구체적으로 표출하지 못하는 문화에서 오히려 쟁점과 대립은 적에 대해 적의를 갖고 자파를 결속하기 위해 필요한 행동이었다.[41]

당파 사이에 일단 적의가 조성되면 타협은 불가능했다. 쟁점이 아닌 권력이 개입되기 때문에 조정도 화해도 있을 수 없었다. 일본인이나 만주인의 침략과 같은 위기 때마저 현실에 적응하거나 결속된 세력을 만들어내지 못했다. 전쟁수행도 파벌화했다. 전쟁이 최고조에 이르렀을 때 조정중신들의 시기를 산 전승 장군들이 모략중상을 받거나 죽임을 당하기도 했는데, 그런 행위로 인해 국가의 방위가 위기에 처해진다 해도 막무가내였다. 조선시대 최대 영웅인 이순신 장군이 그런 많은 희생자들 중 한 사람이다. 조선이 망해갈 무렵에는 노골

---

41 파벌주의의 다른 근원은 가족 패턴, 특히 형제자매 간의 불화에서 나오는 각각의 주장이 중재·조정되는 방식에서 추적될 수 있다. 옛날에 대가족은 가장 나이 많은 남성의 권위주의적 지배하에 있었지만, 그러나 나이 많은 여성이 있으면 실제로 집안문제가 그녀의 손에서 결정될 때가 많았다. 결혼한 아들과 며느리가 부모에 분쟁이 되는 문제를 가지고 올 때, 결정권자가 강하고 규칙이 분명하면 말다툼은 통제가 가능했다. 그러나 결정자가 약하면 싸움은 통제 불능상태가 되어 균열이 생겼다. 결혼한 자식들 모두가 한 지붕 아래 사는 것은 이상적이지만 아마도 언제나 예외적인 일이었을 것이며, 지금은 극히 드문 일이다. 특히 도시생활에서 그러하다. 대가족제도의 쇠퇴는 당파주의에 치유효과를 가져올 수 있을 것이다. 그러나 가족 구성원들의 강력한 상호의존성이 아직도 발생하고 있는 권위주의적인 지배시도와 결합하면, 동거하지 않을 때조차 대립과 언쟁을 유발할 것이다.

적으로 정권 쟁취가 유일한 목표가 되었으며, 파벌들은 이미 국내외의 문제에 대해 명목적이나마 단결을 유지하는 일에 신경을 쓰지도 않았다. 권력을 장악하는 수단에 전력을 집중했으며 그 수단은 극단적이었다. 갖은 책략과 음모가 동원되었으며 모든 잔혹한 탄압이 패배한 파벌에 가해졌다. 권력투쟁이 장기간에 걸쳐 진행되는 동안 수천 명의 인재들이 생명을 잃었다. 파벌에 반대하여 개혁을 주장한 학자들의 수세기에 걸친 절규도 그것을 중지시킬 수 없었다. 왕조 내내 능률적인 정부가 무력화되고 결국 붕괴하고만 상황을 분석함으로써 이 나라가 기꺼이 그리고 매우 의식적으로 벌인 파벌싸움에 의해 어느 정도까지 스스로를 해쳤는지, 그리고 파벌주의와 '자문기관'에 의한 지배가 이런 문화의 역학에 얼마나 본질적인 역할을 했는지를 추적할 수 있을 것이다.

1945년에 토착적인 정치패턴이 부활하면서 파벌주의가 다시 살아난 것은 불가피한 일이었다. 무수히 많은 소집단과 파벌들이 해방의 순간부터 생겨나 당시 혼돈의 주된 요인 중의 하나가 되었는데, 현재까지 정치학자들에게 알려진 파벌적 환경 가운데서 가장 극단적인 사례 중 하나로 상기되고 있다. 초기의 국회도 마찬가지로, 수많은 정치적 집단이 형성되었다 분열하고 소멸하고 다시 형성하는 일이 성행했다. 국회의 권력이 자유당으로 이동하기 시작하자 파벌이 자유당 내에서 발생했으며, 거기에는 언제나 권력이 수반되었다.[42] 초기에 매우 생기가 넘쳤던 이범석의 민족청년단은 숙청의 운명을 맞게 되었는데, 주로 경상도에 기반을 두었던 '구파'에 대한 것으로서, 이에 '신파'가 형성되었다.[43] 1954~1955년에는 자유당에 '주류'와 '비주류'란 명칭의 파벌이 있었다. 1957~1958년에는 자유당 내의 독재문제가 전면에 부상했는데, 파벌이 한 쪽은 장경근(張暻根)과 임철호(任哲鎬), 다른 한 쪽은 이재학(李在鶴)과 강성태(姜

---

42 자유당 내의 파벌주의에 대해선 1958년 9월 4~5일 자 ≪경향신문≫ 부록 참조. 또한 1957년 3월 25일, 1957년 3월 29일, 1958년 9월 5일 자 ≪경향신문≫ 참조.

43 이범석의 추종자들 중 권력입지를 다시 굳힌 사람은 거의 없었다. 그의 가장 강력한 참모 중 한 사람은 양계장 주인이 되었다.

聲部)로 나뉘어 밀수업자이며 정치가인 이용범(李龍範)의 출당(黜黨)을 둘러싼 싸움이 매우 격렬하게 전개되었기 때문에 이기붕 의장이 직접 나서서 수뇌부를 추방해야 했다. 1958년 여름에는 '소장파'가 '강경파'와 결합해, 야당에 대해 이기붕의 '중도파'가 바람직하다고 생각하는 것보다 더 엄격한 조처를 취해야 한다고 주장했다.[44] 이름은 달랐지만 파벌 현상은 뿌리 깊게 지속되었다. 자유당은 야심가들이 권력을 향해 질주하는 중요한 통로가 되었다. 그러나 이런 권력에의 접근을 이룩하는 질서와 객관성을 만들어내는 전문가적인 자격이나 종속집단의 결속, 중요한 쟁점 또는 명확한 기득권이 존재하지 않았다. 다시금 조그마한 문제를 잡고 늘어지고 싸움을 걸기 위해 상대의 약점을 침소봉대하지 않으면 안 되었다.

군부의 파벌 갈등은 더욱 격렬했다. 중앙정보부는 권력을 지향하는 최대다수의 사람들을 다루는 주요 기관으로서 파벌주의를 발생시키는 자유당의 후계자가 되었다. 쿠데타가 발생한 지 수주 후 육사 5기생들은 8기생들(보스는 김종필 중앙정보부장)이 권력을 거의 독점하고 있음을 알고 군사정부의 초대 최고회의 의장이며 총리인 장도영(張都暎)에 접근했다. 그들은 1961년 7월 3일 전원 반혁명 혐의로 체포되었다. 진짜든 풍설이든, 또 다른 쿠데타 시도가 함경도 출신 육·공군 장교와 기타 불분명한 — 그리고 때로는 가공의 — 군 장교와 민간인의 혼합집단들에 의해서 모의되곤 했다. 1962년 1월에는 11명이 체포되었다. 6월 1일 김종필은 일부 민주당원을 포함한 대규모 '쿠데타 음모'가 분쇄되었다고 발표했다. 6월 17일 33명이 추가로 체포되었다. 장면 전 총리도 분명히 증거가 불충분한데도 '음모' 혐의로 재판을 받았다.[45]

---

44 한 파벌의 정치적 반대를 다루는 문제, 그리고 지위, 당 또는 자금으로부터 배제하는 문제를 둘러싸고 일어나는 파벌 분할은 한국정치의 전형적인 현상이다. 1591년에 동인(東人) 당파가 북인(北人)과 남인(南人) 당파로 쪼개진 특별한 원인도 바로 이런 것 때문이었다. 정적의 관직임명을 차단한 것이 최초의 당파를 생겨나게 한 1575년 사건의 발단이 되었다. Key P. Yang and Gregory Henderson, "An Outline History of Korean Confucianism," p.158.

최고회의에서 중앙정보부를 지지하는 파벌과 반대하는 파벌이 싸움을 벌여 책상 위에 권총을 꺼내놓고 회의가 개최된 적도 있었다. 김종필은 두 차례에 걸쳐 — 1963년 2월 25일과 1964년 9월 — 망명을 강요당했다. 박정희 최고회의 의장은 그 같은 파벌싸움에 정나미가 떨어져 1963년 2월 28일, 그해 여름까지 정부를 민간에게 이양하고, 문민 지도자들이 안정을 보장할 것을 확실히 약속 하면 민정에 참여하지 않겠다고 공개적으로 발표하고 뒤에 선서까지 했다.[46] 선서는 얼마 후 철회되었지만, 그가 한 선서는 파벌주의가 얼마나 지독했는지 를 웅변으로 입증해주는 것이다. 1961년 5월의 국가재건최고회의 최초 멤버 중에는 권좌에 남아 있는 사람들보다 투옥되거나 망명한 사람들이 더 많았다. 쿠데타 소문이 다시 두 차례나 퍼졌다. 둘 다 군사정부의 옛 군인 동료들이 포 함된 것으로 재판에 회부되었다. 군부통치에 반대하는 반쿠데타 계획은 단 한 건도 적발되지 않았다. 파벌의 불안정은 1965년까지 계속되었다. 군부지배는 전통적인 권력투쟁을 격화시켰을 뿐이었다. 단지 적극적인 문민화와 경제성장 만이 점진적으로 그리고 1964년 이래 점점 더 첨예화하던 권력투쟁을 조용하 게 만들었다. 한편 파벌주의는 1987년 현재까지 계속되어 문민야당을 크게 약 화시켰다.

자기방위본능의 귀결

우리는 과거의 '자문기관' 역할과 그 파벌적 파생물의 부활, '자문기관'형 통 치의 무의식적인 지속 등에 관해 추적했다. 어떤 사람들은 이런 현상이 과연 존재하는지 여부에 대해 반론을 제기할지도 모르겠다. 또는 이런 현상을 다른

---

45 W. D. Reeve, *The Republic of Korea: A Political and Economic Study*, p.158.

46 Carl Berger, *The Korea Knot*, rev. ed.(University Park, Pa., 1964), p.213.

이름으로 부를지도 모르겠다. 그 존재를 인정하는 사람들도 그 발생원인과 한국사회에 그렇게 오랫동안 지속한 이유를 설명하기가 곤란할 것이다. 어떤 사람들은 그 이유를, 개인이 책임지기 싫어하고 정치적 형벌이 극단적인 사회에서 자발성을 옹호하려는 뿌리 깊은 본능으로 개별적인 독재보다도 오히려 '자문기관'에 의존하려 했기 때문이라고 설명하려 할 것이다. 그런 설명은 이 연구에서 그 가능성을 찾기보다는 행동심리학적 연구로 그 근원을 밝혀내야 할 것이다. 그 분야는 아직도 미개척 상태로 넓게 열려 있으며 다른 주장을 지지하는 사람들은 그들의 이론을 제시할 수 있을 것이다.

나는 '자문기관'형 통치를 오히려 동질적인 사회에서 상승하는 증기로 만들어진 압력의 일부를 경감시키는 안전판으로 본다. 왜냐하면 그와 같이 상승하는 흐름의 힘은 그것을 본 사람은 누구나 증언할 수 있는 바와 같이 지극히 거대한 것이기 때문이다. 대간, 국회, 자유당, 중앙정보부, 민주공화당, 민주정의당 등이 모두 다 나에게는 그런 필요에 대응해 존재하게 된 것으로 보인다. 국회는 민주적·헌법적 기능은 물론 일반 국민의 지지마저 희생하는 경우에도 맡은 역할을 완수하려는 본능을 보여주었다.

끝으로, '자문기관'은 권력의 일반화, 명확한 규정의 수용 거부, 질서에 대한 저항의 입장을 취하고 있다. 그것은 기능에 대한 것이 아닌 권력에 대한 고려가 한국사회에 충만하다는 사실을 반영하는 것이다. 권력을 가진 자가 전문가인 사회는 별로 없다. 따라서 부분적으로는 한국의 '자문기관'형 통치 본능은 자연스런 것이고 거의 보편적인 것이다. 그러나 한국에서 이런 특성은 이상할 정도로 뿌리가 깊으며 그 형태는 사회의 독특한 특징을 보여주고 있다. 농부가 장이가 되지 않으려 하고, 시장(市場)이 조직을 만들려고 하지 않고 전문화를 거부하며, 아전과 객주(客主)가 자기들의 호칭에 얼굴을 돌리고 오랫동안 자기 자신들의 기능과 동일시되는 것을 피해온 것과 마찬가지로, 사회의 상층부에서도 지배층은 만능가인 체하여 자기들이 가진 기능의 정의(定義)와 한계를 드러내는 것을 회피하고 심지어 비밀 속에 숨기려고까지 했다. 그리하여 스스로를 공격으로부터 보호하고 전능이라고 하는 옛날부터 내려오는 이미지로 자기를 감싸는 것이다. 단지 1970년대와 1980년대에 크게 발전한 산업과 경제적인 전문화, 특히 재벌의 성장은 이런 오래된 패턴에 압력을 행사하여 변화를 유도할지도 모르겠다.

제4부

정치적 응집의 모색

1880년 이래 한국의 전통적인 지배계급은 사라졌다. 한국은 식민지가 되고 점령당했으며 전쟁으로 황폐화되고 정부도 반복된 큰 변화로 흔들렸다. 이런 폭풍이 몰아치는 시기에 발생한 여러 사건들로 인해 지도자들이 실패하고 사회가 분열되었다고 논할 수도 있을 것이다. 그러나 다른 한편으로 우리는 비정상적으로 보호를 받은 조선왕조 시대에도 불안정한 정부와 불완전하게 통합된 사회가 존재하고 있었음을 알고 있다. 현대 한국의 외부로 드러난 드라마는 동질적인 국가의 비응집성을 설명하는 데 내면적인 문화적 필연성보다 덜 중요한지도 모른다. 자연환경에 따른 분할이나 쟁점이 없는데도 아주 동질적인 파벌과 '자문기관'이 결성되어 서로 이전투구를 함으로써 적개심에 대한 그 자체의 내적인 수요를 만들어냈다. 이런 적대관계에 원자화한 유동성의 기본 요인이 추가될 때 ─ 예를 들어 어떤 사람이 그가 속한 조직에 남아 있으면서 조직이 권력을 획득하는 데 도움을 주기보다 권력을 지향하는 그 자신의 욕망을 언제나 우선할 때 ─ 조직에 가담한 사람들이 충성을 하거나 지속할 가치가 없다고 생각하는 정치문화가 만들어진다. 그 결과 조직을 형성하여 온전하게 유지하려는 노력은 정치문화 가운데서 가장 좌절감을 맛보는 번거로운 일 중의 하나가 된다.

이것이 사실이라고 한다면, 응집력을 갖기 위해 취한 방법을 연구하는 것은 한국의 정치상황을 분석하는 의미 있는 부분이 될 것이다. 해방 이후 각 정당들은 오랫동안 응집력을 키우기 위한 다양한 시도를 했지만 효과가 나타나지 않았다. 북한은 공산주의의 강제적인 규율과 극단적인 조처를 통해 어느 정도의 응집력을 가지려는 시도에 적어도 표면상으로는 성공했다. 남한에선 전쟁이란 외부적인 요인으로 조성된 군부와 미국의 집중적인 노력을 통해 얼마간 응집력을 갖게 되었다. 그러나 장기적으로 응집력이 꽃피려면 소용돌이를 분산시킬 수 있는 권력의 다원화가 이루어져야 한다. 다원화된 사회를 만드는 것이 한국이 취할 수 있는 가장 중요한 '현대화' 조치일 것이다. 베트남 전쟁 기간에 비즈니스와 산업이 성장함으로써 그런 발전에 최초의 희망을 주었다. 이런 희망은 1970년대와 1980년대를 통해 확대되었으며 통합재벌의 출현으로 기반이 확고해져 근본적인 변화 가능성을 예고했다.

10

정당

정당의 필요성

1945년에 보여준 혼돈의 세계에서는 응집을 모색해도 신속한 반응을 거의 얻지 못했다. 곧 탄압을 받게 된 좌익과 여운형의 인민공화국을 제외하면, 영속성과 위계질서를 가진 어떤 조직들도 정부채널에 발을 들여 놓을 정도의 여론을 일으키지 못했다. 1946년 10월 1일 발생한 대구폭동사건이 보여준 바와 같이 재래의 수직적인 의사소통조차도 심각하게 불통되었다. 팽창한 도시들은 당시 어느 국가에서도 그 예를 볼 수 없는 극도로 악화된 유형의 대중사회를 만들어냈다. 좌익, 경찰, 폭력단 두목과 야심 찬 지주 등의 조종을 받아 청년조직, 우호단체, 선동적인 정치도당과 거대하나 모호한 '전선'들이 결성되고 재결성되었다. 민주적인 제도는 뿌리내릴 시간이 없었다. 아마도 불가피한 일이었겠지만 처음에는 조작에 의한 독재적인 통제가 주된 통치형태가 되었다. 역사적으로 보아 행운이라고 해야 할 일은 그런 혼란기에 일반적으로 수용이 가능하고 수완도 있었던 이승만이란 인물에게 권력이 위임된 것이라고 할 수 있다.

이승만은 1951년까지 독재를 하려고 노력했으나 독재체제는 장기간의 시련에 견딜 수 있는 해결책이 될 수 없었다. 해방은 모든 국가들에게 다양한 경험을 안겨주었지만 한국에서의 해방은 평소와는 다른 결의에 찬 광범위한 정치적 경쟁을 위한 신호였다. 수많은 사람들이 중앙권력을 향해 돌진하길 원했으며, 정도의 차이는 있지만 모두들 동등하게 그렇게 할 자격이 있다고 느꼈다. 이런 싸움은 미군 점령의 혼란기에는 거의 제한이 없었다. 한 사람의 인물에 의한 조종은 정치적으로 자각이 덜 된 사회 또는 좀 더 작은 하위집단의 만족을 노리는 국가에서라면 무방할지도 모르겠지만, 한국인들을 만족시킬 수 있을 정도로 충분한 권력에의 길을 제공할 수 있는 지도자 또는 후원자는 아무도 없었다. 또한 '자문기관' 패턴의 권력투쟁은 이 나라에서 필요로 하는 것에 대부분 장애가 되었다. 우선 자치를 위한 기구가 필요했다. 평화적인 토지개혁을 허용하는 노선에 따라 준현대적인 경제가 재편성되어야 했으며 공산주의의 도전에 대응해야 했다. 수십 년 동안의 피지배 역사가 끝난 마당에 이젠 국민적인 자아를 수정할 필요가 있었다.

이런 맥락으로 형성된 집합체가 한국에서는 '정당'으로 불렸다. 그러나 국내외 학자들은 이것을 과연 진정한 정당이라고 할 수 있는 것인지 쉽게 정의를 내리지 못하고 있다.[1] 한국사회의 실체가 독특한 것처럼 한국의 정당들은 대부분이 기회주의적인 사람들이 결성한, 유동적이고 뿌리 없는 집단이었다. 그들 정당은 원자화하고 응집력이 없다는 점에서 한국의 다른 집단들과 대동소이했다. 몇 가지 점에서 그 결과는 신기하게도 제임스 브라이스 경(Lord James Bryce)이 설명한 미국의 정당제도와 유사했다. 브라이스 경은 그의 고전적인

---

1 C. I. Eugene Kim ed., *Korea: A Pattern of Political Development* (Seoul, 1964)에는 이와 관련된 2개의 분석내용을 밝히고 있다. 하나는 Shin, Sang-cho(신상초), "Interest Articulation: Pressure Groups," pp.41~47의 내용이고, 다른 하나는 Yim, Kyong-il(임경일), "Interest Aggregation: Political Parties," pp.75~96의 내용이다. 또한 Oh, Byung-hun(오병훈), "Party System in Korea," *Journal of Social Sciences and Humanities*, 21(Seoul, December 1964), pp.58~67 참조. 사실적인 자료로는 한국 중앙선거관리위원회가 발행한 『대한민국 정당사』(1964) 참조.

명저 『미국연방(The American Commonwealth)』에서 "신조, 정책, 정치적 주의와 관행 등은 거의 모두 사라졌다. 관직에 오르거나 혹은 관직에 오를 희망을 제외하고는 모든 것을 잃어버렸다"라고 했다.[2] 그리고 사실 한국의 자유당과 민주당 그리고 미국의 공화당과 민주당 사이에는 이데올로기, 계급, 민족, 종교 또는 철학적인 면에서 차이가 없으며, 그 결과 관직을 향한 투쟁이 격화되었다는 점에서 기묘한 유사성을 보여주고 있는 게 분명하다.[3] 그러나 좀 더 깊이 분석해보면, 양국 사회는 그들이 지지하는 중간매개집단의 다양성에서 크게 차이가 나기 때문에 양국의 양당제도는 공통점이 별로 없다는 결론이 나온다. 한국의 정당들은 스스로의 힘으로 권력에 도달하고자 하는 개인들이 마지못해 불안정하게 사용하는 편법으로 형성되었다. 정당의 목적은 통치가 아니라 통치로 가는 길이다.

정당 형성

1945년에 한국에서 조직된 단체 가운데서 가장 강력한 응집력을 가졌던 것은 아마도 공산주의 단체였을 것이다. 규율이라든가 위계질서 면에서 그들과 경쟁할 만한 단체가 없었다. 미군정이 불법화하지 않았다면 아마도 공산주의자들은 38선 북쪽뿐만 아니라 남쪽도 지배하게 되었을 것이다. 공산주의에 관해서는 제11장에서 별도로 다루고 있다. 비공산주의 좌파들과 중도파(전망이 밝지 못했던 인사)들이 응집하지 못하고 실패한 것에 대해서는, 남쪽에서는 왜 우파들만이 중요한 정치단체가 되었는가를 설명하는 장에서 이미 다루었다(제

---

2 James Bryce, *The American Commonwealth* (New York, 1908), II, p.20.

3 C. I. Eugene Kim ed., *Korea: A Pattern of Political Development*, pp.87~88에서 인용한 Yim, Kyong-il(임경일), "A Study of Korean Political Parties: An Analysis of Their Behavior Patterns".

5장 참조).

우파 인사들은 해방을 공산주의자들보다 훨씬 놀라고 준비도 되지 않은 상태로 맞았다. 몇 사람의 온건한 민족주의 지도자들은 지하 라디오 방송을 통해 이런 진전 상황을 알았으며 종전을 며칠 앞두고 사전예고를 받았다. 그러나 그들은 어떻게 움직여볼 만한 아무런 조직도 갖지 않았다. 1930년대 초의 신간회 운동은 실패로 끝났으며, 일본 군국주의자들의 채찍과 당근 정책은 비공산주의자들에게 정당 결성은 물론 지하정당을 유지할 만한 여지조차 주지 않았다. 일제강점기 시절에 조직화된 민족주의는 교회, 몇 개의 학교, 그리고 신문사 내에 한정되어 살아 있었지만, 이들이 반일 온상지로 지목되어 1940년까지 대부분 제거되었기 때문에 마지막 수년 동안에는 오로지 대일 우호집단만이 남아 있었다. 해방이 되었을 때 교회는 교세 확장, 시설 확충과 사회복지에 몰두했다. 교회는 여전히 중요한 여론 형성의 장이었지만, 해방으로 정치활동이 재개됨에 따라 1910~1945년 사이에 교회가 수행했던 역할의 많은 부분이 다른 곳으로 옮겨갔다. 고등학교(구제 중학)와 대학의 교실은 우정과 취직의 중요한 중심지가 되고 또한 정치사상의 온상이었지만, 좌우익의 격렬한 대립으로 어떤 폭넓은 합의를 이끌어낼 입장에 있지 않았다. 경찰은 결속력 있는 조직을 가진데다 정치적 관심도 많았으나 해방의 아침이 밝았을 때 경찰관의 60%를 차지한 일본인들이 돌아가고, 남아 있던 한국인 경찰들은 과거 일본 식민주의의 주구 노릇을 한 것에 대한 일반 국민들의 높은 반감의 표적이 되었을 뿐이었다. 경찰과 우익과의 정치적인 제휴는 아직 표면화되지 않았다. 1945년, 한국의 비공산주의 진영은 하나의 예외를 제외하고는 정치적 응집에 나설 만한 후보자들을 갖고 있지 못했다.

이 예외라는 것은 부유한 남서부의 전라도에 뿌리를 두고 있는 일단의 지주와 그 동조자들이었다.[4] 이들은 같은 계급이고 대부분 가족적 유대관계를 갖

4　한국인들은 이런 배경을 밝히거나 외국인들이 연구하는 것을 싫어한다. 이는 문중과 이해

고 있었는데, 향반, 성공한 평민, 그리고 이들과 연합하고 있는 아전, 즉 '중간 계급' 출신자들이었다. 그들은 일제강점기의 관개시설 확충으로 인한 농업의 발전과 안정된 소작료로 성장하게 된, 부분적으로는 새롭고 부분적으로는 전통적인 집단이었다. 특히 전라도에 일제의 농업개발정책 혜택이 많이 돌아갔던 것이다. 농촌생활에서 만성적으로 맞게 되는 위기 때 이 집단의 부유한 사람들과 그렇지 않은 사람들이 상부상조함으로써 그들 간 유대관계가 더욱 강화되었다. 식민주의에 의해 장기간 정치로부터 휴식이 강요되던 시절에 그들은 서로의 집을 방문하여 장기로 흥을 돋우기도 하고 장례식과 결혼식 같은 때엔 빠짐없이 참석했다. 그들이 보수주의자들이 된 것은 지방에서 재산을 갖고 있다는 점뿐 아니라 그 지역에서 발생해 그 지역의 아전들까지 살해한, 하층계급에서 일으킨 동학란에 대한 공통된 기억을 갖고 있었기 때문이다. 그들은 주위의 지방 공산주의자들과 해방 후의 인민위원회를 반쯤은 동학당의 후계자로 인식했다. 그들의 숫자는 적어 겨우 수십 가족에 불과했지만, 자기들이 사는 지역에 대해 폭넓은 지식이 있었다. 아전으로서의 관계가 그들로 하여금 한국에서 소수의 응집력 있는 사회적 집단이 되게 했으며, 기능 면에서 지방 지도자로 훈련된 유일한 집단이 되게 했다.

이런 배경은 거의 표면에는 드러나지 않았다. 식민지 조선의 산업이 확대 발전하는 동안에 이들 중 성공한 사람들은 현대적인 기업가가 되었다. 몇몇은 사이토(齋藤實) 총독이 허가한 서울의 새로운 신문사에 투자했다. 그런 투자가 모두 성공했던 것은 아니지만, 그러나 이런 투자활동을 통해 이 집단이 서울로 올라오게 되었으며, 차츰 민족주의적 정치와 대기업의 궤도로 진입하게 되었다. 서울에서 그들은 '보성그룹'으로 알려졌다.

집단의 명예를 손상시키고 아전이란 용어와 연관된 수치 때문이다. 여기에 수록된 정보는 광범위한 계층의 한국 지방 가문과 서울에 있는 그들의 대표를 수년 동안 방문하고 자료를 대조 확인한 결과다.

이 집단의 지도자이며 핵심적인 인물은 김성수(1891~1955년)였다. 16세기 초 그의 선조 중 한 사람은 고위직은 아니었지만 존경받는 양반관리였는데, 그 이후 그의 가문의 누구도 고위직에 오른 적이 없었다. 향반의 위치로 떨어지면서 김 씨 일가는 금전대부로 돈을 벌어 많은 토지를 샀으며, 1918년 일본의 토지조사 때 재산을 크게 늘렸다. 그의 집은 오랜 기간 유복한 생활을 한 편이지만, 그가 거액의 부를 손에 넣게 된 것은 1900년 이후부터인 것으로 생각된다. 김성수는 당시 부자이면서 자식이 없던 백부에게 양자로 입적되었으며, 이에 따라 그 자신의 상속 몫과 백부의 재산이 합쳐지게 되어 큰 재산이 된 것이다. 겸손하고 사교적인 그는 성실한 친구들을 모으고 필요할 때 그들을 도왔으며 민간 장학제도를 통해 젊은 지지자들을 늘리고, 동료들의 재정상의 조언으로 이익을 올렸다.[5] 그와 그의 동생은 토지재산을 이용하여 일제강점기에 조선인이 소유한 것으로는 최대의 기업 몇 개를 연속적으로 설립하거나 키워나갔다. 예를 들면 1920년부터 오늘날까지 한국 최대이며 가장 존경받는 신문사인 동아일보사, 김성수가 설립했으나 후에 그의 동생에게 양도한 것으로, 조선인이 소유한 얼마 안 되는 대기업 중의 하나인 경성방직, 조선 말기 호레이쇼 앨저(Horatio Alger: 미국의 소설가)와 같은 이색적 인물인 이용익이 설립한 것을 김성수와 그의 친구들이 기금을 내고 확장한 보성전문학교(현 고려대학교), 당시도 현재도 한국에서 대표적인 학원인 중앙학원이 그러하다.

재정적으로 성공한 것도 중요하지만 더욱 중요한 것은 이런 기업들이 상이한 계급 출신의 사람들 ─ 대부분 남한 사람들이지만 다른 지역 출신의 사람들 ─ 을 협동적인 일을 추구하는 좀 더 큰 집단으로 결합시켰다는 점이다.[6] 그들은 김

---

5 한국민주당의 첫 당수였던 송진우는 김성수의 장학제도 수혜자 중 한 사람이었다. 송진우의 집은 부유하지 못했다.

6 분명히 김성수는 어딜 가나 갑부라는 소릴 듣긴 했지만, 아시아의 많은 신흥국가 가운데서 상위 랭킹에 드는 초갑부는 우리가 아는 한 한국에서는 존재해본 적이 없으며, 아주 최근에 와서야 겨우 나타나기 시작하고 있다.

씨 가문에 충실했고 그들 서로 간에도 신의를 지키며 응집력을 키워나갔다. 그들의 응집은, 기업을 운영하는 절박한 실제적인 목표 같은 것이 없기 때문에 사소한 것 또는 신조와 관련된 문제로 분열되곤 했던 망명 단체나 공산주의자들과는 전혀 다른 종류의 것이었다. 우호집단으로서의 보성그룹은 지도자 간에 우정이 거의 없었던 공산주의 단체를 포함한 모든 다른 단체들을 앞섰다. 지금은 그 세력이 쇠퇴했지만 아직도 그 편린을 느낄 수 있다. 1963년 선거에서는 응집력이 떨어졌으나 이 그룹은 20년 이상 계속 정치활동을 펴온 거의 유일한 비공산주의 단체였다.

그러나 전성기를 구가할 때에도 보성그룹은 정치활동을 위한 기반으로서는 결함을 갖고 있었다. 그것은 일종의 조선시대 정부의 사제(私製) 축소판이었다. 김성수가 지배하는 각종 기관들은 '자문기관'처럼 행동하고 이런 '자문기관' 사람들은 본질적으로 평등했다. 김성수는 후원자였으며, 사람들이 충성을 맹세한 조직의 정점에 위치했다. 그러나 그는 군림하지 않고 조화를 도모했다. 자비롭고 유머가 풍부하며 호의적이고 검소함이 넘치는, 근시안경을 낀 그는 대부분의 조선시대 왕들보다 훨씬 그의 일을 잘해냈다. 그의 그룹은 적어도 해방될 때까지는 우정의 유대를 초월한 기능을 요구하지 않았고 엄격한 규칙이나 정확한 규율이 필요하지 않았기 때문에 조선시대 시스템에 비해 효율적이었다. 그의 정책은 신속성, 정확성 또는 독창성을 요구하지 않았다. 독특한 철학이나 독단적 주장 또는 대그룹의 힘을 과시하는 일 등은 그와는 관련이 없었다. 보성그룹이 일본의 통치하에서 여러 기관들을 운영하기 위해 벌인 장기간에 걸친 투쟁은 독립과 민족주의의 가치에 생기 넘치는 감각을 심어주었다. 보성그룹의 사회적·재정적 배경은 보수주의, 사유재산제, 기업에 대한 존중심을 가르쳐주었으며, 이 그룹의 조직적 성격으로부터는 서로 의견을 존중하는 관행과 독재에 대한 증오를 배울 수 있었다. 해방이 이 그룹을 정치세계로 몰고 갔을 때 그들의 정책은 이런 성격에 근거하여 형성되었다. 토지개혁 또는 산업개혁은 몰수가 아니라 한국인 소유주들에 대한 보상과 함께 실현되어야 한다는 것은 처음부터 이 그룹의 정책이었다. 이런 자세가 아마도 그에게 우익이라는 딱지가 붙게 된 구체적인 본질이 되었던 것으로 생각한다. 그렇지 않았으면 보성그룹은 다른 그룹과 마찬가지로 개혁과 독립을 더욱 주창했을 것이다.

보성그룹의 핵심인 지주들은 그들의 주된 정치적 관심이 물질적인 것이라는 공격에는 물론 취약했다. 전체 토지의 70%를 대지주들이 소유하고 있던 당시의 한국에서 이런 비난은 가볍게 넘길 성질의 것이 아니었다. 전라도에 관한 상황을 미 군정청이 조사했을 때(1947년 9~10월), 어떤 한 지방의 민사소송 중 60%가 지주와 소작인 간의 소송과 관련된 것이었다.[7] 1948년 이전 한때 좌익의 비난 표적이 되었을 때, 일반 국민들에 대한 김성수 우호집단의 태도는 방어적이고 심지어 의혹을 받기까지 했다. 김성수의 사람들이 모두 침대 밑에 공산주의자들을 숨겨주는 것처럼 생각되었으며 일반 민중들을 지배받아야 할 대상과 동등시하는 성향이 있는 것으로 비쳤다. 한국전쟁은 공산주의-좌익주의에 대한 공공연한 감정을 일소했다. 그러나 보성그룹의 소수파 콤플렉스는 여전히 표면적인 자신감의 배후에 잠재하고 있었다. 한편 이런 의혹과 자기들끼리의 긴밀한 우호관계가 정작 필요한 외부의 동맹자들을 흡수하는 일을 지연시켰다.

공산주의자들이 득세하는 좌편향 추세가 지속되었다면 김성수 그룹은 정계 진출을 하지 않고 그냥 우호집단으로 남았을 것이다. 이 그룹은 미군이 상륙하기 전인 1945년 8월 27일에 최초로 정치조직 결성을 시도했으나 내부의 의견 차이로 일단 포기했다. 9월 4일 맥아더 「포고령 2호」를 들은 후 이들은 다시 회의를 열었다. 미군의 존재와 인민공화국에 대한 미군의 명백한 불신이 이들에게 용기를 주었다. 일본군의 항복조인식이 있던 다음날인 9월 9일, 김성수의 핵심 브레인인 송진우는 인민공화국을 비난하는 성명서를 발표했다.[8] 드디어

---

7 1950년 랭던(William R. Langdon)과의 대화, 랭던은 하지의 정치고문을 지냈다.

8 강진화, 『대한민국건국 10년기』(서울, 1956), 186~187쪽.

9월 16일 한국민주당(이하 한민당)이 정식으로 발족하였다.

한민당이 정치적 자산 규모가 아주 작았는데도 1945년의 정치무대에서 높은 위치를 차지하게 된 것은 한국 고래의 통일성과 동질성 이면의 응집력 부족과 한국이 한때 가지고 있던 낡은 통합방식의 종언을 말해주는 것이다. 그러나 아무리 제도권의 지지를 받는다고 해도 보성그룹이 국가정치의 지도조직으로 가는 길은 멀기만 했다. 그것은 강력한 지도자 없이는 실현될 수 없는 것이며 기업의 이해관계만을 기반으로 해서도 될 일이 아니었다. 아전-향반 출신의 남서부 지주 이익을 대변하는 것으로 국민적인 인정을 받기에는 생각건대 그들의 정체성이 너무 왜소했다.

한민당은 처음에 자기들의 권역 밖에서 지도자를 찾으려 했다. 김성수는 능력 있는 배후의 조직지도자였으나 국민의 지도자가 될 특질도 야망도 갖지 않았다. 당시 국내정치는 공산주의자들과 좌익이 지배하고 있었고, 보성그룹은 자기들에겐 없는 독립운동이라는 정통성이 필요했기 때문에 대한민국임시정부의 보수진영과 동맹관계를 맺었다. 그러나 긴밀한 유대관계가 있었던 것은 아니었다. 보성그룹은, 임시정부가 정부로서 귀환하고 이승만이 어떻게든 대통령이 된다는, 당시 널리 유포되고 있던 국민들의 막연했던 기대와 생각을 같이했다. 그 후에 진전된 사태는 이런 희망을 좌절시켰다. 이승만이 가장 먼저 귀국하여 임시정부 주석 김구와 그 막료들을 멀리 따돌리고 망명 집단의 지지도 없이 선두주자로 부상한 것이다. 한편 1945년 12월 30일 한민당의 정치지도자인 송진우는 김구 진영이 보낸 것으로 의심 받은 암살자 앞에 쓰러졌다.[9]

---

9 송진우는 한국이 완전히 독립을 이루기 전에 미국에 의한 일정기간의 신탁통치를 바라고 있다는 루머에 시달렸다. 한태수, 『한국정당사』(1961), 70쪽 참조. Richard D. Robinson, "Korea: The Betrayal of a Nation," pp.64~65는 당시 군정청 경무부장이던 조병옥이 훗날 술김에 내뱉은 말을 기록하고 있다. 조병옥은 취기어린 어조로 자기는 "우파에 대해 송진우가 중도적인 영향력을 키워가는 것을 김구가 두려워하여 그를 살해하도록 사주했다는 것"을 알고 있다고 주장했다. 1946년 11월 2일, 한민당의 2인자인 장덕수가 자신의 집 현관에

귀국한 애국자 김규식이 미 군정청을 등에 업고 지지를 호소했으나 실패하자 — 김규식은 보성그룹에 비해서는 너무 진보적이었다 — 이승만이 한민당과 제휴해 정치지도자가 될 수 있는 유일한 후보가 되었다.[10]

이승만도 한민당도 국가적 지도자로서, 그리고 지도조직으로서 인정받을 필요가 있었다. 양쪽 다 이데올로기가 없었으며, 이승만은 처음엔 아무런 조직도 무리도 지방의 뿌리도 없었다. 해방 직후의 역점은 단결이었다. 어떤 뚜렷한 지배집단이 없는 단결은 모든 현존 집단들이 대표를 보내 구성되는 우산살 같은 '자문기관'을 의미했다. 이런 '자문기관'에 공산주의자와 같은 첨예한 집단의 사람들은 공산주의적 기초에 입각하여 교섭했다. 그러나 어떤 뚜렷한 견해도 없이 '자문기관'에 출석하는 사람들은 무언가의 형태로 인정을 받을 필요가 있었다. 그래서 다른 사람과 다른 입장을 가졌다는 것을 알리기 위해 거의 문제점이 없는데도 논쟁을 해야만 했다. 웅변이나 과장된 언사, 논전, 언쟁, 투쟁은 국민들의 인식을 획득하는 데 필요한 활력소가 되었다. 이런 일은 오렌지의 개개 조각들만큼도 개별적인 주체성을 갖지 않았던 조선왕조의 파벌들 사이에서도 똑같이 있었다. 이런 상황이 이승만과 한민당의 전략에 영향을 주었다.

이승만이 귀국한 지 일주일도 채 안 된 1945년 10월 23일, 조선호텔에서 '단결'을 위한 회합이 있었다. 그것은 정치적 통합과정에서 중요한 제1단계였다. 이 회합의 결과, '독립촉성중앙협의회'란 거대한 규모의 위원회가 탄생했다. 박헌영 같은 공산당 지도자와 여운형과 기타 좌익 인사들은 이승만이 10월 20일에 행한 극렬한 반소(反蘇) 연설 때문에 참석하지 않았다. 그러나 이승만은 경제부흥과 미·소 양국의 협력을 통한 조기독립을 강조하는 공동성명서를 통

서 암살되었는데, 김구가 법정에 증인으로 불려나가는 것이 정당하다고 충분히 생각할 수 있는 상황이었다.

10 이승만은 한민당에 입당한 적이 없으며, 물론 나중에 한민당의 정적이 되었다. 하지만 1945년 말부터 1949년까지 그와 한민당이 맺은 동맹은 양쪽 모두가 부상하는 데 결정적인 역할을 했다.

해 이들의 참여를 권유했으며 이들도 10월 말까지는 여기에 참여했다.[11] 이제 57개의 각종 정치단체와 5대 정당이 하나의 지붕 밑에 들어가게 된 것이다. 그러나 11월 2일의 회의에서 박헌영은 분할과 신탁통치는 심각한 문제가 아니라고 조심스럽게 선언하고, 다음날 연합국에 대한 감사를 표명하면서 일단 정부가 수립되면 연합국 군대는 철수해야 한다는 성명을 발표하자, 이승만과 한민당 그리고 우파가 이런 입장을 거부했다. 각각 스스로의 정체성을 확립할 필요가 있었으며 바탕이 부적절하면 할수록 그 필요성은 더 커졌다. 각 정파들의 입장이 분명해지자 공산주의자들은 위원회에서 탈퇴했다. 며칠 후 여운형의 인민공화국 조직은 그간 우파의 행동이 영 마음에 들지 않았던 데다 자신들이 위원회에서 소수파의 대표로밖에 되지 않은 것에 불만을 갖고 공산주의자들과 행동을 같이 했는데, 여운형은 새로 구성된 집행위원회에서 넓은 가슴을 펴고 유유히 걸어 나갔다. 그달 말 이승만은 공개적으로 좌익들에게 "이른바 공산주의혁명을 시작할 생각을 포기하여 그들의 태도를 고칠 수 있는 마지막 유일한 기회"라고 선언했다.[12] 한 지붕 밑 연립시대가 이를 계기로 사실상 끝나버렸다. 그러나 우파는 이젠 분명한 적을 갖게 되었으며 지금까지보다 더 확실한 입장으로 주위의 단결을 도모했다. 어떤 타협도 그런 기회를 제공하지 못했을 것이다. 이승만은 한민당과의 제휴를 강화하기 시작했다.

임시정부 인사들의 귀국이 이 중대한 시기에 도움이 되었다. 김구는 박헌영을 임시정부에 대한 반역자로 보고 우파와 제휴했다. '임시정부의 국무회의'가 열리기 시작했으며 '정부'의 14개 주장을 수록한 팸플릿이 그 이름으로 배포되

11 Richard D. Robinson, "Korea: The Betrayal of a Nation," p.60. 이승만에 관한 핵심적인 내용은 Robert T. Oliver, *Syngman Rhee: The Man behind the Myth* 참조.

12 Rhee(이승만), "To the Korean Communist Element," *Korean Open Letter* (Nov. 30, 1948), p.12. 이 구절은 Koh, Kwang-il(고광일), "In Quest of National Unity and Power: Political Ideas and Practices of Syngman Rhee"(unpub. diss., Ruters University, 1963), p.32에서 인용한 것임.

었다. 보수파는 임시정부를 지지하는 전국대회가 1월 10일 열릴 것이라고 발표했다. 바로 이 시기에 미군정 당국은 인민공화국을 불법화했다(제5장 참조).

우파들이 진정한 통합을 이루기 위해서는 막연한 반공구호만으로는 불충분했다. 인기 없는 미군정부와 지나치게 한통속으로 비치는 것도 바람직하지 않았다. 새로운 쟁점이 필요했다. 10월 20일 미 국무부 극동국장인 빈센트(John Carter Vincent)가 한국에 대한 연합국의 신탁통치안을 공식 발표했다.[13] 이는 12월 27일 발표된 한국에 관한 모스크바 회의의 중요한 합의사항이었다. 한민당, 이승만, 김구는 모두 이에 대한 결사반대를 정책의 하나로 신속하게 채택하고 신탁통치반대위원회를 구성했다. 공산주의자들도 신탁통치를 공격함으로써 이 문제에 관한 우익의 독점우위를 손상시킬 최초의 위험이 되었으나, 그해가 지나갈 무렵 모스크바로부터 공산주의자들에게 온 지령이 그런 위험을 제거해주었다(공산주의자들의 반탁시위 도중에 지령이 도착하여 반탁시위가 갑자기 찬탁시위로 바뀌게 된 것이다!). 신탁통치로 인한 동요는 좌익들의 주공격 무기인 친일파 문제로부터 주의를 돌려 신탁통치반대 인사들에게 새로운 애국적인 이미지를 주고, 미군정부를 맹종한다는 비난을 무력화시키는 데 공헌했다. 신탁통치는 독립을 지연시킬 뿐만 아니라 독립 그 자체를 위협하는 것으로 보일 수 있었기 때문에 여기에 반대하는 폭력과 시위가 일어나기 시작했고 이를 이용하여 뿔뿔이 흩어져 있던 반공 우파 세력들의 단결과 연립을 모색할 수 있었다. 중도파 안재홍이 이끄는 조선국민당은 11월 초 당을 해산하고 한민당의 기치 아래 통합신당을 결성할 용의를 표명했다. 12월 4일 19개의 소규모 단체들과 '정당'들이 한민당에 가입했다. 임시정부에 충실했던 약 40개의 소규모 단체들도 가입했다. 12월 15일 한국에서 가장 부유한 사람들 다수가 이승만을 대리

---

13 빈센트는 1945년 10월 20일, 뉴욕의 외교정책협회 포럼(Foreign Policy Association Forum)에서의 연설에서 한국에 대한 신탁통치안을 발표했다. John Carter Vincent, "The Postwar Period in the Far East," *Department of state Bulletin* (Oct, 21, 1945), p.646.

인으로 하여 임시정부에 자금을 제공하기 위한 경제인헌금협회를 구성했다.[14]

정치단체들의 이런 단합은 한국에서는 보기 드문 현상마저 초래했다. 정강을 만들게 된 것이다. 송진우는 암살되기 9일 전인 12월 21일 미국이 관리하는 라디오 방송을 통해 한민당의 정강정책을 밝혔다. 신탁통치에 대한 반대, 지주 소유 토지의 분배에 대한 보상 및 친일파와 그 처벌 문제를 별로 언급하지 않았던 것을 빼고는 이 정책은 당시 공산주의자들을 포함하여 어떤 다른 집단들이 제안한 것과 동일한 정부 중심의 사회주의적 계획이었다. 이승만의 정책도 그와 대동소이했다. 1946년 2월 6일 방송에서 그는 일본인과 한국인 반역자가 소유한 토지를 몰수해 소작인에게 재분배하고, '모든 중공업과 광산, 삼림'을 국유화하며, 이자율을 정부가 통제하고, 식량을 배급하며, 가난한 사람들의 세금을 면제하고, 의무교육과 의약품의 국가통제, 최저임금제, 사회보장 등을 주장했다. 산업부문에 관한 이승만의 계획은 박헌영이 주장한 것보다도 오히려 더 사회주의적이었다.[15] 이승만은 다른 우파들과 유사하게 민주주의에 대한 지지, 독재와 사회주의, 공산주의에 대한 반대를 분명히 하면서도 뜻밖에 '정치적 진보주의'와 시민의 평등권에 대한 지지마저 표명했다.[16] 그의 행동과 계

---

14 Richard D. Robinson, "Korea: The Betrayal of a Nation," p.62. 로빈슨 대위는 그의 통역과 함께 이 회합에 참석하여 기부신청 총액이 20억 엔(약 200만 달러)에 이르렀다고 주장했다.

15 Koh, Kwang-il(고광일), "In Quest of National Unity and Power: Political Ideas and Practices of Syngman Rhee," p.32에서 인용한 1946년 2월 7일 자 ≪동아일보≫ 기사 참조. 이승만의 이 정책 프로그램(올리버는 이승만이 미국에서 이 정책 프로그램을 만들었다고 주장한다)에 대한 영문번역문은 Robert T. Oliver, *Syngman Rhee: The Man behind the Myth*, pp.365~367 참조. 이 정책 프로그램은 한국정치보다는 미국정치에 더 어울리는 것이었다. 이승만은 이 프로그램에 별로 관심을 두지 않았다.

16 예컨대 이승만은 1948년 8월 15일 대통령 취임연설에서 이렇게 선언했다. "우리는 민주주의를 완전히 신뢰하고 확신해야 한다." "시민의 평등권과 기본적인 자유를 보호해야 한다." "진보주의를 이해하고 존중하며 보호해야 한다." *Korea's Fight for Freedom: Selected Address by Korean Statesmen* (Korean Pacific Press: Washington, D.C., 1951) pp.8~9. 이 책에는 이승만의 중요 연설문 다수가 영문으로 번역되어 있다.

획과 신념 사이의 모순은 그에게는 조금도 관심거리가 아니었다. 프린스턴 대학교 대학원에서 우드로 윌슨한테서 교육을 받았음에도 그는 그의 일생을 통해 정책과 이론, 심지어 정치제도에도 근본적으로 관심이 없는 상태였다.[17] 그의 발표는 지적인 면에서는 아무런 관심도 끌지 못했으며 단지 목표를 단순 간결하게 전달하는 데 지나지 않았다. 그런데 한국의 지도자가 수많은 정치단체들을 포용하기 위해서는 이처럼 목표를 간결하게 전달하는 것이 오히려 더 효과적이었다. 미국인은 말할 나위도 없고 어떤 공산주의자도 이처럼 극단적으로 단순한 기민성과 효율성을 발휘하는 사람은 없었다.

1945년 11~12월의 신속한 정치적 통합은 여러 곳에 영향을 미쳤다. 가장 높은 자리에 있는 하지는 자기의 입장이 약화되었음을 느끼며 지푸라기라도 붙잡고 싶은 심정이었다. 워싱턴은 그의 강력한 신탁통치 반대 입장을 완전히 무시했으며, 그에게 설명 한 마디 없이 모든 것을 모스크바 회의에서 번복해버렸다.[18] 하계(下界)에서는 수많은 우호집단들이 매일 밤 어느 로켓이 그들을 상계(上界)로 올려줄 것인지 찾아내기 위해 밤마다 정계(政界)라는 밤하늘을 자세히 살펴보고 있었다. 1946년 2월 14일 하지는 이승만 일파가 그에게 새로운 '자문기관'으로 권고한 민주의원(民主議院)을 구성해 이승만을 의장으로 임명했다. 이승만은 이제 한국 정치인들 중에서 유일하게 하지의 최고고문이 되었는데 이는 모든 권력에 접근할 수 있음을 시사하는 것이었다. 이면에서는, 정강정책에는 무관심하면서 이제 권력의 길을 찾았다고 확신한 군소 정치단체 지도자들

---

17 일부 한국인들은 이승만이 왕정을 폐지하지 않고 개혁하기를 원했던 그의 젊은 시절의 생각을 한 번도 바꾼 적이 없었다고 생각했다.

18 하지는 한국인들이 신탁통치를 반대하고 있음을 워싱턴에 보고하는 데 그치지 않고 그 자신도 그것을 강력하게 반대한다고 밝혔지만, 모스크바 회의에서 미국이 신탁통치에 찬성한 것에 대한 정보를 받지도 못했을 뿐더러, 워싱턴은 하지의 신탁통치에 대한 회의와 반대를 은근히 고무하기까지 했다. 하지는 그해가 바뀔 무렵 워싱턴이 갑자기 종전의 태도를 철회하는 바람에 좌절했을 법하다.

이 좀 더 우세한 쪽에 붙어 더 유리한 위치를 차지하기 위해 스스로 정리 통합하겠다며 협상을 해오기 시작했다. 예를 들면 「독립선언서」에 서명한 이갑성(李甲成)이 새로 만든 한국국민당은 12월에 더 작은 단체들을 흡수하고 더 큰 정당과 합병할 준비를 했다. 2월 8일 이승만은 자신의 '자문기관'이 될 한국독립촉성국민회(이하 독촉)를 결성했다. 이 단체는 한민당과 거리를 두긴 했지만, 장기간 우익이 지배하는 남한 독립을 달성하기 위해 서로 긴밀하게 협력했다.[19]

동학당을 제외한 이전의 모든 한국 정치단체들과 똑같이 독촉과 한민당은 상의하달 방식으로 결성되었다. 독촉은 이제 지방에 뿌리를 내리기 위해 발 벗고 나섰다. 1946년 2월과 3월 이승만은 남한의 각 지방을 6주간에 걸쳐 순회했는데 매우 성공적인 유세여행이었다. 이 여행에서 한민당과 제휴하기로 한 결정이 열매를 맺었다. 그가 가는 곳마다 한민당 및 지주와 이해관계가 깊은 경찰과 우익 청년단체들이 대대적인 환영행사를 준비했다. 이제 처음으로 우파는 인상적인 국민적 단합을 이끌어냄으로써 지금까지 여운형의 인민공화국에 속해 있던 지방에 우익의 뿌리를 내리기 시작했다. 이런 힘을 바탕으로 이승만과 우파는 그 후 2년 동안 취약한 중도연립파에 대한 미국의 지지에 저항하고 버텨나갔으며, 1946년과 1947년 미국의 군사적인 점령 지속을 반대하고 한국독립정부 수립을 위한 캠페인에 성공할 수 있었다. 1946년 10월 1일의 대구폭동사건으로 경찰력이 급격히 확충되고 그들이 우파의 대의를 열렬히 지지함으로써 이젠 이승만의 정치적 기반이 제대로 형성되기에 이르렀다.

1946년 10월 독촉은 공칭 회원수가 700만 명에 달한다고 주장했다. 이는 김구의 임시정부 지지자를 능가하는 숫자였다. 독촉과 한민당은 이승만을 권력의 자리에 앉힌 핵심 조직이었다. 독촉은 한국정부가 수립된 후인 1948년 8월그 명칭이 국민회로 바뀌었고, 1960년 이승만 정권이 전복될 때까지 지속하였

---

19 1947년 1월에 우익진영의 3대 정당사회단체, 즉 한민당, 독립촉성국민회의 그리고 김구의한독당이 합당한다는 말이 있었다. 결국 합당은 이루어지지 않았다.

다. 독촉은 자유당의 아버지였으며 박정희의 민주공화당과 전두환의 민주정의
당의 양아버지이기도 했다.

국민회로 이름이 바뀐 독촉은 신비스럽게 결집한 애국단체를 꿈꿔온 이승
만의 이상을 구현한 것이었다. 그는 이 단체를 발판으로 다른 이권단체들의 방
해를 받지 않고 유동적인 대중사회를 조작할 수 있었다. 그의 사상은 아주 모
호한 반공주의와 '통일'에 한정되어 있었다. 기타 그의 다른 주장들은 모두 그
때그때 임기응변으로 나온 것이었고 대부분 소극적으로 대처했다. 그는 오직
중요한 정치상황과 관련이 있는 것들, 예컨대 반탁, 냉전, 미·소 공동위원회 반
대, 다루기 힘든 국회의원의 '소환' 등과 같은 것들에만 관심을 쏟았다. 이승만
은 국민회가 정당이 되는 것을 진정으로 원치 않았기 때문에 국민회의 지도자
들이 그 조직의 이름으로 선거에 나서는 것을 허락하지 않았다. 그리고 파벌
지도자들로 정점을 형성하고 지방의 뿌리는 나중에 생각했기 때문에 결과적으
로 국민회는 고도로 중앙집중화되고 지방의 권력기반이 취약한 당시의 사회상
을 반영했다. 국민회는 한민당이 조선시대 아전의 후손들로부터 물려받은 네
트워크를 이용했다. 그러나 국민회 사람들은 공산주의자들의 강력한 지방세포
라든가 인민공화국 결성에 즉시 자발적으로 참여했던 일부 지방민들과는 조직
운영방식에서 극명한 대조를 보였다. 국민회는 정강이나 이데올로기, 그리고
자체의 기득권익을 아무 것도 갖지 않았으며 또한 지방의 조직을 대표하거나
그들을 고무하지도 않았다. 국민회 지도자들은 지휘하기를 원했지 명령받기를
원한 사람들이 아니었다. 국민회는 정상에서 지위를 얻으려는 하위 지도자들
과 저변에서 중앙으로 가는 계단을 올라가려는 지방 인사들의 욕망으로 움직
여지는 개인적 복종관계의 연합체였다. 그러나 그 조직이 너무 모호하고 이승
만과의 관계도 그저 일반적인 것이었기 때문에 이승만의 일시적인 기분에 따
르는 것 이외에는 결정적으로 권력에 접근할 좀 더 확실한 방법이 없었다. 역
사가 14년이나 되었는데도 이 단체가 진정한 정치적 정착에 성공하지 못하기
로는 초기나 말기나 마찬가지였다. 그 전신인 일진회와 후신인 자유당과 같이

국민회가 의존한 정점의 권력이 전혀 추종자들을 인지하지 않고 지도자들에게 활력을 주지 못하자 하루아침에 흔적도 없이 사라져버렸다.

1946년의 한국에서는, 어떤 지도자가 나서서 앞으로 구성될 국회에 대비하여 자기를 지지하는 정당을 만들고 그것을 정기적인 인력채용 채널로 활용하려고 했다면, 국내의 풍부한 유능한 인재들을 강력한 단체로 벼려낼 수 있었을 것이다. 이승만에게도 그렇게 하라는 압력이 가해졌다. 그러나 그렇게 하려면 일대 혁신이 필요했다. 한국사회는 스스로 주도권을 잡고 응집력 있는 정당을 만들어내기에는 너무나 모래알처럼 뿔뿔이 흩어져 있었다. 그리고 이승만 자신이 혁신가가 아니었다. 그는 옛 조선의 '자문기관'형 제도가 면면히 지배권을 행사했던 방법을 본 따 본질적으로 이익단체 결성을 배제함으로써 자신의 지배권 확대를 원했다. 그래서 그는 국민회에 모든 것을 맡기지 않았고, 1951~1952년의 경우처럼 전쟁과 야당이 그를 압박하지 않았다면 정치적인 집합체를 추가로 허용하거나 장려하지 않았을 것이다.

정당정치에 반대하는 그의 이론적 근거는 그의 유일한 철학으로 표명되었다. 그것은 그와 그의 무리로부터 나온 유일한 이데올로기 접근 방법이다. 한때 그 자신이 표명했고 또한 그가 주재하는 대중집회에서도 명백히 밝힌 일민주의(一民主義)는 1946~1947년에 그와 그의 주요 정치 참모가 공식화한 것이다. 그것은 단순하고 소박한 대중영합주의였다. 그 진부한 이름은 쑨원(孫文)의 삼민주의(三民主義)에서 따온 것이며 국가의 의지를 구현하는 '국민의 의지'를 규정한 것이었다. 그들은 국가의 쇠퇴를 "특정한 이해를 주장하는 개인의 태도"에서 찾았다. "우리의 지상 목표는 모든 것을 희생하고 하나로 단결하여 우리의 현안을 수행해가는 것"이라고 했다.[20] 특정한 이해는 행동과 의사의 통일을 열망하는 선조로부터 전수한 진정한 국가정신을 부정하는 것이며, 지도

---

20 Koh, Kwang-il(고광일), "In Quest of National Unity and Power: Political Ideas and Practices of Syngman Rhee," p.89에서 인용한 *Korea Open Letter*.

자의 목표는 국민의 의식과 의지를 기르고, 구체화하며, 표현하고, 실행하는 것이라고 했다. 이승만은 이런 단순하고 신비주의적인 '국가적 통일'의 이름으로 남녀평등과 계급차별의 해소를 주창하기에까지 이르렀다.[21] 일민주의는 한국독립촉성국민회의 지방지부에 배포된 팸플릿을 통해 간단하게 소개되고 이승만은 연설할 때마다 이를 언급했다.[22] 그러나 1948년 이승만을 중심으로 상당한 단결이 이루어지자 일민주의는 대부분 폐기되었다.[23] 이 비효율적이고 거의 전파되지도 못했던 '철학'은 결코 국민을 분발시키지 못했다. 이승만 주위의 극소수의 사람들을 제외하고는 그것을 믿지 않았으며 지식인들 사이에서는 조소의 대상이었다.

쑨원의 삼민주의처럼 이승만의 일민주의는 어떤 정책으로도 구현되지 못했다. 그것은 천진난만한 충성을 요구하는 카리스마적인 지도자의 도구였으며 훗날 북한에 등장한 과장된 주체사상의 초판과 같은 것이었다. 그것은 특히 지도자에게 국내의 생활 상태라든가 일상적으로 갖는 중압감에서 벗어나 일본이나 북한 또는 국제적인 음모와 같은 거리가 먼 문제에 주의를 집중하게 해주었다. 일민주의는 한국적인 패턴, 이를테면 권력의 완전한 중앙집중화, 사회를 풍요롭게 하는 기득권과 계급적 이해관계에 대한 저항, 그리고 전문적 의견이라든가 경험보다는 '애국주의'나 모호한 도덕적 자질에 대한 편애, 합리적인 시

---

21 일민주의에 대해 영문으로 가장 잘 설명하고 분석한 글은 Koh, Kwang-il(고광일), idem, pp.63ff이다. 고광일 박사가 말하듯이, 일민주의를 가장 집중적으로 분석한 책 중 하나는 양우정(梁又正)이 쓴 『이 대통령 건국정치이념, 일민주의의 이론적 전개』(서울, 1949)이다. 양우정은, 그가 이 책을 썼을 때는 이승만과 가까운 유력한 정치인이었으며 청년단체 지도자였고 신문인이었다. 그는 이 일민주의의 핵심 창안자 중 한 사람으로 간주되었으며, 그가 경영하는 일간지 ≪연합신문≫은 이 사상을 홍보하는 주요 정치 기관지 중의 하나였다.

22 예컨대 1948년 12월 15일에 행한 이승만의 연설문인 "The Living Spirit of Korea" 참조. 이 연설문은 *Korea's Fight for Freedom*, pp.11~12에 번역되어 있다.

23 일민주의를 이론화한 양우정과 그의 조직은 1952년 이범석 일파 숙청 때 권력에서 밀려났다. 대일민주의의 이론적 틀은 주로 안호상(安浩相)이 만든 것으로 알려져 있다. _옮긴이.

스템보다는 도덕적인 동기에 기초한 행위 선호와 같은 것들 중 가장 나쁜 특징들을 구현했다.[24] 요약컨대 비록 이승만과 그의 추종자들이 주창한 일민주의가 한국에서 제대로 뿌리를 내리지 못했다 할지라도, 그것은 이 나라의 원자화한 대중사회에 적합했던 것이다.

따라서 일민주의의 주창은 이승만이 다스리고 있는 국가의 이데올로기가 빈곤했음을 드러낸 것이었다. 이런 이데올로기의 빈곤은 한국의 전통적인 사회가 과거에 가졌던 지적인 실체에 비추어 도무지 이해가 되지 않는 일이었다. 반공주의를 부르짖는 남한에서 일민주의를 마르크스주의와 대조시키기조차 했던 것은 놀라운 일이다. 유교의 배경을 가진 국가에서 사람들이 심각하게 생각하는 도덕적 동기의 부재는 자랑스럽고 책임감 있는 참여를 손상시켰다. 이데올로기 없는 '애국심'과 '희생'이란 단어의 끊임없는 반복은 냉소주의를 야기하고 식민주의 아래서 의존했던 도피의 습관을 지속하게 했다. 내핍생활 추진과 단순한 저축운동조차 똑같은 암초에 부딪쳤다. 남한에서 공산주의는 교의상의 라이벌을 발견할 수 없었으며 부분적으로 낡은 유교가 대안이 될 수 없었다. 현재의 한국에서도 타이완, 일본, 베트남과 같이 정치와 사회는 정치참여를 불러일으킬 만한 이데올로기적인 힘의 부재로 여전히 타격을 받고 있다.[25]

국사 처리과정에서의 이데올로기와 선명성 부재는 이미 헌법이나 법률의 제약을 받지 않고 있는 지도자 개인의 권한을 확대시켰다. 이승만은 그 자신이 정통성이었다. 통일은 그를 통해서만 생각할 수 있었다(북한의 김일성과 그의 주체사상도 똑같은 것이라고 할 수 있으며, 다만 훨씬 더 장기간 지속되고 과장되고 있을

---

24 예컨대 관리들이 생활을 영위할 수 없는 낮은 월급을 받고 살아가도록, 또는 외교관들이 아내와 가족을 데려가지 않고 해외에 근무하도록 그들에게 '애국주의'를 호소하는 것과 같은 것이다.

25 좌익들과는 대조적으로 "보수파들의 전단지와 팸플릿은 어설프게 꾸며져 있고 구체적인 정책 프로그램이나 명확한 행동방침을 제시하지 못했다는 것"을 미군장교들까지도 알고 있을 정도였다.

뿐이다). 권력을 공유한다는 개념은 그의 국가관과는 맞지 않은 것이었으며 정직한 또는 솔직한 반대라는 것은 상상할 수 없는 일이었다. '국민의 뜻'에 반대되는 정책의 입법화를 시도하거나 견해를 표명하는, 국회를 포함한 개인이나 집단은 '자기의 이익을 추구하는 음모자', '국민권리의 횡령자', '더 큰 전체에 속하는 부분이라고 하는 교훈을 잊어버린 자', 그리고 물론 '공산주의자'라는 낙인이 찍혔다.[26] 이승만이 모든 중요한 투쟁, 특히 국회와의 투쟁에서 이용한 것은 이런 국민주권의 개념이었고, 그가 국회의원들을 치죄한 재판의 중심사상이었으며, 또한 이런 생각에서 1951~1952년의 정치파동 때 분쟁을 해결하기 위해 국민투표를 실시하고 대통령직선제를 주창하게 된 것이다. 그것은 지도자를 바꾸려는 어떤 시도도 분쇄하는 그의 유일한 이데올로기상의 무기였다. 이승만의 시대에는 이승만이 곧 국가였다. 불행하게도 한 세대가 흐른 1987년 말 현재도 이런 패턴은 남북한에서 아직도 반드시 제거해야 할 대상으로 남아 있다.

선거와 유동성

한국의 농촌주민들이 근본적으로 이승만과 의견일치를 보이고 있었다는 것은 그의 한국사회에 대한 견해가 적합했다는 표시였다.[27] 해방 후 수년간 국민

---

26 예컨대 1949년 8월에 국회에서 한 이승만의 연설 참조. 그는 이 연설에서 "이른바 정당과 조직 또는 공산당의 보호 아래, 아니면 특정집단의 균열을 노려 정치권력과 사리사욕을 취하려고 단결을 저해하는 어리석은 사람들"에게 경고했다. 공보처, 『대통령 이승만 박사 담화집』(1953), I, 4쪽.

27 당시의 선거패턴에 대한 이런 개요는 해방 후 지방의 선거상황을 둘러보며 유권자들을 만나 질문도 한 나 자신의 경험에서 정립된 것이며 도시 유권자들의 관점보다는 보수적인 시골 유권자들의 여론을 중심으로 내린 결론이다. 당시 국민의 절대다수가 살던 시골의 여론이 건국 초기의 선거에서는 도시보다 비교적 더 중요시되었다.

들의 투표가 정치집단에 거의 압력을 행사하지 못했다.

그 이유는 대의제도에 관한 비서구적인 개념에 있었다. 중앙집중화한 한국 사회에서 지방의 지주들은 그들이 향반이든, 아전이든, 혹은 농촌 자본가이든 지를 불문하고 지방행정과 곡식저장, 도로 및 물가 개선 등을 논의하기 위해 대체로 서울로 가는 습성이 있었다. 지주의 의견을 제도적으로 통제하는 수단도 없었고, 그리고 향반계층의 계급경계가 꽤 유동적이었기 때문에 지주들이 쉽게 중앙에 접근할 수 있었으며, 농부는 지방의 이익을 위해 서울에서 훌륭하게 말할 수 있는 지주에 기꺼이 봉사했다. 1946년 이후엔 그런 사람들이나 그 자손들이 사실상 빈번하게 국회의원으로 선출되었다. 특히 전라도와 같이 개인의 토지소유가 대규모적인 곳에서 그러했다. 그러나 공식적인 집단의 한 일원인 어떤 사람에게 투표한다는 개념은 아니었다. 동질성이 농후한 한국에서는 지방에 공통적인 많은 문제점들이 있었지만, 지방에 대한 충성이나 집단 전통을 장려하는 지방호족, 봉토, 성곽도시 같은 전통적인 조직이 없었다. 또한 지방 특유의 종교적·종족적 집단이나 광범위한 공통의 이해를 갖는 기업도 존재하지 않았다.

사실 가치체계도 집단을 형성하는 데 장애가 되었다. 궁중사회에서 단체를 짓거나 개별조직을 만드는 것은 유교이념에 비춰 '이기주의자들'의 짓이라며 정치적으로 경멸을 받았다. 가족 이외의 엄격한 조직은 하층계급의 '폭력단'이나 부랑자 부락이란 의미를 내포했다. 항구의 어민, 시장의 행상인, 담양의 죽세공과 같은 기존의 이익단체들이 이런 범주에 들어가는 경향이 있었다. 일반적으로 사회적 선(善)을 위한 이익단체나 압력단체의 개념이 거의 없었다. 언어도 이런 감정을 부채질했다. 옛 한국인들은 행상인, 아전, 승려, 병사, 포졸, 어민, 직조인과 같은 기능적인 직업의 사람들을 말할 때는 등 뒤에서 낮은 목소리로 소곤거렸다. 이런 명칭들은 전문기능을 가진 이익단체라고 하는 외관을 하고 꼴사나운 짓을 하고 있는 것으로 비쳤으며, 도당을 조직하여 다른 사람을 이용하고 때때로 도둑질을 하고 약탈을 하며 사기도 친다고 보았다.

일반적으로 사회적 선은 유덕한 개인으로부터 유래한다고 믿었다. 가장 존경받는 사람들은 '은퇴'하여 자신을 깨끗하게 유지하고 관직임명을 거부하고 '백성들의 항의'를 대변하는 방식으로 정치에 참여하는 학식 있는 모범적 인물들이었다. 이것을 현대 선거의 경우로 옮겨 생각해보면, 사람들이 가장 존경하는 인물들은 소란한 민주정치에 내보내지 않고(아마도 그런 사람들은 입후보하지도 않았을 것이다) 일종의 귀중한 저장품으로 보관했다는 이야기다. 또한 사람들은 양반의 가치가 선거에 적합하지 않다는 이유 때문에 양반들을 뽑지 않았다. 다른 극단적인 예로, 첫 선거에서 사람들은 '도당'이란 이유로 단체나 당의 구성원들에게 투표하지 않았다. 유권자들이 실제로 뽑은 사람들은 일종의 중간적인 인사들이었는데, 그러나 단체의 구성원들이 아닌 개인들이었으며 이전에 어떤 형태로든 공직생활에 참여한 결과, 자격을 인정받은 사람들이었다. 즉, 이전의 지방군수, 경찰서장, 국영회사 간부, 독립운동 지도자, 고위관리, 활동적인 지방 지주 등이었다. 그런 지위를 '위엄'을 갖고 지키고 있는 사람들이 정치적인 목적을 위한 지방형태의 '위대한 인사'가 되는 것이며, 이런 '위대한 인사'는 도당을 만들지 않았다. 그들은 '청빈'과 '성실'을 유지하고 타인과 어울리지 않음으로써 그들의 고결성을 지켰다. 또한 어떤 정당 내에서 획득하는 지위는 '위대한 인사'에게 부당하게 큰 권력 기회를 주는 경향이 있었다. 각 정당 내에는 정도의 차는 있었지만 보통 동등한 자격을 가진 몇 사람의 '위대한 인사'들이 있었다. 사람들은 그들이 존경하는 '위대한 인사'가 계속 바뀌는 것이 더 공평하다고 생각했다.[28] 따라서 대부분의 농촌지역에서 현저했던 이런 패턴은 당의 발전에 도움이 되기보다는 방해가 되었다.

---

28 지주 출신 입후보자들이라 하더라도 지역 선거구의 단지 5~10%만이 재선을 보증하기에 충분할 정도의 뛰어난 자격을 가진 단일후보군에 들었다. 지역에서의 높은 위상에 근거해 단일후보로 당선되는 인상적인 기록을 가진 사람들은 이보다 비율이 좀 낮았다. 하지만 이런 경우는 지방에 따라 매우 달랐다. 전라도에선 한 번 더 당선된 사람들이 경상도보다 두 배로 많았다.

처음에는 당이 아닌 개인의 신청으로 입후보가 결정되었다. 당내의 예비선거는 없었다. 초기 선거에서 정당은 소속당원의 개별적인 입후보 등록을 제어할 수 없었으며, 또한 당 소속 입후보자에게 당적을 밝히도록 강요할 수도 없었다. 1948년과 1950년 선거에서는 입후보자가 소속한 정당을 보고 투표한 유권자는 아마도 전체의 5%를 넘지 않았을 것이다.[29] 제헌국회의원의 거의 절반인 85명(다른 계산에 의하면 102명)은 무소속이었으며 다른 55명은 후보자를 공식적으로 지명하지 않은 국민회에 소속된 준(準)무소속이었다.[30] 29명은 한민당 소속이고 19명은 각종 청년단체 소속이었다.

정당은 오직 서울에서만 중요시되었다. 어느 정당도 제대로 된 정강이 없었으며 또한 실질적으로 차이나는 이념을 갖고 있지도 않았다. 그러나 법안에 대한 투표는 후보자에 대한 투표와는 아주 달랐다. 법안에 대한 투표의 경우에는 컨센서스가 힘을 증대시켰기 때문에 정당이 필요했다. 정당원이 되면 여당원이든 야당원이든 자신의 권력접근 기회를 최대화할 수 있었다. 여당에 들어가 자신이나 친구가 장관의 지위에 오를 수도 있었고, 야당에 들어가 정권을 쟁취하여 추종자들에게 보상해줄 수도 있었다. 이 바람에 1948년과 1950년 선거에서는 다수의 무소속 의원들이 한민당에 모여들었으며 1950년 5월까지 한민당

---

29 정당의 힘이 더 강해지긴 했으나 아직도 이런 패턴의 영향을 크게 받고 있던 시기의 선거에 대해서는 Yun, Chon-ju(윤천주), "The Voting Behavior of Eup Inhabitants," *Journal of Asiatic Studies*, 4.1(June 1961), pp.1~59 참조. 진주 인근의 마을에서 장기간 체류한 적이 있는 소프(Maner Thorpe) 박사 역시 1960년대에 대부분의 시골주민들이 정당과는 상관없이 그들이 '위대한 사람'이라고 생각하는 입후보자에게 계속 투표하고 있음을 알았다. 하지만 도시 유권자들은 이미 1950년대에 개인보다는 정당을 보고 투표하는 의식이 크게 발전해 있었다.

30 W. D. Reeve, *The Republic of Korea: A Political and Economic Study*, p.42는 무소속 의원을 133명으로 계산하고 있다. 한국 국회에 대한 광범위한 자료는 국회에 대한 보고서를 작성하기 시작한 이후부터 발행되어왔는데, 가장 최근에 발행된 것 중 하나는 『역대 국회의원 선거 상황』(1963)이다.

소속 의원 수가 29명에서 68명으로 늘어났다. 더 많은 의원들 — 70명 이상 — 은 국회의장 신익희가 이끄는 상당히 모호한 신당이었던 한국국민당에 가입했다. 제헌국회가 종료될 무렵엔 당초 102명이던 무소속 의원이 29명으로 줄었다. 이처럼 수도에서 정당은 별도의 입법기능에 관심을 가진 기관으로서가 아니라, 권력을 향해 올라가는 계단을 번갈아 제공하는 — 그리고 소속 당원이 철새처럼 이동하는 — 도당으로서 발족되었다. 이런 정당은 지역적인 기능을 갖지 않았을 뿐 아니라 지방 쪽에서도 그들에게 해결해주도록 요구하거나 전달할 사항이 별로 없었다.

1950년도에 치른 선거는 유권자들의 비정당 후보 선호 사실을 다시 한 번 확인시켜주었다. 이 선거에서는 1948년에 선거를 거부한 다수의 저명한 중도파가 대부분 무소속으로 입후보했다. 이들은 경찰의 간섭, 후보자들과 선거운동원들의 체포 등 탄압에도 불구하고 거의 모두 당선되었다.[31] 이번 선거는 정부 또는 한민당에 소속된 다수의 입후보자들이 인기가 없었음을 보여주었다. 국회보고서에 의하면 한민당은 국회의원 수가 68명에서 24명(다른 자료에 의하면 15명)으로 줄었다. 국민회는 14명으로, 친정부파인 일민(一民)클럽은 3명으로, 그리고 한국국민당은 71명에서 24명으로 줄었다. 이에 반해 무소속은 국회의 60%를 점하는 126명으로 늘어났다. 재선된 국회의원은 31명에 불과했다. 하지만 당선자들이 서울에 당도하자마자 정당 소속이 다시 늘어났다. 통상적으로 정부에 찬성표를 던지는 국회의원이 65명에 달했다. 1951~1952년에 한민당과 다른 야당의원 수는 총 210개 의석 중 과반수를 점했다. 1951년 12월에 자유당이 결성되어 계속 세력을 늘려갔다. 1954년 회기 말에는 무소속이 절반 이상 줄어들어 60명이 되었다. 99명은 여당인 자유당원이었고 20명은 한

---

31 예를 들면 *Voice of Korea*, May 27, 1950은 5월에 7명의 선거운동원 또는 예비후보자를 체포했으며 여기에는 「국가보안법」 위반혐의로 서울대학교 교수 한 명도 포함되어 있었다고 보고하고 있다. 2명의 입후보자는 옥중에서 당선되었다.

민당원, 27명은 북한의 남침으로 납북되었다. 한국의 초기 국회 경험이 보여준 것은 정당은 수도에서 결성되고 농촌 유권자에 의해 약화되었다는 점이다.

한국의 정당이 '조정이 아닌 병합'이라는 특징을 보여준 것은 정당의 기능이 선거에서 선출된 개인을 위해 권력접근의 채널 역할을 한다는 의미였다. 1975~1987년 사이에 점점 더 치열해진 정당 간의 싸움은 옛날의 패턴에 상당한 압력과 변화를 주었다. 그러나 초기 경향은 단체의 일원으로서 입후보하는 것이 유리하지 않았으며 집단을 만들어 움직이는 것이 오랫동안 신망이 낮았기 때문에 정치인들은 집단 모럴을 결여했으며, 단결해야 한다는 필요성을 사람들에게 승복시킬 수 있는 이유를 둘러대기가 어려웠다. 정치인들은 권력의 변화에 따라 권력에 대한 접근 기회가 있다 싶으면 신의를 저버리는 것도 자유라고 생각했다. 정당은 지방적인 기능이나 의미를 거의 갖지 않았기 때문에 이런 지조 변화에 대한 아무런 제어장치가 지방에는 없었다. 정당 내부의 벽은 이처럼 취약했다. 즉, 개인이 정당을 '배반'했다는 비난이나 당내 분열로 일어나는 불화에 대한 공격은 힘을 가지지 못했다. 그래서 해방 이후 국회에서는 무수한 분열이 계속되었다. 1948년 선거 직후 국민회 소속 30명의 의원들이 일민클럽이라는 친정부 단체로 옮겼다. 1948년 말 한국국민당이 새로 결성되자마자 이들 중 한 분파가 한민당에 가입하기 위해 떨어져 나갔다. 1952년에는 '원내자유당' 당원 일부가 '원외자유당'으로 옮겨갔다. 양당제도가 확립된 이후에도 한민당과 자유당 의원들이 서로 탈당하여 상대 당으로 당적을 바꾸었다. 1954년 이후에는 대규모 당적변경 사태는 줄어들었지만, 이런 당적변경은 당에 대한 충성을 바꿀 자유가 그대로 있는 한 국회 내외에서 여전히 강력한 힘을 갖고 있었다. 사실 그런 일이 꽤나 빈번하게 일어났기 때문에 이를 저지하기 위한 법적인 조치를 취하는 것이 어떤가 하는 여론도 있었다. 1963년 선거 이전에 군사정부는 '정계의 혼란'을 피하기 위해 국회 내에서 당적변경을 금지하는 규정을 「국회법」에 삽입했다. 이 금지조항은 박정희 정권이 종식될 때까지 계속되어 정치발전에 장애가 되었다. 또한 1972년 12월 30일의 「국회의원선거법」

은 기탁금을 무소속 후보는 당시 화폐가치로 약 7,500달러, 정당 지명후보는 약 5,000달러를 요구함으로써 무소속 후보가 정당 후보보다 50% 더 많이 기탁하도록 했다. 근본적으로 정치 사회적인 기능장애에 대해 법적인 제재를 가하는 것이 부적절하긴 하지만 이 법률은 한국의 정당들이 원칙이나 정책을 추진하기보다도 변하기 쉬운 파벌항쟁의 성격과 군거식(群居式) 병합 사회에 더 잘 적응했다는 것을 암암리에 인정한 것이다.

정당이 적법한 기득권을 가졌을 때도 그들은 이것을 행동의 기초로서 구체화하기를 싫어하는 놀라운 특징을 보였다. 한민당은 몰수에 의한 토지개혁을 저지하는 일에 집단적인 이해가 걸려 있었다. 그들이 강력한 영향력을 가지고 있었을 때인 1949년 6월 21일 국회는 한민당의 반대가 별로 없이 토지개혁법안을 가결했다. 대통령은 이 법안이 지주들에게 불공평하다고 생각하고 거부권을 행사했다. 지주에게 더 유리한 ― 크게 유리한 것은 없었지만 ― 법안이 결국 통과되고 1950년 3월 25일 공포되었다. 한편, 한민당이 더 흥미를 가졌던 것은 당원들의 기득권 문제보다도, 거부권을 행사하고 이를 파기하는 대통령과 의회 사이의 힘겨루기 권력 쇼였다. 이와 유사한 것으로, 친일파에 대한 관용도 한민당의 정통적인 정치적 이익이라고 생각되었다.[32] 그러나 1949년 봄 국회를 무시하고 이런 관용을 베풀 것을 주장한 것은 한민당이 아니라 대통령이었다. 한민당 국회의원이나 어느 다른 의원들이 자기들의 '권익'을 위해 유일하게 투쟁한 것은 그들 자신의 권력과 관련된 것, 예를 들면 정식으로 통과된 법안(자기들에게 유리한)의 시행이라든가, 국회를 그들에게 유리하게 운영하는 제도상의 개선 등이었다. 그러나 그때까지 14년 의회 역사상 특정한 권익을 대표하는 어떤 정당이 의욕적으로 나서서 이를 쟁점화한 사례를 찾아보기가 어렵다. 지방의 지주나 계급과의 유대관계는 거의 비밀이 되고 있었으며, 비공

---

32 이 법안이 가결되어 공포되면 다른 여러 사례들보다도 우선 김성수 자신의 형제가 소환될 입장이었다.

식적인 협정을 맺을 때, 혹은 새로운 당원을 모집하든가 사회적 집회와 같은 친밀감을 강조하는 일에만 이용되었다. 이런 것들은 당의 정책 목적에는 없었고 또한 정당의 존재이유에도 없었다. 그로부터 20년이 지난 1988년에도, 그리고 강력한 대기업들이 등장했는데도 정당과 이익단체들과의 유대 결여는 과거와 다름이 없었다.

식민주의가 기득권의 정통성을 손상시킨 바람에 유명 인사들이 인기 없는 문제를 꺼내 왈가왈부하지 않으려 한 사실을 인정한다 하더라도, 한국사회가 항상 그런 문제에서 발을 뺄 작정으로 있는 것처럼 보였다는 것은 매우 심각한 문제가 아닐 수 없었다. 독일사회는 그들의 부덴부르크(Buddenbrook: 토마스 만의 대하소설 『부덴부르크 일가』에서 나온 말로 구식 부르주아를 의미한다. _옮긴이)에 대한 문제를 피해가지 않았으며, 영국인들은 상업상의 이익에 관한 문제를, 또한 필라델피아와 보스턴 상인들의 대륙회의(Continental Congress: 미국이 아직 영국의 식민지였던 시절 13개 주의 미국인들이 개최했던 두 번의 회의. 첫 번째 회의에서는 식민지 자치를 요구했고, 이를 거절당하자 두 번째 회의에서 「독립선언서」를 발표했다. _옮긴이)도 같은 문제를 결코 피하려고 하지 않고 정면으로 부딪쳐 해결하려고 했다. 이처럼 중요한 정치현상은 각국의 중요한 문화의 기원으로까지 거슬러 올라간다. 한국에서는 재산이나 전통적인 부 및 소득원에 대한 기득권익이 약했고 불명확했으며 중앙권력의 동요와 거기로 이끄는 소용돌이의 상승하는 힘에 끊임없이 영향을 받았다. 한국에서의 기득권은 깊은 계곡의 벼랑에 붙어 있는 발육이 정지된 덤불과 같았으며, 유럽이나 미국의 문화가 그들의 상업사회라는 대지에 심어놓은 깊은 뿌리를 가진 울창한 나무와 같지 않았다. 이런 환경 아래서는, 유럽이나 미국의 상업사회에서 재산보유자들을 고무했던 것과 같은 적극적인 권리주장이나 자신감을 한국의 재산가들은 거의 누릴 수가 없었다. 한국에서는 'vested interest(기득권익)'이란 용어조차 빌려온 것으로서 번역이 잘 되지 않는다. 재산과 그에 대한 권리는 사회의 유동성과 같은 것이다. 재산권을 촉진하기 위한 집단의 형성은 그와 관련된 정당으로 하여금 국민의 지지를 지속적으로 받을 수 없게 하는 경향이 있다. 이는 조선시대 문화에서 기능계급 집단을 고착화시켜 기동성을 없애고 영향력을 제한했던 것과 마찬가지다. 아직도 이와 같은 기득권의 결여가 한국의 정당들을 일시적인 것으로 운명 짓고 있다.

투쟁에서 오는 응집력과 정당

1988년 6월 현재 한국정치의 특징은 일시적인 정치적 응집이 눈에 띄게 늘어났다는 점이다. 겉으로 드러난 것으로 봐서는 인상적이기까지 하다. 이것은 기득권이 증가한 결과가 아니고 소용돌이 내에서 치열해지고 있는 권력투쟁의 순전히 내부적인 과정에서 나온 것이다. 따라서 응집력은 권력접근의 유동적 압력기능이며 더 정상적인 강도로 원자화를 가속시키는 요인이 된다. 한국 역사상 최대 규모의 전쟁이 이런 바탕과 환경에서 일어났다. 그러나 정치적 집합은 전쟁에 의해 조성된 것이 아니라 스스로 유발된 것이다.

응집의 초기 형태는 확실히 한국전쟁이 시작되기 이전부터 형성되었다. 한민당은 이승만을 지지해 대통령으로 만들었다. 그들은 보상을 받을 것으로 기대했다. 사실 그들은 이승만이 조선시대 왕의 역할을 하고 '자문기관' 패턴의 내각제도에 의해 자기들이 통치에 참여할 수 있을 것으로 예상했다. 그러나 이승만이 대통령제를 주장했기 때문에 그들은 실패했다. 그 후 그들은 정부 요직의 임명을 통해 지배에 참여할 것으로 기대했다. 이승만은 여기에서도 그들을 실망시켰다. 이승만이 최초의 내각을 구성했을 때 김성수는 아무런 자리도 차지하지 못했으며, 장택상(張澤相) 외무장관처럼 한민당에 근접했던 사람들만이 혜택을 입었다. 권력은 이범석 총리하의 완강한 청년단 집단에 집중되는 것으로 보였다. 이 집단은 국방·내무 양부와 총리 자리를 차지했다. 이승만은 별말이 없었다. 그는 단순히 자기보다 더 뿌리가 깊은 결속력 있는 집단과 권력을 공유하는 것을 원치 않았다. 그는 대부분의 한민당 당원들을 핵심요직에서 배제했으며, 한민당 당원이며 미 군정청의 경무부장이었던 조병옥을 대사로 임명하여 국외로 내보낸 것이 고작이었다.

한민당은 배신감을 느꼈다. 그들의 대변지인 《동아일보》가 그들의 불만을 전했다(제6장 참조). 그들은 관료기구 내의 요직을 바랐으나 거부당하자 내각책임제 헌법개정 정책을 부활시키고, 이를 지지하는 새 의원들을 흡수하여 국회를 통한 권력 쟁취에 나섰으며, 1948년 후반 이후 차츰 한국 최초의 야당이 되어갔다. 1949년 10월 21일 개최된 한민당 전당대회에서 이 같은 목적에 걸맞게 당의 정강정책을 개정했다. 처음에는 내각제에 대한 국민의 폭넓은 지지가 부족했지만 국회의원을 끌어들이는 데는 힘이 있었다. 그리고 곧 '반독재' 이슈로 도시 유권자들의 지지를 받기 시작했다. 이승만이 친일파의 처벌, 토지개혁, 지방자치, 여순반란사건 후의 보복조치 등 국가적인 문제를 놓고 국회와 싸움을 벌일 때, 국민과 국회 양 근원으로부터 한민당에 대한 지지가 늘어나기 시작했다. 1949년 2월 국회의장 신익희는 70명의 군소 정치인 연합체인 한국국민당 당원 대부분을 이끌고 한민당에 합류했다. 당명은 민주국민당(약칭은 민국당, 그러나 이하 민주당으로 통칭함)으로 변경되었는데, 야당이 된다고 하는 확실한 목적에서 만들어진 최초의 정당이 되었다. 민주당은 1950년 5월 선거에서 자체의 간부들은 낙선으로 줄어들었지만 새로 선출된 다수의 야당계 무소속 의원을 영입해 세력을 증대할 수 있는 절호의 기회를 가졌다. 1952년까지 민주당은 한국에서 가장 강력하고 응집력이 있으며 안정된 정치 세력이 되었다. 1950년 6월 25일 북한 공산군의 남침으로 피난을 가야 했던 제2대 국회가 개원하기 전 6일간의 회합에서 민주당과 그 제휴자들은 이미 헌법개정을 재상정하기 위한 조치를 취하고 있었다. 전쟁에 대한 불만은 그들에 대한 지지를 더욱 높여주었다.

전쟁이 발발하기 전에 정부 측에서도 정치적 연합이 시작되었다. 1949년 이승만은 모든 청년단체들을 대한청년단으로 합병하고 모든 노동조합들을 대한 노동자총연합(대한노총)으로 통합하도록 명령했다. 이런 조치는 아마도 통제를 강화하기 위한 것이었을 것이다. 1951년 이런 단체들을 정당정치에 직접 끌어들여 자유당 창당의 기초로 활용했다. 한편 이승만은 신익희 의장을 따라 야당에 합류하지 않은 한국국민당 의원들을 조용하게 지원하기 시작했다. 이 잔당은 1950년 선거 때까지 국회에서 최대의 정당으로 남아 있었으며 1950년 5월 선거에서 일부는 민주당과 협력하고 일부는 정부의 지지를 받아 24명의 국회의원을 당선시켰다. 이들은 앞서 1950년 3월 14일 내각제 개헌을 위한 최초의 헌법개정안을 부결시키는 데 중요한 역할을 했던 집단이다. 또한 경찰의 민주당 동조자들을 추방하는 일에 적극적이었으며, 정치적인 간섭을 고무하고 일부 반대자들을 공산주의자로 몰아 평판을 떨어뜨리기 위해 스캔들을 퍼뜨리는 이른바 정치행동대를 만들었다.[33] 당의 결합은 오히려 초보적인 상태였다. 한국국민당이 힘에 호소하거나 음모를 꾸민 것은 응집력 부족을 메우기 위한 뻔뻔한 작태였다. 그럼에도 결합과 정치적 확대는 단계적으로 진전되었다.

한국전쟁이 정치적으로 약간의 기본적인 영향밖에 주지 않았다는 것은 놀라운 일이다. 몸집이 크게 늘어난 육군의 정치적 지위 향상은 10년 뒤에 나타났다. 공산군의 침략과 점령은 좌익을 제거하고 반공감정을 높이는 계기가 되었으며 실업가와 중산층의 독립성을 크게 약화시켰다. 그러나 정치적 투쟁과 그 목적 패턴은 변하지 않은 상태였고 그 진행과정조차 대부분 온존되었다. 국토의 4분의 3을 초토화한 엄청난 파괴력을 보인 전쟁도 한국의 정치패턴을 그다지 변화시키지 못했다는 것은 그것이 얼마나 뿌리가 깊은 것이었는지를 보여주었다.

그러나 전쟁은 정치적 발전을 활기차게 하고 강화시켰다. 공황상태 속에서

---

33 1950년대의 정치적 사건에 대해선 W. D. Reeve, *The Republic of Korea: A Political and Economic Study* 외에 David M. Earl, "Korea: The Meaning of the Second Republic," *Far Eastern Survey*, 29.11(Nov. 1960), pp.169~175; 조병옥, 『나의 회고록』 참조.

의 서울 포기, 재탈환에 수반된 보복, 군사적 실패, 물가 폭등과 부패 만연, 군대 주변의 범죄 증가와 부정사건의 빈번한 발생 등은 야당의 결의에 불을 지폈고 대중의 지지를 높일 수 있는 길을 열어놓았다. 1951년 중반까지 대통령은 민주당이 일종의 연립내각에서의 불만에 찬 파트너로 보이기를 바랐다. 대통령은 민주당 동조자들 중 수명을 장관직에 임명하기까지 했다. 그러나 민주당이 국민방위군 사건과 거창사건을 극렬하게 폭로, 비판하고 김성수를 부통령으로 당선시키자 민주당 각료들을 즉각 해임했다(제6장 참조). 다른 민주당원들도 추방되기 시작했으며 이젠 적대적인 대결 상태를 피할 수 없게 되었다.[34] 1951년 8월 15일 이승만은 행정부에 대한 국회의 힘을 거세하기 위해 대통령 직선제와 양원제 입법부에 대한 헌법개정을 제안하는 정치적 선전포고를 했다.[35] 이런 목적을 달성하기 위해서는 그가 현재 장악하고 있는 것 이상의 정치 세력이, 즉 정당이 필요하다는 것을 알고 있었다. 바로 그날 그는 다음과 같은 대중 연설을 했다.

내가 말하고 싶은 것이 하나 더 있습니다. 지금까지는 정당을 결성하는 것이 현명하지 못한 것처럼 보였습니다. 왜냐하면 우리 국민들은 정당이 단순히 정당한 또는 부당한 수단으로 권력을 획득하기 위한 조직을 만드는 것이 아니라, 위

---

34 사태를 이 지경으로 이끈 1952년의 부산정치파동에 대해선 조일문, 「정치파동의 인식과 비판」, ≪신정치≫, 3.1(1953년 4월), 32쪽 참조. 또한 엄상섭, 『권력과 자유』(서울, 1957) 참조. 나는 또한 당시의 일간신문들과 개인 비망록을 참조했다.

35 참의원 설치안은 1951년 8월 15일의 이승만 대통령 연설에서 언급된 것 외에 어떤 다른 성명서에 의해 뒷받침된 적이 없었다. 이승만은 그 연설에서 "양원제는 대한민국을 안전한 민주국가로 발전시킬 것"이라고 말했다. 하지만 그것은 분리 통치라는 예로부터 전해오는 기술의 대가인 이승만이 민의원과 참의원을 서로 겨루게 함으로써 국회의 기능을 약화시키려고 한 것임이 분명하다. 같은 연설에서 이승만은 "절대 다수의 우리 국민들이 우리 정부의 실질적인 토대로서 그들이 마땅히 있어야 할 자리를 지킬 수 있게 하기 위해" (헌법)개정을 제의했다. 이 연설문은 공보처, 『대통령 이승만 박사 담화집』, I, 58~61쪽에 실려 있다.

대한 원칙을 대표해야 한다는 것을 터득할 시간이 필요하다고 생각했기 때문입니다. 그러나 이제 농민과 노동자들이 결속하여 그들 자신의 이익과 우리나라의 이익을 지키기 위해 국민정당을 조직해야 할 때가 되었습니다. 우리 국민 대다수는 자기들의 신문도 갖고 있지 않고 공식적인 대변인도 없습니다. 그들의 소망은 대개 무시되고 때로는 잊히고 있습니다.[36]

이승만은 8월 25일 일민주의적 어조로 "이 당은 당파성을 벗어나 국민의 행복을 지상목표로 해야 할 것이다"라고 덧붙였다. 분명히 일당지배를 추진한 것이다. 그러나 적어도 현재로선 초당파적인 대통령에 힘을 주는 정당이 하나 필요했다.

일단 창당이 시작되자 예상한 대로 놀라운 속도를 보였다. 기존 정부채널의 뒷받침이 큰 몫을 했다. 5개월 동안 창당에 관한 모든 발표는 정부의 공보처가 주관했으며, 아주 긴급한 업무를 위해 경찰 통신시설이 동원되었다. 1952년 4월의 지시를 시작으로 경찰은 모든 정치적 반대자들을 '철저히 조사하라'는 지령을 받았다. 더욱이 이승만의 당은 기성조직인 국민회, 대한청년단, 대한부인회와 대한노총 등을 거느렸다. 이들 단체들은 본래 초당적으로 설립된 것이지만 즉시 지지자로 바뀌었고, 법적으로는 별개기관으로 남았지만 우호단체들을 이용하여 전국 방방곡곡에 서로 뒤얽혀 병립하는 위계질서를 만들어냈다.[37] 지방지부가 하룻밤 사이에 거창한 조직으로 변해, 기꺼이 대통령의 새 헌법개정안을 지지하는 운동을 벌이며 시위를 하고 경우에 따라서는 잠재적인 반대

---

36 1951년 8월 15일 이승만 대통령의 광복절 연설문. 공보처, 『대통령 이승만 박사 담화집』, 61쪽 참조. 군부의 거대한 규모가 이승만에게 정치의 장에서 더 큰 균형 잡기 조직의 궁극적인 필요성에 대한 어떤 암시를 주었는지는 드러나지 않았다. 육군의 거대한 팽창에 대한 우려는 더 시급한 정치적 필요성에 의해 묻혀버렸다.

37 1952년 3월 20일에 자유당(1951년 12월에 이런 당명을 지었다) 전국대회가 열렸는데 당원수가 총 265만 4,250명이라고 주장했다. 대부분 전국적인 기존 조직들을 흡수한 것이었다.

자들에게 테러를 가하는 충성심을 보여주면 그 당원들이 더 높은 자리를 차지할 수 있는 자격을 갖게 해주었다. 조직 면에서 그리고 일부는 정신적인 면에서 신당의 전술은 일본이 제2차 세계대전에 승리하기 위해 조선인들을 동원했던 식민지 조선의 수많은 애국단체들을 생각나게 했다.

한동안 이런 전략이 또한 반대의 목소리를 높였다. 친정부 국회의원들은 국회의 권력화에 반대하는 입장에 있는 자유당에 가입하지 않고 그들 자신의 당을 결성했다. 일부 의원들은 정부가 신당 결성에 수단방법을 가리지 않는 것에 원칙적으로 반대했기 때문에 야당에 합류했다. 이승만 지지자들조차 1952년 1월 18일에는 그들의 대통령중심제 헌법개정안을 143대 19로 부결시키는 데 가담했다. 관제 대중시위, 테러, 그리고 마침내 발동된 계엄령과 검거 선풍은 이승만에 필사적으로 반대하는 정치인들이 군부 지도자들에게 쿠데타를 간청하고 미국인들에게 '민주주의' 수호를 위한 지지를 호소하는 사태로까지 번졌다. 대학들은 서울서 부산으로 피난을 간데다 또한 징병으로 학생들이 고갈되었기 때문에 군대가 지배하는 환경에서 무기력하기만 했다. 야당으로선 따로 기댈 만한 세력이 없었다. 국민 대중은 투쟁을 싫어하는데다 전쟁으로 혼란에 빠져 있어, 전투무장을 하고 외국의 지원을 받고 있는 정부의 여러 세력에 대항해 일어설 수가 없었다. 1952년 7월 4일 이승만의 재선에 방해가 될 우려 때문에 사전에 체포되어 곤욕을 치르고 있던 일부 야당 국회의원들은 본회의장으로 행진해 들어가 다른 동료의원들과 함께 입법부 권한의 대부분을 종식시키는 대통령의 헌법개정안에 얌전하게 찬성표를 던졌다.

자유당

1951년 12월 23일에 발족한 자유당은 일민주의 이미지와, 그리고 또한 다른 정당과 별로 구분이 되지 않는 사회적 이미지를 갖고 있었다. 국민정당으로서 비록 혁명의 모양새는 갖추지 않았지만 터키의 공화인민당 및 멕시코의 입헌혁명당과 유사점이 있었다. 이 '자문기관' 단체들의 거대한 위계조직은 대중사회의 여러 계층으로부터 당원을 모집했다. 그 지도층에는 이기붕과 같은 양반 출신, 아전의 자손, 여러 계급 출신의 일제강점기 관료와 저 악명 높은 이용범과 같은 최하층 신분의 사람들이 뒤섞여 있었다.[38] 질서정연한 당원 모집이 실행되지 않았다. 지도층 중에서 전국적인 조직의 단계를 거쳐 뽑힌 사람들은 극히 드물었다. 자유당은 지역적으로 민주당에 속하는 전라도와 평안도 중산층 집단을 제외하고는 거의 모든 지역을 아울렀다. 당내의 서클을 대표하는 사람들은 일제강점기 때의 중앙이나 지방 관료 출신들이었는데, 이들은 옛 직위가 친일파란 소리를 들을 정도로 너무 높아도 안 되고 식민지 시대의 불복종을 인정받을 수 있을 정도로 너무 낮아도 안 되었다. 그들은 당의 관리요청을 받은 소수파 공무원들의 본능을 갖고 있었다. 그들은 권위에 대한 복종과 적에 대한 자위본능을 제외하면, 신중하고 모든 면에서 주체성이 결여되어 있었으며, 무한히 경계심이 많고 무척 주위에 신경을 쓰는 타입들이었다. 그들은 당의 지도원리조차 만들지 못했다. 자유당은 모든 계층에서 뿌리가 없었으며 패턴도 없는 사회적·지역적, 그리고 사단법인적인 단체들과 개인들의 혼합이었다. 이들에겐 벌거벗은 권위만이 명령으로 먹혀들 수 있을 것 같았다. 신념과 이데올로기는 당연히 구속력을 갖는 역할을 하지 못했다. 자유당은 오직 아르헨티나의 페론주의자들처럼 이승만에 대한 충성 표명만을 반복했다.

맹목적 충성이라는 내부적 요구 외에 외부적으로 명시적인 기능이 당에 추가되었는데, 그것은 행정부를 야당으로부터, 국민들의 불만으로부터, 그리고 정치조직에서 어떤 이해관계의 집적으로부터 지켜주는 일이었다. 전쟁으로 타격을 받은 데다 부패와 기회주의가 만연한 환경 아래서 만성적인 경제위기로 고민하는 정부를 지키는 일은 당 지도자들과 파벌의 느슨한 동맹만으로는 충분

---

[38] 이 무학의 벼락부자가 한 주막에서 유력 정치인의 어린 아들을 귀여워하며 같이 놀아준 것이 권력 사다리에 최초로 발을 올려놓는 계기가 되었다는 소문이 널리 퍼져 있었다. 자유당 경남지부에서 휘둘렀던 그의 힘은 1957~1958년에 심각한 파벌갈등을 일으켰다.

치 않았다. 그리하여 거대한 '자문기관' 패턴의 위계질서와 지배기구를 가진 좀 더 확실한 조직이 발전했다. 그러나 이런 정교한 기구는 새롭거나 현대적인 기능이 결여되어 있었고, 감시와 통제라는 전통적인 기능을 갖고 있었다. 그 수단과 행동은 역시 이런 기구를 한국의 과거 '자문기관'의 전통적인 활동방식으로 되돌아가도록 강요하는 복고주의적인 것이었다. 그 거대한 '자문기관' 패턴의 위계질서는 기득권익과 전문가의 지위를 갖지 못한 사람들이 그런 지위에 의젓하게 오르고 내릴 수 있도록 조종되고 통제될 수 있는 체(sieve)가 되었다.

7년 동안 이런 특성은 효과적으로 작동했다. 1954년 자유당은 국회 전체의석 203석 중 114석을 획득, 한국 역사상 최초로 절대다수를 점하는 정당이 되었다. 1958년에는 무소속 의원들로 보강되어 126석으로 늘어났다. 무소속은 제헌의원 선거에서 제일 많은 의석을 차지했으나, 양당 정치가 자리를 잡게 된 1954년 선거에서는 68석으로, 그리고 1958년 선거에선 27석으로 감소했다. 무소속이 줄어들면 들수록 그들의 값어치는 더 높아졌다. 1954년 선거에서 15석으로까지 줄어든 민주당은 1952년부터 1955년 사이에 중요한 정권 경쟁자의위치에서 거의 탈락하고 말았다. 일당독주제도가 뿌리를 내린 것이다. 그 이후에도 1960년의 혁명 때까지 자유당의 지배가 정치적으로 보증되었다. 당의장은 국회의장이 되었다. 행정부와의 싸움은 끝났다. 1958년까지 자유당과 국회는 거의 합병된 것처럼 보였다. 이들 양자는 행정부의 정치적인 양팔로서 강화되었다. 이는 해방 이후나 또는 한일강제병합 이전을 불문하고 독립된 한국에그때까지 있어본 적이 없는 엄밀하고 철저한 지배였다.

자유당의 조직은 인상적이었지만 그러나 그들은 의사소통, 정책결정, 토론을 하는 데는 이런 조직을 활용하지 않았다(제9장 참조). 자유당은 항상 국가의 정치력을 독점하기 위해 만들어진 지배기구였다.[39] 온건한 지도자 이기붕 밑

---

39 자유당에 대한 또 다른 분석은 이종국, 「총비판, 자유당」, ≪사상계≫, 4.2(1956년 2월호), 237~249쪽 참조. 민주당에 대한 분석은, 신도성, 「총비판, 민주당」, ≪사상계≫, 같은 호,

에서 이런 목적을 달성하기 위해 주로 정치적인 수단이 선호되었다. 그러나 정치적인 수단이 실패할 경우에는 비정치적인 힘이 필요했다. 자유당은 그 격렬했던 탄생의 순간부터 그런 힘을 기구 내에 언제나 가지고 있었다. 즉, 완력이 센 폭력단, 부랑자, 전직 깡패 두목들, 그리고 1952년에 해산한 청년단체의 직계 또는 방계의 후계자 등이 그러했다.[40] 투표소의 후보자들 뒤에는 경찰이 서 있었으며, 1958년 12월 24일에는 국회 지하실에 야당의원들을 가둬두는 등, 경찰이 국회 회의장에서조차 국회의원 뒤에 서 있음을 보여주었다. 자유당에는 일본식 지배구조가 조선시대의 '자문기관' 기능과 결합되어 있었다. 힘이 사용되지 않을 때 정치적 부패가 기승을 부렸다.[41] 민주적인 대변은 침묵하거나 취약한 야당에 맡겨졌다.

맨 아래서는, 행정구역의 최하단위인 시골마을에서조차 정치적으로 계몽이 되고 있었고, 점차 많은 사람들이 글을 읽을 수 있게 된 대중이 선거라는 형식의 경로로 그들의 감정이나 불만을 전할 수 있다는 희망을 가지기 시작했다. 개혁의 지연, 전후 처리, 재건 기회 등으로 인해 그런 의사소통 경로가 시급히 필요하게 되었다. 자유당의 대규모 위계조직의 하위채널을 통해 일부 참여가 시작되었다. 그러나 마을의 뿌리는 취약했고, 거기에다 경찰은 강력했다. 경찰은 당시 그들의 이익에 동정적이고 자유당 내 고위직에 있던 한희석(韓熙錫)과 같은 경찰 출신 의원을 통해 더 높은 권력에 접근했다. 경찰이 점점 더 국민의 정치적 의사전달 수단을 대체해갔다. 이 2년간(1956년과 1957년) 시골마을에서

301~312쪽 참조.

40 한국의 주요 정치 세력으로서 청년단체들은 1952~1953년에 이범석과 그의 추종자들의 실각 때 살아남지 못했다. 이승만은 1953년 9월 10일 한국의 모든 청년단체들을 해산하도록 명령하고, 자유당에 "국민회의 청년단원들이 국회의원에 절대로 입후보하지 못하도록" 감시하라고 지시했다. 공보처, 『대통령 이승만 박사 담화집』, 130쪽.

41 외무부는 1954년 9월 6일 이승만과 자유당의 헌법개정안 통과 시도를 "설사 그들이 공개적으로 34명의 국회의원 표를 매수하는 일이 있어도 ……"라는 식으로 공식적으로 발표했다. 외무부, 『한국 군사혁명』, 33쪽.

는 경찰이 감시하는 '그룹지도' 조직의 적절한 안내로 집단으로 투표하는 경우가 자주 있었다. 1960년 선거에서는 경찰이 권장한 애국완장이 투표장에서 충성의 표시로 널리 착용되었다. 대규모 부정투표, 반대파 운동원들의 체포와 협박이 증가했다. 한편으로 이런 상황은 자유당 공천 입후보자들의 당선 확률을 크게 높여주었기 때문에 그 대가로 당의 기율은 엄격할 수 있었다. 다른 한편으로 이제 선거와 '대표자'에 대한 공허감과 냉소주의라는 중요한 특성이 국민들에게 감염되었다. 투표는 자유당 시대가 오기 전에 실시된 두 번의 선거만이 완전히 민초의 의견을 대변한 것이었다. 경찰과 그 추종자들의 지도에 따라 치른 1957년 선거가 앞서 말한 공허하고 냉소적인 투표경험을 갖게 했다. 많은 사람들이 마을에서도 조금씩 성장할 것으로 생각하던 민주적인 표현은 크게 후퇴하지 않을 수 없었으며, 이것은 아직도 회복되지 않고 있다.

지방자치제에 대한 방해도 정치적인 의사소통 경로를 감소시켰다.[42] 미군정 당국은 너무 취약하고 우유부단하여 자체의 지방선거 포고령을 시행할 수가 없었다. 이승만은 지방자치단체의 발전을 강력하게 거부했는데 그 이유는 지방자치단체가 너무 독립적으로 될 것을 우려했기 때문이다. 그는 국회가 1949년 가결한 지방자치법안을 전례 없이 세 번이나 반송했는데 이 가운데 두 번은 분명히 헌법에 위배된 것이었다. 전쟁이 그것을 더욱 지연시켰다. 선거가 1952년과 다시 1956년에 실시되었을 때 전국적인 조직은 하위계층에 공식적인 압력을 쉽게 가할 수 있었으며 그로 인해 자유당 인사들은 크나큰 보답을 받았다. 한동안 자유당은 그들의 승리를 자신하고 지방선거를 추진했다. 또한 지방의 농업은행과 협동조합을 설립하는 입법을 통과시켰다. 그러나 이승만은 각료들에게 항상 말하기를, 그가 베푸는 은혜에 의존하지 않고 지방의 '지배권

---

42 W. D. Reeve, *The Republic of Korea: A Political and Economic Study*, pp.92~95는 이 시대 지역 관리의 선거나 임명에 관해 엎치락뒤치락한 입법 경로를 특별히 잘 요약하고 있다. 나는 여기서 이 자료를 참고했다.

을 장악하여' 권력을 손에 넣는 '부정직한 정치가들'을 신뢰할 수 없다고 했다.[43] 결국 일부 농업은행은 설립되었지만, 협동조합은 자유당 정권 아래서는 끝내 설립되지 못했다. 자유당의 인기가 점점 떨어지자 당은 대통령과 견해를 같이하게 되었다. 1958년 12월 24일 자유당은 「지방자치법」을 파기하는 법안을 억지로 통과시켜 시장과 기타 지방 관리를 선거에 의한 선출직에서 임명직으로 바꿨다. 자유당은 이를 계기로 서울의 모든 야당 성향의 책임자들을 즉각 공직에서 쫓아버렸다.[44] 다시 통제의 시대가 되고 의사소통이나 새로운 참여 또는 이익단체도 형성할 수 없게 되었다. 정치적인 응집은 형태가 만들어졌지만 그것은 곧 동결되었다.

국회 자체도 동결 상태였다. 야당만이 열심히 국회를 불만의 반향판으로 이용하며 수시로 '긴급결의안'을 제안했다. 그러나 국회의 효과적인 활동은 행정부에 대한 연례적인 국정감사를 공정하고 확실하게 하는 것과, 이기붕의 온건한 영향력으로 「선거법」 등 일부 법안에 타협안을 마련하는 정도로 제한되었다. 자유당은 국회에서 토의하는 것보다는 자체 조직과 경찰의 통제된 채널을 더 선호했다. 법안은 대부분 정부가 기초하여 별 수정 없이 통과되었다. 자유당 의원들의 영향력과 그들이 얻는 만족감은 국회로부터가 아니라 그들이 관

---

43 이승만 정권에서 재무장관을 지낸 분과의 대화.
44 정부자료를 통해, 그리고 장경근과 같은 자유당 고위 당직자의 관점을 정확히 반영하는 한 보고서에 근거하여 관영 ≪코리안 리퍼블릭≫은 1959년 1월 1일에 이 문제에 대해 다음과 같은 예리한 분석 기사를 게재했다. "현행 법규(새 법규는 며칠 뒤에 발효했다) 아래서는 모든 동장과 이장은 주민들의 직접투표로 선출되긴 하지만 동장이나 이장은 구청장, 시장, 읍장 또는 면장의 단순한 보조기관에 지나지 않는다. 만약 그들이 선거를 통해 선출되면, 그들의 상급기관장들이 그들을 감독하거나 통제하기가 어려워진다. 이것은 행정 효율성을 떨어뜨릴 뿐 아니라 행정 전반에 걸쳐 나쁜 결과를 가져올 수 있다. 동장이나 이장 선거를 둘러싸고 의견이 엇갈려 현지 주민들을 단합과 주민 상호 간의 부조 정신을 해치기 때문이다. 이런 점을 감안하여 모든 동장과 이장은 구청장, 시장, 읍장 또는 면장이 임명하게끔 법을 개정하게 된 것이다."

료기구에 행사할 수 있는 영향력, 이를테면 국가예산을 끌어와 지방 사업을 벌이는 일, 임명에 대한 인준, 그들이 승인해줄 수 있는 사업 또는 다른 특혜 등에서 비롯되었다. 농업협동조합법안의 경우처럼 만약 국회가 정부와 의견이 일치하지 않으면 자유당은 정부의 의견에 따르고 손을 뗐다. 결국 국회의원의 기능이 쇠퇴하게 되었다. 자유당의 이른바 '붙박이 거수기' 의원 50명은 1954년 당선된 후 2년 동안 의정단상에서 한 번도 연설을 하지 않았다. 국회의 토의는 국민의 의사전달 경로 또는 효과적인 민주적 수단으로서는 신문에 훨씬 뒤떨어졌다. 1958년 12월 24일 단 한 번의 본회의에서 24개의 중요 법안을 일사천리로 통과시킨 것은 강제성의 절정을 보여주었다. 국회가 준행정부처럼 무기력한 기구가 된 이런 상황이 1968년까지 지속되었는데, 이는 대부분 자유당이 국회를 민주적인 기구보다는 종속적인 협의체로 변형시킨 결과였다. 그런데 군사정권의 준(準)문민 후계자들이 등장해 이런 기본적인 국회의 패턴을 훨씬 더 극단적인 형태로 만들었다. 민주정의당은 아마도 이전의 정당보다는 약간 개선되었지만 근본적인 패턴은 1988년에도 변함이 없었다.

결과적으로 행정부와 입법부의 합병은 관료기구를 비판과 개혁으로부터 면역시키고 부패시켰으며 국민들의 평판을 떨어뜨리는 효과를 가져왔다. 대통령이 연로해짐에 따라 자유당은 점차 대통령의 인사 임명 기능에 간여하게 되었으며 최후 수년 동안은 주요 관직에 당원을 임명하고 유지하는 데 성공했다. 이것이 관료제도를 안정시켜 전문화 경향을 진작하게 되었는데, 특히 경제 분야에서 그러했으며 엘리트층을 형성할 수 있는 가능성을 보여주었고, 나중에 박정희와 전두환 밑에서 꽃을 피우게 되었다.[45] 그러나 일반적으로 자유당은

---

45 이 기간에 전문화에 대한 압력은 흥미롭고 특별한 주목을 받을 만했다. 본질적으로 일당체제 아래서 상대적인 안정은 역량 있는 전문화를 ─ 적어도 장관이나 국장 수준에서 ─ 보호했다. 중요한 동기는 예산, 은행업무, 환율, 원조, 공동경제위원회에서 미국전문가의 역량에 필적할 필요성 및 한국 내외에서 더 나은 통계보고 등에 전문적인 인력이 필요했기 때문이다. 이런 개선은 박정희의 경제적인 행정과 그 자신의 '행정적 민주주의'가 성공한 전제조

주로 취직과 돈 때문에 관료기구에 압력을 행사했다. 또한 당이 정부를 보호하는 임무를 맡음으로써 당의 간부 중 재능 있는 인사들을 부패시키는 결과를 초래했다.[46] 자유당은 마지막 2년까지 장기적인 계획이 없었다. 옛날부터의 결함이 깊이 배어들고 부패가 만연했다.[47] 조선시대의 시기심 많은 문관들처럼 자유당의 관료들은 국가기구를 열심히 지킨 바람에 외견상 안정을 유지했다. 위험한 정치적 분열기에 역사적으로도 되풀이된 바 있는 이런 노력은 자연스러운 것이었다. 그러나 그것의 궁극적인 결과는 소용돌이 바람을 부채질해 동질적인 사회가 평화적으로 중재하거나 관리할 수 없을 정도의 풍력을 초래하고 말았다. 이런 소용돌이는 농촌지방으로부터 주의를 빼앗아 경제와 사회 발전

건이 되었다고 할 수 있다.

46 예컨대 이 기간에 사법부가 진척시킨 일은 거의 없었다. 사법부가 더 큰 독립성을 찾으려는 비교적 나약한 약간의 시도가 감행되었다. 1958년의 몇몇 지방선거 결과를 무효화시켜 자유당 소속 당선자를 퇴진시킨 것이다. 이승만은 장경근을 위시한 자유당 지도부의 조언에 따라 이 같은 추세의 차단에 나서, 1959년에 재임명하기로 되어 있는 판사 59명 가운데 고분고분하지 않는 판사들의 재임명을 거부했다. 위헌 여부를 판정하는 헌법위원회는 자유당정권이 끝날 때까지 설치되지 않았다. 헌법위원회의 기능에 대해 행정부와 자유당이 혐오감을 가진데다 1956년부터 1960년까지 이승만의 정적이었던 사람이 부통령이었고 부통령이 바로 헌법위원회 수장이 되기 때문이었다. 조봉암과 그의 동료들의 재판(1958~1959년)이 지방법원에서는 개선되었지만, 항소심에서 이 판결이 뒤집혀졌다. 대법원은 상고심의 이 터무니없는 오심을 확정함으로써 조봉암에 대해 사법살인을 저지르게 되었으며 다시 스스로를 불명예스럽게 했다. 한성주, "The Failure of Democracy in South Korea," pp.85~86.

47 예를 들어 1955년 1월 자유당 재무부위원장 설경동 ― 그는 당시 한국 내 최고 부자 중의 한 사람이었다 ― 에 대한 혐의를 보면, 그가 소유하고 있는 대한산업사(Taehan Industrial Company)는 쌀 11만 톤의 독점수출업자로 지정되었다. 따라서 보도된 바와 같이 "설 씨는 헌법개정안 심의 중 자유당에 자금을 제공하기 위해 여러 은행에서 빌린 3억 환의 대출을 그 특혜로 상계할지도 모르는 일"이었다. UNCACK 보고서 1955.2. 자유당은 선거기간에 표를 샀을 뿐만 아니라 선거 후 새로운 의원들을 매수하고, 소속 의원들에게는 정기적인 자금 지원을 했다. 그러나 인기 없는 중대안건을 통과시킬 때는, 또다시 자체 의원들과 무소속 의원들에게 특별경비를 지불해야 했다. 이기붕 의장은 1959년 필자에게 "거대한 경비가 드는 대의형태의 정부"라고 서글프게 불평했다.

에 손상을 줄 정도로 수도정치로의 집중을 강화시켰다. 이리하여 전보다 훨씬 큰 불만이 쌓여가고 있었다.

후기 민주당

민주당은 경쟁상대인 자유당보다 훨씬 덜 전통적인 모습을 보여주었다. 그들의 역할은 좀 더 새로운 것이었다. 계급 없는 사회의 야당으로서 민주당은 국민들을 지배하는 대신 그들과 의사소통을 하는 길밖에는 대안이 없었다. 이렇게 하는 경우에도 그들은 힘에 의존하지 않고 정치라는 수단을 사용했다. 민주당은 정부의 박해에 대항해 단결을 유지해야 하는 문제에 직면하고 있었는데 이것도 민주적·자발적 그리고 단체적인 방법을 통해야 했다.

민주당은 1952년 이승만이 주도한 폭력과 대중동원에 무방비 상태였고, 1951~1952년의 내각책임제 개헌 노력이 무산되자 절망상태에 빠졌다. 전시 아래서 감시의 눈은 더욱 삼엄해져, 민주당은 정규당원, 비밀당원, 지하당원의 3단계 제도를 시작해야만 했다. 지도자들은 몹시 시달렸다. 예를 들어 조병옥은 1953년 미국의 휴전입장을 지지했다고 해서 체포되었으며 그의 자택은 폭력단의 손에 파괴되었다. 옛 한민당 지도자이며 은퇴한 전직 부통령인 김성수는 대구의 자택에서 중풍으로 사경을 헤매면서 미국인 방문객에게 무기력하게 다음과 같이 말했다.

> 미국인들은 모두 유감으로 생각한다고 말은 하면서도 아직 아무 것도 행동으로 보여준 게 없습니다. 한국과 여타 아시아 국가의 국민들은 미국인들이 이곳에서 독재체제를 원하고 있다고 확신하고 있습니다. 당신들은 거기에 반대한다는 아무런 의사표시를 한 바가 없습니다.[48]

---

48 한 증인이 나에게 이야기해준 내용이다.

1954년 5월 제2대 국회가 끝나기 이전에 민주당 의석은 40명에서 20명으로 줄어들었으며 그들의 무소속 동조자들도 사라졌다.

그러나 이승만 정권의 반대파에 대한 폭력과 독재적 지배는 여수반란사건 과 1948~1949년의 국회의원 체포사건 이후처럼 궁극적으로 반대파들의 동맹 과 결속을 가져왔다. 최초로 합류한 동맹자들은 장면을 지도자로 하는 한반도 서북부 평안도 출신의 많은 인사들이었다.[49] 그들이 북부 출신이었다는 배경 은 이례적인 결속을 가져오는 원천이 되었다. 조선시대에 그들은 그 지방 출신 관리가 거의 없었고 천민이 극도로 적었기 때문에 고향을 버리고 수도로 가는 일이 없었다. 대륙과의 통상로로서 유리한 지리적 이점을 가지고 있었다는 점 과 조선시대 제도권 내에서 차별대우를 받은 데서 오는 자극이 그들에게 야망 과 더 나은 부의 분배, 그리고 경제발전과 근대화 및 변혁에의 이상한 열망, 특 히 교육과 기독교에 대한 열망을 가져다주었다. 선교사들은 이 지방이 세계에 서 포교의 기회가 가장 많은 지역 중의 한 곳임을 알았다. 선교사들을 통해 이 지방의 중산층들은 미국과 가장 밀접한 교육상의 유대관계를 발전시켰다. 미 국은 민주주의로 들어가는 가장 큰 입구였으며 모든 한국인 단체들의 이상이 었다. 이런 평안도 사람들은 자신들의 독립운동 지도자인 안창호를 모셨고, 독 립의 이상을 가르치는 문화단체인 홍사단으로 그와 결합되어 있었다. 안창호 와 이승만은 망명생활 중 적대관계에 있던 복잡한 뿌리를 가지고 있었다. 많은 홍사단원들을 활용한 미군정 당국이 이승만과 결별했을 때 그런 적대관계가 격화되었다. 이런 불화는 이승만에 의해 더욱 지속되었는데, 그는 조상들의 정 책을 답습해 서북부 사람들을 별로 등용하지 않았다. 1952년 이후 민주당에

---

49 장면 자신은 평안도 출신이 아니고 서울 근방의 인천 출신이다. 하지만 그의 가족은 본래 서북지방에서 인천으로 옮겨왔으며, 한국인들은 장면이 대부분 서북지방 출신 지도자들과 유대관계를 맺어왔다고 믿고 있다. 1951년 11월부터 1952년 4월까지 그는 이승만 정부의 국무총리 서리를 지냈지만 1952년 정치파동 때 몹시 난폭한 방식으로 이승만과 결별했다. 정치파동 때 그는 체포를 피하기 위해 외국 병원선에 몸을 숨겼다.

가담한 이들은 자연히 이승만과 그의 통치수법, 그리고 권력접근 경로에 대한 그의 통제에 반발했다.

그러나 두 개의 야당 그룹은 완벽하게 조화를 이룰 수 있는 동맹군들이 아니었다. 이 평안도 그룹과 전라도의 '오래된' 한민당(장면의 '신파'에 대해 '구파'로 알려졌다)은 이승만에 대한 적대감, 의원내각제 정부를 수립하고자 하는 희망, 사유재산과 자유방임 경제주의를 장려하는 특정한 선입관을 제외하고는 공통점이 별로 없었다. 종교, 독립운동과의 유대관계, 계급, 직업과 부의 근원, 출신지, 미국과의 유대관계 등에서 그들은 서로 크게 달랐으며 심지어 적대적이기까지 했다.[50] 다만 위기와 야당에 대한 박해가 그들을 수년 동안 결속시켰다. 그러나 권력을 잡자마자 그들은 크게 분열되어 그들 자신의 정부를 약화시켰으며, 1963년 선거에서 문민지배의 기회를 놓치는 패배를 자초하기에 이르렀다.

그들은 반쯤 분리된 실체들이었지만 그 안에 있는 두 그룹(신파와 구파)은 서서히 합류한 다른 정치지도자들과 핵심 멤버들의 길잡이가 되는 정치적 응집의 고립된 언덕이었다. 그들은 두 그룹을 서로 잇는 일을 제외하면 자유당과 같은 조직의 엄격성이나 충성심의 광적인 호소 같은 것은 필요로 하지 않았다. 민주당의 정책은 한 사람의 지도자에 의해 결정되지 않았으며 위계체제에 의해 복종을 강요하지도 않았다. 정책은 장시간에 걸친 회의를 통해 서로 주고받으면서 결정되었다. 한편 이것은 정책결정을 지연시키고, '신파'와 '구파' 간에 자리싸움을 계속하게 하는 요인이 되었다. 때로는 1954년의 경우처럼 민주당에 배정된 국회 상임위원장 자리를 놓칠 정도로 양파 간의 자리싸움이 치열할 때도 있었다. 다른 한편으로 '자문기관' 내에서의 평등한 발언권 또한 매력 있는 것이어서 확고한 소신을 가진, 토론에 유능하고 설득력 있는 인사들을 당으

---

50 예를 들면, 1955년 5월 16일 한 신문에 밝힌 성명에서 김성수의 전 비서였던 신도성은 야당을 '외세(즉, 미국)'의 앞잡이라고 비난하며 민주당을 탈당했다.

로 끌어들였다. 일반적으로 변호사들이 여기서 적합한 환경을 찾아냈으며, 당에 밀착된 전문가 집단으로 남게 되었다. 이런 환경이 전반적으로 타협정신을 만들어냈고 1953년 11월의 전당대회는 이런 특징을 잘 보여주어 1952년의 선거 패배의 심연에서 당을 다시 영향력 있는 위치로 끌어올렸다.

민주주의의 매력보다도 더 민주당을 단결시킨 주된 힘은 자유당의 계속된 억압과 법을 초월한 전술이었다. 1954년 9월 6일 자유당 소속 국회부의장은 대통령이 제출한 제2차 헌법개정안이 재적의원 203명 중 135표로 부결되었다고 발표했다. 3분의 2가 되려면 136표가 필요했다. 그러나 본회의가 재개되었을 때 개정안은 사사오입에 의해 135표가 과반수를 점한 것으로 계산함으로써 개헌안이 성립되었다고 선언했다.[51] 민주당원은 분개하여 의석을 박차고 퇴장했고 국회 등원을 거부했다. 단 1명을 제외한 무소속 의원 전원이 여당에 반대하며 야당과 행동을 같이 했다. 국회에 되돌아온 후인 1954년 12월에 그들은 새로운 교섭단체로서 헌정동지회를 결성했는데, 여기에 약 60여 명의 의원이 참가하고 대중과 신문의 많은 지지를 받았다.

이런 추동력은 모든 비좌파계 야당 세력을 합쳐서 새로운 야당을 결성하는 계획으로 이어지게 했다. 그러나 혹독한 민주주의적 제약이 이 목표를 향한 진전을 가로막았다. 민주당 및 민주당과 제휴의사를 밝힌, 북한에서 피난 온 조선민주당 쌍방은 통합 지지파와 반대파로 분열되었다. 조봉암과 같은 사회주의자들을 받아들일 것인지 여부를 놓고 찬반 의견이 계속 맞선 것이다. 신당 주비(籌備)위원회 결성은 처음부터 난항에 빠졌고 그 후 탈퇴가 잇달았다. 이때에 이승만은 탄압으로 자극을 주는 것을 피했지만, 야당의 노력이 실패하기를 조심스럽게 기다렸다. 5월에는 원외 정치가들을 조직하기 위해 다시 9인 위

---

51 이 헌법개정안은 국회의 형해만 남은 국무총리 임명 비준제도를 폐지했으며 이승만의 분리 통치 전략을 위해 고안한 참의원제도를 새로 신설했다(그러나 이승만 정권이 붕괴될 때까지 실행되지 않았다). 개정안은 행정부에 대한 입법부의 거의 마지막 남은 권한들을 박탈했는데 일부 자유당 의원들마저 이 개정에 반대했다.

원회가 발족되었으나 이것 역시 곧 수정되어야 했다. 이 위원회의 일부 인사들이 신임 주한미국대사의 환심을 사려 한 것이 문제를 더욱 꼬이게 했다.[52] 6월에 동 위원회는 고문초빙에 나섰다. 7월에는 200명의 준비위원들이 회합하여 최대한으로 지도자들을 늘리고 각 파벌에 속한 사람들이 감정을 상하지 않도록 서로 최선을 다하면서 신규당원 모집과 강령초안을 정하기로 타협을 보았다. 그런데도 당초 61명의 국회의원을 포함한 헌정동지회원 중 28명이 9월의 신당 발족 이전에 탈퇴했다. 한국의 민주주의는 '평등'을 강조하면서 사회적 판단 기준은 상실한 채 '자문기관'에서의 높은 지위에 대한 야망은 버릴 수 없었던 한국문화의 파벌적인 고통을 추가했다.[53]

몇 차례 연기된 후 1955년 9월 19~20일에 계보상 세 번째에 해당하는 새로운 민주당이 탄생했다. 신당은 반(半)연립 성격을 반영하여 5인으로 구성된 최고위원회가 당을 이끌고 그 아래 규모가 더 큰 상임위원회를 두었다. 신당의 위계조직 구조는 자유당과는 달리 20명을 넘지 않는 일종의 세포인 '중핵단위'에 기초를 두고 있었다. 이 단위는 경찰에 의존하지 않는다는 점에서는 아마도 자유당 세포보다 다소 더 강했지만 1945년의 공산당 세포와 비교하면 본질적으로 취약한 상태였다.

그러나 민주당은 사회의 중간계층에서 힘을 끌어 모으기 시작했다. 민주당은 한국 도시 세력의 확대라는 새로운 흐름을 타게 되었다. 이는 민주주의가 1980년대에 새로운 상승을 모색했던 것과 같은 것이었다. 한국전쟁은 과거 일본의 태평양 전쟁 때보다 더 광범위하게 사람들을 촌락지대에서 더 큰 피난민

---

52 이 사건은 또한 미국정부 내에 문제를 일으켰다. 윌리엄 래시(Lacey) 대사가 취임 후 반년 만에 이임했으며 다시는 대사직에 임명되지 못했다.

53 민주당(민국당) 선전부장으로 있다 사임하면서 신도성은 자유당이 수많은 단점들이 갖고 있다 하지만 야당의 '비민주적 세력들'(즉, 그의 주장과 입장을 충분히 받아들이지 않는 세력)보다는 훨씬 낫다고 말했다. 분열과 탈퇴를 감행하면서 유교이념에 호소하여 궤변에 가까운 논리를 펴는 것은 조선왕조 정치에서는 흔히 있는 일이었다.

공동체로, 그리고 읍과 도시로 끌어냈다. 이른바 전쟁이 다시금 사람들을 그들의 근거지에서 몰아내고 옛 방식들을 변경시키고 새로운 불만을 안겨준 것이다. 시골로 되돌아온 사람들조차도 더욱 정치적인 자각을 하게 되었다. 많은 사람들은 돌아오지 않았다. 휴전 후 2년이 경과되어 정부가 다시 서울로 환도한 1955년까지는 인구가 늘어난 도시들이 한창 재건에 여념이 없었으며 신문도 성장하고 있었다. 탄압과 부패가 격심해지고 인플레도 악화되고 있었다. 이런 것들에 대한 대중의 반감이 야당에 대한 동정을 현저하게 증가시켰다. 전쟁 뉴스가 없어지게 되자 국회의 소리 ― 심지어 야당의 대여(對與) 교섭조차도 ― 가 실체 이상으로 크게 들렸다.

1955년 3월까지 민주당 핵심지부 112개가 설치되고 최종적으로는 203개로 확대되었다. 당의 주장에 의하면 정식당원이 30만 명에 달했다. 당의 인권옹호위원회가 도시에서 대단한 인기를 누렸다. 선거에서도 그런 결과가 나타났다. 1956년 대선에서 이승만의 재선은 이미 결론이 나 있었지만, 그의 득표율은 80%에서 56%로 떨어졌다. 이승만이 지명한 부통령 후보이며 후계자로 보였던 이기붕을 누르고 장면이 부통령에 당선된 것은 도시민의 표가 결정적인 역할을 했다. 민주당 대통령 후보인 신익희는 투표일 1주일을 앞두고 심장마비로 급서했지만 그의 집회에서 한강변에 모였던 10만 내지 20만 명의 군중들은 그때까지 한국 역사상 최대 인파였던 것으로 추정되었다.[54] 이런 고무적인 결과는 그 후 선거에서도 나타났다. 1954년에 15명이었던 민주당 국회의원은 1958년 총선 이전에 46명으로 늘어났으며 선거 후 79명이 되었다. 마침내 이들은 행정부 주도의 입법 활동을 위협하기 시작했다. 새로 당선된 민주당 국회의원 중 23명은 5대 도시에서 당선된 사람들이었다. 같은 지역에서 자유당은 5

---

54 Richard D. Allem(필명), *Korea's Syngman Rhee: An Unauthorized Portrait* (Rutland, Vt. 1960), p.213. 신익희의 시신이 서울에 도착하자 수천 명의 지지자들이 몰려나와 시위를 벌였다. 정부 수립 이래 그때까지 발생한 시위 중 가장 크고 그리고 자발적인 최초의 시위 중의 하나였다.

명밖에 당선시키지 못했다. 서울에서는 야당이 16석 중 15석을 차지했으며 대구와 인천에서는 자유당 후보가 한 사람도 당선되지 못했다.

도시 출신 야당의원 대다수는 전체 의원들 가운데서도 가장 유능한 사람들이었으며 정부의 독재와 부패에 대해 뛰어난 설득력과 대대적인 선전전으로 공격을 주도했다. 그들은 의사방해, 연좌시위, 심지어 '철야농성'도 불사했다. 이승만 정권 말기에는 체포, 위협, 경제적인 회유 및 감시에도 불구하고 정부에 반대하는 컨센서스가 이루어졌다. 그것은 30여 년 후인 1987년 6월에 나타난 거대한 민주적 압력의 첫 예고였다.

양당제도

1956년과 1958년 선거는 가히 혁명적이었다. 한국 역사상 처음으로 정당정치가 이 두 차례의 선거를 본질적으로 지배했다. 처음으로 대중의 여론과 참여의 진정한 큰 파도가 일어났다. 한국 전역에 걸쳐 지식층은 양당제도의 출현, 야당에 대한 깊은 이해, 민주정치 시대의 확실한 도래 등을 환영했다.[55] 외국 옵서버들 가운데서 소수의 사람들은 양당제도가 동질적인 환경에 적당한 것이라고 하는 신념 때문에, 또한 좀 더 많은 사람들은 이런 발전으로부터 그들 자신의 미국사회 이미지를 보았기 때문에 똑같이 고무된 감정을 느꼈다.

하지만 양당제도가 계속 성공하리라는 희망은 시기상조였던 것으로 판명되었다. 소용돌이가 정부 시스템을 지나치게 중앙집중화시킨 바람에 정권교체 능력이 발전될 수 없었던 것이다. 정치적으로는 양당제도의 정착이 정치적인 결정에 대한 국민들의 참여를 높이는 데 성공했다. 그러나 이 상품은 이미 일반화된 것이다. 양당제도는 또한 '비민주적인' 행위라든가 기본적인 인권에 대

---

55 예를 들어 김영선(金永善)은 1956년 8월호 ≪사상계≫, 4.8, 57~62쪽에 실린 「국회선거」라는 글에서 선거에 대한 대중들의 관심이 크게 높아진 것을 환영하며 "한국인들이 통치 그룹으로부터의 압력에 견뎌내는 합리적인 판단을 할 수 있음"을 증명했다고 주장했다. 김영선은 그 후 장면 정권 때 재무부장관을 역임했다.

해서는 국민들을 약간만 교육시켰을 뿐이다. 게다가 양당제도는 한 나라 안에서 이질적인 실체들을 각각 다른 태도로 끌어당길 수 있는 바로 그 정치적 집중성의 특질이 동질적이고 지나치게 중앙집중화된 그리고 지나치게 정치화된 나라에서는 유해한 경향을 내포하고 있었다. 한국이라는 환경에서 민주주의는 단지 유동성, 정치적 흥분, 중앙권력에의 집중을 가중시키는 경향을 나타낼 뿐이었다. 이데올로기나 실질적인 정책의 차이는 없었으며 효과적인 제3세력이나 제3의 정당은 상황변화에 어떤 차이를 만들어낼 정도로 강력하지 않았다.[56]

야당은 민주주의에 대한 집착을 상징하는 일에 더 성공했다. 자유당은 점차 민주주의적인 방법에 반대하는 입장인 것처럼 보였다. 그러나 이면적으로는 양당 모두 권력에 대한 욕망이 동기였으며 개혁이나 정책을 지향한 것은 아니었다. 국민들은 민주당이 민주적 절차를 충실하게 지키고는 있어도 장기적인 안목에서 그들이 정권을 잡으면 그들의 이익을 지키기 위해 자유당식 제도를 답습하지 않을까 의심했다. 따라서 결국 양당의 싸움은 똑같은 이유로 권력을 잡기 위해 똑같은 사람들이 두 편으로 나뉘어 싸우고 있는 것으로 보였다. 독재체제에 대해 투쟁함으로써 민주화가 단계적으로 달성된다고 하는 희망은 미약하기 짝이 없었다. 이런 희망은 그로부터 20년이 지난 1988년에도 미약하게만 보였다.

---

56 진보당이란 이름의 사회주의정당이 1957년 9월 조봉암 주도로 창당되었다. 이는 1955년 민
주당이 진보적인 미래의 지도자들을 연합 야당 세력에 포함시키는 데 실패한 후의 일이다.
1956년 유일하게 생존한 중요한 야당 후보로서 조봉암은 200만 표를 획득하고 진보당은 크
게 고무되었다. 그러나 1958년 초 조봉암과 그의 동료들은 「국가보안법」 위반으로 체포되
었으며, 조봉암은 1959년 부당하게 처형되고 그의 당은 불법화되었다. 그 후 진보당은 결국
소생하지 못했다. 이 진보당 역시 단기간 존속하는 동안 파벌싸움을 벌였다. 민주혁명당과
같은 하부 단체가 일으킨 분열에 기인한 것이었다.

정당의 실패와 중앙정보부 정치

1960년 7월 총선에서 민주당이 4·19혁명의 여세를 몰아 압도적인 승리를 함으로써 국가정치와 민주당의 중요한 특징 모두가 표면에 드러났다. 장면과 개인적으로 가깝지 않은 민주당원들은 당이 차지한 국회 과반수 의석의 비중이 너무나 컸기 때문에 당을 통한 권력접근 기회가 적을 것으로 생각했다. 당 지도자와의 개인적인 친밀도만이 의지가 되었다. 민주적인 정책에 대한 적극적인 신념이 없이 주로 자유당과 그 지배체제에 대한 반대와 저항에 기반을 두었던 민주당의 취약한 단결이 허물어지기 시작했다. 자유당과 이승만 정부의 붕괴로 결속의 원천이 사라진 것이다. 이제는 또한 민주당이 처음 설립되었을 때의 구조적 결함이 드러났다. 즉, 민주당은 신념과 충성의 단결이 아닌 두 이익집단 사이의 편의적인 일시결합에 불과했던 것이다. 단결을 촉구하는 압력과 호소는 여론에서만 왔을 뿐이었다. 권력에 접근하기 위해선 당내 2대 파벌 간의 싸움이 불가피했다. 1960년 늦여름 이들 두 파벌은 각각 새로운 당으로 분열되었다.

1960년 여름의 이 분열사건은 옛날부터 내려오는 한국의 정치적 지배패턴을 재확인시켜주었다. 확고한 계급을 확립하려 시도했던 옛날과 마찬가지로 집단들의 단결과 응집을 위해서는 권력에 접근하려는 개인 또는 하부단체들의 요구에 양보해야 하는 것이 여전히 진실이었다. 굳건한 연대는 평등한 유동성을 저해하기 때문에 이것을 싫어하는 뿌리 깊은 문화가 있었다. 이런 오래된 패턴에 장면 정권이 희생되었다. 민주당 '구파'의 변절과 함께 장면 정권의 단결과 생명력, 안정성이 사라졌으며 그 종말이 예견되었다.

한편 이런 정세를 재검토하고 동시에 정당제도를 재평가하려는 또 다른 시도가 있었다. 이런 움직임은 육군에서 나왔으며 '명령'에 헌신하는 젊은 영관급 장교들이 중심을 이루었다. 그들은 한국 정당정치의 분열과 책동을 혼란으로 보았다. 그들이 정당정치를 보는 눈은 1910년 일본의 식민지 지배자들의 그것과 같았다. 그 당시 일본인 지배자들 대부분은 데라우치 마사다케(寺內正毅) 대장과 같은 육군 장성들이었다. 그들의 견해는 사회를 위해 무엇이 좋은지 알고 있는 직업정치가는 논쟁이나 의사방해로 지장을 받지 않고 지배해야 한다는 것이었다. 정치는 사악한 것이지만 모자가 날아가는 것을 방지하고 국제적으로 적법한 체제를 갖추기 위해서는 필요하다면 정치를 부주의하게 대중의 의사에 맡길 것이 아니라 중앙권력이 계획하고 할당해야 한다는 것이었다.

육군이 권력을 장악하고 국내외 압력 때문에 정치를 전면적으로 금지할 수 없음을 알게 된 후 영관급 장교들은 당초 그들이 획책한 정치적 계획을 착착 실행해갔다. 정치활동에 대한 공식적인 금지가 해제되기 1년 전인 1962년 초 한국 중앙정보부는 설사 군정이 해제된 후에도 군사정부의 정책을 계속 강화하고 군 지도자들에 공명하는 정당을 결성하기 위해 극비의 조직적인 활동을 시작했다. 군부 출신 일부 핵심요원들이 신당 창당계획을 맡았다. 그들은 민간인인 대학교수 친구들에게 조력을 구했다. 어떤 때는 정치학 교수들을 밤거리에서 연행하여 참여토록 '설득했다'.

민주공화당(이하 공화당)이란 이름으로 1963년 2월 공식 출범한 새 정당은 전신인 자유당처럼 중국 공산당-국민당과 아주 유사한 조직형태를 갖고 있었다. 공화당은 박정희를 당 총재로 하고 그 아래 개인적인 중요성을 가질 수도 그렇지 않을 수도 있는 당의장(黨議長)제도를 두어 상의하달방식으로 조직되었다. 당의장 아래 강력한 기획위원회가 있고 그 밑에 각종 위원회, 도지부, 선거지부의 위계조직이 있었다. 공화당은 상설 사무국을 가지고 있었는데 그 운영자금은 중앙정보부로부터 나왔으며 직원은 군, 대학, 언론계, 그리고 이전의 정당 주변에서 끌어온 사람들이었다. 당초에는 수백 개의 각 선거구마다 사무당원을 4명씩 두고 도지부엔 8명씩 두기로 예정했다. 사무국의 핵심요원들은 중앙정보부가 채용하고 봉급을 지불했으며, 이 상설 핵심기관은 적합한 후보자를 물색하여 그들에게 정부 ─ 또는 중앙정보부 ─ 의 희망을 전달하고 지시하며 당의 규율을 유지하는 책임을 부과했다. 사무국 요원들은 '꼭두각시'를 만들기 위한 중앙정보부의 계획에 대해 은밀한 얘기들을 주고받곤 했다.

중앙정보부의 모든 활동은 육군정보부 간부들의 오랜 근무경험의 흔적을 보여주었다. 당의 결성도 예외가 아니었다. 조사부를 설치하여 정치적인 문제와 그 대처방법을 연구케 하고, 사무국은 상세한 자료를 수집, 축적하여 가능한 한 모든 후보자들과 각 지역구의 복잡한 정치적 상황에 대한 상세한 지식을 갖도록 했다. 개인적인 약점들은 통제, 개인공격, 협박 또는 정치적 패배를 안겨주기 위한 수단으로서 주의 깊게 기록되었다. 이전의 어떤 정치 단체도 ― 자유당조차도 ― 이와 같은 전문가적인 방법으로 정치적 접근을 모색한 적이 없었다. 이런 새로운 방법은 한국군 장교들이 미국 G-2의 기법을 배운 것이며 또한 일본의 관료적 식민주의에서 그 실마리를 찾을 수 있을 것이다. 박정희와 김종필은 아주 공공연한 일본 찬미자였다.

중앙정보부의 이런 유별난 정치적 시도는 표면상 적어도 부분적인 성공을 거두었다. 중앙정보부의 '자문기관'적인 계획과 권력에 관한 소문이 서울시내에 파다하게 퍼졌다. 많은 사람들이 다시 그들의 자리를 박차고 나와 권력을 향해 돌진해가기 시작했다. 수많은 정치 지망생들이 중앙정보부 경로를 통하는 것 말고는 그들의 야망을 이룰 길이 없다는 것을 알았다. 특히 젊은이들에게 정당은 개인적으로 재빨리 권력에 접근할 수 있는 수단이었다. "나는 국회의원이 되고 싶다. 내가 정계에 발을 들여놓기 위해서는 공화당에 가입하는 것이 내가 할 수 있는 최선의 방법이다"라는 소리를, 심지어 이런 과정에 냉소적인 사람들로부터도 종종 들을 수 있었다. 일부 인사들은 1930년대에 많은 독일 사람들이 나치당에 가입한 것과 유사한 동기로 공화당에 가입했다. 우리는 그 당을 좋아하지는 않지만 우리가 그 당에 영향력을 발휘할 수 있고 민간인들이 좀 더 큰 힘을 획득할 수 있는 유일한 길은 거기에 들어가 안에서 일하는 것이라는 취지들이었다. 공화당은 사회 각처에서 떠돌던 인사들을 끌어 모았는데 이는 과거 자유당과 아주 유사한 방법이었으며, 차이가 있다면 젊은 사람들을 더 선호했다는 점일 것이다. 이들 가운데는 퇴역장교, 정보원 출신자 내지 전직관료로서 현재 무직인 자, 사회의 제1선에서 중심적 역할을 원하는 이전 정당 주변 인물 등이 포함되었다. 이런 사람들 사이에서는 응집력을 발휘하거나 이익단체를 형성할 어떤 기본적인 유대관계도 없었다. 전체적으로 그들의 유일한 특징은 그들이 과거의 중앙권력 잔치에 별로 또는 전혀 참가하지 않았다는 점이다. 더구나 정치적 준비기에 중앙정보부의 위장된 성격이 주위에 몰려드는 사람들에게 자긍심을 별로 제공하지 못했다. 1964~1965년의 파벌적인 알력은 당을 분열시키고 상당한 정도로까지 무력화시켰다. 당의 다수파는 김종필-중앙정보부 배경에 대한 충성심을 지켰으며, 중앙정보부의 인조인간 같은 지위를 좋아하지 않는 다른 그룹은 이에 반대했다. 하지만 탈당하면 의석을 상실한다는 헌법규정이 이런 분열이 표면화되는 것을 방지했다.

그때까지 공화당의 '할당(rationing)'식 정치는 자유당 시절 이상으로 당을 약화시켰다. 공화당은 한·일조약 비준 통과에 대해 정부에 순종했으며, 예산과 1969년의 헌법개정(대통령 임기의 2회 제한 조항 철폐) 등의 심의는 겉치레로 하거나 야당의 참여 없이 진행했다. 그러나 공화당은 절대다수임에도 중요한 또는 건설적인 입법을 주도하거나 개혁추진에 실패했다. 공화당은 표면상 자유당과 많은 유사점이 있었지만, 정부는 중요한 지배기구로서 정당을 택하지 않고, 관료기구와 중앙정보부와 군을 이용했다. 정부의 야당 탄압은 종전의 자유당보다 그 정도가 더 가볍고 또 교묘하고 은밀하기 때문에 야당이 이를 빌미로 당을 규합하고 여론을 환기시키기가 어려웠다. 야당은 결속을 강화하기 위해 용감한 노력을 계속했지만, 그들의 단결은 취약하기 짝이 없었으며 효과적이지도 못했다. 1967년의 선거는 대중조작과 부패 및 새로운 저질의 정치행태로 퇴보했다. 공화당 후보 1인당 선거지출경비는 당시 화폐가치로 10만 달러에 달한 것으로 추정되었다. 그 결과 5개월에 걸친 야당의 등원거부는 1967년 11월 말까지 국회의 기능을 정지시켰다. 그해의 헌법개정 이후부터는 상황이 더욱 악화되어 1971년 12월 6일의 긴급사태 선포, 1972년의 유신쿠데타, 1980년의 광주사태로 이어지고 시위는 만성화되었다. 따라서 국민들의 불만이 정상적인 정치적 통로를 통해 해소될 수 없게 되었으며, 정치를 혐오하거나 정치에 무관심하거나, 또는 1964~1965년 장기간의 격렬한 학생 시위처럼 반정부적이 되거나 하는 경향을 보였다.[57]

정부의 어떤 대응도 정치적 안정을 가져오지 못했다. 국회에서의 과도한 지연이나 논의로 인한 방해를 받지 않고 경제발전이 가능했으며, 특히 베트남 전쟁과 계획경제, 중동건설 붐, 급속한 해외무역 증대가 경제성장에 크게 이바지했다. 일제강점기의 활발했던 경제활동에 대한 어렴풋한 기억으로 인해 더 큰 경제적 이익과 경제활동을 요구하는 분위기가 조성되어 정치적 소용돌이를 일으키고 있는 일부 요인들을 서서히 제거해갔다. 경제적 발전과 정치적 불만 사이의 경쟁이 20여 년 동안 계속되었는데 이 기간 동안 대부분 전자가 후자를 압도했다. 1968년 현재, 경제성장이나 정치적 불만 어느 것도 크고 활력이 넘치는 정당을 가시화시킬 수 있는 징후를 거의 보여주지 않았다. 20년 후인 1988년에도 상황은 기어가듯 진전되고 있었다. 희망을 주는 주요 근원인 정당은 약화되었고, 한국에서 이 부분에 대한 민주주의 실험은 당시만 해도 실패한 듯 보였다.

1987년 6월까지의 지배적인 정치상황은 과거의 반복이었다. 그러나 노태우가 그해 6월 29일 대통령직선제를 수락하는 성명을 발표함으로써 새로운 희망이 보였다. 공화당 정부는 1979년 그들의 지도자가 암살되자 전복되었고 하나의 주체로서는 거의 사라졌다. 그러나 공화당은 국민회와 자유당이 이승만 정부의 전복과 운명을 같이한 것처럼 완전히 사라지지는 않았다. 한국국민당이 후계자로서의 흔적을 약간 남기고 있었기 때문이다. 쿠데타와 정치활동 금지

---

57 일본과의 관계 정상화 노력으로 인해 일어난 정치적 동요와 관련하여 1965년 4월 20일 자 ≪한국일보≫와 ≪코리아 타임스≫ 2면에 게재된 사설은 이런 내용의 이야기를 하고 있다. "현 정치 위기의 한 가지 중요한 원인은 국회의 기능부전에 있다. 국회에서 정상적으로 다루어야 할 논의가 거리로 옮겨가고 있는 것이다." 1967년에도 정부에 의한 대학 폐쇄 조치가 내려지긴 했지만, 1965년 여름 이후 학생들의 그 같은 '반항'은 차츰 움츠려 들었다.

가 반복된 후 또 다시 포고령에 의해 창조된 여당인 민주정의당(이하 민정당)은 1980년 11월에서 1981년 1월 사이에 전두환 세력이 급조한 것으로서 공화당과 자유당의 이미지와 매우 닮은꼴이었다(제6장 참조). 다만 민정당의 경우엔 그 선배 정당들보다 상층부에 더 많은 원자들이 모여 있었다. 결국 앞서와 유사한 정치역사가 펼쳐졌다. 즉, 과거의 정당 관련자(심지어 한두 명의 옛 사회주의자까지 포함하여), 학생운동 출신자, 전직 언론인, 관료, 한두 명의 실업인 그리고 물론 연령과 계급이 다른 퇴역 장군들이 몰려들었다. 수십 년 묵은 정치적 잡동사니들이 과거의 정책을 들고 나와 특성이 없는 권력접근기구 주위를 선회했다. 그러나 정부는 "정당이 있어야 한다"라고 말했다. 과거에도 정당은 있었고 그리고 거의 모든 사람들이 몰려왔다.

중요한 구성요소 중 결여된 것은 강력한 지방 대표성이었다. 군과 읍이 수세기 동안 그들의 기관을 강탈당했던 국가에서 이제 그들의 대표자를 빼앗긴 것이다. 한때 지방적인 뿌리가 깊이 내렸던 농촌지역은 이제 도시로의 대량이주를 통해 거의 뿌리가 뽑혔다. 대부분의 옛 가문들은 새마을운동의 결과로 그들의 지방 특성을 버렸으며, 고향에 돌아온 군 제대자들은 예전의 자리를 지키기보다는 남의 후임 자리에 앉음으로써 위신도 독립성도 갖지 못했다.

민정당은 정부권력이란 회반죽으로 단결되고 결속된 조직체였다. 그러나 구성원들의 경험이 다양하다는 면에서 선배 정당들보다 더 복잡하고 풍성한 조직체였다. 더구나 전두환과 노태우는 이승만의 연장자적인 위치나 박정희의 의사결정 수준에 미치지 못했기 때문에 정책결정을 할 때 당에 더 여지를 주었다. 이 때문에 민정당은 공화당보다 약간 더 영향력을 행사할 수 있었으며 입법상의 유용성과 당의 유용성을 감지할 수 있을 정도가 되었다. 노태우의 1987년 6월 29일의 선언에는 민정당이 중요한 역할을 했다는 것에 의심할 여지가 없다. 그러나 정치적인 기구로서의 민정당은 대의제의 권력을 별로 갖지 못하고 1988년 중반까지 기본적으로 어떤 새로운 진전을 하기보다는 더 강력하게 옛날의 정치적 패턴을 지속적으로 반영했다.

야당은 1967년 이래 발전과 변화가 더 적었다. 박정희 독재치하에서 혹독한 탄압을 받으며 운영된 민주적인 야당은 단결하고자 하는 시도가 어려움을 겪을 법도 했다. 그런데도 1970년대에는 신민당 내의 단결이 점점 더 공고해졌으며, 정부의 경제적인 성공으로 유권자의 지지가 다소 쇠퇴했다 할지라도 국민들의 지지를 40% 이상 유지할 수 있었다. 하지만 박정희의 '관리 민주주의'와 시행령 정부는 일종의 관료적인 파시즘으로서 모든 정당과 정계로부터 많은 중요한 것을, 심지어 정부가 부여했던 것조차 박탈해버렸다.

준여당적인 야당으로 창당한 민주한국당은 1979~1980년 쿠데타의 밤이 지난 후 탄생한 야당 조직이었다. 그러나 1984년에 훨씬 진정한 그리고 적극적인 야당 조직체인 신한민주당이 탄생했다. 이 당은 놀랄 만큼 기민한 동작으로 1985년 2월 12일 실시된 선거에서 투표자의 29%를 차지했다. 하지만 이런 돌풍이 계속될 수 없음이 곧 밝혀졌다. 부분적으로는 정부로부터 제약이 가해졌기 때문이었지만, 더 근본적인 것은 야당이 난처한 삼각체제로 비틀거렸기 때문이다. 두 고참 지도자인 김대중과 김영삼은 1987년 3월 화려한 대중적 인물이 된 이민우 당 총재의 등 뒤에서 지시를 내리고 있었다. 그럼에도 신한민주당은 필사적으로 단결을 유지했으며 파벌 간의 틈바구니를 겨우 얼버무려가고 있었다. 1987년 4월 마침내 취약한 단결이 흔들리기 시작했다. 이민우 총재는 부분적으로 정부의 작품인 고전적인 소용돌이에 휘말려 비난을 받았으며, 양김과 그들의 파벌이 탈당하여 통일민주당을 결성했다. 신당에 참여한 국회의원 수는 70여 명에 달했고 이민우 총재 쪽에 남은 국회의원은 몇 명되지 않았다. 그러나 불행히도 양 김 파벌 간의 근본적인 틈바구니는 그대로 남아 있었으며, 1987년 7월 8일 김대중에 대한 모든 정치적 제약이 해제된 후 알력이 더욱 격화되었다.

1987년 12월의 대통령 선거에서 야당 후보를 양 김 중 하나로 단일화하기 위한 노력이 그해 10월에 실패하고 새로운 야당인 평화민주당이 김대중의 개인적인 지도력과 전라도 세력을 중심으로 결성되었다. 약화되긴 했으나 아직도 덩치가 더 큰 통일민주당은 뒤에 남아 파벌의 지도자인 김영삼과 그의 경상도 세력에 의지했다. 이것만으로도 충분하지 않은 듯 야당의 분열은 36개 의석을 가진, 민주공화당의 후신인 한국국민당에서도 왔다. 국민당은 내부적으로 뚜렷한 정책 차이나 이유도 없이 분열했다. 1987년 가을 옛 민주공화당의 챔피언이었던 김종필은 그해 12월의 대통령 선거전을 준비하기 위해 한국국민당을 모두는 아니지만 거의 흡수하여 신민주공화당을 결성했다. 이런 분열상황은 1988년 중반까지도 계속되었다. 더욱이 우리는 개인적인 행동수준에서 아직도 파벌적인 사회활동의 만족과 통일된 조직이 행하는 효율성의 만족 사이에 일어나는 충돌을 관찰할 수 있다.

이처럼 야당 내 제도상의 변화는 몹시 힘든 노력을 기울였는데도 지극히 조금씩 진전할 수밖에 없었다. 일부 인사들은 지역주의가 증대되어 사태가 악화되었다고 할 것이다. 한국에서는 동질성으로 인해 지역주의가 유용하거나 확신을 주는 기반을 제공하지 못한다. 이런 분열이 지속되는 동기는 정책이나 사회적 전망이 다르기 때문이 아니다. 그것은 16, 17세기의 파벌들과 마찬가지로 동일한 중앙권력에 접근하고자 하는 단순한 권력쟁탈전이며, 지금은 권위주의와 민주주의 사이의 문제가 상호 얽혀 있는 것이다. 두 가지 문제 중 어느 것도 타협으로 토양을 풍성하게 만들지 못하고 있다. 다행히 1988년 중반 노태우 대통령은 타협의 정치를 밀고 나가 3대 야당 지도자와 대화하는 희망적인 결과에 도달했다. 그러나 이런 변화가 얼마나 오래갈지는 두고 볼 일이며 더 영속적이거나 안정된 정치적인 제도화로 나타나야 할 것이다.

1988년의 정치제도는 1,500년에 걸친 능동적이고 독립적인 정치경험을 가진, 글을 읽고 쓸 줄 알고, 고도로 세련되고, 경제적으로 역동성이 있으며, 정치적인 야망이 큰 국민들의 필요를 표현하고, 이해 갈등을 표명하는 미약한 시작일 뿐이다. 오랜 기간의 억압은 학생과 노동운동의 중요한 지도력 구성요소를 지하로 몰아넣었다. 거기서 생성된 급진적인 경향은 어떤 기존의 한국 정당도 사상적으로 포용할 수 없게 되었다. 선거제도는 아직도 다소 법적으로 제약을 받고 있으며, 전체 인구의 80%를 점하는 도시민에게 불리하게 치우쳐 있어 한국의 변화된 정치를 표현하는 데 단지 부분적인 길만 열어놓았다. 그 결과 불신과 불만 그리고 근본적인 불안정으로 사회가 폭력의 가장자리에서 비틀거리고 있으며, 계속되는 격렬한 시위로 초조해지고 있다. 최근(1988년 현재 _ 옮긴이)의 한국정치사는 인위적으로 창조된 여당과 통제되고 분열되기 쉬운 야당이 지속되고 있음을 보여준다. 이는 아무리 의도적인 것은 아니라 할지라도 덜 권위적이고 좀 더 문민적인 정부를 갖기를 바라는 한국국민 대다수의 소망을 좌절시키는 것이다. 그러나 1987년 6월과 1988년 6월 사이에 진전이 있었다. 정부나 군대가 군사독재를 위한 한국의 정치적 단계를 다시 밟으려 시도했다면 반란을 불러 일으켰을 것이다.

좀 자세히 살펴보면 결함이 제도적인 것이라는 것을 알 수 있다. 즉, 과도하게 중앙집중화된 정치의 독특한 소용돌이가 문제인 것이다. 해결책은 진정한 다원주의에 대한 진정한 정치적 대응에 있다. 이것은 한국의 다양화된 새로운 기업들과 확대된 개인의 부, 그리고 좀 더 큰 국제적인 노출에서 발전될 수 있다. 그러나 이런 기업들과 그들의 필요에서 오는 대응조차 광범위한 사회의 이해를 만족시킬 수 없기 때문에 추가적인 해답은 조직화된 불만을 포용하고 좀 더 큰 지방자치를 실시하는 데 있다. 즉, 1988년 올림픽 이후 일부 시행하는 것으로 약속한 미약한 '지방 행정'이 가져올 것보다 훨씬 더 본질적인 중앙권한의 이양이 필요하다. 한편, 한국의 정당들은 정권교체를 위한 동요를 초월해 스스로를 희망의 주요한 근원으로 구축해야 한다. 1987년에 상당히 자유화된 야당도 감명을 줄 수 있는 광범위한 정책으로 의견을 모아가야 한다. 자유와, 그리고 사법부와 입법부의 독립이 보편적인 완화책이 될 것이라는 가정에 너무 의존하고 있다. 한국에서 정당이 대표하는 민주주의 실험의 많은 부분은 독립이후 단지 조그만 성공밖에 거두지 못했다.

상의하달식 조직화의 한계

한국의 정당들은 이 제10장의 첫머리에서 살펴본 모습 외에 또 다른 특징들을 갖고 있다. 정당 결성의 주된 기초조성을 상층부에서 주도해왔으며, 위정자나 그 측근들은 한국의 정치활동이나 또는 고도의 정책목적을 달성하는 데 따라 다니는 유별나고 격렬한 자리싸움에 일부 제한을 가하려는 생각을 해왔다. 이런 형태의 최초의 사례는 한국 초기의 정당인 일진회(1903~1910년)였다. 일진회의 경우 '상부권력층'은 일본인들과 조선 말기 내각의 일본 앞잡이들이었다. 두 번째 사례는 아마도 해방 이후 북한에서 발전한 노동당일 것이다. 이에 관해서는 제11장에서 간단히 살펴볼 예정이다. 세 번째 사례는 자유당이며, 네 번째는 공화당이다. 한마디 덧붙인다면, 이승만을 효과적인 정치 지배자로 모셨던 국민회도 이런 형태의 조직으로 볼 수 있다.

지금까지 위로부터 결성된 정당들은 한국정계에서 가장 자연스럽고 가장 성공적인 형태였던 것처럼 간주되어왔다. 이런 의미에서의 성공을 성공이라고 본다면, 그렇게 결성된 정당들은 모두 대단한 성과를 거두었다. 일진회는 어떤 면에서 놀라울 정도로 순조롭게 한일강제병합의 길을 닦는 데 도움을 주었다. 공산주의자들은 북한에서 모든 정치 세력을 규합하는 데 무자비한 방법을 사용했지만, 효율성과 지속성에서 성과를 올렸으며 그 결과 정치적 안정을 가져왔다. 자유당은 혁명을 제외하고는 어떤 정치단체도 그들을 몰아낼 수 없는 권력독점을 달성했다. 공화당은 처음엔 인기가 없었으나, 예측하기 어려운 초기 시험을 성공적으로 통과하고 '정치적으로 무미건조한 상태에서' 그들의 지도자가 사망할 때까지 지배했다. 민정당은 6년 동안의 번영을 배경으로 하고 있는데, 당내 엘리트들이 ― 아마도 당 그 자체보다 더 ― 상당한 권력과 주도권을 행사했다. 이런 모든 정당들은 정도의 차이는 있지만 권력독점과 독재적인 수법을 강력하게 지향하는 경향이 있었으며, 이들 모두는 그들을 결성한 정부나 권력의 지배를 이용했다. 이러한 것이 대중사회의 특징이었다. 왜냐하면 이런 정당들에게는 개인 상호 간의 관계는 국가라는 공통의 권위에 대한 반응을 통해서만 존재하는 것이며, 위압과 설득의 방법을 독점하는 국가에 의해서만 엘리트가 선정되고 고정되기 때문이다.[58]

한국에 나타난 정당의 두 번째 형태는 첫 번째 형태에 대한 반발 내지 반대 세력으로 결성되었다. 이런 정당들의 최초의 존재이유는, 정부만이 권력으로의 길을 열어줄 수 있으며 따라서 그것을 갈망하는 단지 낮은 비율의 인사들만이 인생의 영광을 누릴 수 있다는 사실에 있다. 동등한 자격이 있으면서도 '권리'를 박탈당하고 있다고 생각하는 나머지 사람들은 이것을 획득하기 위해 조직을 만들어야 했다. 이렇게 생긴 정당들의 성장을 위한 힘은 하부단체의 결속이나 스스로의 이익을 지키려고 하는 데서 나온 것이 아니라, 수많은 개인들의 야망에 적대적이고 탄압적인 정부 또는 정부여당의 권력에 대한 반동에서 나오고 있다. 조선왕조 중기의 재야 파벌들도 이런 특성을 일부 가졌으나, 현대에 들어와 민주당이 몇 가지 형태에서 가장 대표적인 사례가 되었다. 초기 2년간 한민당을 결성하는 데 공산주의자들의 위협이 가진 효과는 이런 형태의 변형으로 볼 수 있을 것이다. 이것은 남한정부 외의 세력으로부터 온 힘이 정당 결성에 영향을 미친 경우이겠으나, 그러나 오직 그것의 일부만 비정부적인 것이었다.

한국 정당의 세 번째 형태는 일제강점기 내지 해방 후 2년간 남한에서 존재한 공산당에서 그 예를 살펴볼 수 있다. 공산당은 한국인들이 세포그룹을 만들기 좋아하는 본능을 조직적으로 이용해 지방의 분자들을 결합시키고 그 유동성을 제한하기 위해 강력한 이데올로기와 사상교양, 위계질서의 형태를 활용했다. 1920년대와 1930년대 공산당이 내부의 파벌화를 저지하는 데 실패한 오랜 역사와 또한 이런 형태의 여러 남한 단체들이 결국 결속을 이루는 데 실패한 것은, 이런 방법으로 한국에서 정당을 결성하는 것이 극도로 어렵다는 사실

---

58 Cf. William Kornhauser, *The Politics of Mass Society* (Glencoe, III, 1959), pp.32, 41.

을 말해주고 있다. 이는 아마도 극단적인 대중 사회에서의 공통적인 어려움일지 모른다. 사실 남조선노동당(남로당)의 성공은 과도적이고 극히 부분적인 것이었다. 이것은 또한 북한 세계에서는 하나의 분파에 불과했다. 공산당 이데올로기의 강인성과 포괄성이 남로당에 도움이 되었다. 그러나 남한에서의 일시적인 성공은 주로 식민지주의에 반대하는 정서적 경향을 움직이게 한 능력 때문이었다. 북한에서 공산주의의 성공은 그 정도로 대중에 기반이 있었기 때문이 아니고 공식적인 정부여당의 작업에 의한 것이다.

미·소 공동위원회에 등록한 후 흐지부지되었거나 그 이후 다시 나타나 당의 간판을 걸었던 군소 정치단체들은 진정한 의미에서 정당으로 간주할 필요가 없는 것들이었으며, 한국국민당이나 혹은 군사정부 및 김규식이 조립했던 연합체들도 같은 범주에 들어간다. 한 사람의 카리스마적 지도자를 내세운 정당들 — 김구의 한국독립당, 여운형과 그의 동생 여운홍(呂運弘), 전진한(錢鎭漢), 이범석, 김준연과 기타 인사들이 만들었던 정치단체들 — 은 한국에서 성공하지 못했다. 엄격히 말해 자유당이 성공한 것은 이승만의 개성과 카리스마가 아니라 그가 정부권력을 독점했던 결과이다. 개인이 이끈 정당이 성공하지 못한 것은, 부분적으로는 최고 권력을 서로 나누고 한 사람의 지도자에 의존하지 않으려는 한국의 '자문기관'적인 경향과 관련이 있으며, 또한 일부는 한국의 문화적 환경속에 지도자를 만들어내는 조직적 또는 계급적인 온상이 없는 점과 관련이 있다. 이승만은 지금까지 이런 법칙에 대한 사실상의 유일한 예외이다.

민주당 집권기에 그랬듯이 한국에 진정한 이익단체들이 존재했을 때에도 정당이 발전해감에 따라 정당의 중요성이 오히려 상실되어가는 경향이 있었다는 점을 관찰하는 것은 매우 흥미 있는 일이다. 어떤 정당의 세력이 커졌다면, 그 정당의 정책과 관련된 특수한 권익 때문이 아니라 권력을 잡을 기회가 많아질 것 같아 새로운 사람들이 많이 몰려들었기 때문일 것이다. 한민당은 1945년 김성수의 전라도 지주집단에서 발전했다. 그러나 그 후 여러 이름의 민주당계 정당들은 토지개혁이나 기업소유에 관련된 그들의 신념 때문이 아니라, 이승만과 자유당에 대한 그들의 투쟁이라는 초미의 긴박한 상황에서 형성된 것들이었다. 그들이 '민주주의'나 내각책임제를 신봉했던 것은 권력을 쟁취하기 위한 수단에서였지 자신들의 기득권익을 지키기 위해서가 아니었다. 다시 말하면, 1960년의 민주당 '구파'와 '신파' 간의 파당적인 불화도 실리에 의한 것이 아니라 개인 또는 소그룹의 권력에의 접근이나 개인적 관계를 통한 취직문제 때문에 일어난 것이다.

이런 문화에서 이데올로기와 사상 및 정책이라는 것은 공산주의의 경우처럼 외국의 훈련을 받은 외국적 신조가 토착 패턴과 결정적으로 다른 경우를 제외하고는 거의 정치적 중요성을 갖지 않았다. 어떤 권익도 대변하지 않고 사상이 결여된 한국의 정당들은 모두 일시적인 것들이었다. 그들의 이합집산은 격렬했다. 파키스탄처럼 갑자기 정당이 결성되고 또한 해체되는 것은 정치적으로 이상한 것은 아니나, 세계 역사상 1910년의 일진회와 1960년의 자유당의 몰락처럼 그렇게 갑자기 거의 완벽하게 정당이 해체된 예는 희귀하다. "공화당이 일단 권력에서 밀려나면 돌연한 종말을 맞게 될 것이라고 믿지 않을 이유가 없다"고 한 나의 1967년의 예측은, 당시에는 믿지 않았지만 1979년의 결과에 맞아떨어진 것이다.

결국 한국의 정당들은 국가의 응집력을 고양하는 데 효과가 없었으며, 엘리트를 발굴해내는 면에서도 비교적 인상적이지 못했다. 입법과 복지, 경제와 국가안정을 위해 한국의 정당들이 기여한 것은 별로 없다. 응집력 있는 정당은 한국사회의 위로 향해 움직이는 유동성 패턴에는 어울리지 않았다. 영속적인 정당 핵심당원들과 직업적인 정당 정치인들이 없었으며 그들 자신의 권리로 정당에 충성을 맹세하는 일도 없었다. 한국의 정당들은 자의식과 정부에 대한 비판 외에 독재지배의 영속화를 방지하는 데 도움을 주었으며 내각책임제로의 변혁을 촉진하기도 했다. 그러나 정당이란 것이 없었던 식민지제도 아래서의 발전, 투자, 운영 및 관료기구의 효율성과 비교하면, 민주적 대의제 아래서의 정당들이 연기한 것은 주로 방해자의 역할이었다. 국가의 그런 모든 기능들이 부분적으로는 정당의 영향력 때문에 효율성이 떨어졌던 것이다. 장기적인 목표였던 내각책임제와 참의원을 추가한 입법부의 확장은 1960년에 실현되었으나, 건설적인 현대화라기보다는 혼란과 불안만을 초래했으며 그 후 둘 다 폐지되었다. 참의원은 국민들이 별로 원하지 않은 것이었지만, 1986~1987년의 의회제도에 대한 정략적인 계획으로 다시 살아나는 것 같았으나 이것 역시 1987년 6월 29일 이후 파기되었다.

　가장 근본적인 문제점은 정당에 대한 진정한 관심과 이해가 결정적인 찬스에 강한 한국인들에게 제한되어 있다는 점이다. 정당은 의사소통의 도구이기보다는 출세의 도구였다. 그리고 정당은 어느 나라 없이 적어도 부분적으로는 출세를 위해 존재하고 있지만, 한국의 소용돌이 정치는 이런 목적을 이상하게 배타적이고 강렬한 것으로 만들었다. 사회적·정치적 상승운동을 촉진하는 일과 대간(臺諫) 정신으로 반대의 횟수를 늘이는 일은 지금 한국이 필요로 하는 일이 아니다. 기득권층 ― 특히 지방의 기득권층 ― 이 의사소통을 위해 중앙정부에 압력을 가하게 되기까지, 그리고 정당이 그런 이익을 충분히 대변해 아이디어와 정책을 벼려내고 정당을 위해 일생동안 전문적으로 활동하는 것이 중앙권력에 대한 명예로운 대안으로 보일 때까지 한국의 정당정치는 정체상태에서 벗어나지 못할 것이다.

11

공산주의

해방 후 한국인들이 모래알처럼 흩어져 벌인 이전투구를 거칠지만 분명히 효과적인 방법으로 제압한 것은 공산주의였다. 한국에서 공산주의는 두 가지 전혀 다른 형태로 나타났다. 하나는 식민지 치하의 조선(일제강점기 이전의 한국, 한국인을 조선, 조선인으로, 일반적인 통칭일 때는 한국, 한국인으로 통일한다. _ 옮긴이)에서 저항운동을 펼친 공산주의(자들)인데, 이것은 주로 해방 직후 남한에서 토착 공산주의로 성장했다. 다른 하나는 북한에서 소련 점령군이 수입한 공식적인 공산주의로 최초 3년여 동안의 결정적인 시기에 이식되었으며 그 후 권력의 중추를 이루며 계속 유지되고 있다. 서방 사람들은 북한의 움직임과 동떨어져 있으며 직접적인 정보를 들을 수 없기 때문에, 이 문제에 대한 논의는 상당히 시험적인 것으로 간주해야 할 것이다.

야당으로서의 공산주의

한국인들은 공산주의와 접촉하게 된 최초의 아시아인들 중 하나이며 그 파

급속도가 초기에는 상당히 빨랐다. 한국인들은 기회를 잡으려고 국내에서 중앙을 향해 각개전투형으로 돌진해가듯이 해외를 향해서도 뿔뿔이 돌진해 나갔는데, 대원군 시대부터 많은 사람들이 북동부 국경을 넘어 연해주로 흘러들어 갔다. 소련의 극동 공화국에서 이들은 러시아인, 우크라이나인 다음으로 많은 3대 민족그룹이 되었다. 그 숫자는 20만에서 30만(40만~50만이라고 주장하는 학자도 있다) 명에 달했다.[1] 공산주의는 이런 다수의 해외 조선인들의 마음을 사로잡았다. 공산주의가 혁명과 반(反)식민주의를 표방했을 뿐만 아니라 연해주에서 일본을 제1차 세계대전 이후의 지위에서 몰아내고 새로운 볼셰비키 국가를 세우려는 기도와 조선인들의 정치적·군사적 이해가 맞아떨어졌기 때문이다.[2] 이르쿠츠크 공산당은 1918년 1월 22일 조선지부를 설치했으며, 조선사회당이 1918년 6월 하바롭스크에서 조직되어 1921년 1월 10일 고려공산당으로 개칭했다. 이 고려공산당은 잘 짜인 조직을 갖추었으며 모스크바에서 자금지원을 받아 상하이와 조선 및 만주에서 급속도로 성장했다. 1922년 가을까지는 시베리아와 러시아의 15개 도시의 적군(赤軍)지부에 다수의 조선인들 이름이 올랐다.[3]

---

1   연해주에 정착한 조선인들의 숫자는 다소 부정확하다. Lee, Chong-Sik(이정식), *The Politics of Korean Nationalism*, p.148에는 1918년경 시베리아에서 약 4만~5만 명의 조선인들이 공동체를 이루어 거주한 것으로 되어 있고, 정기원은 그의 "The North Korean People's Army and the Party"(각주 2 참조)에서 Walter Kolarz, *The Peoples of the Societ Rar East* (New York, 1954), pp.32~35를 인용해 30만 명으로 추산하고 있다. 콜라즈가 추정한 수치는 적군 (赤軍)이 시베리아 거주 조선인들에게 영향을 미친 1922년 10월의 우수리 지역 점령 후, 즉 이정식이 추정한 시기보다 몇 년 후의 숫자를 말한 것이 분명하다. 이정식이 말한 1918년경 의 숫자보다 더 많은 것은 당연한 일이다. 그런데 Robert A. Scalapino and Lee, Chong-Sik, "The Origins of the Korean Communist Movement," *JAS*, 20.1(Nov. 1960), p.10은 1918년 경에 시베리아에 조선인들이 '약 20만 명' 거주한 것으로 추정하고 있다.

2   Chung, Kiwon(정기원), "The North Korean People's Army and the Party," *China Quarterly*, 14(April-June 1963), pp.105~106.

3   Suh, Dae-Sook(서대숙), *The Korean Communist Movement, 1918~1948*, pp.8~20. 이 책

1918~1920년 소련당국의 조선인들과의 협력은 공산주의 혁명 후 아시아인들과는 최초의 협력이었다. 공산주의운동은 당시 해외 최대의 조선인 집단인 남동 시베리아의 60만 명 이상에 달하는 거주자들 사이에 급속도로 확산되었다. 대부분 뿌리가 없는 망명객들이며 사회와 마을의 보금자리에서 내쫓겨 반식민지 투쟁 이외에는 효과적인 정치적 대안도 없었던 조선인들에게 공산주의는 이데올로기적인 확실성, 혁명적 교리, 그들이 경멸하는 낡은 형태의 사회로부터의 발전 청사진, 그들이 경험하기 시작한 계급 없는 사회의 확인, 소련 연방 내에서의 소수민족 자치, 그리고 조국의 궁극적인 독립을 보증해주는 것 같았다. 그 밖에 즉각적인 군사적 임무와 새로이 통합되고 있는 볼셰비키 세력에 참여한다는 의식이 당시의 많은 조선인들의 마음을 사로잡았다.

　　초기에 그토록 대대적이고 자발적으로 행해진 공산주의로의 귀의는 너무나 많은 분파와 균열의 근원을 내포하고 있었기 때문에 오래 지속될 수 없었다. 그들의 조상들이 유교교리를 둘러싸고 불화했듯이 그들은 편을 갈라 공산주의 교리 싸움을 반복했는데, 그것은 대중사회의 유동성 속에서 남보다 더 심오한 정당성을 찾는 싸움이었다. 여기에는 민족주의적인(그리고 국제주의적인) 공산당(처음에 일부는 상하이 임시정부와 접촉했으나 대부분 곧 적대자로 변했다), 이르쿠츠크 공산당(점차 코민테른의 지원을 받고 코민테른 극동서기장 슈미아츠키(Shumiatsky)가 교묘하게 통제했다), 주로 국내 조선인들의 지원에 의지하고 있는 공산주의자, 러시아화한 공산주의자, 만주 거주인들, 여러 종류의 게릴라, 일본 내의 학생과 노동자, 사회적 지위가 있는 노년층, 아무 것도 그들을 잡아둘 수 없는 떠돌이 조선인, 기회주의자, 예술애호가, 공상적 공산주의자, 경쟁적인

　　은 정보자료를 집중적으로 활용했으며 이 주제에 관해서는 가장 상세하고 권위 있는 정보원이다. Robert A. Scalapino and Lee, Chong-Sik, "The Origins of the Korean Communist Movement," pp.10~11, 21. Lee, Chong-Sik(이정식), *The Politics of Korean Nationalism*, p.147. 1922년경 고려공산당은 40개소에서 당원수가 6,812명에 달했다고 주장했으며 일본, 중국, 타이완 공산당 운동을 상하이에서 지원했다.

우호단체의 파벌 등이 있었다. 그런 운동이 분열되고 내분이 일어나는 것은 필연적이었다.

그러나 공산주의운동은 다른 운동과는 달리 결국 그런 불화를 극복하는 데 필요한 기본적인 원동력을 가지고 있었다. 즉, 조직을 만들어내는 기술, 코민테른의 적극적인 지원(때로는 혼란시키기도 했지만), 자금 획득과 훈련기술, 무기, 전투적이고 이데올로기적인 본거지를 찾는 무수한 잠재적인 당원들이 있었던 것이다.[4] 국경을 넘어 조선으로 들어오는 시베리아와 상하이의 좌익운동원들과 일본에서 귀국한 좌익학생들이 1925년 이후 식민지 조선에서 국내 공산주의운동의 주류를 이루었다. 1925년에는 이들 3개의 흐름이 불확실한 형태였지만 통일되어 서울에서 처음으로 조선공산당이 조직되었다.

조선과 일본의 독립운동 단체 및 상하이 임시정부 내에서 야당으로서의 공산주의자들은 많은 난관 속에서 어느 정도의 응집력을 갖고 장기간 독립운동을 지속했다. 이런 응집은 상부로부터의 지원이 있었기 때문만이 아니라 훗날의 민주당처럼 단결하여 대항해야 할 강력한 적이 있었기 때문에 가능했다. 부르주아지를 지배하거나 파괴하기 위해 부르주아 운동에 참가해야 한다는 레닌 독트린에 따라 공산주의 당파의 지도적인 위치에 있는 인사들은 초기의 대한민국임시정부에 참여하여 시종 교란을 일삼았다. 곧 공산주의자들과 주로 민족주의적인 게릴라들 사이에 유혈사태가 발생했다. 1921년 6월 21일, 블라고베시첸스크 북쪽의 알렉세이예브스크(스보보드니)에서 이르쿠츠크파 공산주의자들과 만주-시베리아 기지의 조선의용군 사이에 전투가 벌어진 것이다. 결국

---

4 레닌 자신이 조선인 공산주의자들에게 200만 루블 지원을 약속한 것으로 알려져 있다. 코민테른은 상하이 임시정부 총리이며 조선사회당과 고려공산당 설립자인 이동휘 대표에게 공산주의 선전자금으로 60만 루블을 제공했다. 이동휘는 이 자금을 공산주의 활동 목적에만 사용하기 위해 임시정부에서 사임했다. 이 사건은 임시정부에 내부 동요(그리고 공산주의자들의 분파주의)를 일으키고 임시정부 자체를 약화시키는 원인이 되었다. Suh, Dae-Sook(서대숙), idem, pp. 14~20; Lee, Chong-Sik(이정식), idem, p. 148.

600명의 조선인이 죽고 비공산 조선의용군은 거의 치명상을 입은 채 그곳에서 철수했다.[5] 1921년 1월 고려공산당이 창건되었고 코민테른 자금이 이들에게 전달되었는데, 대한민국임시정부는 이 자금이 자기들에게 올 것이었는데 잘못되어 고려공산당으로 흘러갔다고 오해했다. 이것이 1921년 이후 임시정부의 혼란과 쇠퇴의 중요한 원인이 되었다. 그때 이후 분열은 점점 심각해졌고, 김구의 한국독립당과 임시정부의 여타 파벌들이 공산주의 당파들과 투쟁을 계속했다.

이동휘의 고려공산당과 이르쿠츠크파 공산당 간의 균열도 더 커졌다. 후자는 알렉세이예브스크에서 승리했을 뿐만 아니라 모스크바에서 1922년 1월 개최된 극동노동자 제1회 대회를 통해 세력을 더욱 키웠다. 이 회의는 조선 독립운동 단체들이 받은 국제적 지지 가운데서 사실상 유일하게 효과적이고 확실한 것이었다. 그 후 이르쿠츠크파 조선공산당은 모스크바로부터 효율적인 지원을 받아 극동에서 볼셰비즘의 중요한 지주가 되었으며, 만주, 시베리아, 중국 북부 각지에서 급속도로 세를 불려, 규모와 군사력 면에서 가난하고 의기소침한 임시정부를 훨씬 능가했다. 아마도 이들은 상하이파 공산주의자들과의 파벌싸움으로 코민테른 제4차 회의에서 정식대표로 인정받지 못한 것이 유일하게 겪은 난관이었을 것이다. 중국공산당은 당연히 이르쿠츠크파 공산당의 대의를 지지했다. 중국 국민당과 공산당 사이의 균열 확대가 독립단체들의 정치적 알력을 심화시켰다. 청년단체와 군대가 전시 중 경쟁적으로 결성되었는

---

5 Suh, Dae-Sook(서대숙), idem, pp.29~34 외에 Robert A. Scalapino and Lee, Chong-Sik, "The Origins of the Korean Communist Movement," pp.160~161에서의 이 사건에 대한 설명 참조. 또한 당시 항일독립군 지도자였던 김홍일이 자유중국 대사로 있을 때인 1957년 8월 15일에 행한 연설 참조. 그 연설에서 김홍일은 이 사건을 "한국 독립운동사 전체에서 가장 가슴 아픈 희생"이었다고 술회했다. 조선의용군은 공산주의파가 아니었는데도 상하이에서 이르쿠츠크파 공산주의 단체의 라이벌인 이동휘를 지원했으며, 그들의 패배는 또한 공산당 지도자인 이동휘의 패배이기도 했다.

데, 공산주의자들의 그것이 더 크고 유력했다. 이런 분열과, 특히 공산주의자들의 효과적인 방해책동으로 중국국민당 정부와 다른 외국정부의 대한민국임시정부에 대한 승인이 저지되었다. 임시정부가 외국의 승인을 받았더라면 전후의 세계에서 지위와 지지를 획득할 수 있었을 것이다.[6] 조선 내부에서는 신간회가 마치 상하이 임시정부를 엄습했던 것과 같은 분열에 휩싸였다(제4장 참조). 일본과 로스앤젤레스에서조차 현지 조선인 내부에서 좌우익 사이의 분열이 노정되었다.

공산주의자들과 민족주의자들 사이의 중간 영역엔 낙오자, 중도파, 타협파들이 산재해 있었다. 이 당시에는 정치적 의혹이 난무하고 설익은 철학과 지적 도락이 풍미하던 시기였다. 이르쿠츠크와 상하이 공산당 그룹 외에 조봉암, 김준연과 같은 민족주의 성향의 공산주의자, 백남운(白南雲), 이종원(李宗遠)과 같은 지적 마르크스주의자, 조소앙(趙素昻), 원세훈(元世勳), 여운형, 장건상(張建相)과 같은 타협과 단결을 바라는 변형된 공산주의적 또는 사회주의적 민족주의자, 김약수와 같이 공산주의 연구가로 나중에 변절한 자들이 활동하고 있었다.[7] 이들 집단들에는 여러 가지 형태의 불안정과 기회주의가 혼합되어 있었다. 민족주의자 진영은 곧 공산주의자와 동맹을 맺을 것인지 반대할 것인지 아니면 단지 거리를 둘 것인지 하는 문제를 놓고 의견을 달리 하는 사람들로 시끄러워졌다. 특히 상하이에서 그랬고, 또한 서울은 물론 심지어 도쿄에서도,

---

6 자유중국 대사였던 김홍일은 1957년 8월 15일의 연설에서 대한민국임시정부의 승인문제는 제2차 세계대전 중 중국의 주영국 대사였던 궈타이치(郭泰祺)에 의해 당시 중국, 영국, 미국 및 다른 여러 나라들의 공동노력으로 제기된 것이었다고 말했다. 알려진 바로는 중국국민당 사무총장이었던 우티예청(吳鐵城) 외 여러 사람들의 지원도 있었다.

7 이들 마르크스주의자들 ― 훗날, 초기 북한정부에 참여한 이름난 공산주의자들 ― 의 민족주의는 백남운이 ≪서울신문≫에 1946년 4월 1일부터 기고한 「한국, 국민정부」란 제목의 영향력 컸던 연재물에 잘 드러나 있다. 유명한 사회역사가인 백남운은 후에 북한정부에서 문교부장관이 되었다. 한국의 공산주의를 둘러싼 여러 흐름에 대해서는 Suh, Dae-Sook(서대숙), *The Korean Communist Movement, 1918~1948*, Pt.1 참조.

어느 것이 올바른 자세인가 하는 방법상의 문제를 둘러싼 싸움이 실질적인 문제 또는 장·단기적인 계획에 할애해야 할 시간을 빼앗고 말았다. 독립과 관련된 문제마저도 공통의 행동을 이끌어내지 못했다. 일본인들은 1919년 이후 아주 영악하게도 조선인들의 단결에 불을 붙일 수 있는 자극적이거나 탄압적인 일을 거의 벌이지 않았다. 이리하여 공산주의도 어느 정도 분열된 세력으로 활동하게 됨으로써 해방 후의 통합전망을 밝게 하기는커녕 더욱 어둡게 했다. 민족주의자와 공산주의자 간의 적대관계와 그리고 그 사이에 놓인 여러 문제들은 해방 전에 이미 타협 없는 격렬한 대립의 4반세기를 보내게 했다. 중국공산당의 경우처럼, 민족주의자와 타협주의자에 대한 싸움은 마치 항일투쟁처럼 조선공산당을 단결시키는 근간이 되었다.

국내 공산주의자들은 단결을 위해서는 어떤 희생도 불사했다. 그들은 계급, 공동사회, 마을, 일족, 가족조차 분열시키면서 사회의 각 계층을 가로질러 길을 열어가며 공산주의운동에 매진했다. 주요 단체들 중 아무리 작은 규모라 하더라도 공산당원을 갖지 않은 단체가 거의 없었다. 공산주의의 교리는 유교교리상의 본능에 호소하는 교육을 통해 양반가문의 대문 빗장도 열고 들어갔다. 그들은 민족주의자들이 제창하고 있는 것보다도 더 구체적인 목적을 갖고 있었으며, 일본으로부터의 독립뿐 아니라 노동자와 농민이 주축이 된 프롤레타리아 독재정부 수립을 목표로 했다. 공산주의자들은 또한 토지와 노동은 물론 전면적인 개혁을 약속했다. 어떤 경쟁적인 철학도 공산주의만큼 생활의 모든 영역과 기능을 복지와 국가의 문제로 교묘하게 접합시키는 이데올로기의 틀을 충족시킬 수 없는 것처럼 보였다. 때때로 가문의 종손마저 공산주의자가 되었다.

그러나 공산주의에 좀 더 깊이 빠져든 사람들은 장자 이외의 아들들과 첩의 소생들이었다. 이들이야말로 교육적인 사상의 효모에 사회적인 불만을 추가할 수 있는 사람들이었기 때문이다. 때때로 마을은 두 파로 분열되었다. 중류계급의 사람들과 최남선 같은 독립운동 지도자들의 자식들 일부도 영향을 받았다. 간혹 출세를 갈망하는 하층계급의 자식들도 매료되었다. 또한 공산주의는 전라도와 같은 부재지주들이 많은 한반도 남서부와 안동, 경주, 상주와 같은 경상도 지주 지배지역의 농민들도 잠식하고 있었다. 일제강점기하에서 산업화가 고도화 단계로 들어가면서 생긴 '프롤레타리아'들 사이에서도 소수의 공산주의 귀의자들이 나오기 시작했다.[8] 마르크스주의를 멀리하면서도 실제로는 그것에 공감하는 지지자들 가운데는 강력한 계급적 유대관계가 없는 사람들이 많았다. 백정과 중인들 가운데서는 공산주의에 물드는 사람들이 별로 없었으나 유동적인 사회 환경 속에 사는 사람들의 나머지 다수는 계급차별이 없는 당원자격에 쉽게 끌렸다.

혼란스런 도시화와 열광적인 산업화, 그리고 일본의 세계전쟁을 위한 대규모 징병이 무계급성을 강화시켰다. 그런 사회적인 관계로부터 이탈한 사람들과 2류의 식민지 지위에 분개하는 사람들이 다시금 목적과 연대를 찾아 나섰다. 당시의 더 큰 집단들 – 학생, 군인, 청년단체, 공장노동자, 광부 – 은 공산주의 조직책들의 지속적인 잠식확대의 표적이 되었다. 도시의 폭력배들과 지방의 무법자들은 마지막에 입당허가를 받았는데 이들은 1946년 초 폭력이 행사될 때 강력한 존재가 되었다. 식민지 붕괴에 따른 혼란과 미국이 그 진공상태를 메우는 데 실패함으로써 주위의 밤은 더욱 어두워지고 여기에 공산주의가 무엇인가의 빛을 비출 수 있었다. 해체된 사회, 지리멸렬해진 세상이 사람들을 공산당 쪽으로 몰아갔다. 독립적인 사상가나 학문이 깊은 학생들이 새 당원이 되는 경우는 별로 없었다. 오히려 새 당원들은 그들 자신의 주위 사람들을 믿지 못하고 일본인에 대해 반항적이며 대일협력자들을 경멸하는 '성난 젊은이들'이었다. 그들은 마르크스주의, 공산주의, 장래의 소련 세력에 대한 예견, 소련과의 지리적 근접성 등에 대한 막연하고 혼란스런 생각 속에서 국가의 장래에 대해 유일하게 믿음이 가는 계획을 찾아낸 것이다.

---

8 1948년도 『조선연감』, 457~473쪽은 60명의 이름난 공산주의자들 가운데 단지 2명만이 프롤레타리아 또는 노동자 배경을 가졌다고 했다.

나라 밖의 정글과도 같은 조선인 공산주의 단체들과 국내의 갖가지 사회적 부유물들에 대처하기 위해 국내에서 모든 방법으로 단결의 근원을 찾아내지 않으면 안 되었다. 그러나 아무 것도 만족스런 것이 없었다. 1925년 4월부터 1928년 말까지 일본의 엄중한 감시에도 불구하고 얼마간 응집력을 가진 조선 공산당이 네 번이나 잇달아 결성되었고 조선 내부에서 공산주의가 확산되었으며 코민테른의 승인을 획득했다. 그러나 이런 노력조차 새로운 분파주의를 만들고, 이 때문에 당 자체가 크게 손상을 입었다. 사회는 질서정연한 엘리트 형성을 위해 적절한 다양성과 타협을 만들어내지 못했다. 분파 간의 싸움은 조선 공산주의의 탄생 때부터 비단 국외에서의 이르쿠츠크파와 상하이파 사이뿐 아니라 국내의 많은 소집단들 사이에서도 똑같이 격렬했다. "잘 알려진 바와 같이 분파적인 분쟁은 오랫동안 많은 국가들의 공산당에서 발생했다. 미국과 폴란드의 공산당들처럼 이런 점에서 어느 정도 유명해진 당들도 있다. 그러나 조선공산당의 분파가 그런 기록을 깨뜨렸다."[9] 지도자들은 나타났다가는 변하고 몰락했다. 공산주의운동은 결속을 찾기 위해 가장 엄격한 내부 조직뿐 아니라 외부에 있는 적의 힘이 필요했다.

그런데 마침내 결속을 할 수 있는 날이 왔다. 만주사변으로 정치적 억압이 심화되고 잇달아 전면적인 탄압이 행해진 것이다. 공산주의자들이 위험에 내몰렸고, 투옥되었으며, 일체의 활동이 금지되었다. 하지만 강화된 일본의 탄압과 늘어난 대일협력자가 공산주의자들의 적대적인 활동을 위한 분명한 목표가 되었다. 외부의 도전이 높아짐에 따라 내부의 결속으로 대응해야 했다. 일본경

9　Otto Kuusinen, "O Koreiskom kommunisticheskom dvizhenii," *Recolyutsionnyi vostok*, No.11-12(1931), p.108. Glenn D. Paige and Lee, Dong-Jun(이동준), "The Postwar Politics of Communist Korea," *China Quarterly*, 14(April-June 1963), p.20에서 인용. Suh, Dae-Sook(서대숙), *The Korean Communist Movement, 1918~1948*, pp.85~114 참조. 서대숙은 쿠시넨(Kuusinen)이 주장하듯이 제2차 세계대전 이전의 한국 공산당 내에서 분파주의가 중요했거나 파괴적인 요소였다고 믿지 않는다.

찰의 효율성은 1928년부터 해방이 될 때까지 조선에서 공산당 본부의 설치를 불가능하게 했다. 공산주의운동은 당원들이 뿔뿔이 흩어져 힘을 잃었지만, 적어도 이 바람에 분파주의를 약화시켰다. 위험수위가 높아질수록 당세포의 효율성도 커졌다. 당원들은 특별 선정과정을 거쳤다. 그들은 특별한 자격과 한 사람이나 두 사람의 보증인과 특히 지방위원회의 추가승인이 필요했다. 보증인은 자기가 보증을 선 새 당원의 행동에 책임을 져야 했다. 3명 또는 그 이상의 당원으로 조직된 세포는 비밀 연대관계, 탄압에 대한 저항감 및 음모로 결속을 더욱 굳건하게 했다.[10] 이런 일은 유교가 문화로부터 추방한 제식과 의식(儀式)의 만족감을 얼마간 대신했다.

　김일성의 게릴라 집단처럼 일본군과 전투를 할 수 있었던 조선국경 밖에서도 사정은 똑같았다. 그런 곳에서의 전쟁은 강력한 조직적 규율을 부과했다. 또한 국경 밖에서 그들은 당의 세포처럼 유교가정의 오래된 엄격성 속에 숨어 있는 반역성을 승화시키거나 정처 없는 생활에서 오는 고독한 좌절감을 털어 버릴 수 있었다. 그곳에서 사람들은 고향 마을이나 도시에서는 의식할 수 없었던 단결과 목표궤도를 의식할 수 있었다. 당세포나 게릴라의 수가 적으면서도 충성심이 강했던 것은 그들이 특별한 문화를 계승하고 있음을 보여준 것이며 바로 13세기 고려시대에 가정의 힘이 그런 문화적 요소에서 나왔다고 할 수 있을 것이다. 그 시대의 가정은 혈족관계와 마을의 회합을 통해 운영되었으며, 그런 것이 한국의 방 구조 자체에 구현되어 있다. 한국의 재래식 방은 조그맣고 어두우며 면적은 온돌의 열 효율성을 높이기 위해 작아야 했는데, 이것은 은밀한 접촉과 팔꿈치를 쿡쿡 찌르면서 음모적인 논의를 하기에 적합한 장소였다.

---

10 그것이 자아내는 음모적 분위기는 자신이 가장 결속력 있는 조직 요원의 한 사람이라는 것을 실감할 수 있게 해주었다. 아마도 한국에서처럼 음모적 분위기가 널리 유행하게 된 것은 사회가 비응집적이라는 것을 역설적으로 설명해주는 것이며 어떤 종류의 단결을 얻기 위한 잠재의식적인 탐색에서 나온 것일지도 모른다.

조직상의 규율에서 중요한 것은 세포당원들에게는 알려지지 않은 대부분 비밀스런 위계질서를 받아들이는 일이었다. 당에 대해서는 아무 것도 모르고 당원들에 대해서도 거의 아는 것이 없이 바치는 검증된 충성만이 혹독한 고문을 받고도 당을 보호할 수 있었다. 세포 위에는 비밀에 쌓인 정교한 위계조직이 있으며 최고사령부에까지 연결되어 있었다. 이런 형태는 수입된 것이긴 하지만 옛날 왕조의 그것처럼 완벽한 행정적 세계였으며 그 권력을 반영하고 있었다. 해방 후 공산당의 각 세포는 지방의 각 구역위원회의 대표가 되었다. 구역위원회 위에는 당 회의, 지방총회, 지방위원회가 있었다. 그 위에는 전국대표자대회가 있었고 중앙감사위원회와 중앙위원회 및 그 사무국과 집행위원회가 있었는데, 여기서 홍보선전, 노동조합, 농민문제, 여성문제, 당규, 동원, 재정, 문화, 정보 등 각 분과위원회의 위원장을 임명했다. 지하학교도 많았다. 해방 후 다수의 남한 청년들이 공산당 지도자교육을 받기 위해 북으로 갔다. 훈련에 노력을 기울였던 것은 오래된 전문성 부족에 대처하기 위한 것이었다.[11] 이런 면은 무엇보다도 한국사회에 결여된 단계적 전진을 깨우치려는 시도였다.

해방 전 공산주의 조직은 파업, 태업, 소규모 작업정지를 자양분 삼아 양육될 수 있었다. 해방은 공산주의자들에게 행운의 나날을 가져왔다. 중앙위원회와 지방총회는 3개월마다 회의를 열었다. 끊임없는 회의와 자아비판 집회, 이데올로기 설명, 당 지도노선교육 등이 실시되었다. 일부 지식층은 그들보다 열등하다고 생각되는 사람들로부터 사상교육을 받는 것에 불만을 가졌다. 처음에 이 문제에 관해 이론과 논거를 내세우며 흥분하던 일부 인사들은 당의 결정

---

11 조선 공산주의운동 배경에 관한 설명은 다음 두 자료를 참조했다. Richard D. Robinson, "Korea: The Betrayal of a Nation"; Justin Sloane, "The Communist Effort in South Korea, 1945~1948"(M.A. Thesis, Northwestern University, 1949). 슬로운은 미·소 공동위원회 이전의 협의과정에서 한동안 열심히 일했던 미 군정청 관리였다. 저자는 또한 개인적인 기록을 참고했으며, 도시와 지방에서 그 지역 공산주의자들과 친분이 있고 그들의 과거와 뿌리에 대해 알고 있는 사람들과의 많은 대화를 통해 정보를 얻었다.

에 절대적으로 복종해야 한다는 냉엄한 현실에 직면했다. 그 뒤 청년단체의 테러, 강탈, 밀수, 위조사건 등의 증가와 함께 이상주의자들의 예리한 칼날이 점점 무디어져 갔다. 그러나 대부분의 당원들은 농촌의 단조로운 생활에 대한 속박을 피하려는 열망에서 논쟁의 여지가 많은 계획, 행동, 교리의 혼합물에 매료되었으며, '올바른 정신', '대중에게 어떻게 행동해야 하는가', '우리는 어떤 단결의 근원을 이끌어 올 수 있는가' 등의 정서적인 논의, 탄압에 대한 정당한 분노, 보편적인 교리의 지적인 흡수에 매료되었다. 그 같은 주제는 유교의 전통에 비추어 특별히 매력적인 형태로 사람들을 흥분시키는 신선미를 갖고 있었다. 사람들을 이런 대화로 끌어들이는 것은 규칙과 관습에 얽매이지 않은 친밀성에 대한 열의를 북돋우고, 긴장을 풀어주며, 유교적 가정의 억압된 내공적인 분위기 속에서 응어리진 개인적인 증오심을 정화시키는 작용을 했다. 평소 주위의 무관심에 실망하며 자란 시골의 공산주의자들은 당의 세심한 지배와 계획 및 아랫사람들에 대한 친밀한 관심에 자부심과 희망을 가졌다. 결속력이 없고 다루기 힘든 사회에서 이끌려나온 이런 사람들은 그들 자신보다 더 큰 어떤 것에 참가한다는 자부심을 느꼈다. 고립되고 변화 없는 시골생활에 속박되는 것을 두려워하는 사람들은 눈에 보이지 않는 당의 위계질서에서 서울의 분주하고 신비한 생활에 참여할 기회가 많아지고 있다고 생각했다. 공산주의는 전통에 역행하는 것이었는지도 모른다. 그러나 공산주의의 도전과 흥분은 모든 소년들이 옛 왕조에 대해 들었던 이야기에 나오는 그런 것들이었다. 즉, 천부의 재능과 의지를 살리면, 권력의 응접실로 통하는, 험난하긴 하지만 영광스러운 보상의 길, 끝없는 드라마, 제왕이나 공산주의의 궁전으로 알려진 무아의 경지에 도달할 수 있을 것 같았다. 이제 이 길은 확실한 계단으로 나타나 더 뚜렷하게 보이며 '빽'이라는 후원 대신 '자격'을 가진 사람들에게 길을 열어주고 있는 것이다.

1938년부터 내면적으로 점차 파벌싸움이 사라지고 규율과 위계질서가 잡힘으로써 조선은 한일강제병합 이후 수십 년간 알지 못했던 잘 조직된 엘리트들을 최초로 배출해내기 시작했다. 혁명논자들이긴 했지만 이들 엘리트들은 관료적인 성격을 강하게 갖고 있었다. 해방 이후 공산당 중앙위원회는 주로 중산계급의 지식인들로 구성되었는데, 그 가운데는 오랜 기간 옥중생활을 했던 사람들이 있었으며 3·1운동의 세례를 받았던 사람도 한두 명 있었다. 많은 사람들이 인정하는 인물이었던 박헌영은 타의 추종을 불허하는 새로운 개성을 가진 지도자였다. 전북 고창 출신(박헌영은 1900년 5월 1일 충남 예산군 신양면 신양리 333번지에서 출생했다. _옮긴이)인 그는 47세가량으로 이르쿠츠크파 공산당과 관계가 좋았던 안병찬(安秉讚)에게 사사했으며, 본래 국내에서 성장한 공산주의자였다. 표면에 잘 나서지 않는 부드러운 말씨의 온화한 학자풍이면서 흥분을 잘하는 그는 하급관리나 심지어 약방점원과 같은 특성을 지니고 있었다. 그의 인격은 그의 지도력의 원천이었다. 언제나 상사에게 복종하고, 시시각각 변하는 당 노선에 따르고, 거의 유럽 사회주의와 유사한 운동을 펼치며, 선임자에 대한 존경을 표시한 것 등이 그러했다. 그의 타입은 우익이나 여운형과 같은 좌익 적대자들과 극명한 대조를 이뤘다. 여운형은 카리스마의 소유자였으며 자유분방하고 원자화한 유동성 경쟁을 위해 필요한 대중 연설에 뛰어났던 사람이다. 박헌영이 그의 정통성을 의심받았을 때 항상 내밀한 관료적 위계질서에 의존했던 것은 그의 성격 때문이었다.

1945년 8월 17일 그는 지금까지 일하던 전라도의 기와공장에서 나와 서울로 올라왔으며, 당원명부, 당 재편계획, 그리고 특히 소문난(그러나 실증되지는 않았지만) 모스크바의 지령을 가지고 자신의 지위를 구축했다.[12] 9월 12일 그는 조선공산당을 재건하고 그 의장에 선출되었다. 그가 본부를 평양이 아니라 서

---

12 Richard D. Robinson, "Korea: The Betrayal of a Nation," p.38. 박헌영이 소련 측의 강력한 지원을 받고 있다고 군정청 관리들이 믿고 있었다는 사실은 흥미롭다. Suh, Dae-Sook(서대숙), *The Korean Communist Movement, 1918~1948*, p.328은 아마도 좀 더 나은 근거에서 한국의 국내 공산주의운동은 장기간 소련인들과 연락이 끊긴 상태에서 진행된 것으로 믿고 있다.

울에 둔 것이 중대한 결과를 가져왔다. 평양이었다면 박헌영과 공산당은 소련의 보호를 더 잘 받았을 것이며 거기서 그의 조직은 북한의 지도자 위치를 획득하는 데 유리했을 것이다. 1946년 2월 서울에서 라이벌인 조선신민당을 결성한 연안파 공산주의자 한빈(韓斌)과 같은 좀 더 역동적인 지도자들로부터 도전을 받았을 때 그는 평양으로 잠적했으며, 그곳에서 소련의 지원을 받아 다시 모습을 드러냈다. 박헌영은 조선시대 국왕의 비밀 감찰관인 어사와 같았다. 한국의 우익들은 박헌영 식의 그런 설득 기술에 의존하지 않았다. 그들은 처음부터 철저하게 싸워서 결판을 내야만 직성이 풀리는 사람들이었다. 엉클 샘(미국 정부)은 교섭을 담당한 레너드 버치 중위를 제외하면, 다급한 일을 해결하는 역할을 맡거나 정치적 과정에서 명령을 내려서 기여하는 일에 거의 흥미를 보이지 않았다.

이런 사상과 조직으로 공산주의자들과 그 동조자들은 일본제국주의 억압으로부터의 돌연한 해방과 제2차 세계대전이 한국에 가져온 많은 자극의 중요한 상속인이 되었다. 그들의 혁명적인 사상은 일본인들의 급작스런 퇴거로 많은 재산이 갑자기 주인을 잃어버린 환경에 더 잘 어울렸다. 해방된 날부터 적어도 1946년 1월 신탁통치 문제가 불거질 때까지 그들은 급속도로 국민의 지지를 획득해갔다.[13] 해방 당시 공산당원 수는 4,000여 명이었으나, 박헌영은 1946년 3월 1일 남한의 공산당원 수는 정규당원과 후보당원을 포함하여 2만 9,000명에 달한다고 주장했다.[14] 미군정 당국도 이 기간에 공산당원이 1만 5,000~2만 명에 달한 것으로 추산했다.[15] 그러나 수십만 내지 수백만 명에 달한다고 공칭

---

13 공산주의자들은 1946년 새해에 당원들의 생각 대부분을 갑자기 거꾸로 뒤집도록 지시하며 한반도 신탁통치와 1946년 1월 3일의 모스크바 삼상회의 결정을 지지한다고 발표했다. George Lee Millikan and Sheldon Z. Kaplan, *Background Information on Korea: Report of the Committee on Foreign Affairs Pursuant to House Resolution 206*, House Report 2496, 81st Congress, 2nd Session(Washington, D.C., 1950), p.5.

14 Justin Sloane, "The Communist Effort in South Korea, 1945~1948," p.46.

되던 외부단체와 전선조직은 대원군 시대 이전의 '자문기관'들을 부끄럽게 할 정도로 수많은 중복조직을 가지고 있었다.[16] 1946년 2월 14일까지는 90개의 좌파정당, 노동조합, 사회단체 및 우호단체를 통합하여 민주주의민족전선(이하 민전)이 결성되었다. 민전 위에는 중앙위원회가, 그리고 산하에는 조선 문화 단체 총연맹과 같은 12개의 주요 단체가 있었다. 그리고 이 문화단체연맹 내에는 조선공업기술연맹과 같은 22개의 소조직이 있었고, 또한 이 공업기술연맹은 7개의 부속 단체를 거느리고 있었다.[17] 수입된 외제품을 모방한 것이긴 했지만 공산주의자들은 한국인들의 권력접근욕과 '자문기관'형 통치 테마에 호소하는 점에서는 가히 전문가 수준이었다.

공산주의자들의 정책은 또한 전향적인 계획을 반영하고 있었으며, 몇 가지를 제외하고는 우익이 거의 가지지 못했던 조직적인 행동방침을 담고 있었다. 1945년 8월, 전국 방방곡곡에 공산주의를 확산시키기 위한 특별지령이 내려졌다. 청년단체가 결성되고 이들은 곧 일본인들과 '친일파'들에 대한 테러를 감행하기 시작했다. 좌우익 자경단들이 서로를 공격하고 주민들을 번갈아 괴롭혔다. 경찰, 감옥, 수위, 국방경비대 등 모든 곳에 좌익의 조직적인 침투가 있었다. ≪동아일보≫를 제외한 대부분의 신문사 직원들은 좌익 성향을 띠었으며 ≪해방일보≫는 1946년 5월 18일 미군정 당국이 폐간할 때까지 공식적인 공산당 기관지였다. 그 후 ≪조선인민보≫와 ≪현대일보≫는 9월 6일 군정당국이 차례로 폐간할 때까지 공산당의 준기관지였다. 수개월 동안 이런 신문들

---

15 1948년 10월 23일 시카고의 Chicago Council on Foreign Relations에서 했던 하지의 연설 참조.

16 남로당 산하의 조선민주주의인민전선은 1947년 6월 미·소 공동위원회에 제출한 정치사회 단체 등록 신청서에 자기들의 회원 수가 남한 인구의 거의 3분의 1인 621만 7,000명이라고 주장했다. 그 같은 주장은 물론 엄청나게 과장된 것이지만 당시 수많은 전선조직들은 실제로 적극적인 활동을 벌이는 영향력 큰 대형 집단이었다. Justin Sloane, "The Communist Effort in South Korea, 1945~1948," p.65.

17 idem, pp.65~67.

은 효과적인 기관지 역할을 했다. 이와는 대조적으로 군정당국은 기관지를 결코 가진 적이 없었다.

자금 역시 공산주의자들의 단결을 공고히 하는 데 도움을 주었다. 해방 직후 수주일 동안 북한과 남한의 인민위원회는 세금을 징수했다. 또한 많은 공장들을 일본인들로부터 인수받아 운영하고 그 수입은 인민위원회와 좌파 노동조합으로 들어갔는데, 이것이 전후 한국에서 이전의 일본인 공장들을 부활시키는 중요한 요인 중의 하나가 되었다.[18] 일본인과 한국인 부자들은 소련 공산주의자들이 서울을 점령할 것으로 생각하고 공산주의 조직과 청년단체들에 보호자금을 바쳤다. 어떤 실업가는 200만 엔을 바쳤다고 실토했다. 전쟁(제2차 세계대전) 중에도 일본인들이 폐쇄한 적이 없는, 규모가 큰 서울 주재 소련 총영사관도 자금을 제공했다. 해방 후 북한소재 조선은행 지점들이 보유한 거액의 엔화 자금이 소련군 당국자의 손에 넘어가 지지자들에게 배분되었다. 38선을 따라 밀수가 성행했다. 최후에는 화폐위조까지 행해졌는데, 그 주범인 이관술(李觀述)은 1945년 11월부터, 미군 수사관들이 서울 뚝섬 소재 지카자와(近澤) 빌딩의 조선정판사 위조화폐 제조현장에 들이닥친 1946년 5월 6일까지 거의 250만 엔을 위조하여 남로당에 제공했다. 공산주의의 불법적인 그리고 외국에 예속된 본질이 노출되고 특히 미군정 당국이 집중적으로 그들의 비행을 홍보함으로써 공산주의자들은 위신과 지지를 크게 상실했다.[19]

한국의 야당으로서 공산당은 이중의 죽임을 당했다. 개인으로는 온화한 성품을 가졌고, 초기에 잠시 군정당국에 우호적인 태도를 보이기도 했던 박헌영은 냉전과 그리고 아마도 부분적으로는 소련과 북한 지도자들의 지령에 의해 불가피하게 점점 강경해지고 결국 격렬한 적대자로 변해갔다.[20] 하지와 그의

---

18 E. Grant Meade, *American Military Government in Korea*, p.204. 여기엔 전라남도 광주 소재 전 가네보 섬유공장의 사례가 인용되어 있다.

19 Richard D. Robinson, "Korea: The Betrayal of a Nation," pp.113~114.

20 박헌영은 1945년 10월 31일, 기자들과 가진 인터뷰에서 "우리는 한국에 있는 미군정부와 충

경찰은 공산주의자들을 급습하여 근절시켰으며, 이승만의 새 정부는 잔당을 추적하고 1948년 12월 1일 공산당을 불법화했다. 일부는 적어도 한국전쟁이 발발할 때까지 지하에 잠복했다. 어떤 전직 공산당원은, 박헌영이 남한에서 그의 세력이 와해되는 것을 우려했던 점과 남한의 여론이 자기들을 지지할 것이라고 평가했던 점이 한국전쟁을 일으킨 주요 원인이라고 주장했지만, 과연 박헌영이 당시 그런 결정적인 영향력을 가지고 있었는지 의심스럽다.[21] 박헌영과 그의 주요 지지자들은 북한으로 도피했다. 그러나 결국 그가 남한에 너무 오래 머물렀던 게 잘못이었음이 분명히 드러났다. 김일성은 권력을 통합하는 데 성공했다. 공산당 운동에서 박헌영이 김일성의 선배라는 점이 김일성보다 박헌영을 더 위협했다. 박헌영의 잠재력은 조선시대의 당파싸움 때처럼 용서받을 수 없는 죄가 되었다. 그의 권력기반은 1949년 6월과 8월 사이 남한과 북한의 노동당이 김일성을 우두머리로 하는 단일체제의 조선노동당으로 통합됨으로써 처음으로 부식되기 시작했다.[22] 1953년 8월 3일에서 6일까지 개최된

분히 협조해야 한다. 협력만이 바른 길이다. 우리가 잊어서는 안 될 것은 미국은 일본 제국주의를 지워버리고 한국의 해방을 보장하기 위해 왔다는 점이다"라고 했다. *Korean Free Press*, Nov.1, 1945. 같은 시기에 발행된 공산당 팸플릿도 그의 견해를 반영하고 있다. "조선공산당이 프롤레타리아 혁명과 사회주의국가 수립을 지향한다는 소문이 있다. 이는 잘못된 개념이다. 당은 모든 계급을 위한 완전한 자유를 지향하며 그에 필요한 조치로서 부르주아 민주주의의 기반을 지지하고 언제나 옹호할 것이다." 박헌영은 1946년 2월뿐 아니라 같은 해 6월 10일에서 7월 22일까지 지시를 받기 위해 평양으로 잠적했다. 그 후 그는 중도파 연합을 파괴하기 시작했다.

21 여기서 전직 공산당원이라는 사람은 한때 ≪동아일보≫ 편집자(조사부장, 편집국장, 주필을 역임했다. _옮긴이)였으며, 그 후 '중립국' 제창론자가 된 김삼규(金三奎)다. *Konnichi no Chosen* (Korea today; Tokyo, 1956), pp.51~103 참조. Lee, Chong-Sik(이정식), "Land Reform, Collectivization, and the Peasants in North Korea," *China Quarterly*, 14(April-June 1963), p.15에서 인용.

22 Robert A Scalapino and Lee, Chong-Sik(이정식), *Communism in Korea Part 1: The Movement, University of California Press* (Berkeley, Los Angeles, London, 1972), p.386. 북한에 관한 2권으로 된 방대한 자료 참조.

제6차 중앙위원회 총회(휴전 후 1주일 만에 개최되었다)는 조선노동당에서 박헌영과 그의 일당을 축출했고 그 후 열린 군법회의에서 그와 그의 추종자 10명이 사형언도를 받았다. 1955년 12월 이전 어느 날 박헌영은 어처구니없게도 '미국의 스파이'란 죄목으로 처형되었다. 한국 '토착' 공산주의의 역사는 그와 함께 끝을 맺었다.

결국 이렇게 종말을 맞긴 했지만, 야당으로서 박헌영의 공산주의 단체가 한창일 때가 있었다. 해방 후 수개월간 공산당(남로당)은 남한에서 국가 안의 국가(imperium in imperio)였으며, 적어도 최초 1년 동안은 의심할 여지없이 한국의 가장 중요한 단일 정치 세력이었다. 미군정 당국이 끊임없이 홍보한 바와 같이 공산당의 폭력적·파괴적·불법적인 활동은 그들의 힘의 일부였다.[23] 하지만 당국의 주장에도 불구하고 공산당의 이 같은 활동이 그들의 본질은 아니었다. 공산당은 한국의 해방 시기에 혼란스럽고 원자화한 유동성의 패턴을 통해 자기의 길을 밀고 나간 최초의 정치단체였다. 그들이 사용했던 기술은 군의 지지를 받은 북한 공산당과 한국의 민주공화당 또는 경찰의 지원을 받아 성공한 자유당이 사용했던 수단보다 많은 점에서 정치적으로 더 매력적인 것이었다. 몇 가지 점에서 박헌영의 반식민주의적 공산주의운동은 높은 지지는 물론 지방에 강력한 뿌리를 가지고 한국 정치운동의 기초를 쌓기 위해 가장 균형 잡힌 시도를 했다고 할 수 있을 것이다. 지방의 지지를 받았다는 점에서는 지금까지 한국에서 발전한 어느 야당보다도 더 강력하고 실질적이었으며 또한 기회주의적이지도 않았다. 자유당이나 민주당의 세포는 공산당 세포와 같은 응집력과 힘을 보여주지 못했다. 그런 뿌리를 내렸기 때문에 그들은 현대 한국의 정당운동사에서 가장 긴 25년이 넘는 역사를 가지게 된 것이다. 그들은 원자화한 유

---

23 남한공산당(남로당)의 힘은 근본적으로 외부의 원조에 의지한 테러에서 나온 것이라는 1946~1947년 미 군정청의 반복된 주장은 특히 1964~1985년 남베트남의 베트콩에 대한 미 군부와 백악관의 주장과 놀라울 정도로 유사하다.

동성에 제약을 가해 합리적인 수단으로 엘리트를 만들어냄으로써 최초로 관료적인 위계질서를 이용하는 데 성공했다. 박헌영은 이런 방법으로 성장한 한국 최초의 정치지도자라고 할 수 있을 것이다.[24] 더욱이 공산당은 일진회보다 더 포괄적으로 유동성 패턴에 어필하기 위해 복잡한 단계로 접합된 위계질서를 이용했다. 공산당은 또한 '자문기관' 방식, 무수한 위원회, 정치적 참여를 급속도로 확대시키는 전선방식을 교묘하게 이용했다. 그들은 교리, 강력한 규율, 조직의 접착제로서의 탁월한 목표를 제시하는 매력을 이용함으로써 유교나 기독교를 능가했다.[25]

외국의 지령, 폭력, 그리고 언제라도 개인을 희생할 태세가 되어 있는 냉혹성에도 불구하고 공산당의 영향력은 대단한 것이었다. 여운형은 개인적으로 위대한 호소력과 카리스마적인 모든 것을 가지고도 수년간에 걸친 좌파 내 지배권 싸움에서 공산당에 패배하고 말았다. 신간회가 중도파연합과 군소중도파 및 사회주의 단체의 손에 전복된 이래 공산당은 앞서의 유사 선배단체들이 파괴할 수 없었던 것들에게 막심하게 손상을 입혔다. 지적인 면에서 공산당은 아마도 남쪽에서 특별히 우수한 인재들에게 매력을 주었던 것 같다. 그들 지식인들에게 공산당은 강한 결의에 차 있고, 생명력이 있으며, 더욱이 사상과, 항의할 수 있는 기회와, 단순한 민족적 증오를 초월한 희망으로 떠받쳐지고 있는 것으로 보였다. 그때나 지금이나 한국의 어떤 정당도 그런 호소력을 가진 적이 없었다. 1987년 현재 한국에서 신한민주당의 결의가 그에 접근하는 것처럼 보인다. 모든 보수파와 중산층 대부분, 기독교 신자 그리고 유산계급 사이에서 공산주의는 공포와 경고를 불러일으켰다. 그것은 한국민주당과 이승만의 지지

---

24 이런 면에서는 동학에 투신하여 승승장구한 손병희가 박헌영의 선배가 될 수 있을 것이다.

25 미국의 고위 관찰자들마저 1945년의 남한 정계에서 공산주의자들이 원칙과 신념의 바탕 위에서 미군에 협력을 거부한, 그리고 대체로 이 선택을 끝내 굽히지 않았던 사실상 유일한 사람들이었다는 것을 개인적으로 인정했다. 물론 공산주의자들도 기회주의적인 자세를 보일 때도 있었지만 그 당시 한국의 다른 정치단체들보다는 그런 점을 덜 드러냈다.

자 다수를 한데 뭉치도록 위협을 줬던 최초의 가장 강력한 세력이었다. 반대파 속에서 스스로 규합하고 동시에 구성원들의 충성을 환기했다는 점에서 공산당은 미군정 시대에 한국정치의 의심할 나위 없는 중요한 응집력이었다. 그러나 최종적인 분석에서 공산주의의 정보기술, 자발적 참가, 합리적인 엘리트 결성 등의 자산은 소유해야 할 결정적인 자산은 아니었던 것으로 판명되었다. 한국의 무제한적인 중앙집권화는 사람들로 하여금 모든 다른 이익을 희생해서라도 강력한 중앙권력을 획득하는 방향으로 몰아갔던 것이다. 박헌영 자신은 그가 실패한 것은 바로 '미 제국주의' 때문이라고 했다. 사실, 남한 자생의 공산당(남로당)이 '실패'하지 않았다 할지라도, (만약 공산주의 사회가 되었다면) 소련이 가져와 위에서 강요한 공산당이 국내에서 성장한 제품을 지배하고 말살했을 것이다. 이는 마치 남한에서 민주당이 처음에는 자유당에 그다음에는 군사쿠데타 세력에게 양보하지 않을 수 없었던 것과 같은 것이다. 타자가 단번에 삼진을 당해 물러나든가, 또는 좀 더 오래 머물다가 삼진을 당해 물러나든가, 어차피 물러나기는 공산주의 치하에서도 마찬가지인 것이다.

북한의 국가 공산주의

소련 점령군이 북한에 가지고 들어와 용케 성장시킨 공산주의는 국내에서 뿌리를 내린 종전의 공산주의와는 아주 다른 정치적 응집력을 보여주었다. 이 수입된 공산주의의 정치적인 수법은 근본적으로 1925~1945년의 토속적인 공산주의의 그것보다는 남한의 자유당과 중앙정보부의 수법과 더 유사했다. 하지만 북한에서 만들어진 공산당(노동당)은 지금까지 한국의 정치적 경험으로 알려져 온 상의하달 방식으로 만들어진 정당 중 가장 거대하고 극단적인 사례에 속한다.

소련은 1945년 8월 8일 일본에 선전포고를 한 후 8월 10~11일 한국에 진주하여 재빠르게 한반도 북부를 제압했다. 따라서 외견상으로 소련의 점령은 미국의 점령보다 준비할 기회가 훨씬 적었던 것처럼 보였다. 그러나 사실은 소련이 북한 점령에 기울인 사전 배려가 미국이 남한에 기울인 것보다 훨씬 컸던 것으로 알려져 있다. 그런 노력이 얼마나 장기적인 것이었는지, 그리고 누구의 통솔 아래, 어떤 명령하에 행해졌는지 등은 서방에서 대답을 찾을 수 없는 질문이다. 하지만 그들은 과감하게 성과를 올리는 특징을 가지고 있었다. 이는 전쟁으로 당시 소련사회가 큰 혼란에 빠져 있었으며 유럽문제가 소련을 괴롭히고 있었다는 점을 생각하면 특히 주목해야 할 일이다. 아마도 소련의 소수민족인 한국계 소련인들이 소련의 정책입안자들과 맺고 있던 연대가 한국계 미국인들이 미 국무부나 국방부와 갖고 있던 관계보다 훨씬 더 긴밀하고 효율적이었던 것 같다. 제2차 세계대전 기간 중 내내 상당수의 소련관리들이 서울의 영사관에 머물러 있었다는 점도 이 문제를 풀 수 있는 열쇠 중 하나인지도 모른다.

소련은 적어도 한 가지 점에서 미국보다 훨씬 유리한 입장에 있었다. 당시 미국에는 한국계 미국인이 1만 명에 불과했던 데 비해 소련은 한국계 인구가 수십만에 달했으며, 수천 명이 소련군대와 함께 북한에 들어왔고 이 가운데 '43'이라고 불린 지도자그룹은 공산정권 수립에 적극 나서서 협조했다.[26] 이들은 처음부터 고위직을 차지했으며, 많은 사람들이 각 부처를 실질적으로 장악한 차관자리에 앉았다. 가장 유명한 사람은 판문점 협상 대표였던 남일(南日)이다. 제2차 세계대전이 일어나기 전 소련에서 높은 지위에 있었던 사람은 뒤에 북한 부수상을 지내는 허가이(許哥以)뿐이었으며, 아마도 김일성을 제외하고는 아무도 소련군에서 대위 이상의 계급을 가진 자가 없었는데도 그들은 신뢰를 받고 잘 활용되었다.[27] 그들은 상의하달식으로 공산주의를 강요하려는

---

26 T. R. Fehrenbach, *This Kind of War* (New York, 1963), p.553에는 36명으로 되어 있다.

27 김일성은 1943년 1월의 스탈린그라드 포위작전에서 그와 다른 한국인들(대부분이 소련계)

외국의 충실한 사도였다. 이들 대부분은 소련 시민권을 소지하고 있었으며 북한에 특별한 고유의 뿌리를 갖고 있지 않았다.

이들과 함께 온 한 사람은 이미 상당한 성공을 거둔 중요한 사람이었지만, 그때까지도 남한에서는 비교적 잘 알려지지 않았던 33세의 파르티잔 지도자였다. 그는 1937년에서 1941년 사이 중국공산당이 주도권을 장악하고 있던 동북항일연합통일군 소속으로 만주와 한국 국경의 게릴라 전투에서 활약했고, 1939년 이전 4, 5년간에도 게릴라로 활동했을 가능성이 있다. 그의 본명은 김성주(金成柱)였으나 지도자가 될 목적으로 김일성이란 이름을 사용했다. 김일성은 유명한 전설상의 게릴라 투사와 관계가 있는 통칭으로 몇 명의 지위가 낮은 조선 공산주의자들이 별명으로 사용하고 있었다. 제2통일군의 제3사단장으로서, 그리고 그 후에는 제1로군 제6사단장으로서 ─ 그 당시의 1개 사단은 병력이 통상 수백 명을 넘지 못했다 ─ 김일성은 1941년 일본군의 증강으로 게릴라 활동이 위축될 때까지 만주는 물론 한·만 국경을 넘어 함경도 주둔 일본군에 대한 공격을 여러 번 지휘했다. 이들 작전을 통해 약 50명의 생존 파르티잔 전사들은 강력한 개인적인 유대관계로 그와 밀착되었다. 하바롭스크 근처로 후퇴한 김일성은 1941년부터 1945년 사이에 아마도 소련군에 들어가 처음으로 소련과 관계를 가졌던 것 같다. 소련은, 아직도 그 이유가 분명하지 않지만, 김일성을 선택하여 1945년 10월 10일 평양에서 영웅으로 환영받게 했으며, 이어서 조선공산당 북조선 지부를 이끌도록 하고, 최종적으로는 소련 점령하의 공산정권으로 1946년 초부터 기능하기 시작한 임시인민위원회를 지휘하도록 했다.

───────────────

이 맡았던 역할로 인해 스탈린 훈장을 받고 적군(赤軍)의 소령계급장을 달았던 것으로 보도되었다. 다른 한국계 장교들은 중위 또는 대위였다. Chung, Kiwon(정기원), "The North Korean People's Army and the Party," p.106 참조. 정기원은 여기서 Tsuboe Senji(쓰보에 센지, 坪江汕二), *Hokusen no kaiho junen* (Ten years of liberated North Korea; Tokyo, 1956), pp.24~26을 인용하고 있다. 하지만 김일성의 전력에 대한 이 이야기는 아직 확실히 증빙된 것이 아니다.

인민위원회가 괴뢰정부라는 것은 명백했지만 소련군은 소련계 한인들을 지휘해, 미국이 그들의 점령지역에서 한국인들에게 권력을 양도할 수 있다고 느낀 것보다 훨씬 더 빨리 그들의 한국인 부하들에게 더 큰 권력을 부여할 모양새를 갖출 수 있었다.[28] 정당과 '민주전선'이 결성되었다. '선거'는 1946년에 실시하였다(유권자의 99.6%가 투표하여 97%가 미리 지정된 후보자에게 투표했다). 인민의회를 구성하고, 간부회와 최고재판소를 설치하기 위해 1947년 2월 인민위원회 대표자회의가 열렸다. 정치활동은 김일성의 주도로 1946년 7월에 결성된 북조선노동당이 지배했다. 당원은 1946년의 36만 명에서 1948년 75만 명, 1956년 116만 4,695명, 1961년에는 131만 1,563명,[29] 1970년대 중반에는 170만 명으로 늘어나 전체 인구 1,550만 명의 11%에 달했다. 북조선노동당은 1949년 6~8월 남조선노동당의 잔당과 통합해 조선노동당이 되었다. 이를 통해 김일성은 북한의 연안파와 기타 공산주의자들을 서울에 있는 박헌영의 조선공산당 지배에서 분리시켰다. 소련 및 중국과 밀접한 관계를 갖고 있었던 조선노동당은 당원 수의 증가뿐 아니라 권력도 점점 커져 1945~1948년에 급진적인 토지개혁을 단행한 데에 이어 1950~1958년에는 전쟁으로 인해 부분적으로는 중국의 후원을 받아 집단화를 추진했다. 이런 확대는 1951년 이후의 자유당의 급격한 강화와 똑같지는 않다 하더라도 적어도 정치적 외관으로는 비슷하게 보였다. 그러나 그것은 권력으로 만든, 그리고 냉혹한 수단과 초지일관성에 의해 유지되고 있는 딱딱한 외관으로 보아야 할 것이다. 그것은 대중사회

---

28 Glenn D. Paige and Lee, Dong-Jun(이동준), "The Postwar Politics of Communist Korea," *China Quarterly*, 14(April-June 1963), p.20 참조. 17~20쪽에 있는 이에 관한 기사는 이 주제를 가장 최근에 다룬 뛰어난 설명 중 하나이다. 김일성의 전력에 대해서는 Suh, Dae-Sook(서대숙), *The Korean Communist Movement, 1918~1948*, pp.256~293, 311~324 참조. George M. McCune, *Korea Today*, pp.172~198은 북한정권의 초기 몇 해 동안의 상황을 설명하고 있다.

29 Glenn D. Paige and Lee, Dong-Jun(이동준), idem, p.17.

를 통괄하고 정부와 민간조직의 모든 활동을 통일사령부가 명령하고 조정하며 지원하는 고전적인 조직이었다. "통일사령부의 영향력 확대는 공적활동과 사적활동의 융합이라는 결과를 가져왔다."[30]

결국 북한의 공산당은 남한의 자유당이 힘과 권력에 대한 유혹으로 결성했던 조직의 정치적 외관을 유지하는 데 실패했던 것과는 다른 경험을 보여주었다. 물론 북한 공산당 역시 두드러진 실패를 한 적은 있었다. 한국전쟁 중 북진해온 유엔군에 북한 주민들이 상당한 협력을 했으며, 100만 명 이상이 남한으로 대량 이주한 것은 북한정권의 초기 발전이 가진 공허함을 보여준 것이었다. 김일성은 1951년 12월 21일 공산당 중앙위원회 제3차 총회 연설에서 일부 북한인민이 적과 협력했음을 인정하고 당 간부들의 저조한 실적과 약화된 규율을 통렬히 비판했다.[31] 이런 '혁명의식'의 결핍을 극복하기 위해 집중적인 선전활동과 '정치교육'이 필요했다. 전후의 혼란은 대부분의 옛 장애물들을 제거하여 효율성을 높이고 사람들을 대중단체, 조합, 도시의 청년단체, 지방의 협동조합에 편입시키는 데 도움이 되었다. 1958년 8월까지 북한의 전 농업인구의 협동조합화가 끝났다.[32] 급격한 집단화는 통신 문제를 완화하고 선전활동을 훨씬 효과적인 것으로 만들었다.

한편 북한은 여러 공산주의 사회에서조차 이례적일 정도로 완전하고 광범위한 정부 관리의 교육제도를 실시했다. 여기에는 7년간의 의무교육과 수업료가 무료인 아주 대규모의 대학제도가 포함되어 있다. 1983년의 경우 180개 대학과 대학교에 학생 수가 9만 7,000명에 달했다. 이 중 65%는 기술 및 공학 전공 학생들이었다.[33] 수천 명의 학생이 다른 공산국가로 유학을 갔으나 한국 유

---

30 Department of State Publication 7118, Far Eastern Series 103, "North Korea: A Case Study in the Techniques of Takeover"(Washington, 1961), p.2.

31 Lee, Chong-Sik(이정식), "Land Reform, Collectivization, and the Peasants in North Korea," pp.73~74.

32 idem, p.74.

학생들과는 달리 1975년 이전에 거의 모두 본국의 생산현장으로 되돌아온 것으로 보인다. 성인교육과 교원양성 계획도 똑같이 철저했다. 이데올로기 훈련, 그리고 김일성이 1950년대 말 착상한 일종의 민족주의적인 공산주의 교육은 마르크스-레닌주의는 물론 독특한 공산주의 사회인 북한에 헌신하게 함으로써 이전에 공허했던 정치적 외관을 꾸미는 데 목적이 있었다. 초기 제도가 실패했다는 것은 1945~1951년 사이 300만~400만 명으로 추산되는 인민이 남하했다는 것에서 잘 나타나고 있다.

1987년 현재 북한 인구는 약 2,000만 명인데, 그들의 정부에 대한 감정이 어떤지 몇몇 북한 주민들을 인터뷰하고 나서도 알 수가 없었다. 분명한 것은 그들이 고도로 동원되고 있다는 점이다. 그들은 알바니아 이외의 공산주의 국가 중에서는 가장 고립되어 있으며, 가장 무자비하게 감시되고 철저히 지배받고 있다. 기술훈련의 성과는, 기술자들에게도 어느 정도 영향을 미치는 정치적 또는 교리상의 원인으로 인한 주기적인 추방으로 손상을 받고 있다.[34] 장기적으로 보아 점차 교육을 많이 받고 있는 사회가 그렇게 통제된 획일성에 계속 종속될지 어떨지는 아직 알 수 없는 일이지만, 그러나 1951년 이래 이 제도가 제대로 작동하지 않는 징후는 거의 표면화하지 않고 있다.[35] 북한사회는 외견상 충성스럽고 열심히 일하며 생산적인 것으로 보인다(이 책의 초판이 1968년에 출간되고 저자의 정정·보완이 1987~1988년에 있었다는 점을 참고하기 바란다. ─옮긴이).

---

33 Key P. Yang and Chang-bo Chee, "North Korean Educational System: 1945 to Present," *China Quarterly*, 14(April-June 1963), p.136. 이 기사가 나왔을 때 북한 인구 1만 명당 학생 수는 90명이었던 점과 비교하여, 남한은 57명, 공산 중국은 13명, 일본은 73명, 소련은 107명, 그리고 미국은 180명이었다.

34 정치적 또는 교리상의 사유로 인한 기술자 추방 사례에 대해서는 "North Korea: A Case study in the Techniques of Takeover"(Washington, 1961), pp.63~64 참조.

35 최근 북한의 선전용 영화들은 개인적 실행의 중요성을 회피하고 집단적인 접근을 강조하고 있음을 은연중에 보여주고 있다. 이것은 소련이나 심지어 중국의 선전용 영화에서 보이는 획일성 강조를 크게 능가하는 것이다.

이런 발전과정을 통해 김일성은 내내 그의 자리를 지켜왔으며 그런 지속성이 권력을 더욱 공고하게 했다. 정치적 소용돌이 사회에서 다양한 배경을 가진 공산주의자들의 머리 위에 김일성과 그의 조직을 올려놓은 소련의 시도는 필연적으로 심한 분파주의(김일성 자신은 이를 종파주의라고 불렀다)를 불러왔으며 수년 동안 북한을 위협했다. 처음 1945~1946년 사이에는 명확하게 정의할 수 있는 5개의 분파가 있었다. 즉, ① 김일성이 나중에 가담한 몇 명의 비게릴라 분자들을 포함한 만주 게릴라파, ② 소련 거주 또는 소련 시민권을 가진 한인, ③ 주로 중국 북부의 중국 공산주의자들과 제휴한 '연안파', ④ 해방 당시 북한에 있던 공산주의자, ⑤ 남한 출신 공산주의자, 즉 박헌영의 남조선노동당이다.[36] 특히 처음에 제2분파인 소련에서 온 한인 엘리트들이 북한에선 가장 취약했기 때문에 이들과 다른 분파들 사이에서 중앙권력을 쟁취하기 위한 심각한 분쟁이 일어났으며, 이를 진정시키기 위해서는 가혹한 조처가 필요했다. 제4분파는 대부분 1946년 말 숙청과 암살에 의해 제거되었다. 제5분파인 박헌영과 그의 추종자들은, 이승만이 1949년 서울의 국회의원들을 고발한 것보다도 신뢰성이 더 없는 패전책임과 미국 스파이라는 혐의로 1953년 재판을 받았으며, 박헌영의 처형은 1955년 12월 발표되었다. 북한 지도부에서 가장 연장자들인 몇 명의 독립운동가 아래 있었던 제3분파인 강력한 연안파는 1956년과 1958년 사이에 권력의 자리에서 추방되었다. 1957년 가을부터 1년 동안 무자비한 숙청이 실시되었으며, 중앙관료기구 내의 많은 사람들이 추방되었다. 15

---

36 Glenn D. Paige and Lee, Dong-Jun(이동준), "The Postwar Politics of Communist Korea," p.19 참조. 하지만 Suh, Dae-Sook(서대숙), *The Korean Communist Movement, 1918~1948*, pp.294ff에서 국내의 공산당은 보안상의 이유로 나눠졌지만 본질적으로 하나의 움직임이었으며, 박헌영 주위에 있는 이 운동의 주체그룹은 미국과 소련 점령의 영향을 이해하지 못하고 남한에 머물러 있는 전술적인 실수를 저질렀다고 지적했다. 박헌영 조직은 앞으로 중요시될 북한에서 지도력을 주장하지 않고, 무모하게도 공산주의하의 국가적인 통일을 이루려는 투기를 했다.

세기에 정승·판서들이 노비로 추락한 것처럼 북한의 전(前) 부수상인 최창익(崔昌益)은 광산으로 쫓겨났다. 제2분파인 소련계 한인들의 숙청은 점진적으로 시행되었다. 거물 허가이는 이미 1951년에 비판받은 후 자살했다. 그의 부수상 후임자인 박창옥(朴昌玉)은 1956년 흐루쇼프에 대한 김일성의 비판이 있은 후 숙청되었으며, 그의 부인은 일반노동자로 전락했다. 대부분의 '소련계' 한인은 1962년 이전에 요직에서 쫓겨났으며 일부는 소련으로 귀환했다. 1962년 조선작가동맹의 숙청은 많은 작가들과 지식인들에게 영향을 미쳤다. 1956년 이후 김일성의 독자노선 확대로 중국 공산주의자들이 북한 내 그들의 지지자들을 구해낼 수 없었던 것처럼, 소련인들 역시 그들의 지지자들을 구해내지 못했다. 조선공산당 내의 이런 비극들은 이동휘의 몰락을 생각나게 한다. 1935년에 치러진 그의 장례식에는 이르쿠츠크파 공산주의자는 단 한 명도 참석하지 않았으며, 그의 유능한 참모이며 능변의 코민테른 대변인이었던 박진순(朴進淳)은 모스코바 시내의 행상인으로 전락했다.[37] 이런 사람들은 조선 말기의 많은 관리들의 운명을 기묘하게도 흉내 내고 있는 것 같다.

그 이후 파르티잔 분파는 북한정부의 16개 주요 정치고위직 중 14개를 차지했다. 1961년에 그들의 권력이 크게 강화되었고, 1966년에 정치위원회의 모든 비(非)파르티잔 출신 인사들을 제거하고 파르티잔 출신으로 대체함으로써 또다시 강화되었다.[38] 이들의 지배력은 이제 중견관료의 지위에 숙청된 분파의 중간급 멤버들을 임명해도 무방하다고 생각할 정도로 자신감을 갖게 되었다. 모든 정치적인 요소를 조선노동당으로 통합하는 데는 이런 여러 조치들이 불가피했다. 그러나 1970년대와 1980년대에 김일성 주위의 게릴라 전사 출신의 늙은 경호원들은 그들보다 여행도 많이 하고 아는 것이 더 많은 신세대 관료들

---

37 Suh, Dae-Sook(서대숙), *The Korean Communist Movement, 1918~1948*, p.49.

38 Suh, Dae-Sook(서대숙), "The Elite Group of North Korea" 이 논문은 1967년 3월 20일 시카고에서 개최된 아시아연구협회(Association of Asian Study) 회의에 제출된 것임.

에게 점진적으로 자리를 넘겨주었다. 김일성은 1987년 현재 41년간 권좌를 지키고 있는데, 결코 실질적인 도전을 받아본 적이 없었으며, 지금도 도전을 받지 않고 있다. 그는 오늘날 세계에서 원로 정치지도자들 중 한 사람으로 꼽을 수 있게 되었다. 이런 지속성이 어떤 특출한 정치적 개성이나 기록할 만한 경력도 없는 인물에 의해 시작되었으며, 중앙권력을 노리는 더 깊은 뿌리를 가진 라이벌들도 없지 않은 정치적 소용돌이 사회를 총괄하도록 요구받은 한 사람의 인물에 의해 달성되었다고 하는 것은, 그리고 유동적인 사회관계에서 작동하는 일관성 있고 확고한 독재적 정책이 성과를 올렸다고 하는 것은 흥미 있는 연구과제가 아닐 수 없다. 정치체제의 차이를 감안한다 하더라도 김일성의 성공은 우유부단한 미군정의 실패에 통렬한 비판을 하게 한다.

이런 독재체제가 이룩한 경제적인 성공은 적어도 초기에는 인상적인 것처럼 보였다.[39] 남북한은 가속적인 경제성장을 잘 수행해갔다. 북한은 1963년까지는 3대 1로 한국을 앞지르다가 그 후 점점 뒤지기 시작했다. 아무튼 한국의 추정에 의하면 1984년 남한의 국민총생산이 북한보다 5.5배 높고 1인당 국민총생산은 2.6대 1로 앞섰다. 1984년 한국의 총 무역고는 599억 달러에 달한 반면 북한은 27억 달러에 불과한 것으로 추정되었다. 이는 22대 1의 비율이다. 과거 북한에 유리했던 저축도 한국이 크게 앞질렀다.[40] 북한은 중공업에 역점을 많이 두었으며,[41] 보도에 의하면 80만 명에 달하는 군사력을 구축했다. 이는 한국의 군사력보다 40% 많은 것이며 탱크, 대포, 대전차포, 고사포, 전투기

---

39 1963년 9월 20일 자 ≪월스트리트 저널≫의 보도가 대체로 이에 대해 적절한 평가를 한 것 같다.

40 고병철, "A Comparative Perspective on the Two Koreas: Foreign Policy". 이 논문은 1987년 4월 10~12일에 보스턴에서 개최된 아시아연구협회 연차 회의에 제출된 것임.

41 Yu, Wan-Sik(유완식), "Industry and Armament in North Korea," *Korea Journal*, 5.10(Oct. 1965), p.6은 북한이 "산업투자용으로 책정된 예산의 60%를 중공업에 투자했는데, 이는 다른 공산국가에서는 볼 수 없는 중공업 중시 투자"라고 주장했다. 유완식은 한국의 전략연구소(Institute of Strategic Study) 연구원이다.

보유에서는 2대 1로 우세했다. 최근 수년 동안 한국은 군비지출이 북한보다 2배로 많아 북한을 따라잡고 있으며 무기의 질은 우세한 것으로 생각된다. 더구나 한국은 4만 명의 미군과 강력한 미 공군력과 해군 및 약 700개의 핵무기로 지원을 받고 있다(1980년대 중반 이전 상황 _ 옮긴이). 1인당 국민총생산액을 900달러 수준으로 잡는다 하더라도 북한은 지나치게 팽창된 군비에 국민총생산의 15~20%를 할당함으로써 생활수준이 크게 타격을 받고 있는 것으로 보인다. 또한 이제 거의 종교화되다시피 한 자립주의(주체사상)도 경제발전을 침체시키고 있다.

북한의 공식적인 공산주의는 이미 1904~1910년에 일진회가 구현한 현상의 두드러진 사례를 보여주고 있다. 이른바 어떤 당이 한국사회 위에 걸터앉아 강제할 때 비록 그것이 외국의 근원으로부터 온 것이라 할지라도 그 당이 쉽게 발전하고 사회를 지배할 수 있다는 점이다. 소련은 북한에 좀 더 강력한 인물을 활용하지 않고도 자기들이 선정한 지도자로 쉽게 공산주의를 강제할 수 있었다. 일단 권력이 확립되자 일진회의 경우처럼 이 공식적인 공산당은 결코 버림받지 않고 점점 세력을 불려갔다. 전시라는 압력에 의해 대중정당으로서의 공허성이 노출되었을 때, 공산당은 집단화와 선전선동, 그리고 국가관리하의 교육과 교화를 통해 전례 없는 집중적인 지원을 받았다.

현재로서는 결과에 대한 어떤 최종적인 판단도 내릴 수 없으나, 공산주의를 통해 달성된 응집력은 표면상 지금까지는 인상적인 것처럼 보인다. 북한은 공산주의로 현대화를 위한 희생을 강요할 수 있었지만 한국은 그것을 인기 없는 권위주의에 의존해야 했다. 1965년까지 북한은 외국원조를 잘 활용하고 더 규모가 크고 더 잘 기획된 산업과 생산 확대를 이루어냈으며 표면상 한국보다 더 큰 정치적 안정을 찾았다. 전문화가 남북한 양쪽에서 급속도로 진전되어 전체주의 사회를 부분적으로 자유주의 사회와 비교하는 것이 가능할 정도가 되었다. 기술과 과학은 남한에서 훨씬 더 발전했으나 북한에서는 농업에 교육이 더 잘 활용되었다. 북한에서는 한국에서처럼 외국 유학교육이 별로 잘 활용되지

못했다.[42]

북한의 이 같은 발전은 그들의 파벌 패턴에도 영향을 미쳤다. 훈련받은 젊은이들은 그들의 수도인 평양으로 몰려들 수 없으며, 북한에선 후원자에 달라붙어 파벌적인 압력집단의 일원이 되는 것도 관료기구에의 길을 열기 위한 최선의 방법이 될 수가 없다. 그들에 대한 훈련은 국가의 기술요구에 따라 결정된다. 그들은 일할 장소를 지정받으며, 중앙관료기구에 접근하는 길은 정부가 그들에게 그 길을 가르쳐줘야만 가능하다. 그들은 자유를 알지 못하며 그들의 개인적인 성장은 이런 과정에서 속박을 받고 제한을 받을 것이다. 그러나 동시에 다기능적이고 다중심적인 전문가사회의 발전이 진행되고 있으며, 중앙권력 소용돌이 주위를 돌고 있는 고전적인 파벌항쟁의 패턴을 분쇄하는 최초의 수단이 발견될 것으로 보인다. 서방 사람들은 심지어 방문객들조차도 그 결과가 대가를 치를 만한 가치가 있는지 — 정당화는 차치하고라도 — 에 대해 믿는 사람이 거의 없다. 북한의 실험은 한국에 조만간 영향을 미칠 것이다. 사실 북한 공산주의를 면밀하게 관찰하고 있는 김종필의 중앙정보부를 통해 이미 영향을 미쳐왔다. 그런 영향의 정도를 제한하고 한국 내에서 개선된 사회와 개선된 정부의 기본 틀을 구축하여 자체의 영향력을 행사하는 것이 한국사회의 중요한 도전 중의 하나가 될 것이다.

수많은 북한인들이 한국으로 탈출했다는 것은 강요된 대가가 가혹한 것이었음을 증명하기에 충분했다. 과거 수십 년 동안 북한정부는 불행한 사태와 불안한 상태의 표면화를 억압으로 저지했으며 앞으로도 그럴 가능성이 높다. 그러나 얼마간의 긴장과 불안이 증대할 기회가 상당히 높은 것처럼 보인다. 1967

---

42 1956년 헝가리 봉기 이후 동구에 유학한 북한 학생 수가 점차 감소되었다. 그 이유의 일부는 그들이 귀국할 때 가져올 영향을 두려워했기 때문이다. 지난 수년 동안 북한 유학생들은 소련과 중국에서 거의 사라졌다. 동시에 북한에서 공산주의 국가들의 방문객들이 점차 분리 안내되고 소련과 중국으로부터의 뉴스도 검열을 받았다. 옹색한 민족주의 분위기가 평양에서 보도되고 있다.

년 2월, 김일성에 반대하는 홍위병 사건이 베이징에서 보도되었다. 김정일이 점차 권력을 장악하고 결국 승계하는 것에 대한 실질적인 반응은 불분명하지만 아들이 아버지보다 권위와 성취도 및 경험이 부족하다는 사실은 불안과 반동의 가능성을 제기할지도 모른다. 북한의 엄격한 획일성은 어떤 면에서 사회의 기본적인 동질성과 일치하고 있다. 그러나 김일성의 과격주의와 독재체제는 표면하에서 불온한 상태를 만들고 있으며, 과학과 기술의 진보에서 성과를 올렸던 사회가 개인의 능력이나 개인적인 자극을 앞으로도 지금처럼 계속 종속시킬 수 있을지 의문이다. 또한 보통 사람들의 권력에의 접근 패턴에 규율이 강화된다 할지라도, 정점에 있는 사람도 언젠가는 다른 사람으로 대체되어야 할 것이며, 그렇게 될 때 다른 공산주의 국가들이 옛날처럼 후계자 문제로 중재에 끼어들 것으로는 보이지 않는다. 김정일의 승계는 이미 북한의 대외관계에 영향을 미치고 있는 것처럼 보이며, 1984년 이래 중국의 영향은 줄어들고 소련의 영향이 다시 증대하는 것으로 나타났다. 늙은 지도층은 공산주의 위원회가 가져왔을지도 모르는 '자문기관'제도의 파괴적인 효과를 억누르는 데 성공했다. 그러나 관료 및 산업 관련 위원회의 업무를 배운 젊은이들은 옛날 패턴이 새로운 형태로 부활하기를 바랄지도 모르며 그것을 통해 1인 지도체제에 도전할지도 모른다. 평양 이외 지역에 대규모 산업시설을 건설한 것이 중앙권력 소용돌이를 영구히 약화시키는 실질적인 분권화 효과가 있을 것인지 여부는 분명치 않다. 지금까지 나타난 많은 증거들은 김일성의 중앙집권화가 강화되었음을 보여준다. 북한정부가 계속 엄격한 중앙집권 상태로 있는 한 권력이양에 수반되는 긴장은 강렬할 것이다. 권력이양을 위한 세밀한 계획에도 불구하고 북한은 경직성과 지속성에 의해, 그리고 한국과 같은 다양한 정치적 경험을 쌓지 않았던 제도가 가져온 결과로 인해 타격을 받을 것이다.

아무튼 예언을 하는 것은 본 연구가 할일이 아니다. 분명한 것은 1945년에 절실히 필요했던 응집은 값비싼 대가를 치르고 존립가능해진 공산주의에서 하나의 해답을 찾았다. 공산주의는 한국의 정당들이 상의하달식으로 쉽게 결성될 수 있는 문화로 인해 혜택을 입었다. 독재 패턴은 동질성으로 극대화한 중앙집권화와 중간매개집단의 제휴가 결여된 사회조건을 유리하게 이용할 수 있다. 북한에서 공산주의의 긍정적인 효과는 다른 요인에 의해 악화된 것이 분명하다. 두드러진 전쟁의 피해와 인구의 분산은 낡은 사회를 이례적으로 완전히 파괴했으며 새로운 대중으로 조직된 그리고 선전선동으로 가득 찬 국가를 쉽게 하나로 뭉치게 했다. 동구 사회와는 달리 북한인민에게는 거의 기억할 수 있는 한 자유의 막간이 허용된 적이 없다. 그런 조건이 아니었다면 김일성의 문제는 더 컸을지도 모른다. 그러나 그것의 효과가 결정적인 것일까? 그런 조건이 없어도 엄연한 사실은, 러시아와 같이 대중사회에서 공산주의가 일어났고 중국과 같이 그 자체를 동류의 다른 것에 접목시킴으로써 가장 성공적이었음을 보여주었다. 북한에서 공산주의의 성공은 북한이 이런 대중의 특징을 강력하게 공유할 수 있다는 명제에 대한 추가 검정과제가 되었다.

12

군 부

배경

한국의 여러 조직 중에서도 군부는 특이한 존재다. 그 규모는 약 63만 5,000명이고 이 가운데 육군이 약 53만 명에 달하는데, 응집력과 성숙도에서 다른 집단의 추종을 불허한다.[1] 한국군은 여러 집단 가운데서 가장 오랫동안 일관된 훈련을 받아왔으며, 특히 한국전쟁 이후 합리적인 교육과정을 이수해왔다. 한국의 어떤 민간단체나 기관도 명확하고 비교적 공정하게 관리된 직무를 수행하고 있다는 점에서 군부에 근접한 수준에 도달한 예가 없었다. 한국군은 미국이 효과적인 전력을 키우기 위해 오랜 기간 충분한 자금을 투입하여 훈련시키고, 지도하고, 깊은 관심을 기울인 끝에 성과를 거둔 유일한 한국기관이다. 한국 군부는 또한 파벌주의의 분열과 내적인 역동성을 다른 어느 기관보다 더 예리하게 보여주었다. 그러나 그 파벌의 폐해를 막기 위해 조직적 통합이라고 하는 기초를 단계적으로 더 광범위하게 재편성하는 치유책을 생각해낸 기관도

---

1 해군과 공군은 최근 들어 크게 성장하고는 있지만 지금까지는 비교적 중요도가 떨어졌다. 해군은 2만 5,000명, 해병대 3만 5,000명, 그리고 공군은 약 3만 5,000명이다.

군부뿐이었다. 그렇게 조성된 자신감이 1961년 군사쿠데타에, 그리고 정부와 정치에 대한 군부의 지도권 확립에 활용되었다.

강력한 군대의 존재는 앞서 살펴본 바와 같이 과거 수세기간의 한국 역사에 비추어 매우 이례적인 일이다. 1961년의 쿠데타는 800년 전 군부가 혁신적인 역할을 방기한 이후 최초의 사태이다(제1장 참조).

한국은 조선왕조가 오랜 세월에 걸쳐 군부억제책을 쓰는 바람에 국가의 약체화는 물론 발전의 정체를 초래하는 큰 어려움을 겪었다. 한국의 역사가 장기간의 졸음에 빠지기 직전에 군부는 사회의 다양화를 위한 유망한 제도적 대안이었다. 공식적인 기록에 따르면 1170년의 무신의 난 이전 1세기 동안 이미 정부 중앙군[부군(府軍)]의 조직은 파괴되고 보급이 제대로 되지 않았으며 탈주병이 나와도 방치상태가 되어 숫자가 줄어들고 있었다.[2] 이런 중앙군의 붕괴로 개인적인 충성에 기반을 둔 '사병(私兵)'이 부상했다. 1170년 쿠데타의 강자들과 1270년까지 지배한 후계자들은 그들의 힘을 사병에 의존했다. 사병의 출현은 사회의 유동성을 높이는 중요한 원인이 되었다. 사병은 '집안의 노복들'로 구성되고 가신(家臣), 세금이나 침탈로 토지를 떠나게 된 농부 및 당시 수많은 노예들을 충원해 확대되었다. 가신은 '문객'으로 알려졌는데 각 유력가문들은 이들 문객들을 활용하여 권력을 잡고 지배했다. 그들을 통해 김인준[金仁俊, 별명은 김준(金俊)] 같은 노예조차 장군계급의 최고 권력자의 자리에 오를 수 있었다. 그의 후계자 임연(任淵)도 천민 출신으로서 주로 체력과 야심에 의해 승승장구했다. 이 혼란의 1세기는 한국사회가 고대 로마 근위대 집권 시절이나 중세 봉건사회와 가장 가까웠던 때다. 당대의 활기와 힘을 상징한 것은 왕조가

2　William E. Henthorn, "Some Notes on Koryo Military Units," *Transaction of the Royal Asiatic Society for Korea* (TRASK), 35(1959), pp.67~75에서 인용한 『고려사』(도쿄, 1909 년판) 81.639 참조. 한국 관군(사병이 아닌)의 발전과 그 결과에 대한 역사는 Gregory Henderson, "Korea's Traditional Military: Old Territory; New Hypotheses," *The Korean Journal of International Studies*, Vol.XVII, No.3(Summer 1968), pp.71~93 참조.

아니라 무관권력자들과 그 사병들이었다. 중국의 영향을 받았던 나라(고려) 안의 모든 제도는 쇠퇴하고 토착의 충성관계가 강화되었다. 어떤 부문에서는 경제적인 생산이 파괴와 병존하여 성장하는 현상도 보였다. 공식기록에 따르면, "거란을 격퇴하기 위해 군대를 파견했을 때 무예에 능하고 용감한 군인들은 모두 최씨 가문의 사병인 반면 정부군은 허약하여 쓸모가 없었다".[3]

한국의 역사발전에서 불행한 일은 봉건주의적인 여러 요인들 중 어느 것도 유착하여 오래 지속되지 못했다는 점이다. 조선왕조는 혼란이 일어나 문민지배가 뒤집혀지는 것을 두려워한 나머지 수세기 동안 군부를 억제하고 군 수뇌부에 지휘권을 맡기지 않았다. 그러나 문관들이 군사에 관해 거의 아는 것이 없었으며, 또 군사지식을 배울 수 있을 정도로 한 자리에 오래 두지도 않았기 때문에 군사체제 전반이 ― 성채도, 장비도, 훈련도, 사기도 모두 ― 쇠퇴했다. 조선왕조 시대에는 늘 붕괴를 일시 유예하는 방책밖에 시도하지 못했다고 해도 과언이 아니다. 소총 대신 대포를 개발하기로 한 결정은 1592년 임진왜란 당시 조선군이 일본군에 참패한 결정적인 원인이었다. 왕조 말기 일본에 의한 조선의 잔존 '무장병력' 파괴는 비교적 간단하고 거의 완벽하게 이루어졌다. 1907년 8월 1일 조선군이 정식으로 해산되었을 때 그 숫자는 6,000명에 불과했으며 단지 서울의 1개 대대와 원주 및 강화 주둔 수 개 부대가 반란을 일으켰을 뿐이다.[4] 1907년부터 1911년에 걸쳐 일어난 반란은 대부분 제대로 무장도 하지 않고 조직도 갖추지 못한 백성들이 산발적으로 일으킨 것이었다. 많은 인구를 거느리고 그토록 훌륭한 유산을 가진 국민들이 그렇게 쉽게 항복한 것은 희귀한 일이다. 만주와 중국의 항일운동은 다수의 용감한 조선인 게릴라가 수행한 것이지만, 1907년부터 1945년까지 그런 이름에 걸맞은 조선군대는 존

---

3 William E. Henthorn, *Korea: The Mongol Invasion* (Leydon, 1963), p.10에서 인용한 『고려사』 참조.

4 Lee, Chong-Sik(이정식), *The Politics of Korean Nationalism*, pp.79ff.

재하지 않았다.[5] 한국의 2,000년 역사에서 활기찬 군사적 전통이 거의 없었다는 사실은 현재의 막강한 한국군에겐 기묘한 배경이 되지 않을 수 없다.

오늘날의 한국군은 과거 조선시대의 군대와는 아무런 관계가 없다. 이런 단절성은 많은 옛 식민지 발전도상국가들이 군 양성에 어려움을 겪고 있음을 여실히 보여주는 것이다. 이런 국가들은 그들 자신의 전통에 입각하지 않고 외국의 여러 제도를 모방해야 했다. 그 결과 단결이 가장 필요한 때 분열의 요인이 배가되었다. 한국군은 몇몇 외국으로부터 이질적인 요소의 영향을 받았다. 한국군의 파벌은 이런 영향 아래서 이루어졌으며 이 파벌 내에서 특히 우호적인 조직이 만들어져 혼란과 우유부단한 시기에 조직의 결속을 강화하는 경향을 보였다. 하지만 한국전쟁 결과 군부는 뒤늦게나마 강력한 군사훈련과 규율로 이런 사적인 파벌주의를 극복하게 되었다. 이 극복과정을 통해 한국군은 한국의 대중사회 내에서 우리가 알고 있는 유동성과 분열의 요인을 거의 불식한 최초의 조직체가 되었다. 북한군이 이런 면에서 라이벌이 될지도 모른다. 한국군은 이 나라에서 가장 단결력이 강한 집단이 되었으며, 조선왕조의 문민지배자들이 수세기에 걸쳐 계략을 짜내며 움켜쥐려고 안간힘을 썼던 군부기득권을 획득했다. 군부는 이제 조선 관리들이 그들의 유교지배권을 무관들에게 뺏기지 않을까 두려워했던 것과는 반대로 문민에 의한 민주주의 지배가 군부에 의해 전복되지 않을까 노심초사할 정도의 실력을 갖기에 이르렀다. 또한 한국의 군부 세력은 발전한 이익집단들과 그들의 업적이 일정한 역할을 할 수 있는 사회에서 지금까지 결정적인 역할을 한 중요한 본보기가 되고 있다.

한국군 발족 당시 옛 일본군 체제가 중요한 전례가 되었다. 일본의 장교 양성기관, 특히 도쿄육군사관학교와 만주군관학교에서 훈련받은 수십 명의 한국인 장교들은 훗날 새 한국군의 엘리트가 되었다. 도쿄의 사관학교에서 교육받

---

5 중국의 '광복군'은 최전성기였을 때의 병력이 약 3,600명에 불과했으며, 지속적으로 수행한 작전도 없었다. Lee, Chong-Sik(이정식), *The Politics of Korean Nationalism*, pp. 223~225.

고 제2차 세계대전에서 살아남은 20명의 장교는 새 조직의 총아가 되어 1948년부터 1961년까지 첫 한국군 참모총장 7명 중 5명을 차지했으며, 3명은 국방장관에까지 올랐다. 공군은 특히 도쿄 출신이 지배했는데, 이들은 한국에서 어느 다른 집단보다 강력한 사회적 기반을 갖고 있었다. 전후 생존자가 40여 명에 달한 만주군관학교 출신 장교들은 군사훈련 면에서 도쿄 출신 다음으로 우수했다. 이들은 대부분 북한, 특히 함경도와 만주의 빈농 출신 수재들이었는데 야심적인 친교단체를 형성하고 있었으며 다수가 한국군 간부가 되었다.[6] 대학 출신 장교(학병)들은 한국군 내에 또 다른 집단을 형성했다. 이들 대부분은 1945~1946년에 국방경비대에 입대한 사람들이다. 이들은 머리가 좋고 적응력이 뛰어나며 영어실력에다 실무능력이 출중하여 1960년부터 1966년 사이 6명의 참모총장 중 5명이 이 집단에서 나왔다. 대다수 학병 출신 장교들은 그들이 받은 민간교육이 만주군관학교 출신 장교들보다 '도덕적'으로 우수하다고 생각하고 있었다. 학병 출신들은 서로 비슷한 신분이기 때문에 연대감을 형성했지만 여러 학교 출신들이어서 입대 전에는 친교가 없었다. 따라서 이들은 도쿄나 만주 출신들처럼 동일한 사관학교 교육을 통해 형성된 유의 결속력 있는 파벌적 유대관계를 수립할 가능성이 없었다.

또 다른 집단은 1938년의 특별지원병제도를 이용한 장교와 하사관 출신의 소규모 집단이다. 이 지원병제도는 일본군이 학력을 불문하고 모집한 것이다. 참모총장을 지낸 최경록(崔景錄)과 송요찬(宋堯贊) 등 2명이 이 집단 출신이다. '지원병'은 통상 사병이나 하사관으로 군대생활을 했다.

또 하나의 집단은 일본군에 징집되어 사병으로 근무한 사람들로 구성된다. 이들 중 일부는 직업이 없어 국방경비대에 당초 사병으로 입대하여 1946년 말부터 1948년 초까지 추천을 받아 간부 훈련을 받았다. 이 교육과정의 3기와 4기(1947년 4월부터 9월까지)는 이 집단이 대부분을 차지했다. 이 집단의 권위는

---

6 경상북도 대구 근방의 빈농 출신인 박정희는 예외의 인물이다.

타 집단에 비해 낮았다.

이와 같이 복잡한 일본군 경력 외에 중국의 국부군(國府軍)이나 조선해방군에 복무한 장교집단도 있었는데 대개는 국부군파다. 그들은 여러 장소에서 훈련을 받았으며 일부는 국부군 군벌에 소집된 사람도 있었다. 최대 집단은 중국 군관학교 낙양분교에서 교육받은 수백 명의 조선 청년들이었다. 이들은 1933년 김구와 중국 국부군 간의 협정에 의해 교육을 받았다.[7] 북부 중국에 있던 조선의용군은 훗날 좌익 무장분자들을 흡수했고, 비공산주의자들은 대부분 김구의 광복군에 흡수되었다. 광복군은 1940년 9월 17일 200명의 장교와 사병으로 창설되어 1945년 8월까지는 각각 200명 정원의 3개 지대(支隊)로 성장했다.[8] 각 지대에는 장교가 3분의 1이었다. 훗날 일본군 출신 한국군 장군들은 이런 배경을 가진 '중국군 출신 장군'들의 자질을 의혹의 눈초리로 보았다. 이들 중 다수는 나이가 많았고 일본의 군사훈련기관에서 받는 엄격한 훈련 같은 것은 받지 못했다. 그리고 일부 다른 장교들이 말한 바와 같이 "그들은 군인으로서의 지식과 경험보다는 애국심을 더 명예로 알았다". 그들은 '정신적'이고 '애국적'인 요소들을 특별히 강조했다. 이것은 1950년의 실제 전쟁 때보다 초기 국방경비대 시절의 혼란기에 더 필요한 요소였다. 이들 중에는 아무도 참모총장이 되지 못하고 다수가 한국전쟁 후 곧 퇴역했다. 사실 그들은 일본군 출신이 주도권을 장악하고 있는 군부에서 일종의 소외된 존재였다.

마지막으로, 1948년 제7기 사관후보생 때부터 대학을 갓 졸업한 다수의 젊은이들을 포함한 민간인 청년들이 모집되었다. 한국전쟁 이후에는 고등학교의 우수졸업생들이 전적으로 사관후보생의 공급원이 되었다. 그러나 한국전쟁 시기에 그런 사람들은 아직도 하급 장교 수준에 머물렀다.

---

7   Lee, Chong-Sik(이정식), *The Politics of Korean Nationalism*, p.186.

8   장준하에 관한 이야기와 SWNCC(국무부 육해군 정책조정위원회) 보고서를 예증하고 있는 브루스 커밍스, 『한국전쟁의 기원』과 Lee, Chong-Sik(이정식), idem, pp.174~175 참조.

이상이 한국군 장교단의 구성도이며 국방경비대 창설 후 첫 15년간 군부의 주도권은 이들 각 파가 장악하고 있었다. 적어도 초기 10년 동안 한국군의 내부 사정은 이들 집단들의 역학과 상호관계에 관한 것이다. 미군정 당국은 한국군의 기능에 대해 깊이 있는 이해도 대응책도 없었기 때문에 파벌의 분열을 극복하기 위한 적절한 제도적인 기본 틀을 고안해내지 못했다. 한국전쟁은 군의 분열을 훨씬 심화시켰다. 전쟁기간 동안 한국군은 이 나라의 일상 사회에서 볼 수 있는 소집단들과 이들이 벌리는 갈등의 아마도 가장 분명한 모습을 보여주었던 것 같다.

국방경비대

파벌의 형태

해방이 되자 일본 본토에서 남태평양에 이르기까지 각 지역에 흩어져 있던 한국 출신 군인들이 귀국길에 올랐다. 소련이 점령한 북한지역으로 들어간 조선의용군과 만주 게릴라를 제외하고는 장교들 거의 모두가 서울로 몰려들었다. '만군(滿軍)' 출신 장교 중 다수는 북한에 있는 그들의 집을 방문했으나 진주한 공산군과 그 고장 좌익들로부터 '친일파'란 비난을 들었으며 일부를 제외하고는 모두 남쪽으로 피신해야겠다고 생각했다. 그들 중 남한에 사회적인 기반을 가진 사람들은 거의 없었다. 남한 출신들 또한 도쿄육사 출신을 제외한 대부분의 장교와 병사들은 그들의 뜻을 펼 수 있는 적절한 채널이 없기는 마찬가지였다. 출신지가 농촌 아니면 읍이나 소도시였으며 군대 이외에는 어떤 경력도 없었기 때문이다. 국방경비대가 창설되자 결국 그들은 거의 모두 거기로 몰려들었으며, 남한사회에서 도움을 받을 수 있는 아무런 연줄이 없었기 때문에 거기서 상부상조를 위한 단단한 집단을 형성했다. 다른 피난민들처럼 그들은 행선지가 정해질 때까지 친척이나 동향 출신의 집에 머물렀으며 그 결과 동향의 유대관계가 강화되었다.

만약 분명한 목표와 교육목적 또는 호소력 있는 이데올로기를 가진 좀 더 큰 조직이 만들어졌다면, 거기에 많은 사람들을 끌어들여 파벌출세주의를 타파하는 방향으로 나아갔을지도 모른다. 그러나 그런 조직은 나타나지 않았으며 결국 각 집단은 제각기 그들 자신의 사무실이나 협회를 만들어 사람들을 모집했다. 일본에서 군사교육을 받았던 2세대 젊은 장교들을 중심으로 만들어진 국방경비대를 사람들은 예비대라고 불렀다. 광복군의 사무실이 있었고, 소수지만 이전 해군 관계자들의 해군경비대도 있었으며, 또한 한국공군창설협회, 학병장교협회 등 다수가 있었는데, 참모총장을 역임한 어느 인사는 '엄청 많았다'고 그 당시의 상황을 설명했다. 이런 집단들의 원자화 현상은 좌우익 분열로 더욱 복잡해졌다. 예를 들면 학도병이 학교에 복귀하면 좌우 양파의 학병동지회가 다투어 환영회를 개최하는 형편이었다.[9]

경비대 초기에 공산주의자들이 전 장교들을 망라하는 조직설립 시도를 한 적이 있었으며, 단기간이긴 했지만 꽤 폭넓은 지지를 받았다. 1945년 8월, 전쟁 말기에 연안 공산주의자들과 연락을 하고 있던 만주국 공군의 박성환(朴盛喚)이라는 한 유능한 청년대위가 비행기를 몰고 서울로 와서 모든 전직 장교들을 위한 '장교협회'를 만들었는데, 공산주의자들의 지령을 받은 것이 분명했다. 이 협회는 처음부터 이념적인 경향을 분명히 드러냈다. 당면한 여러 문제들을 공산주의 노선에 의거하여 분석하고 해결하려는 강의와 토론이 행해졌다. 도

---

9 조선학병동맹으로 알려진 좌익조직은 호전적이고 테러리스트적인 특성 때문에 1946년 1월 군정청장관에 의해 해산되었다. 이 조직은 1947년 6월 잠시 다시 나타나 당시 조직원이 1,370명에 달한다고 주장하면서 미·소 공동위원회와의 협의를 위한 정치사회단체 등록 때 신청서를 내기도 했다. 그 이후 이 조직에 대한 소식은 없었으나 "공산당 주도하의 민주인 민전선 관련 조직"이었던 것으로 생각된다. Justice Sloane, "The Communist Effort in South Korea, 1945~1948"(N.A. thesis, Northwestern University, 1949), p.147. 공동위원회에 제출한 서류에서 주장한 조직원 수가 별 의미는 없지만 총 인원이 3,000명 정도로 추산되며 그중 장교는 극소수였다.

교육사의 마지막 3기 출신자 일부와 1940년에 졸업한 만주군관학교 7기생 다수를 포함한 많은 젊은 장교들이 이 협회의 충실한 회원이 되었고, 인민공화국과 여운형 주위의 정치가들과 정치 채널을 구축하기 시작했다.[10] 대부분의 비좌익 장교들은 정치적인 중립을 지키며 정치문제와 거리를 두는 경향을 보였다. 공산주의자들만이 우호조직이나 과거의 교우관계를 매개로 정치, 사상, 교화 활동을 통해 부대를 창설하려고 했다.

1946년 1월 국방경비대의 창설과 함께 장교협회는 해산되었다. 박성환 대위는 1945년 12월 월북했으며, 그 후 수주 이내 다른 10명의 장교들이 그를 따라가 북한 '인민군' 창건에 참여했다. 훗날 알려진 바로는 이들은 모두 숙청으로 죽음을 맞았다. 그러나 장교협회의 회원 대부분은 국방경비대에 입대했다. 국방경비대가 아직 보안점검을 제도화하지 못하고 있을 때였다. 경비대 내에서 그들은 좌익 블랙리스트에 올라 있는 인물들을 장교에 추천하곤 했는데 특히 경비대 제3기와 제4기에 많았다. 이 집단을 통해 여수반란사건이 일어났고, 강태무(姜泰武) 소령과 표무원(表武源) 소령이 각각 지휘하는 대대가 월북했으며, 1947~1948년 사이 한국군 내부에서 또 다른 체제전복 기도가 있었다.[11]

대부분의 옛 장교 출신자들은 일본이나 국민당 정부의 반공주의에 감화를 받았으며, 해방 초기의 북한 상황을 체험적으로 확인했기 때문에 좌익 쪽으로 기울어지는 일은 없었다. 곧 그들을 위한 별도의 길이 나타났다.

1945년 11월 하지와 그의 참모들은 남한의 혼란과 북한 공산주의자들의 무력증강 의도를 파악하고 도쿄와 워싱턴에 한국방위군 창설을 강력하게 반복해서 요청했다. 불행히도 도쿄의 맥아더와 워싱턴은 소련을 자극할까봐 이에 반대했고, 대안으로 온건한 경찰예비대를 거의 내밀하게 창설하도록 지시했다.

---

10 나는 1945년도의 이들 자료와 정보 대부분을 지금은 대사로 나가 있는 강문봉 중장으로부터 입수했다. 그는 만주군관학교와 도쿄육사를 마지막으로 졸업한 집단 중 한 사람이며 이 '장교협회'에 참여했다가 탈퇴했다.

11 Robert K. Sawyer, *Military Advisors in Korea: KMAG in War and Peace*, p.26.

하지와 그의 참모들이 제안한 것 중 도쿄와 워싱턴에서 제대로 받아들여 실시된 것이 거의 없었다.[12] 소련을 자극하지 않으면서 무엇인가 일을 추진하라는 요구와, 여기에다 장비, 책자, 훈련의 결여, 그리고 한국에 잔류하기를 희망하는 미군 관계자들의 부족 등 난관이 중첩되어 긍지 높고 응집력을 가진 강력한 방위조직을 만드는 일이 여간 어려운 게 아니었다.[13]

그럼에도 출발은 했다. 모든 군 경력자를 환영하는 모집공고가 거리에 나붙고, 1946년 1월 14일 후보자들이 떼를 지어 몰려들었다. 일본군의 까다로운 엘리트 선발방식과는 달리 모집절차는 '미군장교와의 통역을 통한 간단한 인터뷰'와 설문서 써넣기, 그리고 신체검사가 전부였다. 미국의 공식기록은 "모집기준이 낮아 건장한 응모자는 쉽게 합격할 수 있었다"라고 쓰고 있다.[14] 당시 선발시험을 담당했던 미군장교들 중 어느 누구도 그가 심사했던 사람들과 집단의 복잡한 배경에 관해 무엇 하나 제대로 아는 것이 없었다.[15] 하우스만(James Hausman)이라는 이름의 한 헌신적인 청년장교를 제외하고는 이 나라에 머물러서 그런 것을 굳이 알려고 하는 사람도 없었다. 1946년 봄 미군장교들의 가장 큰 관심사는 빨리 제대하고 귀국하는 일이었다. 그해에는 "7개월도 안 되는 기간에 미군정 당국의 국방국장이 다섯 번이나 교체되었는데, 그중 3명은 4월 11일~6월 1일 사이에 교체되었다".[16] 그럼에도 미군간부가 자기들이 선호하는 사람을 쓰고 승진과정에 개입하는 것을 막지는 못했다. 한국인들의 입

---

12 idem, pp.9~15.

13 소련이 오해할까봐 점령 초기에 강력한 한국군 창설을 도쿄와 워싱턴이 허가하지 않는 것에 대한 하지의 격분을 부드럽게 완화하여 설명한 것으로, idem, p.21 참조.

14 idem, pp.14, 26.

15 예를 들어, idem, pp.11, 26에서 소여는 "일본이 항복하자 갑자기 생겨난" "사병(私兵)"이며 "14개의 준(準)군대조직"이라고 말하며 그 같은 혼란을 자세히 설명하고 있다. 이들은 우리가 설명해온 무슨 협회나 친목모임처럼 보였으며, '사병'도, 일정한 자격을 갖고 있는 '준군대'도 아니었다.

16 idem, p.20.

장에서 보면, 경력도 없고 교육도 받지 못한 사람들이 임명권자의 배려로 때때로 중용되곤 했다. 미국인들은 1901~1910년의 일본인들에 비하면 이기심도 야심도 아주 희박했지만, 그들이 가동한 정치적 충원 채널은 우치다 료헤이가 일본의 통치 초기 송병준과 이용구를 권력의 자리에 앉힌 것을 생각나게 했다. 경비대를 무장시키기 위해 일본제 소총이 사용되었고, 미군이 기념품으로 가지고 있던 기관총들이 "재교부되었다".[17] 군의 사상교육은 없는 거나 마찬가지였다. 한국군 장교들이 미군 고문단에게 군사교육에는 사상교육, 고도의 목적의식, 충성심의 적절한 강조 등이 필요하다고 반복하여 역설했지만 소용이 없었다.

　교육의 첫 코스는 단지 '영어교육과정'이라고 불리는 것이었고 실제 내용도 그러했다. 훈련 그 자체는 단순했다. "수업의 목적은 한국인에게 영어를 가르치는 것이 아니라 영어로 기초 군사용어를 가르치는 것이었다."[18] 한국인 교관이 부족했으며 교범은 한국전쟁과 전후 기간까지 대충대충 번역해 사용했다. 미군교관은 통역관을 대동하거나 아니면 그림그리기와 손짓발짓을 해가며 가르쳤다. 이 같은 교육은 중요한 시기에 수행되었지만 초보적인 수준이었다. 1946년 11월 현재 전체 경비대 병력은 장교가 143명, 사병이 5,130명에 불과했다.[19] 경비대 훈련소는 1949년 봄까지 초급장교 교육기관 이상의 기능을 발휘하지 못했다. 국방경비대 사관학교 초대 교장의 말을 빌리면, "교과내용은 주로 밀집대형과 격투훈련, 그리고 여기에 미군 야전교범을 '약식으로 대충대충' 번역한 것으로 가르치는 전술연구 등"이었다.[20] 1949년까지도 일부 장교는 일본식으로 교련을 가르쳤다. 한국전쟁이 발발했을 때 한국군 67개 대대 중 16개만이 대대 단위의 훈련을 했으며, 어떤 대대도 연대 단위의 훈련은 한 적이

17　idem, p. 16.

18　idem, p. 12.

19　USAMGIK Summation No. 14(Nov. 1946), p. 5.

20　이형근 대장이 1964년 6월 26일 내게 보낸 개인 편지.

없었다. 심지어 중대와 소대 단위 훈련도 끝내지 않은 부대가 있었다.[21] 더욱이 이제 갓 태어난 국방경비대는 몇 달 동안 주로 해온 일이 창고지기였는데, 이는 용병이나 꼭두각시 집단이 할 일이라는 비아냥거림을 받았다. 1955년이 되어서야 사관학교로부터 일급장교들 — 미래의 대통령인 전두환의 11기생 — 이 배출되었다.

국방경비대의 조직과 운영은 이처럼 빈약한 초창기 제도정립 단계를 벗어나지 못했다. 그나마 국방경비대가 우수했던 것은 주로 한국군 장교와 하사관들의 지성과 애국심 덕분이었다. 군의 관리는 처음부터 오로지 미군 방식이었는데, 이는 모든 군수물자가 미국으로부터 조달되었기 때문이었다. 따라서 미군 방식에 적응하는 것이 중요했으며, 젊은 장교들이 나이든 장교들보다 훨씬 유연했다. 그러나 한국군 장교들은 미국식 편의주의에는 솔깃했지만 과거 일본군에서 전문적인 훈련을 받을 때처럼 진지하게 미국식 훈련을 받을 필요를 느끼지 않았다. 게다가 초기 국방경비대 사관학교 생도모집은 '선착순'이었으며, 서열은 능력이나 지식 또는 경험보다 기회로 결정되는 경우가 많았다. 일본군 당시의 계급과 고된 훈련경험이 수월한 미군 방식 아래서 권위를 지녔다. 일본군 시대의 상관은 설사 그가 미국이 관리하는 군대에 늦게 들어와 계급이 좀 낮아도 상관으로 존중되었다. 일본군 사관학교의 생도였던 사람들은 2년이나 4년간 엄격한 교육을 받았기 때문에 그들이 소속된 반은 계속 우정과 충성심을 자아내는 중핵이 되었다.

미군이 지원하는 사관학교는 한국전쟁이 발발할 때까지 임기응변식으로 교육기간이 6개월 미만에 불과했기 때문에 새로운 인간관계를 수립하려는 모든 비공식적인 시도에도 불구하고 일제강점기 때 맺은 인간관계를 대체할 수 없었다. 그 바람에 장교들 중 연장자들은 정보, 모병 등의 업무를 맡아보며 충성심의 중심적인 존재로서 잔존해갈 수 있었다. 대개 1949년까지는, 옛 장교들

---

21 Robert K. Sawyer, *Military Advisors in Korea: KMAG in War and Peace*, p.76~78.

가운데서 누구를 어떤 계급으로 채용할 것인지, 그리고 어떤 장교가 부패나 전복계획 등에 가담한 것이 탄로 났을 때 어떤 형량으로 처벌할 것인지, 또는 누구를 인사, 작전 내지 주요 야전 또는 보급 지휘관에 임명할 것인지 하는 결정이 이들 장교 연장자들 손에서 이루어졌다. 그 같은 결정의 대상이 되는 자리들을 둘러싸고 조선시대처럼 극단적인 파벌투쟁이 벌어졌다. 수많은 작은 결정들이 내려지고 이들 집단 내에서 비공식적으로 조정이 되면, 파벌지도자들은 통상 아무것도 모르고 있는 미군 고문관들과 협의하는 방식으로 국방경비대를, 그리고 나중엔 군을 운영했다.

국방경비대 파벌의 성격

더 새로운 훈련과 엄격한 규율이 도입되어도 파벌싸움은 전혀 흔들리지 않고 많은 전통적인 특성들을 그대로 지닌 채 계속되었다. 파벌 내에서는 유교적 관념과 군사적 개념이 결합되어 고참자가 신참자를 좌지우지하는 경향이 두드러졌다.[22] 다른 조직과 마찬가지로 모든 결정은 '장유유서'의 유교적 관계를 반영한 집단협의제에 의해 이루어졌다. 1930년대와 1940년대에 교육을 받은 고급 장교들은 파벌의 '맏형'이 되어 결정과정의 중심에 자리를 잡는 경향이 있었다.

각 파벌은 또한 보스를 모셨다. 보스는 그 파벌의 선임 장교이며 과거 일본군 시절의 혁혁한 무훈을 '과시할 수 있는 능력'을 가진 사람이어야 했다. 한 파벌의 지도자가 과거 일본천황의 표창을 받아 은사(恩賜)의 군도(軍刀)라도 하사받은 것이 있다면, 그것은 적어도 조선독립운동에 참가하여 애국적 활동을 한 것만큼이나 그 사람의 위치를 평가하는 데 도움이 되었다. 미군 관계자와의 의사소통이 가능하며 그들의 신뢰를 확보하고 그들의 방식에 적응하는 능력도

---

22 예외가 있었다. 일본식 훈련을 받은 2세대 젊은 장교들은 이런 조직의 바깥을 맴도는 경향이 있었다. 그들의 허약한 영어화화 능력, 그리고 새로운 미국식 테크닉에 한국인 특유의 쑥스러운 감정이 보태지는 데서 오는 상대적인 적응력 결여가 고참 장교들과 경쟁하기에는 역부족이어서 그들을 조직 바깥으로 내모는 경향이 있었다.

보스의 지위를 강화하는 데 기여했다. 그러나 한국적인 정치풍토에서 당연한 일이지만 대부분의 경우 이런 보스지배는 독재적인 성격을 띠지 않았다. 보스는 파벌이라는 '자문기관'에 소속된 평등한 구성원 중의 제1인자에 불과했다.

각 파벌의 간부들은 파벌 안에서 때로는 파벌 바깥에서 또다시 파벌을 만드는 경향이 있었다. 간부가 개인적으로 지도력이 있으면 그것은 파벌 강화에 도움이 되기도 했지만, 동시에 파벌 전체의 의지에서 벗어나는 입장을 보여 분란의 씨앗이 될 때도 있었다. 파벌 내 자파의 세력이 강화되면, 그 간부는 어떤 경우에 파벌이나 보스의 결정에 찬성하고 반대할 것인가를 결정하는 것이 특별히 미묘하고 복잡한 문제가 되기도 했다. 그런 문제들 — 특히 징벌의 문제, 저항행위 또는 쿠데타와 같은 간혹 중대한 사태의 경우 — 을 사전에 예측할 능력이 있는 자들은 별로 없었다. 그런 예측을 할 수 있는 인물은, 그가 한국인이든, 대단히 드물지만 외국인이든, 한국사회에서는 일종의 엘리트다. 이런 예측을 하기 위해서는 끊임없는 정보, 지식, 소문의 수집이 필요했다. 옛날 조선시대에는 사랑방이, 현대에 들어와서는 서울에 있는 수천 개의 다방이 정보수집 장소로 유명하다. 옛날의 '자문기관'을 반영한 이런 형태의 의사결정은 토착문화와 깊이 연관되어 있는 것으로 보인다. 일본사회에서는 조직결정의 압력을 내외에서 그렇게 강하게 받지 않으며 주변의 평판과 사고방식을 그만큼 필요로 하지 않는다.

이런 군 파벌의 복잡한 인적구성과 자파 채용 경향은 한국사회 진전과정의 중요한 일면을 반영한다. 정계, 재계 등 각계에서도 이 같은 파벌적인 행동이 제도적인 채널보다는 사적 또는 파벌적인 채널을 통해 지배권을 장악하는 경향이 있으며 이것이 중앙집중화의 소용돌이를 촉진한다. 1946년 국방경비대 초기 중대장들은 하사관들에 대한 장교 양성 후보자 추천권을 갖는 바람에 크게 고무되었다. 달리 추천을 부탁할 만한 경로가 없고 충성을 바칠 만한 사람도 없었기 때문에 중대장의 부하들은 추천을 받기 위해 치열한 경쟁을 벌였다. '추천권'이라는 엄청난 권력을 가진 중대장들은 이 바람에 군 내외에서 한동안 공사(公私)에 걸쳐 자신의 부하, 운전병, 전령을 부릴 수 있게 되었다. 당시 선구적인 조직이었던 경비대에서도 개인적으로 추천을 받은 자는 승진이 빨랐다. 김창룡(속칭 '스네이크' 김)은 과거 일본군 헌병대에서 거칠기로 소문난 하사관이었는데 1946년 장교 양성 코스에 추천을 받아 장교가 된 사람이다. 그는 국군특무부대장으로 중장으로까지 승진하여(소장이었는데 사후 1계급 특진되었다. _옮긴이) 8년 동안 라스푸틴[제정러시아 말기 국정농단으로 악명을 떨친 요승(妖僧) _옮긴이]처럼 활약하다 30대 초반에 암살되었다. 1946년 당시 신임 중위계급 중대장의 운전병이었던 어떤 사람은 1961~1963년에는 준장으로서 최고회의 위원이며 중앙정보부 국장으로 근무했다. '스네이크' 김과 준장까지 올라간 이 운전병은 이름도 없고 교육도 제대로 받지 못한 최하층 출신들이었다.

1946년부터 1949년까지 장교임용방법은 이런 개인적인 추천이 절대적인 위력을 발휘했다. 피추천자가 유리한 보직을 받기 위해서는 보스의 지원을 받아야 했기 때문에 보스에 대한 충성심은 더욱 깊어졌으며 그들 자신도 다수의 파벌을 형성했다. 일제강점기의 약간의 제한마저 해방으로 풀리게 된 이 마당에 과거 송병준과 이용구의 승승장구 과정은 이들에겐 특수한 예외가 아니라 권력접근의 한 가지 일반적인 법칙이었다.

도당과 파벌의 제일 아래 부분에는 '문객(가신)'이 있었다. 문객은 오늘날에도 얼마쯤 존재하고 있다. 한국사회와 군대에서의 이런 패턴은 1963년까지도 사라지지 않았다. 고려왕조 후기의 '문객'은 사병(私兵)이 되었다. 수세기 동안 상류층이 살던 조선식 저택의 고전적인 형태는 사병제도를 제도적으로 확립하기에 알맞았다. 저택의 앞쪽에 있는 대문 양측의 측면을 따라 방이 연속적으로 늘어서 있어 문객들을 수용할 수 있었다. 집안 어디를 가든지 젊거나 늙은 하인들이 주인의 명령을 대기하고 있었으며, 문관, 무관을 가릴 것 없이 주인이 중요 요직에 오르면, 친척 고아나, 가난한 집 자제들, 연고로 알게 된 사람들을 '심부름꾼'으로 늘렸다.[23] 현대에 들어와 고급장교들은 ― 때로는 퇴역 장성조차 ― 사적으로 이용할 수 있는 전용 지프차를 갖고 있었으며 군인이나 제대병 운전사를 두었다. 현역 장성의 당번병은 통상 장성 집에서 기거하고 가족의 일원이 되기도 했다. 그때부터 그의 생애는 전적으로 그 장군과 연결되어 장군과 함께 승진하고 장군의 신상에 '문제가 발생하면' 그도 같이 타격을 받았다. 장군과 밀접한 유대관계를 가지고 있으며 다른 사회적 기반이 없는 전직 하사관이나 경찰관은 계속 장군 집에 머물며 심부름을 하거나 장군 부인이 쇼핑할 때 따라다니기도 하고, 필요 시 예정에 없는 호위도 하며 비밀 메시지나 돈을 운반하는 일을 맡기도 했다. 수도의 유력한 관리는 가난한 고향의 농부나 토지를 별로 갖지 않은 토호 또는 친척의 자식들에게 매력 있는 근거지가 되었다. 이들은 모두 그 관리의 집을 그들의 서울에서 기댈 곳, 즉 출세를 위한 장소로 생각했다. 이들은 달리 의지할 곳이 없어 우르르 몰려오기 때문에 뿌리칠 수가 없었다. 이런 사람들이 어떤 개별적 파벌의 하층부를 구성하고 잡역을 수행하며 중요한 정보전달의 역할을 맡았다.[24]

문객은 많은 사람들이 북적거리며 수다스럽고 드라마틱한 서울이라는 환경을 만드는 한 중요한 부분이었다. 그들은 주인에 대해 부채를 지게 되는데, 부채의 반제(返濟)는 융통성이 있고 부정기적이었다. 그들은 주인이 성공하면 이익을 볼 것으로 기대했다. 그들의 존재는 주인의 권력 획득 의욕을 매일 새롭게 주입시켰다. 문객은 주인에게 도덕적인 완벽성이나 경제적인 청렴성을 요구하지 않았다. 사실 그들이 사는 보람을 느끼는 것은 주로 주인과 친밀한 인사들의 집을 비밀리에 방문하거나, 주인의 친구에 대한 금전적인 연락 또는 주인과 첩 내지 애인 사이의 밀회약속을 주선해줄 때 등이었다. 모든 것이 잘 풀

---

23 문객(가신)제도는 사회의 일반적인 패턴이긴 했지만, 특히 과거 군대사회에서 자주 볼 수 있었던 두드러진 현상이었으며, 지금도 그런 현상을 간혹 볼 수 있다.

24 한국사회의 체질에 맞았던 가신문화는 중국문화와 닮은 점이 많다. 중국에서 가신은 행정관 참모진의 일부로서 중국 지방행정에서 중요한 역할을 했다. 중국 행정관에게 가신은 '푸신'(위와 심장), 즉 비밀 참모였으며 대개가 '이런저런 부패'와 관련이 있었다. Ch'u, T'ung-tsu, *Local Government in China under the Ch'ing*, p.88, 74~92.

려나가면, 문객들은 주인에게 확고한 충성을 바치고 빗나가지 않았다. 결국 문객들은 서울에 은밀하고 음모적인 무드를 조성해온 것이다. 그들은 정중한 언어를 사용하고 주인은 낮은 목소리로 대답했다. 그러나 그들은 북유럽의 의미로 하인은 아니었다.[25] 그들은 허리를 굽히거나 한 발을 뒤로 끓어 경의를 표하지 않았다. 해방 전에 일본인 주인이 야단치는 것을 그들은 유쾌하게 받아들였으며 더욱이 속으로 주인을 경멸하고 있었다. 그들은 주인을 잘 따르고 충실했지만 자신의 품위와 중요성을 자유롭게 나타내고 시대의 비판자라는 긍지를 갖고 있었다. 일본인들은 이들을 개혁할 기회를 거의 갖지 못했다. 문객들은 다른 세계의 사람들이었다. 그러나 그들의 유머와 세련미에도 불구하고 그들은 비극적인 세계의 사람들이었다. 파벌 그 자체도 그러하지만, 문객들은 당국이나 다른 적대 세력으로부터 최소한의 고립과 방어를 시도하는 대표적인 존재였다. 그들에게는 한국가족들이 계속 찾고 있는 어떤 정서적 만족감을 주는 면이 있었다. 그러나 그들에 대한 보호수단이 취약했으며, 주인가족들의 따뜻한 보살핌에도 불구하고 그들과의 일체감에는 무언지 충분치 못한 점이 남아 있었다. 문객과 파벌 보스를 따르는 부하들의 길은 험난하고 통상 비참하게 끝났다. 파벌제도는 공식적인 제도의 보호와 제약의 기능을 아주 불충분하게 대신하고 있었다.

따라서 '빽'이 지극히 중요했다. 권력은 파벌사회에서 개별 가정에 이르기까지 국가적인 목표를 지향하고 실력을 통해 보상받는 공식적인 위계질서에 기여하지 않았다. 대체로 파벌 보스의 능력은 그의 추종자들을 어떤 지위에 앉혀주고 보호해주며, 그들에게 권력에 접근할 기회를 제공하고, 좀 정도가 낮게는 성공의 전제로 생각되는 물질적인 보상을 해주는 것으로 가늠된다. 높은 지위

---

25 여기서 나는 가신을 '하인'이라고 부르는 Ch'u, T'ung-tsu, *Local Government in China under the Ch'ing* 의 견해와 결별하게 된다. 개인적인 일을 상의하지 않는 사람(하인)과는 달리 가신은 주인이 다른 어떤 사람과도 상의하지 않는 일을 상의하는 사람이다.

와 신분은 그 자체가 명예로운 것이지만, 그 이면을 자세히 들여다보면 그런 근사한 지위가 가지는 문제해결의 기능에는 별 생각이 없고 개인적인 목표를 달성하는 데 큰 관심을 두고 있음을 알 수 있다. 전직 총리로서 정직하고 청렴하기로 이름났던 어느 인사처럼 이런 개념과 무관하게 활동한 사람들에 대해 학생들과 이상주의자들은 그들의 '청렴성'을 찬양했고, 서방 인사들은 그들의 성실성을 높이 평가했으나, 그 밖에 다른 많은 사람들은 그들을, 실권을 행사하지 못하고 행동력이 결여된, 순진하기 이를 데 없는 사람들로 보았다.

마찬가지로 파벌 관계자들은 국가의 경영을 극도로 사적인 방식으로 보고 판단하는 경우가 많았다. 파벌 보스의 정치적인 입장은 그가 권력에 얼마나 근접해 있느냐에 따라 대체로 결정되었다. '자격'이나 '미덕'과 동등한 단어들이 사용되지만 권력투쟁에 개입된 사람들은 이런 말을 심각하게 생각하지 않았다. '공정'은 법적 절차의 성취보다는 파벌의 소망을 달성하는 데 훨씬 많이 사용되었다. 한편, 권력 밖에 있는 사람들도 권력 획득의 의지를 억제하는 이성적인 규범을 가지고 있지 않았다. 따라서 권력을 장악하고 있는 자들을 무조건 비판하는 데 정신을 쏟고 어떤 수단으로든 권력을 잡기 위해 전력투구했다. 이런 과정은 오랫동안 사회 전반에서 볼 수 있는 현상이었지만, 가장 현저하게 나타난 곳이 군대였다. 1950년대를 통해 참모총장 자리를 놓고 군 내부에서 벌어진 치열한 암투는 정당운영보다도 훨씬 더 한국의 정치상황을 잘 설명해 주었다.

파벌투쟁을 격화시킨 한국전쟁

한국전쟁은 파벌조직을 크게 강화시켰다.[26] 전쟁에 필요한 보급물자와 장비

---

26 이 자료의 상당부분을 한국군 군수참모를 지낸 분에게서 입수했다.

가 홍수처럼 쏟아져 들어와 엄격한 물자관리와 수량점검 기능이 붕괴되었다. 군인들에게로 가야 할 물자가 암시장에서 흘러넘치고 있어도 그것은 전쟁에 의해 손실을 본 것으로 계산될 수 있었다. 물자관리를 강화하려는 미군의 공식적인 시도는 언어상의 문제와 수천 개에 달하는 도피구로 저지되었다. 미군들은 장비가 '소모품'이나 '사용완료'로 분류되어 있으면 암시장에 팔려나간 것으로 보았고, 지프차가 '비공식적'으로 사용되었다면 여자 친구를 태우고 놀러 다니는 데 이용된 것으로 이해했다. 이는 일본 자위대가 장비를 사용하는 데 엄격한 규율을 적용하는 것과 불리한 대비가 되었으며, 미군 상층부의 한국에 대한 존중 분위기를 약화시켰다.

군대의 급여는 처음부터 군사비 지출과는 상관이 없었다. 전쟁으로 인한 인플레이션의 급상승은 상황을 더욱 악화시켰다. 전쟁 첫해 서울의 물가는 750% 올랐다. 이는 베트남에서 미군의 증강이 시작된 최초 18개월간 물가가 50% 상승한 것과 비교가 된다. 1946년 일본군이 남기고 간 장비와 물자 외에 미국의 원조물자가 들어왔고, 국방경비대가 창고경비를 맡음으로써 창고출입이 가능하게 되었다. 이것은 그 후 장기간 물품이나 구호배급물자를 때로는 미군 측 협력자의 묵인 아래 빼돌려 매각하는 습관을 만들었다. 그런 보급원을 이용할 수 없을 때는 특수군사자금과 대부분의 정보비가 봉급을 보충하는 데 사용되었다. 더구나 미군의 물자공급 방법에는 장기간 장비에 대한 부품과 수리용구류를 지급하지 않는 결점이 있었다. 부품을 구하기 위해 휘발유를 암시장에 몰래 판매하여 자금을 마련하기도 했다. 미군 관계자도 개인적으로 군 막사 건설을 위한 장비나 종이와 간장을 구매할 자금이 부족하다는 것을 인정했다. 후생사업이라 하여 불법적으로 삼림을 벌채하고 조그만 공장의 운영으로 그런 필수품의 공급을 지속할 수 있었다.

이런 활동의 발단은 필요에 의해서 생긴 것이며 의도도 좋았다. 그러나 어디까지가 정직한 것이며 어디까지가 부정직한 것인지 객관적인 구분이 되지 않았다. 이미 이런 짓을 했는지 안 했는지가 선악을 판단하는 기준이 되지 않았다. 고급장교들은 사실상 거의 전원이 부하들과 자신들의 생활을 위해 이런 일에 손을 대지 않을 수 없었다. 그리고 선악을 가리는 기준은, 어느 정도나 해 먹었는지, 이익을 독차지했는지 어땠는지, 그리고 그 목적이 '공익적인' 것인지 사복을 채우기 위한 것인지 등의 모호한 문제가 되고 말았다. 파벌사회에서는, 가치를 주로 충성스러운 부하를 돌보아주는 능력에 두었다. 많이 가지면 가질 수록 자파 사람들을 더 많이 돌볼 수 있었다. 이런 상황에서 1950년 초에 대규모 부패가 발생했다. 한국사회에는 언제나 부패가 있었다. 그러나 부패의 극단적인 형태이며 좀 더 파악이 가능한 전형이 이 당시 한국군 내부에서 발생했다. 이런 부패는 박정희 정권과 전두환 정권에서도 사라지지 않았다.

파벌주의는 전쟁과 부패로 더욱 기승을 부렸다. 전쟁은 경험이 부족한 장교들의 오류를 확대시켰으며 이를 호도하기 위한 파벌 보스의 보호막이 끊임없이 필요해 부패가 더욱 확산되었다. 죄상이 중하면 중할수록 일단 보호를 받게 되면 충성의 요구가 더 커졌다. 죄를 저지른 자는 파벌의 주요 모집대상이었다. 심지어 여순반란사건에 이은 군 전복계획에 관련된 일부 핵심장교가 조사과정에서 구제되었는데, 이때도 사실상 파벌이 도움을 준 것이다. 한 장교는 1946년 트럭 1대 분의 담요를 부정으로 처분한 것에 대한 처벌을 피하기 위해 월북했다가 다시 월남했는데, 그의 파벌 보스인 당시 참모총장이 그를 복직시켰다. 또 다른 장교는 적 앞에서 지프차를 타고 도주한 사실이 있는데도 복직되었다. 많은 사람들이 자금의 유용, 군용차의 부적절한 사용 등으로 고발되었으나 보호를 받았다. 한편 부정행위의 확대에 직면한 참모총장은 자신의 자리를 지키기 위해 파벌에 대한 필요성을 절감했다. 일반 국민들에게 알려지거나 특무부대를 통해 대통령에게 보고된 문제는, 대통령 측근이나 때때로 각료에게 적절한 선물을 곁들여서 '설명'해야 했다.

이런 경향은 고급장교들만의 문제가 아니었으며 군조직의 말단에까지 영향을 미쳤다. 그리고 대부분의 청년들이 군대생활을 경험하기 때문에 이윽고 그것은 국가의 사기와 결부되었다.[27] 휘발유를 부정으로 유출시키고 공금을 횡령한 사실이 신병들에게는 감춰졌으나 그들은 그 영향을 받았다. 휘발유를 빼돌렸기 때문에 논산훈련소의 신병들은 트럭을 탈 예정이었으나 걸어갈 수밖에 없었다.[28] 사정이 더 악화된 부대에서는 식량이 항상 유출되어 만성적인 식량 부족 사태를 겪었고 병사들은 늘 배를 곯았다. 신병들은 3개월 훈련을 위해 각자 50달러 정도에 해당하는 돈을 소지하지 않으면 지내기가 어려웠다. 그러나 이 돈은 훈련부대를 관리하는 '폭력배'들의 손에 들어갔다. 이들은 대개 같은 지방 출신들로 뭉쳐 있는 경우가 많았으며 훈련병들을 관리하면서 이익을 올렸다. 순진한 농촌 청년이나 중산층 신병보다 뇌물을 다루는 솜씨가 뛰어나고 인간을 학대하는 데는 무신경한 패거리들이었다. 요령이 좋은 이들은 상급자와 신속하게 연락망을 형성하고 신병들로부터 돈을 거두어 주말 외출이나 식량, 모포 또는 기타 '특전'(미군이 공급한 물자)을 베풀었는데, 일부는 제공하고 나머지는 자기들이 착복했다. 그 대가로 이들은 반장이 되었다. '한국 청년들의 묘지'에서 개인적인 유동성을 위해 조직의 이익을 희생시키는 일이 최상층에서와 마찬가지로 최하층에서도 이렇게 공공연히 벌어지고 있었다.

가장 해독을 끼친 것은 강제노역이었다. 건설 관계 작업은 외부고용 노동자들을 써야 하기 때문에 예산의 대부분을 미군 측이 부담했다. 그러나 예산으로

---

27 Bruce M. Russett, *World Handbook of Political and Social Indicators*, p.77은 한국의 15~64세 인구의 4.85%가 군에 징집되었으며 세계 모든 국가들 중 군 복무 순위로는 4위에 드는 것으로 추산하고 있다. 북한은 7.16%로 2위에 들었다. 남한 인구의 약 2%가 군대였던 것이다.

28 논산훈련소의 내부 상황에 대한 뛰어난 설명은 Lew, Young-Ick(유영익, 柳永益), "An Analysis of Bureaucratic Pathologies in the Korean Army Training Center"(unpublished term paper in sociology, Brandeis University, 1962) 참조. 유영익 교수는 1958년 징집병으로 논산에서 훈련을 받고 개인적으로 이런 곤경을 겪었다. 내가 한국군의 많은 친구들로부터 들어 알고 있는 바로는 그러한 여건은 논산에만 국한된 것이 아니었다(물론 규모 면에서 논산의 경우가 더 크긴 했지만). 하지만 강조해야 할 것은, 많은 장교들이 상당히 개인적인 위험부담을 안아가며, 그리고 영웅주의로 그런 경향에 반대하여 투쟁했다는 점이다. 그들의 개인적 비극은 한국의 발전을 위한 밑거름이 되었으면서도 찬미되지 못한 이야기다.

내려온 돈이 자주 핵심장교들 사이에서 분배되곤 했는데, 여기서도 파벌이 미묘하게 얽혀들었다. 밤에 미 군사고문관들이 잠자고 있는 사이, 하루 종일 훈련을 받든가 근무하느라 녹초가 된 논산의 신병들이나 다른 부대의 사병들이 밤중에 끌려나와 보수도 받지 않고 건설공사에 투입되었다. 이는 기묘하게도 고려시대의 '공비제도(公婢制度)'를 연상시켰다. 잠을 제대로 못 자거나 음식을 충분히 먹지 못하면 훈련이 제대로 될 턱이 없다. 1950년 말에 5만 명을 채 넘지 못했던 한국군은, 아이젠하워 대통령이 1953년 5월 14일 군사원조를 확약하고 그해 7월 휴전이 성립된 직후에는 총 65만 5,000명에 달하게 되었는데, 그 사이 훈련을 받았던 수십 만 명의 젊은이들이 많건 적건 그런 노역경험을 했다.[29] 제대병들로부터 이런 '강제노역' 얘기가 전해져 전국적으로 알려지게 되었다. 그것은 일반 국민들의 사기를 저하시켰으나 한편으로는 변혁을 기대하는 기운을 불러일으키는 요인이 되었다. 이런 감정을 가장 강하게 가졌던 사람들은 학생들과 청년장교들이었다. 학생들은 졸업 이전이나 이후에 징집되어 그런 여건에 당면하게 될 것이라는 것을 잘 알고 있었다. 더 나은 훈련을 받고 규율이 있는 청년장교들은 이런 케케묵은 옛날 ─ 그리고 완고해 보이는 ─ 방식에 점점 강하게 반발했다.

군대가 정당의 가장 중요한 자금원이 되었기 때문에 군과 정치와의 관계가 국방장관, 참모총장 그리고 자유당 중앙위원회 의장 사이의 밀착 형태로 발전해갔다. 자유당에 정치자금을 제공하기 위해 미국에서 수입한 원면을 불법 매각한 사건이 점점 그 실체를 드러냈다. 이 무렵 참모총장들의 수입과 지출이 천문학적으로 증가된 것이라든지, 파벌들의 자금 요구가 수배로 증가한 것 등에 대한 자료들을 제대로 수집할 수 있는 사람은 아무도 없을 것이다. 자금 확

---

29 Walter G. Hermes, *Truce Tent and Fighting Front* (Washington, D.C.: Office of the Chief of Military History, 1966), p.440. 육군은 이미 1952년 11월에 46만 3,000명으로 증원되었다. 이 저작은 한국에 대한 또 하나의 뛰어난 기록인데 불충분하게 이용되어왔다.

보와 같은 중요한 일은 '신뢰할 수 있는 인물'이 맡아야 했다. 완전한 신임이 필요한 금전적인 연락관계가 많아졌다. 보직과 진급이 이들로 하여금 충견처럼 주인들을 섬기게 했다. 파벌주의와 부패는 쌍동이었다.

1951년부터는 파벌투쟁과 부정부패의 상승 회오리가 국가의 정점을 향해 치달았으며 이 무렵부터 많은 정치적인 문제가 불거지기 시작했다. 이승만 대통령은 전쟁으로 팽창된 군대가 정치로부터 분리될 수 없으므로 이를 이용해야 한다고 생각했다. 이승만은 그 자신이 파벌을 조성하거나 부패하지는 않았지만 그것들을 자신의 강력한 지배권 확립에 교묘하게 이용했다. 그는 어떤 단일 파벌이나 단일 지도자의 권력 확대나 독점을 방지하는 전략을 폈다. 그의 전술은 주요 군 파벌 간부들이 참모총장과 다른 주요 자리를 놓고 경쟁을 벌이도록 조장하여 상호 견제토록 함으로써 어부지리를 얻는 것이었다. 또한 그는 부패를 활용하여 수사와 처벌을 행하고 그것을 정기적인 인사와 개혁의 수단으로 삼은 상투적인 수법을 썼다. 수사기관들이 그의 도구가 되었다.

여순반란사건 이후 국가전복계획을 전면적으로 수사할 필요성이 제기된 1949년부터 국군특무대가 '스네이크' 김의 젊고 거친 손아귀에서 급성장하기 시작했다. 전쟁 발발 후 부정부패의 증가로 특무대는 거의 하룻밤 사이에 재원의 자체 확보를 위한 거대한 기회를 잡았다. 뇌물을 받았을 뿐만 아니라 수사를 통해 월북한 공산주의자들과 본국으로 귀환한 미군 관계자들이 방치한 가옥과 재산을 찾아내어 압류했다. 이승만은 '스네이크' 김에게 대통령을 독대할 수 있는 권한을 부여함으로써 그의 권력을 크게 강화시켰다. 그러나 이승만은 그런 종류의 권력은 한편으로 억제가 필요하다는 것을 잘 알고 있었다. 그래서 그는 특무대에 필적하는 통합헌병총사령부를 설치했다. 사령관은 1952년 정치파동 때 악명을 떨쳤던 노련한 원용덕 중장이었다. 특무대장, 통합헌병총사령관, 참모총장은 모두 대통령을 직접 면담할 수 있었으며 3개 기관 중 어느 것도 다른 기관을 완전히 통제하지 못했기 때문에 1951년부터 1956년까지 전례 없이 치열한 삼각권력 각축전이 벌어졌다. 참모총장에 대한 다른 라이벌들의 무절제한 감시가 그의 입장을 몹시 어려운 처지에 놓이게 했으며, 상호 적대의식이 점점 긴장도를 높여 위험수준에 이르렀다. 결국 그런 감시행위는 불가피하게 1956년 1월, 전말이 모호한 '스네이크' 김의 암살사건으로 이어지게 되었다. 김창룡 암살사건의 재판은 군의 부패를 충분히 폭로할 수 있게 이례적으로 장기간에 걸쳐 진행되었다. 이 재판과 이런 사건을 초래한 패턴이 군에 대한 청년장교들의 환멸을 증대시키는 결과를 가져왔다. 과거의 패턴이 일으킨 사건의 결과는 국가를 동요시키기에 충분했다. 교육을 더 잘 받은 청년들의 사기 저하는 위기를 확산시켜 1961년부터 1987년 사이의 군의 정치참여와 함께 아직도 신뢰감을 완전히 회복하지 못하고 있다.

전문성과 개혁

새로운 훈련

'스네이크' 김의 암살과 범인들에 대한 재판은 과거의 행동패턴이 한계점에 이른 것으로 볼 수 있다. 이미 한국군은 물론 한국의 역사적 운명을 변화시키려는 역류가 일어나기 시작했다.

이런 조류의 시작은 한국전쟁 발발 이전으로 거슬러 올라간다. 1948년 여름 한국정부 수립과 함께 구일본군의 한국인 장교들과 장교 적성이 있는 하사관 대부분이 국방경비대에 입대했다. 1948년 12월 15일 국방경비대가 공식적으로 한국군이 되었다. 1948~1949년에 민간인 청년들을 주축으로 모집한 최초의 사관학교 후보생들이 제7기와 제8기로 졸업했다. 이들 중 일부는 하사관 출신이었고 이범석의 민족청년단 출신이었지만 다수는 일반 학생들이었다. 8기생은 미군이 '안심하고' 임무교대를 할 수 있는 수준까지 한국군을 강화시키겠다는, 1948년 3월 이후 갑자기 시행된 미군 측의 뒤늦은 계획을 반영하여 교육받은 장교들이었다. 미군은 1948년 말부터 1949년 6월 말까지 한국에서 철수했다. 7, 8기 사관후보생 모집은 국방경비대의 파벌 채널 밖에서 갑작스레 이루어졌으며 7기생은 726명, 8기생은 1,801명(졸업 시에 약간 증가)에 달했다. 그때까지 임관된 장교 숫자는 1,379명이었는데 이 중 다수가 ― 일부 전거에 의하면 3분의 1이 ― 여순반란사건과 공산당 음모사건 기간 중 또는 그 이후 죽거나 전역되었다.[30] 결과적으로 7기생과 8기생은 기존 장교단보다 숫자가 3배 이상 많았고 대부분 파벌과 관련이 없는 새로운 피를 가졌다. 이들 새 장교들은 주로 남한 출신들이었으며, 북한 출신도 있었지만 어느 쪽도 그들의 선배들이 누린 것보다 파벌관계가 훨씬 미약했다. 그들 사이의 학력 차이는 초기의 경비대 장교들보다 크지 않았다.

1948년 봄부터 경찰예비대적 성격을 가졌던 국방경비대가 재빨리 정규군대로 전환되었다. 여단사령부가 활발하게 활동을 개시하고 기술지원이 시작되었으며 병기학교가 창설되고 장비가 증강되었다. 미군 임시 고문단이 1948년 8월 고문관 100명으로 조직되어 1949년 4월 241명, 1949년 말에는 472명으로 각각 늘어났다.[31] 1949년까지는 군사훈련이 처음으로 원시적이고 임기응변적인 것에서 벗어나기 시작했다. 육군대학이 1949년 9월 개교했으며 기타 각종 학교도 설립되었다. 1949년 말까지는 총 병력 약 10만 명에 이르는 군을 훈련시키기 위해 13개 군사학교가 운영되고 있었다. 1948년에 처음으로 한국군 장교들이 미국에서 교육훈련을 받기 위해 떠났다. 또 다른 33명의 장교들은 일본에서 1950년 3~6월간 실시된 미군 훈련을 참관, 한국군으로서는 최초로 미군의 야전 훈련 상황을 근접해서 관찰했다.[32] 북한군이 남침하기 3주 전 4년제

---

30 제6장 각주 42 참조.

31 Robert K. Sawyer, *Military Advisors in Korea: KMAG in War and Peace*, pp.48~49, 58.

32 한국 육군에 대한 미 군사고문단의 교육에 관해서는 idem, pp.67~90 참조. 한국전쟁 전에는 단지 12명의 한국군 장교가 미국 군사학교에서 교육을 받았으며, 전쟁이 발발했을 때는 27명의 장교가 교육을 받고 있었거나 교육을 받기 위해 장도에 올랐다. 전쟁이 발발할 때까지는 일본과 중국에서 훈련받은 많은 장교들이 그들이 옛날에 받았던 방식으로 계속 훈련

육군사관학교 최초의 후보생들이 교육을 시작했다. 이들 대부분은 학교 근처에서 북한군의 진격을 저지하려다 전과도 올리지 못하고 영웅적으로 전사했다. 그것은 용감한 시작이었다. 그러나 단지 시작에 불과했다. 한국전쟁이 일어나기까지는 포술 야전교본이 하나도 번역되어 있지 않았거나, 설사 어떤 언어로 번역되었다 할지라도 한국에서 인쇄된 것이 아니었다. 이것은 한국군의 군사 전문지식이 아직 크게 부족하다는 것을 보여준 것이다.

한국에서 그 이름에 걸맞은 군을 창설하려던 초기의 여러 가지 시도를 실현하기에는 시간이 부족했다. 한국군이 북한의 침략을 저지할 수 있을 것이라는 미군의 판단은 분명히 비극적인 오류로 판명되었다. 훈련이 부족했던 데다 장비마저 심히 빈약한 상태에서 한국군은 개전 초기부터 철저한 패배를 당했다. 유엔군은 한국군이 몸을 제대로 가누어 설 수 있을 때까지 전투의 주역을 맡아야 했다. 그리고 한국군의 재편성이 시작되자 부패와 파벌주의가 장애물로 등장했다.

그러나 효율적인 군대를 만들기 위한 한·미 양국의 노력은 1951년부터 차츰 제자리를 잡아가기 시작하여 마침내 성공했다. 한국전쟁으로 미국의 한국에 대한 무관심이 극복되었다. 패배의 원인이 되었던 잘못은 제거되어야 한다는 새로운 결의가 있었다. 군사훈련의 부족, 특히 단위부대 훈련의 통합효과 결여가 주요 요인으로 지적되었다. 맥아더는 신중하게, 리지웨이와 밴 플리트 양 대장은 훨씬 더 적극적으로 한국군의 군사훈련을 지원했다. 군사고문단은 1950년 말까지 746명으로 늘어났으며, 1951년 8월 31일에는 1,055명으로, 그리고 적어도 서류상으로는 1952년 초에 1,953명이 되었다.[33] 1951년 7월 판문점에서의 정전회담 개시는 철저한 훈련계획을 실행할 수 있는 최초의 기회를 제공했다. 맥아더와 트루먼은 1950년 10월 15일 웨이크 섬 회담에서 한국군을

을 받았다.

33 idem, pp. 178~179.

10개 사단, 25만 명으로 증강하는 데 합의했다. 한국전쟁이 맥아더의 생각을 변경시킨 것으로 보인다.[34] 훈련 부족은 개선되어야 할 사항이었다.

1951년 말 한국군의 각종 학교가 다시 문을 열었으며 시설과 설비도 보충되고 미군고문들도 대폭 증원되었다. 기술훈련도 확대되어 각종 전차와 대포가 처음으로 실전에 도움이 되는 규모로 공급되었다. 한국군 장교가 미국의 군사학교에 수백 명씩 파견되었다. 다음 10년 동안 더 많은 숫자의 장교가 미국에서 훈련을 받아 1959년까지는 전 한국군 장교의 약 10%에 이르렀다. 한국군 장교의 미군방식에 대한 적응력과 그들의 영어는(전자보다 후자가 더 큰 문제였다) 미군 부대와 함께 전투를 수행하면서 향상되었다. 전쟁 중 한국에 주둔한 미군 수는 최고 35만 명에까지 달해, 한때는 미국 네바다 주보다 미국인이 더 많고 인구밀도는 2배로 더 높을 정도가 되었다. 이런 상태는 한국군 또는 한국 전체에 언어와 문화의 미국화라는 거대한 충격을 주었다. 1952년 1월 1일 한국 육군사관학교가 4년제 과정으로 다시 문을 열었는데 이번에는 4년을 마칠 수 있을 것으로 보였다. 그 이후 평화가 회복됨에 따라 징병과 훈련이 표준절차를 따르게 되고 직무의 전문화가 진전되었다. 그리고 진급은, 특히 중간과 하위 단위에서 개인적인 영향력과 정실이 줄어들었다. 1959년 초 마지막 대파벌 보스가 참모총장에서 퇴역하자 상층부에서의 파벌지배와 권모술수가 크게 수그러들었다.

전면적인 변화는 서서히 왔지만, 몇 가지는 즉각 그 효과가 나타났다. 새로운 군사제도의 가장 중요한 성채는 육군사관학교였다. 사관학교는 의식적으로 그리고 열심히 웨스트포인트를 모델로 삼았다. 사관생도는 엄격한 시험을 통해 선발되었다. 학비는 전액을 국가가 부담했다. 교육과정은 엄정하고, 자주 시험을 치렀으며, 성적은 게시되었다. 교관도 점점 더 전문화해갔다. 엄격한 규율, 퍼레이드, 그리고 의식은 학교의 가치와 자부심을 학생들에게 심어주었

---

34 idem, p.162.

다. 가장 우수한 상급생들은 지휘자로 선발되었다. 더욱 인상적인 것은 생도들 자체였다. 입학 전에 파벌적 유대관계가 전혀 없었고, 주위의 부패 소용돌이에 강한 거부감을 가졌던 그들은 모교에 대한 자부심, 학교의 엄격한 규칙, 그리고 4년간의 학교생활을 통한 우정을 무기로 부패, 정실, 파벌, 그리고 정치에 저항하는 굳건한 집단을 형성했다. 그들은 매일 이 같은 '악'에 반대하는 선서를 했다. 이런 악들이 학교 밖에 뿌리깊이 만연되어 있기 때문에 학내 후보생들의 결속은 그만큼 광신적이기도 했다. 정직하고 청렴한 사람으로 알려진 한 고급장교가 사관학교에 담배를 선물로 보냈을 때 생도들은 면전에서 이를 거부했다. 이기붕 국회의장의 아들이 시험에 실패하여 퇴교해야 했을 때 그가 학교를 그대로 다닐 수 있도록 하라는 정치적인 압력에도 불구하고 생도들이 반대해 저지되었다. 사관생도들 사이에 유지된 엄격한 윤리강령이 이런 결정을 내리는 데 중요한 역할을 했다. 그들은 그들 자신과 주위 모두를 거의 청교도적인 자세로 철저히 감시했으며, 학교규칙 이상으로 자체의 규율에 조금도 저촉되지 않게 세심한 주의를 기울였다. 초기 수년 동안 사관학교는 한국의 도덕 해안으로부터 멀리 떨어진 일종의 섬이 되어 주위 사회의 규범과는 전혀 다른 별개의 기준으로 운영되었다. 자기부대의 보급, 병참, 회계 기능을 '정상화시키고자' 하는 선배장교들은 정규 사관학교 출신들을 열심히 유치하려 했다. 1955년 이후 매년 175명 정도씩밖에 배출되지 않았지만 군에 대한 그들의 영향력은 계속 증대되어 1960년경부터는 그 영향력으로 군내의 규범을 착착 확립해갈 수 있게 되었다. 사관학교는 지금까지 한국의 어떤 조직에도 없었던 특성인 응집력, 단결, 자부심, 충성심, 원칙, 특별한 캐릭터, 엄격한 규범 등을 갖게 되었다. 그것은 사회의 유동성을 가로질러 잘 조직된 기관이 가질 수 있는 무한한 영향력을 보여준 것이다.

군대는 보통의 조직과는 달리 여타 사회와는 분명히 거리를 두어야 하는 기관이라는 점이 상급반 수업에서 강조되었다. 진해의 육군대학은 한국전쟁 때부터 4·19혁명 때까지 '일본군 출신 집단'의 존경받는 지도자인 이종찬 중장이 이끌었는데, 군의 현대적인 관리운영뿐만 아니라 애국심, 봉사정신, 군무에 대한 열성, 그리고 군의 정치적 불개입을 크게 강조했다. 사실상 모든 장교들은 고위 장교로 승진하기 전에 반드시 육군대학을 거치도록 되어 있었다. 좀 더 규칙화된 승진제도와 함께 그런 교육과정의 이수 요구는 한국의 민간인 사회 어디에서도 제공하지 않는 것으로 장교들에게 엘리트 의식을 갖게 했다. 국방대학원 역시 장교들에게 경제학, 정치학, 국토개발, 그리고 세계전략과 국방에서의 군의 역할 등에 관한 입문적 지식을 함양시켜주었다.

　모두 고급장교인 국방대학원 재학생들은 저마다 국가의 가능성과 기존 정치체제의 한계에 대해 강한 인상을 갖게 되었다. 대부분의 장교들은 한국의 민간정부가 제 기능을 충분히 발휘하지 못한다고 판단했다. 졸업 후 이들 장교들은 주위의 여러 문제들에 대한 해결방안에 관해서도 입교 전보다 훨씬 더 정치적인 시각에 중점을 두어 이야기했다. 새로운 관리방법은 이들에게 새로운 비판의 기준을 주었다. 그들은 정부 밖에서 진지한 개혁의욕을 가진 유일한 집단이 되었다. 정치상황이 혼미를 더해가자 이들 장교 중 일부는 사태 개선에 능력을 충분히 발휘하고 책임을 도맡는 것이 당연하다고 생각하게 되었다. 고급장교들은 1930년대 초 일본 청년장교들이 민간인 정치에 격렬하게 반발해 쿠데타를 기도했던 일(1936년 2월 26일 황도파 청년장교들이 쿠데타를 일으키다 실패한 2·26 사건 _ 옮긴이)을 기억하고 있었다. 이리하여 군사교육은 군에게 그들이 본래 갖고 있는 '파괴'의 이미지가 아닌 국가적인 초기 '구원자'의 이미지를 부여하는 다른 힘들과 결합하게 되었다.

정치에 대한 반발

　이런 구국 이미지를 떠받치는 힘은 이승만 정권 말기의 부패 만연뿐 아니라 자유당의 소용돌이에서 발산되는 끊임없는 정치적 압력으로 더욱 강화되었다. 군은 병사들이 정부 지지 투표를 하도록 점점 더 많은 압력을 받고 있었다. 어떤 장군이 참모총장이 된 것은 그의 방어 관할 아래 있던 지역에서 여당 지지 투표율이 특별히 높았던 것이 이유 중의 하나였다. 1959년의 선거는 병영 내에서 실시되었는데 극히 일부 지역을 제외하고 전 지역에서 사실상 전원이 정부를 지지하도록 투표방법을 악용한 것으로 드러났다. 어떤 군사령관은 1960~1961년의 보궐선거 때 부대 영내와 인근에서 특별히 민주당 후보에게 유리하게 특별선거활동을 할 수 있게 해달라는 요청을 받기도 했다.

4월 혁명 이후 참모총장의 빈번한 교체 — 1년 사이에 4명이 바뀌었다 — 는 총장 자리를 놓고 벌이는 치열한 경쟁패턴을 부활시켰고 정치인과 장군들 간의 은밀한 관계를 조장했다. 아래로부터 이를 비난하는 목소리가 높아졌으며 대부분의 장교들은 정치적 권력투쟁이 군의 정치중립과 위상을 파괴할 것이라며 우려를 표명했다. 다수의 장군과 대령들은 국방정책과 관련이 있는 정치인들이 군 기지와 시설을 점차 자주 방문하면서 군대를 자기들 직속 부하 다루듯 한다는 인상을 받았다.[35] 또한 민주당은 국회 예산안 통과용 의원매수자금 조달을 위해 군 간부들에게 압력을 넣어 국방예산에서 갹출하도록 했다는 소문이 파다했다. 10년 전 같았으면 이보다 더 심각한 문제도 어쩔 수 없는 일이라며 자포자기 심정으로 참고 말았을 것이다. 그러나 1960년 이후에 군에 대한 그런 간섭은 그냥 그대로 참고 넘길 일이 아니었으며 군사적인 음모를 자극했다. 학생혁명이 일시적으로 군사쿠데타의 기선을 빼앗긴 했으나 결국 학생들의 분노가 장면 정권의 결함으로 전환되었다. 장면 정권이 확실히 실패한 정권이긴 했어도 그것은 비교적 작은 문제였다.[36]

1959년에 들어와 이 같은 새로운 압력이 아래로부터 시작되었으며 상층부에서도 감지할 정도가 되었다. 중요 파벌 출신이 아닌 송요찬 중장이 퇴역한

---

35 정확히 이와 똑같은 감정이 1170년 고려 무신반란의 중요한 기폭제가 되었다.

36 1961년 7월 「외무부 보고서」 43쪽엔 이런 내용이 있다. "처음에는 1960년 이승만 정권의 악명 높은 부정선거 직후에 군사쿠데타를 일으키기로 계획했다. 그러나 4월의 학생혁명이 부패한 정권의 몰락을 가져왔고 군 지도자들을 포함한 모든 사람들이 정직하고 효율적인 정부가 들어설 것으로 기대했다."

최후의 유력 파벌 출신 총장의 뒤를 이어 참모총장으로 임명되었다. 그는 자신의 보좌관으로 정규 4년제 사관학교 제1기를 우등으로 졸업한 장교를 데려왔다. 송요찬 총장은 육군을 낡은 인적관계와 지역관계, 그리고 2개의 파벌 지배로부터 벗어나게 하는 1단계 조처를 취했다. 그는 꽤 많은 숫자의 고위 장성들을 퇴역시켰다. 이들은 대부분 부정이나 파벌주의 또는 둘 다의 이유로 군을 떠났다. 더 정화를 하지 못한 것은 위로부터의 압력 때문이었다.

빙하는 움직이기 시작할 때조차 그 무게를 가늠하기 어려운 법이다. 이제 불만이 진급제도에 집중되었다. 1950년대 중반까지 군이 거대한 규모로 팽창한 결과 단기육사 제4기 졸업생까지의 거의 모든 경력 우수자와 다수의 평범한 생존자 그리고 5기생 다수가 장군이 되었다. 그러나 이 시점에서 군의 확장은 영구히 끝나고 오히려 축소시킬 것이라는 소문까지 나돌았다. 5기생의 후배들, 특히 숫자가 많은 8기생들이 위를 쳐다보니 승진의 길을 막고 있는 사람들이 나이는 2~3살밖에 더 먹지 않았는데 계급은 훨씬 더 높고, 장교로 선발될 때도 자기들에 비해 엄격한 절차를 밟지 않았으며, 훈련도 제대로 받지 않은 경우도 있었고, 학벌은 오히려 자기들보다 낮았으며, 실전 경험도 적은 선배들이었다.[37] 또한 이들 선배들 다수는 부패와 정실로 도덕적 위신이 떨어져 있었다. 청년장교들은 그들의 불만을 이상주의적이고 진보적인 '사회구제'라는 용어로 표명했다.

1959년의 송요찬에 의한 정화는 이런 불만을 진정시키기에 불충분했다. 그후 과도정부의 국방장관은 추가 정화를 제안했으나 주로 미군 사령부의 반대로 저지되었다. 그들의 반대이유는 정상적인 퇴역연령 이전에 경험이 많고 훈련을 많이 쌓은 인력을 전역시키면 군의 전력이 손상된다는 것이었다. 미군 고

---

37 일본이나 중국에서 훈련받은, 상대적으로 적은 숫자의 장교들이 제2차 세계대전 중 실전 경험을 했다. 1945년부터 1950년 6월까지의 게릴라전에는 별로 투입되지 않았고, 창고경비와 경찰예비 업무에 더 치중했다.

위 장교들은 접촉 창구가 영어를 할 줄 아는 한국군 장군들에 의해 독점되어 밑으로부터 오는 진급압력과 기타 불만의 무게를 충분히 감지하지 못했다.[38] 1960년 3월과 4월경엔 이미 군사쿠데타 계획이 서 있었지만, 군이 나서기 전에 학생봉기가 선수를 쳤다. 1960년 9월 24일 중요한 폭풍경보가 있었다. 12명의 중령(이 가운데 10명은 8기생)과 4명의 대령이 참모총장실에 갑자기 나타나 총장의 사임과 다수의 고위 장성들을 퇴역시킬 것을 요구했다.[39] 1960년 12월 관련 장교들은 명령불복종죄로 체포되고 그들의 요구에 대해서는 아무런 조처가 취해지지 않았다.[40] 조직책인 김종필 중령을 포함해 대부분의 항의 참가자들은 전역되었다. 이 집단의 일부 멤버와 금전적으로 청렴한 것으로 알려진 김종필의 처삼촌인 박정희 소장이 핵심 주역이 되어 1961년 5월 16일 한국군 약 50만 명 가운데서 장교 약 250명과 사병 약 3,500명을 이끌고 쿠데타를 일으켜 성공했다.[41]

---

38 영어구사 능력이 상당한 역할을 했다. 박정희는 영어실력이 부족하고 미 군사고문관과 영어로 의사소통이 잘 안 되는 극소수의 한국군 장성 가운데 한 사람이었다. 마찬가지로 쿠데타의 주역들인 '젊은 영관급 장교'들 역시 영어를 자유자재로 구사하거나 미국 사람들과 쉽게 의사소통을 할 수 있는 사람이 거의 없었다. 이는 그들 동료들과도 다른 경우다. 권력을 장악한 뒤에도 미국 대사가 보내는 초청 행사에 좀처럼 참석하려 하지 않았다.

39 이 같은 당돌한 행동의 이웃 나라 선례로서, 1934년과 1941년 사이 일본군의 '하극상(下剋上)'으로 알려진 유사한 현상을 주목할 필요가 있다. 당시의 일본군 장교들처럼 한국군 장교들은 직접적이고 극단적인 행동만이 일종의 완벽한 세계를 바라는 그들의 주장을 관철할 해결책이 된다는 신념으로 일어선 자칭 애국자들이었다. 일본군 쿠데타 지도자 중의 한 사람인 하시모토 긴고로(橋本欣五郎) 중령은 『세계재건의 길』이란 책을 썼고, 박정희는 『우리 민족의 나아갈 길: 사회재건의 이념』을 썼다. 만주사변 발발 이후까지 계속된 일본군 소장 장교들의 저항 동기가 정부의 군비축소 움직임이었던 것처럼, 한국에서는 1961년 이후 군 병력을 감축할 것이란 소문에 영향을 받았다.

40 하지만 김종필은 참모총장실에 들어가 항의한 장교들 중에 끼지는 않았다.

41 1961년 7월의 「외무부 보고서」43쪽. 이 보고서에서 공식적으로 밝힌 쿠데타의 최초 '핵심' 인물은 9명이다. 분명히 짧은 기간에 숫자가 크게 증가한 것이다. 쿠데타를 일으키기 전에 이미 이들 '16명의 젊은 장교들' 가운데서 낙오자가 있었으며, 실제로는 약 9명만이 끝까지

쿠데타는 이처럼 몇 가지 동기를 가진 집단행동이었다. 그 동기 중 일부는 뿌리가 깊고 중요한 것이지만, 다른 것은 표면적이고 사소한 문제들이었다. 그들의 쿠데타 동기에 대한 평가는 여러 가지일 수 있겠지만, 우선 무엇보다도 구체제에 대한 청년집단의 반발이라는 동기가, 쿠데타가 수용되어 장기간 존속된 이유와 크게 관계가 깊다. 쿠데타 지도자들이 곧잘 강조한 '혁명의 불가피성'은 쿠데타 이전 문민정권의 실정에 원인이 있는 것이 아니고, 전쟁결과 군부의 지위가 상승하고 아울러 미국의 지원을 받은 규율 있고 잘 훈련된 기관이 등장하게 된 데 있었다. 전쟁과 미국의 지원이 한국군으로 하여금 역량, 관리기술, 전문화, 조직의 구축 및 유지 방법 면에서 비견할 데 없는 존재가 되게 했던 것이다. 국가발전에 대한 군부의 자각을 더 높여준 것은, 추상적인데다 학문적으로 마르크스 경제학의 영향을 받은 민간기관들의 계획이 아니라 군사훈련이었다. 군부는 13세기 이후 처음으로 한국에서 가장 지배적인 조직으로서의 위상을 차지했음에도 여전히 불만이었으며 이유는 여러 가지가 있었다. 고려시대의 무신들처럼 일부 군인들은 정치가 군의 위신을 훼손하는 것에 대해 적잖게 적의를 가졌다. 군대의 규모와 스스로 부여한 '파괴자가 아닌 구제자'라는 이미지 못지않게 중요한 것은 많은 군대가 표면상 갖고 있는 긴장감이었지만, 여기에는 한국 특유의 격렬성이 있었다. 전시 중의 군대는 그 외 어떤 특권도 갖지 않은 야심가에게는 지극히 빠른 출세의 가도였다. 억압된 야망이 국민감정과 결합될 수 있는 바로 그 시점에 갑자기 앞길이 가로막힌 것이다. 쿠데타는 해결해야 될 모순점을 많이 내포하고 있었다.

행동을 같이 했다. 이들 핵심 인물은 여러 해 전부터 의기투합하여 유대조직을 만들었던 사람들이었다. 이 조직이 중앙정보부 창설의 주축이 되었다. 중앙정보부는 군사정권 첫 2년 동안 실질적인 권력 대부분을 장악한 기관이다. 김종필은 중앙정보부를 이끌었으며, 그의 다른 동료들은 정보부 내의 핵심 직위를 차지했다.

구체제에 대한 반발

젊은 영관급 장교들의 국정 쇄신에 관한 성공과 실패는 다른 곳에서 논했다 (제6장 참조). 그들의 행위에 관해서는 아직 책 등에서 확실하게 밝혀지지 않은 부분이 많다. 그러나 쿠데타 이후 군 자체도 더욱 변화했다.

권력을 장악하자마자 쿠데타 지도자들은 군 안팎에서 한국 역사 이래 최대의 숙청을 단행했다. 군 내부에서는 장군 55명을 포함하여 고급장교 2,000명이 퇴출되었다. 퇴출된 자들 중 다수가 여러 가지 법적 이유로 일시 투옥되었다. 쿠데타 참가자들은 대부분 2계급 특진 후 퇴역하여 국회의원, 장관 또는 중앙정보부의 간부가 되었다. 쿠데타를 주도한 영관급 장교들은 모두 곧 준장이 되고(박정희 소장은 수개월 이내에 4성 장군이 되었다) 다수의 8기생들도 똑같이 승진했다. 쿠데타 이후 승진과 체포 및 퇴역으로 육·해·공군의 기존 고위 장성들은 사실상 거의 현역에서 물러났다. 한편, 4년제 정규 육사 출신들은 1기가 영관급으로까지 진급하여 군의 중요 지위를 계속 장악해갔다.

정치에서 군의 역할은 쿠데타 이후 군 내부와 일반사회에서 지속적인 논의와 논쟁의 대상이 되었다. 군정은 오늘날(1960년대 현재) 많은 개발도상국에서 공통된 현상이다. 그러나 한국처럼 문민통치의 견고한 전통을 가진 국가에서는 거의 발생하지 않았다.[42] 이에 대한 논란은 지금도 계속되고 있다. 쿠데타의 결과는 앞에서 살펴본 바와 같이 복합적이다. 도덕적인 혁명의 약속은 거의 완수하지 못했지만, 군사적인 단결이 강화되고 군의 조직화와 계획화 등의 능력이 커진 점에서는 국가에 공헌했다 할 것이다. 이런 능력은 군대만을 위해 병영 내에 격리시켜 두어서는 안 되는 것이다. 또한 군대 외에 큰 조직이 없는 사회에서는 군부에 이런 능력과 훈련 경험이 고도로 집중하는 결과를 보이게

---

42 한국에서 이전의 여러 정부들은 오랜 문민 전통을 갖고 있었다. 1910~1919년과 1938~1945년에 일본이 행한 통치의 군사적인 특성과 총독이라는 일본 고위관리의 계속된 통치는 수백 년간 문민정부를 유지해온 한국의 토착 패턴을 강압적으로 중단시켰다는 점에서 역사에서 절대로 가볍게 취급될 수 없을 것이다.

마련이다. 이는 극동에서의 긴장상태로 한국군을 증강시키는 한 계속될 것이다. 중앙정보부는 군사적인 능력을 정부를 위해 이용하고 있는 기관 중의 하나였으며, 1980년 이후 약화되긴 했지만 오랫동안 영향력을 행사했다. 법이나 국민의 의지로부터의 제약이 없기 때문에 중앙정보부는 정치에 긴장을 가져왔을 뿐 아니라 아직도 해결되지 않고 있는 여러 문제를 부각시켰다. 이른바 다른 나라에서와 마찬가지로 한국에서도 군부 통치는 그것의 권위주의적인 성격 때문에 법의 지배를 발전시키고 스스로 헌법을 따르며 개인의 가치를 인정한다는 점에서는 부적합한 수단인 것으로 입증되었다. 1963년 이후 1979년과 1980년의 쿠데타에도 불구하고 정부는 선출되고 '민정'이 실시되었으며, 쿠데타는 일단락되었고, 군부와 민간재능의 공생은 긴장상태에도 불구하고 성과가 없는 것도 아니고 불행한 것도 아닌 것처럼 보였다. 베트남 전쟁은 과거 한국전쟁이 할 수 없었던 일을 수행했다. 한국으로부터 군대의 일부를 빼가는 대신 이전의 군 장교들이 중요한 역할을 맡고 있는 한국의 공업 건설과 기업가 양성을 촉진시켰다. 이런 의미에서 군부에 의한 결속은 새로 개척한 더 넓은 분야에서의 사회적 역할로 어느 정도 지속적인 업적을 추가시켰다.

그 결과 새 군부는 과거의 군부 패턴을 착실히 변화시켰다. 문객과 개인지배, 파벌지배 등 군벌 보스의 화려한 시대는 사라졌다. 그들과 함께 일종의 결단력과 리더십도 사라졌지만 제도상으로는 이런 변화가 전문가의 성장과 안전성의 증대를 가져왔다. 4년제 사관학교 출신 장교들이 두드러지게 결속력을 과시하고 있으며, 파벌주의는 이젠 옛날만큼 입에 오르내리지 않는다. 다른 부문에서와 마찬가지로 군에서의 합리적인 승진과 권력접근에 대한 중요한 저해요인은 중앙정보부였다. 지금은 그 역할이 이전보다 훨씬 제한되었다.

박정희 정권과 전두환 정권에서 군부는 정치를 통제하고 부패에 손을 볼 것인지, 아니면 정치에서 손을 떼고 군을 중립화시킬 것인지를 놓고 논쟁을 벌였지만, 그 두 과정 중 어느 것도 충분히 성공하지 못했다. 그러나 한 세대에 걸친 군부지배는 일종의 정상화를 달성했다. 이 때문에 군부와 문민 사이에 있던 과거의 차이는 점차 흐려졌다. 그러나 군부지배 결과 발생한 것은 군부가 문민화되기보다는 군부와 그 가치가 점진적이고 미묘하게 문민기관 도처에 침투한 것이다. 이는 수많은 전직 장교들이 정부와 주요 산업기관에 자리를 차지했기 때문에 발생한 것이다. 시간이 흐름에 따라 옛날의 큰 세대차는 사라졌다. 박정희가 정권을 장악한 후 곧 5기생까지의 졸업생은 군부에서 대부분 사라졌다. 1961년 쿠데타의 주역인 김종필의 8기생을 포함한 6~10기까지의 졸업생 대집단은 1960년대와 1970년대를 통해 군의 주요 자리에 남아 있었다. 그러나 4년제 정규육사 출신들(11기)의 계급이 1955년부터 올라가기 시작하자 6~10기 생들은 점점 격리되기 시작했다. 그들은 선배들보다는 훈련을 잘 받았지만 4년제 사관학교 후배들보다는 크게 뒤떨어져 있었다. 정규 11기 출신 전두환이 1979~1980년에 정권을 장악하자 그들은 거의 모두 퇴역했다. 그들이 사라지자 좀 더 큰 동질성이 군 장교 계급을 지배하게 되었다. 핵심장교들은 거의가 4년제 육사 출신들이며 전부 또는 대부분 한국 내에서 육성되었다. 따라서 좀 더 깊은 파벌 요인이 침투하게 되었다. 출신지방 차이 — 대부분 경상도와 전라도 사이 — 는 계속해서 언급되고는 있으나 별다른 근거가 없기 때문에 라이벌 관계는 육사 기수 간 차이로 점점 옮겨가고 있다.

전두환은 1980~1982년에 군부 과두정치를 시작하면서 이들의 환심을 사야 했다. 전두환은 중요한 군사조직(제6장 참조)의 사령관과 다른 중요 보직에 동기생들을 임명하여 그들의 충성을 공고히 하면서 통치를 시작했다. 그러나 11 기생의 공고성과 다른 기수의 이반현상이 융합하는 것을 두려워해 그는 1982년 그 보직들을 12기와 13기생 동료들에게 넘겼다. 그는 또한 위험성이 적은 17기와 같은 후배기수에 호의를 베풀었다. 두 허(許) 대령을 수석 보좌관으로 그리고 기타 강경파들을 임명한 것이 그 예이다. 이들은 1982년에 제거되었으며, 일부는 오랜 기간 해외에서 망명생활을 했는데 이유는 쿠데타를 모의한 것으로 알려진 제2군 사령관 백운택 중장 사건과 관련이 있는 것으로 보인다. 망명(귀양)처는 과거의 함경도와 제주도, 전라도에서 이제 스탠퍼드, 컬럼비아,

하버드 대학으로 옮겨졌으나 음모에 대한 처벌은 조선시대의 관행과 흡사한 상태이다. 그때 이후 전두환에 대한 영향력의 주류는 12기와 16기로 이동한 것처럼 보였다. 그러나 전두환 정권이 자리를 잡아가자 기수별 충성의 균형이 잡혔다.

대체로 한국군은 파벌과 정치가의 지배에서 벗어나 서서히 정상적인 역할을 하기 시작했다. 좀 더 긍정적인 요인은 과거에 지나치게 낮았던 봉급 수준이 어느 정도 높아졌고 직업군인들에 대한 대우를 정상화했다는 점이다. 더 변화가 요구되는 부분은 문민세계의 훈련과 전문기술을 더욱 높은 수준으로 끌어올리는 일이다. 이는 옛 군부의 불만과 조급함 그리고 국가를 구제한다는 콤플렉스를 약간 억제하는 개선효과가 있을 것이다. 질과 장비 면에서는 발전되었다 할지라도 군대의 숫자는 1953년 이래 대략 같은 수준을 유지한 반면, 전체 인구는 배가되었고 양질의 교육을 받은 민간인 기구와 관료기구의 숫자가 크게 늘어났다. 아이러니컬하게도 숫자와 조직 양면에서 군부는 1961년 최초로 권력을 장악했을 때보다 그 이후의 변화가 훨씬 적었다. 더구나 군부가 전두환을 지지함으로써 한때 가졌음직도 한 어떤 열광적인 기풍을 잃게 되었다.

장차 군부의 영향력은 제도에 대해 새로운 신뢰를 배운 사람들의 의식이 반영되어 과거의 그것보다 훨씬 주의 깊고 원숙한 형태로 행사될 것 같다. 한편 학생들의 폭력이 계속 증가하고 있으며 그 급진성은 정당의 후진성과 함께 군부에 경종을 울리고 있다. 더구나 수년 동안 성공하지 못한 권력과 훈련받은 재능 있는 인사들의 저수지인 군부가 정치적 개입에서 물러나 얼마나 만족할 수 있을 것인지 확실치 않다. 군부는 정치적 긴장과 자체의 정치적인 미래에 관해 그 인내력을 시험받지 못했다. 군부조직의 보편적인 불투명성을 고려하면 군부의 발화점이 어디 있는지 아는 사람은 아무도 없다. 지속적인 학생 폭력사태와 민간의 정치적 수용 미흡은 또 다른 쿠데타를 불러올지도 모른다. 끝으로 군부는 전후 한국에서 역사적으로 커다란 제도적 의미를 성취했다. 군부는 한국의 여러 기관들 가운데서 처음으로 그리고 어느 기관보다도 더 많이 한국에서 대대로 주요 정치적 불안을 야기해온 높은 자리를 두고 벌이는 무제한의 원자화한 경쟁에 조직적인 제한을 가하는 법을 배웠다. 그들은 응집력 없는 사회의 동요를 추방하는 작업에서 잘 확립된 조직의 역할을 보여주었다. 그러나 그 역할은 자체의 정당화 여부와는 상관없이 수행되었으며, 좀 더 전형적인 문민기관들에게 넘겨줘야 할 것이다(이상은 1980년대 중반의 시각 _ 옮긴이).

13

선택: 다원화를 통한 응집

중앙지향의 정치풍토

신생 독립국가들은 인종, 언어, 종교, 자연조건, 직업의 차이 그리고 강력한 지방권력이나 하부 문화집단의 주장 등 여러 분열요인들을 항상 내포하고 있다. 아시아와 아프리카의 신생국 지도자들은 중앙에서의 지배를 용이하게 하고 지방 권력을 약화시켜 더 큰 동질성을 달성하기를 원한다. 에티오피아로부터 근동과 남미의 여러 국가들에 이르기까지 지방이건 중앙이건 독자적으로 강력한 힘을 가진 옛 귀족이나 지주들이 장악하고 있는 권력을 깨뜨리거나 이미 깨뜨려 자기보호를 철저히 하고 있다.

한국은 이런 대부분의 신생국들과는 입장이 다른 특수한 존재다.[1] 한국의

---

1 거대한 영토를 가진 국가 중에서 일부 예외가 있다면 아마도 중국이 될 것이다. 하도 거대한 국가이기 때문에 이런 식의 일반론적 논리를 적용할 여지가 없어 보이긴 하지만, 중국의 많은 핵심 지역들은 앞으로 역사, 사회, 정치와 관련된 여러 문제점들을 드러내게 될 것이다. 1966년에서 1968년까지 공산당 권력을 둘러싸고 벌어진 집단 간의 갈등을 정확히 정의하기가 어려운 것은 대중사회와 관련된, 그리고 원자화한 유동성으로 일어나는 열병과 밀접하게 관련된 문제를 풀기가 어렵기 때문이다.

고민은 그들과는 정반대다. 동질성, 중앙집중화, 공통의 경험 등은 아직도 이나라의 힘의 근원이지만, 그것은 동시에 큰 어려움을 제기하는 원인이 되기도 했으며, 어느 정도 줄어들고는 있으나 아직도 그러하다. 즉, 정치·경제, 그리고 사회변혁을 달성해야 할 응집력 있는 여러 전문기관들을 설치하는 문제가 바로 어려움을 주고 있는 것이다. 경제적인 변화를 맡은 기관들은 지난 20년(1968~1987년)간 힘과 효율성이 증대되었음이 분명하다. 논리적으로는 유용하게 쓰여야 마땅한 동질성이 저해요인이 되었다. 자연조건으로부터 생기는 분열이 없었기 때문에 사회는 원자화한 상태로 중앙권력에 대한 의존성을 강화시켜 대의정치제도의 토대를 구축할 시기를 지연시켰다. 개인들과 각각의 조그마한 분파조직들은 서로서로 적대시하면서 단 하나의 극점을 향한 큰 흐름 속에 몸을 내맡겼다. 이 나라의 문화는 이런 원자화한 유동성을 저지하려는 노력을 단호히 거부했다. 그 전형적인 예가 수세기 동안 형성단계에만 머물렀던 봉건주의, 관료기구의 전문화, 사회의 견고한 계급제도, 생산자('00장이') 천시 문화 등 기득권익과 연관된 모든 것에서 나타났다. 단지 최근의 경제발전으로 이런 패턴이 변하고 있다. 중앙권력은 사회의 집단형성 기능을 빼앗으려는 경향이 있었다. 그러나 중앙권력은 그 자체의 확고한 기반을 갖고 있지 않았기 때문에 그것을 형성하는 파벌의 기반도 강하지 못했다. 자유당, 민주공화당, 민주정의당, 국민회, 대한청년단, 한국노총, 정신총동원연맹, 일진회 등 여러 조직들은 촌락과 시장, 또는 이웃 간에서 볼 수 있는 일반 조직들과 성격을 같이한다.

한국의 여러 조직들은 조직 자체나 조직원들이 중심축을 향해 상승하는 흐름에 참여하려는 아메바적 특성을 갖고 있어야 했다. 그 중심축은 가정 이외의 한국문화가 만들어낸 거대한 산물이었다. 조직은 유동성만 가지고 있었으며 어떻게 기능하는가는 문제가 되지 않았다. 위계질서적 상하관계도, 조직원칙도, 지도자를 결정하기 위한 확실한 기준도 없었다. 상의하달식 지도력은 뿌리가 없었고 일시적인 존재에 불과했다. 하층사회는 지도층에 대해 아는 것이 없었고 분리되어 있었다. 대표선출 과정에서 개인적 요소 이외의 것은 수용되지 않았다. 언제나 독재라고 하는 형태를 띠고 나타나는 권력고립화의 원인은, 공산주의라든가 파시즘이라고 하는 이데올로기 때문도, 또는 김일성, 이승만, 박정희라는 인물의 성격 또는 야심 때문도 아니었다. 사실 과거 조선이나 현 한국의 정치적 혼란은 이데올로기, 정책강령, 인격 및 지도력을 중앙권력 획득 경쟁에서 쓸데없는 것으로 만드는 경향이 있었다. 결과적으로 한국의 장기간에 걸친 격렬한 정치사에는 중요한 토착적 철학이 전혀 생겨나지 못했으며 지속적인 강력한 정치지도자도 나타나지 않았다. 수도 바깥에서 뿌리를 두어 발생하는 사건도 마찬가지로 정쟁의 대상이 되지 못했다. 이 때문에 중앙의 이익에 관계없는 개발계획은 곧 사라져버리는 경우가 많았다.[2] 모든 가치는 중앙권력에 속했다. 권력기반도, 안정성도, 야심을 만족시킬 수 있는 대체수단도 없이 권력을 향해 경쟁에 뛰어드는 사람들이 계속 증가했다. 이 사회는 높이 솟은 원추형 소용돌이라는 특유의 형태를 만들어냈다.

이와 같은 소용돌이 구조는 지금까지는 한국에서만 추적되고 있으며 기록도 그것을 증명하고 있다. 그러나 이것이 한국만의 특성인지에 대해서는 필시 의문이 제기된다. 한국 특유의 것이 아니라고 할 수도 있을 것이다. 다른 나라에서는 이런 형태와 힘을 가진 소용돌이가 정치적 역동성에 나타난 예가 보이지 않는다. 그러나 중국과 러시아를 위시한 몇몇 나라에서는 대중사회가 오랫동안 중앙집권체제 아래 놓여 있었으며 지금도 그러하다. 이런 국가들에 대한 소용돌이 분석은 규모와 통일성이란 점에서 큰 차이가 있긴 하지만 흥밋거리

---

2 예를 들어 한국에서 인구밀도가 높은 남부지방 대부분을 연결하는 유일한 철도는 해방 전에 일본인들이 90%를 완성해놓았는데, 해방 후 거의 20년이 지난 1968년에 와서야 그것도 수십억 원의 예산과 원조자금을 끌어들여 겨우 100% 완공할 수 있었다. 그것을 완공하는 데 더 많은 건설비가 들어간 것은 부산 주변까지의 운송수단이 부족했기 때문에 미군 군사장비를 전라남도에 그대로 버려두었다가 1950년 7월에 통째로 잃어버렸기 때문이다(아마도 삼랑진-송정 간의 철도노선인 경전남부선을 말하는 것 같다. _ 옮긴이).

가 될 것이다. 아프리카와 기타 지역의 신생국들과 같은 대중사회나 옛날의 중앙집권체제를 가져보지 못한 다원성의 나라들도 소용돌이형 정치의 위험성이 있는지 모르겠다. 이런 나라들에서는 어디서나 부족적인 또는 전통적인 응집력의 해체가 적극적으로 진행되고 있으며, 또한 과거에는 지역성과 다양성이 강했지만 지금은 고도의 중앙집권제도가 가능한 빠른 속도로 수립되고 있다. 그들 사회에서는 새로운 사태에 대한 적응성과 유동성을 받아들이는 출발선에서 긴장하고 있다. 이런 신생국에서 중간집단, 정당, 대의정치제도를 파괴하려는 정치적 바람이 불 경우에는, 아직도 기억에 남아 있는 매우 상충되는 의미의 딜레마가 여러 가지 새로운 문제를 야기할지도 모른다. 통일을 지향하고 동질성을 확신하며 중앙집권주의를 추진하고 있는 이들 신생국들은 이런 위험성에 충분히 주의를 기울여야 할 것이다.

동질성과 중앙집권화 이외의 요인들도 한국의 소용돌이 형성에 영향력을 미친 것이 분명하다. 다른 나라에서 영향을 미치고 있는 것과 유사한 많은 요인들이 한국의 고전적인 통합의 고삐를 풀고 분열을 심화시키며 새로운 혼란을 불러오는 작용을 했다. 전통사회의 역사적인 해체, 정통성의 침식과 궁극적인 와해, 잇따른 외국 패턴과 다양한 모델(중국, 일본, 소련, 미국)의 강요와 혼재, 이들에 대한 영향력 행사를 위한 주도권 싸움, 전쟁에 의한 파괴, 급속한 공업화, 도시화, 새로운 역할과 생활방식의 출현 등, 이런 여러 힘이 사회를 묶고 있는 그물코를 풀어주는 역할을 했다. 이런 힘이 한국사회에 영향을 미쳤으며 우리는 그 영향의 일부를 추적했다. 포괄적인 연구를 함으로써 이처럼 분열하는 현상을 더욱 이해하기 쉽게 완전히 설명할 수 있을 것이다. 결코 다양성의 존재 그 자체가 만병통치약은 아니다. 계층, 계급, 언어, 종교의 차이는 안정된 복수정당제도의 기초가 될 것이다. 그러나 이를 제도화하는 데는 사회에 대한 지속적인 충성의식이 필요하다. 다양성이 반드시 결속을 위한 기반을 제공하는 것은 아니며 갈등과 부조화를 촉진할 수도 있다. 모든 정치제도는 각기 그 자체에 문제의 씨앗을 내포하고 있다.

이상과 같은 요건의 장단점을 검토해보면, 동질성 자체도, 동질사회에서 중앙집권주의의 역학이 만들어낸 소용돌이 구조도, 특별한 중요성을 갖지 않았음을 알 수 있다. 앞서 살펴본 바와 같이 전통사회와 그 붕괴의 징후를 보면, 굳이 일본이나 심지어 격동의 한국현대사를 들먹일 것까지도 없이 사회 그 자체 내부에서 분열을 촉진하는 여러 힘이 작용하고 있음을 알 수 있다. 전통사회는 오랫동안 휴면상태에 있었으며, 그 분열 과정은 사회 내에서 얼마간 뒤돌아보면 추적이 가능하다. 상승지향 구조는 사회의 동질성에서 유래한 것은 아닐지라도 한국은 명백하게 원자화된 상승운동에 대한 저항체를 형성하는 분열의 요소가 부족했다. 식민지화, 도시화, 공업화, 해방 당시의 혼란, 새로운 체제를 구축할 때의 미국의 무능력 등이 모두 분열요인으로 작용했다. 그러나 그런 새 요인들은 전통사회가 붕괴되기 이전부터 시작되고 있던 진행과정을 촉진한 데 불과하다.

사회에 변화를 가져온 그런 새로운 요인들에는 그에 상응하는 긴급성과 대의명분이 있음에도 불구하고 한국에서 만들어진 정치형태는 옛날의 낡은 모습 그대로인 것처럼 보인다. 하부에서는 형태도 제대로 갖추지 못한 여러 집단이 떼를 지어 움직이고, 거기로부터 중앙으로 올라가는 소용돌이 상승기류가 끊임없이 집단의 원자들을 분리한다. 중간에는 송병준이 올라간 것과 같은 급상승 기류의 소용돌이가 치고 있는데, 거기에는 중간적인 원자응집의 장소가 없다. 상부에서는 최고 '자문기관'의 버섯구름이 입자가 접근할 수 있는 최대한의 표면을 제공하며 소용돌이 위를 뒤덮고 있다. 그래서 다시금 현대 한국의 대격변은 우리로 하여금 한국의 옛날 방식을 되돌아보게 한다. 다른 개발도상국들의 사회 상태와 유사한 여러 요인들이 한국에 존재한다 할지라도 한국사회의 핵심에는 옛날부터 내려오는 정치문화가 계속 자리를 잡고 있다. 교육과 교통·통신의 확대, 지식의 전문화 등은 국제적으로 잘 알려진 소용돌이 현상을 해소하는 데 큰 역할을 할 것이다. 그러나 구제책이 필요한 것은 한국의 고난의 씨앗인 전통적인 정치문화 바로 그것이다.

중앙집중화한 동질성을 가장 명쾌하게 치유할 수 있는 것은 다양화다. 확실히 소용돌이 정치를 해소한다는 의미에서는 다양성에 문제가 없는 것은 아니다. 중간매개집단에 충성심을 심어주는 것은 정치적인 효과와 장래성이 있을 수도 있고 없을 수도 있다. 그러나 여기서 확실하게 말할 수는 없지만 효과가 있다는 기대는 가질 수 있다. 인도, 나이지리아와 같이 본질적으로 다원적인 국가에서는 국내의 행동규범이 일부의 분리를 각오하면서까지 통합에 집중하는 경향을 보인다. 그리고 이런 규범과 그다지 관계가 없는 인공적이고 이질적인 세력만이 통일의 방법에 변화를 모색한다. 그런 국가에서 다원성은 장애가 되기 때문에 근대화를 추진하는 세력으로부터 배척받게 된다.

한국에서의 상황은 정반대이다. 소용돌이 구조의 제반 요소가 과거에 근대화를 저해하고 있었던 것이 명확해졌기 때문에 다양성은 진보와 치유의 모습으로 등장할 수 있다. 다양성이 그렇게 중요한 기능을 가지고 있다는 것을 사회가 인정한다면 다양한 여러 조직이 이 기능을 수행할 충성심과 통합성을 발전시키고 이에 따라 대의성(代議性)이 생겨 중요한 정치적 역할을 수행할 수 있을 것이다. 과거 불교사원이 중간조직으로서 고려의 문화를 세계 최고 수준으로 발달시킨 역할을 한국인들이 재평가한다면 다원화 사회의 기능에 고무될 것이다. 한국인들은 공업단지 건설 ― 1970년대와 1980년대 특히 지방에서 건설되고 있는 것 ― 에서 다양성의 현대판을 볼 수 있을 것이다. 또한 만약 교육이 불만을 증폭시키는 대신 이런 종류의 이해를 불어넣을 수 있다면, 정치학자들이 기대하는 교육의 현대화 역할을 어느 정도 달성하게 될 것이다.

다양화 이외에 즉각 효력이 있는 특효약은 없을 것이다. 중앙정부의 상층부에서 행해지고 있는 어떤 응집의 형태도 소용돌이가 불어 올리는 구조 안에서 파악될 수 있다. 사회를 지배하고 있는 구조를 변화시키는 데는 치료방안이 없다. 사실 소용돌이의 상층부를 ― 1986~1987년의 정부의 내각책임제 제안과 같이 ― 변경시키고자 하는 모든 시도는 상층부에 주의를 집중시킴으로써 상층부를 지향하는 소용돌이의 격화로 오히려 병을 더 악화시키는 경향을 보인다.

이승만 정권 때와 같은 권위주의는 그것이 권위와 개인지배가 합쳐진 초기 단계의 것이든 또는 권위와 대중정당지배가 합쳐진 그다음 단계이든지 간에 긴장을 불러일으키는 소용돌이 가속기 역할을 한다.[3] 이 가속기는 사회변동에 대한 요구를 활기차게 하지만 그 요구를 만족시킬 수는 없다. 이는 4·19학생혁명 직전 서울에 불만의 공기가 팽배했던 데서도 드러났다. 또한 권위주의는 다음과 같은 점들 때문에 정치적 불만을 고조시킬 뿐이다. 즉, 최고 권력은 일단 쟁취하면 '자문기관'에 위임시켜야 한다는 국민들의 강한 기대에 부응하지 못하는 점, 민주주의와 상반되는 점, 그리고 이러한 결점을 메우기 위한 이데올로기, 사상 및 계획이 결여되어 있다는 점이다.

한국사회는 민주주의와 평등주의를 위한 온실을 본능적으로 숨기고 있다. 그 이유는 민주주의와 평등주의는 유동적 패턴에 적합한 시스템이기 때문이다. 그러나 바로 이 적합성이 유동성을 지나치게 자극해 이미 넓은 길을 더 넓게 열어놓고 있다. 유럽의 민주주의는 이미 강력한 주체성을 가지고 있는 계급과 기득권 사이의 장벽을 타파하는 역할을 했으며 각 계급이 하나의 정체(政體) 안에서 각각의 역할을 하도록 유도했다. 한국에서는 민주주의가 한국사회를 위해 절대 필요한 주체성과 이익집단의 형성을 방해하는 경향이 있다. 이런 사회에서는 결과적으로 리더십이 약한데, 평등주의가 리더십을 더 약하게 만드는 것 같다. 다른 일원적인 사회처럼 한국의 민주주의는 지금까지 실시해본 바로는 본질적인 권위를 상실하고 불안과 혼란의 원인을 만들어내는 경향이 있었다.

군부가 휘두른 권력은 정치패턴에 규율과 응집력 그리고 어쩌면 직업의식을 가져다주었다. 그러나 군부는 이 나라에서 유일하게 응집력을 가진 대규모 이익집단으로서 권력을 독점했기 때문에 그만큼 권위주의적인 존재로서 소용돌이 운동을 다시 강화시키고 종래의 권위주 정부와 마찬가지로 질투와 긴

---

3   David E. Apter, *The Politics of Modernization* (Chicago, 1965).

장을 조성하는 경향이 있었다. 그들은 새로운 군부개입이나 반혁명이 일어날 위험 때문에 이런 일들을 더욱 복잡하게 만들었다. 한국에서 군부는 쿠데타로 정권을 잡고는 '민정이양'이란 이름으로 계속 국가권력에 개입해 꽤 성공을 거두긴 했지만, 군부의 재능과 권력은 국가권위의 중심으로부터 멀리 떨어져 있었던 편이 더 좋았을 것이다. 사실 쿠데타의 후계자들이 성공하면 할수록 군부 그 자체는 공식적인 정부권력의 중심에서 멀리 물러나 있었다.

공산주의는 응집의 문제에 완전히 통일된 해답을 제공하지만 그것은 주로 철저하고 무자비한 지배를 통해서다. 공산주의는 대중사회의 불안정, 단절, 불안감에 대한 조직적이고 이데올로기적인 대책을 제공하는 것처럼 보이면서 인민들에게 안도감을 준다. 북한의 경우 그런 불안제거 정책은 아시아 본토를 지배하는 강대국(중국)과 동맹관계를 수립함으로써 강화되었다. 이는 과거 조선왕조가 대륙의 강력한 인근 제국과 동맹관계를 맺어 얻은 안전보장감을 부활시켰다. 그러나 공산주의는 본질적으로 중앙집권적 형태를 변화시키지 않고 오히려 더 강화시킨다. 따라서 권력승계나 정책 문제로 인해 결국 발생하게 될 불안정을 해소하기보다는 이데올로기의 교훈자적 태도와 가혹한 행정조치를 통해 이를 지연시킨다.

공산주의 체제하에서 처음에는 계획과 투자증대는 비교적 순조롭게 추진된다. 내핍생활과 저축이 강제될 수 있고 광범위하게 공업이 발전되고 사회적인 변화도 달성된다. 그러나 과거 25년 동안 공산주의체제가 복잡한 산업사회의 장기적인 성장을 위한 유연한 대응능력을 갖고 있었는지는 의문이다. 이미 1987년 북한 공산주의자들의 경제적인 성과는 한국과 비교하여 1962년에 달성한 것으로 보이는 모든 감명을 거의 상실했다. 북한이 시급히 조정을 필요로 하는 긴장상태를 견딜 수 있을지 여부는 불확실한 상태이다. 한국에 공산주의를 적용한다는 것은 이제 전혀 불가능해 보인다. 공산주의는 한국국민의 야망, 최근의 전통, 외국과의 유대관계와 서로 맞지 않으며 엄청난 인적 비용을 수반할 것이기 때문이다. 북한에서 공산주의의 인적 비용은 지극히 높았으며 한국에 공산주의를 도입한다면 그 비용은 훨씬 더 높아질 것이다.

　따라서 근본적인 문제에 대한 해결책은 본래 중앙정부에 있지 않으며 그리고 중앙정부의 형태를 바꾸거나 땜질하는 데 있지 않다. 박정희가 그의 책『우리 민족이 나아갈 길: 사회재건의 이념』(1962년)의 서문에서 주장하고 있는 것처럼 "사람들이 거짓말을 하지 않게 되고 아첨과 나태한 습성을 버리는 인간혁명"의 신화로도 해결할 수 없다. 그런 유교적인 환상론에는 방법론과 출발점이 없다. 북한의 공산주의나 남한의 문민화한 군정도 상승지향 구조의 방정식을 푸는 조건에 맞지 않다. 소용돌이 구조의 문제는 분권화를 진행시켜 중앙집권적 권력에 대한 대체권력을 창출해야만 해결될 수 있다. 대책을 강구하려면 다원화사회를 실현해 나가는 것 외에는 대안이 없다.

　이러한 목적을 향한 접근은 대부분 계획성 없이 시작되었다. 그러나 조직적인 대책이 강구될 가능성은 전혀 없다. 북한은 교육의 보급과 지도층의 노령화 등의 변화로 아마도 약간 '해빙될' 가능성은 있지만, 스탈린주의체제를 고집할 것이다. 한국도 유사하게 민주주의적 색채를 띤 권위주의를 지속해왔는데, 모든 것이 잘 돌아갈 때는 용납이 되겠지만, 그렇지 않을 때는 불안정한 상태가 계속될 것이다. 한국에서 현재 상승국면에 있는 경제와 공업력이 새로운 힘의 중심을 창출하기까지는 시간이 걸릴 것이다. 하지만 일단 창출되면, 이 힘은 더 자유로운 대의민주주의를 발전시킬 것이다.

　한국은 다원화 시대의 도래를 앞당기기 위해 토크빌의 이른바 '작위(作爲, act)'라고 불리는 방책을 강구할 수 있을 것이다. 소용돌이 패턴은 이 나라의 유전병인지도 모른다. 그러나 그것은 사회의 유전병이지 혈통의 유전병은 아니다. 그 병은 극복할 수 있고 치유도 가능하다. 물론 동북아에 위치한 현재의 지정학적 상황에서 오는 국가안보와 사회 및 정책 필요성 때문에 중앙집권제를 철저히 해체할 것으로는 보이지 않는다. 현대의 한국은 좀 더 균형을 이루는 정치형태를 만들어내기 위한 변혁에 몰두하고 있는 조직을 많이 가지고 있다. 한국에는 계급과 기득권층의 응집력이 약하기 때문에 사회가 극히 개방적이고, 변화에 대한 강한 저항이 없다. 동시에 교육의 보급과 유동성에 대한 기대는 강력한 촉진제가 되고 있다. 사실 한국인들은 개인적으로 성공하기 위한 동기부여의 힘이 크게 높아져 세계적으로 인정받고 있다. 한국인들이 타인의 일에 무엇이든지 관심을 갖는 만능가적인 패턴은 공공의 문제에 활기차고 민주적인 관심을 갖는 방향으로 진행하고 있다. 한국인들은 세계에서도 냉담성과는 가장 거리가 먼 국민이다.

1960년대의 한국은 불평과 불만이 충만해 있었으며, 그 후 도시의 경제적인 번영으로 부유층 사이에는 행동의 날이 무뎌졌지만 인구의 80%가 거주하고 있는 도시는 소동의 발생원이었다. 중간매개집단의 결여로 정부의 존재는 멀게 느껴졌으며 또한 사회적 연대감의 취약성이 지각되고 있었다. 국가는 시민들의 일상생활에 효과적으로 연결되어 있지 않았고 시민생활은 불충분한 형태로만 질서화되었다. 국가에 대한 강한 귀속감이 없기 때문에 국민들은 저항하거나 아니면 쉽게 다른 곳으로 옮겨갔다. 일본, 미국, 캐나다 또는 그들이 갈 수 있으면 어느 나라든지 이민을 갔다. 시골에서 도시로 간 사람들은 소속감이 희박해지고 소속집단으로부터 비난받을 염려가 적어졌기 때문에 쉽게 타락하거나 범죄를 저지르거나 암시장으로 빠져들거나 또는 다른 형태로 사회로부터 도주를 꾀했다. 정부와 기타 집단에 소속된 사람들조차 귀속의식이 약한 게 보통이며 이 집단에서 저 집단으로 급속하게 옮겨가는 경향이 있다. 사람들 사이의 협동이라는 실체는 영구히 정치와 행정 지배 영역 밖에 놓여 있어서 여전히 유교를 대체할 수 있는 어떤 규범을 볼 수가 없다. 중간적인 유대도 없고 만족스러운 사회관계도 없는 채 도시주민들은 모두 불만 섞인 수다를 떨어 욕구불만을 해소하는 식의 비합리적인 복수를 하는 경우가 많았다.[4]

---

4 이와 같은 사회적인 격리와 복수심을 묘사한 글은 다음 자료 참조. Richard E. Kim, "O My Korea," *Atlantic* (Feb. 1966), pp. 106~117.

권력 확산의 가능성

그러나 바로 이 같은 불만으로부터 변혁을 발효시키는 효모가 발아했다. 교육 인플레가 일어남에 따라 이제 증가하고 있는 중간매개집단들을 이용하지 않고는 원하는 만큼 출세할 수 없다는 점을 자각한 수십만 명의 국민들이 생겨났다. 1970년 이래 경제발전으로 국민들의 사기가 크게 진작되고 지식층의 이민이 줄었다고는 하지만, 만성적인 학생시위와 제대로 보도되고 있지 않은 노동 불안은 정부로 하여금 사회정치적인 변혁에 더욱 신경을 쓰게 하는 압력이 되고 있다. 이런 불만은 한국사회가 가진 적응능력을 활용하고 중앙권력에 대한 새로운 대안을 탐구하는 실마리가 될 것이다. 상업화, 공업화, 기술의 전문화는 모두 '재벌'이라는 몇 안 되는 대기업들을 통해 발전했는데 1963년 이후 이런 경향이 두드러지기 시작했다. 사업가와 전문가, 그리고 특히 일부 군부의 정치개입에 불만을 가졌던 젊은 장교와 육군사관학교 졸업생들도 이처럼 변혁의 기운이 자라나고 있는 것을 알고는 이를 지지했다. 이런 사람들은 중앙정부 권력을 대신해 만족할 수 있는 새로운 체제와 그에 따른 경제, 정치변혁, 다원화 사회에서의 사회적 결속 등을 원한다. 현재의 준권위주의적인 정부에 대한 그들의 태도는 가변적이다. 그들은 변화의 속도가 완만한 데 대해 조급해하며 공산주의의 침투를 염려한다. 장기적으로 보아 이렇게 높아진 불만을 해소하는 길은 자유민주주의제도를 시행하는 것 외에는 방법이 없다.

이런 불안정한 상황을 더 이상 악화시키지 않고 해결하려 한다면 현재 진행 중인 눈부신 발전의 속도를 한층 더 높여야 할 것이다. 해결을 위한 처방전은 중앙정부의 본질적인 기능을 지키면서 서서히 소용돌이 구조를 해체해 나가는 일이다. 정치권력과 경제활동을 크게 기능적으로 분산하고 지역적으로 분권화해야 할 것이다.

현재 중앙정부가 쥐고 있는 많은 행정권한은 지방정부에 단계적이고 조직적으로 이양되어야 하며 여기에는 예산과 경찰권이 포함되어야 할 것이다. "개발도상국들이 현재의 과도기적인 단계로부터 완전한 현대화의 단계에 도달하려면 인간적인 장벽을 포함해 도시와 농촌 간의 장벽을 타파할 필요가 있으며, 특권층과 교육을 많이 받은 사람들, 그리고 현대의 젊은이들이 도시를 떠날 필요가 있다."[5] 이것을 위한 제1단계는 지방자치제의 실시이다. 제2단계는 일부 지방자치단체의 기능을 군(郡) 단위로 내리는 것이다. 이 경우 군은 현재의 군이거나 아니면 더 활동적인 조직체나 새로운 선거구를 형성하는 군 연합을 생각할 수 있을 것이다. 지방자치단체의 중요한 직위를 선거제로 하는 조치가 신속하게 취해져야 한다. 현재는 모두 직접 임명하거나 직접 선출된 위원회에서 임명한다. 1961년 군사쿠데타 이후 폐지된 지방교육위원회가 다시 설치되어야 한다. 국영기업은 매각하고 민간기업 활동이 장려되어야 한다. 새로운 기업이 서울이 아니라 지방에 설립되면 초년도 세금의 일부가 특별히 경감되어야 한다. 지방을 연결하거나 그렇지 않으면 지방에 혜택을 주는 사업을 우선해야 한다. 전국을 연결하는 훌륭한 고속도로망을 완성한 것이 그 좋은 예다. 필요시 서울 이외 지역에 대한 은행 대출 이자율을 서울보다 낮게 할 수도 있을 것이다. 대통령은 일주일에 하루나 그 이상을 지방 소재 기업이나 대표자만을 면담하는 날로 지정할 수 있을 것이다. 유고슬라비아가 소련식 중앙집권체제를 분산시켜 성공한 것처럼 한국은 관리의 분권화를 통해 성공을 경험하게 될 것이다.

지방의 행정과 개발에 지방인들의 참여를 강화시키기 위해 개발자문위원회를 설치할 수 있을 것이다. 이는 본질적으로 1959년 파키스탄이 채택하여 성공한 것과 유사한 것이 될 것이다. 각 리(里)는 면위원회에 보낼 대표를 선출하고 각 면위원회 의장은 중앙에서 임명한 어떤 기술자격을 가진 2명 중 1명과 함께 군위원회의 위원이 된다. 군위원회 의장(중앙에서 임명한 인사는 의장이 될

---

5   Walt W. Rostow, "Unsolved Problems of International Development," *International Development Review*, 7(Dec. 1965). p.17.

수 없다)은 수명의 정부 관리와 함께 도위원회의 구성 멤버가 된다. 각 도 의장 8명과 정부의 간부직원 4명 이내가 전국위원회 본부를 구성한다. 1970년대와 1980년대 새마을운동을 통해 이런 작업의 일부는 시행되었다. 그러나 이 운동은 불필요하고 위험스럽게도 정부가 지시한 교화기능을 발전시켰다.

면위원회는 건설작업과 재건 계획뿐 아니라 면민들의 건강관리, 기록문서 보존, 유권자 명단 작성, 지방의 치안, 기타 마을 수준의 분쟁을 중재하는 일을 맡음으로써 정부와 마을 간 다리를 놓아주는 역할을 할 수 있을 것이다. 그렇게 하면 자주 거론되고 있는 경찰력 축소가 크게 진전될 수 있을 것이다. 일제 강점기에 빼앗긴 지방문제에 대한 책임을 지방지도자의 손에 되돌려 줄 수 있다. 중앙정부 지방사무소는 과거 어디서나 볼 수 있었던 감독과 억압의 도구가 되지 않을 것이다. 지방지도자가 될 사람들은 1910년 이래 자기 고장에서 책임지고 할 일이 없었기 때문에 주로 서울에 표류하고 있었는데, 이제 지방에서 다시 생산적인 일을 할 수 있을 것이다. 대학교육을 받았으나 고향에 돌아와 할 일이 없는 농부의 자식들은 새로운 상황 아래서 자기의 능력을 발휘할 수 있는 가능성을 찾을 수 있다. 어떤 경우에는 한국의 팽창된 6대 도시에서 그들을 귀향하도록 하는 유인책이 제시될 수도 있을 것이다. 이런 고등교육을 받은 사람들은 이제는 식민통치적인 사법 및 행정제도와 시골사람들의 생활습관 사이에 남아 있는 간격을 축소하는 역할을 할 수 있다. 이와 같이 지방 분권화는 더 큰 사회참여를 이끌어내는 정신으로 수행되어야 한다. 여기에 새마을운동이 많은 기여를 했다. 그러나 이제 중앙보다는 지방이 더 스스로 통제하고 방향을 제시해야 한다.

교육제도도 마찬가지로 분권화 작업에 추가되어야 한다. 프랑스와 유사한 통일된 커리큘럼 대신 각 지방 대학은 소재지 도나 광역시의 전통 및 농업을 포함한 지방문제에 입각한 교육을 시켜야 할 것이다. 물론 단일체로서 한국의 국가와 문화에 초점을 맞춘 현재의 교육과정도 똑같이 필요하다. 중등교육과정에서조차 학생들은 국가생활과 발전에서 농업과 지역문제가 점하는 위치의 중요성을 이해해야 한다. 가능하다면 지방 고등학교와 대학은 토지개척에 관한 기술적·사회적 여러 문제들을 전문적으로 가르치는 교과과정을 설치해야 한다. 그런 과정 담당 교사나 교수는 지방 프로젝트의 우선순위에 대해 자문할 수 있어야 한다. 그런 대학들이 그런 실효성 있는 교육을 실시할 수 있는 능력이 없으면, 지방조직들로부터 최대한의 효력을 살려내기 위해 국립개발대학 설립을 고려할 수도 있다.

지방의 주도권을 살리기 위해 선출된 지방위원회는 이 같은 성공을 위해 중앙정부와 지방민 사이의 가교가 되어야 한다. 왜냐하면 지방에서 어떤 대책이 마련되는 것과는 상관없이 한국과 한국의 발전을 위해서는 꽤 강력한 중앙정책이 필요할 것이며 또한 중앙정부는 강력한 지배력을 계속 가질 것이기 때문이다. 지방위원회의 상하관계가 지금까지와는 다른 관계를 구축해내는 것은 지방의 지도력을 확립하기 위해서도 필요하다. 하부 위원회의 의장이 상급 위원회 의장 옆에 함께 자리를 하는 것은 행정의 조직화 촉진의 시작이 될 것이다. 서울에만 유리한 비례대표제는 철폐되어야 한다. 대표는 지역적으로 안배해 선출해야 한다. 일부 지방지도자들이 수도로 영입되어오고 있지만 그들은 모두 지방사회기구의 일부에 깊이 관련되어 있기 때문에 지금까지보다 더 확실한 업적평가에 기초해 수도로 전입되어야 할 것이다. 그러나 그런 영입지도자의 수가 적기 때문에 인재 유출을 우려할 필요는 없을 것이다. 한편 인적자원은 수도 이외의 지역에서도 충분히 직업을 가지게 될 것이며 모든 가치의 서울 집중화 현상은 야심 있는 사람들의 이익과 충성심에 역점을 두는 지방 활동에 의해 도전받게 될 것이다.

우리는 이런 계획에 불리한 점을 별로 찾아볼 수 없다. 한국만큼 거의 위험을 무릅쓰지 않고 지방권력을 대폭적으로 강화할 수 있는 나라도 드물다. 한국은 이미 훌륭한 도로망과 철도망 그리고 통신 및 관개망까지 갖고 있다. 지방 분권화에 필요한 경비조달도 그렇게 어렵지 않을 것이다. 인재와 교육은 충분할 정도이다. 이 나라에는 분리·독립운동이란 것이 없었다. 지난 70년 동안에 제주도에서 발생한 반란과 광주민주화운동만이 강렬한 지방색을 가진 것이었다. 경찰이 내무부가 아니라 도의 관할하에 있다 해도 국가의 안전을 위협하지 않을 것이다. 한국의 군대는 그만한 규모의 국가가 가지고 있는 군대 가운데서는 최대이며 최강으로서 현재의 규모를 20~30% 감축해도 안전을 충분히 보장할 수 있다. 개혁을 해도 신생국가가 필요로 하는 중앙정부의 권력을 약화시키지 않을 것이다. 한국의 통일성과 동질성은 지나치게 공고하다. 오히려 지방분권화는 이런 한국의 특성을 경제는 물론 특히 정치활동을 확대하는 데 이용될 수 있을 것이다.

이상과 같은 대책을 취한다 해도 중앙정부의 불안정성을 치료할 수 있는 특효약은 아니다. 그러나 지방분권화가 진행되면 중앙권력 지향의 소용돌이 구조는 점진적으로 그 힘을 잃게 될 것이다. 지방분권화의 목적은 특히 새로운 관료기구나 지방에 기반을 둔 새로운 시험의 장을 마련할 것이며, 또한 중앙의 권력 획득 경쟁에서 맛보는 것과는 다른 만족감을 얻게 될 것이다. 중앙권력은 그 권한의 대부분을 계속 가지게 되겠지만, 그러나 지방기관의 직무와 그에 따른 업적에 의해 획득되는 자격에 영향을 받기 시작할 것이다. 중앙권력의 행정이 지방 위계질서와 동화됨으로써 안정화를 확보할 수 있다. 지방적인 그리고 개인적인 기득권 중시는 점차 국정에서 대의제도와 정당형성의 기초가 될 것이다. 물론 적대와 경쟁과 투쟁이 종식되지 않고 오히려 증대될지도 모른다. 그러나 이런 일들은 이해관계에 뿌리를 둘 것이며 쟁점도 이해관계에서 발생할 것이다. 개개인이 위로만 올라가려는 원자화된 욕망은 줄어들 것이다. 한국은 대의제를 참다운 형태로 갖기 시작할 것이며 이와 함께 서문에서 언급한 정치적 외상의 치유책을 발견할 수 있을 것이다. 1963년 선거에서 주도권을 장악하기 위한 야당 지도자들과 핵심 집단들의 자멸적인 싸움은 1967년과 1985년 그 이후에도 계속되었다. 그러나 이런 정쟁은 이성적인 토의와 타협의 결과 당의 정책으로 받아들여질 수 있는 쟁점과 이익을 대변하는 사람들의 투쟁으로 대체되어야 한다. 개인적인 지위획득 경쟁에나 몰두하고 이성적인 타협이나 유용한 정치논쟁에는 관심이 없었던 조선왕조 시절과 해방 이후 한국의 정쟁은 이제 서서히 소멸되어야 할 것이다.

다행스럽게도 지방행정의 어떤 계획된 분권화가 시행되기 전 그리고 옛날 패턴이 정치적으로 끈질기게 지속되고 있는 사이에 인상적인 변화는 경제 분야에서 왔다. 이런 발전은 지방이나 지역적인 것이 아니며 또한 아직 정치적인 것도 아니고, 오히려 제도적이거나 구조적인 것이다. 경제적인 발전으로 민간 비즈니스와 부가 급상승하고 대기업, 특히 재벌이 조직적으로 통합했다. 표면상 이런 경제적 발전의 결과로 정치적 패턴이 개조되는지는 분명하게 드러나지 않는다. 한국 대기업의 모델이고 우연치 않게 재벌이란 용어 자체의 어원이 된 자이바쓰(財閥)가 일본에 미친 영향을 보면, 그들이 정부 및 정부 외곽단체들과 전혀 결별할 것으로는 보이지 않는다. 향후 전망은, 일본 대기업들이 오랫동안 일본의 공식기구들과 유지해온 것과 같은 정치와 제도 사이에 어떤 종류의 공존관계가 지속될 것으로 보인다. 한·일 양국 간의 감정적이고 편견에 찬 긴장과 부족한 신뢰 저변에는 양국이 거부할 수 없는 제도적·행동적인 유사성이 있다. 감히 말한다면 양국 국민 간에는 혈통적으로 상당히 밀접한 관계가 있는 것 같다. 한국에서 또다시 과격한 정치적인 군사화가 발생한다면 대기업들 자체가 다양한 정치적 성향의 씨앗이 될 수 있을 것이다. 그러나 이런 일이 발생할 기회는 많지 않다. 전체적으로 볼 때 대기업들이 직접 정치적 이니셔티브를 취할 것으로는 예상하지 않는다.

그럼에도 한국의 제도적인 양상을 나타내는 지도에 대기업 집단을 표시하는 것은 중요하다. 대기업들의 비즈니스는 정부의 통제로부터는 하강을, 자체의 기업가정신으로부터는 상승을 보여 왔다. 그들의 거대한 규모는 전쟁 이전의 일본에서처럼 정부기관들이 도처에 나서서 간섭해야 할 필요성을 제기하고 있다. 하지만 대기업들 또한 제도적인 생존을 위해 그 이상으로 강력한 방어자세를 취하고 있다. 그들은 물론 정부와 밀착해 있다. 즉, 정부가 사실상 관리하는 은행에 진 막대한 부채, 경제 및 무역의 통제, 인적교류, 세금 및 보조금,

서로 주고받는 '사소한 주선', 또한 공통의 그리고 열렬한 반공사상에 의해 상호 긴밀하게 얽혀 있다. 그러나 재벌은 정부가 아니다. 재벌은 종업원들에게 자신들의 권력, 부, 유동성, 안전, 기회와 창의력을 포함하는 위계조직의 세계를 제공한다. 회장과 사장들은 대통령자리가 자랑할게 못 되는 연공서열 방식으로 계승한다. 임원들은 정부 관리들보다 상대적으로 대중이나 정치적인 공격을 덜 받고 소문도 덜 탄다. 무역과 국제적인 플랜트가 확장되는 시기에 재벌은 정부 그 자체와 같은 수준이거나 더 많은 국제적인 접촉과 기회를 갖는다. 국제화가 덜 된 곳은 군부이다. 일류대학교 남자 졸업자는 정부(또는 군대)보다 재벌을 선호하며 일류 여자대학 졸업자가 남편감으로 재벌회사원을 선호하는 것은 놀랄 일이 아니다. 특히 지난 20년 동안 성장한 것은 재벌이고 상대적으로 정체된 것은 정부와 군부이다. 따라서 아직도 농촌 공동체로부터는 상승기류가 있으며 특히 도시 가구들은 과거보다 더욱 심하다.

하류층과 그리고 정치계에는 전과 마찬가지로 통합력이나 응집력이 없다. 그러나 위로 올라갈수록 이젠 더 이상 정부만이 야망을 독점하고 있는 것은 아니다. 새롭고 튼튼하며 안정된 실체가 발전 유동성상에 나타났다. 아직도 정부가 자신의 정치적 추진력으로 '율산실업'이나 '국제그룹'을 해체할 수 있다는 사실에도 불구하고 아무도 주요 재벌이나 대부분의 재벌들을 정부의 해체목표가 될 것이라고 생각하지 않는다. 재벌의 독립은 완만하게 진행되어왔으며 아직도 한계가 있지만, 그러나 일단 상대적인 독립이 '한국주식회사' 내에 확립되어 사회의 의식 속에 자리 잡게 되면 그 교훈은 잊혀 지지 않을 것이다. 일반적으로 더 큰 그룹이 만들어져 독립전통이 확립될 것이며 한국은 더욱 광범위하고, 정치적인 의미에서 중앙과 중간조직 사이에 더 풍부한 균형을 가진 더 정상적인 사회가 될 것이다. '정상적'인 것으로서의 한국의 제도적·정치적인 구조는 일본 모델에 더 근접한 상태에 머물 것이라는 점을 기억하는 것이 중요하다. 그것은 서방의 제도적·정치적 기본 틀의 복사판이 아닐 것이고 또 아니어야 한다.

대기업이 득세하면 물론 대기업 특유의 위험한 경향이 생길 것이다. 1920년 대의 일본과 같이 이런 대기업들이 정당을 지배하고 개개 정치가들에게 정당 자체보다 더 큰 영향력을 행사하는 단계가 오지 않는다고 보장할 수 없다. 빈부격차는 종전의 다른 식민지국가들만큼 심각한 것은 아니지만 이미 재벌들의 부의 확대에 의해 나타나고 있다. 그리고 정치발전이 경제발전에 뒤쳐지고 있는데다가 빈부격차는 1,000만 명이 넘는 인구를 가진 서울에서 폭발적인 요인이 될 수도 있다. 한국의 높은 유동성 패턴은 정치적으로 흥분을 잘 하는 사회를 만들어냈다. 불만은 전염병과 같은 것이다. 기업은 사회적 위협으로부터 자신을 보호하기에 충분한 위신을 가지고 있지 못하다. 그러나 경제성장의 장기적인 혜택은 정치적인 위험을 해소하는 희망을 갖게 한다. 궁극적인 재벌의 해체가 전혀 일어나지 않는다고 볼 수는 없다. 하지만 한편으로 활력이 넘치는 한국은 대기업들의 성공으로 현재 중앙 내지 정부에 집중되어 있는 가치와 사업을 대체 세력 집단들에게 서서히 분산시킬 수 있을 것이다.

　이런 권력 재배분으로 창출된 다원사회는 다루기 어려울지는 모르지만 갈등과 경쟁의 성격과 효과는 변한다. 이권의 비밀유지와 프라이버시의 존중은 민주주의의 전제조건으로서 스스로를 옹호하는 일정한 기반을 갖게 된다. 한국인들은 이제 단순히 중앙권력을 쟁취하고자 하는 욕망보다는 자기 이익을 주장하여 그것을 달성함으로써 자부심과 만족감을 느낄 것이다. 한국인들은 스스로를 다른 조직으로부터 뿐만 아니라 국가로부터 진지하게 지키는 데 관심을 가질 것이다. 이로부터 법률과 법적 절차를 구하는 발의권과 정부권력의 확대보다는 억제를 위한 강력한 요구가 나온다. 개인적 이익의 진지한 추구는 과거 유럽의 경우처럼 부패를 어느 정도 억제하고 관료기구를 개인적인 이익이 아닌 공공의 이익을 위해 활동하는 기관으로 변형시키는 힘이 될 수 있다. 다양한 이해의 존재는 많은 중심축과 엘리트의 위계조직을 창출할 것이다. 그리고 모든 결정이 전국적 규모의 중심축을 지향하거나 또는 모든 사람들이 이 중심축 주위에 모여들고 그리고 중심축을 쟁취하기 위해 파벌을 형성하는 따위의 움직임들을 타파할 것이다. 이해에 기초한 결속은 적의에 찬 소문과 험담이 난무하는 이면에서 대의명분의 이론무장을 행하기보다는 오히려 적극적인 자기 확립과 집단에 대한 충성심을, 또한 개인적인 적대관계 대신에 논쟁을 제기할 것이다. 논쟁과 이해의 갈등은 비록 고조된다 할지라도 아무런 대안 없이 사람들이 동일한 권력을 향해 투쟁하는 교착상태보다는 협상과 타협을 진작시킬 것이다. 소용돌이 구조와 파벌 패턴이 분쇄되는 곳은 다원사회라고 하는 모루(대장간 쇠 받침대) 위일 것이며 장기적으로 보아도 아마도 그 외에는 없을 것이다.

현대라는 시대는 최근까지 한국에 많은 충격을 주었다. 중국제국의 비호와 쇄국정책 아래서 변화로부터 격리된 채 농민들이 한가하게 살 수 있었던 시대는 사라졌고 이젠 거의 기억할 수조차 없다. 중국이라는 보호막이 걷힌 한국은 지난 100년(1860년대 중반에서 1960년대 중반까지 _ 옮긴이) 동안 주변 강대국의 혼전 속에서 외부로부터 영향을 받지 않는 격리상태에만 적합한 사회·정치 구조를 가진 채 약화된 소국으로 있었다. 지난 80년(1880년대 중반에서 1960년대 중반까지 _ 옮긴이) 동안 한국은 주마등처럼 변하는 불행을 경험했다. 인위적으로 분단되어 군비경쟁이 위험수위를 넘고 있고, 중·소 분쟁에 인접해 있으며, 중국에서 자명종이 때때로 울리는 분쟁지대에 한국은 위치하고 있다. 그런 모든 난관을 극복하고 한국이 살아남아 강력한 국가를 건설하게 된 것은 국민과 개개인의 능력에 대한 영원한 찬사로 남을 것이다. 한국은 많은 실패를 했다. 그러나 신생국들 가운데서 한국은 전쟁, 분단, 극단적인 인구과잉, 부존자원의 부족에도 불구하고 비교적 교육 정도가 높고 개발속도가 빠르며 정치적으로도 자유롭고 안정되어 있는 것으로 보인다.

아직도 위험한 요소를 내포하고 있는 가운데 발전을 계속하기 위해서는 발전 패턴의 변화가 필요하다. 그러나 이 나라에서는 많은 경우 변혁이 자연스럽게 이루어지기 때문에 현대화 실현에 특히 희망을 준다. 공업, 광업, 무역과 이들의 확산된 조직, 새로운 집단과 전문가의 역할, 새로운 직업의 발생은 전통

문화가 폐쇄시켰던 다원화의 길을 열어놓았다. 대중사회로서 한국사회는 지금까지 변혁을 위해 필요한 응집력과 자신감을 상실하고 있었다. 그러나 대중이 일단 발전의 길을 확실히 감지하게 되면 대중사회의 존재가 유리한 요건이 될 것이다. 유동성이 야망과 강력한 동기를 부추기고 창조력을 크게 고무할 것이다. 이런 것들은 모두 한국인들이 태어날 때부터 갖고 있는 특질이다. 한국인들이 종전에 가졌던 응집력과 충성심이 결여되면 계급사회와 봉건제도가 가져온 전통주의, 변화에 대한 저항, 복고주의 역시 소멸하게 될 것이다. 한국사회는 극도로 개방적인 사회다. 물질적 생산성이 높고 경제적 변화가 끊임없는 역동적인 사회에서 생활한 미국인들은 물질적인 가치와 새로운 집단에 적응하는 정신을 강조하는 태도로 반응을 나타냈다. 한국인들은 거의 동일한 역동적인 정치사회에서 생활해왔다. 그들은 새로운 정세에 대응하여 다른 종류의 정치제도에 살아가는 고도의 능력을 가지고 있다. 이런 역동적인 성격은 과거의 속박을 크게 받지 않고 그들이 필요로 하는 종류의 다원사회를 구축하는 데 유용하게 작용할 것이다. 지적이고 자유로운 한국인의 정신으로 구축하는 새롭고 좀 더 다양한 미래의 한국사회는 세계적으로 주목받는 사회가 될 것이다.

서 평[*]

1. 그레고리 헨더슨과 한국정치

그레고리 헨더슨은 1948년 7월 주한 미국대사관에 처음 부임한 이후, 같은 해 8월 15일 대한민국정부 수립 과정을 비롯한 한국의 현대사를 현장에서 직접 체험한 운 좋은 미국 외교관이었다. 헨더슨은 주한 미국대사관 문정관(1948 ~1950년), 정치 담당 자문(1958~1963년) 등을 거치면서 현대 한국정치의 수많은 소용돌이를 경험하게 된다. 그가 직접 경험한 한국정치의 소용돌이는 1948년 7월부터 1950년 10월까지, 그리고 1958년 5월부터 1963년 3월까지의 기간에 일어난 사건들로 대한민국의 건국과 한국전쟁 발발, 서울 탈환, 4월 혁명과 제 1공화국의 몰락, 제2공화국의 성립과 이를 전복시킨 5·16 군사쿠데타, 그리고 군사정부 수립 등의 엄청난 격동의 한국정치들이다. 아울러 헨더슨은 한국에 체류하는 동안 학계, 그리고 문화계 인사들과 폭넓게 교류하면서 한국에 대한 이해의 폭을 넓힌 지한(知韓) 인사라고 할 수 있다. 주한 미국대사관 직원으로

---

[*] 이 글은 한림대학교 정치행정학과 김인영 교수가 이 책의 한국어판 초판이 발간된 뒤 ≪동 아시아비평≫ 제6호(2001.4)에 게재한 서평을 완역판에 맞게 부분 수정한 것이다. 김인영 교수로부터 허락을 받아 전문을 게재한다.

서 근무하면서 '한대선'이라는 한국 이름을 가질 정도로 한국과 깊은 인연을 맺은 인물이면서 외교관이었고, 학자이자 유신에 반대하여 미국에서 한국의 인권운동에 앞장선 행동가이기도 했다.

1963년 국무부를 떠난 헨더슨은 자신의 이러한 한국정치의 경험들을 바탕으로 1964~1966년 하버드 대학 국제문제연구소 연구원으로 있으면서 『소용돌이의 한국정치』[1]를 탈고하게 된다. 이후에도 한국정치에 대한 관심은 이어져 1969년 9월부터 터프트 대학에서 교수로 재직하면서, 박정희 군부 정권에 대한 비판과 유신에 따른 박정희 유신정권의 인권탄압을 알리고 비난하는 글들을 여러 곳에 기고하기도 했다.

헨더슨의 『소용돌이의 한국정치』는 브루스 커밍스(Bruce Cummings)의 한국 현대사 연구와 더불어 학계에서 한국 정치문화와 정치발전을 이해하는 필수적인 저술로 널리 알려지고 꾸준히 읽혀왔다. 하지만 책의 지명도와 중요도에도 불구하고 난해한 문장과 녹녹하지 않은 분량, 광범위한 역사적 사실들에 대한 이해의 필요 때문에 한국어 번역판이 쉽게 나오지 못하고 있었다. 마침내 2000년에 『소용돌이의 한국정치』라는 제목으로 1968년의 영문본이 한글로 번역되어 출판되었으니 한국어 번역에 무려 32년이 걸린 셈이고, 일본어 번역판의 출판이 1973년임을 고려할 때 일본어판에 비해서도 27년이나 늦은 것이었다.[2] 한국어 번역이 늦어진 이유가 순전히 우리 학계와 번역계의 게으름 때문임을 고려한다면, 이 책의 번역 출판은 수십 년 동안 끝내지 못했던 정치학계

---

1 원저는 Gregory Henderson, *Korea: The Politics of the Vortex* (Cambridge: Harvard University Press, 1968)이다.

2 번역 출간된 『소용돌이의 한국정치』는 저자가 1968년에 출간한 출간본과 그 이후 틈틈이 증보판을 위해 준비해온 1987년에서 1988년 6월경까지의 원고들이 모두 한 권의 책으로 합쳐져 나왔다는 점에서 헨더슨의 마지막 유작에 속하며 완결본에 해당한다. 방대한 합본의 저술을 평이하게 읽기 쉽게 번역하고, 수많은 역사적 사건이나 인명들, 관직명들을 영문과 일어 번역을 일일이 대조하여 정확한 용어로 번역해낸 번역자들의 노고는 헨더슨의 한국정치에 대한 열정만큼이나 값진 우리나라 번역 문화의 결실이다.

의 숙제를 마쳤다는 의미도 된다.

2. 소용돌이의 한국정치

비교정치학에서는 한 나라의 정치와 정치과정을 이해하는 여러 가지 방법들 중의 하나로 '정치문화'를 통한 방법을 소개한다. 이러한 정치문화적 접근은 '정치제도' 접근과 함께 한 나라의 정치를 이해하고 분석할 때 사용하는 커다란 두 개의 흐름 가운데 하나로 꼽는다. 문화를 통해 한국정치를 설명하고 분석하는 대표적인 학자를 꼽는다면 윤천주와 그레고리 헨더슨을 추천하기를 주저하지 않는다. 윤천주는 한국정치를 설명하면서 '권위주의' 문화라는 개념을 사용했고, 그레고리 헨더슨은 '소용돌이 정치(the politics of vortex)'라는 개념으로 한국정치를 분석했다.

이렇게 『소용돌이의 한국정치』라는 저술이 가지는 제1차적인 의미는 정치문화를 통해 한국정치를 분석하고, 우리의 정치발전은 어떻게 가능한가를 진지하게 고민했다는 것이다. 헨더슨이 이해하는 한국 정치문화의 특징은 한마디로 '소용돌이'이다. 간단히 설명한다면 "한국정치는 중앙권력을 향해 모든 활동적 요소를 휩쓸어가는 소용돌이"와 유사하다는 것이다. 한국 사람들은 중앙권력이 어떠한 성격을 가지든 간에 소용돌이와 같이 중심을 향해 개인 단위들이 끌려들어 가는 성향을 가지고 있다고 헨더슨은 파악했다. 즉, 한국사회에서는 이해관계의 대립이나 종교적 대립, 정책적 차이, 이데올로기의 차이 등으로 인한 분열과 균열은 찾아보기 힘들고, 설사 이에 따른 차이가 있다고 하더라도 정치에는 별로 영향을 끼치지 못하며, 원자화된 단위들이 모두들 중앙의 정치권력을 향해 돌진하고 상승작용을 일으키고 소용돌이치게 된다는 주장이다.[3] 역사 속의 한국 정치현상에 대한 대단한 통찰력이며, 현대 한국정치의 현상들도 이 '소용돌이'라는 용어로 설명이 가능할 정도로 중요한 개념을 만들어낸 것이다.

'소용돌이'가 어떠한 의미를 가지는지 저자의 설명을 본문 그대로 읽어보자.

한국에서는 상술한 바와 같이 동질적인 사회에 지속적으로 **고도의 중앙집권제**를 강요한 결과 일종의 소용돌이, 즉 **문화 전체를 통해 활발히 움직이는 강력한 상승기류와 같은 힘**을 발생시켰다. 통상 이 힘은 고립되지는 않았지만 응집력이 없는 마을 사람들, 소도시 주민들, 농부나 어부들과 같은 개인들에게 영향을 끼쳤다. 이들은 단지 가족이나 때로는 문중, 또는 마을 단위의 조직을 가지고 이 상승기류의 힘에 집착하지만 그것이 정치적으로 효과적이고 강력하게 통솔되는 단계는 아니었다. 현대로 들어오면서 소용돌이의 힘은 과거 그 어느 때보다 이런 개인들에게 더 작용했다. 왜냐하면 가족이나 계급 또는 마을에 대한 충성의 힘이 약화되었기 때문이다. 과장된 감은 있지만 우리는 이런 종류의 개인을 '원자(原子)'라고 부른다. 그 이유는 그들이 중심 세력으로부터 아무리 멀리 떨어져 있다 할지라도 유대관계에서 멀리 물러서 있지 않기 때문에 부르면 상승기류에서 알기 때문이다(강조는 서평자가 한 것임).

헨더슨의 소용돌이 정치 이론은 본래 자신의 경험과 이를 뒷받침하기 위한 한국 역사를 통한 한국사회 인식에 근거한다. 이러한 그의 한국사회 인식은 인과관계를 형성하는 몇 개의 개념으로 이루어져 있다.[4] '대중사회', '고도의 동질성', '중앙집권화의 전통', '중간집단의 취약', '소용돌이 현상' 등이 그 개념들이다. 그러면 다음에서 하나씩 설명하도록 하겠다.

헨더슨이 사용하고 있는 '대중사회' 개념은 원서가 출간(1968년)되기 전 콘

---

3 이정복, 『한국정치의 이해』(서울: 서울대학교 출판부, 1955), 186쪽.

4 백운선, 「그레고리 헨더슨의 한국 현대사 이해」, ≪한국 현대사 연구≫, 창간호(1998년 6월), 219~225쪽.

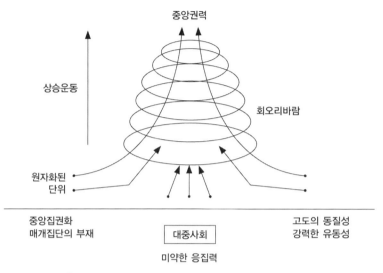

그림 헨더슨의 소용돌이 모형

중앙권력

상승운동

회오리바람

원자화된
단위

중앙집권화
매개집단의 부재

대중사회

미약한 응집력

고도의 동질성
강력한 유동성

자료: 백운선, 「그레고리 헨더슨의 한국 현대사 이해」, 223쪽에서 전재.

하우저(William Kornhauser)의 『대중사회의 정치(The Politics of Mass Society)』
(1959년)의 출간으로 이미 널리 유행했고 학계에 많은 영향을 끼쳤다. 하지만
헨더슨의 '대중사회'의 개념은 자신이 훗날 추가한 주(39쪽 각주 3)를 통해 밝히
고 있듯이 콘하우저에게 빌린 것은 아닌 것이 확실하다. 하지만 헨더슨의 '대
중사회' 개념은 콘하우저의 '대중사회' 개념과 내용 면에서 유사하다. 이는 과
거와 달리 대중이 정치·문화·사회 각 분야에서 적극적으로 관여하게 되는 현
상을 의미한다. 다시 말해 사회가 확대되고, 사회 이동성이 증가했지만 과거의
전통적인 가치 체계는 붕괴했고 개개인을 연결시키는 공통의 요소가 없는 익
명의 다수가 중간매개체 없이 엘리트와 직접 접촉하는 사회체계가 등장한 것
을 의미한다.[5] '고도의 동질성(homogeneity)'을 가지며 '중앙집권화'되어 있는

5   한배호, 『한국의 정치』(서울: 박영사, 1984), 85쪽.

한국사회는 전통적으로 군주와 백성 간에 형성된 제도나 자발적 "중간집단이 결여"된 대중사회라는 것이다. 한국사회에는 종교적·정책적·이데올로기적 대립이나 이해관계의 대립을 반영하는 중간집단이 발전하지 못했고, 전통적으로 봉건 영주나 장원, 준독자적인 상인 집단, 전문가 집단 등이 형성·발달하지 못한 채 동질화되어 있고 중간매개체가 없는 중앙집권화된 사회라는 분석이다. 이러한 대중사회로서의 한국사회는 중간매개집단이 없기 때문에 소용돌이의 정치라는 특징을 가지는데, 이 소용돌이의 정치란 원자화된 단위의 개인들이 상승운동을 통해 정상으로 치솟고 소용돌이를 통해 중앙과 상부로 빨아올려지는 현상이 나타난다(〈그림〉 참조).

한국사회 내에 존재하는 지역적 차이나 교육의 확대에도 불구하고 소용돌이 현상을 완화시키지는 못했다. 권력 분산에 대한 일반인들의 이해부족과 중앙권력의 비대화로 지방권력이나 지방의 특성은 무시되었으며, 교육은 단지 권력을 향한 대로로서의 기능을 담당함으로써 "교육이 중앙권력을 향한 경쟁을 약화시키기는커녕 오히려 증대시켰다"는 게 헨더슨의 지적이다.

3. 소용돌이 이론의 한계

헨더슨의 소용돌이 이론에 대해서는 대략 다음의 네 가지 점에서 문제를 제기하고 비판할 수 있다. 첫째, 소용돌이 이론이 가진 모델 자체의 문제점이다. 예를 들어 헨더슨은 명확하게 '대중사회'란 무엇이며 그 특징과 의미는 무엇인지를 정의하고 있지 않다. 또한 헨더슨이 자신의 '대중사회' 개념을 동학운동에까지 적용하는 것이 적절한지 의심스럽다. 헨더슨은 동학운동에서 "대중사회가 급속하게 발생"(141쪽)했다고 주장하고 있는데, 수긍하기 힘든 점은 동학운동은 사상과 종교로서 '동학'과 '동학교도'라는 명확한 공통요소가 존재했기 때문에 '대중사회'의 특징이라고 할 수 있는 익명성, 불특정 다수, 대중을 연결하는 공통요소의 부재라는 원칙들이 적용되기 힘들다는 것이다.

한배호는 헨더슨이 제시하는 소용돌이라는 개념이 한국정치를 설명하는 '비유'는 될 수 있어도 '모델'이 될 수 없다고 비판한다. 헨더슨은 '소용돌이'라는 물리적 현상을 한국정치 현상에 적용하여 그 동태적 유사성을 묘사하고 있을 따름이지, 모델로 제시하여 다른 사회나 문화에 소용돌이가 이질동형화 (isomorphism)로 나타나는 것을 기대할 수 없다는 것이다.[6] 이러한 문제점은 헨더슨이 한국에서의 개인적 경험 때문에 나타난 것이라고 보인다. 헨더슨이 한국정치를 목격한 것이 학자로서가 아니라 직업 외교관으로서 현장에서 한국정치를 직접 경험한 것이고, 그 경험한 한국정치의 소용돌이를 설명하는 과정에서 비유로서의 '소용돌이'가 탄생한 것이기 때문이다. 하지만 한국정치의 중앙으로의 소용돌이적 특성을 부각시키는 과정에서 소용돌이 모델이 탄생한 것이기 때문에, 이론화가 서툴렀다고 하더라도 한국정치에서 반복해서 나타나는 중앙권력으로 휩몰아치는 정치의 소용돌이를 적절하게 표현했다는 의미에서 소용돌이 모델의 의의는 여전히 지대하다. 아울러 한국정치를 설명하는 또 다른 모델인 '권위주의' 모델로 채울 수 없는 한국정치에서 나타나는 중앙으로의 다이내믹한 움직임을 헨더슨의 소용돌이 모델은 정확히 포착해내고 있다. 권위주의 모델과 소용돌이 모델은 상호보완의 관계로 한국 정치문화와 한국 정치현상을 설명하고 있다고 하겠다.

둘째, 헨더슨이 설명하는 역사적 사실에 대한 문제제기이다. 헨더슨의 설명과 달리, 소용돌이 현상이 지배계층에는 존재했으나 이에 일반대중도 포함시키는 것은 논리적 비약이라는 비판이다. 아울러 지방 세력이나 지방 분권이 전혀 존재하지 않았다는 것은 서양인의 눈으로 이해한 것이며, 서원 등을 근거로 한 강력한 토착 양반 세력을 지방권력으로 이해하지 못하는 우를 범했다는 것이다.[7] 일견 타당하기도 하나 일반대중에게 소용돌이 현상을 전혀 발견할 수

---

6 같은 책, 9쪽.

없는 것인지가 의심스럽고, 소용돌이란 정도의 문제이지 지배계층에게만 존재하고 일반인에게는 존재하지 않았다는 존재유무의 문제는 아닌 것으로 보인다. 지방 세력의 문제를 보아도, 강력한 지방의 양반 세력이 지방의 문제나 관심에 머문 것이 아니라 궁극적으로 지향한 것이 중앙의 정치요, 중앙의 문제였다면 지방 세력을 순수하게 지방 세력이라고 규정하기는 힘들 것이고 이 역시 소용돌이의 범주에 들어간다고 하겠다.

셋째, 헨더슨이 소용돌이 정치에서의 정치발전을 위한 방안으로 제시하고 있는 분권화, 다양화의 문제이다. 이러한 분권화, 다양화가 한국정치의 모든 문제를 해결하는 해결책인가, 또 그것만이 해결책인가 하는 의문이다. 한국사회 내부의 동질성, 중앙집권화 경향을 문제의 근원으로 파악하고 이를 치유하는 처방책으로 다양성의 확보나 분권화를 주장하는 것은 서양의 근대화 이론에 입각한 것으로 한국사회를 서양화시키는 것이 모든 문제의 해결책인 양 주장하는 근대화론자들의 단순한 발상과 다르지 않다는 것이다. 다양성의 확보나 분권화가 하루아침에 이룩되는 것이 아니고 문화 속에 자리 잡고 역사 속에 스며들어야 하는데, 이는 기존의 한국의 문화를 전혀 다른 문화로 바꾸라는 주문을 의미하는 것으로 단기간에는 거의 불가능한 처방일 수 있다는 것이다. 이러한 근대화론은 1950년대 이래 개발도상 아시아, 아프리카, 남미 등 어느 지역에서도 속 시원히 문제를 해결하지 못했고, 근대화가 도리어 문제의 근원으로 작용했던 경험을 우리는 잘 알고 있다. 다양성의 확보라는 서구적 근대 문화의 도입도 중요하지만, 한국정치가 소용돌이 속에서 획일화되고 권위주의로 흐르는 것을 견제하는 방안으로 우리 전통문화에 근거한 '자문기관(council)'의 전통을 회복하는 역사적·문화적 접근도 있을 것이다 이러한 자문기관의 전통은 자문 기능과 감사 기능을 확보함으로써 한국정치가 권위주의화되어 가는 것을 부분적으로 막을 수 있을 것으로 기대할 수 있기 때문이다.

---

7 같은 책, 59쪽.

마지막으로 제기할 수 있는 문제는 헨더슨의 한국 재벌에 대한 평가와 이해이다. 헨더슨은 초기 재벌들에 대한 자신의 경험으로 재벌들의 발전이 한국사회에 풍요를 가져왔고 이러한 풍요를 바탕으로 중산층이 크게 일어나며 도시화가 진행되면서 한국사회에 다원주의가 제도화되는 가능성을 확보할 것이라고 기대하고 있다. 한국사회에 다원주의가 발전하게 되는 원인을 재벌에서 찾고 "이런 성취가 제도화를 이루게 된 것은 재벌이 있었기에 가능했으며 한국에게 제도화는 지극히 중요한 사안이다"라고 하면서 "결국 재벌의 영향력은 정치에서 감지될 것이며, 정부의 시녀로서가 아니라 다른 방향, 즉 다원주의의 한 축으로서 감지될 것이다"라고 예측하고 있다. 이렇게 헨더슨은 재벌을 서구에서의 부르주아나 기업가의 발달쯤으로 잘못 인식하면서 정치권력이나 정부에 대치되는 견제 세력으로 성장할 수 있을 것으로 예견한 것이다. 문제는 헨더슨의 재벌의 성장과 발전이 정경유착이라는 정치인-기업인을 축으로 한 '부패의 공생 구조'로 가능했고 그 구조 내에서 재벌 체제가 유지되어오고 있다는 측면을 간과했다는 점이다.

　　즉, 헨더슨이 근대화의 주역으로 재벌을 강조하고 "정부의 시녀가 아니라 다원주의를 반영하는" 세력으로 성장할 것을 기대하지만, 이제까지의 한국 경제성장의 추진과정에서 보듯이 정부와 기업(재벌)이 밀접한 관계를 유지하되 그 관계는 일본보다도 위계적·하향적이었고, 아직까지도 정부를 견제하는 세력으로 기능하고 있어 헨더슨이 기대한 방향으로 성장했다고 보기는 힘들다. 또한 재벌은 권위주의 정치 문화에 기초한 보스 중심의 과두제적 권력구조와 유착하여 사주(社主) 자본주의로 특징지어지는 가산제적 기업 권력구조를 유지시켜온 장본인이다. 시장 영역에서의 권위주의 문화를 만들어낸 것이다. 이렇게 재벌은 정치권력과 별개의 독자적인 사회 세력으로서가 아니라 정치권력에 기생하든가 이와 공생하는 또 다른 사회집단이다. 따라서 재벌이 한국사회를 다원화시켰다기보다는 한국정치의 소용돌이를 강화시키고 그 소용돌이에 휩쓸려 정치 엘리트와 경제 엘리트의 (정경)유착으로 총체적 부패구조의 원인을 제공했다. 또 소용돌이의 정치문화를 경제에도 도입하여 재벌로 향한 경제력 집중을 야기하고, 아울러 총수를 중심으로 한 회사 내의 권력 집중을 초래했다고 할 수 있다.

이러한 여러 가지 문제점에도 불구하고 헨더슨의 『소용돌이의 한국정치』의 진정한 의의는 소용돌이 모델뿐만 아니라 그의 해박한 한국정치사에 대한 이해와 분석에서 찾을 수 있다. 한국사회에서 일단 파벌 간에 적의가 조성되면 타협이 불가능해진 이유를 파벌 간의 다툼이 '쟁점'이 아니라 '권력'이었기 때문이라는 분석이다. 이러한 한국사회의 파벌이 일본인이나 만주인들의 침략과 같은 국가적 위기 때마저도 결속하지 못했다는 뼈아픈 지적에는, 그 날카로움과 비장함에 다시 한 번 고개가 숙여진다. 한국사회 중앙집권화와 소용돌이에 대한 폐해를 극복하는 대안으로, 정치권력과 경제활동을 분리하고, 지역적으로 분권화해야 하며, 중앙정부가 쥐고 있는 많은 행정권한을 지방정부에 단계적이고 조직적으로 이양해야 하며, 이양되는 권한에는 예산권과 경찰권을 포함시켜야 한다는 지적 앞에서는, 아직까지도 그가 수십 년 전에 지적한 지방자치의 문제들을 해결하지 못하는 점이 부끄럽고, 그의 선견지명에 그저 놀랄 뿐이다.

옮긴이 후기

이 책이 처음 번역된 2000년 이후 13년이 흐르면서 한국에서는 정권이 네 번째 바뀌었지만 한국정치의 과도한 중앙집중화와 소용돌이형 구조는 예나 지금이나 줄곧 변함이 없다.

우선 정당을 보자. 저자가 개정판을 준비하던 1987년 현재 7년 이상 된 정당이 하나도 남아 있지 않았는데 2013년 현재도 그런 실정이다. 물론, 명패만 바꿔 달았지 실체는 동일집단이라는 반론을 제기할 수도 있겠지만, 그러나 같은 당이라고 할 수는 없다. 왜 그럴까? 저자의 말마따나 한국에서 정당들은 "어떤 권익도 대변하지 않고 사상이 결여되어 있으며 모두 일시적인 것들이고, 가장 근본적인 문제점은 정당에 대한 진정한 관심과 이해가 결정적인 찬스에 강한 한국인들에게 제한되어 있다는 점이다. 정당은 의사소통의 도구이기보다는 출세의 도구였다". 지도자들을 보자. 그들은 정치적 혼란 상황에서 중앙권력을 획득하기 위한 경쟁을 하느라 이데올로기, 정책강령, 인격 및 지도력을 쓸데없이 낭비한다. "결과적으로 한국의 장기간에 걸친 정치사에는 중요한 토착적 철학이 생겨나지 못했으며 지속적인 강력한 지도자도 나타나지 않았다."

저자는 재벌이 성장하면서 모든 것이 중앙정부로 집중되는 단극자장의 시대가 가고 다원주의가 시작되어 중간매개집단이 기능을 발휘할 것으로 기대했지만, 현재까지는 한국의 재벌이 정경유착이란 태생적인 한계에서 벗어나지 못해 그런 역할을 수행하지 못하고 있다. 지방자치도 외형적으로는 많이 발전했지만 정치의 다원화를 실천할 정도로 성장하지 못했다.

이제는 정치의 중앙집중화뿐 아니라 경제, 교육, 정보, 문화, 의료까지도 서울 및 수도권으로 집중화하는 현상을 보이고 있다. 2012년의 GDP는 수도권이 전국의 50%가량을 차지하고 있지만 재벌을 비롯한 주요기업의 본사가 서울에 위치하고 있으며, 금융·보험·증권 등 금융계도 마찬가지이다. 이른바 SKY로 대표되는 일류대학과 그런 대학으로 통하는 주요 학원이 서울에 자리 잡고 있으며 SNS 시대 정보 교류의 본산지도 그렇게 되고 있다. 문화의 집중 현상은 말할 것도 없고 KTX가 개통되면서 의료서비스업도 서울 중심으로 개편되었다. 저자가 이미 말한 "서울은 단순히 수도가 아니라 한국 그 자체"란 말이 정보시대를 맞이하여 더욱 심화되었다. 승자가 모든 것을 독식하는 구조는 오히려 정치계뿐만 아니라 각 분야에 걸쳐 더 강화되는 양상을 보이고 있다.

이 책이 최초로 출간된 지 32년 만에 한국에서 번역 출판된 이후 많은 독자들로부터 과분한 대접을 받았다. 특히, 지난 10년 동안 아시아 금융위기, 대통령 탄핵정국, 수도 이전 및 세종시 탄생, 촛불집회 등이 발생할 때마다 정치평론가들은 한국정치의 특성을 거론하면서 이 책을 외국인이 본 한국정치학의 고전으로 인용했다. 어느 독자는 한국의 장구한 역사를 통한 정치문화를 '소용돌이'로 표현한 것은 그야말로 촌철살인(寸鐵殺人)이라고 했다.

이번 판에서는 원서에 있었으나 초판 발간 시 시간적인 제약으로 빠졌던 서지자료와 주석을 모두 번역(저자가 1988년 수정·보완한 원고에 따라 제외된 것이 더러 있음)·추가하여 완역본을 만든 것 외에 본문도 영어원전에 근거하여 어색한 부분을 모두 수정했다. 특히, 이 책에서 서지자료는 본문 못지않은 무게를 지니고 있으며 연구자들에게 좋은 참고가 될 것으로 확신한다. 이 중에는 1950~1960년대 미국에서 연구논문으로 작성되었지만 책으로는 발간되지 않은 자료들이 상당수 들어 있다.

이 책이 한글로 옮겨지는 데 한 세대가 걸린 것은 군사정권에서 저자를 반한인사로 지목하여 일종의 금서로 취급한 데도 원인이 있겠지만 저자가 한국의 독특한 정치사회를 동남아시아, 아프리카, 프랑스, 미국, 일본 등과 비교분석하면서 서양식 수사를 동원한 난해한 언어를 다양하게 구사한 데도 있다고 하겠다. 한 예로 'council'을 들겠다. 이전 초판에서는 이 용어를 '평의회'로 번역했는데, 이번에 '자문기관'으로 고쳤다. 이 용어는 이 책에서 200여 군데나 나오며 이 책의 주제와 관련이 있는 매우 중요한 말이다.

평의회라는 번역어는 일본어판에서 사용되었다. 그러나 이 말은 간혹 군사 평의회 등에 사용되긴 하지만 우리에게는 너무 생경한 용어이다. 더욱이 고려시대나 조선시대 이야기를 하면서 평의회라는 말을 사용하자니 어색하기 짝이 없었다. 물론 자문기관이란 말도 'council'의 정확한 번역용어일 수는 없지만, 여러 참고자료를 찾아보고 전후문맥을 살펴봐도 이 말이 제일 적당한 번역어로 생각되었다. 예컨대 전두환 정권 시절 말기에 정권주체들이 한때 내각제를 획책한 적이 있었다. 그때 유승환 의원이 — 이 책에도 그 이야기가 나온다 — 전두환 전 대통령이 임기만료 후에도 자문기구를 만들어 총리와 대통령을 내밀히 지명하는 방식으로 계속 권력을 놓지 않으려 한다고 폭로하여 구속되기까지 했다. 바로 조선시대 중앙정부 고위관료들이 대간(사헌부, 사간원)을 통해 계속 권력을 휘두른 것과 유사한 행태이다. 이런 역할을 하는 기관을 저자는 'council'이라고 했다. 헨더슨이 이 책에서 말하는 'council'은 '구체적인 표현'이 아니고 그가 세운 '가설'에 근거한 '추상적인 표현'이기 때문에 좁은 의미의 사전적인 해석(사전에도 '자문회'라는 말은 있다)에 너무 구애를 받아서도 안 될 것 같다.

끝으로 초판의 추천사와 완역판의 해제를 써주신 한국외국어대학교 김정기 명예교수님의 이 책에 대한 열정과 조언에 대해 감사드리며, 서평을 완역판에 게재하도록 허락해주신 한림대학교 김인영 교수님께 사의를 표한다.

찾아보기

가쓰라 다로(桂太郞) 158

간디 174

강성태(姜聲邰) 495

≪개벽(開闢)≫ 182, 191

거창 양민학살사건 311, 484

건국준비위원회 227, 233

견서(遣西) 58

경성제국대학 100, 184, 394, 422

경연관(經筵官) 464

≪경향신문≫ 326

고구려 53, 60

고려대학교 324, 445

고려왕조 53, 68

고이소 구니아키(小磯國昭) 210

고종 137, 172, 395

고즈키(上月良夫) 230

고토 심페이(後藤新平) 156, 158, 182, 243

공산주의 565

공업화 44, 192, 221, 283, 399

공화주의자 140, 142

과거제도 66, 69, 79, 183

과두정치 35, 67, 93, 371, 632

관찰사 86

광주학생사건 392

광해군 83

교와카이(協和會=親和協會) 209

교육 183

구로다 기요타카(黑田淸隆) 398

구세주운동 140

「국가보안법」 307, 316, 338, 368

국가보위입법위원 366

「국가재건비상조치법」 344

국가재건최고회의 344, 349, 497

국무부 육해군조정위원회 239

국민방위군 309, 533

국민정신총동원연맹 208

국민회 481, 517, 560

국방경비대 270, 579, 603

국부군(國府軍) 602

권동진(權東鎭) 260

규장각 446

규칙과 법 453

그리스 288

극동위원회 242

긴급조치 361

길드 38, 72, 90

김구 234, 253

김규식 234

김대중 360

김도연(金度演) 334

김두한 272

김성수 191, 225

김수환 374

김안로 468

김약수(金若水) 187, 313

김영삼 362

김영주 358

김옥균 398

김완규(金完圭) 176

김인준(金仁俊) 598

김일성 357

김재규 362

김정일 358

김종필 343

김준연(金俊淵) 191

김창룡 444

김홍륙(金鴻陸) 408

김홍집 409

나용균(羅容均) 369

나치즘 188

남인 135

남조선노동당 312, 492, 562

남조선철도동맹 280

남한과도입법의원 261

내선일체 163, 208

내셔널프레스 클럽 287

네오 데스툴 당 221

노구치(野口) 194

노론 135, 398

노사신(盧思愼) 477

니치히로(西光忠雄) 226

다원주의 28, 47

다이세이요쿠산카이(大政翼贊會) 209

단극자장 376

당중앙 358

당파싸움 76, 104, 581

대간(臺諫) 81, 142, 462, 564

≪대구매일신보≫ 326

대사간 449

대사헌 449

대원군 134

대일협력 218

대중조작 134

대통령중심제 300

대한독립청년단 272

대한민국임시정부 179, 226, 247, 511

데라우치 마사다케(寺内正毅) 156, 168, 203, 451

도나리구미(隣組) 208

도승지 78

도시 폭력배 443

도시의 시장 436

도시의 이웃관계 440

도시화 44, 200

도쿄육군사관학교 215, 600

도쿠가와 막부 119

「독립선언서」 117, 172

≪독립신문≫ 143

독립운동 171

독립협회 143

동래정씨(東萊鄭氏) 79

동반(東班) 58

≪동아일보≫ 190, 229, 325

동양척식회사 165, 408

동학당 63, 86, 120, 139

딘 애치슨(Dean Acheson) 238, 287

러시아 40, 68, 147

러일전쟁 147

레이먼드 애스키스(Raymond Asquith) 401

로버트 패터슨(Robert P. Patterson) 240

루이 14세 82, 136

리지웨이 622

마르크스-레닌주의 263, 589

마르크스주의 142, 187, 521

마쓰가타 마사요시(松方正義) 451

만능가형 관료 447

만주군관학교 215, 600

맥아더 237, 242, 287, 605

메이지유신 116

문화적 동질성 63

미군 철수 284

미나미 지로(南次郞) 208

미쓰비시(三菱) 194

미쓰이(三井) 194

미·소 공동위원회 257, 285, 562

민비 398, 400

민씨 일파 138, 398

민영환(閔泳煥) 397, 406, 486

민족통일 전국학생연합 337

민주공화당 351, 488

민주당 328, 331

민주독립당 261

민주의원 257

민주정의당 366, 487

박영효(朴泳孝) 144, 407

박제순(朴齊純) 451

박종철 368

박진순(朴進淳) 591

박창암(朴蒼岩) 346

박창옥(朴昌玉) 591

박헌영(朴憲永) 230, 512

「반민족행위처벌법」 479

반민특위 480

배재학당 402

백남운(白南雲) 570

백정 125

밴 플리트 622

베르사유 조약 417

베트남 전쟁 361, 555, 631

보부상 123, 137, 143, 400

보성교육재단 400

보성그룹 225, 231, 507

보안사령관 363

북성(北星) 187

비례대표제도 37, 350, 648

비변사 446

빽 405

사광욱(史光郁) 314

사이토 마코토(齋藤實) 181

4·19학생혁명 323, 331, 426, 551

사창(社倉) 384

삼민주의 519

3·1독립운동 171

상하이 임시정부 226, 567

서민호 272

서반(西班) 58

서울대학교 337, 390

서울학생통일촉진협회 270

서재필(徐載弼) 143

성균관 390, 464

세이유카이(政友會) 181

세종대왕 391

손병희(孫秉熙) 147

송병준(宋秉畯) 147, 207, 395

송시열(宋時烈) 468

송요찬(宋堯贊) 601

송진우 191

스미토모(住友) 194

스크랜턴 403

시오도어 루스벨트 45, 237, 285

신간회 177

≪시대일보≫ 190

신민당 334

신성모(申性模) 310

신익희(申翼熙) 313, 485

신탁통치 237, 254, 475

신한민주당 367

쑨원(孫文) 519

아베 노부유키(阿部信行) 210, 224, 250

아시아청년애국노동자단체 208

아이젠하워(Dwight D. Eisenhower) 287

아전향반 105

아치볼드 아놀드(Archibald V. Arnold) 244

안동김씨 79

안병찬(安秉讚) 577

안재홍 191

안호상(安浩相) 273

알렉산더 폴리안스키(Alexander Polianskii)

228

알렉세이 안토노프(Aleksei I. Antonov) 238

앨버트 웨드마이어(Albert C. Wedmeyer) 242, 254

야마가타 아리토모(山縣有朋) 156, 451

야스다(安田) 194

야콥 말리크(Jacob Malik) 483

어사 57, 137

에드윈 폴리(Edwin W. Pauley) 238

에이버렐 해리먼(W. Averell Harriman) 238

엔도 류사쿠(遠藤有作) 225

여순반란 283, 307, 415, 531

여운형 191

여운형(呂運亨) 226

여운홍(呂運弘) 227

연산군 83

연세대학교 337

영의정 409

예맥족 60

예수회 113

오가작통(五家作統) 137

오세창(吳世昌) 176

오스트리아 제국 172

오야마 이와오(大山巖) 451

오제도(吳制道) 313

오족협화 215

오키나와 224

오타니 기쿠조(大谷喜久藏) 148, 399

올랜도 패터슨(Orlando Patterson) 127

완바오산(萬宝山) 사건 215

요시다 쇼인(吉田松陰) 159

우가키 가즈시게(宇垣一成) 208

우치다 료헤이(內田良平) 148
원세훈(元世勳) 260, 570
원용덕(元容德) 482
웨스트포인트 243, 623
위컴 365
윌리엄 R. 랭던(William R. Langdon) 288, 510
윌리엄 슈어드(William H. Seward) 236
유신체제 361
유신쿠데타 554
유엔한국임시위원단 296
유진오(兪鎭午) 300
『육군민정요람(Army Civil Affairs Manual)』 247
윤보선(尹潽善) 333, 352
윤치호(尹致昊) 145
을사늑약 149, 405
의원내각제 368, 545
의화군(義和君) 399
이갑성(李甲成) 260, 517
이광수 191
이광수(李光洙) 187
이규완(李圭完) 407
이근택(李根澤) 400
이기붕(李起鵬) 328
이동휘 569
이르쿠츠크 공산당 566
이범석(李範錫) 273, 415, 482
이범진(李範晉) 400
이상재(李相宰) 191
이슬람형제운동 140
이승만의 조직운영법 307

이승훈 191
이완용(李完用) 144, 399
이용구(李容九) 147, 399
이용범(李龍範) 496
이윤영(李允榮) 415
이재학(李在鶴) 369
이재학(李在鶴) 495
이종원(李宗遠) 570
이종찬 624
이청천(李靑天) 272
이토 히로부미(伊藤博文) 158, 211, 407
인민위원회 232, 250
인민입법위원회 234
인민재판 140, 234
인사의 단속성 448
인쇄공동맹 280
일민주의 519
일민클럽 527
일진회 146, 173, 399, 560
임연(任淵) 598
임철호(任哲鎬) 495
입헌민주제 44

자유당 319, 330, 487
자유민주당 352
장건상(張建相) 570
장경근(張璟根) 328, 495
장덕수 191
장도영(張都暎) 496
장로교회파 175
장면 328, 334
재건국민운동 353, 435

재벌 375

전국인민대표자회의 234

전두환 356

전문가의 딜레마 457

전조선애국연맹 208

점령지역 229, 240

정도전(鄭道傳) 454

정랑(正郎) 78

정약용 84, 103, 142

제임스 번스(James F. Byrnes) 238

제임스 브라이스(James Bryce) 504

제임스 포러스틸(James Forrestal) 286

제헌국회 475

조광조(趙光祖) 391, 467

조병옥 191

조봉암(曺奉岩) 317, 415

조선공산당 177, 568

조선노동당 581

조선독립운동 157, 609

조선민족청년단 273, 414

조선민주청년동맹 271

조선사회당 566

조선신민당 578

『조선왕조실록』 82

조선인민공화국 229

≪조선일보≫ 190, 270

≪조선지광(朝鮮之光)≫ 182

조선청년단연맹 209

조선해방군 602

조소앙(趙素昻) 570

조슈 군벌 156

조중응(趙重應) 407

조지 C. 파울크(George C. Foulk) 236

조지 마셜(George C. Marshall) 238

조한영(趙漢永) 248

존 R. 하지(John R. Hodge) 224

존 카터 빈센트(John Carter Vincent) 241

존 힐더링(John Hildering) 240

좌랑(左郎) 78

좌우합작위원회 293

주자학 63

중국군관학교 낙양분교 602

중앙선거관리위원회 350

중앙정보부 347, 487, 551

중앙집권화 383

중앙집중화 65

중인과 아전 111

중일전쟁 170

중추원 204, 205

진보당 415

차지철 362

차함(借銜) 450

참의(參議) 78

참판(參判) 78

척식국 156

천도교 151, 176

청일전쟁 140, 200

최경록(崔景錄) 601

최남선(崔南善) 176

최린(崔麟) 176

최익현(崔益鉉) 138

최창익(崔昌益) 591

취체(取締) 169

치안대 233, 271

「카이로 선언」 237
≪코리언 리포지토리(Korean Repository)≫
200
코민테른 568

터키 제국 172
토반(土班) 97
토크빌(Alexis de Tocqueville) 75
톰 코널리(Tom Connally) 289
통역관 정부 412
통일민주당 557
통일주체국민회의 361
통합헌병총사령부 619
트루먼 288, 622

판서(判書) 78
평화민주당 557
프레스턴 굿펠로(Preston Goodfellow) 252
프롤레타리아 165, 571

하라 다카시(原敬) 181
하바롭스크 566
하세가와 요시미치(長谷川好道) 156
학병장교협회 604
한국공군창설협회 604

한국국민당 367
한국독립당 262
한국민주당 272
한규설(韓圭卨) 145
한미연합사령관 363
한빈(韓斌) 578
한희석(韓熙錫) 538
한·일조약 352
향반(鄕班) 97
향피법칙(鄕避法則) 87
허가이(許哥以) 585
허정(許政) 332
허헌(許憲) 231
헌법위원회 301
호레이쇼 앨저(Horatio Alger) 508
호레이스 알렌(Horace N. Allen) 237
호메이니 140
홍경래 93
홍계훈(洪啓勳) 400
홍사익(洪思翊) 214
화백 67
황희(黃喜) 448
흐루쇼프 591
흑룡회 148
히틀러 241
히틀러 유겐트 273

지은이 소개

그레고리 헨더슨(Gregory Henderson, 1922~1988)

한국명: 한대선

미국 하버드 대학교에서 고전을 전공하고 M.B.A. 이수

캘리포니아 대학교에서 한국어와 지역연구 전공

주한 미국대사관 문정관(1948~1950), 정치담당 자문(1958~1963)

하버드 대학교 국제문제센터 연구원

터프츠 대학교 프레처 법률·외교대학 조교수 및 프로젝트 부장

독일 베를린 자유대학교 한국학 교환교수 역임

주요 저서로 『외교와 정치변화』(1973), 『분단세계의 분단국가들』(1974, 공저),

기타 다수의 한국 관련 논문과 신문기사가 있음.

옮긴이 소개

이종삼

부산대학교 영문과와 동 대학원 영문과를 졸업하고 대기업 간부를 거쳐 현재 번역가로 활동 중이다. 옮긴 책으로는 『소용돌이의 한국정치』(초판), 『밀레니엄의 종언』, 『미국개조론』(이상 공역), 『읽는다는 것의 역사』, 『강대국 일본의 부활』, 『나쁜 유전자』, 『한미동맹은 영구화하는가?』, 『누가 선발되는가? 사례편』, 『누가 선발되는가? 역사편』 등 다수가 있다.

박행웅

한국외국어대학교 영어과 및 동 대학원을 졸업했다. 밀라노, 류블리아나 주재 KOTRA 관장 및 KOTRA 정보기획처장, 한국출판협동조합 전무를 역임했다. 옮긴 책으로는 『소용돌이의 한국정치』(초판), 『디지털경제 2000』, 『밀레니엄의 종언』, 『네트워크 사회의 도래』(이상 공역), 『인터넷 갤럭시』, 『네트워크 사회』, 『구글, 유튜브, 위키피디아, 인터넷 원숭이들의 세상』, 『글로벌 거버넌스 2025』, 『신국일본』 등 다수가 있다.

한울아카데미 1582

소용돌이의 한국정치 [완역판]

ⓒ 이종삼·박행웅, 2013

지은이 | 그레고리 헨더슨
옮긴이 | 이종삼·박행웅
펴낸이 | 김종수
펴낸곳 | 한울엠플러스(주)

초판 1쇄 발행 | 2000년 3월 10일
초판 7쇄 발행 | 2012년 2월 15일
완역판 1쇄 발행 | 2013년 7월 25일
완역판 2쇄 발행 | 2021년 1월 20일

주소 | 10881 경기도 파주시 광인사길 153 한울시소빌딩 3층
전화 | 031-955-0655
팩스 | 031-955-0656
홈페이지 | www.hanulmplus.kr
등록번호 | 제406-2015-000143호

Printed in Korea.
ISBN 978-89-460-8014-0 93340 (양장)
ISBN 978-89-460-8015-7 93340 (학생판)

* 책값은 겉표지에 표시되어 있습니다.
* 이 도서는 강의를 위한 학생판 교재를 따로 준비하였습니다.
  강의 교재로 사용하실 때에는 본사로 연락해주십시오.